Brüder Grimm

Kinder- und Hausmärchen
Band 1

Mit Illustrationen von George Cruikshank

Deutscher Taschenbuch Verlag

Vollständige Ausgabe in zwei Bänden.
Der Text folgt der noch von den Brüdern Grimm herausgegebenen 7. Auflage von 1857 (Ausgabe letzter Hand) unter Hinzuziehung der von Herman Grimm korrigierten 8. Auflage der Märchen von 1864.

Originalausgabe
November 1984

Umschlaggestaltung: Celestino Piatti unter Verwendung einer Illustration von George Cruikshank
(Brüder Grimm-Museum, Kassel)
Gesamtherstellung: C. H. Beck'sche Buchdruckerei, Nördlingen
Printed in Germany · ISBN 3-423-05949-4

Zu dieser Ausgabe

»In den alten Zeiten, wo das Wünschen noch geholfen hat, lebte ein König ...« Mit diesen Worten beginnt das Werk, das längst zum meistverbreiteten und bekanntesten aller deutschen Bücher geworden ist: die Kinder- und Hausmärchen der Brüder Grimm.
Was veranlaßte zwei Professoren, zwei aufrechte Demokraten und politisch engagierte Humanisten wie Jacob und Wilhelm Grimm, am Beginn des Industriezeitalters, Volksmärchen zu sammeln? »Es war vielleicht gerade Zeit, diese Märchen festzuhalten, da diejenigen, die sie bewahren sollen, immer seltener werden«, schrieben sie in ihrer Vorrede zur zweiten Auflage der Kinder- und Hausmärchen im Jahre 1819, und gegen die neuen Kunstmärchen der Romantik versuchten sie die »unbeachteten Schätze« zu retten, zu bewahren, was die sich etablierende, auf Zweck und Verwertung ausgerichtete Vernunft ausgrenzte: die jahrtausendalten Erfahrungen, Ängste und Wunschträume der Menschen, die sich in den Märchen des Volkes verdichteten. Mit ihrer Sammlung wollten sie nicht nur der Geschichte der Poesie und Mythologie einen Dienst erweisen, sondern wünschten vor allem, »daß die Poesie selbst, die darin lebendig ist, wirke und erfreue, wen sie erfreuen kann«.
Angesichts der überbordenden Massenproduktion mythologischer Versatzstücke im Bereich der Fantasy-Konsumliteratur beginnen wir heute wieder den unschätzbaren Wert der alten Märchen zu begreifen, dieser so fraglosen und prägenden Erlebnisse unserer Kindheit. Die vorliegende vollständige Ausgabe der Kinder- und Hausmärchen der Brüder Grimm – nach der Ausgabe letzter Hand ediert und erstmals mit den Illustrationen von George Cruikshank zur englischen Erstausgabe der Grimmschen Märchen von 1823 – will vor allem auch den Erwachsenen Gelegenheit geben, dieses Reich der Poesie wiederzuentdecken, um es wie Martin Luther festzuhalten, der bekannte: »Ich möcht mich der wundersamen Historien so ich aus zarter Kindheit herübergenommen, nicht entschlagen, um kein Gold.«

Literatur · Philosophie · Wissenschaft

G. Cruikshank fec.

Sage vergeht nie ganz, die verbreitete, welche der Völker redende Lippe umschwebt: denn sie ist unsterbliche Göttin.

Hesiod, 763

An die Frau
Bettina von Arnim

Liebe Bettine, dieses Buch kehrt abermals bei Ihnen ein, wie eine ausgeflogene Taube die Heimat wieder sucht und sich da friedlich sonnt. Vor fünfundzwanzig Jahren hat es Ihnen Arnim zuerst, grün eingebunden mit goldenem Schnitt, unter die Weihnachtsgeschenke gelegt. Uns freute, daß er es so werthielt, und er konnte uns einen schönern Dank nicht sagen. Er war es, der uns, als er in jener Zeit einige Wochen bei uns in Kassel zubrachte, zur Herausgabe angetrieben hatte. Wie nahm er an allem teil, was eigentümliches Leben zeigte: auch das Kleinste beachtete er, wie er ein grünes Blatt, eine Feldblume mit besonderem Geschick anzufassen und sinnvoll zu betrachten wußte. Von unsern Sammlungen gefielen ihm diese Märchen am besten. Er meinte, wir sollten nicht zu lange damit zurückhalten, weil bei dem Streben nach Vollständigkeit die Sache am Ende liegenbliebe. »Es ist alles schon so reinlich und sauber geschrieben«, fügte er mit gutmütiger Ironie hinzu, denn bei den kühnen, nicht sehr lesbaren Zügen seiner Hand schien er selbst nicht viel auf deutliche Schrift zu halten. Im Zimmer auf und ab gehend, las er die einzelnen Blätter, während ein zahmer Kanarienvogel, in zierlicher Bewegung mit den Flügeln sich im Gleichgewicht haltend, auf seinem Kopfe saß, in dessen vollen Locken es ihm sehr behaglich zu sein schien. Dies edle Haupt ruht nun schon seit Jahren im Grab, aber noch heute bewegt mich die Erinnerung daran, als hätte ich ihn erst gestern zum letztenmal gesehen, als stände er noch auf grüner Erde wie ein Baum, der seine Krone in der Morgensonne schüttelt.

Ihre Kinder sind groß geworden und bedürfen der Märchen nicht mehr: Sie selbst haben schwerlich Veranlassung, sie wieder zu lesen, aber die unversiegbare Jugend Ihres Herzens nimmt doch das Geschenk treuer Freundschaft und Liebe gerne von uns an.

Mit diesen Worten sendete ich Ihnen das Buch vor drei Jahren aus Göttingen, heute sende ich es Ihnen wieder aus meinem Geburtslande, wie das erstemal. Ich konnte in Göttingen aus meinem Arbeitszimmer nur ein paar über die Dächer hinausragende Linden sehen, die Heyne hinter seinem Hause gepflanzt hatte und die mit dem

Ruhm der Universität aufgewachsen waren: ihre Blätter waren gelb und wollten abfallen, als ich am 3. Oktober 1838 meine Wohnung verließ; ich glaube nicht, daß ich sie je wieder im Frühlingsschmuck erblicke. Ich mußte noch einige Wochen dort verweilen und brachte sie in dem Hause eines Freundes zu, im Umgange mit denen, welche mir lieb geworden und lieb geblieben waren. Als ich abreiste, wurde mein Wagen von einem Zug aufgehalten: es war die Universität, die einer Leiche folgte. Ich langte in der Dunkelheit hier an und trat in dasselbe Haus, das ich vor acht Jahren in bitterer Kälte verlassen hatte: wie war ich überrascht, als ich Sie, liebe Bettine, fand neben den Meinigen sitzend, Beistand und Hilfe meiner kranken Frau leistend. Seit jener verhängnisvollen Zeit, die unser ruhiges Leben zerstörte, haben Sie mit warmer Treue an unserm Geschick teilgenommen, und ich empfinde diese Teilnahme ebenso wohltätig als die Wärme des blauen Himmels, der jetzt in mein Zimmer hereinblickt, wo ich die Sonne wieder am Morgen aufsteigen und ihre Bahn über die Berge vollenden sehe, unter welchen der Fluß glänzend herzieht; die Düfte der Orangen und Linden dringen aus dem Park herauf, und ich fühle mich in Liebe und Haß jugendlich erfrischt. Kann ich eine bessere Zeit wünschen, um mit diesen Märchen mich wieder zu beschäftigen? Hatte ich doch auch im Jahre 1813 an dem zweiten Band geschrieben, als wir Geschwister von der Einquartierung bedrängt waren und russische Soldaten neben in dem Zimmer lärmten, aber damals war das Gefühl der Befreiung der Frühlingshauch, der die Brust erweiterte und jede Sorge aufzehrte.

Diesmal kann ich Ihnen, liebe Bettine, das Buch, das sonst aus der Ferne kam, selbst in die Hand geben. Sie haben uns ein Haus außerhalb der Mauern ausgesucht, wo am Rande des Waldes eine neue Stadt heranwächst, von den Bäumen geschützt, von grünendem Rasen, Rosenhügeln und Blumengewinden umgeben, von dem rasselnden Lärm noch nicht erreicht. Als ich in dem heißen Sommer des vorigen Jahres während der Morgenfrühe in dem Schatten der Eichen auf und ab wandelte und die kühlende Luft allmählich den Druck löste, der von einer schweren Krankheit auf mir lastete, so empfand ich dankbar, wie gut Sie auch darin für uns gesorgt hatten. Ich bringe Ihnen nicht eins von den prächtigen Gewächsen, die hier im Tiergarten gepflegt werden, auch keine Goldfische aus dem dunkeln Wasser, über dem das griechische Götterbild lächelnd steht: warum aber sollte ich Ihnen diese unschuldigen Blüten, die immer wieder frisch aus der Erde dringen, nicht nochmals darreichen? Habe ich doch selbst gesehen, daß Sie vor einer einfachen Blume still standen und mit der Lust der ersten Jugend in ihren Kelch schauten.

Berlin, im Frühjahr 1843 *Wilhelm Grimm*

Vorrede

Wir finden es wohl, wenn von Sturm oder anderem Unglück, das der Himmel schickt, eine ganze Saat zu Boden geschlagen wird, daß noch bei niedrigen Hecken oder Sträuchen, die am Wege stehen, ein kleiner Platz sich gesichert hat und einzelne Ähren aufrecht geblieben sind. Scheint dann die Sonne wieder günstig, so wachsen sie einsam und unbeachtet fort: keine frühe Sichel schneidet sie für die großen Vorratskammern, aber im Spätsommer, wenn sie reif und voll geworden, kommen arme Hände, die sie suchen, und Ähre an Ähre gelegt, sorgfältig gebunden und höher geachtet als sonst ganze Garben, werden sie heimgetragen, und winterlang sind sie Nahrung, vielleicht auch der einzige Samen für die Zukunft.

So ist es uns vorgekommen, wenn wir gesehen haben, wie von so vielem, was in früherer Zeit geblüht hat, nichts mehr übriggeblieben, selbst die Erinnerung daran fast ganz verloren war, als unter dem Volke Lieder, ein paar Bücher, Sagen und diese unschuldigen Hausmärchen. Die Plätze am Ofen, der Küchenherd, Bodentreppen, Feiertage noch gefeiert, Triften und Wälder in ihrer Stille, vor allem die ungetrübte Phantasie sind die Hecken gewesen, die sie gesichert und einer Zeit aus der andern überliefert haben.

Es war vielleicht gerade Zeit, diese Märchen festzuhalten, da diejenigen, die sie bewahren sollen, immer seltner werden. Freilich, die sie noch wissen, wissen gemeinlich auch recht viel, weil die Menschen ihnen absterben, sie nicht den Menschen: aber die Sitte selber nimmt immer mehr ab, wie alle heimlichen Plätze in Wohnungen und Gärten, die vom Großvater bis zum Enkel fortdauerten, dem stätigen Wechsel einer leeren Prächtigkeit weichen, die dem Lächeln gleicht, womit man von diesen Hausmärchen spricht, welches vornehm aussieht und doch wenig kostet. Wo sie noch da sind, leben sie so, daß man nicht daran denkt, ob sie gut oder schlecht sind, poetisch oder für gescheite Leute abgeschmackt: man weiß sie und liebt sie, weil man sie eben so empfangen hat, und freut sich daran, ohne einen Grund dafür. So herrlich ist lebendige Sitte, ja auch das hat die Poesie mit allem Unvergänglichen gemein, daß man ihr selbst gegen einen andern Willen geneigt sein muß. Leicht wird man übrigens bemerken, daß sie nur da gehaftet hat, wo überhaupt eine regere Empfänglichkeit für Poesie oder eine noch nicht von den

Verkehrtheiten des Lebens ausgelöschte Phantasie vorhanden war. Wir wollen in gleichem Sinne diese Märchen nicht rühmen oder gar gegen eine entgegengesetzte Meinung verteidigen: ihr bloßes Dasein reicht hin, sie zu schützen. Was so mannigfach und immer wieder von neuem erfreut, bewegt und belehrt hat, das trägt seine Notwendigkeit in sich und ist gewiß aus jener ewigen Quelle gekommen, die alles Leben betaut, und wenn es auch nur ein einziger Tropfen wäre, den ein kleines, zusammenhaltendes Blatt gefaßt hat, so schimmert er doch in dem ersten Morgenrot.

Darum geht innerlich durch diese Dichtungen jene Reinheit, um derentwillen uns Kinder so wunderbar und selig erscheinen: sie haben gleichsam dieselben blaulichweißen makellosen glänzenden Augen*, die nicht mehr wachsen können, während die andern Glieder noch zart, schwach und zum Dienste der Erde ungeschickt sind. Das ist der Grund, warum wir durch unsere Sammlung nicht bloß der Geschichte der Poesie und Mythologie einen Dienst erweisen wollten, sondern es zugleich Absicht war, daß die Poesie selbst, die darin lebendig ist, wirke und erfreue, wen sie erfreuen kann, also auch, daß es als ein Erziehungsbuch diene. Wir suchen für ein solches nicht jene Reinheit, die durch ein ängstliches Ausscheiden dessen, was Bezug auf gewisse Zustände und Verhältnisse hat, wie sie täglich vorkommen und auf keine Weise verborgen bleiben können, erlangt wird und wobei man zugleich in der Täuschung ist, daß was in einem gedruckten Buche ausführbar, es auch im wirklichen Leben sei. Wir suchen die Reinheit in der Wahrheit einer geraden, nichts Unrechtes im Rückhalt bergenden Erzählung. Dabei haben wir jeden für das Kinderalter nicht passenden Ausdruck in dieser neuen Auflage sorgfältig gelöscht. Sollte man dennoch einzuwenden haben, daß Eltern eins und das andere in Verlegenheit setze und ihnen anstößig vorkomme, so daß sie das Buch Kindern nicht geradezu in die Hände geben wollten, so mag für einzelne Fälle die Sorge begründet sein, und sie können dann leicht eine Auswahl treffen: im ganzen, das heißt für einen gesunden Zustand, ist sie gewiß unnötig. Nichts besser kann uns verteidigen als die Natur selber, welche diese Blumen und Blätter in solcher Farbe und Gestalt hat wachsen lassen; wem sie nicht zuträglich sind nach beson-

* in die sich Kinder selbst so gern greifen (Fischarts *Gargantua* 129b, 131b) und die sie sich holen möchten.

deren Bedürfnissen, der kann nicht fordern, daß sie deshalb anders gefärbt und geschnitten werden sollen. Oder auch, Regen und Tau fällt als eine Wohltat für alles herab, was auf der Erde steht, wer seine Pflanzen nicht hineinzustellen getraut, weil sie zu empfindlich sind und Schaden nehmen könnten, sondern sie lieber in der Stube mit abgeschrecktem Wasser begießt, wird doch nicht verlangen, daß Regen und Tau darum ausbleiben sollen. Gedeihlich aber kann alles werden, was natürlich ist, und danach sollen wir trachten. Übrigens wissen wir kein gesundes und kräftiges Buch, welches das Volk erbaut hat, wenn wir die Bibel obenan stellen, wo solche Bedenklichkeiten nicht in ungleich größerem Maß einträten; der rechte Gebrauch aber findet nichts Böses heraus, sondern, wie ein schönes Wort sagt, ein Zeugnis unseres Herzens. Kinder deuten ohne Furcht in die Sterne, während andere, nach dem Volksglauben, die Engel damit beleidigen.

Gesammelt haben wir an diesen Märchen seit etwa dreizehn Jahren, der erste Band, welcher im Jahre 1812 erschien, enthielt meist, was wir nach und nach in Hessen, in den Main- und Kinziggegenden der Grafschaft Hanau, wo wir her sind, von mündlichen Überlieferungen aufgefaßt hatten. Der zweite Band wurde im Jahre 1814 beendigt und kam schneller zustande, teils weil das Buch selbst sich Freunde verschafft hatte, die es nun, wo sie bestimmt sahen, was und wie es gemeint war, unterstützten, teils weil uns das Glück begünstigte, das Zufall scheint, aber gewöhnlich beharrlichen und fleißigen Sammlern beisteht. Ist man erst gewöhnt, auf dergleichen zu achten, so begegnet es doch häufiger, als man sonst glaubt, und das ist überhaupt mit Sitten und Eigentümlichkeiten, Sprüchen und Scherzen des Volkes der Fall. Die schönen plattdeutschen Märchen aus dem Fürstentum Münster und Paderborn verdanken wir besonderer Güte und Freundschaft: das zutrauliche der Mundart bei der innern Vollständigkeit zeigt sich hier besonders günstig. Dort, in den altberühmten Gegenden deutscher Freiheit, haben sich an manchen Orten die Sagen und Märchen als eine fast regelmäßige Vergnügung der Feiertage erhalten, und das Land ist noch reich an ererbten Gebräuchen und Liedern. Da, wo die Schrift teils noch nicht durch Einführung des Fremden stört oder durch Überladung abstumpft, teils, weil sie sichert, dem Gedächtnis noch nicht nachlässig zu werden gestattet, überhaupt bei Völkern, deren Literatur unbedeutend ist, pflegt sich als Ersatz die Überlieferung stärker und ungetrübter zu zeigen. So scheint auch Niedersachsen mehr als alle andere Gegenden behalten zu haben. Was für eine viel vollständigere und innerlich reichere Sammlung wäre im 15. Jahrhundert oder auch noch im 16. zu Hans Sachsens und Fischarts Zeiten in Deutschland möglich gewesen.*

Einer jener guten Zufälle aber war es, daß wir aus dem bei Kassel gelegenen Dorfe Niederzwehrn eine Bäuerin kennenlernten, die uns die meisten und schönsten Märchen des zweiten Bandes erzählte. Die Frau Viehmännin war noch rüstig und nicht viel über fünfzig Jahre alt. Ihre Gesichtszüge hatten etwas Festes, Verständiges und Angenehmes, und aus großen Augen blickte sie hell und scharf.** Sie bewahrte die alten Sagen fest im Gedächtnis und sagte wohl selbst, daß diese Gabe nicht jedem verliehen sei und mancher gar nichts im Zusammenhange behalten könne. Dabei erzählte sie bedächtig, sicher und ungemein lebendig, mit eigenem Wohlgefallen daran, erst ganz frei, dann, wenn man es wollte, noch einmal langsam, so daß man ihr mit einiger Übung nachschreiben konnte. Manches ist auf diese Weise wörtlich beibehalten und wird in seiner Wahrheit nicht zu verkennen sein. Wer an leichte Verfälschung der Überlieferung, Nachlässigkeit bei Aufbewahrung und daher an Unmöglichkeit langer Dauer als Regel glaubt, der hätte hören müssen, wie genau sie immer bei der Erzählung blieb und auf ihre Richtigkeit eifrig war; sie änderte niemals bei einer Wiederholung etwas in der Sache ab und besserte ein Versehen, sobald sie es bemerkte, mitten in der Rede gleich selber. Die Anhänglichkeit an das Überlieferte ist bei Menschen, die in gleicher Lebensart unabänderlich fortfahren, stärker, als wir, zur Veränderung geneigt, begreifen. Eben darum hat es, so vielfach bewährt, eine gewisse eindringliche

* Merkwürdig ist, daß bei den Galliern nicht erlaubt war, die überlieferten Gesänge aufzuschreiben, während man sich der Schrift in allen übrigen Angelegenheiten bediente. Cäsar, der dies anmerkt (*de B. G.* VI, 4), glaubt, daß man damit habe verhüten wollen, im Vertrauen auf die Schrift leichtsinnig im Erlernen und Behalten der Lieder zu werden. Auch Thamus hält dem Theuth (im *Phädrus* des Plato) bei Erfindung der Buchstaben den Nachteil vor, den die Schrift auf die Ausbildung des Gedächtnisses haben würde.

** Unser Bruder Ludwig Grimm hat eine recht ähnliche und natürliche Zeichnung von ihr radiert, die man in der Sammlung seiner Blätter (bei Weigel in Leipzig) findet. Durch den Krieg geriet die gute Frau in Elend und Unglück, das wohltätige Menschen lindern, aber nicht heben konnten. Der Vater ihrer zahlreichen Enkel starb am Nervenfieber, die Waisen brachten Krankheit und die höchste Not in ihre schon arme Hütte. Sie ward siech und starb am 17. Nov. 1816.

Nähe und innere Tüchtigkeit, zu der anderes, das äußerlich viel glänzender erscheinen kann, nicht so leicht gelangt. Der epische Grund der Volksdichtung gleicht dem durch die ganze Natur in mannigfachen Abstufungen verbreiteten Grün, das sättigt und sänftigt, ohne je zu ermüden.

Wir erhielten außer den Märchen des zweiten Bandes auch reichliche Nachträge zu dem ersten, und bessere Erzählungen vieler dort gelieferten gleichfalls aus jener oder andern ähnlichen Quellen. Hessen hat als ein bergichtes, von großen Heerstraßen abseits liegendes und zunächst mit dem Ackerbau beschäftigtes Land den Vorteil, daß es alte Sitten und Überlieferungen besser aufbewahren kann. Ein gewisser Ernst, eine gesunde, tüchtige und tapfere Gesinnung, die von der Geschichte nicht wird unbeachtet bleiben; selbst die große und schöne Gestalt der Männer in den Gegenden, wo der eigentliche Sitz der Chatten war, haben sich auf diese Art erhalten und lassen den Mangel an dem Bequemen und Zierlichen, den man im Gegensatz zu andern Ländern, etwa aus Sachsen kommend, leicht bemerkt, eher als einen Gewinn betrachten. Dann empfindet man auch, daß die zwar rauheren, aber oft ausgezeichnet herrlichen Gegenden, wie eine gewisse Strenge und Dürftigkeit der Lebensweise, zu dem Ganzen gehören. Überhaupt müssen die Hessen zu den Völkern unseres Vaterlandes gezählt werden, die am meisten wie die alten Wohnsitze so auch die Eigentümlichkeit ihres Wesens durch die Veränderung der Zeit festgehalten haben.

Was wir nun bisher für unsere Sammlung gewonnen hatten, wollten wir bei dieser zweiten Auflage dem Buch einverleiben. Daher ist der erste Band fast ganz umgearbeitet, das Unvollständige ergänzt, manches einfacher und reiner erzählt, und nicht viel Stücke werden sich finden, die nicht in besserer Gestalt erscheinen. Es ist noch einmal geprüft, was verdächtig schien, d.h. was etwa hätte fremden Ursprungs oder durch Zusätze verfälscht sein können, und dann alles ausgeschieden. Dafür sind die neuen Stücke, worunter wir auch Beiträge aus Östreich und Deutschböhmen zählen, eingerückt, so daß man manches bisher ganz Unbekannte finden wird. Für die Anmerkungen war uns früher nur ein enger Raum gegeben, bei dem erweiterten Umfange des Buchs konnten wir für jene nun einen eigenen dritten Band bestimmen. Hierdurch ist es möglich geworden, nicht nur das, was wir früher ungern zurückbehielten, mitzuteilen, sondern auch neue, hierhergehörige Abschnitte zu liefern, die, wie wir hoffen, den wissenschaftlichen Wert dieser Überlieferungen noch deutlicher machen werden.

Was die Weise betrifft, in der wir hier gesammelt haben, so ist es uns zuerst auf Treue und Wahrheit angekommen. Wir haben nämlich aus eigenen Mitteln nichts hinzugesetzt, keinen Umstand und Zug der Sage selbst verschönert, sondern ihren Inhalt so wiedergegeben, wie wir ihn empfangen hatten; daß der Ausdruck und die Ausführung des Einzelnen großenteils von uns herrührt, versteht sich von selbst, doch haben wir jede Eigentümlichkeit, die wir bemerkten, zu erhalten gesucht, um auch in dieser Hinsicht der Sammlung die Mannigfaltigkeit der Natur zu lassen. Jeder, der sich mit ähnlicher Arbeit befaßt, wird es übrigens begreifen, daß dies kein sorgloses und unachtsames Auffassen kann genannt werden, im Gegenteil ist Aufmerksamkeit und ein Takt nötig, der sich erst mit der Zeit erwirbt, um das Einfachere, Reinere und doch in sich Vollkommnere von dem Verfälschten zu unterscheiden. Verschiedene Erzählungen haben wir, sobald sie sich ergänzten und zu ihrer Vereinigung keine Widersprüche wegzuschneiden waren, als eine mitgeteilt, wenn sie aber abwichen, wo dann jede gewöhnlich ihre eigentümlichen Züge hatte, der besten den Vorzug gegeben und die andern für die Anmerkungen aufbewahrt. Diese Abweichungen nämlich erschienen uns merkwürdiger als denen, welche darin bloß Abänderungen und Entstellungen eines einmal dagewesenen Urbildes sehen, da es im Gegenteil vielleicht nur Versuche sind, einem im Geist bloß vorhandenen, unerschöpflichen, auf mannigfachen Wegen sich zu nähern. Wiederholungen einzelner Sätze, Züge und Einleitungen sind wie epische Zeilen zu betrachten, die, sobald der Ton sich rührt, der sie anschlägt, immer wiederkehren, und in einem andern Sinne eigentlich nicht zu verstehen.

Eine entschiedene Mundart haben wir gerne beibehalten. Hätte es überall geschehen können, so würde die Erzählung ohne Zweifel gewonnen haben. Es ist hier ein Fall, wo die erlangte Bildung, Feinheit und Kunst der Sprache zuschanden wird und man fühlt, daß eine geläuterte Schriftsprache, so gewandt sie in allem übrigen sein mag, heller und durchsichtiger, aber auch schmackloser geworden ist und nicht mehr so fest dem Kerne sich anschließt. Schade, daß die niederhessische Mundart in der Nähe von Kassel, als in den Gränzpunkten des alten sächsischen und fränkischen

Hessengaues, eine unbestimmte und nicht reinlich aufzufassende Mischung von Niedersächsischem und Hochdeutschem ist.

In diesem Sinne gibt es unsers Wissens sonst keine Sammlungen von Märchen in Deutschland. Entweder waren es nur ein paar zufällig erhaltene, die man mitteilte, oder man betrachtete sie bloß als rohen Stoff, um größere Erzählungen daraus zu bilden. Gegen solche Bearbeitungen erklären wir uns geradezu. Zwar ist es unbezweifelt, daß in allem lebendigen Gefühl für eine Dichtung ein poetisches Bilden und Fortbilden liegt, ohne welches auch eine Überlieferung etwas Unfruchtbares und Abgestorbenes wäre, ja eben dies ist mit Ursache, warum jede Gegend nach ihrer Eigentümlichkeit, jeder Mund anders erzählt. Aber es ist doch ein großer Unterschied zwischen jenem halb unbewußten, dem stillen Forttreiben der Pflanzen ähnlichen und von der unmittelbaren Lebensquelle getränkten Einfalten und einer absichtlichen, alles nach Willkür zusammenknüpfenden und auch wohl leimenden Umänderung: diese aber ist es, welche wir nicht billigen können. Die einzige Richtschnur wäre dann die von seiner Bildung abhängende, gerade vorherrschende Ansicht des Dichters, während bei jenem natürlichen Fortbilden der Geist des Volkes in dem Einzelnen waltet und einem besondern Gelüsten vorzudringen nicht erlaubt. Räumt man den Überlieferungen wissenschaftlichen Wert ein, das heißt gibt man zu, daß sich in ihnen Anschauungen und Bildungen der Vorzeit erhalten, so versteht sich von selbst, daß dieser Wert durch solche Bearbeitungen fast immer zugrunde gerichtet wird. Allein die Poesie gewinnt nicht dadurch, denn wo lebt sie wirklich als da, wo sie die Seele trifft, wo sie in der Tat kühlt und erfrischt, oder wärmt und stärkt? Aber jede Bearbeitung dieser Sagen, welche ihre Einfachheit, Unschuld und prunklose Reinheit wegnimmt, reißt sie aus dem Kreise, welchem sie angehören und wo sie ohne Überdruß immer wieder begehrt werden. Es kann sein, und dies ist der beste Fall, daß man Feinheit, Geist, besonders Witz, der die Lächerlichkeit der Zeit mit hineinzieht, ein zartes Ausmalen des Gefühls, wie es einer von der Poesie aller Völker genährten Bildung nicht allzu schwer fällt, dafür gibt: aber diese Gabe hat doch mehr Schimmer als Nutzen, sie denkt an das einmalige Anhören oder Lesen, an das sich unsere Zeit gewöhnt hat, und sammelt und spitzt dafür die Reize. Doch in der Wiederholung ermüdet uns der Witz, und das Dauernde ist etwas Ruhiges, Stilles und Reines. Die geübte Hand solcher Bearbeitungen gleicht doch jener unglücklich begabten, die alles, was sie anrührte, auch die Speisen, in Gold verwandelte, und kann uns mitten im Reichtum nicht sättigen und tränken. Gar wo aus bloßer Einbildungskraft die Mythologie mit ihren Bildern soll angeschafft werden, wie kahl, innerlich leer und gestaltlos sieht dann trotz den besten und stärksten Worten alles aus! Übrigens ist dies nur gegen sogenannte Bearbeitungen gesagt, welche die Märchen zu verschönern und poetischer auszustatten vorhaben, nicht gegen ein freies Auffassen derselben zu eignen, ganz der Zeit angehörenden Dichtungen, denn wer hätte Lust, der Poesie Gränzen abzustecken?

Wir übergeben dies Buch wohlwollenden Händen, dabei denken wir an die segnende Kraft, die in ihnen liegt, und wünschen, daß denen, welche diese Brosamen der Poesie Armen und Genügsamen nicht gönnen, es gänzlich verborgen bleiben möge.

Kassel, am 3. Julius 1819

Durch eine Anzahl neuer, dem zweiten Teile zugefügter Märchen, unter welchen einige in schweizerischer Mundart sich auszeichnen, ist unsere Sammlung in gegenwärtiger dritter Auflage wiederum gewachsen und der Vollständigkeit, soweit sie möglich ist, nähergerückt. Außerdem sind viele der frühern Stücke abermals umgearbeitet und durch Zusätze und einzelne, aus mündlichen Erzählungen gewonnene Züge ergänzt und bereichert.

Der dritte Teil, dessen Inhalt sich lediglich auf den wissenschaftlichen Gebrauch der Sammlung bezieht und daher nur in einem viel engern Kreis Eingang finden konnte, ist diesmal nicht mit abgedruckt, weil davon noch Exemplare in der Reimerschen Buchhandlung zu Berlin vorrätig sind. In der Folge soll dieser dritte Teil als ein für sich bestehendes Werk erscheinen, in welchem auch die in der vorigen Ausgabe vorangesetzten Einleitungen von dem Wesen der Märchen und von Kindersitten einen Platz finden werden.

Die treue Auffassung der Überlieferung, der ungesuchte Ausdruck und, wenn es nicht unbescheiden klingt, der Reichtum und die Mannigfaltigkeit der Sammlung haben ihr fortdauernde Teilnahme unter uns und Beachtung im Auslande verschafft. Unter den verschiedenen Übersetzungen verdient die englische als die vollständigste, und weil die verwandte Sprache sich am genausten anschließt, den Vorzug.* Eine Auswahl, als kleinere Ausgabe in einem Bändchen, wobei zugleich die Bedenklichkeit derer berücksichtigt ist, welche nicht jedes Stück der größeren Sammlung für Kinder angemessen halten, veranstalteten wir zuerst 1825, sie ist 1833 und 1836 wiederaufgelegt worden.

Der wissenschaftliche Wert dieser Überlieferungen hat sich in mancher überraschenden Verwandtschaft mit alten Göttersagen bewährt und die deutsche Mythologie nicht selten Gelegenheit gehabt, darauf zurückzukommen, ja sie hat in der Übereinstimmung mit nordischen Mythen einen Beweis des ursprünglichen Zusammenhangs gefunden.

Wenn die Gunst für dieses Buch fortdauert, so soll es an weiterer Pflege von unserer Seite nicht fehlen.

Göttingen, am 15. Mai 1837

Es freut uns, daß unter den neuen Stücken, womit die Sammlung abermals ist vermehrt worden, sich auch eins wieder aus unserer Heimat befindet. Das schöne Märchen von der Lebenszeit (Nr. 176) erzählte ein Bauer aus Zwehrn einem meiner Freunde, mit dem er

* Nachdem Francis Cohen im *Quarterly Review* (1819, Mai) die ältere Ausgabe ausführlich angezeigt hatte, erschien nach der zweiten eine Übersetzung von Edgar Taylor in zwei Teilen mit geistreichen Kupfern von Cruikshank (*German popular stories*, London 1823 und 1826), welche nochmals (1839) aufgelegt ward. Eine andere Auswahl mit Bildern von Richard Doyle lieferte John Edward Taylor (*The fairy ring: a new collection of popular tales translated from the german of Jacob and Wilhelm Grimm*, London 1846). Ferner *Grimms Householdstories newly translated with illustrations by Wehnert*, 2 voll., London 1856, 8. Ein einzelnes Märchen *The charmed Roe or the little brother and little sister illustrated by Otto Spekter*, London 1847; die Bilder sind sehr hübsch. Eine holländische (*Sprookjesboek vor Kinderen*, Amsterdam 1820) enthielt einen Auszug, wie eine dänische von Hegermann-Lindencrone (*Börne Eventyr*, Kopenh. 1820 oder 21). Auch in *Dansk Laesebog for Tydske af Frederik Bresemann*, zweite Auflage 1843, S. 123–133, sind drei Stücke von J. F. Lindencrone übersetzt. Einzelne Stücke hat Öhlenschläger übertragen, eine größere Anzahl C. Molbech (*Julegave for Börn* 1835–1839 und *Udvalgte Eventyr og Fortällingar*, Kopenhagen 1843). Mehrere Stücke findet man in Reuterdahls *Julläsning for barn* ins Schwedische übersetzt. Das *Journal de Débats* vom 4. August 1832 enthält sinnreiche Äußerungen über das Buch und als Probe eine Übersetzung des Märchens von dem eisernen Heinrich; ferner das Blatt vom 1. Jan. 1834 ein Bruchstück aus dem Machandelbaum; späterhin (Paris 1836) erschienen *Contes choisis de Grimm, traduits par F. C. Gérard* mit Kupfern. Endlich im Jahr 1846 *Contes de la famille par les frères Grimm, traduits de l'allemand par N. Martin et Pitre-Chevalier* (Paris ohne Angabe des Jahres) mit einer märchenhaften Biographie.

auf dem freien Felde eine Unterredung angeknüpft hatte; man sieht, daß die Weisheit auf der Gasse noch nicht ganz untergegangen ist.

Kassel, am 17. September 1840

Diese fünfte Ausgabe enthält wiederum eine bedeutende Anzahl neuer Märchen; andere sind nach vollständigerer Überlieferung umgearbeitet oder ergänzt worden. Seit dem ersten Erscheinen der Sammlung sind nach und nach über fünfzig Stücke hinzugekommen. Das große sinnreiche Blatt von Dornröschen, das Neureuther (München 1836) erfunden und selbst radiert hat, zeigt die Einwirkung dieser Dichtungen auf die bildende Kunst. Auch artige Bilder von Rotkäppchen haben wir gesehen. Nicht minder verdienen die hübschen Zeichnungen zu einzelnen Märchen von Franz Pocci Erwähnung; sie sind in München erschienen, Sneewittchen (Nr. 53) 1837, Hänsel und Gretel (Nr. 15) 1838, der Jude im Dorn (Nr. 110) unter dem Titel »Das lustige Märlein vom kleinen Frieder« 1839, zuletzt das »Märlein von einem, der auszog, das Fürchten zu lernen« (Nr. 4) ohne Angabe des Jahrs. Unsere kleine Ausgabe ist 1839 und 1841 wiederaufgelegt worden.

Berlin, am 4. April 1843

Auch die sechste Ausgabe hat durch neue Märchen Zuwachs erhalten und ist im einzelnen verbessert oder vervollständigt worden. Fortwährend bin ich bemüht gewesen, Sprüche und eigentümliche Redensarten des Volks, auf die ich immer horche, einzutragen und will ein Beispiel anführen, weil es zugleich einer Erklärung bedarf: der Landmann, wenn er seine Zufriedenheit mit etwas ausdrücken will, sagt »das muß ich über den grünen Klee loben« und nimmt das Bild von dem dicht bewachsenen, frisch grünenden Kleefeld, dessen Anblick sein Herz erfreut: schon altdeutsche Dichter rühmen ihn in diesem Sinne (*MS Hag*. 2, 66^{b}, 94^{b}).

Erdmannsdorf in Schlesien, am 30. September 1850

Ein Märchen aus dem 15. Jahrhundert (Nr. 151*) ist in der siebenten Auflage zugefügt worden, und drei andere, aus lebendiger Überlieferung geschöpfte (Nr. 104, 175 und 191) ersetzen ein paar ausgeschiedene, die, wie in der neuen Auflage des dritten Bandes nachgewiesen ist, auf fremdem Boden entsprungen waren. Dort hat auch die Übersicht der Literatur, die sonst hier folgte, einen angemessenern Platz erhalten.

Berlin, am 23. Mai 1857

Die achte Auflage der Märchen, deren Korrektur an Stelle meines verewigten Vaters mir zugefallen ist, stimmt mit der siebenten durchaus überein.

Berlin, im Juni 1864

Herman Grimm

1.

Der Froschkönig oder der eiserne Heinrich

In den alten Zeiten, wo das Wünschen noch geholfen hat, lebte ein König, dessen Töchter waren alle schön, aber die jüngste war so schön, daß die Sonne selber, die doch so vieles gesehen hat, sich verwunderte, sooft sie ihr ins Gesicht schien. Nahe bei dem Schlosse des Königs lag ein großer dunkler Wald, und in dem Walde unter einer alten Linde war ein Brunnen; wenn nun der Tag recht heiß war, so ging das Königskind hinaus in den Wald und setzte sich an den Rand des kühlen Brunnens; und wenn sie Langeweile hatte, so nahm sie eine goldene Kugel, warf sie in die Höhe und fing sie wieder; und das war ihr liebstes Spielwerk.

Nun trug es sich einmal zu, daß die goldene Kugel der Königstochter nicht in ihr Händchen fiel, das sie in die Höhe gehalten hatte, sondern vorbei auf die Erde schlug und geradezu ins Wasser hineinrollte. Die Königstochter folgte ihr mit den Augen nach, aber die Kugel verschwand, und der Brunnen war tief, so tief, daß man keinen Grund sah. Da fing sie an zu weinen und weinte immer lauter und konnte sich gar nicht trösten. Und wie sie so klagte, rief ihr jemand zu: »Was hast du vor, Königstochter, du schreist ja, daß sich ein Stein erbarmen möchte.« Sie sah sich um, woher die Stimme käme, da erblickte sie einen Frosch, der seinen dicken häßlichen Kopf aus dem Wasser streckte. »Ach, du bist's, alter Wasserpatscher«, sagte sie, »ich weine über meine goldene Kugel, die mir in den Brunnen hinabgefallen ist.« – »Sei still und weine nicht«, antwortete der Frosch, »ich kann wohl Rat schaffen, aber was gibst du mir, wenn ich dein Spielwerk wieder heraufhole?« – »Was du haben willst, lieber Frosch«, sagte sie, »meine Kleider, meine Perlen und Edelsteine, auch noch die goldene Krone, die ich trage.« Der Frosch antwortete: »Deine Kleider, deine Perlen und Edelsteine, und deine goldene Krone, die mag ich nicht; aber wenn du mich liebhaben willst, und ich soll dein Geselle und Spielkamerad sein, an deinem Tischlein neben dir sitzen, von deinem goldenen Tellerlein essen, aus deinem Becherlein trinken, in deinem Bettlein schlafen: wenn du mir das versprichst, so will ich hinuntersteigen und dir die goldene Kugel wieder heraufholen.« – »Ach ja«, sagte sie, »ich verspreche dir alles, was du willst, wenn du mir nur die Kugel wiederbringst.« Sie dachte aber: Was der einfältige Frosch schwätzt, der sitzt im Wasser bei seinesgleichen und quakt und kann keines Menschen Geselle sein.

Der Frosch, als er die Zusage erhalten hatte, tauchte seinen Kopf unter, sank hinab, und über ein Weilchen kam er wieder heraufgerudert, hatte die Kugel im Maul und warf sie ins Gras. Die Königstochter war voll Freude, als sie ihr schönes Spielwerk wieder erblickte, hob es auf und sprang damit fort. »Warte, warte«, rief der Frosch, »nimm mich mit, ich kann nicht so laufen wie du.« Aber was half ihm, daß er ihr sein quak, quak so laut nachschrie, als er konnte! Sie hörte nicht darauf, eilte nach Haus und hatte bald den armen Frosch vergessen, der wieder in seinen Brunnen hinabsteigen mußte.

Am andern Tage, als sie mit dem König und allen Hofleuten sich zur Tafel gesetzt hatte und von ihrem goldenen Tellerlein aß, da kam, plitsch platsch, plitsch platsch, etwas die Marmortreppe heraufgekrochen, und als es oben angelangt war, klopfte es an der Tür und rief: »Königstochter, jüngste, mach mir auf.« Sie lief und wollte sehen, wer draußen wäre, als sie aber aufmachte, so saß der Frosch davor. Da warf sie die Tür hastig zu, setzte sich wieder an den Tisch, und war ihr ganz angst. Der König sah wohl, daß ihr das Herz gewaltig klopfte, und sprach: »Mein Kind, was fürchtest du dich, steht etwa ein Riese vor der Tür und will dich holen?« – »Ach nein«, antwortete sie, »es ist kein Riese, sondern ein garstiger Frosch.« – »Was will der Frosch von dir?« – »Ach lieber Vater, als ich gestern im Wald bei dem Brunnen saß und spielte, da fiel meine goldene Kugel ins Wasser. Und weil ich so weinte, hat sie der Frosch wieder heraufgeholt, und weil er es durchaus verlangte, so versprach ich ihm, er sollte mein Geselle werden, ich dachte aber nimmermehr, daß er aus seinem Wasser heraus könnte. Nun ist er draußen und will zu mir herein.« Indem klopfte es zum zweitenmal und rief:

»Königstochter, jüngste,
mach mir auf,
weißt du nicht, was gestern
du zu mir gesagt
bei dem kühlen Brunnenwasser?
Königstochter, jüngste,
mach mir auf.«

Da sagte der König: »Was du versprochen hast, das mußt du auch halten; geh nur und mach ihm auf.« Sie ging und öffnete die Türe, da hüpfte der Frosch herein, ihr immer auf dem Fuße nach, bis zu ihrem Stuhl. Da saß er und rief: »Heb mich herauf zu dir.« Sie zauderte, bis es endlich der König befahl. Als der Frosch erst auf dem Stuhl war, wollte er auf den Tisch, und als er da saß, sprach er: »Nun schieb mir dein goldenes Tellerlein näher, damit wir zusammen essen.« Das tat sie zwar, aber man sah wohl, daß sie's nicht gerne tat. Der Frosch ließ sich's gut schmecken, aber ihr blieb fast jedes Bißlein im Halse. Endlich sprach er: »Ich habe mich satt gegessen und bin müde, nun trag mich in dein Kämmerlein und mach dein seiden Bettlein zurecht, da wollen wir uns schlafen legen.« Die Königstochter fing an zu weinen und fürchtete sich vor dem kalten Frosch, den sie nicht anzurühren getraute und der nun in ihrem schönen reinen Bettlein schlafen sollte. Der König aber ward zornig und sprach: »Wer dir geholfen hat, als du in der Not warst, den sollst du hernach nicht verachten.« Da packte sie ihn mit zwei Fingern, trug ihn hinauf und setzte ihn in eine Ecke. Als sie aber im Bett lag, kam er gekrochen und sprach: »Ich bin müde, ich will schlafen so gut wie du: heb mich herauf, oder ich sag's deinem Vater.« Da ward sie erst bitterböse, holte ihn herauf und warf ihn aus allen Kräften wider die Wand. »Nun wirst du Ruhe haben, du garstiger Frosch.«

Als er aber herabfiel, war er kein Frosch, sondern ein Königssohn mit schönen und freundlichen Augen. Der war nun nach ihres Vaters Willen ihr lieber Geselle und Gemahl. Da erzählte er ihr, er wäre von einer bösen Hexe verwünscht worden, und niemand hätte ihn aus dem Brunnen erlösen können als sie allein, und morgen wollten sie zusammen in sein Reich gehen. Dann schliefen sie ein, und am andern Morgen, als die Sonne sie aufweckte, kam ein Wagen herangefahren, mit acht weißen Pferden bespannt, die hatten weiße Straußfedern auf dem Kopf und gingen in goldenen Ketten, und hinten stand der Diener des jungen Königs, das war der treue Heinrich. Der treue Heinrich hatte sich so betrübt, als sein Herr war in einen Frosch verwandelt worden, daß er drei eiserne Bande hatte um sein Herz legen lassen, damit es ihm nicht vor Weh und Traurigkeit zerspränge. Der Wagen aber sollte den jungen König in sein Reich abholen; der treue Heinrich hob beide hinein, stellte sich wieder hinten auf und war voller Freude über die Erlösung. Und als sie ein Stück Wegs gefahren waren, hörte der Königssohn, daß es hinter ihm krachte, als wäre etwas zerbrochen. Da drehte er sich um und rief:

»Heinrich, der Wagen bricht.«
»Nein, Herr, der Wagen nicht,
es ist ein Band von meinem Herzen,
das da lag in großen Schmerzen,
als Ihr in dem Brunnen saßt,
als Ihr eine Fretsche (Frosch) wast (wart).«

Noch einmal und noch einmal krachte es auf dem Weg, und der Königssohn meinte immer, der Wagen bräche, und es waren doch nur die Bande, die vom Herzen des treuen Heinrich absprangen, weil sein Herr erlöst und glücklich war.

2.

Katze und Maus in Gesellschaft

Eine Katze hatte Bekanntschaft mit einer Maus gemacht und ihr so viel von der großen Liebe und Freundschaft vorgesagt, die sie zu ihr trüge, daß die Maus endlich einwilligte, mit ihr zusammen in einem Hause zu wohnen und gemeinschaftliche Wirtschaft zu führen. »Aber für den Winter müssen wir Vorsorge tragen, sonst leiden wir Hunger«, sagte die Katze, »du Mäuschen, kannst dich nicht überall hinwagen und gerätst mir am Ende in eine Falle.« Der gute Rat ward also befolgt und ein Töpfchen mit Fett angekauft. Sie wußten aber nicht, wo sie es hinstellen sollten; endlich nach langer Überlegung sprach die Katze: »Ich weiß keinen Ort, wo es besser aufgehoben wäre als die Kirche, da getraut sich niemand etwas wegzunehmen: wir stellen es unter den Altar und rühren es nicht eher an, als bis wir es nötig haben.« Das Töpfchen ward also in Sicherheit gebracht, aber es dauerte nicht lange, so trug die Katze Gelüsten danach und sprach zur Maus: »Was ich dir sagen wollte, Mäuschen, ich bin von meiner Base zu Gevatter gebeten: sie hat ein Söhnchen zur Welt gebracht, weiß mit braunen Flecken, das soll ich über die

Taufe halten. Laß mich heute ausgehen und besorge du das Haus allein.« – »Ja, ja«, antwortete die Maus, »geh in Gottes Namen, wenn du was Gutes issest, so denk an mich: von dem süßen roten Kindbetterwein tränk ich auch gerne ein Tröpfchen.« Es war aber alles nicht wahr, die Katze hatte keine Base und war nicht zu Gevatter gebeten. Sie ging geradewegs nach der Kirche, schlich zu dem Fettöpfchen, fing an zu lecken und leckte die fette Haut ab. Dann machte sie einen Spaziergang auf den Dächern der Stadt, besah sich die Gelegenheit, streckte sich hernach in der Sonne aus und wischte sich den Bart, sooft sie an das Fettöpfchen dachte. Erst als es Abend war, kam sie wieder nach Haus. »Nun, da bist du ja wieder«, sagte die Maus, »du hast gewiß einen lustigen Tag gehabt.« – »Es ging wohl an«, antwortete die Katze. »Was hat denn das Kind für einen Namen bekommen?« fragte die Maus. *»Hautab«,* sagte die Katze ganz trocken. »Hautab«, rief die Maus, »das ist ja ein wunderlicher und seltsamer Name, ist der in eurer Familie gebräuchlich?« – »Was ist da weiter«, sagte die Katze, »er ist nicht schlechter als Bröseldieb, wie deine Paten heißen.«

Nicht lange danach überkam die Katze wieder ein Gelüsten. Sie sprach zur Maus: »Du mußt mir den Gefallen tun und nochmals das Hauswesen allein besorgen, ich bin zum zweitenmal zu Gevatter gebeten, und da das Kind einen weißen Ring um den Hals hat, so kann ich's nicht absagen.« Die gute Maus willigte ein, die Katze aber schlich hinter der Stadtmauer zu der Kirche und fraß den Fetttopf halb aus. »Es schmeckt nichts besser«, sagte sie, »als was man selber ißt«, und war mit ihrem Tagewerk ganz zufrieden. Als sie heimkam, fragte die Maus: »Wie ist denn dieses Kind getauft worden?« – *»Halbaus«,* antwortete die Katze. »Halbaus! Was du sagst! Den Namen habe ich mein Lebtag noch nicht gehört, ich wette, der steht nicht in dem Kalender.«

Der Katze wässerte das Maul bald wieder nach dem Leckerwerk. »Aller guten Dinge sind drei«, sprach sie zu der Maus, »da soll ich wieder Gevatter stehen, das Kind ist ganz schwarz und hat bloß weiße Pfoten, sonst kein weißes Haar am ganzen Leib, das trifft sich alle paar Jahr nur einmal: du lässest mich doch ausgehen?« – »Hautab! Halbaus!« antwortete die Maus, »es sind so kuriose Namen, die machen mich so nachdenksam.« – »Da sitzest du daheim in deinem dunkelgrauen Flausrock und deinem langen Haarzopf«, sprach die Katze, »und fängst Grillen: das kommt davon, wenn man bei Tage nicht ausgeht.« Die Maus räumte während der Abwesenheit der Katze auf und brachte das Haus in Ordnung, die naschhafte Katze aber fraß den Fettopf rein aus. »Wenn erst alles aufgezehrt ist, so hat man Ruhe«, sagte sie zu sich selbst und kam satt und dick erst in der Nacht nach Haus. Die Maus fragte gleich nach dem Namen, den das dritte Kind bekommen hätte. »Es wird dir wohl auch nicht gefallen«, sagte die Katze, »er heißt *Ganzaus.*« – »Ganzaus!« rief die Maus, »das ist der allerbedenklichste Namen, gedruckt ist er mir noch nicht vorgekommen. Ganzaus! Was soll das bedeuten?« Sie schüttelte den Kopf, rollte sich zusammen und legte sich schlafen.

Von nun an wollte niemand mehr die Katze zu Gevatter bitten, als aber der Winter herangekommen und draußen nichts mehr zu finden war, gedachte die Maus ihres Vorrats und sprach: »Komm, Katze, wir wollen zu unserm Fettopfe gehen, den wir uns aufgespart haben, der wird uns schmecken.« – »Jawohl«, antwortete die Katze, »der wird dir schmecken, als wenn du deine feine Zunge zum Fenster hinausstreckst.« Sie machten sich auf den Weg, und als sie anlangten, stand zwar der Fettopf noch an seinem Platz, er war aber leer. »Ach«, sagte die Maus, »jetzt merke ich, was geschehen ist, jetzt kommt's an den Tag, du bist mir die wahre Freundin! Aufgefressen hast du alles, wie du zu Gevatter gestanden hast: erst Haut ab, dann halb aus, dann ...« – »Willst du schweigen«, rief die Katze, »noch ein Wort, und ich fresse dich auf.« – »Ganz aus«, hatte die arme Maus schon auf der Zunge, kaum war es heraus, so tat die Katze einen Satz nach ihr, packte sie und schluckte sie hinunter. Siehst du, so geht's in der Welt.

3.

Marienkind

Vor einem großen Walde lebte ein Holzhacker mit seiner Frau, der hatte nur ein einziges Kind, das war ein Mädchen von drei Jahren. Sie waren aber so arm, daß sie nicht mehr das tägliche Brot hatten und nicht wußten, was sie ihm sollten zu essen geben. Eines Morgens ging der Holzhacker voller Sorgen hinaus in den Wald an seine

Arbeit, und wie er da Holz hackte, stand auf einmal eine schöne große Frau vor ihm, die hatte eine Krone von leuchtenden Sternen auf dem Haupt und sprach zu ihm: »Ich bin die Jungfrau Maria, die Mutter des Christkindleins: du bist arm und dürftig, bring mir dein Kind, ich will es mit mir nehmen, seine Mutter sein und für es sorgen.« Der Holzhacker gehorchte, holte sein Kind und übergab es der Jungfrau Maria, die nahm es mit sich hinauf in den Himmel. Da ging es ihm wohl, es aß Zuckerbrot und trank süße Milch, und seine Kleider waren von Gold, und die Englein spielten mit ihm. Als es nun vierzehn Jahr alt geworden war, rief es einmal die Jungfrau Maria zu sich und sprach: »Liebes Kind, ich habe eine große Reise vor, da nimm die Schlüssel zu den dreizehn Türen des Himmelreichs in Verwahrung: zwölf davon darfst du aufschließen und die Herrlichkeiten darin betrachten, aber die dreizehnte, wozu dieser kleine Schlüssel gehört, die ist dir verboten: hüte dich, daß du sie nicht aufschließest, sonst wirst du unglücklich.« Das Mädchen versprach gehorsam zu sein, und als nun die Jungfrau Maria weg war, fing sie an und besah die Wohnungen des Himmelreichs: jeden Tag schloß es eine auf, bis die zwölfe herum waren. In jeder aber saß ein Apostel und war von großem Glanz umgeben, und es freute sich über all die Pracht und Herrlichkeit, und die Englein, die es immer begleiteten, freuten sich mit ihm. Nun war die verbotene Tür allein noch übrig, da empfand es eine große Lust zu wissen, was dahinter verborgen wäre, und sprach zu den Englein: »Ganz aufmachen will ich sie nicht und will auch nicht hineingehen, aber ich will sie aufschließen, damit wir ein wenig durch den Ritz sehen.« – »Ach nein«, sagten die Englein, »das wäre Sünde: die Jungfrau Maria hat's verboten, und es könnte leicht dein Unglück werden.« Da schwieg es still, aber die Begierde in seinem Herzen schwieg nicht still, sondern nagte und pickte ordentlich daran und ließ ihm keine Ruhe. Und als die Englein einmal alle hinausgegangen waren, dachte es: Nun bin ich ganz allein und könnte hineingucken, es weiß es ja niemand, wenn ich's tue. Es suchte den Schlüssel heraus, und als es ihn in der Hand hielt, steckte es ihn auch in das Schloß, und als es ihn hineingesteckt hatte, drehte es auch um. Da sprang die Türe auf, und es sah da die Dreieinigkeit im Feuer und Glanz sitzen. Es blieb ein Weilchen stehen und betrachtete alles mit Erstaunen, dann rührte es ein wenig mit dem Finger an den Glanz, da ward der Finger ganz golden. Alsbald empfand es eine gewaltige Angst, schlug die

Türe heftig zu und lief fort. Die Angst wollte auch nicht wieder weichen, es mochte anfangen, was es wollte, und das Herz klopfte in einem fort und wollte nicht ruhig werden: auch das Gold blieb an dem Finger und ging nicht ab, es mochte waschen und reiben, soviel es wollte.

Gar nicht lange, so kam die Jungfrau Maria von ihrer Reise zurück. Sie rief das Mädchen zu sich und forderte ihm die Himmelsschlüssel wieder ab. Als es den Bund hinreichte, blickte ihm die Jungfrau in die Augen und sprach: »Hast du auch nicht die dreizehnte Türe geöffnet?« – »Nein«, antwortete es. Da legte sie ihre Hand auf sein Herz, fühlte, wie es klopfte und klopfte, und merkte wohl, daß es ihr Gebot übertreten und die Türe aufgeschlossen hatte. Da sprach sie noch einmal: »Hast du es gewiß nicht getan?« – »Nein«, sagte das Mädchen zum zweitenmal. Da erblickte sie den Finger, der von der Berührung des himmlischen Feuers golden geworden war, sah wohl, daß es gesündigt hatte, und sprach zum drittenmal: »Hast du es nicht getan?« – »Nein«, sagte das Mädchen zum drittenmal. Da sprach die Jungfrau Maria: »Du hast mir nicht gehorcht und hast noch dazu gelogen, du bist nicht mehr würdig, im Himmel zu sein.«

Da versank das Mädchen in einen tiefen Schlaf, und als es erwachte, lag es unten auf der Erde, mitten in einer Wildnis. Es wollte rufen, aber es konnte keinen Laut hervorbringen. Es sprang auf und wollte fortlaufen, aber wo es sich hinwendete, immer ward es von dichten Dornhecken zurückgehalten, die es nicht durchbrechen konnte. In der Einöde, in welche es eingeschlossen war, stand ein alter hohler Baum, das mußte seine Wohnung sein. Da kroch es hinein, wenn die Nacht kam, und schlief darin, und wenn es stürmte und regnete, fand es darin Schutz: aber es war ein jämmerliches Leben, und wenn es daran dachte, wie es im Himmel so schön gewesen war und die Engel mit ihm gespielt hatten, so weinte es bitterlich. Wurzeln und Waldbeeren waren seine einzige Nahrung, die suchte es sich, soweit es kommen konnte. Im Herbst sammelte es die herabgefallenen Nüsse und Blätter und trug sie in die Höhle, die Nüsse waren im Winter seine Speise, und wenn Schnee und Eis kam, so kroch es wie ein armes Tierchen in die Blätter, daß es nicht fror. Nicht lange, so zerrissen seine Kleider und fiel ein Stück nach dem andern vom Leib herab. Sobald dann die Sonne wieder warm schien, ging es heraus und setzte sich vor den Baum, und seine langen Haare bedeckten es von allen Seiten wie ein Mantel. So saß es ein Jahr nach dem andern und fühlte den Jammer und das Elend der Welt.

Einmal, als die Bäume wieder in frischem Grün standen, jagte der König des Landes in dem Wald und verfolgte ein Reh, und weil es in das Gebüsch geflohen war, das den Waldplatz einschloß, stieg er vom Pferd, riß das Gestrüppe auseinander und hieb sich mit seinem Schwert einen Weg. Als er endlich hindurchgedrungen war, sah er unter dem Baum ein wunderschönes Mädchen sitzen, das saß da und war von seinem goldenen Haar bis zu den Fußzehen bedeckt. Er stand still und betrachtete es voll Erstaunen, dann redete er es an und sprach: »Wer bist du? Warum sitzest du hier in der Einöde?« Es gab aber keine Antwort, denn es konnte seinen Mund nicht auftun. Der König sprach weiter: »Willst du mit mir auf mein Schloß gehen?« Da nickte es nur ein wenig mit dem Kopf. Der König nahm es auf seinen Arm, trug es auf sein Pferd und ritt mit ihm heim, und als er auf das königliche Schloß kam, ließ er ihm schöne Kleider anziehen und gab ihm alles im Überfluß. Und ob es gleich nicht sprechen konnte, so war es doch schön und holdselig, daß er es von Herzen liebgewann, und es dauerte nicht lange, da vermählte er sich mit ihm.

Als etwa ein Jahr verflossen war, brachte die Königin einen Sohn zur Welt. Darauf in der Nacht, wo sie allein in ihrem Bette lag, erschien ihr die Jungfrau Maria und sprach: »Willst du die Wahrheit sagen und gestehen, daß du die verbotene Tür aufgeschlossen hast, so will ich deinen Mund öffnen und dir die Sprache wiedergeben: verharrst du aber in der Sünde und leugnest hartnäckig, so nehm ich dein neugebornes Kind mit mir.« Da war der Königin verliehen zu antworten, sie blieb aber verstockt und sprach: »Nein, ich habe die verbotene Tür nicht aufgemacht«, und die Jungfrau Maria nahm das neugeborene Kind ihr aus den Armen und verschwand damit. Am andern Morgen, als das Kind nicht zu finden war, ging ein Gemurmel unter den Leuten, die Königin wäre eine Menschenfresserin und hätte ihr eigenes Kind umgebracht. Sie hörte alles ud konnte nichts dagegen sagen, der König aber wollte es nicht glauben, weil er sie so lieb hatte.

Nach einem Jahr gebar die Königin wieder einen Sohn. In der Nacht trat auch wieder die Jungfrau Maria zu ihr herein und sprach: »Willst du gestehen, daß du die verbotene Tür geöffnet hast, so will ich dir dein Kind wiedergeben und deine Zunge lösen: verharrst du aber in der Sünde und leugnest, so nehme ich auch dieses neugeborne mit mir.« Da sprach die Königin wiederum: »Nein, ich habe die verbotene Tür nicht geöffnet«, und die Jungfrau nahm ihr das Kind aus den Armen weg und mit sich in den Himmel. Am Morgen, als das Kind abermals verschwunden war, sagten die Leute ganz laut, die Königin hätte es verschlungen, und des Königs Räte verlangten, daß sie sollte gerichtet werden. Der König aber hatte sie so lieb, daß er es nicht glauben wollte, und befahl den Räten, bei Leibes- und Lebensstrafe nichts mehr darüber zu sprechen.

Im nächsten Jahre gebar die Königin ein schönes Töchterlein, da erschien ihr zum drittenmal nachts die Jungfrau Maria und sprach: »Folge mir.« Sie nahm sie bei der Hand und führte sie in den Himmel und zeigte ihr da ihre beiden ältesten Kinder, die lachten sie an und spielten mit der Weltkugel. Als sich die Königin darüber freuete, sprach die Jungfrau Maria: »Ist dein Herz noch nicht erweicht? Wenn du eingestehst, daß du die verbotene Tür geöffnet hast, so will ich dir deine beiden Söhnlein zurückgeben.« Aber die Königin antwortete zum drittenmal: »Nein, ich habe die verbotene Tür nicht geöffnet.« Da ließ sie die Jungfrau wieder zur Erde herabsinken und nahm ihr auch das dritte Kind.

Am andern Morgen, als es ruchbar ward, riefen alle Leute laut: »Die Königin ist eine Menschenfresserin, sie muß verurteilt werden«, und der König konnte seine Räte nicht mehr zurückweisen. Es ward ein Gericht über sie gehalten, und weil sie nicht antworten und sich nicht verteidigen konnte, ward sie verurteilt, auf dem Scheiterhaufen zu sterben. Das Holz wurde zusammengetragen, und als sie an einen Pfahl festgebunden war und das Feuer ringsumher zu brennen anfing, da schmolz das harte Eis des Stolzes, und ihr Herz ward von Reue bewegt, und sie dachte: »Könnt ich nur noch vor meinem Tode gestehen, daß ich die Tür geöffnet habe«, da kam ihr die Stimme, daß sie laut ausrief: »Ja, Maria, ich habe es getan!« Und alsbald fing der Himmel an zu regnen und löschte die Feuerflammen, und über ihr brach ein Licht hervor, und die Jungfrau Maria kam herab und hatte die beiden Söhnlein zu ihren Seiten und das neugeborne Töchterlein auf dem Arm. Sie sprach freundlich zu ihr: »Wer seine Sünde bereut und eingesteht, dem ist sie vergeben«, und reichte ihr die drei Kinder, löste ihr die Zunge und gab ihr Glück für das ganze Leben.

4.

Märchen von einem, der auszog, das Fürchten zu lernen

Ein Vater hatte zwei Söhne, davon war der älteste klug und gescheit und wußte sich in alles wohl zu schicken, der jüngste aber war dumm, konnte nichts begreifen und lernen: und wenn ihn die Leute sahen, sprachen sie: »Mit dem wird der Vater noch seine Last haben!« Wenn nun etwas zu tun war, so mußte es der älteste allzeit ausrichten: hieß ihn aber der Vater noch spät oder gar in der Nacht etwas holen und der Weg ging dabei über den Kirchhof oder sonst einen schaurigen Ort, so antwortete er wohl: »Ach nein, Vater, ich gehe nicht dahin, es gruselt mir!« Denn er fürchtete sich. Oder wenn abends beim Feuer Geschichten erzählt wurden, wobei einem die Haut schaudert, so sprachen die Zuhörer manchmal: »Ach, es gruselt mir!« Der jüngste saß in einer Ecke und hörte das mit an und konnte nicht begreifen, was es heißen sollte. »Immer sagen sie: Es gruselt mir! Es gruselt mir! Mir gruselt's nicht: das wird wohl eine Kunst sein, von der ich auch nichts verstehe.«

Nun geschah es, daß der Vater einmal zu ihm sprach: »Hör du, in der Ecke dort, du wirst groß und stark, du mußt auch etwas lernen, womit du dein Brot verdienst. Siehst du, wie dein Bruder sich Mühe gibt, aber an dir ist Hopfen und Malz verloren.« – »Ei, Vater«, antwortete er, »ich will gerne was lernen; ja, wenn's anginge, so möchte ich lernen, daß mir's gruselte; davon verstehe ich noch gar nichts.« Der älteste lachte, als er das hörte, und dachte bei sich: »Du lieber Gott, was ist mein Bruder ein Dummbart, aus dem wird sein Lebtag nichts: was ein Häkchen werden will, muß sich beizeiten krümmen.« Der Vater seufzte und antwortete ihm: »Das Gruseln, das sollst du schon lernen, aber dein Brot wirst du damit nicht verdienen.«

Bald danach kam der Küster zum Besuch ins Haus, da klagte ihm der Vater seine Not und erzählte, wie sein jüngster Sohn in allen Dingen so schlecht beschlagen wäre, er wüßte nichts und lernte nichts. »Denkt euch, als ich ihn fragte, womit er sein Brot verdienen wollte, hat er gar verlangt, das Gruseln zu lernen.« – »Wenn's weiter nichts ist«, antwortete der Küster, »das kann er bei mir lernen; tut ihn nur zu mir, ich will ihn schon abhobeln.« Der Vater war es zufrieden, weil er dachte: »Der Junge wird doch ein wenig zugestutzt.« Der Küster nahm ihn also ins Haus, und er mußte die Glocke läuten. Nach ein paar Tagen weckte er ihn um Mitternacht, hieß ihn aufstehen, in den Kirchturm steigen und läuten. »Du sollst schon lernen, was Gruseln ist«, dachte er, ging heimlich voraus, und als der Junge oben war und sich umdrehte und das Glockenseil fassen wollte, so sah er auf der Treppe, dem Schalloch gegenüber, eine weiße Gestalt stehen. »Wer da?« rief er, aber die Gestalt gab keine Antwort, regte und bewegte sich nicht. »Gib Antwort«, rief der Junge, »oder mache, daß du fortkommst, du hast hier in der Nacht nichts zu schaffen.« Der Küster aber blieb unbeweglich stehen, damit der Junge glauben sollte, es wäre ein Gespenst. Der Junge rief zum zweitenmal: »Was willst du hier? Sprich, wenn du ein ehrlicher Kerl bist, oder ich werfe dich die Treppe hinab.« Der Küster dachte: »Das wird so schlimm nicht gemeint sein«, gab keinen Laut von sich und stand, als wenn er von Stein wäre. Da rief ihn der Junge zum dritten Male an, und als das auch vergeblich war, nahm er einen Anlauf und stieß das Gespenst die Treppe hinab, daß es zehn Stufen hinabfiel und in einer Ecke liegenblieb. Darauf läutete er die Glocke, ging heim, legte sich, ohne ein Wort zu sagen, ins Bett und schlief fort. Die Küsterfrau wartete lange Zeit auf ihren Mann, aber er wollte nicht wiederkommen. Da ward ihr endlich angst, sie weckte den Jungen und fragte: »Weißt du nicht, wo mein Mann geblieben ist? Er ist vor dir auf den Turm gestiegen.« – »Nein«, antwortete der Junge, »aber da hat einer dem Schalloch gegenüber auf der Treppe gestanden, und weil er keine Antwort geben und auch nicht weggehen wollte, so habe ich ihn für einen Spitzbuben gehalten und hinuntergestoßen. Geht nur hin, so werdet Ihr sehen, ob er's gewesen ist, es sollte mir leid tun.« Die Frau sprang fort und fand ihren Mann, der in einer Ecke lag und jammerte und ein Bein gebrochen hatte.

Sie trug ihn herab und eilte dann mit lautem Geschrei zu dem Vater des Jungen. »Euer Junge«, rief sie, »hat ein großes Unglück angerichtet, meinen Mann hat er die Treppe hinabgeworfen, daß er ein Bein gebrochen hat: schafft den Taugenichts aus unserm Hause.« Der Vater erschrak, kam herbeigelaufen und schalt den Jungen aus. »Was sind das für gottlose Streiche, die muß dir der Böse eingegeben haben.« – »Vater«, antwortete er, »hört nur an, ich bin ganz unschuldig: er stand da in der Nacht, wie einer, der Böses im

Sinne hat. Ich wußte nicht, wer's war, und habe ihn dreimal ermahnt, zu reden oder wegzugehen.« – »Ach«, sprach der Vater, »mit dir erleb ich nur Unglück, geh mir aus den Augen, ich will dich nicht mehr ansehen.« – »Ja, Vater, recht gerne, wartet nur, bis Tag ist, da will ich ausgehen und das Gruseln lernen, so versteh ich doch eine Kunst, die mich ernähren kann.« – »Lerne, was du willst«, sprach der Vater, »mir ist alles einerlei. Da hast du funfzig Taler, damit geh in die weite Welt und sage keinem Menschen, wo du her bist und wer dein Vater ist, denn ich muß mich deiner schämen.« – »Ja, Vater, wie Ihr's haben wollt, wenn Ihr nicht mehr verlangt, das kann ich leicht in Acht behalten.«

Als nun der Tag anbrach, steckte der Junge seine funfzig Taler in die Tasche, ging hinaus auf die große Landstraße und sprach immer vor sich hin: »Wenn mir's nur gruselte! Wenn mir's nur gruselte!« Da kam ein Mann heran, der hörte das Gespräch, das der Junge mit sich selber führte, und als sie ein Stück weiter waren, daß man den Galgen sehen konnte, sagte der Mann zu ihm: »Siehst du, dort ist der Baum, wo siebene mit des Seilers Tochter Hochzeit gehalten haben und jetzt das Fliegen lernen: setz dich darunter und warte, bis die Nacht kommt, so wirst du schon das Gruseln lernen.« – »Wenn weiter nichts dazu gehört«, antwortete der Junge, »das ist leicht getan; lerne ich aber so geschwind das Gruseln, so sollst du meine funfzig Taler haben: komm nur morgen früh wieder zu mir.« Da ging der Junge zu dem Galgen, setzte sich darunter und wartete, bis der Abend kam. Und weil ihn fror, machte er sich ein Feuer an: aber um Mitternacht ging der Wind so kalt, daß er trotz des Feuers nicht warm werden wollte. Und als der Wind die Gehenkten gegeneinander stieß, daß sie sich hin und her bewegten, so dachte er: »Du frierst unten bei dem Feuer, was mögen die da oben erst frieren und zappeln.« Und weil er mitleidig war, legte er die Leiter an, stieg hinauf, knüpfte einen nach dem andern los und holte sie alle siebene herab. Darauf schürte er das Feuer, blies es an und setzte sie ringsherum, daß sie sich wärmen sollten. Aber sie saßen da und regten sich nicht, und das Feuer ergriff ihre Kleider. Da sprach er: »Nehmt euch in acht, sonst häng ich euch wieder hinauf.« Die Toten aber hörten nicht, schwiegen und ließen ihre Lumpen fortbrennen. Da ward er bös und sprach: »Wenn ihr nicht achtgeben wollt, so kann ich euch nicht helfen, ich will nicht mit euch verbrennen«, und hing sie nach der Reihe wieder hinauf. Nun setzte er sich zu seinem Feuer und schlief ein, und am andern Morgen, da kam der Mann zu ihm, wollte die funfzig Taler haben und sprach: »Nun, weißt du, was Gruseln ist?« – »Nein«, antwortete er, »woher sollte ich's wissen? Die da droben haben das Maul nicht aufgetan und waren so dumm, daß sie die paar alten Lappen, die sie am Leibe haben, brennen ließen.« Da sah der Mann, daß er die funfzig Taler heute nicht davontragen würde, ging fort und sprach: »So einer ist mir noch nicht vorgekommen.«

Der Junge ging auch seines Weges und fing wieder an, vor sich hin zu reden: »Ach, wenn mir's nur gruselte! Ach, wenn mir's nur gruselte!« Das hörte ein Fuhrmann, der hinter ihm her schritt, und fragte: »Wer bist du?« – »Ich weiß nicht«, antwortete der Junge. Der Fuhrmann fragte weiter: »Wo bist du her?« – »Ich weiß nicht.« – »Wer ist dein Vater?« – »Das darf ich nicht sagen.« – »Was brummst du beständig in den Bart hinein?« – »Ei«, antwortete der Junge, »ich wollte, daß mir's gruselte, aber niemand kann mir's lehren.« – »Laß dein dummes Geschwätz«, sprach der Fuhrmann, »komm, geh mit mir, ich will sehen, daß ich dich unterbringe.« Der Junge ging mit dem Fuhrmann, und abends gelangten sie zu einem Wirtshaus, wo sie übernachten wollten. Da sprach er beim Eintritt in die Stube wieder ganz laut: »Wenn mir's nur gruselte! Wenn mir's nur gruselte!« Der Wirt, der das hörte, lachte und sprach: »Wenn dich danach lüstet, dazu sollte hier wohl Gelegenheit sein.« – »Ach schweig stille«, sprach die Wirtsfrau, »so mancher Vorwitzige hat schon sein Leben eingebüßt, es wäre Jammer und Schade um die schönen Augen, wenn die das Tageslicht nicht wiedersehen sollten.« Der Junge aber sagte: »Wenn's noch so schwer wäre, ich will's einmal lernen, deshalb bin ich ja ausgezogen.« Er ließ dem Wirt auch keine Ruhe, bis dieser erzählte, nicht weit davon stände ein verwünschtes Schloß, wo einer wohl lernen könnte, was Gruseln wäre, wenn er nur drei Nächte darin wachen wollte. Der König hätte dem, der's wagen wollte, seine Tochter zur Frau versprochen, und die wäre die schönste Jungfrau, welche die Sonne beschien; in dem Schlosse steckten auch große Schätze, von bösen Geistern bewacht, die würden dann frei und könnten einen Armen reich genug machen. Schon viele wären wohl hinein-, aber noch keiner wieder herausgekommen. Da ging der Junge am andern Morgen vor den König und sprach: »Wenn's erlaubt wäre, so wollte ich wohl drei Nächte in dem verwünschten Schlosse wachen.« Der König sah ihn an, und weil er ihm gefiel, sprach er: »Du darfst dir noch dreierlei ausbitten, aber es müssen leblose Dinge sein, und das darfst du mit ins Schloß nehmen.« Da antwortete er: »So bitt ich um ein Feuer, eine Drehbank und eine Schnitzbank mit dem Messer.«

Der König ließ ihm das alles bei Tage in das Schloß tragen. Als es Nacht werden wollte, ging der Junge hinauf, machte sich in einer Kammer ein helles Feuer an, stellte die Schnitzbank mit dem Messer daneben und setzte sich auf die Drehbank. »Ach, wenn mir's nur gruselte!« sprach er. »Aber hier werde ich's auch nicht lernen.« Gegen Mitternacht wollte er sich sein Feuer einmal aufschüren; wie er so hineinblies, da schrie's plötzlich aus einer Ecke: »Au, miau! Was uns friert!« – »Ihr Narren«, rief er, »was schreit ihr? Wenn euch friert, kommt, setzt euch ans Feuer und wärmt euch.« Und wie er das gesagt hatte, kamen zwei große schwarze Katzen in einem gewaltigen Sprunge herbei, setzten sich ihm zu beiden Seiten und sahen ihn mit ihren feurigen Augen ganz wild an. Über ein Weilchen, als sie sich gewärmt hatten, sprachen sie: »Kamerad, wollen wir eins in der Karte spielen?« – »Warum nicht?« antwortete er. »Aber zeigt einmal eure Pfoten her.« Da streckten sie die Krallen aus. »Ei«, sagte er, »was habt ihr lange Nägel! Wartet, die muß ich euch erst abschneiden.« Damit packte er sie beim Kragen, hob sie auf die Schnitzbank und schraubte ihnen die Pfoten fest. »Euch habe ich auf die Finger gesehen«, sprach er, »da vergeht mir die Lust zum Kartenspiel«, schlug sie tot und warf sie hinaus ins Wasser. Als er aber die zwei zur Ruhe gebracht hatte und sich wieder zu seinem Feuer setzen wollte, da kamen aus allen Ecken und Enden schwarze Katzen und schwarze Hunde an glühenden Ketten, immer mehr und mehr, daß er sich nicht mehr bergen konnte; die schrien greulich, traten ihm auf sein Feuer, zerrten es auseinander und wollten es ausmachen. Das sah er ein Weilchen ruhig mit an, als es ihm aber zu arg ward, faßte er sein Schnitzmesser und rief: »Fort mit dir, du Gesindel«, und haute auf sie los. Ein Teil sprang weg, die andern schlug er tot und warf sie hinaus in den Teich. Als er wieder gekommen war, blies er aus den Funken sein Feuer frisch an und wärmte sich. Und als er so saß, wollten ihm die Augen nicht länger offen bleiben, und er bekam Lust zu schlafen. Da blickte er um sich und sah in der Ecke ein großes Bett. »Das ist mir eben recht«, sprach er und legte sich hinein. Als er aber die Augen zutun wollte, so fing das Bett von selbst an zu fahren und fuhr im ganzen Schloß herum.

»Recht so«, sprach er, »nur besser zu.« Da rollte das Bett fort, als wären sechs Pferde vorgespannt, über Schwellen und Treppen auf und ab: auf einmal, hopp, hopp! warf es um, das unterste zuoberst, daß es wie ein Berg auf ihm lag. Aber er schleuderte Decken und Kissen in die Höhe, stieg heraus und sagte: »Nun mag fahren, wer Lust hat«, legte sich an sein Feuer und schlief, bis es Tag war. Am Morgen kam der König, und als er ihn da auf der Erde liegen sah, meinte er, die Gespenster hätten ihn umgebracht und er wäre tot. Da sprach er: »Es ist doch schade um den schönen Menschen.« Das hörte der Junge, richtete sich auf und sprach: »So weit ist's noch nicht!« Da verwunderte sich der König, freute sich aber und fragte, wie es ihm gegangen wäre. »Recht gut«, antwortete er, »eine Nacht wäre herum, die zwei andern werden auch herumgehen.« Als er zum Wirt kam, da machte der große Augen. »Ich dachte nicht«, sprach er, »daß ich dich wieder lebendig sehen würde; hast du nun gelernt, was Gruseln ist?« – »Nein«, sagte er, »es ist alles vergeblich: wenn mir's nur einer sagen könnte!«

Die zweite Nacht ging er abermals hinaus ins alte Schloß, setzte sich zum Feuer und fing sein altes Lied wieder an: »Wenn mir's nur gruselte!« Wie Mitternacht herankam, ließ sich ein Lärm und Gepolter hören, erst sachte, dann immer stärker, dann war's ein bißchen still, endlich kam mit lautem Geschrei ein halber Mensch den Schornstein herab und fiel vor ihn hin. »Heda!« rief er, »noch ein halber gehört dazu, das ist zu wenig.« Da ging der Lärm von frischem an, es tobte und heulte und fiel die andere Hälfte auch herab. »Wart«, sprach er, »ich will dir erst das Feuer ein wenig anblasen.« Wie er das getan hatte und sich wieder umsah, da waren die beiden Stücke zusammengefahren, und saß da ein greulicher Mann auf seinem Platz. »So haben wir nicht gewettet«, sprach der Junge, »die Bank ist mein.« Der Mann wollte ihn wegdrängen, aber der Junge ließ sich's nicht gefallen, schob ihn mit Gewalt weg und setzte sich wieder auf seinen Platz. Da fielen noch mehr Männer herab, einer nach dem andern, die holten neun Totenbeine und zwei Totenköpfe, setzten auf und spielten Kegel. Der Junge bekam auch Lust und fragte: »Hört ihr, kann ich mit sein?« – »Ja, wenn du Geld hast.« – »Geld genug«, antwortete er, »aber eure Kugeln sind nicht recht rund.« Da nahm er die Totenköpfe, setzte sie in die Drehbank und drehte sie rund. »So, jetzt werden sie besser schüppeln«, sprach er, »heida, nun geht's lustig!« Er spielte mit und verlor etwas von seinem Geld, als es aber zwölf schlug, war alles vor seinen Augen verschwunden. Er legte sich nieder und schlief ruhig ein. Am andern Morgen kam der König und wollte sich erkundigen. »Wie ist dir's diesmal gegangen?« fragte er. »Ich habe gekegelt«, antwortete er, »und ein paar Heller verloren.« – »Hat dir denn nicht gegruselt?« – »Ei was«, sprach er, »lustig hab ich mich gemacht. Wenn ich nur wüßte, was Gruseln wäre.«

In der dritten Nacht setzte er sich wieder auf seine Bank und sprach ganz verdrießlich: »Wenn es mir nur gruselte!« Als es spät ward, kamen sechs große Männer und brachten eine Totenlade hereingetragen. Da sprach er: »Haha, das ist gewiß mein Vetterchen, das erst vor ein paar Tagen gestorben ist«, winkte mit dem Finger und rief: »Komm, Vetterchen, komm!« Sie stellten den Sarg auf die Erde, er aber ging hinzu und nahm den Deckel ab: da lag ein toter Mann darin. Er fühlte ihm ans Gesicht, aber es war kalt wie Eis. »Wart«, sprach er, »ich will dich ein bißchen wärmen«, ging ans Feuer, wärmte seine Hand und legte sie ihm aufs Gesicht, aber der Tote blieb kalt. Nun nahm er ihn heraus, setzte sich ans Feuer und legte ihn auf seinen Schoß und rieb ihm die Arme, damit das Blut wieder in Bewegung kommen sollte. Als auch das nichts helfen wollte, fiel ihm ein: Wenn zwei zusammen im Bett liegen, so wärmen sie sich, brachte ihn ins Bett, deckte ihn zu und legte sich neben ihn. Über ein Weilchen ward auch der Tote warm und fing an, sich zu regen. Da sprach der Junge: »Siehst du, Vetterchen, hätt ich dich nicht gewärmt!« Der Tote aber hub an und rief: »Jetzt will ich dich erwürgen.« – »Was«, sagte er, »ist das mein Dank? Gleich sollst du wieder in deinen Sarg«, hub ihn auf, warf ihn hinein und machte den Deckel zu; da kamen die sechs Männer und trugen ihn wieder fort. »Es will mir nicht gruseln«, sagte er, »hier lerne ich's mein Lebtag nicht.«

Da trat ein Mann herein, der war größer als alle andere und sah fürchterlich aus; er war aber alt und hatte einen langen weißen Bart. »O du Wicht«, rief er, »nun sollst du bald lernen, was Gruseln ist, denn du sollst sterben.« – »Nicht so schnell«, antwortete der Junge, »soll ich sterben, so muß ich auch dabeisein.« – »Dich will ich schon packen«, sprach der Unhold. »Sachte, sachte, mach dich nicht so breit; so stark wie du bin ich auch, und wohl noch stärker.« – »Das wollen wir sehn«, sprach der Alte, »bist du stärker als ich, so will ich dich gehn lassen; komm, wir wollen's versuchen.« Da führte er ihn durch dunkle Gänge zu einem Schmiedefeuer, nahm eine Axt und schlug den einen Amboß mit einem Schlag in die Erde. »Das kann ich noch besser«, sprach der Junge und ging zu dem andern Amboß; der Alte stellte sich nebenhin und wollte zusehen, und sein weißer Bart hing herab. Da faßte der Junge die Axt, spaltete den Amboß auf einen Hieb und klemmte den Bart des Alten mit hinein. »Nun hab ich dich«, sprach der Junge, »jetzt ist das Sterben an dir.« Dann faßte er eine Eisenstange und schlug auf den Alten los, bis er wimmerte und bat, er möchte aufhören, er wollte ihm große Reichtümer geben. Der Junge zog die Axt raus und ließ ihn los. Der Alte führte ihn wieder ins Schloß zurück und zeigte ihm in einem Keller drei Kasten voll Gold. »Davon«, sprach er, »ist ein Teil den Armen, der andere dem König, der dritte dein.« Indem schlug es zwölfe, und der Geist verschwand, also daß der Junge im Finstern stand. »Ich werde mir doch heraushelfen können«, sprach er, tappte herum, fand den Weg in die Kammer und schlief dort bei seinem Feuer ein. Am andern Morgen kam der König und sagte: »Nun wirst du gelernt haben, was Gruseln ist?« – »Nein«, antwortete er, »was ist's nur? Mein toter Vetter war da, und ein bärtiger Mann ist gekommen, der hat mir da unten viel Geld gezeigt, aber was Gruseln ist, hat mir keiner gesagt.« Da sprach der König: »Du hast das Schloß erlöst und sollst meine Tochter heiraten.« – »Das ist all recht gut«, antwortete er, »aber ich weiß noch immer nicht, was Gruseln ist.«

Da ward das Gold heraufgebracht und die Hochzeit gefeiert, aber der junge König, so lieb er seine Gemahlin hatte und so vergnügt er war, sagte doch immer: »Wenn mir nur gruselte, wenn mir nur gruselte.« Das verdroß sie endlich. Ihr Kammermädchen sprach: »Ich will Hilfe schaffen, das Gruseln soll er schon lernen.« Sie ging hinaus zum Bach, der durch den Garten floß, und ließ sich einen ganzen Eimer voll Gründlinge holen. Nachts, als der junge König schlief, mußte seine Gemahlin ihm die Decke wegziehen und den Eimer voll kalt Wasser mit den Gründlingen über ihn herschütten, daß die kleinen Fische um ihn herumzappelten. Da wachte er auf und rief: »Ach was gruselt mir, was gruselt mir, liebe Frau! Ja, nun weiß ich, was Gruseln ist.«

5.

Der Wolf und die sieben jungen Geißlein

Es war einmal eine alte Geiß, die hatte sieben junge Geißlein und hatte sie lieb, wie eine Mutter ihre Kinder liebhat. Eines Tages wollte sie in den Wald gehen und Futter holen, da rief sie alle sieben herbei und sprach: »Liebe Kinder, ich will hinaus in den Wald, seid auf eurer Hut vor dem Wolf, wenn er hereinkommt, so frißt er euch alle mit Haut und Haar. Der Bösewicht verstellt sich oft, aber an seiner rauhen Stimme und an seinen schwarzen Füßen werdet ihr ihn gleich erkennen.« Die Geißlein sagten: »Liebe Mutter, wir wollen uns schon in acht nehmen, Ihr könnt ohne Sorge fortgehen.« Da meckerte die Alte und machte sich getrost auf den Weg.

Es dauerte nicht lange, so klopfte jemand an die Haustür und rief: »Macht auf, ihr lieben Kinder, eure Mutter ist da und hat jedem von euch etwas mitgebracht.« Aber die Geißerchen hörten an der rauhen Stimme, daß es der Wolf war. »Wir machen nicht auf«, riefen sie, »du bist unsere Mutter nicht, die hat eine feine und liebliche Stimme, aber deine Stimme ist rauh; du bist der Wolf.« Da ging der Wolf fort zu einem Krämer und kaufte sich ein großes Stück Kreide: die aß er und machte damit seine Stimme fein. Dann kam er zurück, klopfte an die Haustür und rief: »Macht auf, ihr lieben Kinder, eure Mutter ist da und hat jedem von euch etwas mitgebracht.« Aber der Wolf hatte seine schwarze Pfote in das Fenster gelegt, das sahen die Kinder und riefen: »Wir machen nicht auf, unsere Mutter hat keinen schwarzen Fuß wie du: du bist der Wolf.« Da lief der Wolf zu einem Bäcker und sprach: »Ich habe mich an den Fuß gestoßen, streich mir Teig darüber.« Und als ihm der Bäcker die Pfote bestrichen hatte, so lief er zum Müller und sprach: »Streu mir weißes Mehl auf meine Pfote.« Der Müller dachte: »Der Wolf will einen betrügen«, und weigerte sich, aber der Wolf sprach: »Wenn du es nicht tust, so fresse ich dich.« Da fürchtete sich der Müller und machte ihm die Pfote weiß. Ja, das sind die Menschen.

Nun ging der Bösewicht zum drittenmal zu der Haustüre, klopfte an und sprach: »Macht mir auf, Kinder, euer liebes Mütterchen ist heimgekommen und hat jedem von euch etwas aus dem Walde mitgebracht.« Die Geißerchen riefen: »Zeig uns erst deine Pfote, damit wir wissen, daß du unser liebes Mütterchen bist.« Da legte er die Pfote ins Fenster, und als sie sahen, daß sie weiß war, so glaubten sie, es wäre alles wahr, was er sagte, und machten die Türe auf. Wer aber hereinkam, das war der Wolf. Sie erschraken und wollten sich verstecken. Das eine sprang unter den Tisch, das zweite ins Bett, das dritte in den Ofen, das vierte in die Küche, das fünfte in den Schrank, das sechste unter die Waschschüssel, das siebente in den Kasten der Wanduhr. Aber der Wolf fand sie alle und machte nicht langes Federlesen: eins nach dem andern schluckte er in seinen Rachen; nur das jüngste in dem Uhrkasten, das fand er nicht. Als der Wolf seine Lust gebüßt hatte, trollte er sich fort, legte sich draußen auf der grünen Wiese unter einen Baum und fing an zu schlafen.

Nicht lange danach kam die alte Geiß aus dem Walde wieder heim. Ach, was mußte sie da erblicken! Die Haustüre stand sperrweit auf: Tisch, Stühle und Bänke waren umgeworfen, die Waschschüssel lag in Scherben, Decke und Kissen waren aus dem Bett gezogen. Sie suchte ihre Kinder, aber nirgend waren sie zu finden. Sie rief sie nacheinander bei Namen, aber niemand antwortete. Endlich als sie an das jüngste kam, da rief eine feine Stimme: »Liebe Mutter, ich stecke im Uhrkasten.« Sie holte es heraus, und es erzählte ihr, daß der Wolf gekommen wäre und die andern alle gefressen hätte. Da könnt ihr denken, wie sie über ihre armen Kinder geweint hat.

Endlich ging sie in ihrem Jammer hinaus, und das jüngste Geißlein lief mit. Als sie auf die Wiese kam, so lag da der Wolf an dem Baum und schnarchte, daß die Äste zitterten. Sie betrachtete ihn von allen Seiten und sah, daß in seinem angefüllten Bauch sich etwas regte und zappelte. »Ach Gott«, dachte sie, »sollten meine armen Kinder, die er zum Abendbrot hinuntergewürgt hat, noch am Leben sein?« Da mußte das Geißlein nach Haus laufen und Schere, Nadel und Zwirn holen. Dann schnitt sie dem Ungetüm den Wanst auf, und kaum hatte sie einen Schnitt getan, so streckte schon ein Geißlein den Kopf heraus, und als sie weiter schnitt, so sprangen nacheinander alle sechse heraus, und waren noch alle am Leben und hatten nicht einmal Schaden gelitten, denn das Ungetüm hatte sie in der Gier ganz hinuntergeschluckt. Das war eine Freude! Da herzten sie ihre liebe Mutter und hüpften wie ein Schneider, der Hochzeit hält. Die Alte aber sagte: »Jetzt geht und sucht Wackersteine, damit wollen wir dem gottlosen Tier den Bauch füllen, solange es noch im Schlafe liegt.« Da schleppten die sieben Geißerchen in aller Eile die Steine herbei und steckten sie ihm in den Bauch, soviel sie hineinbringen konnten. Dann nähte ihn die Alte in aller Geschwindigkeit wieder zu, daß er nichts merkte und sich nicht einmal regte.

Als der Wolf endlich ausgeschlafen hatte, machte er sich auf die Beine, und weil ihm die Steine im Magen so großen Durst erregten, so wollte er zu einem Brunnen gehen und trinken. Als er aber anfing, zu gehen und sich hin und her zu bewegen, so stießen die Steine in seinem Bauch aneinander und rappelten. Da rief er:

»Was rumpelt und pumpelt
in meinem Bauch herum?
Ich meinte, es wären sechs Geißlein,
so sind's lauter Wackerstein.«

Und als er an den Brunnen kam und sich über das Wasser bückte und trinken wollte, da zogen ihn die schweren Steine hinein, und er mußte jämmerlich ersaufen. Als die sieben Geißlein das sahen, da kamen sie herbeigelaufen, riefen laut: »Der Wolf ist tot! Der Wolf ist tot!«, und tanzten mit ihrer Mutter vor Freude um den Brunnen herum.

6.

Der treue Johannes

Es war einmal ein alter König, der war krank und dachte: »Es wird wohl das Totenbett sein, auf dem ich liege.« Da sprach er: »Laßt mir den getreuen Johannes kommen.« Der getreue Johannes war sein liebster Diener und hieß so, weil er ihm sein Lebelang so treu gewesen war. Als er nun vor das Bett kam, sprach der König zu ihm: »Getreuester Johannes, ich fühle, daß mein Ende herannaht, und da habe ich keine andere Sorge als um meinen Sohn: er ist noch in jungen Jahren, wo er sich nicht immer zu raten weiß, und wenn du mir nicht versprichst, ihn zu unterrichten in allem, was er wissen muß, und sein Pflegevater zu sein, so kann ich meine Augen nicht in

Ruhe schließen.« Da antwortete der getreue Johannes: »Ich will ihn nicht verlassen und will ihm mit Treue dienen, wenn's auch mein Leben kostet.« Da sagte der alte König: »So sterb ich getrost und in Frieden.« Und sprach dann weiter: »Nach meinem Tode sollst du ihm das ganze Schloß zeigen, alle Kammern, Säle und Gewölbe, und alle Schätze, die darin liegen: aber die letzte Kammer in dem langen Gange sollst du ihm nicht zeigen, worin das Bild der Königstochter vom goldenen Dache verborgen steht. Wenn er das Bild erblickt, wird er eine heftige Liebe zu ihr empfinden und wird in Ohnmacht niederfallen und wird ihretwegen in große Gefahren geraten; davor sollst du ihn hüten.« Und als der treue Johannes nochmals dem alten König die Hand darauf gegeben hatte, ward dieser still, legte sein Haupt auf das Kissen und starb.

Als der alte König zu Grabe getragen war, da erzählte der treue Johannes dem jungen König, was er seinem Vater auf dem Sterbelager versprochen hatte, und sagte: »Das will ich gewißlich halten und will dir treu sein, wie ich ihm gewesen bin, und sollte es mein Leben kosten.« Die Trauer ging vorüber, da sprach der treue Johannes zu ihm: »Es ist nun Zeit, daß du dein Erbe siehst: ich will dir dein väterliches Schloß zeigen.« Da führte er ihn überall herum, auf und ab, und ließ ihn alle die Reichtümer und prächtigen Kammern sehen: nur die eine Kammer öffnete er nicht, worin das gefährliche Bild stand. Das Bild war aber so gestellt, daß wenn die Türe aufging, man gerade darauf sah, und war so herrlich gemacht, daß man meinte, es leibte und lebte und es gäbe nichts Lieblicheres und Schöneres auf der ganzen Welt. Der junge König aber merkte wohl, daß der getreue Johannes immer an einer Tür vorüberging, und sprach: »Warum schließest du mir diese niemals auf?« – »Es ist etwas darin«, antwortete er, »vor dem du erschrickst.« Aber der König antwortete: »Ich habe das ganze Schloß gesehen, so will ich auch wissen, was darin ist«, ging und wollte die Türe mit Gewalt öffnen. Da hielt ihn der getreue Johannes zurück und sagte: »Ich habe es deinem Vater vor seinem Tode versprochen, daß du nicht sehen sollst, was in der Kammer steht: es könnte dir und mir zu großem Unglück ausschlagen.« – »Ach nein«, antwortete der junge König, »wenn ich nicht hineinkomme, so ist's mein sicheres Verderben: ich würde Tag und Nacht keine Ruhe haben, bis ich's mit meinen Augen gesehen hätte. Nun gehe ich nicht von der Stelle, bis du aufgeschlossen hast.«

Da sah der getreue Johannes, daß es nicht mehr zu ändern war, und suchte mit schwerem Herzen und vielem Seufzen aus dem großen Bund den Schlüssel heraus. Als er die Türe geöffnet hatte, trat er zuerst hinein und dachte, er wolle das Bildnis bedecken, daß es der König vor ihm nicht sähe; aber was half das? Der König stellte sich auf die Fußspitzen und sah ihm über die Schulter. Und als er das Bildnis der Jungfrau erblickte, das so herrlich war und von Gold und Edelsteinen glänzte, da fiel er ohnmächtig zur Erde nieder. Der getreue Johannes hob ihn auf, trug ihn in sein Bett und dachte voll Sorgen: »Das Unglück ist geschehen, Herr Gott, was will daraus werden!« Dann stärkte er ihn mit Wein, bis er wieder zu sich selbst kam. Das erste Wort, das er sprach, war: »Ach! wer ist das schöne Bild?« – »Das ist die Königstochter vom goldenen Dache«, antwortete der treue Johannes. Da sprach der König weiter: »Meine Liebe zu ihr ist so groß, wenn alle Blätter an den Bäumen Zungen wären, sie könnten's nicht aussagen; mein Leben setze ich daran, daß ich sie erlange. Du bist mein getreuster Johannes, du mußt mir beistehen.«

Der treue Diener besann sich lange, wie die Sache anzufangen wäre, denn es hielt schwer, nur vor das Angesicht der Königstochter zu kommen. Endlich hatte er ein Mittel ausgedacht und sprach zu dem König: »Alles, was sie um sich hat, ist von Gold, Tische, Stühle, Schüsseln, Becher, Näpfe und alles Hausgerät; in deinem Schatze liegen fünf Tonnen Goldes, laß eine von den Goldschmieden des Reichs verarbeiten zu allerhand Gefäßen und Gerätschaften, zu allerhand Vögeln, Gewild und wunderbaren Tieren, das wird ihr gefallen, wir wollen damit hinfahren und unser Glück versuchen.« Der König hieß alle Goldschmiede herbeiholen, die mußten Tag und Nacht arbeiten, bis endlich die herrlichsten Dinge fertig waren. Als alles auf ein Schiff geladen war, zog der getreue Johannes Kaufmannskleider an, und der König mußte ein gleiches tun, um sich ganz unkenntlich zu machen. Dann fuhren sie über das Meer und fuhren so lange, bis sie zu der Stadt kamen, worin die Königstochter vom goldenen Dache wohnte.

Der treue Johannes hieß den König auf dem Schiffe zurückbleiben und auf ihn warten. »Vielleicht«, sprach er, »bring ich die Königstochter mit, darum sorgt, daß alles in Ordnung ist, laßt die Goldgefäße aufstellen und das ganze Schiff ausschmücken.« Darauf suchte er sich in sein Schürzchen allerlei von den Goldsachen zusammen, stieg ans Land und ging gerade nach dem königlichen Schloß. Als er in den Schloßhof kam, stand da beim Brunnen ein schönes Mädchen, das hatte zwei goldene Eimer in der Hand und schöpfte damit. Und als es das blinkende Wasser forttragen wollte und sich umdrehte, sah es den fremden Mann und fragte, wer er wäre. Da antwortete er: »Ich bin ein Kaufmann«, und öffnete sein Schürzchen und ließ sie hineinschauen. Da rief sie: »Ei, was für schönes Goldzeug!«, setzte die Eimer nieder und betrachtete eins nach dem andern. Da sprach das Mädchen: »Das muß die Königstochter sehen, die hat so große Freude an den Goldsachen, daß sie Euch alles abkauft.« Es nahm ihn bei der Hand und führte ihn hinauf, denn es war die Kammerjungfer. Als die Königstochter die Ware sah, war sie ganz vergnügt und sprach: »Es ist so schön gearbeitet, daß ich dir alles abkaufen will.« Aber der getreue Johannes sprach: »Ich bin nur der Diener von einem reichen Kaufmann: was ich hier habe, ist nichts gegen das, was mein Herr auf seinem Schiff stehen hat, und das ist das Künstlichste und Köstlichste, was je in Gold ist gearbeitet worden.« Sie wollte alles heraufgebracht haben, aber er sprach: »Dazu gehören viele Tage, so groß ist die Menge, und so viel Säle, um es aufzustellen, daß Euer Haus nicht Raum dafür hat.« Da ward ihre Neugierde und Lust immer mehr angeregt, so daß sie endlich sagte: »Führe mich hin zu dem Schiff, ich will selbst hingehen und deines Herrn Schätze betrachten.«

Da führte sie der getreue Johannes zu dem Schiffe hin und war ganz freudig, und der König, als er sie erblickte, sah, daß ihre Schönheit noch größer war, als das Bild sie dargestellt hatte, und meinte nicht anders, als das Herz wollte ihm zerspringen. Nun stieg sie in das Schiff, und der König führte sie hinein; der getreue Johannes aber blieb zurück bei dem Steuermann und hieß das Schiff abstoßen: »Spannt alle Segel auf, daß es fliegt wie ein Vogel in der Luft.« Der König aber zeigte ihr drinnen das goldene Geschirr, jedes einzeln, die Schüsseln, Becher, Näpfe, die Vögel, das Gewild und die wunderbaren Tiere. Viele Stunden gingen herum, während sie alles besah, und in ihrer Freude merkte sie nicht, daß das Schiff dahinfuhr. Nachdem sie das letzte betrachtet hatte, dankte sie dem Kaufmann und wollte heim, als sie aber an des Schiffes Rand kam, sah sie, daß es fern vom Land auf hohem Meere ging und mit vollen Segeln forteilte. »Ach«, rief sie erschrocken, »ich bin betrogen, ich bin entführt und in die Gewalt eines Kaufmanns geraten; lieber wollt ich sterben!« Der König aber faßte sie bei der Hand und sprach: »Ein Kaufmann bin ich nicht, ich bin ein König und nicht geringer an Geburt, als du bist; aber daß ich dich mit List entführt habe, das ist aus übergroßer Liebe geschehen. Das erstemal, als ich dein Bildnis gesehen habe, bin ich ohnmächtig zur Erde gefallen.« Als die Königstochter vom goldenen Dache das hörte, ward sie getröstet, und ihr Herz ward ihm geneigt, so daß sie gerne einwilligte, seine Gemahlin zu werden.

Es trug sich aber zu, während sie auf dem hohen Meere dahinfuhren, daß der getreue Johannes, als er vorn auf dem Schiffe saß und Musik machte, in der Luft drei Raben erblickte, die dahergeflogen kamen. Da hörte er auf zu spielen und horchte, was sie miteinander sprachen, denn er verstand das wohl. Die eine rief: »Ei, da führt er die Königstochter vom goldenen Dache heim.« – »Ja«, antwortete die zweite, »er hat sie noch nicht.« Sprach die dritte: »Er hat sie doch, sie sitzt bei ihm im Schiffe.« Da fing die erste wieder an und rief: »Was hilft ihm das! Wenn sie ans Land kommen, wird ihm ein fuchsrotes Pferd entgegenspringen; da wird er sich aufschwingen wollen, und tut er das, so sprengt es mit ihm fort und in die Luft hinein, daß er nimmermehr seine Jungfrau wiedersieht.« Sprach die zweite: »Ist gar keine Rettung?« – »O ja, wenn ein anderer schnell aufsitzt, das Feuergewehr, das in den Halftern stecken muß, herausnimmt und das Pferd damit totschießt, so ist der junge König gerettet. Aber wer weiß das! Und wer's weiß und sagt's ihm, der wird zu Stein von den Fußzehen bis zum Knie.« Da sprach die zweite: »Ich weiß noch mehr, wenn das Pferd auch getötet wird, so behält der junge König doch nicht seine Braut; wenn sie zusammen ins Schloß kommen, so liegt dort ein gemachtes Brauthemd in einer Schüssel und sieht aus, als wär's von Gold und Silber gewebt, ist aber nichts als Schwefel und Pech: wenn er's antut, verbrennt es ihn bis aufs Mark und Knochen.« Sprach die dritte: »Ist da gar keine Rettung?« – »O ja«, antwortete die zweite, »wenn einer mit Handschuhen das Hemd packt und wirft es ins Feuer, daß es verbrennt, so ist der junge König gerettet. Aber was hilft's! Wer's weiß und es ihm sagt, der wird halbes Leibes Stein vom Knie bis zum Herzen.« Da sprach die dritte: »Ich weiß noch mehr, wird das Brauthemd auch verbrannt, so hat der junge König seine Braut doch noch nicht; wenn nach der Hochzeit der Tanz anhebt und die junge Königin tanzt, wird sie plötzlich erbleichen und wie tot hinfallen: und hebt sie nicht einer auf und zieht aus ihrer rechten Brust drei Tropfen Blut und speit sie wieder aus, so stirbt sie. Aber verrät das einer, der es weiß, so wird er ganzes Leibes zu Stein vom Wirbel bis zur Fußzehe.« Als die Raben das miteinander gesprochen hatten, flogen sie weiter, und der getreue Johannes hatte alles wohl verstanden, aber von der Zeit an war er still und traurig; denn verschwieg er seinem Herrn, was er gehört hatte, so war dieser unglücklich: entdeckte er es ihm, so mußte er selbst sein Leben hingeben. Endlich aber sprach er bei sich: »Meinen Herrn will ich retten, und sollt ich selbst darüber zugrunde gehen.«

Als sie nun ans Land kamen, da geschah es, wie die Rabe vorhergesagt hatte, und es sprengte ein prächtiger fuchsroter Gaul daher. »Wohlan«, sprach der König, »der soll mich in mein Schloß tragen«, und wollte sich aufsetzen, doch der treue Johannes kam ihm zuvor, schwang sich schnell darauf, zog das Gewehr aus den Halftern und schoß den Gaul nieder. Da riefen die andern Diener des Königs, die dem treuen Johannes doch nicht gut waren: »Wie schändlich, das schöne Tier zu töten, das den König in sein Schloß tragen sollte!« Aber der König sprach: »Schweigt und laßt ihn gehen, es ist mein getreuester Johannes, wer weiß, wozu das gut ist!« Nun gingen sie ins Schloß, und da stand im Saal eine Schüssel, und das gemachte Brauthemd lag darin und sah aus nicht anders, als wäre es von Gold und Silber. Der junge König ging darauf zu und wollte es ergreifen, aber der treue Johannes schob ihn weg, packte es mit Handschuhen an, trug es schnell ins Feuer und ließ es verbrennen. Die anderen Diener fingen wieder an zu murren und sagten: »Seht, nun verbrennt er gar des Königs Brauthemd.« Aber der junge König sprach: »Wer weiß, wozu es gut ist, laßt ihn gehen, es ist mein getreuester Johannes.« Nun ward die Hochzeit gefeiert: der Tanz hub an, und die Braut trat auch hinein, da hatte der treue Johannes acht und schaute ihr ins Antlitz; auf einmal erbleichte sie und fiel wie tot zur Erde. Da sprang er eilends hinzu, hob sie auf und trug sie in eine Kammer, da legte er sie nieder, kniete und sog die drei Blutstropfen aus ihrer rechten Brust und speite sie aus. Alsbald atmete sie wieder und erholte sich, aber der junge König hatte es mit angesehen und wußte nicht, warum es der getreue Johannes getan hatte, ward zornig darüber und rief: »Werft ihn ins Gefängnis.« Am andern Morgen ward der getreue Johannes verurteilt und zum Galgen geführt, und als er oben stand und gerichtet werden sollte, sprach er: »Jeder, der sterben soll, darf vor seinem Ende noch einmal reden, soll ich das

Recht auch haben?« – »Ja«, antwortete der König, »es soll dir vergönnt sein.« Da sprach der treue Johannes: »Ich bin mit Unrecht verurteilt und bin dir immer treu gewesen«, und erzählte, wie er auf dem Meer das Gespräch der Raben gehört und wie er, um seinen Herrn zu retten, das alles hätte tun müssen. Da rief der König: »O mein treuester Johannes, Gnade! Gnade! Führt ihn herunter.« Aber der treue Johannes war bei dem letzten Wort, das er geredet hatte, leblos herabgefallen und war ein Stein.

Darüber trug nun der König und die Königin großes Leid, und der König sprach: »Ach, was hab ich große Treue so übel belohnt!« Und ließ das steinerne Bild aufheben und in seine Schlafkammer neben sein Bett stellen. Sooft er es ansah, weinte er und sprach: »Ach, könnt ich dich wieder lebendig machen, mein getreuester Johannes.« Es ging eine Zeit herum, da gebar die Königin Zwillinge, zwei Söhnlein, die wuchsen heran und waren ihre Freude. Einmal, als die Königin in der Kirche war und die zwei Kinder bei dem Vater saßen und spielten, sah dieser wieder das steinerne Bildnis voll Trauer an, seufzte und rief: »Ach, könnt ich dich wieder lebendig machen, mein getreuester Johannes.« Da fing der Stein an zu reden und sprach: »Ja, du kannst mich wieder lebendig machen, wenn du dein Liebstes daran wenden willst.« Da rief der König: »Alles, was ich auf der Welt habe, will ich für dich hingeben.« Sprach der Stein weiter: »Wenn du mit deiner eigenen Hand deinen beiden Kindern den Kopf abhaust und mich mit ihrem Blute bestreichst, so erhalte ich das Leben wieder.« Der König erschrak, als er hörte, daß er seine liebsten Kinder selbst töten sollte, doch dachte er an die große Treue und daß der getreue Johannes für ihn gestorben war, zog sein Schwert und hieb mit eigener Hand den Kindern den Kopf ab. Und als er mit ihrem Blute den Stein bestrichen hatte, so kehrte das Leben zurück, und der getreue Johannes stand wieder frisch und gesund vor ihm. Er sprach zum König: »Deine Treue soll nicht unbelohnt bleiben«, und nahm die Häupter der Kinder, setzte sie auf und bestrich die Wunde mit ihrem Blut, davon wurden sie im Augenblick wieder heil, sprangen herum und spielten fort, als wär ihnen nichts geschehen. Nun war der König voll Freude, und als er die Königin kommen sah, versteckte er den getreuen Johannes und die beiden Kinder in einen großen Schrank. Wie sie hereintrat, sprach er zu ihr: »Hast du gebetet in der Kirche?« – »Ja«, antwortete sie, »aber ich habe beständig an den treuen Johannes gedacht, daß er so unglücklich durch uns geworden ist.« Da sprach er: »Liebe Frau, wir können ihm das Leben wiedergeben, aber es kostet uns unsere beiden Söhnlein, die müssen wir opfern.« Die Königin ward bleich und erschrak im Herzen, doch sprach sie: »Wir sind's ihm schuldig wegen seiner großen Treue.« Da freute er sich, daß sie dachte, wie er gedacht hatte, ging hin und schloß den Schrank auf, holte die Kinder und den treuen Johannes heraus und sprach: »Gott sei gelobt, er ist erlöst, und unsere Söhnlein haben wir auch wieder«, und erzählte ihr, wie sich alles zugetragen hatte. Da lebten sie zusammen in Glückseligkeit bis an ihr Ende.

7.

Der gute Handel

Ein Bauer, der hatte seine Kuh auf den Markt getrieben und für sieben Taler verkauft. Auf dem Heimweg mußte er an einem Teich vorbei, und da hörte er schon von weitem, wie die Frösche riefen »ak, ak, ak, ak«. – »Ja«, sprach er für sich, »die schreien auch ins Haberfeld hinein: sieben sind's, die ich gelöst habe, keine acht.« Als er zu dem Wasser herankam, rief er ihnen zu: »Dummes Vieh, das ihr seid! Wißt ihr's nicht besser? Sieben Taler sind's und keine acht.« Die Frösche blieben aber bei ihrem »ak, ak, ak, ak«. – »Nun, wenn ihr's nicht glauben wollt, ich kann's euch vorzählen«, holte das Geld aus der Tasche und zählte die sieben Taler ab, immer vierundzwanzig Groschen auf einen. Die Frösche kehrten sich aber nicht an seine Rechnung und riefen abermals »ak, ak, ak, ak«. – »Ei«, rief der Bauer ganz bös, »wollt ihr's besser wissen als ich, so zählt selber«, und warf ihnen das Geld miteinander ins Wasser hinein. Er blieb stehen und wollte warten, bis sie fertig wären und ihm das Seinige wiederbrächten, aber die Frösche beharrten auf ihrem Sinn, schrien immerfort »ak, ak, ak, ak« und warfen auch das Geld nicht wieder heraus. Er wartete noch eine Weile, bis der Abend anbrach und er nach Hause mußte, da schimpfte er die Frösche aus und rief: »Ihr Wasserpatscher, ihr Dickköpfe, ihr Klotzaugen, ein groß Maul habt ihr und könnt schreien, daß einem die Ohren weh tun, aber sieben

Taler könnt ihr nicht zählen: meint ihr, ich wollte da stehen, bis ihr fertig wärt?« Damit ging er fort, aber die Frösche riefen noch »ak, ak, ak, ak« hinter ihm her, daß er ganz verdrießlich heimkam.

Über eine Zeit erhandelte er sich wieder eine Kuh, die schlachtete er und machte die Rechnung, wenn er das Fleisch gut verkaufte, könnte er so viel lösen, als die beiden Kühe wert wären, und das Fell hätte er obendrein. Als er nun mit dem Fleisch zu der Stadt kam, war vor dem Tore ein ganzes Rudel Hunde zusammengelaufen, voran ein großer Windhund: der sprang um das Fleisch, schnupperte und bellte »was, was, was, was«. Als er gar nicht aufhören wollte, sprach der Bauer zu ihm: »Ja, ich merke wohl, du sagst ›was, was‹, weil du etwas von dem Fleisch verlangst, da sollt ich aber schön ankommen, wenn ich dir's geben wollte.« Der Hund antwortete nichts als »was, was«. »Willst du's auch nicht wegfressen und für deine Kameraden da gutstehen?« – »Was, was«, sprach der Hund. »Nun, wenn du dabei beharrst, so will ich dir's lassen, ich kenne dich wohl und weiß, bei wem du dienst: aber das sage ich dir, in drei Tagen muß ich mein Geld haben, sonst geht dir's schlimm: du kannst mir's nur hinausbringen.« Darauf lud er das Fleisch ab und kehrte wieder um: die Hunde machten sich darüber her und bellten laut »was, was«. Der Bauer, der es von weitem hörte, sprach zu sich: »Horch, jetzt verlangen sie alle was, aber der große muß mir einstehen.«

Als drei Tage herum waren, dachte der Bauer: »Heute abend hast du dein Geld in der Tasche«, und war ganz vergnügt. Aber es wollte niemand kommen und auszahlen. »Es ist kein Verlaß mehr auf jemand«, sprach er, und endlich riß ihm die Geduld, daß er in die Stadt zu dem Fleischer ging und sein Geld forderte. Der Fleischer meinte, es wäre ein Spaß, aber der Bauer sagte: »Spaß beiseite, ich will mein Geld: hat der große Hund Euch nicht die ganze geschlachtete Kuh vor drei Tagen heimgebracht?« Da ward der Fleischer zornig, griff nach einem Besenstiel und jagte ihn hinaus. »Wart«, sprach der Bauer, »es gibt noch Gerechtigkeit auf der Welt!«, und ging in das königliche Schloß und bat sich Gehör aus. Er ward vor den König geführt, der da saß mit seiner Tochter und fragte, was ihm für ein Leid widerfahren wäre. »Ach«, sagte er, »die Frösche und die Hunde haben mir das Meinige genommen, und der Metzger hat mich dafür mit dem Stock bezahlt«, und erzählte weitläufig, wie es zugegangen war. Darüber fing die Königstochter laut an zu lachen, und der König sprach zu ihm: »Recht kann ich dir hier nicht geben, aber dafür sollst du meine Tochter zur Frau haben: ihr Lebtag hat sie noch nicht gelacht als eben über dich, und ich habe sie dem versprochen, der sie zum Lachen brächte. Du kannst Gott für dein Glück danken.« – »Oh«, antwortete der Bauer, »ich will sie gar nicht: ich habe daheim nur eine einzige Frau, und die ist mir schon zuviel: wenn ich nach Haus komme, so ist mir nicht anders, als ob in jedem Winkel eine stände.« Da ward der König zornig und sagte: »Du bist ein Grobian.« – »Ach, Herr König«, antwortete der Bauer, »was könnt Ihr von einem Ochsen anders erwarten als Rindfleisch!« – »Warte«, erwiderte der König, »du sollst einen andern Lohn haben. Jetzt pack dich fort, aber in drei Tagen komm wieder, so sollen dir fünfhundert vollgezählt werden.«

Wie der Bauer hinaus vor die Tür kam, sprach die Schildwache: »Du hast die Königstochter zum Lachen gebracht, da wirst du was Rechtes bekommen haben.« – »Ja, das mein ich«, antwortete der Bauer, »fünfhundert werden mir ausgezahlt.« – »Hör«, sprach der Soldat, »gib mir etwas davon: was willst du mit all dem Geld anfangen!« – »Weil du's bist«, sprach der Bauer, »so sollst du zweihundert haben, melde dich in drei Tagen beim König und laß dir's aufzählen.« Ein Jude, der in der Nähe gestanden und das Gespräch mit angehört hatte, lief dem Bauer nach, hielt ihn beim Rock und sprach: »Gotteswunder, was seid Ihr ein Glückskind! Ich will's Euch wechseln, ich will's Euch umsetzen in Scheidemünz, was wollt Ihr mit den harten Talern?« – »Mauschel«, sagte der Bauer, »dreihundert kannst du noch haben, gib mir's gleich in Münze, heut über drei Tage wirst du dafür beim König bezahlt werden.« Der Jude freute sich über das Profitchen und brachte die Summe in schlechten Groschen, wo drei so viel wert sind als zwei gute. Nach Verlauf der drei Tage ging der Bauer, dem Befehl des Königs gemäß, vor den König. »Zieht ihm den Rock aus«, sprach dieser, »er soll seine fünfhundert haben.« – »Ach«, sagte der Bauer, »sie gehören nicht mehr mein, zweihundert habe ich an die Schildwache verschenkt, und dreihundert hat mir der Jude eingewechselt, von Rechts wegen gebührt mir gar nichts.« Indem kam der Soldat und der Jude herein, verlangten das Ihrige, das sie dem Bauer abgewonnen hätten, und erhielten die Schläge richtig zugemessen. Der Soldat ertrug's geduldig und wußte schon, wie's schmeckte: der Jude aber tat jämmerlich: »Au weih geschrien! Sind das die harten Taler?« Der König mußte über den Bauer lachen, und da aller Zorn verschwunden war, sprach er: »Weil du deinen Lohn schon verloren hast, bevor er dir zuteil ward, so will ich dir einen Ersatz geben: Geh in meine Schatzkammer und hol dir Geld, soviel du willst.« Der Bauer ließ sich das nicht zweimal sagen und füllte in seine weiten Taschen, was nur hinein wollte. Danach ging er ins Wirtshaus und überzählte sein Geld. Der Jude war ihm nachgeschlichen und hörte, wie er mit sich allein brummte: »Nun hat mich der Spitzbube von König doch hinters Licht geführt! Hätte er mir nicht selbst das Geld geben können, so wüßte ich, was ich hätte, wie kann ich nun wissen, ob das richtig ist, was ich so auf gut Glück eingesteckt habe!« – »Gott bewahre«, sprach der Jude für sich, »der spricht despektierlich von unserm Herrn, ich lauf und geb's an, da krieg ich eine Belohnung, und er wird obendrein noch bestraft.« Als der König von den Reden des Bauern hörte, geriet er in Zorn und hieß den Juden hingehen und den Sünder herbeiholen. Der Jude lief zum Bauer: »Ihr sollt gleich zum Herrn König kommen, wie Ihr geht und steht.« – »Ich weiß besser, was sich schickt«, antwortete der Bauer, »erst laß ich mir einen neuen Rock machen; meinst du, ein Mann, der so viel Geld in der Tasche hat, sollte in dem alten Lumpenrock hingehen?« Der Jude, als er sah, daß der Bauer ohne einen andern Rock nicht wegzubringen war, und weil er fürchtete, wenn der Zorn des Königs verraucht wäre, so käme er um seine Belohnung und der Bauer um seine Strafe, so sprach er: »Ich will Euch für die kurze Zeit einen schönen Rock leihen aus bloßer Freundschaft; was tut der Mensch nicht alles aus Liebe!« Der Bauer ließ sich das gefallen, zog den Rock vom Juden an und ging mit ihm fort. Der König hielt dem Bauer die bösen Reden vor, die der Jude hinterbracht hatte. »Ach«, sprach der Bauer, »was ein Jude sagt, ist immer gelogen, dem geht kein wahres Wort aus dem Munde; der Kerl da ist imstand und behauptet, ich hätte seinen Rock an.« – »Was soll mir das«, schrie der Jude, »ist der Rock nicht mein? Hab ich ihn Euch nicht aus bloßer Freundschaft geborgt, damit Ihr vor den Herrn König treten konntet?« Wie der König das hörte, sprach er: »Einen hat der Jude gewiß betrogen, mich oder den Bauer«, und ließ ihm noch etwas in harten Talern nachzahlen. Der Bauer aber ging in dem guten Rock und mit dem guten Geld in der Tasche heim und sprach: »Diesmal hab ich's getroffen.«

8.

Der wunderliche Spielmann

Es war einmal ein wunderlicher Spielmann, der ging durch einen Wald mutterselig allein und dachte hin und her, und als für seine Gedanken nichts mehr übrig war, sprach er zu sich selbst: »Mir wird hier im Walde Zeit und Weile lang, ich will einen guten Gesellen herbeiholen.« Da nahm er die Geige vom Rücken und fidelte eins, daß es durch die Bäume schallte. Nicht lange, so kam ein Wolf durch das Dickicht dahergetrabt. »Ach, ein Wolf kommt! Nach dem trage ich kein Verlangen«, sagte der Spielmann; aber der Wolf schritt näher und sprach zu ihm: »Ei, du lieber Spielmann, was fidelst du so schön! Das möcht ich auch lernen.« – »Das ist bald gelernt«, antwortete ihm der Spielmann, »du mußt nur alles tun, was ich dich heiße.« – »O Spielmann«, sprach der Wolf, »ich will dir gehorchen wie ein Schüler seinem Meister.« Der Spielmann hieß ihn mitgehen, und als sie ein Stück Wegs zusammen gegangen waren, kamen sie an einen alten Eichbaum, der innen hohl und in der Mitte aufgerissen war. »Sieh her«, sprach der Spielmann, »willst du fideln lernen, so lege die Vorderpfoten in diesen Spalt.« Der Wolf gehorchte, aber der Spielmann hob schnell einen Stein auf und keilte ihm die beiden Pfoten mit einem Schlag so fest, daß er wie ein Gefangener da liegenbleiben mußte. »Warte da so lange, bis ich wiederkomme«, sagte der Spielmann und ging seines Weges.

Über eine Weile sprach er abermals zu sich selber: »Mir wird hier im Walde Zeit und Weile lang, ich will einen andern Gesellen herbeiholen«, nahm seine Geige und fidelte wieder in den Wald hinein. Nicht lange, so kam ein Fuchs durch die Bäume dahergeschlichen. »Ach, ein Fuchs kommt!« sagte der Spielmann. »Nach dem trage ich kein Verlangen.« Der Fuchs kam zu ihm heran und sprach: »Ei, du lieber Spielmann, was fidelst du so schön! Das möcht ich auch lernen.« – »Das ist bald gelernt«, sprach der Spielmann, »du mußt nur alles tun, was ich dich heiße.« – »O Spielmann«, antwortete der Fuchs, »ich will dir gehorchen wie ein Schüler seinem Meister.« – »Folge mir«, sagte der Spielmann, und als sie ein Stück Wegs gegangen waren, kamen sie auf einen Fußweg, zu dessen beiden Seiten hohe Sträuche standen. Da hielt der Spielmann still, bog von der

einen Seite ein Haselnußbäumchen zur Erde herab und trat mit dem Fuß auf die Spitze, dann bog er von der andern Seite noch ein Bäumchen herab und sprach: »Wohlan, Füchslein, wenn du etwas lernen willst, so reich mir deine linke Vorderpfote.« Der Fuchs gehorchte, und der Spielmann band ihm die Pfote an den linken Stamm. »Füchslein«, sprach er, »nun reich mir die rechte.« Die band er ihm an den rechten Stamm. Und als er nachgesehen hatte, ob die Knoten der Stricke auch fest genug waren, ließ er los, und die Bäumchen fuhren in die Höhe und schnellten das Füchslein hinauf, daß es in der Luft schwebte und zappelte. »Warte da so lange, bis ich wiederkomme«, sagte der Spielmann und ging seines Weges.

Wiederum sprach er zu sich: »Zeit und Weile wird mir hier im Walde lang; ich will einen andern Gesellen herbeiholen«, nahm seine Geige, und der Klang erschallte durch den Wald. Da kam ein Häschen dahergesprungen. »Ach, ein Hase kommt!« sagte der Spielmann. »Den wollte ich nicht haben.« – »Ei, du lieber Spielmann«, sagte das Häschen, »was fidelst du so schön, das möchte ich auch lernen.« – »Das ist bald gelernt«, sprach der Spielmann, »du mußt nur alles tun, was ich dich heiße.« – »O Spielmann«, antwortete das Häslein, »ich will dir gehorchen wie ein Schüler seinem Meister.« Sie gingen ein Stück Wegs zusammen, bis sie zu einer lichten Stelle im Wald kamen, wo ein Espenbaum stand. Der Spielmann band dem Häschen einen langen Bindfaden um den Hals, wovon er das andere Ende an den Baum knüpfte. »Munter, Häschen, jetzt spring mir zwanzigmal um den Baum herum«, rief der Spielmann, und das Häschen gehorchte, und wie es zwanzigmal herumgelaufen war, so hatte sich der Bindfaden zwanzigmal um den Stamm gewickelt, und das Häschen war gefangen, und es mochte ziehen und zerren, wie es wollte, es schnitt sich nur den Faden in den weichen Hals. »Warte da so lange, bis ich wiederkomme«, sprach der Spielmann und ging weiter.

Der Wolf indessen hatte gerückt, gezogen, an dem Stein gebissen und so lange gearbeitet, bis er die Pfoten frei gemacht und wieder aus der Spalte gezogen hatte. Voll Zorn und Wut eilte er hinter dem Spielmann her und wollte ihn zerreißen. Als ihn der Fuchs laufen sah, fing er an zu jammern und schrie aus Leibeskräften: »Bruder Wolf, komm mir zur Hilfe, der Spielmann hat mich betrogen.« Der Wolf zog die Bäumchen herab, biß die Schnüre entzwei und machte den Fuchs frei, der mit ihm ging und an dem Spielmann Rache nehmen wollte. Sie fanden das gebundene Häschen, das sie ebenfalls erlösten, und dann suchten alle zusammen ihren Feind auf.

Der Spielmann hatte auf seinem Weg abermals seine Fidel erklingen lassen, und diesmal war er glücklicher gewesen. Die Töne drangen zu den Ohren eines armen Holzhauers, der alsbald, er mochte wollen oder nicht, von der Arbeit abließ und mit dem Beil unter dem Arme herankam, die Musik zu hören. »Endlich kommt doch der rechte Geselle«, sagte der Spielmann, »denn einen Menschen suchte ich und keine wilden Tiere.« Und fing an und spielte so schön und lieblich, daß der arme Mann wie bezaubert dastand und ihm das Herz vor Freude aufging. Und wie er so stand, kamen der Wolf, der Fuchs und das Häslein heran, und er merkte wohl, daß sie etwas Böses im Schilde führten. Da erhob er seine blinkende Axt und stellte sich vor den Spielmann, als wollte er sagen: Wer an ihn will, der hüte sich, der hat es mit mir zu tun. Da ward den Tieren angst und liefen in den Wald zurück, der Spielmann aber spielte dem Manne noch eins zum Dank und zog dann weiter.

9.

Die zwölf Brüder

Es war einmal ein König und eine Königin, die lebten in Frieden miteinander und hatten zwölf Kinder, das waren aber lauter Buben. Nun sprach der König zu seiner Frau: »Wenn das dreizehnte Kind, was du zur Welt bringst, ein Mädchen ist, so sollen die zwölf Buben sterben, damit sein Reichtum groß wird und das Königreich ihm allein zufällt.« Er ließ auch zwölf Särge machen, die waren schon mit Hobelspänen gefüllt, und in jedem lag das Totenkißchen, und ließ sie in eine verschlossene Stube bringen, dann gab er der Königin den Schlüssel und gebot ihr, niemand etwas davon zu sagen.

Die Mutter aber saß nun den ganzen Tag und trauerte, so daß der kleinste Sohn, der immer bei ihr war und den sie nach der Bibel Benjamin nannte, zu ihr sprach: »Liebe Mutter, warum bist du so traurig?« – »Liebstes Kind«, antwortete sie, »ich darf dir's nicht sagen.« Er ließ ihr aber keine Ruhe, bis sie ging und die Stube aufschloß und ihm die zwölf mit Hobelspänen schon gefüllten Totenladen zeigte. Darauf sprach sie: »Mein liebster Benjamin, diese Särge hat dein Vater für dich und deine elf Brüder machen lassen, denn wenn ich ein Mädchen zur Welt bringe, so sollt ihr allesamt getötet und darin begraben werden.« Und als sie weinte, während sie das sprach, so tröstete sie der Sohn und sagte: »Weine nicht, liebe Mutter, wir wollen uns schon helfen und wollen fortgehen.« Sie aber sprach: »Geh mit deinen elf Brüdern hinaus in den Wald, und einer setze sich immer auf den höchsten Baum, der zu finden ist, und halte Wacht und schaue nach dem Turm hier im Schloß. Gebär ich ein Söhnlein, so will ich eine weiße Fahne aufstecken, und dann dürft ihr wiederkommen; gebär ich ein Töchterlein, so will ich eine rote Fahne aufstecken, und dann flieht fort, so schnell ihr könnt, und der liebe Gott behüte euch. Alle Nacht will ich aufstehen und für euch beten, im Winter, daß ihr an einem Feuer euch wärmen könnt, im Sommer, daß ihr nicht in der Hitze schmachtet.«

Nachdem sie also ihre Söhne gesegnet hatte, gingen sie hinaus in den Wald. Einer hielt um den andern Wacht, saß auf der höchsten Eiche und schauete nach dem Turm. Als elf Tage herum waren und die Reihe an Benjamin kam, da sah er, wie eine Fahne aufgesteckt wurde: es war aber nicht die weiße, sondern die rote Blutfahne, die verkündigte, daß sie alle sterben sollten. Wie die Brüder das hörten, wurden sie zornig und sprachen: »Sollten wir um eines Mädchens willen den Tod leiden! Wir schwören, daß wir uns rächen wollen: wo wir ein Mädchen finden, soll sein rotes Blut fließen.«

Darauf gingen sie tiefer in den Wald hinein, und mittendrein, wo er am dunkelsten war, fanden sie ein kleines, verwünschtes Häuschen, das leerstand. Da sprachen sie: »Hier wollen wir wohnen, und du, Benjamin, du bist der jüngste und schwächste, du sollst daheim bleiben und haushalten, wir andern wollen ausgehen und Essen holen.« Nun zogen sie in den Wald und schossen Hasen, wilde Rehe, Vögel und Täuberchen und was zu essen stand; das brachten sie dem Benjamin, der mußte es ihnen zurechtmachen, damit sie ihren Hunger stillen konnten. In dem Häuschen lebten sie zehn Jahre zusammen, und die Zeit ward ihnen nicht lang.

Das Töchterchen, das ihre Mutter, die Königin, geboren hatte, war nun herangewachsen, war gut von Herzen und schön von Angesicht und hatte einen goldenen Stern auf der Stirne. Einmal, als große Wäsche war, sah es darunter zwölf Mannshemden und fragte seine Mutter: »Wem gehören diese zwölf Hemden, für den Vater sind sie doch viel zu klein?« Da antwortete sie mit schwerem Herzen: »Liebes Kind, die gehören deinen zwölf Brüdern.« Sprach das Mädchen: »Wo sind meine zwölf Brüder, ich habe noch niemals von ihnen gehört.« Sie antwortete: »Das weiß Gott, wo sie sind: sie irren in der Welt herum.« Da nahm sie das Mädchen und schloß ihm das Zimmer auf und zeigte ihm die zwölf Särge mit den Hobelspänen und den Totenkißchen. »Diese Särge«, sprach sie, »waren für deine Brüder bestimmt, aber sie sind heimlich fortgegangen, eh du geboren warst«, und erzählte ihm, wie sich alles zugetragen hatte. Da sagte das Mädchen: »Liebe Mutter, weine nicht, ich will gehen und meine Brüder suchen.«

Nun nahm es die zwölf Hemden und ging fort und geradezu in den großen Wald hinein. Es ging den ganzen Tag, und am Abend kam es zu dem verwünschten Häuschen. Da trat es hinein und fand einen jungen Knaben, der fragte: »Wo kommst du her, und wo willst du hin?«, und erstaunte, daß sie so schön war, königliche Kleider trug und einen Stern auf der Stirne hatte. Da antwortete sie: »Ich bin eine Königstochter und suche meine zwölf Brüder und will gehen, soweit der Himmel blau ist, bis ich sie finde.« Sie zeigte ihm auch die zwölf Hemden, die ihnen gehörten. Da sah Benjamin, daß es seine Schwester war, und sprach: »Ich bin Benjamin, dein jüngster Bruder.« Und sie fing an zu weinen vor Freude, und Benjamin auch, und sie küßten und herzten einander vor großer Liebe. Hernach sprach er: »Liebe Schwester, es ist noch ein Vorbehalt da, wir hatten verabredet, daß ein jedes Mädchen, das uns begegnete, sterben sollte, weil wir um ein Mädchen unser Königreich verlassen mußten.« Da sagte sie: »Ich will gerne sterben, wenn ich damit meine zwölf Brüder erlösen kann.« – »Nein«, antwortete er, »du sollst nicht sterben, setze dich unter diese Bütte, bis die elf Brüder kommen, dann will ich schon einig mit ihnen werden.« Also tat sie; und wie es Nacht ward, kamen die andern von der Jagd, und die Mahlzeit war bereit. Und als sie am Tische saßen und aßen, fragten sie: »Was gibt's Neues?« Sprach Benjamin: »Wißt ihr nichts?« – »Nein«, antworteten sie. Sprach er weiter: »Ihr seid im Walde gewesen, und ich bin daheim geblieben und weiß doch mehr als ihr.« – »So erzähle uns«, riefen sie. Antwortete er: »Versprecht ihr mir auch, daß das erste Mädchen, das uns begegnet, nicht soll getötet werden?« – »Ja«, riefen sie alle, »das soll Gnade haben, erzähl uns nur.« Da sprach er: »Unsere Schwester ist da«, und hub die Bütte auf, und die Königstochter kam hervor in ihren königlichen Kleidern mit dem goldenen Stern auf der Stirne und war so schön, zart und fein. Da freueten sie sich alle, fielen ihr um den Hals und küßten sie und hatten sie vom Herzen lieb.

Nun blieb sie bei Benjamin zu Haus und half ihm in der Arbeit. Die elfe zogen in den Wald, fingen Gewild, Rehe, Vögel und Täuberchen, damit sie zu essen hatten, und die Schwester und Benjamin sorgten, daß es zubereitet wurde. Sie suchte das Holz zum Kochen und die Kräuter zum Gemüs und stellte die Töpfe ans Feuer, also daß die Mahlzeit immer fertig war, wenn die elfe kamen. Sie hielt auch sonst Ordnung im Häuschen und deckte die Bettlein hübsch weiß und rein, und die Brüder waren immer zufrieden und lebten in großer Einigkeit mit ihr.

Auf eine Zeit hatten die beiden daheim eine schöne Kost zurechtgemacht, und wie sie nun alle beisammen waren, setzten sie sich, aßen und tranken und waren voller Freude. Es war aber ein kleines Gärtchen an dem verwünschten Häuschen, darin standen zwölf Lilienblumen, die man auch Studenten heißt; nun wollte sie ihren Brüdern ein Vergnügen machen, brach die zwölf Blumen ab und dachte jedem aufs Essen eine zu schenken. Wie sie aber die Blumen abgebrochen hatte, in demselben Augenblick waren die zwölf Brüder in zwölf Raben verwandelt und flogen über den Wald hin fort, und das Haus mit dem Garten war auch verschwunden. Da war nun das arme Mädchen allein in dem wilden Wald, und wie es sich umsah, so stand eine alte Frau neben ihm, die sprach: »Mein Kind, was hast du angefangen? Warum hast du die zwölf weißen Blumen nicht stehen lassen? Das waren deine Brüder, die sind nun auf immer in Raben verwandelt.« Das Mädchen sprach weinend: »Ist denn kein Mittel, sie zu erlösen?« – »Nein«, sagte die Alte, »es ist keins auf der ganzen Welt als eins, das ist aber so schwer, daß du sie damit nicht befreien wirst, denn du mußt sieben Jahre stumm sein, darfst nicht sprechen und nicht lachen, und sprichst du ein einziges Wort, und es fehlt nur eine Stunde an den sieben Jahren, so ist alles umsonst, und deine Brüder werden von dem einen Wort getötet.«

Da sprach das Mädchen in seinem Herzen: »Ich weiß gewiß, daß ich meine Brüder erlöse«, und ging und suchte einen hohen Baum, setzte sich darauf und spann, und sprach nicht und lachte nicht. Nun trug's sich zu, daß ein König in dem Walde jagte, der hatte einen großen Windhund, der lief zu dem Baum, wo das Mädchen draufsaß, sprang herum, schrie und bellte hinauf. Da kam der König herbei und sah die schöne Königstochter mit dem goldenen Stern auf der Stirne und war so entzückt über ihre Schönheit, daß er ihr zurief, ob sie seine Gemahlin werden wollte. Sie gab keine Antwort, nickte aber ein wenig mit dem Kopf. Da stieg er selbst auf den Baum, trug sie herab, setzte sie auf sein Pferd und führte sie heim. Da ward die Hochzeit mit großer Pracht und Freude gefeiert; aber die Braut sprach nicht und lachte nicht. Als sie ein paar Jahre miteinander vergnügt gelebt hatten, fing die Mutter des Königs, die eine böse Frau war, an, die junge Königin zu verleumden, und sprach zum König: »Es ist ein gemeines Bettelmädchen, das du dir mitgebracht hast, wer weiß, was für gottlose Streiche sie heimlich treibt. Wenn sie stumm ist und nicht sprechen kann, so könnte sie doch einmal lachen, aber wer nicht lacht, der hat ein böses Gewissen.« Der König wollte zuerst nicht daran glauben, aber die Alte trieb es so lange und beschuldigte sie so viel böser Dinge, daß der König sich endlich überreden ließ und sie zum Tod verurteilte.

Nun ward im Hof ein großes Feuer angezündet, darin sollte sie verbrannt werden; und der König stand oben am Fenster und sah mit weinenden Augen zu, weil er sie noch immer so liebhatte. Und als sie schon an den Pfahl festgebunden war und das Feuer an ihren Kleidern mit roten Zungen leckte, da war eben der letzte Augenblick von den sieben Jahren verflossen. Da ließ sich in der Luft ein Geschwirr hören, und zwölf Raben kamen hergezogen und senkten sich nieder; und wie sie die Erde berührten, waren es ihre zwölf Brüder, die sie erlöst hatte. Sie rissen das Feuer auseinander, löschten die Flammen, machten ihre liebe Schwester frei und küßten und herzten sie. Nun aber, da sie ihren Mund auftun und reden durfte, erzählte sie dem Könige, warum sie stumm gewesen wäre und niemals gelacht hätte. Der König freute sich, als er hörte, daß sie unschuldig war, und sie lebten nun alle zusammen in Einigkeit bis an ihren Tod. Die böse Stiefmutter ward vor Gericht gestellt und in ein Faß gesteckt, das mit siedendem Öl und giftigen Schlangen angefüllt war, und starb eines bösen Todes.

10.

Das Lumpengesindel

Hähnchen sprach zum Hühnchen: »Jetzt ist die Zeit, wo die Nüsse reif werden, da wollen wir zusammen auf den Berg gehen und uns einmal recht satt essen, ehe sie das Eichhorn alle wegholt.« – »Ja«, antwortete das Hühnchen, »komm, wir wollen uns eine Lust miteinander machen.« Da gingen sie zusammen fort auf den Berg, und weil es ein heller Tag war, blieben sie bis zum Abend. Nun weiß ich nicht, ob sie sich so dick gegessen hatten oder ob sie übermütig geworden waren, kurz, sie wollten nicht zu Fuß nach Haus gehen, und das Hähnchen mußte einen kleinen Wagen von Nußschalen bauen. Als er fertig war, setzte sich Hühnchen hinein und sagte zum Hähnchen: »Du kannst dich nur immer vorspannen.« – »Du kommst mir recht«, sagte das Hähnchen, »lieber geh ich zu Fuß nach Haus, als daß ich mich vorspannen lasse; nein, so haben wir nicht gewettet. Kutscher will ich wohl sein und auf dem Bock sitzen, aber selbst ziehen, das tu ich nicht.«

Wie sie so stritten, schnatterte eine Ente daher: »Ihr Diebsvolk, wer hat euch geheißen, in meinen Nußberg gehen? Wartet, das soll euch schlecht bekommen!«, ging also mit aufgesperrtem Schnabel auf das Hähnchen los. Aber Hähnchen war auch nicht faul und stieg der Ente tüchtig zu Leib, endlich hackte es mit seinen Sporn so gewaltig auf sie los, daß sie um Gnade bat und sich gern zur Strafe vor den Wagen spannen ließ. Hähnchen setzte sich nun auf den Bock und war Kutscher, und darauf ging es fort in einem Jagen: »Ente, lauf zu, was du kannst!« Als sie ein Stück Weges gefahren waren, begegneten sie zwei Fußgängern, einer Stecknadel und einer Nähnadel. Sie riefen: »Halt! Halt!«, und sagten, es würde gleich stichdunkel werden, da könnten sie keinen Schritt weiter, auch wäre es so schmutzig auf der Straße, ob sie nicht ein wenig einsitzen könnten: sie wären auf der Schneiderherberge vor dem Tor gewesen und hätten sich beim Bier verspätet. Hähnchen, da es magere Leute waren, die nicht viel Platz einnahmen, ließ sie beide einsteigen, doch mußten sie versprechen, ihm und seinem Hühnchen nicht auf die Füße zu treten. Spät abends kamen sie zu einem Wirtshaus, und weil sie die Nacht nicht weiterfahren wollten, die Ente auch nicht gut zu Fuß war und von einer Seite auf die andere fiel, so kehrten sie ein. Der Wirt machte anfangs viel Einwendungen, sein Haus wäre schon voll, gedachte auch wohl, es möchte keine vornehme Herrschaft sein, endlich aber, da sie süße Reden führten, er sollte das Ei haben, welches das Hühnchen unterwegs gelegt hatte, auch die Ente behalten, die alle Tage eins legte, so sagte er endlich, sie möchten die Nacht über bleiben. Nun ließen sie wieder frisch auftragen und lebten in Saus und Braus. Frühmorgens, als es dämmerte und noch alles schlief, weckte Hähnchen das Hühnchen, holte das Ei, pickte es auf, und sie verzehrten es zusammen; die Schalen aber warfen sie auf den Feuerherd. Dann gingen sie zu der Nähnadel, die noch schlief, packten sie beim Kopf und steckten sie in das Sesselkissen des Wirts, die Stecknadel aber in sein Handtuch, endlich flogen sie, mir nichts dir nichts, über die Heide davon. Die Ente, die gern unter freiem Himmel schlief und im Hof geblieben war, hörte sie fortschnurren, machte sich munter und fand einen Bach, auf dem sie hinabschwamm; und das ging geschwinder als vor dem Wagen. Ein paar Stunden später machte sich erst der Wirt aus den Federn, wusch sich und wollte sich am Handtuch abtrocknen, da fuhr ihm die Stecknadel über das Gesicht und machte ihm einen roten Strich von einem Ohr zum andern; dann ging er in die Küche und wollte sich eine Pfeife anstecken; wie er aber an den Herd kam, sprangen ihm die Eierschalen in die Augen. »Heute morgen will mir alles an meinen Kopf«, sagte er und ließ sich verdrießlich auf seinen Großvaterstuhl nieder; aber geschwind fuhr er wieder in die Höhe und schrie »auweh!«, denn die Nähnadel hatte ihn noch schlimmer und nicht in den Kopf gestochen. Nun war er vollends böse und hatte Verdacht auf die Gäste, die so spät gestern abend gekommen waren; und wie er ging und sich nach ihnen umsah, waren sie fort. Da tat er einen Schwur, kein Lumpengesindel mehr in sein Haus zu nehmen, das viel verzehrt, nichts bezahlt und zum Dank noch obendrein Schabernack treibt.

11.

Brüderchen und Schwesterchen

Brüderchen nahm sein Schwesterchen an der Hand und sprach: »Seit die Mutter tot ist, haben wir keine gute Stunde mehr; die Stiefmutter schlägt uns alle Tage, und wenn wir zu ihr kommen, stößt sie uns mit den Füßen fort. Die harten Brotkrusten, die übrigbleiben, sind unsere Speise, und dem Hündlein unter dem Tisch geht's besser: dem wirft sie doch manchmal einen guten Bissen zu. Daß Gott erbarm, wenn das unsere Mutter wüßte! Komm, wir wollen miteinander in die weite Welt gehen.« Sie gingen den ganzen Tag über Wiesen, Felder und Steine, und wenn es regnete, sprach das Schwesterchen: »Gott und unsere Herzen, die weinen zusammen!« Abends kamen sie in einen großen Wald und waren so müde von Jammer, Hunger und dem langen Weg, daß sie sich in einen hohlen Baum setzten und einschliefen.

Am andern Morgen, als sie aufwachten, stand die Sonne schon hoch am Himmel und schien heiß in den Baum hinein. Da sprach das Brüderchen: »Schwesterchen, mich dürstet, wenn ich ein Brünnlein wüßte, ich ging' und tränk' einmal; ich mein, ich hört eins rauschen.« Brüderchen stand auf, nahm Schwesterchen an der Hand, und sie wollten das Brünnlein suchen. Die böse Stiefmutter aber war eine Hexe und hatte wohl gesehen, wie die beiden Kinder fortgegangen waren, war ihnen nachgeschlichen, heimlich, wie die Hexen schleichen, und hatte alle Brunnen im Walde verwünscht. Als sie nun ein Brünnlein fanden, das so glitzerig über die Steine sprang, wollte das Brüderchen daraus trinken; aber das Schwesterchen hörte, wie es im Rauschen sprach: »Wer aus mir trinkt, wird ein Tiger; wer aus mir trinkt, wird ein Tiger.« Da rief das Schwesterchen: »Ich bitte dich, Brüderchen, trink nicht, sonst wirst du ein wildes Tier und zerreißest mich.« Das Brüderchen trank nicht, ob es gleich so großen Durst hatte, und sprach: »Ich will warten bis zur nächsten Quelle.« Als sie zum zweiten Brünnlein kamen, hörte das Schwesterchen, wie auch dieses sprach: »Wer aus mir trinkt, wird ein Wolf; wer aus mir trinkt, wird ein Wolf.« Da rief das Schwesterchen: »Brüderchen, ich bitte dich, trink nicht, sonst wirst du ein Wolf und frissest mich.« Das Brüderchen trank nicht und sprach:

»Ich will warten, bis wir zur nächsten Quelle kommen, aber dann muß ich trinken, du magst sagen, was du willst: mein Durst ist gar zu groß.« Und als sie zum dritten Brünnlein kamen, hörte das Schwesterlein, wie es im Rauschen sprach: »Wer aus mir trinkt, wird ein Reh; wer aus mir trinkt, wird ein Reh.« Das Schwesterchen sprach: »Ach Brüderchen, ich bitte dich, trink nicht, sonst wirst du ein Reh und läufst mir fort.« Aber das Brüderchen hatte sich gleich beim Brünnlein niedergeknieet, hinabgebeugt und von dem Wasser getrunken, und wie die ersten Tropfen auf seine Lippen gekommen waren, lag es da als ein Rehkälbchen.

Nun weinte das Schwesterchen über das arme, verwünschte Brüderchen, und das Rehchen weinte auch und saß so traurig neben ihm. Da sprach das Mädchen endlich: »Sei still, liebes Rehchen, ich will dich ja nimmermehr verlassen.« Dann band es sein goldenes Strumpfband ab und tat es dem Rehchen um den Hals, und rupfte Binsen und flocht ein weiches Seil daraus. Daran band es das Tierchen und führte es weiter und ging immer tiefer in den Wald hinein. Und als sie lange, lange gegangen waren, kamen sie endlich an ein kleines Haus, und das Mädchen schaute hinein, und weil es leer war, dachte es: »Hier können wir bleiben und wohnen.« Da suchte es dem Rehchen Laub und Moos zu einem weichen Lager, und jeden Morgen ging es aus und sammelte sich Wurzeln, Beeren und Nüsse, und für das Rehchen brachte es zartes Gras mit, das fraß es ihm aus der Hand, war vergnügt und spielte vor ihm herum. Abends, wenn Schwesterchen müde war und sein Gebet gesagt hatte, legte es seinen Kopf auf den Rücken des Rehkälbchens, das war sein Kissen, darauf es sanft einschlief. Und hätte das Brüderchen nur seine menschliche Gestalt gehabt, es wäre ein herrliches Leben gewesen.

Das dauerte eine Zeitlang, daß sie so allein in der Wildnis waren. Es trug sich aber zu, daß der König des Landes eine große Jagd in dem Wald hielt. Da schallte das Hörnerblasen, Hundegebell und das lustige Geschrei der Jäger durch die Bäume, und das Rehlein hörte es und wäre gar zu gerne dabei gewesen. »Ach«, sprach es zum Schwesterlein, »laß mich hinaus in die Jagd, ich kann's nicht länger mehr aushalten«, und bat so lange, bis es einwilligte. »Aber«, sprach es zu ihm, »komm mir ja abends wieder, vor den wilden Jägern schließ ich mein Türlein; und damit ich dich kenne, so klopf und sprich: Mein Schwesterlein, laß mich herein; und wenn du nicht so sprichst, so schließ ich mein Türlein nicht auf.« Nun sprang das Rehchen hinaus und war ihm so wohl und war so lustig in freier Luft. Der König und seine Jäger sahen das schöne Tier und setzten ihm nach, aber sie konnten es nicht einholen, und wenn sie meinten, sie hätten es gewiß, da sprang es über das Gebüsch weg und war verschwunden. Als es dunkel ward, lief es zu dem Häuschen, klopfte und sprach: »Mein Schwesterlein, laß mich herein.« Da ward ihm die kleine Tür aufgetan, es sprang hinein und ruhete sich die ganze Nacht auf seinem weichen Lager aus. Am andern Morgen ging die Jagd von neuem an, und als das Rehlein wieder das Hüfthorn hörte und das Hoho! der Jäger, da hatte es keine Ruhe und sprach: »Schwesterchen, mach mir auf, ich muß hinaus.« Das Schwesterchen öffnete ihm die Türe und sprach: »Aber zu Abend mußt du wieder da sein und dein Sprüchlein sagen.« Als der König und seine Jäger das Rehlein mit dem goldenen Halsband wieder sahen, jagten sie ihm alle nach, aber es war ihnen zu schnell und behend. Das währte den ganzen Tag, endlich aber hatten es die Jäger abends umzingelt, und einer verwundete es ein wenig am Fuß, so daß es hinken mußte und langsam fortlief. Da schlich ihm ein Jäger nach bis zu dem Häuschen und hörte, wie es rief: »Mein Schwesterlein, laß mich herein«, und sah, daß die Tür ihm aufgetan und alsbald wieder zugeschlossen ward. Der Jäger behielt das alles wohl im Sinn, ging zum König und erzählte ihm, was er gesehen und gehört hatte. Da sprach der König: »Morgen soll noch einmal gejagt werden.«

Das Schwesterchen aber erschrak gewaltig, als es sah, daß sein Rehkälbchen verwundet war. Es wusch ihm das Blut ab, legte Kräuter auf und sprach: »Geh auf dein Lager, lieb Rehchen, daß du wieder heil wirst.« Die Wunde aber war so gering, daß das Rehchen am Morgen nichts mehr davon spürte. Und als es die Jagdlust wieder draußen hörte, sprach es: »Ich kann's nicht aushalten, ich muß dabei sein; so bald soll mich keiner kriegen.« Das Schwesterchen weinte und sprach: »Nun werden sie dich töten, und ich bin hier allein im Wald und bin verlassen von aller Welt: ich laß dich nicht hinaus.« – »So sterb ich dir hier vor Betrübnis«, antwortete das Rehchen, »wenn ich das Hüfthorn höre, so mein ich, ich müßt aus den Schuhen springen!« Da konnte das Schwesterchen nicht anders und schloß ihm mit schwerem Herzen die Tür auf, und das Rehchen sprang gesund und fröhlich in den Wald. Als es der König erblickte, sprach er zu seinen Jägern: »Nun jagt ihm nach den ganzen Tag bis in die Nacht, aber daß ihm keiner etwas zuleide tut.« Sobald die Sonne untergegangen war, sprach der König zum Jäger: »Nun komm und zeige mir das Waldhäuschen.« Und als er vor dem Türlein war, klopfte er an und rief: »Lieb Schwesterlein, laß mich herein.« Da ging die Tür auf, und der König trat herein, und da stand ein Mädchen, das war so schön, wie er noch keins gesehen hatte. Das Mädchen erschrak, als es sah, daß nicht sein Rehlein, sondern ein Mann hereinkam, der eine goldene Krone auf dem Haupt hatte. Aber der König sah es freundlich an, reichte ihm die Hand und sprach: »Willst du mit mir gehen auf mein Schloß und meine liebe Frau sein?« – »Ach ja«, antwortete das Mädchen, »aber das Rehchen muß auch mit, das verlaß ich nicht.« Sprach der König: »Es soll bei dir bleiben, solange du lebst, und soll ihm an nichts fehlen.« Indem kam es hereingesprungen, da band es das Schwesterchen wieder an das Binsenseil, nahm es selbst in die Hand und ging mit ihm aus dem Waldhäuschen fort.

Der König nahm das schöne Mädchen auf sein Pferd und führte es in sein Schloß, wo die Hochzeit mit großer Pracht gefeiert wurde, und war es nun die Frau Königin und lebten sie lange Zeit vergnügt zusammen; das Rehlein ward gehegt und gepflegt und sprang in dem Schloßgarten herum. Die böse Stiefmutter aber, um derentwillen die Kinder in die Welt hineingegangen waren, die meinte nicht anders, als Schwesterchen wäre von den wilden Tieren im Walde zerrissen worden und Brüderchen als ein Rehkalb von den Jägern totgeschossen. Als sie nun hörte, daß sie so glücklich waren und es ihnen so wohl ging, da wurden Neid und Mißgunst in ihrem Herzen rege und ließen ihr keine Ruhe, und sie hatte keinen andern Gedanken, als wie sie die beiden doch noch ins Unglück bringen könnte. Ihre rechte Tochter, die häßlich war wie die Nacht und nur ein Auge hatte, die machte ihr Vorwürfe und sprach: »Eine Königin zu werden, das Glück hätte mir gebührt.« – »Sei nur still«, sagte die Alte und sprach sie zufrieden: »Wenn's Zeit ist, will ich schon bei der Hand sein.« Als nun die Zeit herangerückt war und die Königin ein schönes Knäblein zur Welt gebracht hatte und der König gerade auf der Jagd war, nahm die alte Hexe die Gestalt der Kammerfrau an, trat in die Stube, wo die Königin lag, und sprach zu der Kranken: »Kommt, das Bad ist fertig, das wird Euch wohltun und frische Kräfte geben: geschwind, eh es kalt wird.« Ihre Tochter war auch bei der Hand, sie trugen die schwache Königin in die Badstube und legten sie in die Wanne; dann schlossen sie die Tür ab und liefen davon. In der Badstube aber hatten sie ein rechtes Höllenfeuer angemacht, daß die schöne junge Königin bald ersticken mußte.

Als das vollbracht war, nahm die Alte ihre Tochter, setzte ihr eine Haube auf und legte sie ins Bett an der Königin Stelle. Sie gab ihr auch die Gestalt und das Ansehen der Königin, nur das verlorene Auge konnte sie ihr nicht wiedergeben. Damit es aber der König nicht merkte, mußte sie sich auf die Seite legen, wo sie kein Auge hatte. Am Abend, als er heimkam und hörte, daß ihm ein Söhnlein geboren war, freute er sich herzlich und wollte ans Bett seiner lieben Frau gehen und sehen, was sie machte. Da rief die Alte geschwind: »Beileibe, laßt die Vorhänge zu, die Königin darf noch nicht ins Licht sehen und muß Ruhe haben.« Der König ging zurück und wußte nicht, daß eine falsche Königin im Bette lag.

Als es aber Mitternacht war und alles schlief, da sah die Kinderfrau, die in der Kinderstube neben der Wiege saß und allein noch wachte, wie die Türe aufging und die rechte Königin hereintrat. Sie nahm das Kind aus der Wiege, legte es in ihren Arm und gab ihm zu trinken. Dann schüttelte sie ihm sein Kißchen, legte es wieder hinein und deckte es mit dem Deckbettchen zu. Sie vergaß aber auch das Rehchen nicht, ging in die Ecke, wo es lag, und streichelte ihm über den Rücken. Darauf ging sie ganz stillschweigend wieder zur Türe hinaus, und die Kinderfrau fragte am andern Morgen die Wächter, ob jemand während der Nacht ins Schloß gegangen wäre, aber sie antworteten: »Nein, wir haben niemand gesehen.« So kam sie viele Nächte und sprach niemals ein Wort dabei; die Kinderfrau sah sie immer, aber sie getraute sich nicht, jemand etwas davon zu sagen.

Als nun so eine Zeit verflossen war, da hub die Königin in der Nacht an zu reden und sprach:

»Was macht mein Kind? Was macht mein Reh?
Nun komm ich noch zweimal und dann nimmermehr.«

Die Kinderfrau antwortete ihr nicht, aber als sie wieder verschwunden war, ging sie zum König und erzählte ihm alles. Sprach der König: »Ach Gott, was ist das! Ich will in der nächsten Nacht bei dem Kinde wachen.« Abends ging er in die Kinderstube, aber um Mitternacht erschien die Königin wieder und sprach:

»Was macht mein Kind? Was macht mein Reh?

Nun komm ich noch einmal und dann nimmermehr.«
Und pflegte dann des Kindes, wie sie gewöhnlich tat, ehe sie verschwand. Der König getraute sich nicht, sie anzureden, aber er wachte auch in der folgenden Nacht. Sie sprach abermals:

»Was macht mein Kind? Was macht mein Reh?
Nun komm ich noch diesmal und dann nimmermehr.«

Da konnte sich der König nicht zurückhalten, sprang zu ihr und sprach: »Du kannst niemand anders sein als meine liebe Frau.« Da antwortete sie: »Ja, ich bin deine liebe Frau«, und hatte in dem Augenblick durch Gottes Gnade das Leben wiedererhalten, war frisch, rot und gesund. Darauf erzählte sie dem König den Frevel, den die böse Hexe und ihre Tochter an ihr verübt hatten. Der König ließ beide vor Gericht führen, und es ward ihnen das Urteil gesprochen. Die Tochter ward in Wald geführt, wo sie die wilden Tiere zerrissen, die Hexe aber ward ins Feuer gelegt und mußte jammervoll verbrennen. Und wie sie zu Asche verbrannt war, verwandelte sich das Rehkälbchen und erhielt seine menschliche Gestalt wieder; Schwesterchen und Brüderchen aber lebten glücklich zusammen bis an ihr Ende.

12.

Rapunzel

Es war einmal ein Mann und eine Frau, die wünschten sich schon lange vergeblich ein Kind, endlich machte sich die Frau Hoffnung, der liebe Gott werde ihren Wunsch erfüllen. Die Leute hatten in ihrem Hinterhaus ein kleines Fenster, daraus konnte man in einen prächtigen Garten sehen, der voll der schönsten Blumen und Kräuter stand; er war aber von einer hohen Mauer umgeben, und niemand wagte hineinzugehen, weil er einer Zauberin gehörte, die große Macht hatte und von aller Welt gefürchtet ward. Eines Tags stand die Frau an diesem Fenster und sah in den Garten hinab, da erblickte sie ein Beet, das mit den schönsten Rapunzeln bepflanzt war; und sie sahen so frisch und grün aus, daß sie lüstern ward und das größte Verlangen empfand, von den Rapunzeln zu essen. Das

Verlangen nahm jeden Tag zu, und da sie wußte, daß sie keine davon bekommen konnte, so fiel sie ganz ab, sah blaß und elend aus. Da erschrak der Mann und fragte: »Was fehlt dir, liebe Frau?« – »Ach«, antwortete sie, »wenn ich keine Rapunzeln aus dem Garten hinter unserem Hause zu essen kriege, so sterbe ich.« Der Mann, der sie liebhatte, dachte: »Eh du deine Frau sterben lässest, holst du ihr von den Rapunzeln, es mag kosten, was es will.« In der Abenddämmerung stieg er also über die Mauer in den Garten der Zauberin, stach in aller Eile eine Handvoll Rapunzeln und brachte sie seiner Frau. Sie machte sich sogleich Salat daraus und aß sie in voller Begierde auf. Sie hatten ihr aber so gut, so gut geschmeckt, daß sie den andern Tag noch dreimal soviel Lust bekam. Sollte sie Ruhe haben, so mußte der Mann noch einmal in den Garten steigen. Er machte sich also in der Abenddämmerung wieder hinab, als er aber die Mauer herabgeklettert war, erschrak er gewaltig, denn er sah die Zauberin vor sich stehen. »Wie kannst du es wagen«, sprach sie mit zornigem Blick, »in meinen Garten zu steigen und wie ein Dieb mir meine Rapunzeln zu stehlen? Das soll dir schlecht bekommen.« – »Ach«, antwortete er, »laßt Gnade für Recht ergehen, ich habe mich nur aus Not dazu entschlossen: meine Frau hat Eure Rapunzeln aus dem Fenster erblickt und empfindet ein so großes Gelüsten, daß sie sterben würde, wenn sie nicht davon zu essen bekäme.« Da ließ die Zauberin in ihrem Zorne nach und sprach zu ihm: »Verhält es sich so, wie du sagst, so will ich dir gestatten, Rapunzeln mitzunehmen, soviel du willst, allein ich mache eine Bedingung: Du mußt mir das Kind geben, das deine Frau zur Welt bringen wird. Es soll ihm gut gehen, und ich will für es sorgen wie eine Mutter.« Der Mann sagte in der Angst alles zu, und als die Frau in Wochen kam, so erschien sogleich die Zauberin, gab dem Kinde den Namen *Rapunzel* und nahm es mit sich fort.

Rapunzel ward das schönste Kind unter der Sonne. Als es zwölf Jahre alt war, schloß es die Zauberin in einen Turm, der in einem Walde lag und weder Treppe noch Türe hatte, nur ganz oben war ein kleines Fensterchen. Wenn die Zauberin hinein wollte, so stellte sie sich unten hin und rief:

»Rapunzel, Rapunzel,
laß mir dein Haar herunter.«

Rapunzel hatte lange prächtige Haare, fein wie gesponnen Gold. Wenn sie nun die Stimme der Zauberin vernahm, so band sie ihre

Zöpfe los, wickelte sie oben um einen Fensterhaken, und dann fielen die Haare zwanzig Ellen tief herunter, und die Zauberin stieg daran hinauf.

Nach ein paar Jahren trug es sich zu, daß der Sohn des Königs durch den Wald ritt und an dem Turm vorüberkam. Da hörte er einen Gesang, der war so lieblich, daß er stillhielt und horchte. Das war Rapunzel, die in ihrer Einsamkeit sich die Zeit damit vertrieb, ihre süße Stimme erschallen zu lassen. Der Königssohn wollte zu ihr hinaufsteigen und suchte nach einer Tür des Turms, aber es war keine zu finden. Er ritt heim, doch der Gesang hatte ihm so sehr das Herz gerührt, daß er jeden Tag hinaus in den Wald ging und zuhörte. Als er einmal so hinter einem Baum stand, sah er, daß eine Zauberin herankam und hörte, wie sie hinaufrief:

»Rapunzel, Rapunzel,
laß dein Haar herunter.«

Da ließ Rapunzel die Haarflechten herab, und die Zauberin stieg zu ihr hinauf. »Ist das die Leiter, auf welcher man hinaufkommt, so will ich auch einmal mein Glück versuchen.« Und den folgenden Tag, als es anfing, dunkel zu werden, ging er zu dem Turme und rief:

»Rapunzel, Rapunzel,
laß dein Haar herunter.«

Alsbald fielen die Haare herab, und der Königssohn stieg hinauf.

Anfangs erschrak Rapunzel gewaltig, als ein Mann zu ihr hereinkam, wie ihre Augen noch nie einen erblickt hatten, doch der Königssohn fing an, ganz freundlich mit ihr zu reden, und erzählte ihr, daß von ihrem Gesang sein Herz so sehr sei bewegt worden, daß es ihm keine Ruhe gelassen und er sie selbst habe sehen müssen. Da verlor Rapunzel ihre Angst, und als er sie fragte, ob sie ihn zum Manne nehmen wollte, und sie sah, daß er jung und schön war, so dachte sie: »Der wird mich lieber haben als die alte Frau Gothel«, und sagte ja und legte ihre Hand in seine Hand. Sie sprach: »Ich will gerne mit dir gehen, aber ich weiß nicht, wie ich herabkommen kann. Wenn du kommst, so bring jedesmal einen Strang Seide mit, daraus will ich eine Leiter flechten, und wenn die fertig ist, so steige ich herunter, und du nimmst mich auf dein Pferd.« Sie verabredeten, daß er bis dahin alle Abend zu ihr kommen sollte, denn bei Tag kam die Alte. Die Zauberin merkte auch nichts davon, bis einmal Rapunzel anfing und zu ihr sagte: »Sag Sie mir doch, Frau Gothel, wie kommt es nur, Sie wird mir viel schwerer heraufzuziehen als der junge Königssohn, der ist in einem Augenblick bei mir.« – »Ach du gottloses Kind«, rief die Zauberin, »was muß ich von dir hören, ich dachte, ich hätte dich von aller Welt geschieden, und du hast mich doch betrogen!« In ihrem Zorne packte sie die schönen Haare der Rapunzel, schlug sie ein paarmal um ihre linke Hand, griff eine Schere mit der rechten, und ritsch, ratsch waren sie abgeschnitten, und die schönen Flechten lagen auf der Erde. Und sie war so unbarmherzig, daß sie die arme Rapunzel in eine Wüstenei brachte, wo sie in großem Jammer und Elend leben mußte.

Denselben Tag aber, wo sie Rapunzel verstoßen hatte, machte abends die Zauberin die abgeschnittenen Flechten oben am Fensterhaken fest, und als der Königssohn kam und rief:

»Rapunzel, Rapunzel,
laß dein Haar herunter«,

so ließ sie die Haare hinab. Der Königssohn stieg hinauf, aber er fand oben nicht seine liebste Rapunzel, sondern die Zauberin, die ihn mit bösen und giftigen Blicken ansah. »Aha«, rief sie höhnisch, »du willst die Frau Liebste holen, aber der schöne Vogel sitzt nicht mehr im Nest und singt nicht mehr, die Katze hat ihn geholt und wird dir auch noch die Augen auskratzen. Für dich ist Rapunzel verloren, du wirst sie nie wieder erblicken.« Der Königssohn geriet außer sich vor Schmerz, und in der Verzweiflung sprang er den Turm herab: das Leben brachte er davon, aber die Dornen, in die er fiel, zerstachen ihm die Augen. Da irrte er blind im Walde umher, aß nichts als Wurzeln und Beeren und tat nichts als jammern und weinen über den Verlust seiner liebsten Frau. So wanderte er einige Jahre im Elend umher und geriet endlich in die Wüstenei, wo Rapunzel mit den Zwillingen, die sie geboren hatte, einem Knaben und Mädchen, kümmerlich lebte. Er vernahm eine Stimme, und sie däuchte ihn so bekannt; da ging er darauf zu, und wie er herankam, erkannte ihn Rapunzel und fiel ihm um den Hals und weinte. Zwei von ihren Tränen aber benetzten seine Augen, da wurden sie wieder klar, und er konnte damit sehen wie sonst. Er führte sie in sein Reich, wo er mit Freude empfangen ward, und sie lebten noch lange glücklich und vergnügt.

13.

Die drei Männlein im Walde

Es war ein Mann, dem starb seine Frau, und eine Frau, der starb ihr Mann; und der Mann hatte eine Tochter, und die Frau hatte auch eine Tochter. Die Mädchen waren miteinander bekannt und gingen zusammen spazieren und kamen hernach zu der Frau ins Haus. Da sprach sie zu des Mannes Tochter: »Hör, sage deinem Vater, ich wollt ihn heiraten, dann sollst du jeden Morgen dich in Milch waschen und Wein trinken, meine Tochter aber soll sich in Wasser waschen und Wasser trinken.« Das Mädchen ging nach Haus und erzählte seinem Vater, was die Frau gesagt hatte. Der Mann sprach: »Was soll ich tun? Das Heiraten ist eine Freude und ist auch eine Qual.« Endlich, weil er keinen Entschluß fassen konnte, zog er seinen Stiefel aus und sagte: »Nimm diesen Stiefel, der hat in der Sohle ein Loch, geh damit auf den Boden, häng ihn an den großen Nagel und gieß dann Wasser hinein. Hält er das Wasser, so will ich wieder eine Frau nehmen, läuft's aber durch, so will ich nicht.« Das Mädchen tat, wie ihm geheißen war; aber das Wasser zog das Loch zusammen, und der Stiefel ward voll bis obenhin. Es verkündigte seinem Vater, wie's ausgefallen war. Da stieg er selbst hinauf, und als er sah, daß es seine Richtigkeit hatte, ging er zu der Witwe und freite sie, und die Hochzeit ward gehalten.

Am andern Morgen, als die beiden Mädchen sich aufmachten, da stand vor des Mannes Tochter Milch zum Waschen und Wein zum Trinken, vor der Frau Tochter aber stand Wasser zum Waschen und Wasser zum Trinken. Am zweiten Morgen stand Wasser zum Waschen und Wasser zum Trinken so gut vor des Mannes Tochter als vor der Frau Tochter. Und am dritten Morgen stand Wasser zum Waschen und Wasser zum Trinken vor des Mannes Tochter und Milch zum Waschen und Wein zum Trinken vor der Frau Tochter, und dabei blieb's. Die Frau ward ihrer Stieftochter spinnefeind und wußte nicht, wie sie es ihr von einem Tag zum andern schlimmer machen sollte. Auch war sie neidisch, weil ihre Stieftochter schön und lieblich war, ihre rechte Tochter aber häßlich und widerlich.

Einmal im Winter, als es steinhart gefroren hatte und Berg und Tal vollgeschneit lag, machte die Frau ein Kleid von Papier, rief das

Mädchen und sprach: »Da, zieh das Kleid an, geh hinaus in den Wald und hol mir ein Körbchen voll Erdbeeren; ich habe Verlangen danach.« – »Du lieber Gott«, sagte das Mädchen, »im Winter wachsen ja keine Erdbeeren, die Erde ist gefroren, und der Schnee hat auch alles zugedeckt. Und warum soll ich in dem Papierkleide gehen? Es ist draußen so kalt, daß einem der Atem friert: da weht ja der Wind hindurch, und die Dornen reißen mir's vom Leib.« – »Willst du mir noch widersprechen?« sagte die Stiefmutter. »Mach, daß du fortkommst, und laß dich nicht eher wieder sehen, als bis du das Körbchen voll Erdbeeren hast.« Dann gab sie ihm noch ein Stückchen hartes Brot und sprach: »Davon kannst du den Tag über essen«, und dachte: »Draußen wird's erfrieren und verhungern und mir nimmermehr wieder vor die Augen kommen.«

Nun war das Mädchen gehorsam, tat das Papierkleid an und ging mit dem Körbchen hinaus. Da war nichts als Schnee, die Weite und Breite, und war kein grünes Hälmchen zu merken. Als es in den Wald kam, sah es ein kleines Häuschen, daraus guckten drei kleine Haulemännerchen. Es wünschte ihnen die Tageszeit und klopfte bescheidenlich an die Tür. Sie riefen: »Herein«, und es trat in die Stube und setzte sich auf die Bank am Ofen, da wollte es sich wärmen und sein Frühstück essen. Die Haulemännerchen sprachen: »Gib uns auch etwas davon.« – »Gerne«, sprach es, teilte sein Stückchen Brot entzwei und gab ihnen die Hälfte. Sie fragten: »Was willst du zur Winterzeit in deinem dünnen Kleidchen hier im Wald?« – »Ach«, antwortete es, »ich soll ein Körbchen voll Erdbeeren suchen und darf nicht eher nach Hause kommen, als bis ich es mitbringe.« Als es sein Brot gegessen hatte, gaben sie ihm einen Besen und sprachen: »Kehre damit an der Hintertüre den Schnee weg.« Wie es aber draußen war, sprachen die drei Männerchen untereinander: »Was sollen wir ihm schenken, weil es so artig und gut ist und sein Brot mit uns geteilt hat?« Da sagte der erste: »Ich schenk ihm, daß es jeden Tag schöner wird.« Der zweite sprach: »Ich schenk ihm, daß Goldstücke ihm aus dem Mund fallen, sooft es ein Wort spricht.« Der dritte sprach: »Ich schenk ihm, daß ein König kommt und es zu seiner Gemahlin nimmt.«

Das Mädchen aber tat, wie die Haulemännerchen gesagt hatten, kehrte mit dem Besen den Schnee hinter dem kleinen Hause weg, und was glaubt ihr wohl, daß es gefunden hat? Lauter reife Erdbeeren, die ganz dunkelrot aus dem Schnee hervorkamen. Da raffte es in seiner Freude sein Körbchen voll, dankte den kleinen Männern, gab jedem die Hand und lief nach Haus und wollte der Stiefmutter das Verlangte bringen. Wie es eintrat und »Guten Abend« sagte, fiel ihm gleich ein Goldstück aus dem Mund. Darauf erzählte es, was ihm im Walde begegnet war, aber bei jedem Worte, das es sprach, fielen ihm die Goldstücke aus dem Mund, so daß bald die ganze Stube damit bedeckt ward. »Nun sehe einer den Übermut«, rief die Stiefschwester, »das Geld so hinzuwerfen«, aber heimlich war sie neidisch darüber und wollte auch hinaus in den Wald und Erdbeeren suchen. Die Mutter: »Nein, mein liebes Töchterchen, es ist zu kalt, du könntest mir erfrieren.« Weil sie ihr aber keine Ruhe ließ, gab sie endlich nach, nähte ihm einen prächtigen Pelzrock, den es anziehen mußte, und gab ihm Butterbrot und Kuchen mit auf den Weg.

Das Mädchen ging in den Wald und gerade auf das kleine Häuschen zu. Die drei kleinen Haulemänner guckten wieder, aber es grüßte sie nicht, und ohne sich nach ihnen umzusehen und ohne sie zu grüßen, stolperte es in die Stube hinein, setzte sich an den Ofen und fing an, sein Butterbrot und seinen Kuchen zu essen. »Gib uns etwas davon«, riefen die Kleinen, aber es antwortete: »Es schickt mir selber nicht, wie kann ich andern noch davon abgeben?« Als es nun fertig war mit dem Essen, sprachen sie: »Da hast du einen Besen, kehr uns draußen vor der Hintertür rein.« – »Ei, kehrt euch selber«, antwortete es, »ich bin eure Magd nicht.« Wie es sah, daß sie ihm nichts schenken wollten, ging es zur Türe hinaus. Da sprachen die kleinen Männer untereinander: »Was sollen wir ihm schenken, weil es so unartig ist und ein böses neidisches Herz hat, das niemand etwas gönnt?« Der erste sprach: »Ich schenk ihm, daß es jeden Tag häßlicher wird.« Der zweite sprach: »Ich schenk ihm, daß ihm bei jedem Wort, das es spricht, eine Kröte aus dem Munde springt.« Der dritte sprach: »Ich schenk ihm, daß es eines unglücklichen Todes stirbt.« Das Mädchen suchte draußen nach Erdbeeren, als es aber keine fand, ging es verdrießlich nach Haus. Und wie es den Mund auftat und seiner Mutter erzählen wollte, was ihm im Walde begegnet war, da sprang ihm bei jedem Wort eine Kröte aus dem Mund, so daß alle einen Abscheu vor ihm bekamen.

Nun ärgerte sich die Stiefmutter noch viel mehr und dachte nur darauf, wie sie der Tochter des Mannes alles Herzeleid antun wollte, deren Schönheit doch alle Tage größer ward. Endlich nahm sie einen Kessel, setzte ihn zum Feuer und sott Garn darin. Als es gesotten war, hing sie es dem armen Mädchen auf die Schulter und gab ihm eine Axt dazu, damit sollte es auf den gefrornen Fluß gehen, ein Eisloch hauen und das Garn schlittern. Es war gehorsam, ging hin und hackte ein Loch in das Eis, und als es mitten im Hacken war, kam ein prächtiger Wagen hergefahren, worin der König saß. Der Wagen hielt still, und der König fragte: »Mein Kind, wer bist du und was machst du da?« – »Ich bin ein armes Mädchen und schlittere Garn.« Da fühlte der König Mitleiden, und als er sah, wie es so gar schön war, sprach er: »Willst du mit mir fahren?« – »Ach ja, von Herzen gern«, antwortete es, denn es war froh, daß es der Mutter und Schwester aus den Augen kommen sollte.

Also stieg es in den Wagen und fuhr mit dem König fort, und als sie auf sein Schloß gekommen waren, ward die Hochzeit mit großer Pracht gefeiert, wie es die kleinen Männlein dem Mädchen geschenkt hatten. Über ein Jahr gebar die junge Königin einen Sohn, und als die Stiefmutter von dem großen Glücke gehört hatte, so kam sie mit ihrer Tochter in das Schloß und tat, als wollte sie einen Besuch machen. Als aber der König einmal hinausgegangen und sonst niemand zugegen war, packte das böse Weib die Königin am Kopf, und ihre Tochter packte sie an den Füßen, hoben sie aus dem Bett und warfen sie zum Fenster hinaus in den vorbeifließenden Strom. Darauf legte sich ihre häßliche Tochter ins Bett, und die Alte deckte sie zu bis über den Kopf. Als der König wieder zurückkam und mit seiner Frau sprechen wollte, rief die Alte: »Still, still, jetzt geht das nicht, sie liegt in starkem Schweiß, Ihr müßt sie heute ruhen lassen.« Der König dachte nichts Böses dabei und kam erst den andern Morgen wieder, und wie er mit seiner Frau sprach und sie ihm Antwort gab, sprang bei jedem Wort eine Kröte hervor, während sonst ein Goldstück herausgefallen war. Da fragte er, was das wäre, aber die Alte sprach, das hätte sie von dem starken Schweiß gekriegt und würde sich schon wieder verlieren.

In der Nacht aber sah der Küchenjunge, wie eine Ente durch die Gosse geschwommen kam, die sprach:

»König, was machst du?
Schläfst du oder wachst du?«

Und als er keine Antwort gab, sprach sie:

»Was machen meine Gäste?«

Da antwortete der Küchenjunge:

»Sie schlafen feste.«
Fragte sie weiter:
»Was macht mein Kindelein?«
Antwortete er:
»Es schläft in der Wiege fein.«
Da ging sie in der Königin Gestalt hinauf, gab ihm zu trinken, schüttelte ihm sein Bettchen, deckte es zu und schwamm als Ente wieder durch die Gosse fort. So kam sie zwei Nächte, in der dritten sprach sie zu dem Küchenjungen: »Geh und sage dem König, daß er sein Schwert nimmt und auf der Schwelle dreimal über mir schwingt.« Da lief der Küchenjunge und sagte es dem König, der kam mit seinem Schwert und schwang es dreimal über dem Geist; und beim drittenmal stand seine Gemahlin vor ihm, frisch, lebendig und gesund, wie sie vorher gewesen war.

Nun war der König in großer Freude, er hielt aber die Königin in einer Kammer verborgen bis auf den Sonntag, wo das Kind getauft werden sollte. Und als es getauft war, sprach er: »Was gehört einem Menschen, der den andern aus dem Bett trägt und ins Wasser wirft?« – »Nichts Besseres«, antwortete die Alte, »als daß man den Bösewicht in ein Faß steckt, das mit Nägeln ausgeschlagen ist, und den Berg hinab ins Wasser rollt.« Da sagte der König: »Du hast dein Urteil gesprochen«, ließ ein solches Faß holen und die Alte mit ihrer Tochter hineinstecken, dann ward der Boden zugehämmert und das Faß bergab gekullert, bis es in den Fluß rollte.

14.

Die drei Spinnerinnen

Es war ein Mädchen faul und wollte nicht spinnen, und die Mutter mochte sagen, was sie wollte, sie konnte es nicht dazu bringen. Endlich übernahm die Mutter einmal Zorn und Ungeduld, daß sie ihm Schläge gab, worüber es laut zu weinen anfing. Nun fuhr gerade die Königin vorbei, und als sie das Weinen hörte, ließ sie anhalten, trat in das Haus und fragte die Mutter, warum sie ihre Tochter schlüge, daß man draußen auf der Straße das Schreien hörte. Da schämte sich die Frau, daß sie die Faulheit ihrer Tochter offenbaren sollte, und sprach: »Ich kann sie nicht vom Spinnen abbringen, sie will immer und ewig spinnen, und ich bin arm und kann den Flachs nicht herbeischaffen.« Da antwortete die Königin: »Ich höre nichts lieber als Spinnen und bin nicht vergnügter, als wenn die Räder schnurren: gebt mir Eure Tochter mit ins Schloß, ich habe Flachs genug, da soll sie spinnen, soviel sie Lust hat.« Die Mutter war's von Herzen gerne zufrieden, und die Königin nahm das Mädchen mit. Als sie ins Schloß gekommen waren, führte sie es hinauf zu drei Kammern, die lagen von unten bis oben voll vom schönsten Flachs. »Nun spinn mir diesen Flachs«, sprach sie, »und wenn du es fertig bringst, so sollst du meinen ältesten Sohn zum Gemahl haben; bist du gleich arm, so acht ich nicht darauf, dein unverdroßner Fleiß ist Ausstattung genug.« Das Mädchen erschrak innerlich, denn es konnte den Flachs nicht spinnen, und wär's dreihundert Jahr alt geworden und hätte jeden Tag vom Morgen bis Abend dabei gesessen. Als es nun allein war, fing es an zu weinen und saß so drei Tage, ohne die Hand zu rühren. Am dritten Tage kam die Königin, und als sie sah, daß noch nichts gesponnen war, verwunderte sie sich, aber das Mädchen entschuldigte sich damit, daß es vor großer Betrübnis über die Entfernung aus seiner Mutter Hause noch nicht hätte anfangen können. Das ließ sich die Königin gefallen, sagte aber beim Weggehen: »Morgen mußt du mir anfangen zu arbeiten.«

Als das Mädchen wieder allein war, wußte es sich nicht mehr zu raten und zu helfen und trat in seiner Betrübnis vor das Fenster. Da sah es drei Weiber herkommen, davon hatte die erste einen breiten Platschfuß, die zweite hatte eine so große Unterlippe, daß sie über das Kinn herunterhing, und die dritte hatte einen breiten Daumen. Die blieben vor dem Fenster stehen, schauten hinauf und fragten das Mädchen, was ihm fehlte. Es klagte ihnen seine Not, da trugen sie ihm ihre Hülfe an und sprachen: »Willst du uns zur Hochzeit einladen, dich unser nicht schämen und uns deine Basen heißen, auch an deinen Tisch setzen, so wollen wir dir den Flachs wegspinnen, und das in kurzer Zeit.« – »Von Herzen gern«, antwortete es, »kommt nur herein und fangt gleich die Arbeit an.« Da ließ es die drei seltsamen Weiber herein und machte in der ersten Kammer eine Lücke, wo sie sich hinsetzten und ihr Spinnen anhuben. Die eine zog den Faden und trat das Rad, die andere netzte den Faden, die dritte drehte ihn und schlug mit dem Finger auf den Tisch, und sooft sie schlug, fiel eine Zahl Garn zur Erde, und das war aufs feinste gesponnen. Vor der Königin verbarg sie die drei Spinnerinnen und zeigte ihr, sooft sie kam, die Menge des gesponnenen Garns, daß diese des Lobes kein Ende fand. Als die erste Kammer leer war, ging's an die zweite, endlich an die dritte, und die war auch bald ausgeräumt. Nun nahmen die drei Weiber Abschied und sagten zum Mädchen: »Vergiß nicht, was du uns versprochen hast, es wird dein Glück sein.«

Als das Mädchen der Königin die leeren Kammern und den großen Haufen Garn zeigte, richtete sie die Hochzeit aus, und der Bräutigam freute sich, daß er eine so geschickte und fleißige Frau bekäme, und lobte sie gewaltig. »Ich habe drei Basen«, sprach das Mädchen, »und da sie mir viel Gutes getan haben, so wollte ich sie nicht gern in meinem Glück vergessen: erlaubt doch, daß ich sie zu der Hochzeit einlade und daß sie mit an dem Tisch sitzen.« Die Königin und der Bräutigam sprachen: »Warum sollen wir das nicht erlauben?« Als nun das Fest anhub, traten die drei Jungfern in wunderlicher Tracht herein, und die Braut sprach: »Seid willkommen, liebe Basen.« – »Ach«, sagte der Bräutigam, »wie kommst du zu der garstigen Freundschaft?« Darauf ging er zu der einen mit dem breiten Platschfuß und fragte: »Wovon habt Ihr einen solchen breiten Fuß?« – »Vom Treten«, antwortete sie, »vom Treten.« Da ging der Bräutigam zur zweiten und sprach: »Wovon habt Ihr nur die herunterhängende Lippe?« – »Vom Lecken«, antwortete sie, »vom Lekken.« Da fragte er die dritte: »Wovon habt Ihr den breiten Daumen?« – »Vom Faden drehen«, antwortete sie, »vom Faden drehen.« Da erschrak der Königssohn und sprach: »So soll mir nun und nimmermehr meine schöne Braut ein Spinnrad anrühren.« Damit war sie das böse Flachsspinnen los.

15.

Hänsel und Gretel

Vor einem großen Walde wohnte ein armer Holzhacker mit seiner Frau und seinen zwei Kindern; das Bübchen hieß Hänsel und das Mädchen Gretel. Er hatte wenig zu beißen und zu brechen, und einmal, als große Teuerung ins Land kam, konnte er auch das täglich Brot nicht mehr schaffen. Wie er sich nun abends im Bette Gedanken machte und sich vor Sorgen herumwälzte, seufzte er und sprach zu seiner Frau: »Was soll aus uns werden? Wie können wir unsere armen Kinder ernähren, da wir für uns selbst nichts mehr haben?« – »Weißt du was, Mann«, antwortete die Frau, »wir wollen morgen in aller Frühe die Kinder hinaus in den Wald führen, wo er am dicksten ist: da machen wir ihnen ein Feuer an und geben jedem noch ein Stückchen Brot, dann gehen wir an unsere Arbeit und lassen sie allein. Sie finden den Weg nicht wieder nach Haus, und wir sind sie los.« – »Nein, Frau«, sagte der Mann, »das tue ich nicht; wie sollt' ich's übers Herz bringen, meine Kinder im Walde allein zu lassen, die wilden Tiere würden bald kommen und sie zerreißen.« – »O du Narr«, sagte sie, »dann müssen wir alle viere Hungers sterben, du kannst nur die Bretter für die Särge hobelen«, und ließ ihm keine Ruhe, bis er einwilligte. »Aber die armen Kinder dauern mich doch«, sagte der Mann.

Die zwei Kinder hatten vor Hunger auch nicht einschlafen können und hatten gehört, was die Stiefmutter zum Vater gesagt hatte. Gretel weinte bittere Tränen und sprach zu Hänsel: »Nun ist's um uns geschehen.« – »Still, Gretel«, sprach Hänsel, »gräme dich nicht, ich will uns schon helfen.« Und als die Alten eingeschlafen waren, stand er auf, zog sein Röcklein an, machte die Untertüre auf und schlich sich hinaus. Da schien der Mond ganz helle, und die weißen Kieselsteine, die vor dem Haus lagen, glänzten wie lauter Batzen. Hänsel bückte sich und steckte so viel in sein Rocktäschlein, als nur hinein wollten. Dann ging er wieder zurück, sprach zu Gretel: »Sei getrost, liebes Schwesterchen, und schlaf nur ruhig ein, Gott wird uns nicht verlassen«, und legte sich wieder in sein Bett.

Als der Tag anbrach, noch ehe die Sonne aufgegangen war, kam schon die Frau und weckte die beiden Kinder: »Steht auf, ihr Faulenzer, wir wollen in den Wald gehen und Holz holen.« Dann gab sie jedem ein Stückchen Brot und sprach: »Da habt ihr etwas für den Mittag, aber eßt's nicht vorher auf, weiter kriegt ihr nichts.« Gretel nahm das Brot unter die Schürze, weil Hänsel die Steine in der Tasche hatte. Danach machten sie sich alle zusammen auf den Weg nach dem Wald. Als sie ein Weilchen gegangen waren, stand Hänsel still und guckte nach dem Haus zurück und tat das wieder und immer wieder. Der Vater sprach: »Hänsel, was guckst du da und bleibst zurück, hab acht und vergiß deine Beine nicht.« – »Ach, Vater«, sagte Hänsel, »ich sehe nach meinem weißen Kätzchen, das sitzt oben auf dem Dach und will mir ade sagen.« Die Frau sprach: »Narr, das ist dein Kätzchen nicht, das ist die Morgensonne, die auf den Schornstein scheint.« Hänsel aber hatte nicht nach dem Kätzchen gesehen, sondern immer einen von den blanken Kieselsteinen aus seiner Tasche auf den Weg geworfen.

Als sie mitten in den Wald gekommen waren, sprach der Vater: »Nun sammelt Holz, ihr Kinder, ich will ein Feuer anmachen, damit ihr nicht friert.« Hänsel und Gretel trugen Reisig zusammen, einen kleinen Berg hoch. Das Reisig ward angezündet, und als die Flamme recht hoch brannte, sagte die Frau: »Nun legt euch ans Feuer, ihr Kinder, und ruht euch aus, wir gehen in den Wald und hauen Holz. Wenn wir fertig sind, kommen wir wieder und holen euch ab.«

Hänsel und Gretel saßen am Feuer, und als der Mittag kam, aß jedes sein Stücklein Brot. Und weil sie die Schläge der Holzaxt hörten, so glaubten sie, ihr Vater wäre in der Nähe. Es war aber nicht die Holzaxt, es war ein Ast, den er an einen dürren Baum gebunden hatte und den der Wind hin und her schlug. Und als sie so lange gesessen hatten, fielen ihnen die Augen vor Müdigkeit zu, und sie schliefen fest ein. Als sie endlich erwachten, war es schon finstere Nacht. Gretel fing an zu weinen und sprach: »Wie sollen wir nun aus dem Wald kommen!« Hänsel aber tröstete sie: »Wart nur ein Weilchen, bis der Mond aufgegangen ist, dann wollen wir den Weg schon finden.« Und als der volle Mond aufgestiegen war, so nahm Hänsel sein Schwesterchen an der Hand und ging den Kieselsteinen nach, die schimmerten wie neu geschlagene Batzen und zeigten ihnen den Weg. Sie gingen die ganze Nacht hindurch und kamen bei anbrechendem Tag wieder zu ihres Vaters Haus. Sie klopften an die Tür, und als die Frau aufmachte und sah, daß es

Hänsel und Gretel war, sprach sie: »Ihr bösen Kinder, was habt ihr so lange im Walde geschlafen, wir haben geglaubt, ihr wolltet gar nicht wiederkommen.« Der Vater aber freute sich, denn es war ihm zu Herzen gegangen, daß er sie so allein zurückgelassen hatte.

Nicht lange danach war wieder Not in allen Ecken, und die Kinder hörten, wie die Mutter nachts im Bette zu dem Vater sprach: »Alles ist wieder aufgezehrt, wir haben noch einen halben Laib Brot, hernach hat das Lied ein Ende. Die Kinder müssen fort, wir wollen sie tiefer in den Wald hineinführen, damit sie den Weg nicht wieder herausfinden; es ist sonst keine Rettung für uns.« Dem Mann fiel's schwer aufs Herz, und er dachte: »Es wäre besser, daß du den letzten Bissen mit deinen Kindern teiltest.« Aber die Frau hörte auf nichts, was er sagte, schalt ihn und machte ihm Vorwürfe. Wer A sagt, muß auch B sagen, und weil er das erstemal nachgegeben hatte, so mußte er es auch zum zweitenmal.

Die Kinder waren aber noch wach gewesen und hatten das Gespräch mit angehört. Als die Alten schliefen, stand Hänsel wieder auf, wollte hinaus und Kieselsteine auflesen, wie das vorigemal, aber die Frau hatte die Tür verschlossen, und Hänsel konnte nicht heraus. Aber er tröstete sein Schwesterchen und sprach: »Weine nicht, Gretel, und schlaf nur ruhig, der liebe Gott wird uns schon helfen.«

Am frühen Morgen kam die Frau und holte die Kinder aus dem Bette. Sie erhielten ihr Stückchen Brot, das war aber noch kleiner als das vorigemal. Auf dem Wege nach dem Wald bröckelte es Hänsel in der Tasche, stand oft still und warf ein Bröcklein auf die Erde. »Hänsel, was stehst du und guckst dich um«, sagte der Vater, »geh deiner Wege.« – »Ich sehe nach meinem Täubchen, das sitzt auf dem Dache und will mir ade sagen«, antwortete Hänsel. »Narr«, sagte die Frau, »das ist dein Täubchen nicht, das ist die Morgensonne, die auf den Schornstein oben scheint.« Hänsel aber warf nach und nach alle Bröcklein auf den Weg.

Die Frau führte die Kinder noch tiefer in den Wald, wo sie ihr Lebtag noch nicht gewesen waren. Da ward wieder ein großes Feuer angemacht, und die Mutter sagte: »Bleibt nur da sitzen, ihr Kinder, und wenn ihr müde seid, könnt ihr ein wenig schlafen: wir gehen in den Wald und hauen Holz, und abends, wenn wir fertig sind, kommen wir und holen euch ab.« Als es Mittag war, teilte Gretel ihr Brot mit Hänsel, der sein Stück auf den Weg gestreut hatte. Dann schliefen sie ein, und der Abend verging, aber niemand kam zu den armen Kindern. Sie erwachten erst in der finstern Nacht, und Hänsel tröstete sein Schwesterchen und sagte: »Wart nur, Gretel, bis der Mond aufgeht, dann werden wir die Brotbröcklein sehen, die ich ausgestreut habe, die zeigen uns den Weg nach Haus.« Als der Mond kam, machten sie sich auf, aber sie fanden kein Bröcklein mehr, denn die vieltausend Vögel, die im Walde und im Felde umherfliegen, die hatten sie weggepickt. Hänsel sagte zu Gretel: »Wir werden den Weg schon finden«, aber sie fanden ihn nicht. Sie gingen die ganze Nacht und noch einen Tag von Morgen bis Abend, aber sie kamen aus dem Wald nicht heraus, und waren so hungrig, denn sie hatten nichts als die paar Beeren, die auf der Erde standen. Und weil sie so müde waren, daß die Beine sie nicht mehr tragen wollten, so legten sie sich unter einen Baum und schliefen ein.

Nun war's schon der dritte Morgen, daß sie ihres Vaters Haus verlassen hatten. Sie fingen wieder an zu gehen, aber sie gerieten immer tiefer in den Wald, und wenn nicht bald Hilfe kam, so mußten sie verschmachten. Als es Mittag war, sahen sie ein schönes schneeweißes Vöglein auf einem Ast sitzen, das sang so schön, daß sie stehenblieben und ihm zuhörten. Und als es fertig war, schwang es seine Flügel und flog vor ihnen her, und sie gingen ihm nach, bis sie zu einem Häuschen gelangten, auf dessen Dach es sich setzte, und als sie ganz nah herankamen, so sahen sie, daß das Häuslein aus Brot gebaut war und mit Kuchen gedeckt; aber die Fenster waren von hellem Zucker. »Da wollen wir uns dranmachen«, sprach Hänsel, »und eine gesegnete Mahlzeit halten. Ich will ein Stück vom Dach essen, Gretel, du kannst vom Fenster essen, das schmeckt süß.« Hänsel reichte in die Höhe und brach sich ein wenig vom Dach ab, um zu versuchen, wie es schmeckte, und Gretel stellte sich an die Scheiben und knuperte daran. Da rief eine feine Stimme aus der Stube heraus:

»Knuper, knuper, kneischen,
wer knupert an meinem Häuschen?«

Die Kinder antworteten:

»Der Wind, der Wind,
das himmlische Kind«,

und aßen weiter, ohne sich irremachen zu lassen. Hänsel, dem das Dach sehr gut schmeckte, riß sich ein großes Stück davon herunter, und Gretel stieß eine ganze runde Fensterscheibe heraus, setzte sich nieder und tat sich wohl damit. Da ging auf einmal die Türe auf, und eine steinalte Frau, die sich auf eine Krücke stützte, kam herausgeschlichen. Hänsel und Gretel erschraken so gewaltig, daß sie fallen ließen, was sie in den Händen hielten. Die Alte aber wackelte mit dem Kopfe und sprach: »Ei, ihr lieben Kinder, wer hat euch hierhergebracht? Kommt nur herein und bleibt bei mir, es geschieht euch kein Leid.« Sie faßte beide an der Hand und führte sie in ihr Häuschen. Da ward gutes Essen aufgetragen, Milch und Pfannekuchen mit Zucker, Äpfel und Nüsse. Hernach wurden zwei schöne Bettlein weiß gedeckt, und Hänsel und Gretel legten sich hinein und meinten, sie wären im Himmel.

Die Alte hatte sich nur so freundlich angestellt, sie war aber eine böse Hexe, die den Kindern auflauerte, und hatte das Brothäuslein bloß gebaut, um sie herbeizulocken. Wenn eins in ihre Gewalt kam, so machte sie es tot, kochte es und aß es, und das war ihr ein Festtag. Die Hexen haben rote Augen und können nicht weit sehen, aber sie haben eine feine Witterung, wie die Tiere, und merken's, wenn Menschen herankommen. Als Hänsel und Gretel in ihre Nähe kamen, da lachte sie boshaft und sprach höhnisch: »Die habe ich, die sollen mir nicht wieder entwischen.« Frühmorgens, ehe die Kinder erwacht waren, stand sie schon auf, und als sie beide so lieblich ruhen sah, mit den vollen roten Backen, so murmelte sie vor sich hin: »Das wird ein guter Bissen werden.« Da packte sie Hänsel mit ihrer dürren Hand und trug ihn in einen kleinen Stall und sperrte ihn mit einer Gittertüre ein; er mochte schreien, wie er wollte, es half ihm nichts. Dann ging sie zur Gretel, rüttelte sie wach und rief: »Steh auf, Faulenzerin, trag Wasser und koch deinem Bruder etwas Gutes, der sitzt draußen im Stall und soll fett werden. Wenn er fett ist, so will ich ihn essen.« Gretel fing an, bitterlich zu weinen, aber es war alles vergeblich, sie mußte tun, was die böse Hexe verlangte.

Nun ward dem armen Hänsel das beste Essen gekocht, aber Gretel bekam nichts als Krebsschalen. Jeden Morgen schlich die Alte zu dem Ställchen und rief: »Hänsel, streck deine Finger heraus, damit ich fühle, ob du bald fett bist.« Hänsel streckte ihr aber ein Knöchlein heraus, und die Alte, die trübe Augen hatte, konnte es nicht sehen, und meinte, es wären Hänsels Finger, und verwunderte sich, daß er gar nicht fett werden wollte. Als vier Wochen herum waren und Hänsel immer mager blieb, da übernahm sie die Ungeduld, und sie wollte nicht länger warten. »Heda, Gretel«, rief sie dem Mädchen zu, »sei flink und trag Wasser: Hänsel mag fett oder mager sein, morgen will ich ihn schlachten und kochen.« Ach, wie jammerte das arme Schwesterchen, als es das Wasser tragen mußte, und wie flossen ihm die Tränen über die Backen herunter! »Lieber Gott, hilf uns doch«, rief sie aus, »hätten uns nur die wilden Tiere im Wald gefressen, so wären wir doch zusammen gestorben.« – »Spar nur dein Geplärre«, sagte die Alte, »es hilft dir alles nichts.«

Frühmorgens mußte Gretel heraus, den Kessel mit Wasser aufhängen und Feuer anzünden. »Erst wollen wir backen«, sagte die Alte, »ich habe den Backofen schon eingeheizt und den Teig geknetet.« Sie stieß das arme Gretel hinaus zu dem Backofen, aus dem die Feuerflammen schon herausschlugen. »Kriech hinein«, sagte die Hexe, »und sieh zu, ob recht eingeheizt ist, damit wir das Brot hineinschießen können.« Und wenn Gretel darin war, wollte sie den Ofen zumachen, und Gretel sollte darin braten, und dann wollte sie's auch aufessen. Aber Gretel merkte, was sie im Sinn hatte, und sprach: »Ich weiß nicht, wie ich's machen soll; wie komm ich da hinein?« – »Dumme Gans«, sagte die Alte, »die Öffnung ist groß genug, siehst du wohl, ich könnte selbst hinein«, krappelte heran und steckte den Kopf in den Backofen. Da gab ihr Gretel einen Stoß, daß sie weit hineinfuhr, machte die eiserne Tür zu und schob den Riegel vor. Hu! da fing sie an zu heulen, ganz grauselich; aber Gretel lief fort, und die gottlose Hexe mußte elendiglich verbrennen.

Gretel aber lief schnurstracks zum Hänsel, öffnete sein Ställchen und rief: »Hänsel, wir sind erlöst, die alte Hexe ist tot.« Da sprang Hänsel heraus, wie ein Vogel aus dem Käfig, wenn ihm die Türe aufgemacht wird. Wie haben sie sich gefreut, sind sich um den Hals gefallen, sind herumgesprungen und haben sich geküßt! Und weil sie sich nicht mehr zu fürchten brauchten, so gingen sie in das Haus der Hexe hinein, da standen in allen Ecken Kasten mit Perlen und Edelsteinen. »Die sind noch besser als Kieselsteine«, sagte Hänsel und steckte in seine Taschen, was hinein wollte, und Gretel sagte: »Ich will auch etwas mit nach Haus bringen«, und füllte sich sein Schürzchen voll. »Aber jetzt wollen wir fort«, sagte Hänsel, »damit wir aus dem Hexenwald herauskommen.« Als sie aber ein paar Stunden gegangen waren, gelangten sie an ein großes Wasser. »Wir können nicht hinüber«, sprach Hänsel, »ich sehe keinen Steg und keine Brücke.« – »Hier fährt auch kein Schiffchen«, antwortete Gretel, »aber da schwimmt eine weiße Ente, wenn ich die bitte, so hilft sie uns hinüber.« Da rief sie:

»Entchen, Entchen,
da steht Gretel und Hänsel.
Kein Steg und keine Brücke,
nimm uns auf deinen weißen Rücken.«

Das Entchen kam auch heran, und Hänsel setzte sich auf und bat sein Schwesterchen, sich zu ihm zu setzen. »Nein«, antwortete Gretel, »es wird dem Entchen zu schwer, es soll uns nacheinander hinüberbringen.« Das tat das gute Tierchen, und als sie glücklich drüben waren und ein Weilchen fortgingen, da kam ihnen der Wald immer bekannter und immer bekannter vor, und endlich erblickten sie von weitem ihres Vaters Haus. Da fingen sie an zu laufen, stürzten in die Stube hinein und fielen ihrem Vater um den Hals. Der Mann hatte keine frohe Stunde gehabt, seitdem er die Kinder im Walde gelassen hatte, die Frau aber war gestorben. Gretel schüttete sein Schürzchen aus, daß die Perlen und Edelsteine in der Stube herumsprangen, und Hänsel warf eine Handvoll nach der andern aus seiner Tasche dazu. Da hatten alle Sorgen ein Ende, und sie lebten in lauter Freude zusammen. Mein Märchen ist aus, dort lauft eine Maus, wer sie fängt, darf sich eine große, große Pelzkappe daraus machen.

16.

Die drei Schlangenblätter

Es war einmal ein armer Mann, der konnte seinen einzigen Sohn nicht mehr ernähren. Da sprach der Sohn: »Lieber Vater, es geht Euch so kümmerlich, ich falle Euch zur Last, lieber will ich selbst fortgehen und sehen, wie ich mein Brot verdiene.« Da gab ihm der Vater seinen Segen und nahm mit großer Trauer von ihm Abschied. Zu dieser Zeit führte der König eines mächtigen Reichs Krieg, der Jüngling nahm Dienste bei ihm und zog mit ins Feld. Und als er vor den Feind kam, so ward eine Schlacht geliefert, und es war große

Gefahr und regnete blaue Bohnen, daß seine Kameraden von allen Seiten niederfielen. Und als auch der Anführer blieb, so wollten die übrigen die Flucht ergreifen, aber der Jüngling trat heraus, sprach ihnen Mut zu und rief: »Wir wollen unser Vaterland nicht zugrunde gehen lassen.« Da folgten ihm die andern, und er drang ein und schlug den Feind. Der König, als er hörte, daß er ihm allein den Sieg zu danken habe, erhob ihn über alle andern, gab ihm große Schätze und machte ihn zum Ersten in seinem Reich.

Der König hatte eine Tochter, die war sehr schön, aber sie war auch sehr wunderlich. Sie hatte das Gelübde getan, keinen zum Herrn und Gemahl zu nehmen, der nicht verspräche, wenn sie zuerst stürbe, sich lebendig mit ihr begraben zu lassen. »Hat er mich von Herzen lieb«, sagte sie, »wozu dient ihm dann noch das Leben?« Dagegen wollte sie ein Gleiches tun und, wenn er zuerst stürbe, mit ihm in das Grab steigen. Dieses seltsame Gelübde hatte bis jetzt alle Freier abgeschreckt, aber der Jüngling wurde von ihrer Schönheit so eingenommen, daß er auf nichts achtete, sondern bei ihrem Vater um sie anhielt. »Weißt du auch«, sprach der König, »was du versprechen mußt?« – »Ich muß mit ihr in das Grab gehen«, antwortete er, »wenn ich sie überlebe, aber meine Liebe ist so groß, daß ich der Gefahr nicht achte.« Da willigte der König ein, und die Hochzeit ward mit großer Pracht gefeiert.

Nun lebten sie eine Zeitlang glücklich und vergnügt miteinander, da geschah es, daß die junge Königin in eine schwere Krankheit fiel und kein Arzt ihr helfen konnte. Und als sie tot dalag, da erinnerte sich der junge König, was er hatte versprechen müssen, und es grauste ihm davor, sich lebendig in das Grab zu legen, aber es war kein Ausweg: der König hatte alle Tore mit Wachen besetzen lassen, und es war nicht möglich, dem Schicksal zu entgehen. Als der Tag kam, wo die Leiche in das königliche Gewölbe beigesetzt wurde, da ward er mit hinabgeführt und dann das Tor verriegelt und verschlossen.

Neben dem Sarg stand ein Tisch, darauf vier Lichter, vier Laibe Brot und vier Flaschen Wein. Sobald dieser Vorrat zu Ende ging, mußte er verschmachten. Nun saß er da voll Schmerz und Trauer, aß jeden Tag nur ein Bißlein Brot, trank nur einen Schluck Wein und sah doch, wie der Tod immer näher rückte. Indem er so vor sich hinstarrte, sah er aus der Ecke des Gewölbes eine Schlange hervorkriechen, die sich der Leiche näherte. Und weil er dachte, sie käme, um daran zu nagen, zog er sein Schwert und sprach: »Solange ich lebe, sollst du sie nicht anrühren«, und hieb sie in drei Stücke. Über ein Weilchen kroch eine zweite Schlange aus der Ecke hervor, als sie aber die andere tot und zerstückt liegen sah, ging sie zurück, kam bald wieder und hatte drei grüne Blätter im Munde. Dann nahm sie die drei Stücke von der Schlange, legte sie, wie sie zusammengehörten, und tat auf jede Wunde eins von den Blättern. Alsbald fügte sich das Getrennte aneinander, die Schlange regte sich und ward wieder lebendig, und beide eilten miteinander fort. Die Blätter blieben auf der Erde liegen, und dem Unglücklichen, der alles mit angesehen hatte, kam es in die Gedanken, ob nicht die wunderbare Kraft der Blätter, welche die Schlange wieder lebendig gemacht hatte, auch einem Menschen helfen könnte. Er hob also die Blätter auf und legte eins davon auf den Mund der Toten, die beiden andern auf ihre Augen. Und kaum war es geschehen, so bewegte sich das Blut in den Adern, stieg in das bleiche Angesicht und rötete es wieder. Da zog sie Atem, schlug die Augen auf und sprach: »Ach, Gott, wo bin ich?« – »Du bist bei mir, liebe Frau«, antwortete er und erzählte ihr, wie alles gekommen war und er sie wieder ins Leben erweckt hatte. Dann reichte er ihr etwas Wein und Brot, und als sie wieder zu Kräften gekommen war, erhob sie sich, und sie gingen zu der Türe und klopften und riefen so laut, daß es die Wachen hörten und dem König meldeten. Der König kam selbst herab und öffnete die Türe, da fand er beide frisch und gesund und freute sich mit ihnen, daß nun alle Not überstanden war. Die drei Schlangenblätter aber nahm der junge König mit, gab sie einem Diener und sprach: »Verwahr sie mir sorgfältig und trag sie zu jeder Zeit bei dir, wer weiß, in welcher Not sie uns noch helfen können.«

Es war aber in der Frau, nachdem sie wieder ins Leben war erweckt worden, eine Veränderung vorgegangen: es war, als ob alle Liebe zu ihrem Manne aus ihrem Herzen gewichen wäre. Als er nach einiger Zeit eine Fahrt zu seinem alten Vater über das Meer machen wollte und sie auf ein Schiff gestiegen waren, so vergaß sie die große Liebe und Treue, die er ihr bewiesen und womit er sie vom Tode gerettet hatte, und faßte eine böse Neigung zu dem Schiffer. Und als der junge König einmal dalag und schlief, rief sie den Schiffer herbei und faßte den Schlafenden am Kopfe, und der Schiffer mußte ihn an den Füßen fassen, und so warfen sie ihn hinab ins Meer. Als die Schandtat vollbracht war, sprach sie zu ihm: »Nun laß uns heimkehren und sagen, er sei unterwegs gestorben. Ich will dich schon bei meinem Vater so herausstreichen und rühmen, daß er mich mit dir vermählt und dich zum Erben seiner Krone einsetzt.« Aber der treue Diener, der alles mit angesehen hatte, machte unbemerkt ein kleines Schifflein von dem großen los, setzte sich hinein, schiffte seinem Herrn nach und ließ die Verräter fortfahren. Er fischte den Toten wieder auf, und mit Hilfe der drei Schlangenblätter, die er bei sich trug und auf die Augen und den Mund legte, brachte er ihn glücklich wieder ins Leben.

Sie ruderten beide aus allen Kräften Tag und Nacht, und ihr kleines Schiff flog so schnell dahin, daß sie früher als das andere bei dem alten Könige anlangten. Er verwunderte sich, als er sie allein kommen sah, und fragte, was ihnen begegnet wäre. Als er die Bosheit seiner Tochter vernahm, sprach er: »Ich kann's nicht glauben, daß sie so schlecht gehandelt hat, aber die Wahrheit wird bald an den Tag kommen«, und hieß beide in eine verborgene Kammer gehen und sich vor jedermann heimlich halten. Bald hernach kam das große Schiff herangefahren, und die gottlose Frau erschien vor ihrem Vater mit einer betrübten Miene. Er sprach: »Warum kehrst du allein zurück? Wo ist dein Mann?« – »Ach, lieber Vater«, antwortete sie, »ich komme in großer Trauer wieder heim, mein Mann ist während der Fahrt plötzlich erkrankt und gestorben, und wenn der gute Schiffer mir nicht Beistand geleistet hätte, so wäre es mir schlimm ergangen; er ist bei seinem Tode zugegen gewesen und kann Euch alles erzählen.« Der König sprach: »Ich will den Toten wieder lebendig machen«, und öffnete die Kammer und hieß die beiden herausgehen. Die Frau, als sie ihren Mann erblickte, war wie vom Donner gerührt, sank auf die Knie und bat um Gnade. Der König sprach: »Da ist keine Gnade, er war bereit, mit dir zu sterben, und hat dir dein Leben wiedergegeben, du aber hast ihn im Schlaf umgebracht und sollst deinen verdienten Lohn empfangen.« Da ward sie mit ihrem Helfershelfer in ein durchlöchertes Schiff gesetzt und hinaus ins Meer getrieben, wo sie bald in den Wellen versanken.

17.

Die weiße Schlange

Es ist nun schon lange her, da lebte ein König, dessen Weisheit im ganzen Lande berühmt war. Nichts blieb ihm unbekannt, und es war, als ob ihm Nachricht von den verborgensten Dingen durch die Luft zugetragen würde. Er hatte aber eine seltsame Sitte. Jeden Mittag, wenn von der Tafel alles abgetragen und niemand mehr zugegen war, mußte ein vertrauter Diener noch eine Schüssel bringen. Sie war aber zugedeckt, und der Diener wußte selbst nicht, was darin lag, und kein Mensch wußte es, denn der König deckte sie nicht eher auf und aß nicht davon, bis er ganz allein war. Das hatte schon lange Zeit gedauert, da überkam eines Tages den Diener, der die Schüssel wieder wegtrug, die Neugierde, daß er nicht widerstehen konnte, sondern die Schüssel in seine Kammer brachte. Als er die Tür sorgfältig verschlossen hatte, hob er den Deckel auf, und da sah er, daß eine weiße Schlange darin lag. Bei ihrem Anblick konnte er die Lust nicht zurückhalten, sie zu kosten; er schnitt ein Stückchen davon ab und steckte es in den Mund. Kaum aber hatte es seine Zunge berührt, so hörte er vor seinem Fenster ein seltsames Gewisper von feinen Stimmen. Er ging und horchte, da merkte er, daß es die Sperlinge waren, die miteinander sprachen und sich allerlei erzählten, was sie im Felde und Walde gesehen hatten. Der Genuß der Schlange hatte ihm die Fähigkeit verliehen, die Sprache der Tiere zu verstehen.

Nun trug es sich zu, daß gerade an diesem Tage der Königin ihr schönster Ring fortkam und auf den vertrauten Diener, der überall Zugang hatte, der Verdacht fiel, er habe ihn gestohlen. Der König ließ ihn vor sich kommen und drohte ihm unter heftigen Scheltworten, wenn er bis morgen den Täter nicht zu nennen wüßte, so sollte er dafür angesehen und gerichtet werden. Es half nichts, daß er seine Unschuld beteuerte, er ward mit keinem bessern Bescheid entlassen. In seiner Unruhe und Angst ging er hinab auf den Hof und bedachte, wie er sich aus seiner Not helfen könne. Da saßen die Enten an einem fließenden Wasser friedlich nebeneinander und ruhten, sie putzten sich mit ihren Schnäbeln glatt und hielten ein vertrauliches Gespräch. Der Diener blieb stehen und hörte ihnen zu.

Sie erzählten sich, wo sie heute morgen all herumgewackelt wären und was für gutes Futter sie gefunden hätten, da sagte eine verdrießlich: »Mir liegt etwas schwer im Magen, ich habe einen Ring, der unter der Königin Fenster lag, in der Hast mit hinuntergeschluckt.« Da packte sie der Diener gleich beim Kragen, trug sie in die Küche und sprach zum Koch: »Schlachte doch diese ab, sie ist wohlgenährt.« – »Ja«, sagte der Koch und wog sie in der Hand, »die hat keine Mühe gescheut, sich zu mästen, und schon lange darauf gewartet, gebraten zu werden.« Er schnitt ihr den Hals ab, und als sie ausgenommen ward, fand sich der Ring der Königin in ihrem Magen. Der Diener konnte nun leicht vor dem Könige seine Unschuld beweisen, und da dieser sein Unrecht wiedergutmachen wollte, erlaubte er ihm, sich eine Gnade auszubitten, und versprach ihm die größte Ehrenstelle, die er sich an seinem Hofe wünschte.

Der Diener schlug alles aus und bat nur um ein Pferd und Reisegeld, denn er hatte Lust, die Welt zu sehen und eine Weile darin herumzuziehen. Als seine Bitte erfüllt war, machte er sich auf den Weg und kam eines Tags an einem Teich vorbei, wo er drei Fische bemerkte, die sich im Rohr gefangen hatten und nach Wasser schnappten. Obgleich man sagt, die Fische wären stumm, so vernahm er doch ihre Klage, daß sie so elend umkommen müßten. Weil er ein mitleidiges Herz hatte, so stieg er vom Pferde ab und setzte die drei Gefangenen wieder ins Wasser. Sie zappelten vor Freude, streckten die Köpfe heraus und riefen ihm zu: »Wir wollen dir's gedenken und dir's vergelten, daß du uns errettet hast.« Er ritt weiter, und nach einem Weilchen kam es ihm vor, als hörte er zu seinen Füßen in dem Sand eine Stimme. Er horchte und vernahm, wie ein Ameisenkönig klagte: »Wenn uns nur die Menschen mit den ungeschickten Tieren vom Leib blieben! Da tritt mir das dumme Pferd mit seinen schweren Hufen meine Leute ohne Barmherzigkeit nieder!« Er lenkte auf einen Seitenweg ein, und der Ameisenkönig rief ihm zu: »Wir wollen dir's gedenken und dir's vergelten.« Der Weg führte ihn in einen Wald, und da sah er einen Rabenvater und eine Rabenmutter, die standen bei ihrem Nest und warfen ihre Jungen heraus. »Fort mit euch, ihr Galgenschwengel«, riefen sie, »wir können euch nicht mehr satt machen, ihr seid groß genug und könnt euch selbst ernähren.« Die armen Jungen lagen auf der Erde, flatterten und schlugen mit ihren Fittichen und schrien: »Wir hilflosen Kinder, wir sollen uns selbst ernähren und können noch nicht fliegen! Was bleibt uns übrig, als hier Hungers zu sterben!« Da stieg der gute Jüngling ab, tötete das Pferd mit seinem Degen und überließ es den jungen Raben zum Futter. Die kamen herbeigehüpft, sättigten sich und riefen: »Wir wollen dir's gedenken und dir's vergelten.«

Er mußte jetzt seine eigenen Beine gebrauchen, und als er lange Wege gegangen war, kam er in eine große Stadt. Da war großer Lärm und Gedränge in den Straßen und kam einer zu Pferde und machte bekannt, die Königstochter suche einen Gemahl, wer sich aber um sie bewerben wolle, der müsse eine schwere Aufgabe vollbringen, und könne er es nicht glücklich ausführen, so habe er sein Leben verwirkt. Viele hatten es schon versucht, aber vergeblich ihr Leben darangesetzt. Der Jüngling, als er die Königstochter sah, ward er von ihrer großen Schönheit so verblendet, daß er alle Gefahr vergaß, vor den König trat und sich als Freier meldete.

Alsbald ward er hinaus ans Meer geführt und vor seinen Augen ein goldener Ring hineingeworfen. Dann hieß ihn der König diesen Ring aus dem Meeresgrund wieder hervorzuholen und fügte hinzu: »Wenn du ohne ihn wieder in die Höhe kommst, so wirst du immer aufs neue hinabgestürzt, bis du in den Wellen umkommst.« Alle bedauerten den schönen Jüngling und ließen ihn dann einsam am Meere zurück. Er stand am Ufer und überlegte, was er wohl tun sollte, da sah er auf einmal drei Fische daherschwimmen, und es waren keine anderen als jene, welchen er das Leben gerettet hatte. Der mittelste hielt eine Muschel im Munde, die er an den Strand zu den Füßen des Jünglings hinlegte, und als dieser sie aufhob und öffnete, so lag der Goldring darin. Voll Freude brachte er ihn dem Könige und erwartete, daß er ihm den verheißenen Lohn gewähren würde. Die stolze Königstochter aber, als sie vernahm, daß er ihr nicht ebenbürtig war, verschmähte ihn und verlangte, er sollte zuvor eine zweite Aufgabe lösen. Sie ging hinab in den Garten und streute selbst zehn Säcke voll Hirsen ins Gras. »Die muß er morgen, eh die Sonne hervorkommt, aufgelesen haben«, sprach sie, »und darf kein Körnchen fehlen.« Der Jüngling setzte sich in den Garten und dachte nach, wie es möglich wäre, die Aufgabe zu lösen, aber er konnte nichts ersinnen, saß da ganz traurig und erwartete, bei Anbruch des Morgens zum Tode geführt zu werden. Als aber die ersten Sonnenstrahlen in den Garten fielen, so sah er die zehn Säcke alle wohlgefüllt nebeneinanderstehen, und kein Körnchen fehlte darin. Der Ameisenkönig war mit seinen tausend und tausend Ameisen in der Nacht angekommen, und die dankbaren Tiere hatten den Hirsen mit großer Emsigkeit gelesen und in die Säcke gesammelt. Die Königstochter kam selbst in den Garten herab und sah mit Verwunderung, daß der Jüngling vollbracht hatte, was ihm aufgegeben war. Aber sie konnte ihr stolzes Herz noch nicht bezwingen und sprach: »Hat er auch die beiden Aufgaben gelöst, so soll er doch nicht eher mein Gemahl werden, bis er mir einen Apfel vom Baume des Lebens gebracht hat.« Der Jüngling wußte nicht, wo der Baum des Lebens stand, er machte sich auf und wollte immerzu gehen, solange ihn seine Beine trügen, aber er hatte keine Hoffnung, ihn zu finden. Als er schon durch drei Königreiche gewandert war und abends in einen Wald kam, setzte er sich unter einen Baum und wollte schlafen; da hörte er in den Ästen ein Geräusch, und ein goldner Apfel fiel in seine Hand. Zugleich flogen drei Raben zu ihm herab, setzten sich auf seine Knie und sagten: »Wir sind die drei jungen Raben, die du vom Hungertod errettet hast; als wir groß geworden waren und hörten, daß du den goldenen Apfel suchtest, so sind wir über das Meer geflogen bis ans Ende der Welt, wo der Baum des Lebens steht, und haben dir den Apfel geholt.« Voll Freude machte sich der Jüngling auf den Heimweg und brachte der schönen Königstochter den goldenen Apfel, der nun keine Ausrede mehr übrigblieb. Sie teilten den Apfel des Lebens und aßen ihn zusammen; da ward ihr Herz mit Liebe zu ihm erfüllt, und sie erreichten in ungestörtem Glück ein hohes Alter.

18.

Strohhalm, Kohle und Bohne

In einem Dorfe wohnte eine arme alte Frau, die hatte ein Gericht Bohnen zusammengebracht und wollte sie kochen. Sie machte also auf ihrem Herd ein Feuer zurecht, und damit es desto schneller brennen sollte, zündete sie es mit einer Hand voll Stroh an. Als sie die Bohnen in den Topf schüttete, entfiel ihr unbemerkt eine, die auf dem Boden neben einen Strohhalm zu liegen kam; bald danach sprang auch eine glühende Kohle vom Herd zu den beiden herab. Da fing der Strohhalm an und sprach: »Liebe Freunde, von wannen kommt ihr her?« Die Kohle antwortete: »Ich bin zu gutem Glück dem Feuer entsprungen, und hätte ich das nicht mit Gewalt durchgesetzt, so war mir der Tod gewiß: ich wäre zu Asche verbrannt.« Die Bohne sagte: »Ich bin auch noch mit heiler Haut davongekommen, aber hätte mich die Alte in den Topf gebracht, ich wäre ohne Barmherzigkeit zu Brei gekocht worden, wie meine Kameraden.« – »Wäre mir denn ein besser Schicksal zuteil geworden?« sprach das Stroh. »Alle meine Brüder hat die Alte in Feuer und Rauch aufgehen lassen, sechzig hat sie auf einmal gepackt und ums Leben gebracht. Glücklicherweise bin ich ihr zwischen den Fingern durchgeschlüpft.« – »Was sollen wir aber nun anfangen?« sprach die Kohle. »Ich meine«, antwortete die Bohne, »weil wir so glücklich dem Tode entronnen sind, so wollen wir uns als gute Gesellen zusammenhalten und, damit uns hier nicht wieder ein neues Unglück ereilt, gemeinschaftlich auswandern und in ein fremdes Land ziehen.«

Der Vorschlag gefiel den beiden andern, und sie machten sich miteinander auf den Weg. Bald aber kamen sie an einen kleinen Bach, und da keine Brücke oder Steg da war, so wußten sie nicht, wie sie hinüberkommen sollten. Der Strohhalm fand guten Rat und sprach: »Ich will mich querüber legen, so könnt ihr auf mir wie auf einer Brücke hinübergehen.« Der Strohhalm streckte sich also von einem Ufer zum andern, und die Kohle, die von hitziger Natur war, trippelte auch ganz keck auf die neugebaute Brücke. Als sie aber in die Mitte gekommen war und unter ihr das Wasser rauschen hörte, ward ihr doch angst: sie blieb stehen und getraute sich nicht weiter. Der Strohhalm aber fing an zu brennen, zerbrach in zwei Stücke und fiel in den Bach; die Kohle rutschte nach, zischte, wie sie ins Wasser kam, und gab den Geist auf. Die Bohne, die vorsichtigerweise noch auf dem Ufer zurückgeblieben war, mußte über die Geschichte lachen, konnte nicht aufhören und lachte so gewaltig, daß sie zerplatzte. Nun war es ebenfalls um sie geschehen, wenn nicht zu gutem Glück ein Schneider, der auf der Wanderschaft war, sich an dem Bach ausgeruht hätte. Weil er ein mitleidiges Herz hatte, so holte er Nadel und Zwirn heraus und nähte sie zusammen. Die Bohne bedankte sich bei ihm aufs schönste, aber da er schwarzen Zwirn gebraucht hatte, so haben seit der Zeit alle Bohnen eine schwarze Naht.

19.

Von dem Fischer un syner Fru

Dar wöör maal eens en Fischer un syne Fru, de waanden tosamen in'n Pißputt, dicht an der See, un de Fischer güng alle Dage hen un angeld: un he angeld un angeld.

So seet he ook eens by de Angel un seeg jümmer in dat blanke Water henin: un he seet un seet.

Do güng de Angel to Grund, deep ünner, un as he se heruphaald, so haald he enen grooten Butt heruut. Do säd de Butt to em: »Hör mal, Fischer, ik bidd dy, laat my lewen, ik bün keen rechten Butt, ik bün'n verwünschten Prins. Wat helpt dy dat, dat du my doot maakst? Ik würr dy doch nich recht smecken: sett my wedder in dat Water un laat my swemmen.« – »Nu«, säd de Mann, »du bruukst nich so veel Wöörd to maken, eenen Butt, de spreken kann, hadd ik doch wol swemmen laten.« Mit des sett't he em wedder in dat blanke Water, do güng de Butt to Grund un leet enen langen Strypen Bloot achter sik. Do stünn de Fischer up un güng na syne Fru in'n Pißputt.

»Mann«, säd de Fru, »hest du hüüt niks fungen?« – »Ne«, säd de Mann, »ik füng enen Butt, de säd he wöör en verwünschten Prins, do hebb ik em wedder swemmen laten.« – »Hest du dy denn niks wünschd?« säd de Fru. »Ne«, säd de Mann, »wat schull ik my wünschen?« – »Ach«, säd de Fru, »dat is doch äwel, hyr man jümmer in'n Pißputt to waanen, dat stinkt un is so eeklig: du haddst uns doch ene lüttje Hütt wünschen kunnt. Ga noch hen un roop em: segg em, wy wählt 'ne lüttje Hütt hebben, he dait dat gewiß.« – »Ach«, säd de Mann, »wat schull ick door noch hengaan?« – »I«, säd de Fru, »du haddst em doch fungen un hest em wedder swemmen laten, he dait dat gewiß. Ga glyk hen.« De Mann wull noch nich recht, wull awerst syn Fru ook nich to weddern syn un güng hen na der See.

As he door köhm, wöör de See ganß gröön un geel un goor nich meer so blank. So güng he staan un säd:

»Manntje, Manntje, Timpe Te,
Buttje, Buttje in der See,
myne Fru, de Ilsebill,
will nich so, as ik wol will.«

Do köhm de Butt answemmen un säd: »Na, wat will se denn?« – »Ach«, säd de Mann, »ik hebb dy doch fungen hatt, nu säd myn Fru, ik hadd my doch wat wünschen schullt. Se mag nich meer in'n Pißputt wanen, se wull geern 'ne Hütt.« – »Ga man hen«, säd de Butt, »se hett se all.«

Do güng de Mann hen, un syne Fru seet nich meer in'n Pißputt, dar stünn awerst ene lüttje Hütt, un syne Fru seet vor de Döhr up ene Bänk. Do nöhm syne Fru em by de Hand un säd to em: »Kumm man herin, süh, nu is dat doch veel beter.« Do güngen se henin, un in de Hütt was een lüttjen Vörplatz un ene lüttje herrliche Stuw un Kamer, wo jem eer Bedd stünn, un Kääk un Spysekamer, allens up dat beste mit Gerädschoppen un up dat schönnste upgefleyt, Tinntüüg un Mischen (Messing), wat sik darin hö͏ört. Un achter was ook en lüttjen Hof mit Hönern un Aanten un en lüttjen Goorn mit Grönigkeiten un Aaft (Obst). »Süh«, säd de Fru, »is dat nich nett?« – »Ja«, säd de Mann, »so schall't blywen, nu wähl wy recht vergnöögt lewen.« – »Dat wähl wy uns bedenken«, säd de Fru. Mit des eeten se wat un güngen to Bedd.

So güng dat wol 'n acht oder veertein Dag, do säd de Fru: »Hör, Mann, de Hütt is ook goor to eng, un de Hof un de Goorn is so kleen: de Butt hadd uns ook wol een grötter Huus schenken kunnt. Ich much woll in enem grooten stenern Slott wanen: ga hen tom Butt, he schall uns en Slott schenken.« – »Ach, Fru«, säd de Mann, »de Hütt is jo god noog, wat wähl wy in'n Slott wanen.« – »I wat«, säd de Fru, »ga du man hen, de Butt kann dat jümmer doon.« – »Ne, Fru«, säd de Mann, »de Butt hett uns eerst de Hütt gewen, ik mag nu nich all wedder kamen, den Butt muchd et vördreten.« – »Ga doch«, säd de Fru, »he kann dat recht good un dait dat geern; ga du man hen.« Dem Mann wöör syn Hart so swoor, un wull nich; he säd by sik sülven: »Dat is nich recht«, he güng awerst doch hen.

As he an de See köhm, wöör dat Water ganß vigelett un dunkelblau un grau un dick, un goor nich meer so gröön un geel, doch wöör't noch still. Do güng he staan un säd:

»Manntje, Manntje, Timpe Te,
Buttje, Buttje in der See,
myne Fru, de Ilsebill,
will nich so, as ik wol will.«

»Na, wat will se denn?« säd de Butt. »Ach«, säd de Mann half bedrööft, »se will in'n groot stenern Slott wanen.« – »Ga man hen, se stait vör der Döhr«, säd de Butt.

Da güng de Mann hen und dachd, he wull na Huus gaan, as he awerst daar köhm, so stünn door 'n grooten stenern Pallast, un syn Fru stünn ewen up de Trepp un wull henin gaan: do nöhm se em by de Hand un säd: »Kumm man herein.« Mit des güng he mit ehr henin, un in dem Slott wöör ene groote Dehl mit marmelstenern Asters (Estrich), un dar wören so veel Bedeenters, de reten de grooten Dören up, un de Wende wören all blank un mit schöne Tapeten un in de Zimmers luter gollne Stöhl un Dischen, un krystallen Kroonlüchters hüngen an dem Bähn, un so wöör dat all de Stuwen un Kamers mit Footdeken; un dat Aeten un de allerbeste Wyn stünn up den Dischen, as wenn se breken wullen. Un achter dem Huse wöör ook 'n grooten Hof mit Peerd- un Kohstall un Kutschwagens up dat allerbeste, ook was door en grooten herrlichen Goorn mit de schönnsten Blomen un fyne Aaftbömer, un en Lustholt wol 'ne halwe Myl lang, door wören Hirschen un Reh un Hasen drin und allens, wat man sik jümmer wünschen mag. »Na«, säd de Fru, »is dat nu nich schön?« – »Ach ja«, säd de Mann, »so schall't ook blywen, nu wähl wy ook in dat schöne Slott wanen un wähln tofreden syn.« – »Dat wähl wy uns bedenken«, säd de Fru, »un wählen't beslapen.« Mit des güngen se to Bedd.

Den annern Morgen waakd de Fru to eerst up, dat was jüst Dag, un seeg uut jem ehr Bedd dat herrliche Land vör sik liggen. De Mann reckd sik noch, do stödd se em mit dem Ellbagen in de Syd un säd: »Mann, sta up un kyk mal uut dem Fenster. Süh, kunnen wy nich König warden äwer all düt Land? Ga hen tom Butt, wy wählt König syn.« – »Ach, Fru«, säd de Mann, »wat wähl wy König syn! Ik mag nich König syn.« – »Na«, säd de Fru, »wult du nich König syn, so will ik König syn. Ga hen tom Butt, ik will König syn.« – »Ach, Fru«, säd de Mann, »wat wullst du König syn? Dat mag ik em nich seggen.« – »Worüm nich?« säd de Fru. »Ga stracks hen, ik mutt König syn.« Do güng de Mann hen un wöör ganß bedrööft, dat syne Fru König warden wull. Dat is nich recht un is nich recht«, dachd de Mann. He wull nich hen gaan, güng awerst doch hen.

Un as he an de See köhm, do wöör de See ganß swartgrau, un dat Water geerd so von ünnen up un stünk ook ganß fuul. Do güng he staan un säd:

»Manntje, Manntje, Timpe Te,
Buttje, Buttje in der See,
myne Fru, de Ilsebill,
will nich so, as ik wol will.«

»Na, wat will se denn?« säd de Butt. »Ach«, säd de Mann, »se will König warden.« – »Ga man hen, se is't all«, säd de Butt.

Do güng de Mann hen, un as he na dem Pallast köhm, so wöör dat Slott veel grötter worren, mit enem grooten Toorn un herrlyken Zyraat doran; un de Schildwacht stünn vor de Döhr, un dar wören so väle Soldaten un Pauken un Trumpeten. Un as he in dat Huus köhm, so wöör allens von purem Marmelsteen mit Gold un sammtne Deken un groote gollne Quasten. Do güngen de Dören von dem Saal up, door de ganße Hofstaat wöör, un syne Fru seet up enem hogen Troon von Gold un Demant un hadd ene groote gollne Kroon up un den Zepter in der Hand von purem Gold un Edelsteen, un up beyden Syden by ehr stünnen ses Jumpfern in ene Reeg, jümmer ene enen Kops lüttjer as de annere. Do güng he staan und säd: »Ach, Fru, büst du nu König?« – »Ja«, säd de Fru, »nu bün ik König.« Do stünn he un seeg se an, un as he se do een Flach (eine Zeitlang) so ansehn hadd, säd he: »Ach, Fru, wat lett dat schöön, wenn du König büst! Nu wähl wy ook niks meer wünschen.« – »Ne, Mann«, säd de Fru un wöör ganß unruhig, »my waart de Tyd und Wyl al lang, ik kann dat nich meer uuthollen. Ga hen tom Butt, König bün ik, nu mutt ik ook Kaiser warden.« – »Ach, Fru«, säd de Mann, »wat wullst du Kaiser warden?« – »Mann«, säd se, »ga tom Butt, ik will Kaiser syn.« – »Ach, Fru«, säd de Mann, »Kaiser kann he nich maken, ik mag dem Butt dat nich seggen; Kaiser is man eenmal im Reich: Kaiser kann de Butt jo nich maken, dat kann un kann he nich.« – »Wat«, säd de Fru, »ik bün König, un du bist man myn Mann, wullt du glyk hengaan? Glyk ga hen, kann he König maken, kann he ook Kaiser maken, ik will un will Kaiser syn; glyk ga hen.« Do mussd he hengaan. Do de Mann awer hengüng, wöör em ganß bang, un as he so güng, dachd he by sik: »Düt gait un gait nich good: Kaiser is to uutvörschaamt, de Butt wart am Ende möd.«

Mit des köhm he an de See, do wöör de See noch ganß swart un dick un füng al so von ünnen up to geeren, dat et so Blasen smeet, un et güng so ein Keekwind äwer hen, dat et sik so köhrd; un de Mann wurr groen (grauen). Do güng he staan un säd:

»Manntje, Manntje, Timpe Te,
Buttje, Buttje in der See,
myne Fru, de Ilsebill,
will nich so, as ik wol will.«

»Na, wat will se denn?« säd de Butt. »Ach, Butt«, säd he, »myn Fru will Kaiser warden.« – »Ga man hen«, säd de Butt, »se is't all.«

Do güng de Mann hen, un as he door köhm, so wöör dat ganße Slott von poleertem Marmelsteen mit albasternen Figuren und gollnen Zyraten. Vör de Döhr marscheerden de Soldaten, un se blösen Trumpeten und slögen Pauken un Trummeln; awerst in dem Huse, da güngen de Baronen un Grawen un Herzogen man so as Bedeenters herüm; do maakden se em de Dören up, de von luter Gold wören. Und as he herinköhm, door seet syne Fru up enem Troon, de wöör von een Stück Gold, un wöör wol twe Myl hoog, un hadd ene groote gollne Kroon up, de wöör dre Elen hoog un mit Briljanten un Karfunkelsteen besett't; in de ene Hand hadde se den Zepter un in de annere Hand den Reichsappel, un up beyden Syden by eer door stünnen de Trabanten so in twe Regen, jümmer een lüttjer as de annere, von dem allergröttesten Rysen, de wöör twe Myl hoog, bet to dem allerlüttjesten Dwaark, de wöör man so groot as min lüttje Finger. Un vör ehr stünnen so vele Fürsten un Herzogen. Door güng de Mann tüschen staan un säd: »Fru, büst du nu Kaiser?« – »Ja«, säd se, »ik bün Kaiser.« Do güng he staan un beseeg se sik so recht, un as he se so 'n Flach ansehn hadd, so säd he: »Ach, Fru, watt lett dat schöön, wenn du Kaiser büst.« – »Mann«, säd se, »wat staist du door? Ik bün nu Kaiser, nu will ik awerst ook Paabst warden, ga hen tom Butt.« – »Ach, Fru«, säd de Mann, »wat wulst du man nich? Paabst kannst du nich warden, Paabst is man eenmaal in der Kristenhait, dat kann he doch nich maken.« – »Mann«, säd se, »ik will Paabst warden, ga glyk hen, ik mutt hüüt noch Paabst warden.« – »Ne, Fru«, säd de Mann, »dat mag ik em nich seggen, dat gait nich good, dat is to groff, tom Paabst kann de Butt nich maken.« – »Mann, wat Snack!« säd de Fru. »Kann he Kaiser maken, kann he ook Paabst maken. Ga foorts hen, ik bün Kaiser, un du büst man myn Mann, wult du wol hengaan?« Do wurr he bang un güng hen, em wöör awerst ganß flau un zitterd un beewd, un de Knee un de Waden slakkerden em. Un dar streek so 'n Wind äwer dat Land, un de Wolken flögen, as dat düster wurr gegen Awend; de Bläder waiden von den Bömern, un dat Water güng un bruusd as kaakd dat un platschd an dat Aever, un von feern seeg he de Schepen, de schöten in der Noot, un danßden un sprüngen up den Bülgen. Doch wöör de Himmel noch so 'n bitten blau in de Midd, awerst an den Syden door toog dat so recht rood up as en swohr Gewitter. Do güng he recht vörzufft (verzagt) staan in de Angst un säd:

»Manntje, Manntje, Timpe Te,
Buttje, Buttje in der See,
myne Fru, de Ilsebill,
will nich so, as ik wol will.«

»Na, wat will se denn?« säd de Butt. »Ach«, säd de Mann, »se will Paabst warden.« – »Ga man hen, se is't all«, säd de Butt.

Do güng he hen, un as he door köhm, so wöör dar as en groote Kirch mit luter Pallastens ümgewen. Door drängd he sik dorch dat Volk; inwendig was awer allens mit dausend un dausend Lichtern erleuchtet, un syne Fru wöör in luter Gold gekledet, un seet noch up enem veel högeren Troon, un hadde dre groote gollne Kronen up, un üm ehr dar so veel von geistlykem Staat, un up beyden Syden by ehr door stünnen twe Regen Lichter, dat gröttste so dick un groot as de allergröttste Toorn, bet to dem allerkleensten Käkenlicht; un alle de Kaisers un de Königen de legen vör ehr up de Kne un küßden ehr den Tüffel. »Fru«, säd de Mann un seeg se so recht an, »büst du nu Paabst?« – »Ja«, säd se, »ik bün Paabst.« Do güng he staan un seeg se recht an, un dat wöör, as wenn he in de hell Sunn seeg. As he se do en Flach ansehn hadd, so säd he: »Ach, Fru, wat lett dat schöön, wenn du Paabst büst!« Se seet awerst ganß styf as en Boom un rüppeld un röhrd sik nich. Do säd he: »Fru, nu sy tofreden, nu du Paabst büst, nu kannst du doch niks meer warden.« – »Dat will ik my bedenken«, säd de Fru. Mit des güngen se beyde to Bedd, awerst se wöör nich tofreden, un de Girighait leet se nich slapen, se dachd jümmer, wat se noch warden wull.

De Mann sleep recht good un fast, he hadd den Dag veel lopen, de Fru awerst kunn goor nich inslapen un smeet sik von een Syd to der annern de ganße Nacht un dachd man jümmer, wat se noch wol warden kunn, un kunn sik doch up niks meer besinnen. Mit des wull de Sünn upgaan, un as se dat Morgenrood seeg, richt'd se sik äwer End im Bedd un seeg door henin, un as se uut dem Fenster de Sünn so herup kamen seeg. »Ha«, dachd se, »kunn ik nich ook de Sünn un de Maan upgaan laten?« – »Mann«, säd se un stödd em mit dem Ellbagen in de Ribben, »waak up, ga hen tom Butt, ik will warden as de lewe Gott.« De Mann was noch meist in'n Slaap, awerst he vörschrock sik so, dat he uut dem Bedd füll. He meend, he hadd sik vörhöörd, un reef sik de Ogen uut un säd: »Ach, Fru, wat säd'st du?« – »Mann«, säd se, »wenn ik nich de Sünn un deu Maan kan upgaan laten un mutt dat so ansehn, dat de Sünn un de Maan upgaan, ik kann dat nich uuthollen, un hebb kene geruhige Stünd meer, dat ik se nich sülwst kann upgaan laten.« So seeg se em so recht gräsig an, dat em so 'n Schudder äwerleep. »Glyk ga hen, ik will warden as de lewe Gott.« – »Ach, Fru«, säd de Mann, un füll vör eer up de Knee, »dat kann de Butt nich. Kaiser un Paabst kann he maken, ik bidd dy, sla in dy un blyf Paabst.« Do köhm se in de Booshait, de Hoor flögen ehr so wild üm den Kopp, da reet se sik dat Lyfken up un geef em eens mit dem Foot un schreed: »Ik holl dat nich uut un holl dat nich länger uut, wult du hengaan??« Do slööpd he sik de Büxen an un leep wech as unsinnig.

Buten awer güng de Storm un bruusde, dat he kuum up den Föten staan kunn; de Huser un de Bömer waiden um, un de Baarge beewden, un de Felsenstücken rullden in de See, un de Himmel wöör ganß pickswart, un dat dunnerd un blitzd, un de See güng in so hoge swarte Bülgen as Kirchentöörn un as Baarge, un de hadden bawen all ene witte Kroon von Schuum up. Do schre he un kun syn egen Woord nich hören:

»Manntje, Manntje, Timpe Te,
Buttje, Buttje in der See,
myne Fru, de Ilsebill,
will nich so, as ik wol will.«

»Na, wat will se denn?« säd de Butt. »Ach«, säd he, »se will warden as de lewe Gott.« – »Ga man hen, se sitt all weder in'n Pißputt.«

Door sitten se noch bet up hüüt un düssen Dag.

20.

Das tapfere Schneiderlein

An einem Sommermorgen saß ein Schneiderlein auf seinem Tisch am Fenster, war guter Dinge und nähte aus Leibeskräften. Da kam eine Bauersfrau die Straße herab und rief: »Gut Mus feil! Gut Mus feil!« Das klang dem Schneiderlein lieblich in die Ohren, er steckte sein zartes Haupt zum Fenster hinaus und rief: »Hier herauf, liebe Frau, hier wird sie ihre Ware los.« Die Frau stieg die drei Treppen mit ihrem schweren Korbe zu dem Schneider herauf und mußte die Töpfe sämtlich vor ihm auspacken. Er besah sie alle, hob sie in die Höhe, hielt die Nase dran und sagte endlich: »Das Mus scheint mir gut, wieg Sie mir doch vier Lot ab, liebe Frau, wenn's auch ein Viertelpfund ist, kommt es mir nicht darauf an.« Die Frau, welche gehofft hatte, einen guten Absatz zu finden, gab ihm, was er verlangte, ging aber ganz ärgerlich und brummig fort. »Nun das Mus soll mir Gott gesegnen«, rief das Schneiderlein, »und soll mir Kraft und Stärke geben«, holte das Brot aus dem Schrank, schnitt sich ein Stück über den ganzen Laib und strich das Mus darüber. »Das wird nicht bitter schmecken«, sprach er, »aber erst will ich den Wams fertig machen, eh ich anbeiße.« Er legte das Brot neben sich, nähte weiter und machte vor Freude immer größere Stiche. Indes stieg der Geruch von dem süßen Mus hinauf an die Wand, wo die Fliegen in großer Menge saßen, so daß sie herangelockt wurden und sich scharenweis darauf niederließen. »Ei, wer hat euch eingeladen?« sprach das Schneiderlein und jagte die ungebetenen Gäste fort. Die Fliegen aber, die kein Deutsch verstanden, ließen sich nicht abweisen, sondern kamen in immer größerer Gesellschaft wieder. Da lief dem Schneiderlein endlich, wie man sagt, die Laus über die Leber, es langte aus seiner Hölle nach einem Tuchlappen, und »Wart, ich will es euch geben!« schlug es unbarmherzig drauf. Als es abzog und zählte, so lagen nicht weniger als sieben vor ihm tot und streckten die Beine. »Bist du so ein Kerl?« sprach er und mußte selbst seine Tapferkeit bewundern. »Das soll die ganze Stadt erfahren.« Und in der Hast schnitt sich das Schneiderlein einen Gürtel, nähte ihn und stickte mit großen Buchstaben darauf: Siebene auf einen Streich! »Ei was, Stadt!«

sprach er weiter. »Die ganze Welt soll's erfahren!« Und sein Herz wackelte ihm vor Freude wie ein Lämmerschwänzchen.

Der Schneider band sich den Gürtel um den Leib und wollte in die Welt hinaus, weil er meinte, die Werkstätte sei zu klein für seine Tapferkeit. Eh er abzog, suchte er im Haus herum, ob nichts da wäre, was er mitnehmen könnte, er fand aber nichts als einen alten Käs, den steckte er ein. Vor dem Tore bemerkte er einen Vogel, der sich im Gesträuch gefangen hatte, der mußte zu dem Käse in die Tasche. Nun nahm er den Weg tapfer zwischen die Beine, und weil er leicht und behend war, fühlte er keine Müdigkeit. Der Weg führte ihn auf einen Berg, und als er den höchsten Gipfel erreicht hatte, so saß da ein gewaltiger Riese und schaute sich ganz gemächlich um. Das Schneiderlein ging beherzt auf ihn zu, redete ihn an und sprach: »Guten Tag, Kamerad, gelt, du sitzest da und besiehst dir die weitläufige Welt? Ich bin eben auf dem Wege dahin und will mich versuchen. Hast du Lust, mitzugehen?« Der Riese sah den Schneider verächtlich an und sprach: »Du Lump! Du miserabler Kerl!« – »Das wäre!« antwortete das Schneiderlein, knöpfte den Rock auf und zeigte dem Riesen den Gürtel. »Da kannst du lesen, was ich für ein Mann bin.« Der Riese las: »Siebene auf einen Streich«, meinte, das wären Menschen gewesen, die der Schneider erschlagen hätte, und kriegte ein wenig Respekt vor dem kleinen Kerl. Doch wollte er ihn erst prüfen, nahm einen Stein in die Hand und drückte ihn zusammen, daß das Wasser heraustropfte. »Das mach mir nach«, sprach der Riese, »wenn du Stärke hast.« – »Ist's weiter nichts?« sagte das Schneiderlein. »Das ist bei unsereinem Spielwerk«, griff in die Tasche, holte den weichen Käs und drückte ihn, daß der Saft herauslief. »Gelt«, sprach er, »das war ein wenig besser?« Der Riese wußte nicht, was er sagen sollte, und konnte es von dem Männlein nicht glauben. Da hob der Riese einen Stein auf und warf ihn so hoch, daß man ihn mit Augen kaum noch sehen konnte. »Nun, du Erpelmännchen, das tu mir nach.« – »Gut geworfen«, sagte der Schneider, »aber der Stein hat doch wieder zur Erde herabfallen müssen, ich will dir einen werfen, der soll gar nicht wiederkommen«, griff in die Tasche, nahm den Vogel und warf ihn in die Luft. Der Vogel, froh über seine Freiheit, stieg auf, flog fort und kam nicht wieder. »Wie gefällt dir das Stückchen, Kamerad?« fragte der Schneider. »Werfen kannst du wohl«, sagte der Riese, »aber nun wollen wir sehen, ob du imstande bist, etwas Ordentliches zu tragen.« Er führte das Schneiderlein zu einem mächtigen Eichbaum, der da gefällt auf dem Boden lag, und sagte: »Wenn du stark genug bist, so hilf mir den Baum aus dem Walde heraustragen.« – »Gerne«, antwortete der kleine Mann, »nimm du nur den Stamm auf deine Schulter, ich will die Äste mit dem Gezweig aufheben und tragen, das ist doch das Schwerste.« Der Riese nahm den Stamm auf die Schulter, der Schneider aber setzte sich auf einen Ast, und der Riese, der sich nicht umsehen konnte, mußte den ganzen Baum und das Schneiderlein noch obendrein forttragen. Es war dahinten ganz lustig und guter Dinge, pfiff das Liedchen »Es ritten drei Schneider zum Tore hinaus«, als wäre das Baumtragen ein Kinderspiel. Der Riese, nachdem er ein Stück Wegs die schwere Last fortgeschleppt hatte, konnte nicht weiter und rief: »Hör, ich muß den Baum fallen lassen.« Der Schneider sprang behendiglich herab, faßte den Baum mit beiden Armen, als wenn er ihn getragen hätte, und sprach zum Riesen: »Du bist ein so großer Kerl und kannst den Baum nicht einmal tragen.«

Sie gingen zusammen weiter, und als sie an einem Kirschbaum vorbeikamen, faßte der Riese die Krone des Baums, wo die zeitigsten Früchte hingen, bog sie herab, gab sie dem Schneider in die Hand und hieß ihn essen. Das Schneiderlein aber war viel zu schwach, um den Baum zu halten, und als der Riese losließ, fuhr der Baum in die Höhe, und der Schneider ward mit in die Luft geschnellt. Als er wieder ohne Schaden herabgefallen war, sprach der Riese: »Was ist das, hast du nicht Kraft, die schwache Gerte zu halten?« – »An der Kraft fehlt es nicht«, antwortete das Schneiderlein, »meinst du, das wäre etwas für einen, der siebene mit einem Streich getroffen hat? Ich bin über den Baum gesprungen, weil die Jäger da unten in das Gebüsch schießen. Spring nach, wenn du's vermagst.« Der Riese machte den Versuch, konnte aber nicht über den Baum kommen, sondern blieb in den Ästen hängen, also daß das Schneiderlein auch hier die Oberhand behielt.

Der Riese sprach: »Wenn du ein so tapferer Kerl bist, so komm mit in unsere Höhle und übernachte bei uns.« Das Schneiderlein war bereit und folgte ihm. Als sie in der Höhle anlangten, saßen da noch andere Riesen beim Feuer, und jeder hatte ein gebratenes Schaf in der Hand und aß davon. Das Schneiderlein sah sich um und dachte: »Es ist doch hier viel weitläuftiger als in meiner Werkstatt.« Der Riese wies ihm ein Bett an und sagte, er sollte sich hineinlegen und ausschlafen. Dem Schneiderlein war aber das Bett zu groß, er legte sich nicht hinein, sondern kroch in eine Ecke. Als es Mitternacht war und der Riese meinte, das Schneiderlein läge in tiefem Schlafe, so stand er auf, nahm eine große Eisenstange und schlug das Bett mit einem Schlag durch und meinte, er hätte dem Grashüpfer den Garaus gemacht. Mit dem frühsten Morgen gingen die Riesen in den Wald und hatten das Schneiderlein ganz vergessen, da kam es auf einmal ganz lustig und verwegen dahergeschritten. Die Riesen erschraken, fürchteten, es schlüge sie alle tot, und liefen in einer Hast fort.

Das Schneiderlein zog weiter, immer seiner spitzen Nase nach. Nachdem es lange gewandert war, kam es in den Hof eines königlichen Palastes, und da es Müdigkeit empfand, so legte es sich ins Gras und schlief ein. Während es da lag, kamen die Leute, betrachteten es von allen Seiten und lasen auf dem Gürtel: Siebene auf einen Streich. »Ach«, sprachen sie, »was will der große Kriegsheld hier mitten im Frieden? Das muß ein mächtiger Herr sein.« Sie gingen und meldeten es dem König und meinten, wenn Krieg ausbrechen sollte, wäre das ein wichtiger und nützlicher Mann, den man um keinen Preis fortlassen dürfte. Dem König gefiel der Rat, und er schickte einen von seinen Hofleuten an das Schneiderlein ab, der sollte ihm, wenn es aufgewacht wäre, Kriegsdienste anbieten. Der Abgesandte blieb bei dem Schläfer stehen, wartete, bis er seine Glieder streckte und die Augen aufschlug, und brachte dann seinen Antrag vor. »Eben deshalb bin ich hierhergekommen«, antwortete er, »ich bin bereit, in des Königs Dienste zu treten.« Also ward er ehrenvoll empfangen und ihm eine besondere Wohnung angewiesen.

Die Kriegsleute aber waren dem Schneiderlein aufgesessen und wünschten, es wäre tausend Meilen weit weg. »Was soll daraus werden?« sprachen sie untereinander. »Wenn wir Zank mit ihm kriegen und er haut zu, so fallen auf jeden Streich siebene. Da kann unsereiner nicht bestehen.« Also faßten sie einen Entschluß, begaben sich allesamt zum König und baten um ihren Abschied. »Wir sind nicht gemacht«, sprachen sie, »neben einem Mann auszuhalten, der siebene auf einen Streich schlägt.« Der König war traurig, daß er um des einen willen alle seine treuen Diener verlieren sollte, wünschte, daß seine Augen ihn nie gesehen hätten, und wäre ihn gerne wieder losgewesen. Aber er getraute sich nicht, ihm den

Abschied zu geben, weil er fürchtete, er möchte ihn samt seinem Volke totschlagen und sich auf den königlichen Thron setzen. Er sann lange hin und her, endlich fand er einen Rat. Er schickte zu dem Schneiderlein und ließ ihm sagen, weil er ein so großer Kriegsheld wäre, so wollte er ihm ein Anerbieten machen. In einem Walde seines Landes hausten zwei Riesen, die mit Rauben, Morden, Sengen und Brennen großen Schaden stifteten: niemand dürfte sich ihnen nahen, ohne sich in Lebensgefahr zu setzen. Wenn er diese beiden Riesen überwände und tötete, so wollte er ihm seine einzige Tochter zur Gemahlin geben und das halbe Königreich zur Ehesteuer; auch sollten hundert Reiter mitziehen und ihm Beistand leisten. »Das wäre so etwas für einen Mann, wie du bist«, dachte das Schneiderlein, »eine schöne Königstochter und ein halbes Königreich wird einem nicht alle Tage angeboten.« – »O ja«, gab er zur Antwort, »die Riesen will ich schon bändigen und habe die hundert Reiter dabei nicht nötig: wer siebene auf einen Streich trifft, braucht sich vor zweien nicht zu fürchten.«

Das Schneiderlein zog aus, und die hundert Reiter folgten ihm. Als er zu dem Rand des Waldes kam, sprach er zu seinen Begleitern: »Bleibt hier nur halten, ich will schon allein mit den Riesen fertig werden.« Dann sprang er in den Wald hinein und schaute sich rechts und links um. Über ein Weilchen erblickte er beide Riesen: sie lagen unter einem Baume und schliefen und schnarchten dabei, daß sich die Äste auf und nieder bogen. Das Schneiderlein, nicht faul, las beide Taschen voll Steine und stieg damit auf den Baum. Als es in der Mitte war, rutschte es auf einem Ast, bis es gerade über die Schläfer zu sitzen kam, und ließ dem einen Riesen einen Stein nach dem andern auf die Brust fallen. Der Riese spürte lange nichts, doch endlich wachte er auf, stieß seinen Gesellen an und sprach: »Was schlägst du mich?« – »Du träumst«, sagte der andere, »ich schlage dich nicht.« Sie legten sich wieder zum Schlaf, da warf der Schneider auf den zweiten einen Stein herab. »Was soll das?« rief der andere. »Warum wirfst du mich?« – »Ich werfe dich nicht«, antwortete der erste und brummte. Sie zankten sich eine Weile herum, doch weil sie müde waren, ließen sie's gut sein, und die Augen fielen ihnen wieder zu. Das Schneiderlein fing sein Spiel von neuem an, suchte den dicksten Stein aus und warf ihn dem ersten Riesen mit aller Gewalt auf die Brust. »Das ist zu arg!« schrie er, sprang wie ein Unsinniger auf und stieß seinen Gesellen wider den Baum, daß dieser zitterte. Der andere zahlte mit gleicher Münze, und sie gerieten in solche Wut, daß sie Bäume ausrissen, aufeinander losschlugen, so lang, bis sie endlich beide zugleich tot auf die Erde fielen. Nun sprang das Schneiderlein herab. »Ein Glück nur«, sprach es, »daß sie den Baum, auf dem ich saß, nicht ausgerissen haben, sonst hätte ich wie ein Eichhörnchen auf einen andern springen müssen; doch unsereiner ist flüchtig!« Es zog sein Schwert und versetzte jedem ein paar tüchtige Hiebe in die Brust, dann ging es hinaus zu den Reitern und sprach: »Die Arbeit ist getan, ich habe beiden den Garaus gemacht; aber hart ist es hergegangen, sie haben in der Not Bäume ausgerissen und sich gewehrt, doch das hilft alles nichts, wenn einer kommt wie ich, der siebene auf einen Streich schlägt.« – »Seid Ihr denn nicht verwundet?« fragten die Reiter. »Das hat gute Wege«, antwortete der Schneider, »kein Haar haben sie mir gekrümmt.« Die Reiter wollten ihm keinen Glauben beimessen und ritten in den Wald hinein; da fanden sie die Riesen in ihrem Blute schwimmend, und ringsherum lagen die ausgerissenen Bäume.

Das Schneiderlein verlangte von dem König die versprochene Belohnung, den aber reute sein Versprechen, und er sann aufs neue, wie er sich den Helden vom Halse schaffen könnte. »Ehe du meine Tochter und das halbe Reich erhältst«, sprach er zu ihm, »mußt du noch eine Heldentat vollbringen. In dem Walde läuft ein Einhorn, das großen Schaden anrichtet, das mußt du erst einfangen.« – »Vor einem Einhorne fürchte ich mich noch weniger als vor zwei Riesen; siebene auf einen Streich, das ist meine Sache.« Er nahm sich einen Strick und eine Axt mit, ging hinaus in den Wald und hieß abermals die, welche ihm zugeordnet waren, außen warten. Er brauchte nicht lange zu suchen, das Einhorn kam bald daher und sprang geradezu auf den Schneider los, als wollte es ihn ohne Umstände aufspießen. »Sachte, sachte«, sprach er, »so geschwind geht das nicht«, blieb stehen und wartete, bis das Tier ganz nahe war, dann sprang er behendiglich hinter den Baum. Das Einhorn rannte mit aller Kraft gegen den Baum und spießte sein Horn so fest in den Stamm, daß es nicht Kraft genug hatte, es wieder herauszuziehen, und so war es gefangen. »Jetzt hab ich das Vöglein«, sagte der Schneider, kam hinter dem Baum hervor, legte dem Einhorn den Strick erst um den Hals, dann hieb er mit der Axt das Horn aus dem Baum, und als alles in Ordnung war, führte er das Tier ab und brachte es dem König.

Der König wollte ihm den verheißenen Lohn noch nicht gewähren und machte eine dritte Forderung. Der Schneider sollte ihm vor der Hochzeit erst ein Wildschwein fangen, das in dem Wald großen Schaden tat; die Jäger sollten ihm Beistand leisten. »Gerne«, sprach der Schneider, »das ist ein Kinderspiel.« Die Jäger nahm er nicht mit in den Wald, und sie waren's wohl zufrieden, denn das Wildschwein hatte sie schon mehrmals so empfangen, daß sie keine Lust hatten, ihm nachzustellen. Als das Schwein den Schneider erblickte, lief es mit schäumendem Munde und wetzenden Zähnen auf ihn zu und wollte ihn zur Erde werfen; der flüchtige Held aber sprang in eine Kapelle, die in der Nähe war, und gleich oben zum Fenster in einem Satze wieder hinaus. Das Schwein war hinter ihm hergelaufen, er aber hüpfte außen herum und schlug die Türe hinter ihm zu; da war das wütende Tier gefangen, das viel zu schwer und unbehilflich war, um zu dem Fenster hinauszuspringen. Das Schneiderlein rief die Jäger herbei, die mußten den Gefangenen mit eigenen Augen sehen; der Held aber begab sich zum Könige, der nun, er mochte wollen oder nicht, sein Versprechen halten mußte und ihm seine Tochter und das halbe Königreich übergab. Hätte er gewußt, daß kein Kriegsheld, sondern ein Schneiderlein vor ihm stand, es wäre ihm noch mehr zu Herzen gegangen. Die Hochzeit ward also mit großer Pracht und kleiner Freude gehalten und aus einem Schneider ein König gemacht.

Nach einiger Zeit hörte die junge Königin in der Nacht, wie ihr Gemahl im Traume sprach: »Junge, mach mir den Wams und flick mir die Hosen, oder ich will dir die Elle über die Ohren schlagen.« Da merkte sie, in welcher Gasse der junge Herr geboren war, klagte am andern Morgen ihrem Vater ihr Leid und bat, er möchte ihr von dem Manne helfen, der nichts anders als ein Schneider wäre. Der König sprach ihr Trost zu und sagte: »Laß in der nächsten Nacht deine Schlafkammer offen, meine Diener sollen außen stehen und, wenn er eingeschlafen ist, hineingehen, ihn binden und auf ein Schiff tragen, das ihn in die weite Welt führt.« Die Frau war damit zufrieden, des Königs Waffenträger aber, der alles mit angehört hatte, war dem jungen Herrn gewogen und hinterbrachte ihm den ganzen Anschlag. »Dem Ding will ich einen Riegel vorschieben«, sagte das Schneiderlein. Abends legte es sich zu gewöhnlicher Zeit mit seiner Frau zu Bett; als sie glaubte, er sei eingeschlafen, stand sie auf, öffnete die Türe und legte sich wieder. Das Schneiderlein, das sich nur stellte, als wenn es schlief, fing an, mit heller Stimme zu rufen: »Junge, mach mir den Wams und flick mir die Hosen, oder ich will dir die Elle über die Ohren schlagen! Ich habe siebene mit einem Streich getroffen, zwei Riesen getötet, ein Einhorn fortgeführt und ein Wildschwein gefangen und sollte mich vor denen fürchten, die draußen vor der Kammer stehen!« Als diese den Schneider also sprechen hörten, überkam sie eine große Furcht, sie liefen, als wenn das wilde Heer hinter ihnen wäre, und keiner wollte sich mehr an ihn wagen. Also war und blieb das Schneiderlein sein Lebtag ein König.

21.

Aschenputtel

Einem reichen Manne, dem wurde seine Frau krank, und als sie fühlte, daß ihr Ende herankam, rief sie ihr einziges Töchterlein zu sich ans Bett und sprach: »Liebes Kind, bleib fromm und gut, so wird dir der liebe Gott immer beistehen, und ich will vom Himmel auf dich herabblicken und will um dich sein.« Darauf tat sie die Augen zu und verschied. Das Mädchen ging jeden Tag hinaus zu dem Grabe der Mutter und weinte und blieb fromm und gut. Als der Winter kam, deckte der Schnee ein weißes Tüchlein auf das Grab, und als die Sonne im Frühjahr es wieder herabgezogen hatte, nahm sich der Mann eine andere Frau.

Die Frau hatte zwei Töchter mit ins Haus gebracht, die schön und weiß von Angesicht waren, aber garstig und schwarz von Herzen. Da ging eine schlimme Zeit für das arme Stiefkind an. »Soll die dumme Gans bei uns in der Stube sitzen!« sprachen sie. »Wer Brot essen will, muß es verdienen: hinaus mit der Küchenmagd.« Sie nahmen ihm seine schönen Kleider weg, zogen ihm einen grauen alten Kittel an und gaben ihm hölzerne Schuhe. »Seht einmal die stolze Prinzessin, wie sie geputzt ist!« riefen sie, lachten und führten es in die Küche. Da mußte es von Morgen bis Abend schwere Arbeit tun, früh vor Tag aufstehn, Wasser tragen, Feuer anmachen, kochen und waschen. Obendrein taten ihm die Schwestern alles ersinnliche Herzeleid an, verspotteten es und schütteten ihm die

Erbsen und Linsen in die Asche, so daß es sitzen und sie wieder auslesen mußte. Abends, wenn es sich müde gearbeitet hatte, kam es in kein Bett, sondern mußte sich neben den Herd in die Asche legen. Und weil es darum immer staubig und schmutzig aussah, nannten sie es *Aschenputtel*.

Es trug sich zu, daß der Vater einmal in die Messe ziehen wollte, da fragte er die beiden Stieftöchter, was er ihnen mitbringen sollte. »Schöne Kleider«, sagte die eine, »Perlen und Edelsteine« die zweite. »Aber du, Aschenputtel«, sprach er, »was willst du haben?« – »Vater, das erste Reis, das Euch auf Eurem Heimweg an den Hut stößt, das brecht für mich ab.« Er kaufte nun für die beiden Stiefschwestern schöne Kleider, Perlen und Edelsteine, und auf dem Rückweg, als er durch einen grünen Busch ritt, streifte ihn ein Haselreis und stieß ihm den Hut ab. Da brach er das Reis ab und nahm es mit. Als er nach Haus kam, gab er den Stieftöchtern, was sie sich gewünscht hatten, und dem Aschenputtel gab er das Reis von dem Haselbusch. Aschenputtel dankte ihm, ging zu seiner Mutter Grab und pflanzte das Reis darauf und weinte so sehr, daß die Tränen darauf niederfielen und es begossen. Es wuchs aber und ward ein schöner Baum. Aschenputtel ging alle Tage dreimal darunter, weinte und betete, und allemal kam ein weißes Vöglein auf den Baum, und wenn es einen Wunsch aussprach, so warf ihm das Vöglein herab, was es sich gewünscht hatte.

Es begab sich aber, daß der König ein Fest anstellte, das drei Tage dauern sollte und wozu alle schönen Jungfrauen im Lande eingeladen wurden, damit sich sein Sohn eine Braut aussuchen möchte. Die zwei Stiefschwestern, als sie hörten, daß sie auch dabei erscheinen sollten, waren guter Dinge, riefen Aschenputtel und sprachen: »Kämm uns die Haare, bürste uns die Schuhe und mache uns die Schnallen fest, wir gehen zur Hochzeit auf des Königs Schloß.« Aschenputtel gehorchte, weinte aber, weil es auch gern zum Tanz mitgegangen wäre, und bat die Stiefmutter, sie möchte es ihm erlauben. »Du, Aschenputtel«, sprach sie, »bist voll Staub und Schmutz und willst zur Hochzeit? Du hast keine Kleider und Schuhe und willst tanzen!« Als es aber mit Bitten anhielt, sprach sie endlich: »Da habe ich dir eine Schüssel Linsen in die Asche geschüttet, wenn du die Linsen in zwei Stunden wieder ausgelesen hast, so sollst du mitgehen.« Das Mädchen ging durch die Hintertüre nach dem Garten und rief: »Ihr zahmen Täubchen, ihr Turteltäubchen, all ihr Vöglein unter dem Himmel, kommt und helft mir lesen,

die guten ins Töpfchen,
die schlechten ins Kröpfchen.«

Da kamen zum Küchenfenster zwei weiße Täubchen herein und danach die Turteltäubchen, und endlich schwirrten und schwärmten alle Vöglein unter dem Himmel herein und ließen sich um die Asche nieder. Und die Täubchen nickten mit den Köpfchen und fingen an pick, pick, pick, pick, und da fingen die übrigen auch an pick, pick, pick, pick und lasen alle guten Körnlein in die Schüssel. Kaum war eine Stunde herum, so waren sie schon fertig und flogen alle wieder hinaus. Da brachte das Mädchen die Schüssel der Stiefmutter, freute sich und glaubte, es dürfte nun mit auf die Hochzeit gehen. Aber sie sprach: »Nein, Aschenputtel, du hast keine Kleider und kannst nicht tanzen: du wirst nur ausgelacht.« Als es nun weinte, sprach sie: »Wenn du mir zwei Schüsseln voll Linsen in einer Stunde aus der Asche rein lesen kannst, so sollst du mitgehen«, und dachte: »Das kann es ja nimmermehr.« Als sie die zwei Schüsseln Linsen in die Asche geschüttet hatte, ging das Mädchen durch die Hintertüre nach dem Garten und rief: »Ihr zahmen Täubchen, ihr Turteltäubchen, all ihr Vöglein unter dem Himmel, kommt und helft mir lesen,

die guten ins Töpfchen,
die schlechten ins Kröpfchen.

Da kamen zum Küchenfenster zwei weiße Täubchen herein und danach die Turteltäubchen, und endlich schwirrten und schwärmten alle Vöglein unter dem Himmel herein und ließen sich um die Asche nieder. Und die Täubchen nickten mit ihren Köpfchen und fingen an pick, pick, pick, pick, und da fingen die übrigen auch an pick, pick, pick, pick und lasen alle guten Körner in die Schüsseln. Und eh eine halbe Stunde herum war, waren sie schon fertig und flogen alle wieder hinaus. Da trug das Mädchen die Schüsseln zu der Stiefmutter, freute sich und glaubte, nun dürfte es mit auf die Hochzeit gehen. Aber sie sprach: »Es hilft dir alles nichts: du kommst nicht mit, denn du hast keine Kleider und kannst nicht tanzen; wir müßten uns deiner schämen.« Darauf kehrte sie ihm den Rücken zu und eilte mit ihren zwei stolzen Töchtern fort.

Als nun niemand mehr daheim war, ging Aschenputtel zu seiner Mutter Grab unter den Haselbaum und rief:

»Bäumchen, rüttel dich und schüttel dich,
wirf Gold und Silber über mich.«

Da warf ihm der Vogel ein golden und silbern Kleid herunter und mit Seide und Silber ausgestickte Pantoffeln. In aller Eile zog es das Kleid an und ging zur Hochzeit. Seine Schwestern aber und die Stiefmutter kannten es nicht und meinten, es müßte eine fremde Königstochter sein, so schön sah es in dem goldenen Kleide aus. An Aschenputtel dachten sie gar nicht und dachten, es säße daheim im Schmutz und suchte die Linsen aus der Asche. Der Königssohn kam ihm entgegen, nahm es bei der Hand und tanzte mit ihm. Er wollte auch mit sonst niemand tanzen, also daß er ihm die Hand nicht losließ, und wenn ein anderer kam, es aufzufordern, sprach er: »Das ist meine Tänzerin.«

Es tanzte, bis es Abend war, da wollte es nach Haus gehen. Der Königssohn aber sprach: »Ich gehe mit und begleite dich«, denn er wollte sehen, wem das schöne Mädchen angehörte. Sie entwischte ihm aber und sprang in das Taubenhaus. Nun wartete der Königssohn, bis der Vater kam, und sagte ihm, das fremde Mädchen wär' in das Taubenhaus gesprungen. Der Alte dachte: »Sollte es Aschenputtel sein«, und sie mußten ihm Axt und Hacken bringen, damit er das Taubenhaus entzweischlagen konnte; aber es war niemand darin. Und als sie ins Haus kamen, lag Aschenputtel in seinen schmutzigen Kleidern in der Asche, und ein trübes Öllämpchen brannte im Schornstein; denn Aschenputtel war geschwind aus dem Taubenhaus hinten herabgesprungen und war zu dem Haselbäumchen gelaufen: da hatte es die schönen Kleider abgezogen und aufs Grab gelegt, und der Vogel hatte sie wieder weggenommen, und dann hatte es sich in seinem grauen Kittelchen in die Küche zur Asche gesetzt.

Am andern Tag, als das Fest von neuem anhub und die Eltern und Stiefschwestern wieder fort waren, ging Aschenputtel zu dem Haselbaum und sprach:

»Bäumchen, rüttel dich und schüttel dich,
wirf Gold und Silber über mich.«

Da warf der Vogel ein noch viel stolzeres Kleid herab als am vorigen Tag. Und als es mit diesem Kleide auf der Hochzeit erschien, erstaunte jedermann über seine Schönheit. Der Königssohn aber hatte gewartet, bis es kam, nahm es gleich bei der Hand und tanzte nur allein mit ihm. Wenn die andern kamen und es aufforderten, sprach er: »Das ist meine Tänzerin.« Als es nun Abend war, wollte es fort, und der Königssohn ging ihm nach und wollte sehen, in welches Haus es ging: aber es sprang ihm fort und in den Garten hinter dem Haus. Darin stand ein schöner großer Baum, an dem die herrlichsten Birnen hingen, es kletterte so behend wie ein Eichhörnchen zwischen die Äste, und der Königssohn wußte nicht, wo es hingekommen war. Er wartete aber, bis der Vater kam, und sprach zu ihm: »Das fremde Mädchen ist mir entwischt, und ich glaube, es ist auf den Birnbaum gesprungen.« Der Vater dachte: »Sollte es Aschenputtel sein«, ließ sich die Axt holen und hieb den Baum um, aber es war niemand darauf. Und als sie in die Küche kamen, lag Aschenputtel da in der Asche, wie sonst auch, denn es war auf der andern Seite vom Baum herabgesprungen, hatte dem Vogel auf dem Haselbäumchen die schönen Kleider wieder gebracht und sein graues Kittelchen angezogen.

Am dritten Tag, als die Eltern und Schwestern fort waren, ging Aschenputtel wieder zu seiner Mutter Grab und sprach zu dem Bäumchen:

»Bäumchen, rüttel dich und schüttel dich,
wirf Gold und Silber über mich.«

Nun warf ihm der Vogel ein Kleid herab, das war so prächtig und glänzend, wie es noch keins gehabt hatte, und die Pantoffeln waren ganz golden. Als es in dem Kleid zu der Hochzeit kam, wußten sie alle nicht, was sie vor Verwunderung sagen sollten. Der Königssohn tanzte ganz allein mit ihm, und wenn es einer aufforderte, sprach er: »Das ist meine Tänzerin.«

Als es nun Abend war, wollte Aschenputtel fort, und der Königssohn wollte es begleiten, aber es entsprang ihm so geschwind, daß er nicht folgen konnte. Der Königssohn hatte aber eine List gebraucht und hatte die ganze Treppe mit Pech bestreichen lassen: da war, als es hinabsprang, der linke Pantoffel des Mädchens hängengeblieben. Der Königssohn hob ihn auf, und er war klein und zierlich und ganz golden. Am nächsten Morgen ging er damit zu dem Mann und sagte zu ihm: »Keine andere soll meine Gemahlin werden als die, an deren Fuß dieser goldene Schuh paßt.« Da freuten sich die beiden Schwestern, denn sie hatten schöne Füße. Die Älteste ging mit dem Schuh in die Kammer und wollte ihn anprobieren, und die Mutter stand dabei. Aber sie konnte mit der großen Zehe nicht hineinkommen, und der Schuh war ihr zu klein, da reichte ihr die

Mutter ein Messer und sprach: »Hau die Zehe ab: wann du Königin bist, so brauchst du nicht mehr zu Fuß zu gehen.« Das Mädchen hieb die Zehe ab, zwängte den Fuß in den Schuh, verbiß den Schmerz und ging heraus zum Königssohn. Da nahm er sie als seine Braut aufs Pferd und ritt mit ihr fort. Sie mußten aber an dem Grabe vorbei, da saßen die zwei Täubchen auf dem Haselbäumchen und riefen:

»Rucke di guck, rucke di guck,
Blut ist im Schuck (Schuh):
der Schuck ist zu klein,
die rechte Braut sitzt noch daheim.«

Da blickte er auf ihren Fuß und sah, wie das Blut herausquoll. Er wendete sein Pferd um, brachte die falsche Braut wieder nach Haus und sagte, das wäre nicht die rechte, die andere Schwester sollte den Schuh anziehen. Da ging diese in die Kammer und kam mit den Zehen glücklich in den Schuh, aber die Ferse war zu groß. Da reichte ihr die Mutter ein Messer und sprach: »Hau ein Stück von der Ferse ab: wann du Königin bist, brauchst du nicht mehr zu Fuß zu gehen.« Das Mädchen hieb ein Stück von der Ferse ab, zwängte den Fuß in den Schuh, verbiß den Schmerz und ging heraus zum Königssohn. Da nahm er sie als seine Braut aufs Pferd und ritt mit ihr fort. Als sie an dem Haselbäumchen vorbeikamen, saßen die zwei Täubchen darauf und riefen:

»Rucke di guck, rucke di guck,
Blut ist im Schuck:
der Schuck ist zu klein,
die rechte Braut sitzt noch daheim.

Er blickte nieder auf ihren Fuß und sah, wie das Blut aus dem Schuh quoll und an den weißen Strümpfen ganz rot heraufgestiegen war. Da wendete er sein Pferd und brachte die falsche Braut wieder nach Haus. »Das ist auch nicht die rechte«, sprach er, »habt Ihr keine andere Tochter?« – »Nein«, sagte der Mann, »nur von meiner verstorbenen Frau ist noch ein kleines verbuttetes Aschenputtel da: das kann unmöglich die Braut sein.« Der Königssohn sprach, er sollte es heraufschicken, die Mutter aber antwortete: »Ach nein, das ist viel zu schmutzig, das darf sich nicht sehen lassen.« Er wollte es aber durchaus haben, und Aschenputtel mußte gerufen werden. Da wusch es sich erst Hände und Angesicht rein, ging dann hin und neigte sich vor dem Königssohn, der ihm den goldenen Schuh reichte. Dann setzte es sich auf einen Schemel, zog den Fuß aus dem schweren Holzschuh und steckte ihn in den Pantoffel, der war wie angegossen. Und als es sich in die Höhe richtete und der König ihm ins Gesicht sah, so erkannte er das schöne Mädchen, das mit ihm getanzt hatte, und rief: »Das ist die rechte Braut!« Die Stiefmutter und die beiden Schwestern erschraken und wurden bleich vor Ärger: er aber nahm Aschenputtel aufs Pferd und ritt mit ihm fort. Als sie an dem Haselbäumchen vorbeikamen, riefen die zwei weißen Täubchen:

»Rucke di guck, rucke di guck,
kein Blut im Schuck:
der Schuck ist nicht zu klein,
die rechte Braut, die führt er heim.«

Und als sie das gerufen hatten, kamen sie beide herabgeflogen und setzten sich dem Aschenputtel auf die Schultern, eine rechts, die andere links, und blieben da sitzen.

Als die Hochzeit mit dem Königssohn sollte gehalten werden, kamen die falschen Schwestern, wollten sich einschmeicheln und teil an seinem Glück nehmen. Als die Brautleute nun zur Kirche gingen, war die Älteste zur rechten, die Jüngste zur linken Seite: da pickten die Tauben einer jeden das eine Auge aus. Hernach, als sie herausgingen, war die Älteste zur linken und die Jüngste zur rechten: da pickten die Tauben einer jeden das andere Auge aus. Und waren sie also für ihre Bosheit und Falschheit mit Blindheit auf ihr Lebtag gestraft.

22.

Das Rätsel

Es war einmal ein Königssohn, der bekam Lust, in der Welt umherzuziehen, und nahm niemand mit als einen treuen Diener. Eines Tags geriet er in einen großen Wald, und als der Abend kam, konnte er keine Herberge finden und wußte nicht, wo er die Nacht zubringen sollte. Da sah er ein Mädchen, das nach einem kleinen Häuschen zuging, und als er näher kam, sah er, daß das Mädchen jung und schön war. Er redete es an und sprach: »Liebes Kind, kann ich und mein Diener in dem Häuschen für die Nacht ein Unterkommen finden?« – »Ach ja«, sagte das Mädchen mit trauriger Stimme, »das könnt Ihr wohl, aber ich rate Euch nicht dazu; geht nicht hinein.« – »Warum soll ich nicht?« fragte der Königssohn. Das Mädchen seufzte und sprach: »Meine Stiefmutter treibt böse Künste, sie meint's nicht gut mit den Fremden.« Da merkte er wohl, daß er zu dem Haus einer Hexe gekommen war, doch weil es finster ward und er nicht weiter konnte, sich auch nicht fürchtete, so trat er ein. Die Alte saß auf einem Lehnstuhl beim Feuer und sah mit ihren roten Augen die Fremden an. »Guten Abend«, schnarrte sie und tat ganz freundlich, »laßt euch nieder und ruht euch aus.« Sie blies die Kohlen an, bei welchen sie in einem kleinen Topf etwas kochte. Die Tochter warnte die beiden, vorsichtig zu sein, nichts zu essen und nichts zu trinken, denn die Alte braue böse Getränke. Sie schliefen ruhig bis zum frühen Morgen. Als sie sich zur Abreise fertig machten und der Königssohn schon zu Pferde saß, sprach die Alte: »Wartet, einen Augenblick, ich will euch erst einen Abschiedstrank reichen.« Während sie ihn holte, ritt der Königssohn fort, und der Diener, der seinen Sattel festschnallen mußte, war allein noch zugegen, als die böse Hexe mit dem Trank kam. »Das bring deinem Herrn«, sagte sie, aber in dem Augenblick sprang das Glas, und das Gift spritzte auf das Pferd und war so heftig, daß das Tier gleich tot hinstürzte. Der Diener lief seinem Herrn nach und erzählte ihm, was geschehen war, wollte aber den Sattel nicht im Stich lassen und lief zurück, um ihn zu holen. Wie er aber zu dem toten Pferde kam, saß schon ein Rabe darauf und fraß davon. »Wer weiß, ob wir heute noch etwas Besseres finden«, sagte der Diener, tötete den Raben und nahm ihn mit. Nun zogen sie in dem Walde den ganzen Tag weiter, konnten aber nicht herauskommen. Bei Anbruch der Nacht fanden sie ein Wirtshaus und gingen hinein. Der Diener gab dem Wirt den Raben, den er zum Abendessen bereiten sollte. Sie waren aber in eine Mördergrube geraten, und in der Dunkelheit kamen zwölf Mörder und wollten die Fremden umbringen und berauben. Eh sie sich aber ans Werk machten, setzten sie sich zu Tisch, und der Wirt und die Hexe setzten sich zu ihnen, und sie aßen zusammen eine Schüssel mit Suppe, in die das Fleisch des Raben gehackt war. Kaum aber hatten sie ein paar Bissen hinuntergeschluckt, so fielen sie alle tot nieder, denn dem Raben hatte sich das Gift von dem

Pferdefleisch mitgeteilt. Es war nun niemand mehr im Hause übrig als die Tochter des Wirts, die es redlich meinte und an den gottlosen Dingen keinen Teil genommen hatte. Sie öffnete dem Fremden alle Türen und zeigte ihm die angehäuften Schätze. Der Königssohn aber sagte, sie möchte alles behalten, er wollte nichts davon, und ritt mit seinem Diener weiter.

Nachdem sie lange herumgezogen waren, kamen sie in eine Stadt, worin eine schöne, aber übermütige Königstochter war, die hatte bekanntmachen lassen, wer ihr ein Rätsel vorlegte, das sie nicht erraten könnte, der sollte ihr Gemahl werden: erriete sie es aber, so müßte er sich das Haupt abschlagen lassen. Drei Tage hatte sie Zeit, sich zu besinnen, sie war aber so klug, daß sie immer die vorgelegten Rätsel vor der bestimmten Zeit erriet. Schon waren neune auf diese Weise umgekommen, als der Königssohn anlangte und, von ihrer großen Schönheit geblendet, sein Leben daransetzen wollte. Da trat er vor sie hin und gab ihr sein Rätsel auf: »Was ist das«, sagte er, »einer schlug keinen und schlug doch zwölfe.« Sie wußte nicht, was das war, sie sann und sann, aber sie brachte es nicht heraus; sie schlug ihre Rätselbücher auf, aber es stand nicht darin: kurz, ihre Weisheit war zu Ende. Da sie sich nicht zu helfen wußte, befahl sie ihrer Magd, in das Schlafgemach des Herrn zu schleichen, da sollte sie seine Träume behorchen, und dachte, er rede vielleicht im Schlaf und verrate das Rätsel. Aber der kluge Diener hatte sich statt des Herrn ins Bett gelegt, und als die Magd herankam, riß er ihr den Mantel ab, in den sie sich verhüllt hatte, und jagte sie mit Ruten hinaus. In der zweiten Nacht schickte die Königstochter ihre Kammerjungfer, die sollte sehen, ob es ihr mit Horchen besser glückte, aber der Diener nahm auch ihr den Mantel weg und jagte sie mit Ruten hinaus. Nun glaubte der Herr für die dritte Nacht sicher zu sein und legte sich in sein Bett, da kam die Königstochter selbst, hatte einen nebelgrauen Mantel umgetan und setzte sich neben ihn. Und als sie dachte, er schliefe und träumte, so redete sie ihn an und hoffte, er werde im Traume antworten, wie viele tun; aber er war wach und verstand und hörte alles sehr wohl. Da fragte sie: »Einer schlug keinen, was ist das?« Er antwortete: »Ein Rabe, der von einem toten und vergifteten Pferde fraß und davon starb.« Weiter fragte sie: »Und schlug doch zwölfe, was ist das?« – »Das sind zwölf Mörder, die den Raben verzehrten und daran starben.« Als sie das Rätsel wußte, wollte sie sich fortschleichen, aber er hielt ihren Mantel fest, daß sie ihn zurücklassen mußte. Am andern Morgen verkündigte die Königstochter, sie habe das Rätsel erraten, und ließ die zwölf Richter kommen und löste es vor ihnen. Aber der Jüngling bat sich Gehör aus und sagte: »Sie ist in der Nacht zu mir geschlichen und hat mich ausgefragt, denn sonst hätte sie es nicht erraten.« Die Richter sprachen: »Bringt uns ein Wahrzeichen.« Da wurden die drei Mäntel von dem Diener herbeigebracht, und als die Richter den nebelgrauen erblickten, den die Königstochter zu tragen pflegte, so sagten sie: »Laßt den Mantel sticken mit Gold und Silber, so wird's Euer Hochzeitsmantel sein.«

23.

Von dem Mäuschen, Vögelchen und der Bratwurst

Es waren einmal ein Mäuschen, ein Vögelchen und eine Bratwurst in Gesellschaft geraten, hatten einen Haushalt geführt, lange wohl und köstlich im Frieden gelebt und trefflich an Gütern zugenommen. Des Vögelchens Arbeit war, daß es täglich im Wald fliegen und Holz beibringen müßte. Die Maus sollte Wasser tragen, Feuer anmachen und den Tisch decken, die Bratwurst aber sollte kochen.

Wem zu wohl ist, den gelüstet immer nach neuen Dingen! Also eines Tages stieß dem Vöglein unterwegs ein anderer Vogel auf, dem es seine treffliche Gelegenheit erzählte und rühmte. Derselbe andere Vogel schalt es aber einen armen Tropf, der große Arbeit, die beiden zu Haus aber gute Tage hätten. Denn wenn die Maus ihr Feuer angemacht und Wasser getragen hatte, so begab sie sich in ihr Kämmerlein zur Ruhe, bis man sie hieß den Tisch decken. Das Würstlein blieb beim Hafen, sah zu, daß die Speise wohl kochte, und wenn es bald Essenszeit war, schlingte es sich einmal viere durch den Brei oder das Gemüs, so war es geschmalzen, gesalzen und bereitet. Kam dann das Vöglein heim und legte seine Bürde ab, so saßen sie zu Tisch, und nach gehabtem Mahl schliefen sie sich die Haut voll bis den andern Morgen; und das war ein herrlich Leben.

Das Vöglein anderes Tages wollte aus Anstiftung nicht mehr ins Holz, sprechend, es wäre lang genug Knecht gewesen und hätte gleichsam ihr Narr sein müssen, sie sollten einmal umwechseln und es auf eine andere Weise auch versuchen. Und wiewohl die Maus und auch die Bratwurst heftig dafür bat, so war der Vogel doch Meister; es mußte gewagt sein, spieleten derowegen, und kam das Los auf die Bratwurst, die mußte Holz tragen, die Maus ward Koch, und der Vogel sollte Wasser holen.

Was geschieht? Das Bratwürstchen zog fort gen Holz, das Vöglein machte Feuer an, die Maus stellte den Topf zu und erwarteten allein, bis Bratwürstchen heimkäme und Holz für den andern Tag brächte. Es blieb aber das Würstlein so lang unterwegs, daß ihnen beiden nichts Gutes vorkam und das Vöglein ein Stück Luft hinaus entgegenflog. Unfern aber findet es einen Hund am Weg, der das arme Bratwürstlein als freie Beut angetroffen, angepackt und niedergemacht. Das Vöglein beschwerte sich auch dessen als eines offenbaren Raubes sehr gegen den Hund, aber es half kein Wort, denn, sprach der Hund, er hätte falsche Briefe bei der Bratwurst gefunden, deswegen wäre sie ihm des Lebens verfallen gewesen.

Das Vöglein, traurig, nahm das Holz auf sich, flog heim und erzählte, was es gesehn und gehöret. Sie waren sehr betrübt, verglichen sich aber, das Beste zu tun und beisammenzubleiben. Derowegen so deckte das Vöglein den Tisch, und die Maus rüstete das Essen und wollte anrichten und in den Hafen, wie zuvor das Würstlein, durch das Gemüs schlingen und schlupfen, dasselbe zu schmelzen; aber ehe sie in die Mitte kam, ward sie angehalten und mußte Haut und Haar und dabei das Leben lassen.

Als das Vöglein kam und wollte das Essen auftragen, da war kein Koch vorhanden. Das Vöglein warf bestürzt das Holz hin und her, rufte und suchte, konnte aber seinen Koch nicht mehr finden. Aus Unachtsamkeit kam das Feuer in das Holz, also daß eine Brunst entstand; das Vöglein eilte Wasser zu langen, da entfiel ihm der Eimer in den Brunnen, und es mit hinab, daß es sich nicht mehr erholen konnte und da ersaufen mußte.

24.

Frau Holle

Eine Witwe hatte zwei Töchter, davon war die eine schön und fleißig, die andere häßlich und faul. Sie hatte aber die häßliche und faule, weil sie ihre rechte Tochter war, viel lieber, und die andere mußte alle Arbeit tun und der Aschenputtel im Hause sein. Das arme Mädchen mußte sich täglich auf die große Straße bei einem Brunnen setzen und mußte so viel spinnen, daß ihm das Blut aus den Fingern sprang. Nun trug es sich zu, daß die Spule einmal ganz blutig war, da bückte es sich damit in den Brunnen und wollte sie abwaschen; sie sprang ihm aber aus der Hand und fiel hinab. Es weinte, lief zur Stiefmutter und erzählte ihr das Unglück. Sie schalt es aber so heftig und war so unbarmherzig, daß sie sprach: »Hast du die Spule hinunterfallen lassen, so hol sie auch wieder herauf.« Da ging das Mädchen zu dem Brunnen zurück und wußte nicht, was es anfangen sollte; und in seiner Herzensangst sprang es in den Brunnen hinein, um die Spule zu holen. Es verlor die Besinnung, und als es erwachte und wieder zu sich selber kam, war es auf einer schönen Wiese, wo die Sonne schien und vieltausend Blumen standen. Auf dieser Wiese ging es fort und kam zu einem Backofen, der war voller Brot; das Brot aber rief: »Ach, zieh mich raus, zieh mich raus, sonst verbrenn ich: ich bin schon längst ausgebacken.« Da trat es herzu und holte mit dem Brotschieber alles nacheinander heraus. Danach ging es weiter und kam zu einem Baum, der hing voll Äpfel, und rief ihm zu: »Ach, schüttel mich, schüttel mich, wir Äpfel sind alle miteinander reif.« Da schüttelte es den Baum, daß die Äpfel fielen, als regneten sie, und schüttelte, bis keiner mehr oben war; und als es alle in einen Haufen zusammengelegt hatte, ging es wieder weiter. Endlich kam es zu einem kleinen Haus, daraus guckte eine alte Frau, weil sie aber so große Zähne hatte, ward ihm angst, und es wollte fortlaufen. Die alte Frau aber rief ihm nach: »Was fürchtest du dich, liebes Kind? Bleib bei mir, wenn du alle Arbeit im Hause ordentlich tun willst, so soll dir's gut gehn. Du mußt nur achtgeben, daß du mein Bett gut machst und es fleißig aufschüttelst, daß die Federn fliegen, dann schneit es in der

Welt*; ich bin die Frau Holle.« Weil die Alte ihm so gut zusprach, so faßte sich das Mädchen ein Herz, willigte ein und begab sich in ihren Dienst. Es besorgte auch alles nach ihrer Zufriedenheit und schüttelte ihr das Bett immer gewaltig, auf daß die Federn wie Schneeflocken umherflogen; dafür hatte es auch ein gut Leben bei ihr, kein böses Wort und alle Tage Gesottenes und Gebratenes. Nun war es eine Zeitlang bei der Frau Holle, da ward es traurig und wußte anfangs selbst nicht, was ihm fehlte, endlich merkte es, daß es Heimweh war; ob es ihm hier gleich vieltausendmal besser ging als zu Haus, so hatte es doch ein Verlangen dahin. Endlich sagte es zu ihr: »Ich habe den Jammer nach Haus kriegt, und wenn es mir auch noch so gut hier unten geht, so kann ich doch nicht länger bleiben, ich muß wieder hinauf zu den Meinigen.« Die Frau Holle sagte: »Es gefällt mir, daß du wieder nach Haus verlangst, und weil du mir so treu gedient hast, so will ich dich selbst wieder hinaufbringen.« Sie nahm es darauf bei der Hand und führte es vor ein großes Tor. Das Tor ward aufgetan, und wie das Mädchen gerade darunterstand, fiel ein gewaltiger Goldregen, und alles Gold blieb an ihm hängen, so daß es über und über davon bedeckt war. »Das sollst du haben, weil du so fleißig gewesen bist«, sprach die Frau Holle und gab ihm auch die Spule wieder, die ihm in den Brunnen gefallen war. Darauf ward das Tor verschlossen, und das Mädchen befand sich oben auf der Welt, nicht weit von seiner Mutter Haus; und als es in den Hof kam, saß der Hahn auf dem Brunnen und rief:

»Kikeriki,
unsere goldene Jungfrau ist wieder hie.«

Da ging es hinein zu seiner Mutter, und weil es so mit Gold bedeckt ankam, ward es von ihr und der Schwester gut aufgenommen.

Das Mädchen erzählte alles, was ihm begegnet war, und als die Mutter hörte, wie es zu dem großen Reichtum gekommen war, wollte sie der andern, häßlichen und faulen Tochter gerne dasselbe Glück verschaffen. Sie mußte sich an den Brunnen setzen und spinnen; und damit ihre Spule blutig ward, stach sie sich in die Finger und stieß sich die Hand in die Dornhecke. Dann warf sie die Spule in den Brunnen und sprang selber hinein. Sie kam, wie die andere, auf die schöne Wiese und ging auf demselben Pfade weiter. Als sie

* Darum sagt man in Hessen, wenn es schneit, die Frau Holle macht ihr Bett.

zu dem Backofen gelangte, schrie das Brot wieder: »Ach, zieh mich raus, zieh mich raus, sonst verbrenn ich: ich bin schon längst ausgebacken.« Die Faule aber antwortete: »Da hätt ich Lust, mich schmutzig zu machen«, und ging fort. Bald kam sie zu dem Apfelbaum, der rief: »Ach, schüttel mich, schüttel mich, wir Äpfel sind alle miteinander reif.« Sie antwortete aber: »Du kommst mir recht, es könnte mir einer auf den Kopf fallen«, und ging damit weiter. Als sie vor der Frau Holle Haus kam, fürchtete sie sich nicht, weil sie von ihren großen Zähnen schon gehört hatte, und verdingte sich gleich zu ihr. Am ersten Tag tat sie sich Gewalt an, war fleißig und folgte der Frau Holle, wenn sie ihr etwas sagte, denn sie dachte an das viele Gold, das sie ihr schenken würde; am zweiten Tag aber fing sie schon an zu faulenzen, am dritten noch mehr, da wollte sie morgens gar nicht aufstehen. Sie machte auch der Frau Holle das Bett nicht, wie sich's gebührte, und schüttelte es nicht, daß die Federn aufflogen. Das ward die Frau Holle bald müde und sagte ihr den Dienst auf. Die Faule war das wohl zufrieden und meinte, nun würde der Goldregen kommen; die Frau Holle führte sie auch zu dem Tor, als sie aber darunterstand, ward statt des Goldes ein großer Kessel voll Pech ausgeschüttet. »Das ist zur Belohnung deiner Dienste«, sagte die Frau Holle und schloß das Tor zu. Da kam die Faule heim, aber sie war ganz mit Pech bedeckt, und der Hahn auf dem Brunnen, als er sie sah, rief:

»Kikeriki,
unsere schmutzige Jungfrau ist wieder hie.«

Das Pech aber blieb fest an ihr hängen und wollte, solange sie lebte, nicht abgehen.

25.

Die sieben Raben

Ein Mann hatte sieben Söhne und immer noch kein Töchterchen, sosehr er sich's auch wünschte; endlich gab ihm seine Frau wieder gute Hoffnung zu einem Kinde, und wie's zur Welt kam, war's auch ein Mädchen. Die Freude war groß, aber das Kind war schmächtig und klein und sollte wegen seiner Schwachheit die Nottaufe haben. Der Vater schickte einen der Knaben eilends zur Quelle, Taufwasser zu holen; die andern sechs liefen mit, und weil jeder der erste beim Schöpfen sein wollte, so fiel ihnen der Krug in den Brunnen. Da standen sie und wußten nicht, was sie tun sollten, und keiner getraute sich heim. Als sie immer nicht zurückkamen, ward der Vater ungeduldig und sprach: »Gewiß haben sie's wieder über ein Spiel vergessen, die gottlosen Jungen.« Es ward ihm angst, das Mädchen müßte ungetauft verscheiden, und im Ärger rief er: »Ich wollte, daß die Jungen alle zu Raben würden.« Kaum war das Wort ausgeredet, so hörte er ein Geschwirr über seinem Haupt in der Luft, blickte in die Höhe und sah sieben kohlschwarze Raben auf und davon fliegen.

Die Eltern konnten die Verwünschung nicht mehr zurücknehmen, und so traurig sie über den Verlust ihrer sieben Söhne waren, trösteten sie sich doch einigermaßen durch ihr liebes Töchterchen, das bald zu Kräften kam und mit jedem Tage schöner ward. Es wußte lange Zeit nicht einmal, daß es Geschwister gehabt hatte, denn die Eltern hüteten sich, ihrer zu erwähnen, bis es eines Tags von ungefähr die Leute von sich sprechen hörte, das Mädchen wäre wohl schön, aber doch eigentlich schuld an dem Unglück seiner sieben Brüder. Da ward es ganz betrübt, ging zu Vater und Mutter und fragte, ob es denn Brüder gehabt hätte und wo sie hingeraten wären. Nun durften die Eltern das Geheimnis nicht länger verschweigen, sagten jedoch, es sei so des Himmels Verhängnis und seine Geburt nur der unschuldige Anlaß gewesen. Allein das Mädchen machte sich täglich ein Gewissen daraus und glaubte, es müßte seine Geschwister wieder erlösen. Es hatte nicht Ruhe und Rast, bis es sich heimlich aufmachte und in die weite Welt ging, seine Brüder irgendwo aufzuspüren und zu befreien, es möchte kosten, was es wollte. Es nahm nichts mit sich als ein Ringlein von seinen Eltern zum Andenken, einen Laib Brot für den Hunger, ein Krüglein Wasser für den Durst und ein Stühlchen für die Müdigkeit.

Nun ging es immerzu, weit, weit bis an der Welt Ende. Da kam es zur Sonne, aber die war zu heiß und fürchterlich und fraß die kleinen Kinder. Eilig lief es weg und lief hin zu dem Mond, aber der war gar zu kalt und auch grausig und bös, und als er das Kind merkte, sprach er: »Ich rieche, rieche Menschenfleisch.« Da machte es sich geschwind fort und kam zu den Sternen, die waren ihm freundlich und gut, und jeder saß auf seinem besondern Stühlchen. Der Morgenstern aber stand auf, gab ihm ein Hinkelbeinchen und sprach: »Wenn du das Beinchen nicht hast, kannst du den Glasberg nicht aufschließen, und in dem Glasberg, da sind deine Brüder.«

Das Mädchen nahm das Beinchen, wickelte es wohl in ein Tüchlein und ging wieder fort so lange, bis es an den Glasberg kam. Das Tor war verschlossen, und es wollte das Beinchen hervorholen, aber wie es das Tüchlein aufmachte, so war es leer, und es hatte das Geschenk der guten Sterne verloren. Was sollte es nun anfangen? Seine Brüder wollte es erretten und hatte keinen Schlüssel zum Glasberg. Das gute Schwesterchen nahm ein Messer, schnitt sich ein kleines Fingerchen ab, steckte es in das Tor und schloß glücklich auf. Als es eingegangen war, kam ihm ein Zwerglein entgegen, das sprach: »Mein Kind, was suchst du?« – »Ich suche meine Brüder, die sieben Raben«, antwortete es. Der Zwerg sprach: »Die Herren Raben sind nicht zu Haus, aber willst du hier so lang warten, bis sie kommen, so tritt ein.« Darauf trug das Zwerglein die Speise der Raben herein auf sieben Tellerchen und in sieben Becherchen, und von jedem Tellerchen aß das Schwesterchen ein Bröckchen, und aus jedem Becherchen trank es ein Schlückchen; in das letzte Becherchen aber ließ es das Ringlein fallen, das es mitgenommen hatte.

Auf einmal hörte es in der Luft ein Geschwirr und ein Geweh, da sprach das Zwerglein: »Jetzt kommen die Herren Raben heimgeflogen.« Da kamen sie, wollten essen und trinken und suchten ihre Tellerchen und Becherchen. Da sprach einer nach dem andern: »Wer hat von meinem Tellerchen gegessen? Wer hat aus meinem Becherchen getrunken? Das ist eines Menschen Mund gewesen.« Und wie der siebente auf den Grund des Bechers kam, rollte ihm das Ringlein entgegen. Da sah er es an und erkannte, daß es ein Ring von Vater und Mutter war, und sprach: »Gott gebe, unser Schwesterlein wäre da, so wären wir erlöst.« Wie das Mädchen, das hinter der Türe stand und lauschte, den Wunsch hörte, so trat es hervor, und da bekamen alle die Raben ihre menschliche Gestalt wieder. Und sie herzten und küßten einander und zogen fröhlich heim.

26.

Rotkäppchen

Es war einmal eine kleine süße Dirne, die hatte jedermann lieb, der sie nur ansah, am allerliebsten aber ihre Großmutter, die wußte gar nicht, was sie alles dem Kinde geben sollte. Einmal schenkte sie ihm ein Käppchen von rotem Sammet, und weil ihm das so wohl stand und es nichts anders mehr tragen wollte, hieß es nur das Rotkäppchen. Eines Tages sprach seine Mutter zu ihm: »Komm, Rotkäppchen, da hast du ein Stück Kuchen und eine Flasche Wein, bring das der Großmutter hinaus; sie ist krank und schwach und wird sich daran laben. Mach dich auf, bevor es heiß wird, und wenn du hinauskommst, so geh hübsch sittsam und lauf nicht vom Weg ab, sonst fällst du und zerbrichst das Glas, und die Großmutter hat nichts. Und wenn du in ihre Stube kommst, so vergiß nicht, guten Morgen zu sagen, und guck nicht erst in alle Ecken herum.«

»Ich will schon alles gut machen«, sagte Rotkäppchen zur Mutter und gab ihr die Hand darauf. Die Großmutter aber wohnte draußen im Wald, eine halbe Stunde vom Dorf. Wie nun Rotkäppchen in den Wald kam, begegnete ihm der Wolf. Rotkäppchen aber wußte nicht, was das für ein böses Tier war, und fürchtete sich nicht vor ihm. »Guten Tag, Rotkäppchen«, sprach er. »Schönen Dank, Wolf.« – »Wo hinaus so früh, Rotkäppchen?« – »Zur Großmutter.« – »Was trägst du unter der Schürze?« – »Kuchen und Wein: gestern haben wir gebacken, da soll sich die kranke und schwache Großmutter etwas zugut tun und sich damit stärken.« – »Rotkäppchen, wo wohnt deine Großmutter?« – »Noch eine gute Viertelstunde weiter im Wald, unter den drei großen Eichbäumen, da steht ihr Haus, unten sind die Nußhecken, das wirst du ja wissen«, sagte Rotkäppchen. Der Wolf dachte bei sich: »Das junge zarte Ding, das ist ein fetter Bissen, der wird noch besser schmecken als die Alte: du mußt es listig anfangen, damit du beide erschnappst.« Da ging er ein Weilchen neben Rotkäppchen her, dann sprach er: »Rotkäppchen, sieh einmal die schönen Blumen, die ringsumher stehen, warum guckst du dich nicht um? Ich glaube, du hörst gar nicht, wie die Vöglein so lieblich singen? Du gehst ja für dich hin, als wenn du zur Schule gingst, und ist so lustig haußen in dem Wald.«

Rotkäppchen schlug die Augen auf, und als es sah, wie die Sonnenstrahlen durch die Bäume hin und her tanzten und alles voll schöner Blumen stand, dachte es: »Wenn ich der Großmutter einen frischen Strauß mitbringe, der wird ihr auch Freude machen; es ist so früh am Tag, daß ich doch zu rechter Zeit ankomme«, lief vom Wege ab in den Wald hinein und suchte Blumen. Und wenn es eine gebrochen hatte, meinte es, weiter hinaus stände eine schönere, und lief darnach, und geriet immer tiefer in den Wald hinein. Der Wolf aber ging geradeswegs nach dem Haus der Großmutter und klopfte an die Türe. »Wer ist draußen?« – »Rotkäppchen, das bringt Kuchen und Wein, mach auf.« – »Drück nur auf die Klinke«, rief die Großmutter, »ich bin zu schwach und kann nicht aufstehen.« Der Wolf drückte auf die Klinke, die Türe sprang auf, und er ging, ohne ein Wort zu sprechen, gerade zum Bett der Großmutter und verschluckte sie. Dann tat er ihre Kleider an, setzte ihre Haube auf, legte sich in ihr Bett und zog die Vorhänge vor.

Rotkäppchen aber war nach den Blumen herumgelaufen, und als es so viel zusammen hatte, daß es keine mehr tragen konnte, fiel ihm die Großmutter wieder ein, und es machte sich auf den Weg zu ihr. Es wunderte sich, daß die Türe aufstand, und wie es in die Stube trat, so kam es ihm so seltsam darin vor, daß es dachte: »Ei, du mein Gott, wie ängstlich wird mir's heute zumut, und bin sonst so gerne bei der Großmutter!« Es rief »Guten Morgen«, bekam aber keine Antwort. Darauf ging es zum Bett und zog die Vorhänge zurück: da lag die Großmutter und hatte die Haube tief ins Gesicht gesetzt und sah so wunderlich aus. »Ei, Großmutter, was hast du für große Ohren!« – »Daß ich dich besser hören kann.« – »Ei, Großmutter, was hast du für große Augen!« – »Daß ich dich besser sehen kann.« – »Ei, Großmutter, was hast du für große Hände!« – »Daß ich dich besser packen kann.« – »Aber, Großmutter, was hast du für ein entsetzlich großes Maul!« – »Daß ich dich besser fressen kann.« Kaum hatte der Wolf das gesagt, so tat er einen Satz aus dem Bette und verschlang das arme Rotkäppchen.

Wie der Wolf sein Gelüsten gestillt hatte, legte er sich wieder ins Bett, schlief ein und fing an, überlaut zu schnarchen. Der Jäger ging eben an dem Haus vorbei und dachte: »Wie die alte Frau schnarcht, du mußt doch sehen, ob ihr etwas fehlt.« Da trat er in die Stube, und wie er vor das Bette kam, so sah er, daß der Wolf darin lag. »Finde ich dich hier, du alter Sünder«, sagte er, »ich habe dich lange gesucht.« Nun wollte er seine Büchse anlegen, da fiel ihm ein, der Wolf könnte die Großmutter gefressen haben und sie wäre noch zu retten: schoß nicht, sondern nahm eine Schere und fing an, dem schlafenden Wolf den Bauch aufzuschneiden. Wie er ein paar Schnitte getan hatte, da sah er das rote Käppchen leuchten, und noch ein paar Schnitte, da sprang das Mädchen heraus und rief: »Ach, wie war ich erschrocken, wie war's so dunkel in dem Wolf seinem Leib!« Und dann kam die alte Großmutter auch noch lebendig heraus und konnte kaum atmen. Rotkäppchen aber holte geschwind große Steine, damit füllten sie dem Wolf den Leib, und wie er aufwachte, wollte er fortspringen, aber die Steine waren so schwer, daß er gleich niedersank und sich totfiel.

Da waren alle drei vergnügt; der Jäger zog dem Wolf den Pelz ab und ging damit heim, die Großmutter aß den Kuchen und trank den Wein, den Rotkäppchen gebracht hatte, und erholte sich wieder, Rotkäppchen aber dachte: »Du willst dein Lebtag nicht wieder allein vom Wege ab in den Wald laufen, wenn dir's die Mutter verboten hat.«

*

Es wird auch erzählt, daß einmal, als Rotkäppchen der alten Großmutter wieder Gebackenes brachte, ein anderer Wolf ihm zugesprochen und es vom Wege habe ableiten wollen. Rotkäppchen aber hütete sich und ging gerade fort seines Wegs und sagte der Großmutter, daß es dem Wolf begegnet wäre, der ihm guten Tag gewünscht, aber so bös aus den Augen geguckt hätte: »Wenn's nicht auf offner Straße gewesen wäre, er hätte mich gefressen.« – »Komm«, sagte die Großmutter, »wir wollen die Türe verschließen, daß er nicht herein kann.« Bald darnach klopfte der Wolf an und rief: »Mach auf, Großmutter, ich bin das Rotkäppchen, ich bring dir Gebackenes.« Sie schwiegen aber still und machten die Türe nicht auf: da schlich der Graukopf etlichemal um das Haus, sprang endlich aufs Dach und wollte warten, bis Rotkäppchen abends nach Haus ginge, dann wollte er ihm nachschleichen und wollt's in der Dunkelheit fressen. Aber die Großmutter merkte, was er im Sinn hatte. Nun stand vor dem Haus ein großer Steintrog, da sprach sie zu dem Kind: »Nimm den Eimer, Rotkäppchen, gestern hab ich Würste gekocht, da trag das Wasser, worin sie gekocht sind, in den Trog.« Rotkäppchen trug so lange, bis der große, große

Trog ganz voll war. Da stieg der Geruch von den Würsten dem Wolf in die Nase, er schnupperte und guckte hinab, endlich machte er den Hals so lang, daß er sich nicht mehr halten konnte und anfing zu rutschen: so rutschte er vom Dach herab, gerade in den großen Trog hinein, und ertrank. Rotkäppchen aber ging fröhlich nach Haus, und tat ihm niemand etwas zuleid.

27.

Die Bremer Stadtmusikanten

Es hatte ein Mann einen Esel, der schon lange Jahre die Säcke unverdrossen zur Mühle getragen hatte, dessen Kräfte aber nun zu Ende gingen, so daß er zur Arbeit immer untauglicher ward. Da dachte der Herr daran, ihn aus dem Futter zu schaffen, aber der Esel merkte, daß kein guter Wind wehte, lief fort und machte sich auf den Weg nach Bremen: dort, meinte er, könnte er ja Stadtmusikant werden. Als er ein Weilchen fortgegangen war, fand er einen Jagdhund auf dem Wege liegen, der jappte wie einer, der sich müde gelaufen hat. »Nun, was jappst du so, Packan?« fragte der Esel. »Ach«, sagte der Hund, »weil ich alt bin und jeden Tag schwächer werde, auch auf der Jagd nicht mehr fort kann, hat mich mein Herr wollen totschlagen, da hab ich Reißaus genommen; aber womit soll ich nun mein Brot verdienen?« – »Weißt du was«, sprach der Esel, »ich gehe nach Bremen und werde dort Stadtmusikant, geh mit und laß dich auch bei der Musik annehmen. Ich spiele die Laute, und du schlägst die Pauken.« Der Hund war's zufrieden, und sie gingen weiter. Es dauerte nicht lange, so saß da eine Katze an dem Weg und machte ein Gesicht wie drei Tage Regenwetter. »Nun, was ist dir in die Quere gekommen, alter Bartputzer?« sprach der Esel. »Wer kann da lustig sein, wenn's einem an den Kragen geht«, antwortete die Katze, »weil ich nun zu Jahren komme, meine Zähne stumpf werden und ich lieber hinter dem Ofen sitze und spinne als nach Mäusen herumjage, hat mich meine Frau ersäufen wollen; ich habe mich zwar noch fortgemacht, aber nun ist guter Rat teuer: wo soll ich hin?« – »Geh mit uns nach Bremen, du verstehst dich doch auf

die Nachtmusik, da kannst du ein Stadtmusikant werden.« Die Katze hielt das für gut und ging mit. Darauf kamen die drei Landesflüchtigen an einem Hof vorbei, da saß auf dem Tor der Haushahn und schrie aus Leibeskräften. »Du schreist einem durch Mark und Bein«, sprach der Esel, »was hast du vor?« – »Da hab ich gut Wetter prophezeit«, sprach der Hahn, »weil unserer lieben Frauen Tag ist, wo sie dem Christkindlein die Hemdchen gewaschen hat und sie trocknen will; aber weil morgen zum Sonntag Gäste kommen, so hat die Hausfrau doch kein Erbarmen und hat der Köchin gesagt, sie wollte mich morgen in der Suppe essen, und da soll ich mir heut abend den Kopf abschneiden lassen. Nun schrei ich aus vollem Hals, solang ich noch kann.« – »Ei was, du Rotkopf«, sagte der Esel, »zieh lieber mit uns fort, wir gehen nach Bremen, etwas Besseres als den Tod findest du überall; du hast eine gute Stimme, und wenn wir zusammen musizieren, so muß es eine Art haben.« Der Hahn ließ sich den Vorschlag gefallen, und sie gingen alle viere zusammen fort.

Sie konnten aber die Stadt Bremen in einem Tag nicht erreichen und kamen abends in einen Wald, wo sie übernachten wollten. Der Esel und der Hund legten sich unter einen großen Baum, die Katze und der Hahn machten sich in die Äste, der Hahn aber flog bis in die Spitze, wo es am sichersten für ihn war. Ehe er einschlief, sah er sich noch einmal nach allen vier Winden um, da däuchte ihn, er sähe in der Ferne ein Fünkchen brennen, und rief seinen Gesellen zu, es müßte nicht gar weit ein Haus sein, denn es scheine ein Licht. Sprach der Esel: »So müssen wir uns aufmachen und noch hingehen, denn hier ist die Herberge schlecht.« Der Hund meinte, ein paar Knochen und etwas Fleisch dran täten ihm auch gut. Also machten sie sich auf den Weg nach der Gegend, wo das Licht war, und sahen es bald heller schimmern, und es ward immer größer, bis sie vor ein hell erleuchtetes Räuberhaus kamen. Der Esel, als der größte, näherte sich dem Fenster und schaute hinein. »Was siehst du, Grauschimmel?« fragte der Hahn. »Was ich sehe?« antwortete der Esel. »Einen gedeckten Tisch mit schönem Essen und Trinken, und Räuber sitzen daran und lassen's sich wohl sein.« – »Das wäre was für uns«, sprach der Hahn. »Ja, ja, ach, wären wir da!« sagte der Esel. Da ratschlagten die Tiere, wie sie es anfangen müßten, um die Räuber hinauszujagen, und fanden endlich ein Mittel. Der Esel mußte sich mit den Vorderfüßen auf das Fenster stellen, der Hund auf des Esels Rücken springen, die Katze auf den Hund klettern, und endlich flog der Hahn hinauf und setzte sich der Katze auf den Kopf. Wie das geschehen war, fingen sie auf ein Zeichen insgesamt an, ihre Musik zu machen: der Esel schrie, der Hund bellte, die Katze miaute, und der Hahn krähte; dann stürzten sie durch das Fenster in die Stube hinein, daß die Scheiben klirrten. Die Räuber fuhren bei dem entsetzlichen Geschrei in die Höhe, meinten nicht anders, als ein Gespenst käme herein, und flohen in größter Furcht in den Wald hinaus. Nun setzten sich die vier Gesellen an den Tisch, nahmen mit dem vorlieb, was übriggeblieben war, und aßen, als wenn sie vier Wochen hungern sollten.

Wie die vier Spielleute fertig waren, löschten sie das Licht aus und suchten sich eine Schlafstätte, jeder nach seiner Natur und Bequemlichkeit. Der Esel legte sich auf den Mist, der Hund hinter die Türe, die Katze auf den Herd bei die warme Asche, und der Hahn setzte sich auf den Hahnenbalken; und weil sie müde waren von ihrem langen Weg, schliefen sie auch bald ein. Als Mitternacht vorbei war und die Räuber von weitem sahen, daß kein Licht mehr im Haus brannte, auch alles ruhig schien, sprach der Hauptmann: »Wir hätten uns doch nicht sollen ins Bockshorn jagen lassen«, und hieß einen hingehen und das Haus untersuchen. Der Abgeschickte fand alles still, ging in die Küche, ein Licht anzuzünden, und weil er die glühenden, feurigen Augen der Katze für lebendige Kohlen ansah, hielt er ein Schwefelhölzchen daran, daß es Feuer fangen sollte. Aber die Katze verstand keinen Spaß, sprang ihm ins Gesicht, spie und kratzte. Da erschrak er gewaltig, lief und wollte zur Hintertüre hinaus, aber der Hund, der da lag, sprang auf und biß ihn ins Bein; und als er über den Hof an dem Miste vorbeirannte, gab ihm der Esel noch einen tüchtigen Schlag mit dem Hinterfuß; der Hahn aber, der vom Lärmen aus dem Schlaf geweckt und munter geworden war, rief vom Balken herab: »Kikeriki!« Da lief der Räuber, was er konnte, zu seinem Hauptmann zurück und sprach: »Ach, in dem Haus sitzt eine greuliche Hexe, die hat mich angehaucht und mit ihren langen Fingern mir das Gesicht zerkratzt; und vor der Türe steht ein Mann mit einem Messer, der hat mich ins Bein gestochen; und auf dem Hof liegt ein schwarzes Ungetüm, das hat mit einer Holzkeule auf mich losgeschlagen; und oben auf dem Dache, da sitzt der Richter, der rief: ›Bringt mir den Schelm her.‹ Da machte ich, daß ich fortkam.« Von nun an getrauten sich die

Räuber nicht weiter in das Haus, den vier Bremer Musikanten gefiel's aber so wohl darin, daß sie nicht wieder heraus wollten. Und der das zuletzt erzählt hat, dem ist der Mund noch warm.

28.

Der singende Knochen

Es war einmal in einem Lande große Klage über ein Wildschwein, das den Bauern die Äcker umwühlte, das Vieh tötete und den Menschen mit seinen Hauern den Leib aufriß. Der König versprach einem jeden, der das Land von dieser Plage befreien würde, eine große Belohnung; aber das Tier war so groß und stark, daß sich niemand in die Nähe des Waldes wagte, worin es hauste. Endlich ließ der König bekanntmachen, wer das Wildschwein einfange oder töte, solle seine einzige Tochter zur Gemahlin haben.

Nun lebten zwei Brüder in dem Lande, Söhne eines armen Mannes, die meldeten sich und wollten das Wagnis übernehmen. Der älteste, der listig und klug war, tat es aus Hochmut, der jüngste, der unschuldig und dumm war, aus gutem Herzen. Der König sagte: »Damit ihr desto sicherer das Tier findet, so sollt ihr von entgegengesetzten Seiten in den Wald gehen.« Da ging der älteste von Abend und der jüngste von Morgen hinein. Und als der jüngste ein Weilchen gegangen war, so trat ein kleines Männlein zu ihm; das hielt einen schwarzen Spieß in der Hand und sprach: »Diesen Spieß gebe ich dir, weil dein Herz unschuldig und gut ist; damit kannst du getrost auf das wilde Schwein eingehen, es wird dir keinen Schaden zufügen.« Er dankte dem Männlein, nahm den Spieß auf die Schulter und ging ohne Furcht weiter. Nicht lange, so erblickte er das Tier, das auf ihn losrannte, er hielt ihm aber den Spieß entgegen, und in seiner blinden Wut rannte es so gewaltig hinein, daß ihm das Herz entzweigeschnitten ward. Da nahm er das Ungetüm auf die Schulter, ging heimwärts und wollte es dem Könige bringen.

Als er auf der andern Seite des Waldes herauskam, stand da am Eingang ein Haus, wo die Leute sich mit Tanz und Wein lustig machten. Sein ältester Bruder war da eingetreten und hatte gedacht, das Schwein liefe ihm doch nicht fort, erst wollte er sich einen rechten Mut trinken. Als er nun den jüngsten erblickte, der mit seiner Beute beladen aus dem Wald kam, so ließ ihm sein neidisches und boshaftes Herz keine Ruhe. Er rief ihm zu: »Komm doch herein, lieber Bruder, ruhe dich aus und stärke dich mit einem Becher Wein.« Der jüngste, der nichts Arges dahinter vermutete, ging hinein und erzählte ihm von dem guten Männlein, das ihm einen Spieß gegeben, womit er das Schwein getötet hätte. Der älteste hielt ihn bis zum Abend zurück, da gingen sie zusammen fort. Als sie aber in der Dunkelheit zu der Brücke über einen Bach kamen, ließ der älteste den jüngsten vorangehen, und als er mitten über dem Wasser war, gab er ihm von hinten einen Schlag, daß er tot hinabstürzte. Er begrub ihn unter der Brücke, nahm dann das Schwein und brachte es dem König mit dem Vorgeben, er hätte es getötet; worauf er die Tochter des Königs zur Gemahlin erhielt. Als der jüngste Bruder nicht wiederkommen wollte, sagte er: »Das Schwein wird ihm den Leib aufgerissen haben«, und das glaubte jedermann.

Weil aber vor Gott nichts verborgen bleibt, sollte auch diese schwarze Tat ans Licht kommen. Nach langen Jahren trieb ein Hirt einmal seine Herde über die Brücke und sah unten im Sande ein schneeweißes Knöchlein liegen und dachte, das gäbe ein gutes Mundstück. Da stieg er herab, hob es auf und schnitzte ein Mundstück daraus für sein Horn. Als er zum erstenmal darauf geblasen hatte, so fing das Knöchlein zu großer Verwunderung des Hirten von selbst an zu singen:

»Ach, du liebes Hirtelein,
du bläst auf meinem Knöchelein,
mein Bruder hat mich erschlagen,
unter der Brücke begraben,
um das wilde Schwein,
für des Königs Töchterlein.«

»Was für ein wunderliches Hörnchen«, sagte der Hirt, »das von selber singt, das muß ich dem Herrn König bringen.« Als er damit vor den König kam, fing das Hörnchen abermals an, sein Liedchen zu singen. Der König verstand es wohl und ließ die Erde unter der Brücke aufgraben, da kam das ganze Gerippe des Erschlagenen zum Vorschein. Der böse Bruder konnte die Tat nicht leugnen, ward in einen Sack genäht und lebendig ersäuft, die Gebeine des

Gemordeten aber wurden auf den Kirchhof in ein schönes Grab zur Ruhe gelegt.

29.

Der Teufel mit den drei goldenen Haaren

Es war einmal eine arme Frau, die gebar ein Söhnlein, und weil es eine Glückshaut um hatte, als es zur Welt kam, so ward ihm geweissagt, es werde im vierzehnten Jahr die Tochter des Königs zur Frau haben. Es trug sich zu, daß der König bald darauf ins Dorf kam, und niemand wußte, daß es der König war, und als er die Leute fragte, was es Neues gäbe, so antworteten sie: »Es ist in diesen Tagen ein Kind mit einer Glückshaut geboren: was so einer unternimmt, das schlägt ihm zum Glück aus. Es ist ihm auch vorausgesagt, in seinem vierzehnten Jahre solle er die Tochter des Königs zur Frau haben.« Der König, der ein böses Herz hatte und über die Weissagung sich ärgerte, ging zu den Eltern, tat ganz freundlich und sagte: »Ihr armen Leute, überlaßt mir euer Kind, ich will es versorgen.« Anfangs weigerten sie sich, da aber der fremde Mann schweres Gold dafür bot und sie dachten: »Es ist ein Glückskind, es muß doch zu seinem Besten ausschlagen«, so willigten sie endlich ein und gaben ihm das Kind.

Der König legte es in eine Schachtel und ritt damit weiter, bis er zu einem tiefen Wasser kam; da warf er die Schachtel hinein und dachte: »Von dem unerwarteten Freier habe ich meine Tochter geholfen.« Die Schachtel aber ging nicht unter, sondern schwamm wie ein Schiffchen, und es drang auch kein Tröpfchen Wasser hinein. So schwamm sie bis zwei Meilen von des Königs Hauptstadt, wo eine Mühle war, an dessen Wehr sie hängenblieb. Ein Mahlbursche, der glücklicherweise da stand und sie bemerkte, zog sie mit einem Haken heran und meinte große Schätze zu finden, als er sie aber aufmachte, lag ein schöner Knabe darin, der ganz frisch und munter war. Er brachte ihn zu den Müllersleuten, und weil diese keine Kinder hatten, freuten sie sich und sprachen: »Gott hat es uns beschert.« Sie pflegten den Fündling wohl, und er wuchs in allen Tugenden heran.

Es trug sich zu, daß der König einmal bei einem Gewitter in die Mühle trat und die Müllersleute fragte, ob der große Junge ihr Sohn wäre. »Nein«, antworteten sie, »es ist ein Fündling, er ist vor vierzehn Jahren in einer Schachtel ans Wehr geschwommen, und der Mahlbursche hat ihn aus dem Wasser gezogen.« Da merkte der König, daß es niemand anders als das Glückskind war, das er ins Wasser geworfen hatte, und sprach: »Ihr guten Leute, könnte der Junge nicht einen Brief an die Frau Königin bringen, ich will ihm zwei Goldstücke zum Lohn geben?« – »Wie der Herr König gebietet«, antworteten die Leute und hießen den Jungen sich bereithalten. Da schrieb der König einen Brief an die Königin, worin stand: »Sobald der Knabe mit diesem Schreiben angelangt ist, soll er getötet und begraben werden, und das alles soll geschehen sein, ehe ich zurückkomme.«

Der Knabe machte sich mit diesem Brief auf den Weg, verirrte sich aber und kam abends in einen großen Wald. In der Dunkelheit sah er ein kleines Licht, ging darauf zu und gelangte zu einem Häuschen. Als er hineintrat, saß eine alte Frau beim Feuer ganz allein. Sie erschrak, als sie den Knaben erblickte, und sprach: »Wo kommst du her, und wo willst du hin?« – »Ich komme von der Mühle«, antwortete er, »und will zur Frau Königin, der ich einen Brief bringen soll; weil ich mich aber in dem Walde verirrt habe, so wollte ich hier gerne übernachten.« – »Du armer Junge«, sprach die Frau, »du bist in ein Räuberhaus geraten, und wenn sie heimkommen, so bringen sie dich um.« – »Mag kommen, wer will«, sagte der Junge, »ich fürchte mich nicht; ich bin aber so müde, daß ich nicht weiter kann«, streckte sich auf eine Bank und schlief ein. Bald hernach kamen die Räuber und fragten zornig, was da für ein fremder Knabe läge. »Ach«, sagte die Alte, »es ist ein unschuldiges Kind, es hat sich im Walde verirrt, und ich habe ihn aus Barmherzigkeit aufgenommen: er soll einen Brief an die Frau Königin bringen.« Die Räuber erbrachen den Brief und lasen ihn, und es stand darin, daß der Knabe sogleich, wie er ankäme, sollte ums Leben gebracht werden. Da empfanden die hartherzigen Räuber Mitleid, und der Anführer zerriß den Brief und schrieb einen andern, und es stand darin, sowie der Knabe ankäme, sollte er sogleich mit der Königstochter vermählt werden. Sie ließen ihn dann ruhig bis zum andern Morgen auf der Bank liegen, und als er aufgewacht war, gaben sie ihm den Brief und zeigten ihm den rechten Weg. Die

Königin aber, als sie den Brief empfangen und gelesen hatte, tat, wie darin stand, hieß ein prächtiges Hochzeitsfest anstellen, und die Königstochter ward mit dem Glückskind vermählt; und da der Jüngling schön und freundlich war, so lebte sie vergnügt und zufrieden mit ihm.

Nach einiger Zeit kam der König wieder in sein Schloß und sah, daß die Weissagung erfüllt und das Glückskind mit seiner Tochter vermählt war. »Wie ist das zugegangen?« sprach er. »Ich habe in meinem Brief einen ganz andern Befehl erteilt.« Da reichte ihm die Königin den Brief und sagte, er möchte selbst sehen, was darin stände. Der König las den Brief und merkte wohl, daß er mit einem andern war vertauscht worden. Er fragte den Jüngling, wie es mit dem anvertrauten Briefe zugegangen wäre, warum er einen andern dafür gebracht hätte. »Ich weiß von nichts«, antwortete er, »er muß mir in der Nacht vertauscht sein, als ich im Walde geschlafen habe.« Voll Zorn sprach der König: »So leicht soll es dir nicht werden, wer meine Tochter haben will, der muß mir aus der Hölle drei goldene Haare von dem Haupte des Teufels holen; bringst du mir, was ich verlange, so sollst du meine Tochter behalten.« Damit hoffte der König, ihn auf immer loszuwerden. Das Glückskind aber antwortete: »Die goldenen Haare will ich wohl holen, ich fürchte mich vor dem Teufel nicht.« Darauf nahm er Abschied und begann seine Wanderschaft.

Der Weg führte ihn zu einer großen Stadt, wo ihn der Wächter an dem Tore ausfragte, was für ein Gewerbe er verstände und was er wüßte. »Ich weiß alles«, antwortete das Glückskind. »So kannst du uns einen Gefallen tun«, sagte der Wächter, »wenn du uns sagst, warum unser Marktbrunnen, aus dem sonst Wein quoll, trocken geworden ist und nicht einmal mehr Wasser gibt.« – »Das sollt ihr erfahren«, antwortete er, »wartet nur, bis ich wiederkomme.« Da ging er weiter und kam vor eine andere Stadt, da fragte der Torwächter wiederum, was für ein Gewerb er verstünde und was er wüßte. »Ich weiß alles«, antwortete er. »So kannst du uns einen Gefallen tun und uns sagen, warum ein Baum in unserer Stadt, der sonst goldene Äpfel trug, jetzt nicht einmal Blätter hervortreibt.« – »Das sollt ihr erfahren«, antwortete er, »wartet nur, bis ich wiederkomme.« Da ging er weiter und kam an ein großes Wasser, über das er hinüber mußte. Der Fährmann fragte ihn, was er für ein Gewerb verstände und was er wüßte. »Ich weiß alles«, antwortete er. »So kannst du mir einen Gefallen tun«, sprach der Fährmann, »und mir sagen, warum ich immer hin und her fahren muß und niemals abgelöst werde.« – »Das sollst du erfahren«, antwortete er, »warte nur, bis ich wiederkomme.«

Als er über das Wasser hinüber war, so fand er den Eingang zur Hölle. Es war schwarz und rußig darin, und der Teufel war nicht zu Haus, aber seine Ellermutter saß da in einem breiten Sorgenstuhl. »Was willst du?« sprach sie zu ihm, sah aber gar nicht so böse aus. »Ich wollte gerne drei goldene Haare von des Teufels Kopf«, antwortete er, »sonst kann ich meine Frau nicht behalten.« – »Das ist viel verlangt«, sagte sie, »wenn der Teufel heimkommt und findet dich, so geht dir's an den Kragen; aber du dauerst mich, ich will sehen, ob ich dir helfen kann.« Sie verwandelte ihn in eine Ameise und sprach: »Kriech in meine Rockfalten, da bist du sicher.« – »Ja«, antwortete er, »das ist schon gut, aber drei Dinge möcht ich gerne noch wissen: warum ein Brunnen, aus dem sonst Wein quoll, trokken geworden ist, jetzt nicht einmal mehr Wasser gibt; warum ein Baum, der sonst goldene Äpfel trug, nicht einmal mehr Laub treibt; und warum ein Fährmann immer herüber und hinüber fahren muß und nicht abgelöst wird.« – »Das sind schwere Fragen«, antwortete sie, »aber halte dich nur still und ruhig und hab acht, was der Teufel spricht, wann ich ihm die drei goldenen Haare ausziehe.«

Als der Abend einbrach, kam der Teufel nach Haus. Kaum war er eingetreten, so merkte er, daß die Luft nicht rein war. »Ich rieche, rieche Menschenfleisch«, sagte er, »es ist hier nicht richtig.« Dann guckte er in alle Ecken und suchte, konnte aber nichts finden. Die Ellermutter schalt ihn aus: »Eben ist erst gekehrt«, sprach sie, »und alles in Ordnung gebracht, nun wirfst du mir's wieder untereinander; immer hast du Menschenfleisch in der Nase! Setze dich nieder und iß dein Abendbrot.« Als er gegessen und getrunken hatte, war er müde, legte der Ellermutter seinen Kopf in den Schoß und sagte, sie sollte ihn ein wenig lausen. Es dauerte nicht lange, so schlummerte er ein, blies und schnarchte. Da faßte die Alte ein goldenes Haar, riß es aus und legte es neben sich. »Autsch!« schrie der Teufel, »was hast du vor?« – »Ich habe einen schweren Traum gehabt«, antwortete die Ellermutter, »da hab ich dir in die Haare gefaßt.« – »Was hat dir denn geträumt?« fragte der Teufel. »Mir hat geträumt, ein Marktbrunnen, aus dem sonst Wein quoll, sei versiegt, und es habe nicht einmal Wasser daraus quellen wollen, was ist wohl schuld daran?« – »He, wenn sie's wüßten!« antwortete der Teufel. »Es sitzt eine Kröte unter einem Stein im Brunnen, wenn sie die töten, so wird der Wein schon wieder fließen.« Die Ellermutter lauste ihn wieder, bis er einschlief und schnarchte, daß die Fenster zitterten. Da riß sie ihm das zweite Haar aus. »Hu! was machst du?« schrie der Teufel zornig. »Nimm's nicht übel«, antwortete sie, »ich habe es im Traum getan.« – »Was hat dir wieder geträumt?« fragte er. »Mir hat geträumt, in einem Königreiche ständ ein Obstbaum, der hätte sonst goldene Äpfel getragen und wollte jetzt nicht einmal Laub treiben. Was war wohl die Ursache davon?« – »He, wenn sie's wüßten!« antwortete der Teufel. »An der Wurzel nagt eine Maus, wenn sie die töten, so wird er schon wieder goldene Äpfel tragen, nagt sie aber noch länger, so verdorrt der Baum gänzlich. Aber laß mich mit deinen Träumen in Ruhe, wenn du mich noch einmal im Schlafe störst, so kriegst du eine Ohrfeige.« Die Ellermutter sprach ihm gut zu und lauste ihn wieder, bis er eingeschlafen war und schnarchte. Da faßte sie das dritte goldene Haar und riß es ihm aus. Der Teufel fuhr in die Höhe, schrie und wollte übel mit ihr wirtschaften, aber sie besänftigte ihn nochmals und sprach: »Wer kann für böse Träume!« – »Was hat dir denn geträumt?« fragte er und war doch neugierig. »Mir hat von einem Fährmann geträumt, der sich beklagte, daß er immer hin und her fahren müßte und nicht abgelöst würde. Was ist wohl schuld?« – »He, der Dummbart!« antwortete der Teufel. »Wenn einer kommt und will überfahren, so muß er ihm die Stange in die Hand geben, dann muß der andere überfahren, und er ist frei.« Da die Ellermutter ihm die drei goldenen Haare ausgerissen hatte und die drei Fragen beantwortet waren, so ließ sie den alten Drachen in Ruhe, und er schlief, bis der Tag anbrach.

Als der Teufel wieder fortgezogen war, holte die Alte die Ameise aus der Rockfalte und gab dem Glückskind die menschliche Gestalt zurück. »Da hast du die drei goldenen Haare«, sprach sie, »was der Teufel zu deinen drei Fragen gesagt hat, wirst du wohl gehört haben.« – »Ja«, antwortete er, »ich habe es gehört und will's wohl behalten.« – »So ist dir geholfen«, sagte sie, »und nun kannst du deiner Wege ziehen.« Er bedankte sich bei der Alten für die Hilfe in der Not, verließ die Hölle und war vergnügt, daß ihm alles so wohl geglückt war. Als er zu dem Fährmann kam, sollte er ihm die versprochene Antwort geben. »Fahr mich erst hinüber«, sprach das

Glückskind, »so will ich dir sagen, wie du erlöst wirst«, und als er auf dem jenseitigen Ufer angelangt war, gab er ihm des Teufels Rat: »Wenn wieder einer kommt und will übergefahren sein, so gib ihm nur die Stange in die Hand.« Er ging weiter und kam zu der Stadt, worin der unfruchtbare Baum stand und wo der Wächter auch Antwort haben wollte. Da sagte er ihm, wie er vom Teufel gehört hatte: »Tötet die Maus, die an seiner Wurzel nagt, so wird er wieder goldene Äpfel tragen.« Da dankte ihm der Wächter und gab ihm zur Belohnung zwei mit Gold beladene Esel, die mußten ihm nachfolgen. Zuletzt kam er zu der Stadt, deren Brunnen versiegt war. Da sprach er zu dem Wächter, wie der Teufel gesprochen hatte: »Es sitzt eine Kröte im Brunnen unter einem Stein, die müßt ihr aufsuchen und töten, so wird er wieder reichlich Wein geben.« Der Wächter dankte und gab ihm ebenfalls zwei mit Gold beladene Esel.

Endlich langte das Glückskind daheim bei seiner Frau an, die sich herzlich freute, als sie ihn wiedersah und hörte, wie wohl ihm alles gelungen war. Dem König brachte er, was er verlangt hatte, die drei goldenen Haare des Teufels, und als dieser die vier Esel mit dem Golde sah, ward er ganz vergnügt und sprach: »Nun sind alle Bedingungen erfüllt, und du kannst meine Tochter behalten. Aber, lieber Schwiegersohn, sage mir doch, woher ist das viele Gold? Das sind ja gewaltige Schätze!« – »Ich bin über einen Fluß gefahren«, antwortete er, »und da habe ich es mitgenommen, es liegt dort statt des Sandes am Ufer.« – »Kann ich mir auch davon holen?« sprach der König und war ganz begierig. »Soviel Ihr nur wollt«, antwortete er, »es ist ein Fährmann auf dem Fluß, von dem laßt Euch überfahren, so könnt Ihr drüben Eure Säcke füllen.« Der habsüchtige König machte sich in aller Eile auf den Weg, und als er zu dem Fluß kam, so winkte er dem Fährmann, der sollte ihn übersetzen. Der Fährmann kam und hieß ihn einsteigen, und als sie an das jenseitige Ufer kamen, gab er ihm die Ruderstange in die Hand und sprang davon. Der König aber mußte von nun an fahren zur Strafe für seine Sünden.

»Fährt er wohl noch?« – »Was denn? Es wird ihm niemand die Stange abgenommen haben.«

30.

Läuschen und Flöhchen

Ein Läuschen und ein Flöhchen, die lebten zusammen in einem Haushalte und brauten das Bier in einer Eierschale. Da fiel das Läuschen hinein und verbrannte sich. Darüber fing das Flöhchen an, laut zu schreien. Da sprach die kleine Stubentüre: »Was schreist du, Flöhchen?« – »Weil Läuschen sich verbrannt hat.«

Da fing das Türchen an zu knarren. Da sprach ein Besenchen in der Ecke: »Was knarrst du, Türchen?« – »Soll ich nicht knarren?

Läuschen hat sich verbrannt,
Flöhchen weint.«

Da fing das Besenchen an, entsetzlich zu kehren. Da kam ein Wägelchen vorbei und sprach: »Was kehrst du, Besenchen?« – »Soll ich nicht kehren?

Läuschen hat sich verbrannt,
Flöhchen weint,
Türchen knarrt.«

Da sprach das Wägelchen: »So will ich rennen«, und fing an, entsetzlich zu rennen. Da sprach das Mistchen, an dem es vorbeirannte: »Was rennst du, Wägelchen?« – »Soll ich nicht rennen?

Läuschen hat sich verbrannt,
Flöhchen weint,
Türchen knarrt,
Besenchen kehrt.«

Da sprach das Mistchen: »So will ich entsetzlich brennen«, und fing an, in hellem Feuer zu brennen. Da stand ein Bäumchen neben dem Mistchen, das sprach: »Mistchen, warum brennst du?« – »Soll ich nicht brennen?

Läuschen hat sich verbrannt,
Flöhchen weint,
Türchen knarrt,
Besenchen kehrt,
Wägelchen rennt.«

Da sprach das Bäumchen: »So will ich mich schütteln«, und fing an, sich zu schütteln, daß alle seine Blätter abfielen. Das sah ein Mädchen, das mit seinem Wasserkrügelchen herankam, und sprach:

»Bäumchen, was schüttelst du dich?« – »Soll ich mich nicht schütteln?

Läuschen hat sich verbrannt,
Flöhchen weint,
Türchen knarrt,
Besenchen kehrt,
Wägelchen rennt,
Mistchen brennt.«

Da sprach das Mädchen: »So will ich mein Wasserkrügelchen zerbrechen«, und zerbrach das Wasserkrügelchen. Da sprach das Brünnlein, aus dem das Wasser quoll: »Mädchen, was zerbrichst du dein Wasserkrügelchen?« – »Soll ich mein Wasserkrügelchen nicht zerbrechen?

Läuschen hat sich verbrannt,
Flöhchen weint,
Türchen knarrt,
Besenchen kehrt,
Wägelchen rennt,
Mistchen brennt,
Bäumchen schüttelt sich.«

»Ei«, sagte das Brünnchen, »so will ich anfangen zu fließen«, und fing an, entsetzlich zu fließen. Und in dem Wasser ist alles ertrunken, das Mädchen, das Bäumchen, das Mistchen, das Wägelchen, das Besenchen, das Türchen, das Flöhchen, das Läuschen, alles miteinander.

31.

Das Mädchen ohne Hände

Ein Müller war nach und nach in Armut geraten und hatte nichts mehr als seine Mühle und einen großen Apfelbaum dahinter. Einmal war er in den Wald gegangen, Holz zu holen, da trat ein alter Mann zu ihm, den er noch niemals gesehen hatte, und sprach: »Was quälst du dich mit Holzhacken, ich will dich reich machen, wenn du mir versprichst, was hinter deiner Mühle steht.« – »Was kann das anders sein als mein Apfelbaum?« dachte der Müller, sagte ja und verschrieb es dem fremden Manne. Der aber lachte höhnisch und sagte: »Nach drei Jahren will ich kommen und abholen, was mir gehört«, und ging fort. Als der Müller nach Haus kam, trat ihm seine Frau entgegen und sprach: »Sage mir, Müller, woher kommt der plötzliche Reichtum in unser Haus? Auf einmal sind alle Kisten und Kasten voll, kein Mensch hat's hereingebracht, und ich weiß nicht, wie es zugegangen ist.« Er antwortete: »Das kommt von einem fremden Manne, der mir im Wald begegnet ist und mir große Schätze verheißen hat; ich habe ihm dagegen verschrieben, was hinter der Mühle steht: den großen Apfelbaum können wir wohl dafür geben.« – »Ach, Mann«, sagte die Frau erschrocken, »das ist der Teufel gewesen: den Apfelbaum hat er nicht gemeint, sondern unsere Tochter, die stand hinter der Mühle und kehrte den Hof.«

Die Müllerstochter war ein schönes und frommes Mädchen und lebte die drei Jahre in Gottesfurcht und ohne Sünde. Als nun die Zeit herum war und der Tag kam, wo sie der Böse holen wollte, da wusch sie sich rein und machte mit Kreide einen Kranz um sich. Der Teufel erschien ganz frühe, aber er konnte ihr nicht nahe kommen. Zornig sprach er zum Müller: »Tu ihr alles Wasser weg, damit sie sich nicht mehr waschen kann, denn sonst habe ich keine Gewalt über sie.« Der Müller fürchtete sich und tat es. Am andern Morgen kam der Teufel wieder, aber sie hatte auf ihre Hände geweint, und sie waren ganz rein. Da konnte er ihr wiederum nicht nahen und sprach wütend zu dem Müller: »Hau ihr die Hände ab, sonst kann ich ihr nichts anhaben.« Der Müller entsetzte sich und antwortete: »Wie könnt ich meinem eigenen Kinde die Hände abhauen!« Da drohte ihm der Böse und sprach: »Wo du es nicht tust, so bist du mein, und ich hole dich selber.« Dem Vater ward angst, und er versprach, ihm zu gehorchen. Da ging er zu dem Mädchen und sagte: »Mein Kind, wenn ich dir nicht beide Hände abhaue, so führt mich der Teufel fort, und in der Angst hab ich es ihm versprochen. Hilf mir doch in meiner Not und verzeihe mir, was ich Böses an dir tue.« Sie antwortete: »Lieber Vater, macht mit mir, was Ihr wollt, ich bin Euer Kind.« Darauf legte sie beide Hände hin und ließ sie sich abhauen. Der Teufel kam zum drittenmal, aber sie hatte so lange und so viel auf die Stümpfe geweint, daß sie doch ganz rein waren. Da mußte er weichen und hatte alles Recht auf sie verloren.

Der Müller sprach zu ihr: »Ich habe so großes Gut durch dich gewonnen, ich will dich zeitlebens aufs köstlichste halten.« Sie antwortete aber: »Hier kann ich nicht bleiben: ich will fortgehen; mitleidige Menschen werden mir schon so viel geben, als ich brauche.« Darauf ließ sie sich die verstümmelten Arme auf den Rücken binden, und mit Sonnenaufgang machte sie sich auf den Weg und ging den ganzen Tag, bis es Nacht ward. Da kam sie zu einem königlichen Garten, und beim Mondschimmer sah sie, daß Bäume voll schöner Früchte darin standen; aber sie konnte nicht hinein, denn es war ein Wasser darum. Und weil sie den ganzen Tag gegangen war und keinen Bissen genossen hatte und der Hunger sie quälte, so dachte sie: »Ach, wäre ich darin, damit ich etwas von den Früchten äße, sonst muß ich verschmachten.« Da kniete sie nieder, rief Gott den Herrn an und betete. Auf einmal kam ein Engel daher, der machte eine Schleuse in dem Wasser zu, so daß der Graben trocken ward und sie hindurchgehen konnte. Nun ging sie in den Garten, und der Engel ging mit ihr. Sie sah einen Baum mit Obst, das waren schöne Birnen, aber sie waren alle gezählt. Da trat sie hinzu und aß eine mit dem Munde vom Baume ab, ihren Hunger zu stillen, aber nicht mehr. Der Gärtner sah es mit an, weil aber der Engel dabeistand, fürchtete er sich und meinte, das Mädchen wäre ein Geist, schwieg still und getraute nicht, zu rufen oder den Geist anzureden. Als sie die Birne gegessen hatte, war sie gesättigt und ging und versteckte sich in das Gebüsch. Der König, dem der Garten gehörte, kam am andern Morgen herab, da zählte er und sah, daß eine der Birnen fehlte, und fragte den Gärtner, wo sie hingekommen wäre: sie läge nicht unter dem Baume und wäre doch weg. Da antwortete der Gärtner: »Vorige Nacht kam ein Geist herein, der hatte keine Hände und aß eine mit dem Munde ab.« Der König sprach: »Wie ist der Geist über das Wasser hereingekommen? Und wo ist er hingegangen, nachdem er die Birne gegessen hatte?« Der Gärtner antwortete: »Es kam jemand in schneeweißem Kleide vom Himmel, der hat die Schleuse zugemacht und das Wasser gehemmt, damit der Geist durch den Graben gehen konnte. Und weil es ein Engel muß gewesen sein, so habe ich mich gefürchtet, nicht gefragt und nicht gerufen. Als der Geist die Birne gegessen hatte, ist er wieder zurückgegangen.« Der König sprach: »Verhält es sich, wie du sagst, so will ich diese Nacht bei dir wachen.«

Als es dunkel ward, kam der König in den Garten und brachte einen Priester mit, der sollte den Geist anreden. Alle drei setzten sich unter den Baum und gaben acht. Um Mitternacht kam das Mädchen aus dem Gebüsch gekrochen, trat zu dem Baum und aß wieder mit dem Munde eine Birne ab; neben ihr aber stand der Engel im weißen Kleide. Da ging der Priester hervor und sprach: »Bist du von Gott gekommen oder von der Welt? Bist du ein Geist oder ein Mensch?« Sie antwortete: »Ich bin kein Geist, sondern ein armer Mensch, von allen verlassen, nur von Gott nicht.« Der König sprach: »Wenn du von aller Welt verlassen bist, so will ich dich nicht verlassen.« Er nahm sie mit sich in sein königliches Schloß, und weil sie so schön und fromm war, liebte er sie von Herzen, ließ ihr silberne Hände machen und nahm sie zu seiner Gemahlin.

Nach einem Jahre mußte der König über Feld ziehen, da befahl er die junge Königin seiner Mutter und sprach: »Wenn sie ins Kindbett kommt, so haltet und verpflegt sie wohl und schreibt mir's gleich in einem Briefe.« Nun gebar sie einen schönen Sohn. Da schrieb es die alte Mutter eilig und meldete ihm die frohe Nachricht. Der Bote aber ruhte unterwegs an einem Bache, und da er von dem langen Wege ermüdet war, schlief er ein. Da kam der Teufel, welcher der frommen Königin immer zu schaden trachtete, und vertauschte den Brief mit einem andern, darin stand, daß die Königin einen Wechselbalg zur Welt gebracht hätte. Als der König den Brief las, erschrak er und betrübte sich sehr, doch schrieb er zur Antwort, sie sollten die Königin wohl halten und pflegen bis zu seiner Ankunft. Der Bote ging mit dem Brief zurück, ruhte an der nämlichen Stelle und schlief wieder ein. Da kam der Teufel abermals und legte ihm einen andern Brief in die Tasche, darin stand, sie sollten die Königin mit ihrem Kinde töten. Die alte Mutter erschrak heftig, als sie den Brief erhielt, konnte es nicht glauben und schrieb dem Könige noch einmal, aber sie bekam keine andere Antwort, weil der Teufel dem Boten jedesmal einen falschen Brief unterschob; und in dem letzten Briefe stand noch, sie sollten zum Wahrzeichen Zunge und Augen der Königin aufheben.

Aber die alte Mutter weinte, daß so unschuldiges Blut sollte vergossen werden, ließ in der Nacht eine Hirschkuh holen, schnitt ihr Zunge und Augen aus und hob sie auf. Dann sprach sie zu der Königin: »Ich kann dich nicht töten lassen, wie der König befiehlt, aber länger darfst du nicht hier bleiben: geh mit deinem Kinde in die weite Welt hinein und komm nie wieder zurück.« Sie band ihr das Kind auf den Rücken, und die arme Frau ging mit weiniglichen

Augen fort. Sie kam in einen großen wilden Wald, da setzte sie sich auf ihre Knie und betete zu Gott, und der Engel des Herrn erschien ihr und führte sie zu einem kleinen Haus, daran war ein Schildchen mit den Worten »Hier wohnt ein jeder frei«. Aus dem Häuschen kam eine schneeweiße Jungfrau, die sprach: »Willkommen, Frau Königin«, und führte sie hinein. Da band sie ihr den kleinen Knaben von dem Rücken und hielt ihn an ihre Brust, damit er trank, und legte ihn dann auf ein schönes, gemachtes Bettchen. Da sprach die arme Frau: »Woher weißt du, daß ich eine Königin war?« Die weiße Jungfrau antwortete: »Ich bin ein Engel, von Gott gesandt, dich und dein Kind zu verpflegen.« Da blieb sie in dem Hause sieben Jahre und war wohl verpflegt, und durch Gottes Gnade wegen ihrer Frömmigkeit wuchsen ihr die abgehauenen Hände wieder.

Der König kam endlich aus dem Felde wieder nach Haus, und sein erstes war, daß er seine Frau mit dem Kinde sehen wollte. Da fing die alte Mutter an zu weinen und sprach: »Du böser Mann, was hast du mir geschrieben, daß ich zwei unschuldige Seelen ums Leben bringen sollte!«, und zeigte ihm die beiden Briefe, die der Böse verfälscht hatte, und sprach weiter: »Ich habe getan, wie du befohlen hast«, und wies ihm die Wahrzeichen, Zunge und Augen. Da fing der König an, noch viel bitterlicher zu weinen über seine arme Frau und sein Söhnlein, daß es die alte Mutter erbarmte und sie zu ihm sprach: »Gib dich zufrieden, sie lebt noch. Ich habe eine Hirschkuh heimlich schlachten lassen und von dieser die Wahrzeichen genommen, deiner Frau aber habe ich ihr Kind auf den Rücken gebunden und sie geheißen, in die weite Welt zu gehen, und sie hat versprechen müssen, nie wieder hierherzukommen, weil du so zornig über sie wärst.« Da sprach der König: »Ich will gehen, soweit der Himmel blau ist, und nicht essen und nicht trinken, bis ich meine liebe Frau und mein Kind wieder gefunden habe, wenn sie nicht in der Zeit umgekommen oder Hungers gestorben sind.«

Darauf zog der König umher, an die sieben Jahre lang, und suchte sie in allen Steinklippen und Felsenhöhlen, aber er fand sie nicht und dachte, sie wäre verschmachtet. Er aß nicht und trank nicht während dieser ganzen Zeit, aber Gott erhielt ihn. Endlich kam er in einen großen Wald und fand darin das kleine Häuschen, daran das Schildchen war mit den Worten »Hier wohnt ein jeder frei«. Da kam die weiße Jungfrau heraus, nahm ihn bei der Hand, führte ihn hinein und sprach: »Seid willkommen, Herr König«, und fragte ihn, wo er herkäme. Er antwortete: »Ich bin bald sieben Jahre umhergezogen und suche meine Frau mit ihrem Kinde, ich kann sie aber nicht finden.« Der Engel bot ihm Essen und Trinken an, er nahm es aber nicht und wollte nur ein wenig ruhen. Da legte er sich schlafen und deckte ein Tuch über sein Gesicht.

Darauf ging der Engel in die Kammer, wo die Königin mit ihrem Sohne saß, den sie gewöhnlich Schmerzenreich nannte, und sprach zu ihr: »Geh heraus mitsamt deinem Kinde, dein Gemahl ist gekommen.« Da ging sie hin, wo er lag, und das Tuch fiel ihm vom Angesicht. Da sprach sie: »Schmerzenreich, heb deinem Vater das Tuch auf und decke ihm sein Gesicht wieder zu.« Das Kind hob es auf und deckte es wieder über sein Gesicht. Das hörte der König im Schlummer und ließ das Tuch noch einmal gerne fallen. Da ward das Knäbchen ungeduldig und sagte: »Liebe Mutter, wie kann ich meinem Vater das Gesicht zudecken, ich habe ja keinen Vater auf der Welt? Ich habe das Beten gelernt, unser Vater, der du bist im Himmel; da hast du gesagt, mein Vater wäre im Himmel und wäre der liebe Gott: wie soll ich einen so wilden Mann kennen? Der ist mein Vater nicht.« Wie der König das hörte, richtete er sich auf und fragte, wer sie wäre. Da sagte sie: »Ich bin deine Frau, und das ist dein Sohn Schmerzenreich.« Und er sah ihre lebendigen Hände und sprach: »Meine Frau hatte silberne Hände.« Sie antwortete: »Die natürlichen Hände hat mir der gnädige Gott wieder wachsen lassen«; und der Engel ging in die Kammer, holte die silbernen Hände und zeigte sie ihm. Da sah er erst gewiß, daß es seine liebe Frau und sein liebes Kind war, und küßte sie und war froh und sagte: »Ein schwerer Stein ist von meinem Herzen gefallen.« Da speiste sie der Engel Gottes noch einmal zusammen, und dann gingen sie nach Haus zu seiner alten Mutter. Da war große Freude überall, und der König und die Königin hielten noch einmal Hochzeit, und sie lebten vergnügt bis an ihr seliges Ende.

32.

Der gescheite Hans

Hansens Mutter fragt: »Wohin, Hans?« Hans antwortet: »Zur Gretel.« – »Mach's gut, Hans.« – »Schon gut machen. Adies, Mutter.« – »Adies, Hans.«

Hans kommt zur Gretel. »Guten Tag, Gretel.« – »Guten Tag, Hans. Was bringst du Gutes?« – »Bring nichts, gegeben han.« Gretel schenkt dem Hans eine Nadel. Hans spricht: »Adies, Gretel.« – »Adies, Hans.«

Hans nimmt die Nadel, steckt sie in einen Heuwagen und geht hinter dem Wagen her nach Haus. »Guten Abend, Mutter.« – »Guten Abend, Hans. Wo bist du gewesen?« – »Bei der Gretel gewesen.« – »Was hast du ihr gebracht?« – »Nichts gebracht, gegeben hat.« – »Was hat dir Gretel gegeben?« – »Nadel gegeben.« – »Wo hast du die Nadel, Hans?« – »In Heuwagen gesteckt.« – »Das hast du dumm gemacht, Hans, mußtest die Nadel an den Ärmel stecken.« – »Tut nichts, besser machen.«

»Wohin, Hans?« – »Zur Gretel, Mutter.« – »Mach's gut, Hans.« – »Schon gut machen. Adies, Mutter.« – »Adies, Hans.«

Hans kommt zur Gretel. »Guten Tag, Gretel.« – »Guten Tag, Hans. Was bringst du Gutes?« – »Bring nichts, gegeben han.« Gretel schenkte dem Hans ein Messer. »Adies, Gretel.« – »Adies, Hans.«

Hans nimmt das Messer, steckt's an den Ärmel und geht nach Haus. »Guten Abend, Mutter.« – »Guten Abend, Hans. Wo bist du gewesen?« – »Bei der Gretel gewesen.« – »Was hast du ihr gebracht?« – »Nichts gebracht, gegeben hat.« – »Was hat dir Gretel gegeben?« – »Messer gegeben.« – »Wo hast das Messer, Hans?« – »An den Ärmel gesteckt.« – »Das hast du dumm gemacht, Hans, mußtest das Messer in die Tasche stecken.« – »Tut nichts, besser machen.«

»Wohin, Hans?« – »Zur Gretel, Mutter.« – »Mach's gut, Hans.« – »Schon gut machen. Adies, Mutter.« – »Adies, Hans.«

Hans kommt zur Gretel. »Guten Tag, Gretel.« – »Guten Tag, Hans. Was bringst du Gutes?« – »Bring nichts, gegeben han.« Gretel schenkt dem Hans eine junge Ziege. »Adies, Gretel.« – »Adies, Hans.«

Hans nimmt die Ziege, bindet ihr die Beine und steckt sie in die

Tasche. Wie er nach Haus kommt, ist sie erstickt. »Guten Abend, Mutter.« – »Guten Abend, Hans. Wo bist du gewesen?« – »Bei der Gretel gewesen.« – »Was hast du ihr gebracht?« – »Nichts gebracht, gegeben hat.« – »Was hat dir Gretel gegeben?« – »Ziege gegeben.« – »Wo hast du die Ziege, Hans?« – »In die Tasche gesteckt.« – »Das hast du dumm gemacht, Hans, mußtest die Ziege an ein Seil binden.« – »Tut nichts, besser machen.«

»Wohin, Hans?« – »Zur Gretel, Mutter.« – »Mach's gut, Hans.« – »Schon gut machen. Adies, Mutter.« – »Adies, Hans.«

Hans kommt zur Gretel. »Guten Tag, Gretel.« – »Guten Tag, Hans. Was bringst du Gutes?« – »Bring nichts, gegeben han.« Gretel schenkt dem Hans ein Stück Speck. »Adies, Gretel.« – »Adies, Hans.«

Hans nimmt den Speck, bindet ihn an ein Seil und schleift's hinter sich her. Die Hunde kommen und fressen den Speck ab. Wie er nach Haus kommt, hat er das Seil an der Hand, und ist nichts mehr daran. »Guten Abend, Mutter.« – »Guten Abend, Hans. Wo bist du gewesen?« – »Bei der Gretel gewesen.« – »Was hast du ihr gebracht?« – »Nichts gebracht, gegeben hat.« – »Was hat dir Gretel gegeben?« – »Stück Speck gegeben.« – »Wo hast du den Speck, Hans?« – »Ans Seil gebunden, heimgeführt, Hunde weggeholt.« – »Das hast du dumm gemacht, Hans, mußtest den Speck auf dem Kopf tragen.« – »Tut nichts, besser machen.«

»Wohin, Hans?« – »Zur Gretel, Mutter.« – »Mach's gut, Hans.« – »Schon gut machen. Adies, Mutter.« – »Adies, Hans.«

Hans kommt zur Gretel. »Guten Tag, Gretel.« – »Guten Tag, Hans. Was bringst du Gutes?« – »Bring nichts, gegeben han.« Gretel schenkt dem Hans ein Kalb. »Adies, Gretel.« – »Adies, Hans.«

Hans nimmt das Kalb, setzt es auf den Kopf, und das Kalb zertritt ihm das Gesicht. »Guten Abend, Mutter.« »Guten Abend, Hans. Wo bist du gewesen?« – »Bei der Gretel gewesen.« – »Was hast du ihr gebracht?« – »Nichts gebracht, gegeben hat.« – »Was hat dir Gretel gegeben?« – »Kalb gegeben.« – »Wo hast du das Kalb, Hans?« – »Auf den Kopf gesetzt, Gesicht zertreten.« – »Das hast du dumm gemacht, Hans, mußtest das Kalb leiten und an die Raufe stellen.« – »Tut nichts, besser machen.«

»Wohin Hans?« – »Zur Gretel, Mutter.« – »Mach's gut, Hans.« – »Schon gut machen. Adies, Mutter.« – »Adies, Hans.«

Hans kommt zur Gretel. »Guten Tag, Gretel.« – »Guten Tag,

Hans. Was bringst du Gutes?« – »Bring nichts, gegeben han.« Gretel sagt zum Hans: »Ich will mit dir gehn.«

Hans nimmt die Gretel, bindet sie an ein Seil, leitet sie, führt sie vor die Raufe und knüpft sie fest. Darauf geht Hans zu seiner Mutter. »Guten Abend, Mutter.« – »Guten Abend, Hans. Wo bist du gewesen?« – »Bei der Gretel gewesen.« – »Was hast du ihr gebracht?« – »Nichts gebracht.« – »Was hat dir Gretel gegeben?« – »Nichts gegeben, mitgegangen.« – »Wo hast du die Gretel gelassen?« – »Am Seil geleitet, vor die Raufe gebunden, Gras vorgeworfen.« – »Das hast du dumm gemacht, Hans, mußtest ihr freundliche Augen zuwerfen.« – »Tut nichts, besser machen.«

Hans geht in den Stall, sticht allen Kälbern und Schafen die Augen aus und wirft sie der Gretel ins Gesicht. Da wird Gretel böse, reißt sich los und läuft fort, und ist Hansens Braut gewesen.

33.

Die drei Sprachen

In der Schweiz lebte einmal ein alter Graf, der hatte nur einen einzigen Sohn, aber er war dumm und konnte nichts lernen. Da sprach der Vater: »Höre, mein Sohn, ich bringe nichts in deinen Kopf, ich mag es anfangen, wie ich will. Du mußt fort von hier, ich will dich einem berühmten Meister übergeben, der soll es mit dir versuchen.« Der Junge ward in eine fremde Stadt geschickt und blieb bei dem Meister ein ganzes Jahr. Nach Verlauf dieser Zeit kam er wieder heim, und der Vater fragte: »Nun, mein Sohn, was hast du gelernt?« – »Vater, ich habe gelernt, was die Hunde bellen«, antwortete er. »Daß Gott erbarm«, rief der Vater aus, »ist das alles, was du gelernt hast? Ich will dich in eine andere Stadt zu einem andern Meister tun.« Der Junge ward hingebracht und blieb bei diesem Meister auch ein Jahr. Als er zurückkam, fragte der Vater wiederum: »Mein Sohn, was hast du gelernt?« Er antwortete: »Vater, ich habe gelernt, was die Vögli sprechen.« Da geriet der Vater in Zorn und sprach: »O du verlorner Mensch, hast die kostbare Zeit hingebracht und nichts gelernt und schämst dich nicht, mir unter die

Augen zu treten? Ich will dich zu einem dritten Meister schicken, aber lernst du auch diesmal nichts, so will ich dein Vater nicht mehr sein.« Der Sohn blieb bei dem dritten Meister ebenfalls ein ganzes Jahr, und als er wieder nach Haus kam und der Vater fragte: »Mein Sohn, was hast du gelernt?«, so antwortete er: »Lieber Vater, ich habe dieses Jahr gelernt, was die Frösche quaken.« Da geriet der Vater in den höchsten Zorn, sprang auf, rief seine Leute herbei und sprach: »Dieser Mensch ist mein Sohn nicht mehr, ich stoße ihn aus und gebiete euch, daß ihr ihn hinaus in den Wald führt und ihm das Leben nehmt.« Sie führten ihn hinaus, aber als sie ihn töten sollten, konnten sie nicht vor Mitleiden und ließen ihn gehen. Sie schnitten einem Reh Augen und Zunge aus, damit sie dem Alten die Wahrzeichen bringen konnten.

Der Jüngling wanderte fort und kam nach einiger Zeit zu einer Burg, wo er um Nachtherberge bat. »Ja«, sagte der Burgherr, »wenn du da unten in dem alten Turm übernachten willst, so gehe hin, aber ich warne dich, es ist lebensgefährlich, denn er ist voll wilder Hunde, die bellen und heulen in einem fort, und zu gewissen Stunden müssen sie einen Menschen ausgeliefert haben, den sie auch gleich verzehren.« Die ganze Gegend war darüber in Trauer und Leid und konnte doch niemand helfen. Der Jüngling aber war ohne Furcht und sprach: »Laßt mich nur hinab zu den bellenden Hunden und gebt mir etwas, das ich ihnen vorwerfen kann; mir sollen sie nichts tun.« Weil er nun selber nicht anders wollte, so gaben sie ihm etwas Essen für die wilden Tiere und brachten ihn hinab zu dem Turm. Als er hineintrat, bellten ihn die Hunde nicht an, wedelten mit den Schwänzen ganz freundlich um ihn herum, fraßen, was er ihnen hinsetzte, und krümmten ihm kein Härchen. Am andern Morgen kam er zu jedermanns Erstaunen gesund und unversehrt wieder zum Vorschein und sagte zu dem Burgherrn: »Die Hunde haben mir in ihrer Sprache offenbart, warum sie da hausen und dem Lande Schaden bringen. Sie sind verwünscht und müssen einen großen Schatz hüten, der unten im Turme liegt, und kommen nicht eher zur Ruhe, als bis er gehoben ist, und wie dies geschehen muß, das habe ich ebenfalls aus ihren Reden vernommen.« Da freuten sich alle, die das hörten, und der Burgherr sagte, er wollte ihn an Sohnes Statt annehmen, wenn er es glücklich vollbrächte. Er stieg wieder hinab, und weil er wußte, was er zu tun hatte, so vollführte er es und brachte eine mit Gold gefüllte Truhe herauf. Das Geheul der wilden Hunde ward von nun an nicht mehr gehört, sie waren verschwunden, und das Land war von der Plage befreit.

Über eine Zeit kam es ihm in den Sinn, er wollte nach Rom fahren. Auf dem Weg kam er an einem Sumpf vorbei, in welchem Frösche saßen und quakten. Er horchte auf, und als er vernahm, was sie sprachen, ward er ganz nachdenklich und traurig. Endlich langte er in Rom an, da war gerade der Papst gestorben und unter den Kardinälen großer Zweifel, wen sie zum Nachfolger bestimmen sollten. Sie wurden zuletzt einig, derjenige sollte zum Papst erwählt werden, an dem sich ein göttliches Wunderzeichen offenbaren würde. Und als das eben beschlossen war, in demselben Augenblick trat der junge Graf in die Kirche, und plötzlich flogen zwei schneeweiße Tauben auf seine beiden Schultern und blieben da sitzen. Die Geistlichkeit erkannte darin das Zeichen Gottes und fragte ihn auf der Stelle, ob er Papst werden wolle. Er war unschlüssig und wußte nicht, ob er dessen würdig wäre, aber die Tauben redeten ihm zu, daß er es tun möchte, und endlich sagte er ja. Da wurde er gesalbt und geweiht, und damit war eingetroffen, was er von den Fröschen unterwegs gehört und was ihn so bestürzt gemacht hatte, daß er der heilige Papst werden sollte. Darauf mußte er eine Messe singen und wußte kein Wort davon, aber die zwei Tauben saßen stets auf seinen Schultern und sagten ihm alles ins Ohr.

34.

Die kluge Else

Es war ein Mann, der hatte eine Tochter, die hieß die *kluge Else.* Als sie nun erwachsen war, sprach der Vater: »Wir wollen sie heiraten lassen.« – »Ja«, sagte die Mutter, »wenn nur einer käme, der sie haben wollte.« Endlich kam von weither einer, der hieß *Hans* und hielt um sie an, er machte aber die Bedingung, daß die kluge Else auch recht gescheit wäre. »Oh«, sprach der Vater, »die hat Zwirn im Kopf«, und die Mutter sagte: »Ach, die sieht den Wind auf der Gasse laufen und hört die Fliegen husten.« – »Ja«, sprach der Hans, »wenn sie nicht recht gescheit ist, so nehm ich sie nicht.« Als sie nun zu Tisch saßen und gegessen hatten, sprach die Mutter: »Else, geh in den Keller und hol Bier.« Da nahm die kluge Else den Krug von der Wand, ging in den Keller und klappte unterwegs brav mit dem Deckel, damit ihr die Zeit ja nicht lang würde. Als sie unten war, holte sie ein Stühlchen und stellte es vors Faß, damit sie sich nicht zu bücken brauchte und ihrem Rücken etwa nicht wehe täte und unverhofften Schaden nähme. Dann stellte sie die Kanne vor sich und drehte den Hahn auf, und während der Zeit, daß das Bier hineinlief, wollte sie doch ihre Augen nicht müßig lassen, sah oben an die Wand hinauf und erblickte nach vielem Hin- und Herschauen eine Kreuzhacke gerade über sich, welche die Maurer da aus Versehen hatten steckenlassen. Da fing die kluge Else an zu weinen und sprach: »Wenn ich den Hans kriege, und wir kriegen ein Kind, und das ist groß, und wir schicken das Kind in den Keller, daß es hier soll Bier zapfen, so fällt ihm die Kreuzhacke auf den Kopf und schlägt's tot.« Da saß sie und weinte und schrie aus Leibeskräften über das bevorstehende Unglück. Die oben warteten auf den Trank, aber die kluge Else kam immer nicht. Da sprach die Frau zur Magd: »Geh doch hinunter in den Keller und sieh, wo die Else bleibt.« Die Magd ging und fand sie vor dem Fasse sitzend und laut schreiend. »Else, was weinst du?« fragte die Magd. »Ach«, antwortete sie, »soll ich nicht weinen? Wenn ich den Hans kriege, und wir kriegen ein Kind, und das ist groß und soll hier Trinken zapfen, so fällt ihm vielleicht die Kreuzhacke auf den Kopf und schlägt es tot.« Da sprach die Magd: »Was haben wir für eine kluge Else!«, setzte sich zu ihr und fing auch an, über das Unglück zu weinen. Über eine Weile, als die Magd nicht wiederkam und die droben durstig nach dem Trank waren, sprach der Mann zum Knecht: »Geh doch hinunter in den Keller und sieh, wo die Else und die Magd bleibt.« Der Knecht ging hinab; da saß die kluge Else und die Magd und weinten beide zusammen. Da fragte er: »Was weint ihr denn?« – »Ach«, sprach die Else, »soll ich nicht weinen? Wenn ich den Hans kriege, und wir kriegen ein Kind, und das ist groß und soll hier Trinken zapfen, so fällt ihm die Kreuzhacke auf den Kopf und schlägt's tot.« Da sprach der Knecht: »Was haben wir für eine kluge Else!«, setzte sich zu ihr und fing auch an, laut zu heulen. Oben warteten sie auf den Knecht; als er aber immer nicht kam, sprach der Mann zur Frau: »Geh doch hinunter in den Keller und sieh, wo die Else bleibt.« Die Frau ging hinab und fand alle drei in Wehklagen und fragte nach der Ursache; da erzählte ihr die Else auch, daß ihr zukünftiges Kind wohl würde von der Kreuzhacke totgeschlagen werden, wenn es erst groß wäre und Bier zapfen sollte und die Kreuzhacke fiele herab. Da sprach die Mutter gleichfalls: »Ach, was haben wir für eine kluge Else!«, setzte sich hin und weinte mit. Der Mann oben wartete noch ein Weilchen; als aber seine Frau nicht wiederkam und sein Durst immer stärker ward, sprach er: »Ich muß nur selber in den Keller gehn und sehen, wo die Else bleibt.« Als er aber in den Keller kam und alle da beieinander saßen und weinten und er die Ursache hörte, daß das Kind der Else schuld wäre, das sie vielleicht einmal zur Welt brächte, und von der Kreuzhacke könnte totgeschlagen werden, wenn es gerade zur Zeit, wo sie herabfiele, daruntersäße, Bier zu zapfen, da rief er: »Was für eine kluge Else!«, setzte sich und weinte auch mit. Der Bräutigam blieb lange oben allein; da niemand wiederkommen wollte, dachte er: »Sie werden unten auf dich warten, du mußt auch hingehen und sehen, was sie vorhaben.« Als er hinabkam, saßen da fünfe und schrien und jammerten ganz erbärmlich, einer immer besser als der andere. »Was für ein Unglück ist denn geschehen?« fragte er. »Ach, lieber Hans«, sprach die Else, »wann wir einander heiraten und haben ein Kind, und es ist groß, und wir schicken's vielleicht hierher, Trinken zu zapfen, da kann ihm ja die Kreuzhacke, die da oben ist steckengeblieben, wenn sie herabfallen sollte, den Kopf zerschlagen, daß es liegenbleibt; sollen wir da nicht weinen?« – »Nun«, sprach Hans, »mehr Verstand ist für meinen Haushalt nicht nötig; weil du so eine kluge Else bist, so will ich dich haben«, packte sie bei der Hand und nahm sie mit hinauf und hielt Hochzeit mit ihr.

Als sie den Hans eine Weile hatte, sprach er: »Frau, ich will ausgehen, arbeiten und uns Geld verdienen, geh du ins Feld und schneid das Korn, daß wir Brot haben.« – »Ja, mein lieber Hans, das will ich tun.« Nachdem der Hans fort war, kochte sie sich einen guten Brei und nahm ihn mit ins Feld. Als sie vor den Acker kam, sprach sie zu sich selbst: »Was tu ich? Schneid ich eh'r, oder eß ich eh'r? Hei, ich will erst essen.« Nun aß sie ihren Topf mit Brei aus, und als sie dick satt war, sprach sie wieder: »Was tu ich? Schneid ich eh'r oder schlaf ich eh'r? Hei, ich will erst schlafen.« Da legte sie sich ins Korn und schlief ein. Der Hans war längst zu Haus, aber die Else wollte nicht kommen; da sprach er: »Was hab ich für eine kluge Else, die ist so fleißig, daß sie nicht einmal nach Haus kommt und ißt.« Als sie aber noch immer ausblieb und es Abend ward, ging der Hans hinaus und wollte sehen, was sie geschnitten hätte; aber es war nichts geschnitten, sondern sie lag im Korn und schlief. Da eilte Hans geschwind heim und holte ein Vogelgarn mit kleinen Schellen und hängte es um sie herum; und sie schlief noch immer fort. Dann lief er heim, schloß die Haustüre zu und setzte sich auf seinen Stuhl und arbeitete. Endlich, als es schon ganz dunkel war, erwachte die kluge Else, und als sie aufstand, rappelte es um sie herum, und die Schellen klingelten bei jedem Schritte, den sie tat. Da erschrak sie, ward irre, ob sie auch wirklich die kluge Else wäre, und sprach: »Bin ich's, oder bin ich's nicht?« Sie wußte aber nicht, was sie darauf antworten sollte, und stand eine Zeitlang zweifelhaft; endlich dachte sie: »Ich will nach Haus gehen und fragen, ob ich's bin oder ob ich's nicht bin, die werden's ja wissen.« Sie lief vor ihre Haustüre, aber die war verschlossen; da klopfte sie an das Fenster und rief: »Hans, ist die Else drinnen?« – »Ja«, antwortete der Hans, »sie ist drinnen.« Da erschrak sie und sprach: »Ach Gott, dann bin ich's nicht«, und ging vor eine andere Tür; als aber die Leute das Klingeln der Schellen hörten, wollten sie nicht aufmachen, und sie konnte nirgend unterkommen. Da lief sie fort zum Dorfe hinaus, und niemand hat sie wiedergesehen.

35.

Der Schneider im Himmel

Es trug sich zu, daß der liebe Gott an einem schönen Tag in dem himmlischen Garten sich ergehen wollte und alle Apostel und Heiligen mitnahm, also daß niemand mehr im Himmel blieb als der heilige Petrus. Der Herr hatte ihm befohlen, während seiner Abwesenheit niemand einzulassen, Petrus stand also an der Pforte und hielt Wache. Nicht lange, so klopfte jemand an. Petrus fragte, wer da wäre und was er wollte. »Ich bin ein armer ehrlicher Schneider«, antwortete eine feine Stimme, »der um Einlaß bittet.« – »Ja, ehrlich«, sagte Petrus, »wie der Dieb am Galgen, du hast lange Finger gemacht und den Leuten das Tuch abgezwickt. Du kommst nicht in den Himmel, der Herr hat mir verboten, solange er draußen wäre, irgend jemand einzulassen.« – »Seid doch barmherzig«, rief der Schneider, »kleine Flicklappen, die von selbst vom Tisch herabfallen, sind nicht gestohlen und nicht der Rede wert. Seht, ich hinke und habe von dem Weg daher Blasen an den Füßen, ich kann unmöglich wieder umkehren. Laßt mich nur hinein, ich will alle schlechte Arbeit tun. Ich will die Kinder tragen, die Windeln waschen, die Bänke, darauf sie gespielt haben, säubern und abwischen und ihre zerrissenen Kleider flicken.« Der heilige Petrus ließ sich aus Mitleiden bewegen und öffnete dem lahmen Schneider die Himmelspforte so weit, daß er mit seinem dürren Leib hineinschlüpfen konnte. Er mußte sich in einen Winkel hinter die Türe setzen und sollte sich da still und ruhig verhalten, damit ihn der Herr, wenn er zurückkäme, nicht bemerkte und zornig würde. Der Schneider gehorchte, als aber der heilige Petrus einmal zur Türe hinaustrat, stand er auf, ging voll Neugierde in allen Winkeln des Himmels herum und besah sich die Gelegenheit. Endlich kam er zu einem Platz, da standen viele schöne und köstliche Stühle und in der Mitte ein ganz goldener Sessel, der mit glänzenden Edelsteinen besetzt war; er war auch viel höher als die übrigen Stühle, und ein goldener Fußschemel stand davor. Es war aber der Sessel, auf welchem der Herr saß, wenn er daheim war, und von welchem er alles sehen konnte, was auf Erden geschah. Der Schneider stand still und sah den Sessel eine gute Weile an, denn er gefiel ihm besser als alles andere. Endlich konnte er den Vorwitz nicht bezähmen, stieg hinauf und setzte sich in den Sessel. Da sah er alles, was auf Erden geschah, und bemerkte eine alte häßliche Frau, die an einem Bach stand und wusch und zwei Schleier heimlich beiseite tat. Der Schneider erzürnte sich bei diesem Anblicke so sehr, daß er den goldenen Fußschemel ergriff und durch den Himmel auf die Erde hinab nach der alten Diebin warf. Da er aber den Schemel nicht wieder heraufholen konnte, so schlich er sich sachte aus dem Sessel weg, setzte sich an seinen Platz hinter die Türe und tat, als ob er kein Wasser getrübt hätte.

Als der Herr und Meister mit dem himmlischen Gefolge wieder zurückkam, ward er zwar den Schneider hinter der Türe nicht gewahr, als er sich aber auf seinen Sessel setzte, mangelte der Schemel. Er fragte den heiligen Petrus, wo der Schemel hingekommen wäre, der wußte es nicht. Da fragte er weiter, ob er jemand hereingelassen hätte. »Ich weiß niemand«, antwortete Petrus, »der dagewesen wäre, als ein lahmer Schneider, der noch hinter der Türe sitzt.« Da ließ der Herr den Schneider vor sich treten und fragte ihn, ob er den Schemel weggenommen und wo er ihn hingetan hätte. »O Herr«, antwortete der Schneider freudig, »ich habe ihn im Zorne hinab auf die Erde nach einem alten Weibe geworfen, das ich bei der Wäsche zwei Schleier stehlen sah.« – »O du Schalk«, sprach der Herr, »wollt ich richten, wie du richtest, wie meinst du, daß es dir schon längst ergangen wäre? Ich hätte schon lange keine Stühle, Bänke, Sessel, ja keine Ofengabel mehr hier gehabt, sondern alles nach den Sündern hinabgeworfen. Fortan kannst du nicht mehr im Himmel bleiben, sondern mußt wieder hinaus vor das Tor: da sieh zu, wo du hinkommst. Hier soll niemand strafen denn ich allein, der Herr.«

Petrus mußte den Schneider wieder hinaus vor den Himmel bringen, und weil er zerrissene Schuhe hatte und die Füße voll Blasen, nahm er einen Stock in die Hand und zog nach Warteinweil, wo die frommen Soldaten sitzen und sich lustig machen.

36.

Tischchendeckdich, Goldesel und Knüppel aus dem Sack

Vorzeiten war ein Schneider, der drei Söhne hatte und nur eine einzige Ziege. Aber die Ziege, weil sie alle zusammen mit ihrer Milch ernährte, mußte ihr gutes Futter haben und täglich hinaus auf die Weide geführt werden. Die Söhne taten das auch nach der Reihe. Einmal brachte sie der älteste auf den Kirchhof, wo die schönsten Kräuter standen, ließ sie da fressen und herumspringen. Abends, als es Zeit war heimzugehen, fragte er: »Ziege, bist du satt?« Die Ziege antwortete:

»Ich bin so satt,
ich mag kein Blatt: meh! meh!«

»So komm nach Haus«, sprach der Junge, faßte sie am Strickchen, führte sie in den Stall und band sie fest. »Nun«, sagte der alte Schneider, »hat die Ziege ihr gehöriges Futter?« – »Oh«, antwortete der Sohn, »die ist so satt, sie mag kein Blatt.« Der Vater aber wollte sich selbst überzeugen, ging hinab in den Stall, streichelte das liebe Tier und fragte: »Ziege, bist du auch satt?« Die Ziege antwortete:

»Wovon sollt ich satt sein?
Ich sprang nur über Gräbelein
und fand kein einzig Blättelein: meh! meh!«

»Was muß ich hören!« rief der Schneider, lief hinauf und sprach zu dem Jungen: »Ei, du Lügner, sagst, die Ziege wäre satt, und hast sie hungern lassen?« Und in seinem Zorne nahm er die Elle von der Wand und jagte ihn mit Schlägen hinaus.

Am andern Tag war die Reihe am zweiten Sohn, der suchte an der Gartenhecke einen Platz aus, wo lauter gute Kräuter standen, und die Ziege fraß sie rein ab. Abends, als er heim wollte, fragte er: »Ziege, bist du satt?« Die Ziege antwortete:

»Ich bin so satt,
ich mag kein Blatt: meh! meh!«

»So komm nach Haus«, sprach der Junge, zog sie heim und band sie im Stalle fest. »Nun«, sagte der alte Schneider, »hat die Ziege ihr gehöriges Futter?« – »Oh«, antwortete der Sohn, »die ist so satt, sie mag kein Blatt.« Der Schneider wollte sich darauf nicht verlassen, ging hinab in den Stall und fragte: »Ziege, bist du auch satt?« Die Ziege antwortete:

»Wovon sollt ich satt sein?
Ich sprang nur über Gräbelein
und fand kein einzig Blättelein: meh! meh!«

»Der gottlose Bösewicht!« schrie der Schneider. »So ein frommes Tier hungern zu lassen!« Lief hinauf und schlug mit der Elle den Jungen zur Haustüre hinaus.

Die Reihe kam jetzt an den dritten Sohn, der wollte seine Sache gut machen, suchte Buschwerk mit dem schönsten Laube aus und ließ die Ziege daran fressen. Abends, als er heim wollte, fragte er: »Ziege, bist du auch satt?« Die Ziege antwortete:

»Ich bin so satt,
ich mag kein Blatt: meh! meh!«

»So komm nach Haus«, sagte der Junge, führte sie in den Stall und band sie fest. »Nun«, sagte der alte Schneider, »hat die Ziege ihr gehöriges Futter?« – »Oh«, antwortete der Sohn, »die ist so satt, sie mag kein Blatt.« Der Schneider traute nicht, ging hinab und fragte: »Ziege, bist du auch satt?« Das boshafte Tier antwortete:

»Wovon sollt ich satt sein?
Ich sprang nur über Gräbelein
und fand kein einzig Blättlein: meh! meh!«

»O die Lügenbrut!« rief der Schneider. »Einer so gottlos und pflichtvergessen wie der andere! Ihr sollt mich nicht länger zum Narren haben!« Und vor Zorn ganz außer sich, sprang er hinauf und gerbte dem armen Jungen mit der Elle den Rücken so gewaltig, daß er zum Haus hinaussprang.

Der alte Schneider war nun mit seiner Ziege allein. Am andern Morgen ging er hinab in den Stall, liebkoste die Ziege und sprach: »Komm, mein liebes Tierlein, ich will dich selbst zur Weide führen.« Er nahm sie am Strick und brachte sie zu grünen Hecken und unter Schafrippe und was sonst die Ziegen gerne fressen. »Da kannst du dich einmal nach Herzenslust sättigen«, sprach er zu ihr und ließ sie weiden bis zum Abend. Da fragte er: »Ziege, bist du satt?« Sie antwortete:

»Ich bin so satt,
ich mag kein Blatt: meh! meh!«

»So komm nach Haus«, sagte der Schneider, führte sie in den Stall und band sie fest. Als er wegging, kehrte er sich noch einmal um und sagte: »Nun bist du doch einmal satt!« Aber die Ziege machte es ihm nicht besser und rief:

»Wie sollt ich satt sein?
Ich sprang nur über Gräbelein,
und fand kein einzig Blättlein: meh! meh!«

Als der Schneider das hörte, stutzte er und sah wohl, daß er seine drei Söhne ohne Ursache verstoßen hatte. »Wart«, rief er, »du undankbares Geschöpf, dich fortzujagen ist noch zu wenig, ich will dich zeichnen, daß du dich unter ehrbaren Schneidern nicht mehr darfst sehen lassen.« In einer Hast sprang er hinauf, holte sein Bartmesser, seifte der Ziege den Kopf ein und schor sie so glatt wie seine flache Hand. Und weil die Elle zu ehrenvoll gewesen wäre, holte er die Peitsche und versetzte ihr solche Hiebe, daß sie in gewaltigen Sprüngen davonlief.

Der Schneider, als er so ganz einsam in seinem Hause saß, verfiel in große Traurigkeit und hätte seine Söhne gerne wieder gehabt, aber niemand wußte, wo sie hingeraten waren. Der älteste war zu einem Schreiner in die Lehre gegangen, da lernte er fleißig und unverdrossen, und als seine Zeit herum war, daß er wandern sollte, schenkte ihm der Meister ein Tischchen, das gar kein besonderes Ansehen hatte und von gewöhnlichem Holz war; aber es hatte eine gute Eigenschaft. Wenn man es hinstellte und sprach: »Tischchen, deck dich«, so war das gute Tischchen auf einmal mit einem saubern Tüchlein bedeckt und stand da ein Teller und Messer und Gabel daneben und Schüsseln mit Gesottenem und Gebratenem, soviel Platz hatten, und ein großes Glas mit rotem Wein leuchtete, daß einem das Herz lachte. Der junge Gesell dachte: »Damit hast du genug für dein Lebtag«, zog guter Dinge in der Welt umher und bekümmerte sich gar nicht darum, ob ein Wirtshaus gut oder schlecht und ob etwas darin zu finden war oder nicht. Wenn es ihm gefiel, so kehrte er gar nicht ein, sondern im Felde, im Wald, auf einer Wiese, wo er Lust hatte, nahm er sein Tischchen vom Rücken, stellte es vor sich und sprach: »Deck dich«, so war alles da, was sein Herz begehrte. Endlich kam es ihm in den Sinn, er wollte zu seinem Vater zurückkehren, sein Zorn würde sich gelegt haben, und mit dem Tischchendeckdich würde er ihn gerne wieder aufnehmen. Es trug sich zu, daß er auf dem Heimweg abends in ein Wirtshaus kam, das mit Gästen angefüllt war; sie hießen ihn willkommen und luden ihn ein, sich zu ihnen zu setzen und mit ihnen zu essen, sonst würde er schwerlich noch etwas bekommen. »Nein«, antwortete der Schreiner, »die paar Bissen will ich euch nicht vor dem Munde nehmen, lieber sollt ihr meine Gäste sein.« Sie lachten und meinten, er triebe seinen Spaß mit ihnen. Er aber stellte sein hölzernes Tischchen mitten in die Stube und sprach: »Tischchen, deck dich.« Augenblicklich war es mit Speisen besetzt, so gut, wie sie der Wirt nicht hätte herbeischaffen können und wovon der Geruch den Gästen lieblich in die Nase stieg. »Zugegriffen, liebe Freunde«, sprach der Schreiner, und die Gäste, als sie sahen, wie es gemeint war, ließen sich nicht zweimal bitten, rückten heran, zogen ihre Messer und griffen tapfer zu. Und was sie am meisten verwunderte, wenn eine Schüssel leer geworden war, so stellte sich gleich von selbst eine volle an ihren Platz. Der Wirt stand in einer Ecke und sah dem Dinge zu; er wußte gar nicht, was er sagen sollte, dachte aber: »Einen solchen Koch könntest du in deiner Wirtschaft wohl brauchen.« Der Schreiner und seine Gesellschaft waren lustig bis in die späte Nacht, endlich legten sie sich schlafen, und der junge Geselle ging auch zu Bett und stellte sein Wünschtischchen an die Wand. Dem Wirte aber ließen seine Gedanken keine Ruhe, es fiel ihm ein, daß in seiner Rumpelkammer ein altes Tischchen stände, das geradeso aussähe; das holte er ganz sachte herbei und vertauschte es mit dem Wünschtischchen. Am andern Morgen zahlte der Schreiner sein Schlafgeld, packte sein Tischchen auf, dachte gar nicht daran, daß er ein falsches hätte, und ging seiner Wege. Zu Mittag kam er bei seinem Vater an, der ihn mit großer Freude empfing. »Nun, mein lieber Sohn, was hast du gelernt?« sagte er zu ihm. »Vater, ich bin ein Schreiner geworden.« – »Ein gutes Handwerk«, erwiderte der Alte, »aber was hast du von deiner Wanderschaft mitgebracht?« – »Vater, das Beste, was ich mitgebracht habe, ist das Tischchen.« Der Schneider betrachtete es von allen Seiten und sagte: »Daran hast du kein Meisterstück gemacht, das ist ein altes und schlechtes Tischchen.« – »Aber es ist ein Tischchendeckdich«, antwortete der Sohn, »wenn ich es hinstelle und sage ihm, es sollte sich decken, so stehen gleich die schönsten Gerichte darauf und ein Wein dabei, der das Herz erfreut. Ladet nur alle Verwandte und Freunde ein, die sollen sich einmal laben und erquicken, denn das Tischchen macht sie alle satt.« Als die Gesellschaft beisammen war, stellte er sein Tischchen mitten in die Stube und sprach: »Tischchen, deck dich.« Aber das Tischchen regte sich nicht und blieb so leer wie ein anderer Tisch, der die Sprache nicht versteht. Da merkte der arme Geselle, daß ihm das Tischchen vertauscht war, und schämte sich, daß er wie ein Lügner dastand. Die Verwandten aber lachten ihn aus und mußten ungetrunken und ungegessen wieder heimwandern. Der Vater holte seine Lappen wieder herbei und schneiderte fort, der Sohn aber ging bei einem Meister in die Arbeit.

Der zweite Sohn war zu einem Müller gekommen und bei ihm in die Lehre gegangen. Als er seine Jahre herum hatte, sprach der Meister: »Weil du dich so wohl gehalten hast, so schenke ich dir einen Esel von einer besondern Art, er zieht nicht am Wagen und trägt auch keine Säcke.« – »Wozu ist er denn nütze?« fragte der junge Geselle. »Er speit Gold«, antwortete der Müller, »wenn du ihn auf ein Tuch stellst und sprichst ›Bricklebrit‹, so speit dir das gute Tier Goldstücke aus, hinten und vorn.« – »Das ist eine schöne Sache«, sprach der Geselle, dankte dem Meister und zog in die Welt. Wenn er Gold nötig hatte, brauchte er nur zu seinem Esel »Bricklebrit« zu sagen, so regnete es Goldstücke, und er hatte weiter keine Mühe, als sie von der Erde aufzuheben. Wo er hinkam, war ihm das Beste gut genug, und je teurer, je lieber, denn er hatte immer einen vollen Beutel. Als er sich eine Zeitlang in der Welt umgesehen hatte, dachte er: »Du mußt deinen Vater aufsuchen, wenn du mit dem Goldesel kommst, so wird er seinen Zorn vergessen und dich gut aufnehmen.« Es trug sich zu, daß er in dasselbe Wirtshaus geriet, in welchem seinem Bruder das Tischchen vertauscht war. Er führte seinen Esel an der Hand, und der Wirt wollte ihm das Tier abnehmen und anbinden, der junge Geselle aber sprach: »Gebt Euch keine Mühe, meinen Grauschimmel führe ich selbst in den Stall und binde ihn auch selbst an, denn ich muß wissen, wo er steht.« Dem Wirt kam das wunderlich vor, und er meinte, einer, der seinen Esel selbst besorgen müßte, hätte nicht viel zu verzehren; als aber der Fremde in die Tasche griff, zwei Goldstücke herausholte und sagte, er sollte nur etwas Gutes für ihn einkaufen, so machte er große Augen, lief und suchte das Beste, das er auftreiben konnte. Nach der Mahlzeit fragte der Gast, was er schuldig wäre, der Wirt wollte die doppelte Kreide nicht sparen und sagte, noch ein paar Goldstücke müßte er zulegen. Der Geselle griff in die Tasche, aber sein Gold war eben zu Ende. »Wartet einen Augenblick, Herr Wirt«, sprach er, »ich will nur gehen und Gold holen«; nahm aber das Tischtuch mit. Der Wirt wußte nicht, was das heißen sollte, war neugierig, schlich ihm nach, und da der Gast die Stalltüre zuriegelte, so guckte er durch ein Astloch. Der Fremde breitete unter dem Esel das Tuch aus, rief »Bricklebrit«, und augenblicklich fing das Tier an, Gold zu speien von hinten und vorn, daß es ordentlich auf die Erde herabregnete. »Ei der tausend«, sagte der Wirt, »da sind die Dukaten bald geprägt! So ein Geldbeutel ist nicht übel!« Der Gast bezahlte seine Zeche und legte sich schlafen, der Wirt aber schlich in der Nacht herab in den Stall, führte den Münzmeister weg und band einen andern Esel an seine Stelle. Den folgenden Morgen in der Frühe zog der Geselle mit seinem Esel ab und meinte, er hätte seinen Goldesel. Mittags kam er bei seinem Vater an, der sich freute, als er ihn wiedersah, und ihn gerne aufnahm. »Was ist aus dir geworden, mein Sohn?« fragte der Alte. »Ein Müller, lieber Vater«, antwortete er. »Was hast du von deiner Wanderschaft mitgebracht?« – »Weiter nichts als einen Esel.« – »Esel gibt's hier genug«, sagte der Vater, »da wäre mir doch eine gute Ziege lieber gewesen.« – »Ja«, antwortete der Sohn, »aber es ist kein gemeiner Esel, sondern ein Goldesel: wenn ich sage ›Bricklebrit‹, so speit Euch das gute Tier ein ganzes Tuch voll Goldstücke. Laßt nur alle Verwandte herbeirufen, ich mache sie alle zu reichen Leuten.« – »Das laß ich mir gefallen«, sagte der Schneider, »dann brauch ich mich mit der Nadel nicht weiter zu quälen«, sprang selbst fort und rief die Verwandten herbei. Sobald sie beisammen waren, hieß sie der Müller Platz machen, breitete sein Tuch aus und brachte den Esel in die Stube. »Jetzt gebt acht«, sagte er und rief »Bricklebrit«, aber es waren keine Goldstücke, was herabfiel, und es zeigte sich, daß das Tier nichts von der Kunst verstand, denn es bringt's nicht jeder Esel so weit. Da machte der arme Müller ein langes Gesicht, sah, daß er betrogen war, und bat die Verwandten um Verzeihung, die so arm heimgingen, als sie gekommen waren. Es blieb nichts übrig, der Alte mußte wieder nach der Nadel greifen und der Junge sich bei einem Müller verdingen.

Der dritte Bruder war zu einem Drechsler in die Lehre gegangen, und weil es ein kunstreiches Handwerk ist, mußte er am längsten lernen. Seine Brüder aber meldeten ihm in einem Briefe, wie schlimm es ihnen ergangen wäre und wie sie der Wirt noch am letzten Abende um ihre schönen Wünschdinge gebracht hätte. Als der Drechsler nun ausgelernt hatte und wandern sollte, so schenkte ihm sein Meister, weil er sich so wohl gehalten, einen Sack und sagte: »Es liegt ein Knüppel darin.« – »Den Sack kann ich umhängen, und er kann mir gute Dienste leisten, aber was soll der Knüppel darin? Der macht ihn nur schwer.« – »Das will ich dir sagen«, antwortete der Meister, »hat dir jemand etwas zuleid getan, so sprich nur ›Knüppel, aus dem Sack‹, so springt dir der Knüppel heraus unter die Leute und tanzt ihnen so lustig auf dem Rücken herum, daß sie sich acht Tage lang nicht regen und bewegen können; und eher läßt er nicht ab, als bis du sagst ›Knüppel, in den Sack‹.« Der Gesell dankte ihm, hing den Sack um, und wenn ihm jemand zu nahe kam und auf den Leib wollte, so sprach er: »Knüppel, aus dem Sack«, alsbald sprang der Knüppel heraus und klopfte einem nach dem andern den Rock oder Wams gleich auf dem Rükken aus und wartete nicht erst, bis er ihn ausgezogen hatte; und das ging so geschwind, daß eh sich's einer versah, die Reihe schon an ihm war. Der junge Drechsler langte zur Abendzeit in dem Wirtshaus an, wo seine Brüder waren betrogen worden. Er legte seinen Ranzen vor sich auf den Tisch und fing an zu erzählen, was er alles Merkwürdiges in der Welt gesehen habe. »Ja«, sagte er, »man findet wohl ein Tischchendeckdich, einen Goldesel und dergleichen: lauter gute Dinge, die ich nicht verachte, aber das ist alles nichts gegen den

Schatz, den ich mir erworben habe und mit mir da in meinem Sack führe.« Der Wirt spitzte die Ohren: »Was in aller Welt mag das sein?« dachte er. »Der Sack ist wohl mit lauter Edelsteinen angefüllt; den sollte ich billig auch noch haben, denn aller guten Dinge sind drei.« Als Schlafenszeit war, streckte sich der Gast auf die Bank und legte seinen Sack als Kopfkissen unter. Der Wirt, als er meinte, der Gast läge in tiefem Schlaf, ging herbei, rückte und zog ganz sachte und vorsichtig an dem Sack, ob er ihn vielleicht wegziehen und einen andern unterlegen könnte. Der Drechsler aber hatte schon lange darauf gewartet, wie nun der Wirt eben einen herzhaften Ruck tun wollte, rief er: »Knüppel, aus dem Sack.« Alsbald fuhr das Knüppelchen heraus, dem Wirt auf den Leib und rieb ihm die Nähte, daß es eine Art hatte. Der Wirt schrie zum Erbarmen, aber je lauter er schrie, desto kräftiger schlug der Knüppel ihm den Takt dazu auf dem Rücken, bis er endlich erschöpft zur Erde fiel. Da sprach der Drechsler: »Wo du das Tischchendeckdich und den Goldesel nicht wieder herausgibst, so soll der Tanz von neuem angehen.« – »Ach nein«, rief der Wirt ganz kleinlaut, »ich gebe alles gerne wieder heraus, laßt nur den verwünschten Kobold wieder in den Sack kriechen.« Da sprach der Geselle: »Ich will Gnade für Recht ergehen lassen, aber hüte dich vor Schaden!« Dann rief er: »Knüppel, in den Sack!«, und ließ ihn ruhen.

Der Drechsler zog am andern Morgen mit dem Tischchendeckdich und dem Goldesel heim zu seinem Vater. Der Schneider freute sich, als er ihn wiedersah, und fragte auch ihn, was er in der Fremde gelernt hätte. »Lieber Vater«, antwortete er, »ich bin ein Drechsler geworden.« – »Ein kunstreiches Handwerk«, sagte der Vater, »was hast du von der Wanderschaft mitgebracht?« – »Ein kostbares Stück, lieber Vater«, antwortete der Sohn, »einen Knüppel in dem Sack.« – »Was!« rief der Vater. »Einen Knüppel! Das ist der Mühe wert! Den kannst du dir von jedem Baume abhauen.« – »Aber einen solchen nicht, lieber Vater: sage ich ›Knüppel, aus dem Sack‹, so springt der Knüppel heraus und macht mit dem, der es nicht gut mit mir meint, einen schlimmen Tanz und läßt nicht eher nach, als bis er auf der Erde liegt und um gut Wetter bittet. Seht Ihr, mit diesem Knüppel habe ich das Tischchendeckdich und den Goldesel wieder herbeigeschafft, die der diebische Wirt meinen Brüdern abgenommen hatte. Jetzt laßt sie beide rufen und ladet alle Verwandten ein, ich will sie speisen und tränken und will ihnen die Taschen noch mit

Gold füllen.« Der alte Schneider wollte nicht recht trauen, brachte aber doch die Verwandten zusammen. Da deckte der Drechsler ein Tuch in die Stube, führte den Goldesel herein und sagte zu seinem Bruder: »Nun, lieber Bruder, sprich mit ihm.« Der Müller sagte: »Bricklebrit«, und augenblicklich sprangen die Goldstücke auf das Tuch herab, als käme ein Platzregen, und der Esel hörte nicht eher auf, als bis alle so viel hatten, daß sie nicht mehr tragen konnten. (Ich sehe dir's an, du wärst auch gerne dabei gewesen.) Dann holte der Drechsler das Tischchen und sagte: »Lieber Bruder, nun sprich mit ihm.« Und kaum hatte der Schreiner »Tischchen, deck dich« gesagt, so war es gedeckt und mit den schönsten Schüsseln reichlich besetzt. Da ward eine Mahlzeit gehalten, wie der gute Schneider noch keine in seinem Hause erlebt hatte, und die ganze Verwandtschaft blieb beisammen bis in die Nacht, und waren alle lustig und vergnügt. Der Schneider verschloß Nadel und Zwirn, Elle und Bügeleisen in einen Schrank und lebte mit seinen drei Söhnen in Freude und Herrlichkeit.

Wo ist aber die Ziege hingekommen, die schuld war, daß der Schneider seine drei Söhne fortjagte? Das will ich dir sagen. Sie schämte sich, daß sie einen kahlen Kopf hatte, lief in eine Fuchshöhle und verkroch sich hinein. Als der Fuchs nach Haus kam, funkelten ihm ein paar große Augen aus der Dunkelheit entgegen, daß er erschrak und wieder zurücklief. Der Bär begegnete ihm, und da der Fuchs ganz verstört aussah, so sprach er: »Was ist dir, Bruder Fuchs, was machst du für ein Gesicht?« – »Ach«, antwortete der Rote, »ein grimmig Tier sitzt in meiner Höhle und hat mich mit feurigen Augen angeglotzt.« – »Das wollen wir bald austreiben«, sprach der Bär, ging mit zu der Höhle und schaute hinein; als er aber die feurigen Augen erblickte, wandelte ihn ebenfalls Furcht an: er wollte mit dem grimmigen Tiere nichts zu tun haben und nahm Reißaus. Die Biene begegnete ihm, und da sie merkte, daß es ihm in seiner Haut nicht wohl zumute war, sprach sie: »Bär, du machst ja ein gewaltig verdrießlich Gesicht, wo ist deine Lustigkeit geblieben?« – »Du hast gut reden«, antwortete der Bär, »es sitzt ein grimmiges Tier mit Glotzaugen in dem Hause des Roten, und wir können es nicht herausjagen.« Die Biene sprach: »Du dauerst mich, Bär, ich bin ein armes schwaches Geschöpf, das ihr im Wege nicht anguckt, aber ich glaube doch, daß ich euch helfen kann.« Sie flog in die Fuchshöhle, setzte sich der Ziege auf den glatten geschorenen

Kopf und stach sie so gewaltig, daß sie aufsprang, »meh! meh!« schrie und wie toll in die Welt hineinlief; und weiß niemand auf diese Stunde, wo sie hingelaufen ist.

37.

Daumesdick

Es war ein armer Bauersmann, der saß abends beim Herd und schürte das Feuer, und die Frau saß und spann. Da sprach er: »Wie ist's so traurig, daß wir keine Kinder haben! Es ist so still bei uns, und in den andern Häusern ist's so laut und lustig.« – »Ja«, antwortete die Frau und seufzte, »wenn's nur ein einziges wäre, und wenn's auch ganz klein wäre, nur daumensgroß, so wollt ich schon zufrieden sein; wir hätten's doch von Herzen lieb.« Nun geschah es, daß die Frau kränklich ward und nach sieben Monaten ein Kind gebar, das zwar an allen Gliedern vollkommen, aber nicht länger als ein Daumen war. Da sprachen sie: »Es ist, wie wir es gewünscht haben, und es soll unser liebes Kind sein«, und nannten es nach seiner Gestalt *Daumesdick*. Sie ließen's nicht an Nahrung fehlen, aber das Kind ward nicht größer, sondern blieb, wie es in der ersten Stunde gewesen war; doch schaute es verständig aus den Augen und zeigte sich bald als ein kluges und behendes Ding, dem alles glückte, was es anfing.

Der Bauer machte sich eines Tages fertig, in den Wald zu gehen und Holz zu fällen, da sprach er so vor sich hin: »Nun wollt ich, daß einer da wäre, der mir den Wagen nachbrächte.« – »O Vater«, rief Daumesdick, »den Wagen will ich schon bringen, verlaßt Euch drauf, er soll zur bestimmten Zeit im Walde sein.« Da lachte der Mann und sprach: »Wie sollte das zugehen, du bist viel zu klein, um das Pferd mit dem Zügel zu leiten.« – »Das tut nichts, Vater, wenn nur die Mutter anspannen will, ich setze mich dem Pferd ins Ohr und rufe ihm zu, wie es gehen soll.« – »Nun«, antwortete der Vater, »einmal wollen wir's versuchen.« Als die Stunde kam, spannte die Mutter an und setzte Daumesdick ins Ohr des Pferdes, und dann rief der Kleine, wie das Pferd gehen sollte: »Jüh und joh! Hott und har!« Da ging es ganz ordentlich, als wie bei einem Meister, und der Wagen fuhr den rechten Weg nach dem Walde. Es trug sich zu, als er eben um eine Ecke bog und der Kleine »Har, har!« rief, daß zwei fremde Männer daherkamen. »Mein«, sprach der eine, »was ist das? Da fährt ein Wagen, und ein Fuhrmann ruft dem Pferde zu und ist doch nicht zu sehen.« – »Das geht nicht mit rechten Dingen zu«, sagte der andere, »wir wollen dem Karren folgen und sehen, wo er anhält.« Der Wagen aber fuhr vollends in den Wald hinein und richtig zu dem Platze, wo das Holz gehauen ward. Als Daumesdick seinen Vater erblickte, rief er ihm zu: »Siehst du, Vater, da bin ich mit dem Wagen, nun hol mich herunter.« Der Vater faßte das Pferd mit der linken und holte mit der rechten sein Söhnlein aus dem Ohr, das sich ganz lustig auf einen Strohhalm niedersetzte. Als die beiden fremden Männer den Daumesdick erblickten, wußten sie nicht, was sie vor Verwunderung sagen sollten. Da nahm der eine den andern beiseit und sprach: »Hör, der kleine Kerl könnte unser Glück machen, wenn wir ihn in einer großen Stadt vor Geld sehen ließen: wir wollen ihn kaufen.« Sie gingen zu dem Bauer und sprachen: »Verkauft uns den kleinen Mann, er soll's gut bei uns haben.« – »Nein«, antwortete der Vater, »es ist mein Herzblatt und ist mir für alles Gold in der Welt nicht feil.« Daumesdick aber, als er von dem Handel gehört, war an den Rockfalten seines Vaters hinaufgekrochen, stellte sich ihm auf die Schulter und wisperte ihm ins Ohr: »Vater, gib mich nur hin, ich will schon wieder zurückkommen.« Da gab ihn der Vater für ein schönes Stück Geld den beiden Männern hin. »Wo willst du sitzen?« sprachen sie zu ihm. »Ach, setzt mich nur auf den Rand von eurem Hut, da kann ich auf und ab spazieren und die Gegend betrachten, und falle doch nicht herunter.« Sie taten ihm den Willen, und als Daumesdick Abschied von seinem Vater genommen hatte, machten sie sich mit ihm fort. So gingen sie, bis es dämmerig ward, da sprach der Kleine: »Hebt mich einmal herunter, es ist nötig.« – »Bleib nur droben«, sprach der Mann, auf dessen Kopf er saß, »ich will mir nichts draus machen, die Vögel lassen mir auch manchmal was drauffallen.« – »Nein«, sprach Daumesdick, »ich weiß auch, was sich schickt: hebt mich nur geschwind herab.« Der Mann nahm den Hut ab und setzte den Kleinen auf einen Acker am Weg, da sprang und kroch er ein wenig zwischen den Schollen hin und her, dann schlüpfte er plötzlich in ein Mausloch, das er sich ausgesucht hatte. »Guten Abend, ihr Herren, geht nur ohne mich heim«, rief er ihnen zu und lachte sie aus. Sie liefen herbei und stachen mit Stöcken in das Mausloch, aber das war vergebliche Mühe: Daumesdick kroch immer weiter zurück, und da es bald ganz dunkel ward, so mußten sie mit Ärger und mit leerem Beutel wieder heimwandern.

Als Daumesdick merkte, daß sie fort waren, kroch er aus dem unterirdischen Gang wieder hervor. »Es ist auf dem Acker in der Finsternis so gefährlich gehen«, sprach er, »wie leicht bricht einer Hals und Bein!« Zum Glück stieß er an ein leeres Schneckenhaus. »Gottlob«, sagte er, »da kann ich die Nacht sicher zubringen«, und setzte sich hinein. Nicht lang, als er eben einschlafen wollte, so hörte er zwei Männer vorübergehen, davon sprach der eine: »Wie wir's nur anfangen, um dem reichen Pfarrer sein Geld und sein Silber zu holen?« – »Das könnt ich dir sagen«, rief Daumesdick dazwischen. »Was war das?« sprach der eine Dieb erschrocken. »Ich hörte jemand sprechen.« Sie blieben stehen und horchten, da sprach Daumesdick wieder: »Nehmt mich mit, so will ich euch helfen.« – »Wo bist du denn?« – »Sucht nur auf der Erde und merkt, wo die Stimme herkommt«, antwortete er. Da fanden ihn endlich die Diebe und hoben ihn in die Höhe. »Du kleiner Wicht, was willst du uns helfen!« sprachen sie. »Seht«, antwortete er, »ich krieche zwischen den Eisenstäben in die Kammer des Pfarrers und reiche euch heraus, was ihr haben wollt.« – »Wohlan«, sagten sie, »wir wollen sehen, was du kannst.« Als sie bei dem Pfarrhaus kamen, kroch Daumesdick in die Kammer, schrie aber gleich aus Leibeskräften: »Wollt ihr alles haben, was hier ist?« Die Diebe erschraken und sagten: »So sprich doch leise, damit niemand aufwacht.« Aber Daumesdick tat, als hätte er sie nicht verstanden, und schrie von neuem: »Was wollt ihr? Wollt ihr alles haben, was hier ist?« Das hörte die Köchin, die in der Stube daran schlief, richtete sich im Bette auf und horchte. Die Diebe aber waren vor Schrecken ein Stück Wegs zurückgelaufen, endlich faßten sie wieder Mut und dachten: »Der kleine Kerl will uns necken.« Sie kamen zurück und flüsterten ihm zu: »Nun mach Ernst und reich uns etwas heraus.« Da schrie Daumesdick noch einmal, so laut er konnte: »Ich will euch ja alles geben, reicht nur die Hände herein.« Das hörte die horchende Magd ganz deutlich, sprang aus dem Bett und stolperte zur Tür herein. Die Diebe liefen fort und rannten, als wäre der wilde Jäger hinter ihnen; die Magd aber, als sie nichts bemerken konnte, ging, ein Licht anzuzünden.

Wie sie damit herbeikam, machte sich Daumesdick, ohne daß er gesehen wurde, hinaus in die Scheune; die Magd aber, nachdem sie alle Winkel durchgesucht und nichts gefunden hatte, legte sich endlich wieder zu Bett und glaubte, sie hätte mit offenen Augen und Ohren doch nur geträumt.

Daumesdick war in den Heuhälmchen herumgeklettert und hatte einen schönen Platz zum Schlafen gefunden: da wollte er sich ausruhen, bis es Tag wäre, und dann zu seinen Eltern wieder heimgehen. Aber er mußte andere Dinge erfahren! Ja, es gibt viel Trübsal und Not auf der Welt! Die Magd stieg, als der Tag graute, schon aus dem Bett, um das Vieh zu füttern. Ihr erster Gang war in die Scheune, wo sie einen Arm voll Heu packte, und gerade dasjenige, worin der arme Daumesdick lag und schlief. Er schlief aber so fest, daß er nichts gewahr ward und nicht eher aufwachte, als bis er in dem Maul der Kuh war, die ihn mit dem Heu aufgerafft hatte. »Ach Gott«, rief er, »wie bin ich in die Walkmühle geraten!«, merkte aber bald, wo er war. Da hieß es aufpassen, daß er nicht zwischen die Zähne kam und zermalmt ward, und hernach mußte er doch mit in den Magen hinabrutschen. »In dem Stübchen sind die Fenster vergessen«, sprach er, »und scheint keine Sonne hinein; ein Licht wird auch nicht gebracht.« Überhaupt gefiel ihm das Quartier schlecht, und was das schlimmste war, es kam immer mehr neues Heu zur Türe hinein, und der Platz ward immer enger. Da rief er endlich in der Angst, so laut er konnte: »Bringt mir kein frisch Futter mehr, bringt mir kein frisch Futter mehr.« Die Magd melkte gerade die Kuh, und als sie sprechen hörte, ohne jemand zu sehen, und es dieselbe Stimme war, die sie auch in der Nacht gehört hatte, erschrak sie so, daß sie von ihrem Stühlchen herabglitschte und die Milch verschüttete. Sie lief in der größten Hast zu ihrem Herrn und rief: »Ach Gott, Herr Pfarrer, die Kuh hat geredet.« – »Du bist verrückt«, antwortete der Pfarrer, ging aber doch selbst in den Stall und wollte nachsehen, was es da gäbe. Kaum aber hatte er den Fuß hineingesetzt, so rief Daumesdick aufs neue: »Bringt mir kein frisch Futter mehr, bringt mir kein frisch Futter mehr.« Da erschrak der Pfarrer selbst, meinte, es wäre ein böser Geist in die Kuh gefahren, und hieß sie töten. Sie ward geschlachtet, der Magen aber, worin Daumesdick steckte, auf den Mist geworfen. Daumesdick hatte große Mühe damit, sich hindurchzuarbeiten, doch brachte er's so weit, daß er Platz bekam, aber als er eben sein Haupt herausstrecken wollte, kam ein neues Unglück. Ein hungriger Wolf lief heran und verschlang den ganzen Magen mit einem Schluck. Daumesdick verlor den Mut nicht. »Vielleicht«, dachte er, »läßt der Wolf mit sich reden«, und rief ihm aus dem Wanste zu: »Lieber Wolf, ich weiß dir einen herrlichen Fraß.« – »Wo ist der zu holen?« sprach der Wolf. »In dem und dem Haus, da mußt du durch die Gosse hineinkriechen und wirst Kuchen, Speck und Wurst finden, soviel du essen willst«, und beschrieb ihm genau seines Vaters Haus. Der Wolf ließ sich das nicht zweimal sagen, drängte sich in der Nacht zur Gosse hinein und fraß in der Vorratskammer nach Herzenslust. Als er sich gesättigt hatte, wollte er wieder fort, aber er war so dick geworden, daß er denselben Weg nicht wieder hinaus konnte. Darauf hatte Daumesdick gerechnet und fing nun an, in dem Leib des Wolfs einen gewaltigen Lärmen zu machen, tobte und schrie, was er konnte. »Willst du stille sein«, sprach der Wolf, »du weckst die Leute auf.« – »Ei was«, antwortete der Kleine, »du hast dich satt gefressen, ich will mich auch lustig machen«, und fing von neuem an, aus allen Kräften zu schreien. Davon erwachte endlich sein Vater und seine Mutter, liefen an die Kammer und schauten durch die Spalte hinein. Wie sie sahen, daß ein Wolf darin hauste, liefen sie davon, und der Mann holte die Axt und die Frau die Sense. »Bleib dahinten«, sprach der Mann, als sie in die Kammer traten, »wenn ich ihm einen Schlag gegeben habe und er davon noch nicht tot ist, so mußt du auf ihn einhauen und ihm den Leib zerschneiden.« Da hörte Daumesdick die Stimme seines Vaters und rief: »Lieber Vater, ich bin hier, ich stecke im Leibe des Wolfs.« Sprach der Vater voll Freuden: »Gottlob, unser liebes Kind hat sich wieder gefunden«, und hieß die Frau die Sense wegtun, damit Daumesdick nicht beschädigt würde. Danach holte er aus und schlug dem Wolf einen Schlag auf den Kopf, daß er tot niederstürzte, dann suchten sie Messer und Schere, schnitten ihm den Leib auf und zogen den Kleinen wieder hervor. »Ach«, sprach der Vater, »was haben wir für Sorge um dich ausgestanden!« – »Ja, Vater, ich bin viel in der Welt herumgekommen; gottlob, daß ich wieder frische Luft schöpfe!« – »Wo bist du denn all gewesen?« – »Ach, Vater, ich war in einem Mauseloch, in einer Kuh Bauch und in eines Wolfes Wanst; nun bleib ich bei euch.« – »Und wir verkaufen dich um alle Reichtümer der Welt nicht wieder«, sprachen die Eltern, herzten und küßten ihren lieben Daumesdick. Sie gaben ihm zu essen und trinken und ließen ihm neue Kleider machen, denn die seinigen waren ihm auf der Reise verdorben.

38.

Die Hochzeit der Frau Füchsin

Erstes Märchen

Es war einmal ein alter Fuchs mit neun Schwänzen, der glaubte, seine Frau wäre ihm nicht treu, und wollte er sie in Versuchung führen. Er streckte sich unter die Bank, regte kein Glied und stellte sich, als wenn er mausetot wäre. Die Frau Füchsin ging auf ihre Kammer, schloß sich ein, und ihre Magd, die Jungfer Katze, saß auf dem Herd und kochte. Als es nun bekannt ward, daß der alte Fuchs gestorben war, so meldeten sich die Freier. Da hörte die Magd, daß jemand vor der Haustüre stand und anklopfte; sie ging und machte auf, und da war's ein junger Fuchs, der sprach:

»Was macht sie, Jungfer Katze?
Schläft se oder wacht se?«

Sie antwortete:

»Ich schlafe nicht, ich wache.
Will er wissen, was ich mache?
Ich koche warm Bier, tue Butter hinein:
will der Herr mein Gast sein?«

»Ich bedanke mich, Jungfer«, sagte der Fuchs, »was macht die Frau Füchsin?« Die Magd antwortete:

»Sie sitzt auf ihrer Kammer,
sie beklagt ihren Jammer,
weint ihre Äuglein seidenrot,
weil der alte Herr Fuchs ist tot.«

»Sag sie ihr doch, Jungfer, es wäre ein junger Fuchs da, der wollte sie gerne freien.« – »Schon gut, junger Herr.«

Da ging die Katz die Tripp, die Trapp,
Da schlug die Tür, die Klipp, die Klapp.
»Frau Füchsin, sind Sie da?«

»Ach ja, mein Kätzchen, ja.«
»Es ist ein Freier draus.«
»Mein Kind, wie sieht er aus?«

»Hat er denn auch neun so schöne Zeiselschwänze wie der selige Herr Fuchs?« – »Ach nein«, antwortete die Katze, »er hat nur einen.« – »So will ich ihn nicht haben.«

Die Jungfer Katze ging hinab und schickte den Freier fort. Bald darauf klopfte es wieder an und war ein anderer Fuchs vor der Türe, der wollte die Frau Füchsin freien; er hatte zwei Schwänze; aber es ging ihm nicht besser als dem ersten. Danach kamen noch andere, immer mit einem Schwanz mehr, die alle abgewiesen wurden, bis zuletzt einer kam, der neun Schwänze hatte wie der alte Herr Fuchs. Als die Witwe das hörte, sprach sie voll Freude zu der Katze:

»Nun macht mir Tor und Türe auf
und kehrt den alten Herrn Fuchs hinaus.«

Als aber eben die Hochzeit sollte gefeiert werden, da regte sich der alte Herr Fuchs unter der Bank, prügelte das ganze Gesindel durch und jagte es mit der Frau Füchsin zum Haus hinaus.

Zweites Märchen

Als der alte Herr Fuchs gestorben war, kam der Wolf als Freier, klopfte an die Türe, und die Katze, die als Magd bei der Frau Füchsin diente, machte auf. Der Wolf grüßte sie und sprach:

»Guten Tag, Frau Katz von Kehrewitz,
wie kommt's, daß sie alleine sitzt?
Was macht sie Gutes da?«

Die Katze antwortete:

»Brock mir Wecke und Milch ein:
will der Herr mein Gast sein?«

»Dank schön, Frau Katze«, antwortete der Wolf, »die Frau Füchsin nicht zu Haus?«

Die Katze sprach:

»Sie sitzt droben in der Kammer,
beweint ihren Jammer,
beweint ihre große Not,
daß der alte Herr Fuchs ist tot.«

Der Wolf antwortete:

»Will sie haben einen andern Mann,
so soll sie nur heruntergan.«
Die Katz, die lief die Trepp hinan,
und ließ ihr Zeilchen rummer gan,
bis sie kam vor den langen Saal:
klopft an mit ihren fünf goldenen Ringen.
»Frau Füchsin, ist sie drinnen?
Will sie haben einen andern Mann,
so soll sie nur, heruntergan.«

Die Frau Füchsin fragte: »Hat der Herr rote Höslein an, und hat er ein spitz Mäulchen?« – »Nein«, antwortete die Katze. »So kann er mir nicht dienen.«

Als der Wolf abgewiesen war, kam ein Hund, ein Hirsch, ein Hase, ein Bär, ein Löwe und nacheinander alle Waldtiere. Aber es fehlte immer eine von den guten Eigenschaften, die der alte Herr Fuchs gehabt hatte, und die Katze mußte den Freier jedesmal wegschicken. Endlich kam ein junger Fuchs. Da sprach die Frau Füchsin: »Hat der Herr rote Höslein an, und hat er ein spitz Mäulchen?« – »Ja«, sagte die Katze, »das hat er.« – »So soll er heraufkommen«, sprach die Frau Füchsin und hieß die Magd das Hochzeitsfest bereiten.

»Katze, kehr die Stube aus
und schmeiß den alten Fuchs zum Fenster hinaus.
Bracht so manche dicke, fette Maus,
fraß sie immer alleine,
gab mir aber keine.«

Da ward die Hochzeit gehalten mit dem jungen Herrn Fuchs, und ward gejubelt und getanzt, und wenn sie nicht aufgehört haben, so tanzen sie noch.

39.

Die Wichtelmänner

Erstes Märchen

Es war ein Schuster ohne seine Schuld so arm geworden, daß ihm endlich nichts mehr übrigblieb als Leder zu einem einzigen Paar Schuhe. Nun schnitt er am Abend die Schuhe zu, die wollte er den nächsten Morgen in Arbeit nehmen; und weil er ein gutes Gewissen hatte, so legte er sich ruhig zu Bett, befahl sich dem lieben Gott und schlief ein. Morgens, nachdem er sein Gebet verrichtet hatte und sich zur Arbeit niedersetzen wollte, so standen die beiden Schuhe ganz fertig auf seinem Tisch. Er verwunderte sich und wußte nicht, was er dazu sagen sollte. Er nahm die Schuhe in die Hand, um sie näher zu betrachten: sie waren so sauber gearbeitet, daß kein Stich daran falsch war, gerade als wenn es ein Meisterstück sein sollte. Bald darauf trat auch schon ein Käufer ein, und weil ihm die Schuhe so gut gefielen, so bezahlte er mehr als gewöhnlich dafür, und der Schuster konnte von dem Geld Leder zu zwei Paar Schuhen erhandeln. Er schnitt sie abends zu und wollte den nächsten Morgen mit frischem Mut an die Arbeit gehen, aber er brauchte es nicht, denn als er aufstand, waren sie schon fertig, und es blieben auch nicht die Käufer aus, die ihm so viel Geld gaben, daß er Leder zu vier Paar Schuhen einkaufen konnte. Er fand frühmorgens auch die vier Paar fertig; und so ging's immerfort, was er abends zuschnitt, das war am Morgen verarbeitet, also daß er bald wieder sein ehrliches Auskommen hatte und endlich ein wohlhabender Mann ward. Nun geschah es eines Abends nicht lange vor Weihnachten, als der Mann wieder zugeschnitten hatte, daß er vor Schlafengehen zu seiner Frau sprach: »Wie wär's, wenn wir diese Nacht aufblieben, um zu sehen, wer uns solche hilfreiche Hand leistet?« Die Frau war's zufrieden und steckte ein Licht an; darauf verbargen sie sich in den Stubenekken, hinter den Kleidern, die da aufgehängt waren, und gaben acht. Als es Mitternacht war, da kamen zwei kleine, niedliche nackte Männlein, setzten sich vor des Schusters Tisch, nahmen alle zugeschnittene Arbeit zu sich und fingen an, mit ihren Fingerlein so behend und schnell zu stechen, zu nähen, zu klopfen, daß der Schu-

ster vor Verwunderung die Augen nicht abwenden konnte. Sie ließen nicht nach, bis alles zu Ende gebracht war und fertig auf dem Tische stand, dann sprangen sie schnell fort.

Am andern Morgen sprach die Frau: »Die kleinen Männer haben uns reich gemacht, wir müßten uns doch dankbar dafür bezeigen. Sie laufen so herum, haben nichts am Leib und müssen frieren. Weißt du was? Ich will Hemdlein, Rock, Wams und Höslein für sie nähen, auch jedem ein Paar Strümpfe stricken; mach du jedem ein Paar Schühlein dazu.« Der Mann sprach: »Das bin ich wohl zufrieden«, und abends, wie sie alles fertig hatten, legten sie die Geschenke statt der zugeschnittenen Arbeit zusammen auf den Tisch und versteckten sich dann, um mit anzusehen, wie sich die Männlein dazu anstellen würden. Um Mitternacht kamen sie herangesprungen und wollten sich gleich an die Arbeit machen, als sie aber kein zugeschnittenes Leder, sondern die niedlichen Kleidungsstücke fanden, verwunderten sie sich erst, dann aber bezeigten sie eine gewaltige Freude. Mit der größten Geschwindigkeit zogen sie sich an, strichen die schönen Kleider am Leib und sangen:

»Sind wir nicht Knaben glatt und fein?
Was sollen wir länger Schuster sein!«

Dann hüpften und tanzten sie und sprangen über Stühle und Bänke. Endlich tanzten sie zur Türe hinaus. Von nun an kamen sie nicht wieder, dem Schuster aber ging es wohl, solang er lebte, und es glückte ihm alles, was er unternahm.

Zweites Märchen

Es war einmal ein armes Dienstmädchen, das war fleißig und reinlich, kehrte alle Tage das Haus und schüttete das Kehricht auf einen großen Haufen vor die Türe. Eines Morgens, als es eben wieder an die Arbeit gehen wollte, fand es einen Brief darauf, und weil es nicht lesen konnte, so stellte es den Besen in die Ecke und brachte den Brief seiner Herrschaft, und da war es eine Einladung von den Wichtelmännern, die baten das Mädchen, ihnen ein Kind aus der Taufe zu heben. Das Mädchen wußte nicht, was es tun sollte, endlich auf vieles Zureden, und weil sie ihm sagten, so etwas dürfte man nicht abschlagen, so willigte es ein. Da kamen drei Wichtelmänner und führten es in einen hohlen Berg, wo die Kleinen lebten.

Es war da alles klein, aber so zierlich und prächtig, daß es nicht zu sagen ist. Die Kindbetterin lag in einem Bett von schwarzem Ebenholz mit Knöpfen von Perlen, die Decken waren mit Gold gestickt, die Wiege war von Elfenbein, die Badwanne von Gold. Das Mädchen stand nun Gevatter und wollte dann wieder nach Haus gehen, die Wichtelmännlein baten es aber inständig, drei Tage bei ihnen zu bleiben. Es blieb also und verlebte die Zeit in Lust und Freude, und die Kleinen taten ihm alles zu Liebe. Endlich wollte es sich auf den Rückweg machen, da steckten sie ihm die Taschen erst ganz voll Gold und führten es hernach wieder zum Berge heraus. Als es nach Haus kam, wollte es seine Arbeit beginnen, nahm den Besen in die Hand, der noch in der Ecke stand, und fing an zu kehren. Da kamen fremde Leute aus dem Haus, die fragten, wer es wäre und was es da zu tun hätte. Da war es nicht drei Tage, wie es gemeint hatte, sondern sieben Jahre bei den kleinen Männern im Berge gewesen, und seine vorige Herrschaft war in der Zeit gestorben.

Drittes Märchen

Einer Mutter war ihr Kind von den Wichtelmännern aus der Wiege geholt und ein Wechselbalg mit dickem Kopf und starren Augen hineingelegt, der nichts als essen und trinken wollte. In ihrer Not ging sie zu ihrer Nachbarin und fragte sie um Rat. Die Nachbarin sagte, sie sollte den Wechselbalg in die Küche tragen, auf den Herd setzen, Feuer anmachen und in zwei Eierschalen Wasser kochen: das bringe den Wechselbalg zum Lachen, und wenn er lache, dann sei es aus mit ihm. Die Frau tat alles, wie die Nachbarin gesagt hatte. Wie sie die Eierschalen mit Wasser über das Feuer setzte, sprach der Klotzkopf:

»Nun bin ich so alt
wie der Westerwald
und hab nicht gesehen, daß jemand in Schalen kocht.«

Und fing an, darüber zu lachen. Indem er lachte, kam auf einmal eine Menge von Wichtelmännerchen, die brachten das rechte Kind, setzten es auf den Herd und nahmen den Wechselbalg wieder mit fort.

40.

Der Räuberbräutigam

Es war einmal ein Müller, der hatte eine schöne Tochter, und als sie herangewachsen war, so wünschte er, sie wäre versorgt und gut verheiratet; er dachte: »Kommt ein ordentlicher Freier und hält um sie an, so will ich sie ihm geben.« Nicht lange, so kam ein Freier, der schien sehr reich zu sein, und da der Müller nichts an ihm auszusetzen wußte, so versprach er ihm seine Tochter. Das Mädchen aber hatte ihn nicht so recht lieb, wie eine Braut ihren Bräutigam liebhaben soll, und hatte kein Vertrauen zu ihm: sooft sie ihn ansah oder an ihn dachte, fühlte sie ein Grauen in ihrem Herzen. Einmal sprach er zu ihr: »Du bist meine Braut und besuchst mich nicht einmal.« Das Mädchen antwortete: »Ich weiß nicht, wo Euer Haus ist.« Da sprach der Bräutigam: »Mein Haus ist draußen im dunkeln Wald.« Es suchte Ausreden und meinte, es könnte den Weg dahin nicht finden. Der Bräutigam sagte: »Künftigen Sonntag mußt du hinaus zu mir kommen, ich habe die Gäste schon eingeladen, und damit du den Weg durch den Wald findest, so will ich dir Asche streuen.« Als der Sonntag kam und das Mädchen sich auf den Weg machen sollte, ward ihm so angst, es wußte selbst nicht recht warum, und damit es den Weg bezeichnen könnte, steckte es sich beide Taschen voll Erbsen und Linsen. An dem Eingang des Waldes war Asche gestreut, der ging es nach, warf aber bei jedem Schritt rechts und links ein paar Erbsen auf die Erde. Es ging fast den ganzen Tag, bis es mitten in den Wald kam, wo er am dunkelsten war, da stand ein einsames Haus, das gefiel ihm nicht, denn es sah so finster und unheimlich aus. Es trat hinein, aber es war niemand darin und herrschte die größte Stille. Plötzlich rief eine Stimme:

»Kehr um, kehr um, du junge Braut,
du bist in einem Mörderhaus.«

Das Mädchen blickte auf und sah, daß die Stimme von einem Vogel kam, der da in einem Bauer an der Wand hing. Nochmals rief er:

»Kehr um, kehr um, du junge Braut,
du bist in einem Mörderhaus.«

Da ging die schöne Braut weiter aus einer Stube in die andere und ging durch das ganze Haus, aber es war alles leer und keine Menschenseele zu finden. Endlich kam sie auch in den Keller, da saß eine steinalte Frau, die wackelte mit dem Kopfe. »Könnt Ihr mir nicht sagen«, sprach das Mädchen, »ob mein Bräutigam hier wohnt?« »Ach, du armes Kind«, antwortete die Alte, »wo bist du hingeraten! Du bist in einer Mördergrube. Du meinst, du wärst eine Braut, die bald Hochzeit macht, aber du wirst die Hochzeit mit dem Tode halten. Siehst du, da hab ich einen großen Kessel mit Wasser aufsetzen müssen, wenn sie dich in ihrer Gewalt haben, so zerhacken sie dich ohne Barmherzigkeit, kochen dich und essen dich, denn es sind Menschenfresser. Wenn ich nicht Mitleiden mit dir habe und dich rette, so bist du verloren.«

Darauf führte es die Alte hinter ein großes Faß, wo man es nicht sehen konnte. »Sei wie ein Mäuschen still«, sagte sie, »rege dich nicht und bewege dich nicht, sonst ist's um dich geschehen. Nachts, wenn die Räuber schlafen, wollen wir entfliehen, ich habe schon lange auf eine Gelegenheit gewartet.« Kaum war das geschehen, so kam die gottlose Rotte nach Haus. Sie brachten eine andere Jungfrau mitgeschleppt, waren trunken und hörten nicht auf ihr Schreien und Jammern. Sie gaben ihr Wein zu trinken, drei Gläser voll, ein Glas weißen, ein Glas roten und ein Glas gelben, davon zersprang ihr das Herz. Darauf rissen sie ihr die feinen Kleider ab, legten sie auf einen Tisch, zerhackten ihren schönen Leib in Stücke und streuten Salz darüber. Die arme Braut hinter dem Faß zitterte und bebte, denn sie sah wohl, was für ein Schicksal ihr die Räuber zugedacht hatten. Einer von ihnen bemerkte an dem kleinen Finger der Gemordeten einen goldenen Ring, und als er sich nicht gleich abziehen ließ, so nahm er ein Beil und hackte den Finger ab; aber der Finger sprang in die Höhe über das Faß hinweg und fiel der Braut gerade in den Schoß. Der Räuber nahm ein Licht und wollte ihn suchen, konnte ihn aber nicht finden. Da sprach ein anderer: »Hast du auch schon hinter dem großen Fasse gesucht?« Aber die Alte rief: »Kommt und eßt und laßt das Suchen bis morgen: der Finger läuft euch nicht fort.«

Da sprachen die Räuber: »Die Alte hat recht«, ließen vom Suchen ab, setzten sich zum Essen, und die Alte tröpfelte ihnen einen Schlaftrunk in den Wein, daß sie sich bald in den Keller hinlegten, schliefen und schnarchten. Als die Braut das hörte, kam sie hinter dem Faß hervor und mußte über die Schlafenden wegschreiten, die da reihenweise auf der Erde lagen, und hatte große Angst, sie möchte einen aufwecken. Aber Gott half ihr, daß sie glücklich durchkam, die Alte stieg mit ihr hinauf, öffnete die Türe, und sie eilten, so schnell sie konnten, aus der Mördergrube fort. Die gestreute Asche hatte der Wind weggeweht, aber die Erbsen und Linsen hatten gekeimt und waren aufgegangen und zeigten im Mondenschein den Weg. Sie gingen die ganze Nacht, bis sie morgens in der Mühle ankamen. Da erzählte das Mädchen seinem Vater alles, wie es sich zugetragen hatte.

Als der Tag kam, wo die Hochzeit sollte gehalten werden, erschien der Bräutigam, der Müller aber hatte alle seine Verwandte und Bekannte einladen lassen. Wie sie bei Tische saßen, ward einem jeden aufgegeben, etwas zu erzählen. Die Braut saß still und redete nichts. Da sprach der Bräutigam zur Braut: »Nun, mein Herz, weißt du nichts? Erzähl uns auch etwas.« Sie antwortete: »So will ich einen Traum erzählen. Ich ging allein durch einen Wald und kam endlich zu einem Haus, da war keine Menschenseele darin, aber an der Wand war ein Vogel in einem Bauer, der rief:

›Kehr um, kehr um, du junge Braut,
du bist in einem Mörderhaus.‹

Und rief es noch einmal. Mein Schatz, das träumte mir nur. Da ging ich durch alle Stuben, und alle waren leer, und es war so unheimlich darin; ich stieg endlich hinab in den Keller, da saß eine steinalte Frau darin, die wackelte mit dem Kopfe. Ich fragte sie: ›Wohnt mein Bräutigam in diesem Haus?‹ Sie antwortete: ›Ach, du armes Kind, du bist in eine Mördergrube geraten, dein Bräutigam wohnt hier, aber er will dich zerhacken und töten, und will dich dann kochen und essen.‹ Mein Schatz, das träumte mir nur. Aber die alte Frau versteckte mich hinter ein großes Faß, und kaum war ich da verborgen, so kamen die Räuber heim und schleppten eine Jungfrau mit sich, der gaben sie dreierlei Wein zu trinken, weißen, roten und gelben, davon zersprang ihr das Herz. Mein Schatz, das träumte mir nur. Darauf zogen sie ihr die feinen Kleider ab, zerhackten ihren schönen Leib auf einem Tisch in Stücke und bestreuten ihn mit Salz. Mein Schatz, das träumte mir nur. Und einer von den Räubern sah, daß an dem Goldfinger noch ein Ring steckte, und weil er schwer abzuziehen war, so nahm er ein Beil und hieb ihn ab, aber der Finger sprang in die Höhe und sprang hinter das große Faß und fiel mir in den Schoß. Und da ist der Finger mit dem Ring.« Bei diesen Worten zog sie ihn hervor und zeigte ihn den Anwesenden.

Der Räuber, der bei der Erzählung ganz kreideweiß geworden war, sprang auf und wollte entfliehen, aber die Gäste hielten ihn fest und überlieferten ihn den Gerichten. Da ward er und seine ganze Bande für ihre Schandtaten gerichtet.

41.

Herr Korbes

Es war einmal ein Hühnchen und ein Hähnchen, die wollten zusammen eine Reise machen. Da baute das Hähnchen einen schönen Wagen, der vier rote Räder hatte, und spannte vier Mäuschen davor. Das Hühnchen setzte sich mit dem Hähnchen auf, und sie fuhren miteinander fort. Nicht lange, so begegnete ihnen eine Katze, die sprach: »Wo wollt ihr hin?« Hähnchen antwortete:

»Als hinaus
nach des Herrn Korbes seinem Haus.«

»Nehmt mich mit«, sprach die Katze. Hähnchen antwortete: »Recht gerne, setz dich hinten auf, daß du vornen nicht herabfällst.

Nehmt euch wohl in acht,
daß ihr meine roten Räderchen nicht schmutzig macht.
Ihr Räderchen, schweift,
ihr Mäuschen, pfeift,
als hinaus
nach des Herrn Korbes seinem Haus.«

Danach kam ein Mühlstein, dann ein Ei, dann eine Ente, dann eine Stecknadel und zuletzt eine Nähnadel, die setzten sich auch alle auf den Wagen und fuhren mit. Wie sie aber zu des Herrn Korbes Haus kamen, so war der Herr Korbes nicht da. Die Mäuschen fuhren den Wagen in die Scheune, das Hühnchen flog mit dem Hähnchen auf eine Stange, die Katze setzte sich ins Kamin, die Ente in die Bornstange, das Ei wickelte sich ins Handtuch, die Stecknadel steckte sich ins Stuhlkissen, die Nähnadel sprang aufs Bett mitten ins Kopfkissen, und der Mühlstein legte sich über die Türe. Da kam der Herr Korbes nach Haus, ging ans Kamin und wollte Feuer anmachen, da warf ihm die Katze das Gesicht voll Asche. Er lief geschwind in die Küche und wollte sich abwaschen, da sprützte ihm die Ente Wasser ins Gesicht. Er wollte sich an dem Handtuch abtrocknen, aber das Ei rollte ihm entgegen, zerbrach und klebte ihm die Augen zu. Er wollte sich ruhen und setzte sich auf den Stuhl, da stach ihn die Stecknadel. Er geriet in Zorn und warf sich aufs Bett, wie er aber den Kopf aufs Kissen niederlegte, stach ihn die Nähnadel, so daß er aufschrie und ganz wütend in die weite Welt laufen wollte. Wie er aber an die Haustür kam, sprang der Mühlstein herunter und schlug ihn tot. Der Herr Korbes muß ein recht böser Mann gewesen sein.

42.

Der Herr Gevatter

Ein armer Mann hatte so viel Kinder, daß er schon alle Welt zu Gevatter gebeten hatte, und als er noch eins bekam, so war niemand mehr übrig, den er bitten konnte. Er wußte nicht, was er anfangen sollte, legte sich in seiner Betrübnis nieder und schlief ein. Da träumte ihm, er sollte vor das Tor gehen und den ersten, der ihm begegnete, zu Gevatter bitten. Als er aufgewacht war, beschloß er, dem Traume zu folgen, ging hinaus vor das Tor, und den ersten, der ihm begegnete, bat er zu Gevatter. Der Fremde schenkte ihm ein Gläschen mit Wasser und sagte: »Das ist ein wunderbares Wasser, damit kannst du die Kranken gesund machen, du mußt nur sehen, wo der Tod steht. Steht er beim Kopf, so gib dem Kranken von dem Wasser, und er wird gesund werden, steht er aber bei den Füßen, so ist alle Mühe vergebens, er muß sterben.« Der Mann konnte von nun an immer sagen, ob ein Kranker zu retten war oder nicht, ward berühmt durch seine Kunst und verdiente viel Geld. Einmal ward er zu dem Kind des Königs gerufen, und als er eintrat, sah er den Tod bei dem Kopfe stehen und heilte es mit dem Wasser, und so war es auch bei dem zweitenmal, aber das drittemal stand der Tod bei den Füßen, da mußte das Kind sterben.

Der Mann wollte doch einmal seinen Gevatter besuchen und ihm erzählen, wie es mit dem Wasser gegangen war. Als er aber ins Haus kam, war eine so wunderliche Wirtschaft darin. Auf der ersten Treppe zankten sich Schippe und Besen und schmissen gewaltig aufeinander los. Er fragte sie: »Wo wohnt der Herr Gevatter?« Der Besen antwortete: »Eine Treppe höher.« Als er auf die zweite Treppe kam, sah er eine Menge toter Finger liegen. Er fragte: »Wo wohnt der Herr Gevatter?« Einer aus den Fingern antwortete: »Eine Treppe höher.« Auf der dritten Treppe lag ein Haufen toter Köpfe, die wiesen ihn wieder eine Treppe höher. Auf der vierten Treppe sah er Fische über dem Feuer stehen, die britzelten in der Pfanne und backten sich selber. Sie sprachen auch: »Eine Treppe höher.« Und als er die fünfte hinaufgestiegen war, so kam er vor eine Stube und guckte durch das Schlüsselloch, da sah er den Gevatter, der ein paar lange Hörner hatte. Als er die Türe aufmachte und hineinging, legte sich der Gevatter geschwind aufs Bett und deckte sich zu. Da sprach der Mann: »Herr Gevatter, was ist für eine wunderliche Wirtschaft in Eurem Hause? Als ich auf Eure erste Treppe kam, so zankten sich Schippe und Besen miteinander und schlugen gewaltig aufeinander los.« – »Wie seid Ihr so einfältig«, sagte der Gevatter, »das war der Knecht und die Magd, die sprachen miteinander.« – »Aber auf der zweiten Treppe sah ich tote Finger liegen.« – »Ei, wie seid Ihr albern! Das waren Skorzenerwurzel.« – »Auf der dritten Treppe lag ein Haufen Totenköpfe.« – »Dummer Mann, das waren Krautköpfe.« – »Auf der vierten sah ich Fische in der Pfanne, die britzelten und backten sich selber.« Wie er das gesagt hatte, kamen die Fische und trugen sich selber auf. »Und als ich die fünfte Treppe hinaufgekommen war, guckte ich durch das Schlüsselloch einer Tür, und da sah ich Euch, Gevatter, und Ihr hattet lange, lange Hörner.« – »Ei, das ist nicht wahr.« Dem Mann ward angst, und er lief fort, und wer weiß, was ihm der Herr Gevatter sonst angetan hätte.

43.

Frau Trude

Es war einmal ein kleines Mädchen, das war eigensinnig und vorwitzig, und wenn ihm seine Eltern etwas sagten, so gehorchte es nicht; wie konnte es dem gut gehen? Eines Tages sagte es zu seinen Eltern: »Ich habe so viel von der Frau Trude gehört, ich will einmal zu ihr hingehen: die Leute sagen, es sehe so wunderlich bei ihr aus, und erzählen, es seien so seltsame Dinge in ihrem Hause, da bin ich ganz neugierig geworden.« Die Eltern verboten es ihr streng und sagten: »Die Frau Trude ist eine böse Frau, die gottlose Dinge treibt, und wenn du zu ihr hingehst, so bist du unser Kind nicht mehr.« Aber das Mädchen kehrte sich nicht an das Verbot seiner Eltern und ging doch zu der Frau Trude. Und als es zu ihr kam, fragte die Frau Trude: »Warum bist du so bleich?« – »Ach«, antwortete es und zitterte am Leibe, »ich habe mich so erschrocken über das, was ich gesehen habe.« – »Was hast du gesehen?« – »Ich sah auf Eurer Stiege einen schwarzen Mann.« – »Das war ein Köhler.« – »Dann sah ich einen grünen Mann.« – »Das war ein Jäger.« – »Danach sah ich einen blutroten Mann.« – Das war ein Metzger.« – »Ach, Frau Trude, mir grauste, ich sah durchs Fenster und sah Euch nicht, wohl aber den Teufel mit feurigem Kopf.« – »Oho«, sagte sie, »so hast du die Hexe in ihrem rechten Schmuck gesehen; ich habe schon lange auf dich gewartet und nach dir verlangt, du sollst mir leuchten.« Da verwandelte sie das Mädchen in einen Holzblock und warf ihn ins Feuer. Und als er in voller Glut war, setzte sie sich daneben, wärmte sich daran und sprach: »Das leuchtet einmal hell!«

44.

Der Gevatter Tod

Es hatte ein armer Mann zwölf Kinder und mußte Tag und Nacht arbeiten, damit er ihnen nur Brot geben konnte. Als nun das dreizehnte zur Welt kam, wußte er sich in seiner Not nicht zu helfen, lief hinaus auf die große Landstraße und wollte den ersten, der ihm begegnete, zu Gevatter bitten. Der erste, der ihm begegnete, das war der liebe Gott, der wußte schon, was er auf dem Herzen hatte, und sprach zu ihm: »Armer Mann, du dauerst mich, ich will dein Kind aus der Taufe heben, will für es sorgen und es glücklich machen auf Erden.« Der Mann sprach: »Wer bist du?« – »Ich bin der liebe Gott.« – »So begehr ich dich nicht zu Gevatter«, sagte der Mann, »du gibst dem Reichen und lässest den Armen hungern.« Das sprach der Mann, weil er nicht wußte, wie weislich Gott Reichtum und Armut verteilt. Also wendete er sich von dem Herrn und ging weiter. Da trat der Teufel zu ihm und sprach: »Was suchst du? Willst du mich zum Paten deines Kindes nehmen, so will ich ihm Gold die Hülle und Fülle und alle Lust der Welt dazu geben.« Der Mann fragte: »Wer bist du?« – »Ich bin der Teufel.« – »So begehr ich dich nicht zum Gevatter«, sprach der Mann, »du betrügst und verführst die Menschen.« Er ging weiter, da kam der dürrbeinige Tod auf ihn zugeschritten und sprach: »Nimm mich zu Gevatter.« Der Mann fragte: »Wer bist du?« – »Ich bin der Tod, der alle gleich macht.« Da sprach der Mann: »Du bist der rechte, du holst den Reichen wie den Armen ohne Unterschied, du sollst mein Gevattersmann sein.« Der Tod antwortete: »Ich will dein Kind reich und berühmt machen, denn wer mich zum Freunde hat, dem kann's nicht fehlen.« Der Mann sprach: »Künftigen Sonntag ist die Taufe, da stelle dich zu rechter Zeit ein.« Der Tod erschien, wie er versprochen hatte, und stand ganz ordentlich Gevatter.

Als der Knabe zu Jahren gekommen war, trat zu einer Zeit der Pate ein und hieß ihn mitgehen. Er führte ihn hinaus in den Wald, zeigte ihm ein Kraut, das da wuchs, und sprach: »Jetzt sollst du dein Patengeschenk empfangen. Ich mache dich zu einem berühmten Arzt. Wenn du zu einem Kranken gerufen wirst, so will ich dir jedesmal erscheinen; steh ich zu Häupten des Kranken, so kannst du keck sprechen, du wolltest ihn wieder gesund machen, und gibst du ihm dann von jenem Kraut ein, so wird er genesen; steh ich aber zu Füßen des Kranken, so ist er mein, und du mußt sagen, alle Hilfe sei umsonst, und kein Arzt in der Welt könne ihn retten. Aber hüte dich, daß du das Kraut nicht gegen meinen Willen gebrauchst, es könnte dir schlimm ergehen!«

Es dauerte nicht lange, so war der Jüngling der berühmteste Arzt auf der ganzen Welt. »Er braucht nur den Kranken anzusehen, so weiß er schon, wie es steht, ob er wieder gesund wird oder ob er sterben muß«, so hieß es von ihm, und weit und breit kamen die Leute herbei, holten ihn zu den Kranken und gaben ihm so viel Gold, daß er bald ein reicher Mann war. Nun trug es sich zu, daß der König erkrankte; der Arzt ward berufen und sollte sagen, ob Genesung möglich wäre. Wie er aber zu dem Bette trat, so stand der Tod zu den Füßen des Kranken, und da war für ihn kein Kraut mehr gewachsen. »Wenn ich doch einmal den Tod überlisten könnte«, dachte der Arzt, »er wird's freilich übelnehmen, aber da ich sein Pate bin, so drückt er wohl ein Auge zu: ich will's wagen.« Er faßte also den Kranken und legte ihn verkehrt, so daß der Tod zu Häupten desselben zu stehen kam. Dann gab er ihm von dem Kraute ein, und der König erholte sich und ward wieder gesund. Der Tod aber kam zu dem Arzte, machte ein böses und finsteres Gesicht, drohte mit dem Finger und sagte: »Du hast mich hinter das Licht geführt: diesmal will ich dir's nachsehen, weil du mein Pate bist, aber wagst du das noch einmal, so geht dir's an den Kragen, und ich nehme dich selbst mit fort.«

Bald hernach verfiel die Tochter des Königs in eine schwere Krankheit. Sie war sein einziges Kind, er weinte Tag und Nacht, daß ihm die Augen erblindeten, und ließ bekanntmachen, wer sie vom Tode errettete, der sollte ihr Gemahl werden und die Krone erben. Der Arzt, als er zu dem Bette der Kranken kam, erblickte den Tod zu ihren Füßen. Er hätte sich der Warnung seines Paten erinnern sollen, aber die große Schönheit der Königstochter und das Glück, ihr Gemahl zu werden, betörten ihn so, daß er alle Gedanken in den Wind schlug. Er sah nicht, daß der Tod ihm zornige Blicke zuwarf, die Hand in die Höhe hob und mit der dürren Faust drohte; er hob die Kranke auf und legte ihr Haupt dahin, wo die Füße gelegen hatten. Dann gab er ihr das Kraut ein, und alsbald röteten sich ihre Wangen, und das Leben regte sich von neuem.

Der Tod, als er sich zum zweitenmal um sein Eigentum betrogen sah, ging mit langen Schritten auf den Arzt zu und sprach: »Es ist aus mit dir, und die Reihe kommt nun an dich«, packte ihn mit seiner eiskalten Hand so hart, daß er nicht widerstehen konnte, und führte ihn in eine unterirdische Höhle. Da sah er, wie tausend und tausend Lichter in unübersehbaren Reihen brannten, einige groß, andere halbgroß, andere klein. Jeden Augenblick verloschen einige, und andere brannten wieder auf, also daß die Flämmchen in beständigem Wechsel hin und her zu hüpfen schienen. »Siehst du«, sprach der Tod, »das sind die Lebenslichter der Menschen. Die großen gehören Kindern, die halbgroßen Eheleuten in ihren besten Jahren, die kleinen gehören Greisen. Doch auch Kinder und junge Leute haben oft nur ein kleines Lichtchen.« – »Zeige mir mein Lebenslicht«, sagte der Arzt und meinte, es wäre noch recht groß. Der Tod deutete auf ein kleines Endchen, das eben auszugehen drohte, und sagte: »Siehst du, da ist es.« – »Ach, lieber Pate«, sagte der erschrockene Arzt, »zündet mir ein neues an, tut mir's zuliebe, damit ich meines Lebens genießen kann, König werde und Gemahl der schönen Königstochter.« – »Ich kann nicht«, antwortete der Tod, »erst muß eins verlöschen, eh ein neues anbrennt.« – »So setzt das alte auf ein neues, das gleich fortbrennt, wenn jenes zu Ende ist«, bat der Arzt. Der Tod stellte sich, als ob er seinen Wunsch erfüllen wollte, langte ein frisches großes Licht herbei; aber weil er sich rächen wollte, versah er's beim Umstecken absichtlich, und das Stückchen fiel um und verlosch. Alsbald sank der Arzt zu Boden und war nun selbst in die Hand des Todes geraten.

45.

Daumerlings Wanderschaft

Ein Schneider hatte einen Sohn, der war klein geraten und nicht größer als ein Daumen, darum hieß er auch der Daumerling. Er hatte aber Courage im Leibe und sagte zu seinem Vater: »Vater, ich soll und muß in die Welt hinaus.« – »Recht, mein Sohn«, sprach der Alte, nahm eine lange Stopfnadel und machte am Licht einen Knoten von Siegellack daran, »da hast du auch einen Degen mit auf den Weg.« Nun wollte das Schneiderlein noch einmal mitessen und hüpfte in die Küche, um zu sehen, was die Frau Mutter zu guter Letzt gekocht hätte. Es war aber eben angerichtet, und die Schüssel stand auf dem Herd. Da sprach es: »Frau Mutter, was gibt's heute zu essen?« – »Sieh du selbst zu«, sagt die Mutter. Da sprang Daumerling auf den Herd und guckte in die Schüssel; weil er aber den Hals zu weit hineinsteckte, faßte ihn der Dampf von der Speise und trieb ihn zum Schornstein hinaus. Eine Weile ritt er auf dem Dampf in der Luft herum, bis er endlich wieder auf die Erde herabsank. Nun war das Schneiderlein draußen in der weiten Welt, zog umher, ging auch bei einem Meister in die Arbeit, aber das Essen war ihm nicht gut genug. »Frau Meisterin, wenn Sie uns kein besser Essen gibt«, sagte der Daumerling, »so gehe ich fort und schreibe morgen früh mit Kreide an Ihre Haustüre: Kartoffel zu viel, Fleisch zu wenig, Adies, Herr Kartoffelkönig.« – »Was willst du wohl, Grashüpfer?« sagte die Meisterin, ward bös, ergriff einen Lappen und wollte nach ihm schlagen; mein Schneiderlein kroch behende unter den Fingerhut, guckte unten hervor und streckte der Frau Meisterin die Zunge heraus. Sie hob den Fingerhut auf und wollte ihn packen, aber der kleine Daumerling hüpfte in die Lappen, und wie die Meisterin die Lappen auseinanderwarf und ihn suchte, machte er sich in den Tischritz. »He, he, Frau Meisterin«, rief er und steckte den Kopf in die Höhe, und wenn sie zuschlagen wollte, sprang er in die Schublade hinunter. Endlich aber erwischte sie ihn doch und jagte ihn zum Haus hinaus.

Das Schneiderlein wanderte und kam in einen großen Wald; da begegnete ihm ein Haufen Räuber, die hatten vor, des Königs Schatz zu bestehlen. Als sie das Schneiderlein sahen, dachten sie: »So ein kleiner Kerl kann durch ein Schlüsselloch kriechen und uns als Dietrich dienen.« – »Heda«, rief einer, »du Riese Goliath, willst du mit zur Schatzkammer gehen? Du kannst dich hineinschleichen und das Geld herauswerfen.« Der Daumerling besann sich, endlich sagte er ja und ging mit zu der Schatzkammer. Da besah er die Türe oben und unten, ob kein Ritz darin wäre. Nicht lange, so entdeckte er einen, der breit genug war, um ihn einzulassen. Er wollte auch gleich hindurch, aber eine von den beiden Schildwachen, die vor der Tür standen, bemerkte ihn und sprach zu der andern: »Was kriecht da für eine häßliche Spinne? Ich will sie tottreten.« – »Laß das arme Tier gehen«, sagte die andere, »es hat dir ja nichts getan.« Nun kam der Daumerling durch den Ritz glücklich in die Schatzkammer, öffnete das Fenster, unter welchem die Räuber standen, und warf ihnen einen Taler nach dem andern hinaus. Als das Schneiderlein in der besten Arbeit war, hörte es den König kommen, der seine Schatzkammer besehen wollte, und verkroch sich eilig. Der König merkte, daß viele harte Taler fehlten, konnte aber nicht begreifen, wer sie sollte gestohlen haben, da Schlösser und Riegel in gutem Stand waren und alles wohl verwahrt schien. Da ging er wieder fort und sprach zu den zwei Wachen: »Habt acht, es ist einer hinter dem Geld.« Als der Daumerling nun seine Arbeit von neuem anfing, hörten sie das Geld drinnen sich regen und klingen klipp, klapp, klipp, klapp. Sie sprangen geschwind hinein und wollten den Dieb greifen. Aber das Schneiderlein, das sie kommen hörte, war noch geschwinder, sprang in eine Ecke und deckte einen Taler über sich, so daß nichts von ihm zu sehen war, dabei neckte es noch die Wachen und rief: »Hier bin ich.« Die Wachen liefen dahin, wie sie aber ankamen, war es schon in eine andere Ecke unter einen Taler gehüpft und rief: »He, hier bin ich.« Die Wachen sprangen eilends herbei, Daumerling war aber längst in einer dritten Ecke und rief: »He, hier bin ich.« Und so hatte es sie zu Narren und trieb sie so lange in der Schatzkammer herum, bis sie müde waren und davongingen. Nun warf es die Taler nach und nach alle hinaus; den letzten schnellte es mit aller Macht, hüpfte dann selber noch behendiglich darauf und flog mit ihm durchs Fenster hinab. Die Räuber machten ihm große Lobsprüche: »Du bist ein gewaltiger Held«, sagten sie, »willst du unser Hauptmann werden?« Daumerling bedankte sich aber und sagte, er wollte erst die Welt sehen. Sie teilten nun die Beute, das Schneiderlein aber verlangte nur einen Kreuzer, weil es nicht mehr tragen konnte.

Darauf schnallte es seinen Degen wieder um den Leib, sagte den Räubern guten Tag und nahm den Weg zwischen die Beine. Es ging bei einigen Meistern in Arbeit, aber sie wollte ihm nicht schmecken; endlich verdingte es sich als Hausknecht in einem Gasthof. Die Mägde aber konnten es nicht leiden, denn ohne daß sie ihn sehen konnten, sah er alles, was sie heimlich taten, und gab bei der Herrschaft an, was sie sich von den Tellern genommen und aus dem Keller für sich weggeholt hatten. Da sprachen sie: »Wart, wir wollen dir's eintränken«, und verabredeten untereinander, ihm einen

Schabernack anzutun. Als die eine Magd bald hernach im Garten mähte und den Daumerling da herumspringen und an den Kräutern auf und ab kriechen sah, mähte sie ihn mit dem Gras schnell zusammen, band alles in ein großes Tuch und warf es heimlich den Kühen vor. Nun war eine große schwarze darunter, die schluckte ihn mit hinab, ohne ihm wehzutun. Unten gefiel's ihm aber schlecht, denn es war da ganz finster und brannte auch kein Licht. Als die Kuh gemelkt wurde, da rief er:

»Strip, strap, stroll,
ist der Eimer bald voll?«

Doch bei dem Geräusch des Melkens wurde er nicht verstanden. Hernach trat der Hausherr in den Stall und sprach: »Morgen soll die Kuh da geschlachtet werden.« Da ward dem Daumerling angst, daß er mit heller Stimme rief: »Laßt mich erst heraus, ich sitze ja drin.« Der Herr hörte das wohl, wußte aber nicht, wo die Stimme herkam. »Wo bist du?« fragte er. »In der schwarzen«, antwortete er, aber der Herr verstand nicht, was das heißen sollte, und ging fort.

Am andern Morgen ward die Kuh geschlachtet. Glücklicherweise traf bei dem Zerhacken und Zerlegen den Daumerling kein Hieb, aber er geriet unter das Wurstfleisch. Wie nun der Metzger herbeitrat und seine Arbeit anfing, schrie er aus Leibeskräften: »Hackt nicht zu tief, hackt nicht zu tief, ich stecke ja drunter.« Vor dem Lärmen der Hackmesser hörte das kein Mensch. Nun hatte der arme Daumerling seine Not, aber die Not macht Beine, und da sprang er so behend zwischen den Hackmessern durch, daß ihn keins anrührte und er mit heiler Haut davonkam. Aber entspringen konnte er auch nicht: es war keine andere Auskunft, er mußte sich mit den Speckbrocken in eine Blutwurst hinunterstopfen lassen. Da war das Quartier etwas enge, und dazu ward er noch in den Schornstein zum Räuchern aufgehängt, wo ihm Zeit und Weile gewaltig lang wurde. Endlich im Winter wurde er heruntergeholt, weil die Wurst einem Gast sollte vorgesetzt werden. Als nun die Frau Wirtin die Wurst in Scheiben schnitt, nahm er sich in acht, daß er den Kopf nicht zu weit vorstreckte, damit ihm nicht etwa der Hals mit abgeschnitten würde; endlich ersah er seinen Vorteil, machte sich Luft und sprang heraus.

In dem Hause aber, wo es ihm so übel ergangen war, wollte das Schneiderlein nicht länger mehr bleiben, sondern begab sich gleich wieder auf die Wanderung. Doch seine Freiheit dauerte nicht lange.

Auf dem offenen Feld kam es einem Fuchs in den Weg, der schnappte es in Gedanken auf. »Ei, Herr Fuchs«, rief's Schneiderlein, »ich bin's ja, der in Eurem Hals steckt, laßt mich wieder frei.« – »Du hast recht«, antwortete der Fuchs, »an dir habe ich doch soviel als nichts; versprichst du mir die Hühner in deines Vaters Hof, so will ich dich loslassen.« – »Von Herzen gern«, antwortete der Daumerling, »die Hühner sollst du alle haben, das gelobe ich dir.« Da ließ ihn der Fuchs wieder los und trug ihn selber heim. Als der Vater sein liebes Söhnlein wieder sah, gab er dem Fuchs gerne alle die Hühner, die er hatte. »Dafür bring ich dir auch ein schön Stück Geld mit«, sprach der Daumerling und reichte ihm den Kreuzer, den er auf seiner Wanderschaft erworben hatte.

»Warum hat aber der Fuchs die armen Piephühner zu fressen kriegt?« – »Ei, du Narr, deinem Vater wird ja wohl sein Kind lieber sein als die Hühner auf dem Hof.«

46.

Fitchers Vogel

Es war einmal ein Hexenmeister, der nahm die Gestalt eines armen Mannes an, ging vor die Häuser und bettelte und fing die schönen Mädchen. Kein Mensch wußte, wo er sie hinbrachte, denn sie kamen nie wieder zum Vorschein. Eines Tages erschien er vor der Türe eines Mannes, der drei schöne Töchter hatte, sah aus wie ein armer schwacher Bettler und trug eine Kötze auf dem Rücken, als wollte er milde Gaben darin sammeln. Er bat um ein bißchen Essen, und als die älteste herauskam und ihm ein Stück Brot reichen wollte, rührte er sie nur an, und sie mußte in seine Kötze springen. Darauf eilte er mit starken Schritten fort und trug sie in einen finstern Wald zu seinem Haus, das mitten darin stand. In dem Haus war alles prächtig; er gab ihr, was sie nur wünschte, und sprach: »Mein Schatz, es wird dir wohlgefallen bei mir, du hast alles, was dein Herz begehrt.« Das dauerte ein paar Tage, da sagte er: »Ich muß fortreisen und dich eine kurze Zeit allein lassen, da sind die Hausschlüssel, du kannst überall hingehen und alles betrachten, nur nicht in eine Stube, die dieser kleine Schlüssel da aufschließt, das verbiet ich dir bei Lebensstrafe.« Auch gab er ihr ein Ei und sprach: »Das Ei verwahre mir sorgfältig und trag es lieber beständig bei dir, denn ginge es verloren, so würde ein großes Unglück daraus entstehen.« Sie nahm die Schlüssel und das Ei und versprach alles wohl auszurichten. Als er fort war, ging sie in dem Haus herum von unten bis oben und besah alles, die Stuben glänzten von Silber und Gold, und sie meinte, sie hätte nie so große Pracht gesehen. Endlich kam sie auch zu der verbotenen Tür, sie wollte vorübergehen, aber die Neugierde ließ ihr keine Ruhe. Sie besah den Schlüssel, er sah aus wie ein anderer, sie steckte ihn ein und drehte ein wenig, da sprang die Türe auf. Aber was erblickte sie, als sie hineintrat? Ein großes blutiges Becken stand in der Mitte, und darin lagen tote, zerhauene Menschen, daneben stand ein Holzblock, und ein blinkendes Beil lag darauf. Sie erschrak so sehr, daß das Ei, das sie in der Hand hielt, hineinplumpte. Sie holte es wieder heraus und wischte das Blut ab, aber vergeblich, es kam den Augenblick wieder zum Vorschein; sie wischte und schabte, aber sie konnte es nicht herunterkriegen.

Nicht lange, so kam der Mann von der Reise zurück, und das erste, was er forderte, war der Schlüssel und das Ei. Sie reichte es ihm hin, aber sie zitterte dabei, und er sah gleich an den roten Flecken, daß sie in der Blutkammer gewesen war. »Bist du gegen meinen Willen in die Kammer gegangen«, sprach er, »so sollst du gegen deinen Willen wieder hinein. Dein Leben ist zu Ende.« Er warf sie nieder, schleifte sie an den Haaren hin, schlug ihr das Haupt auf dem Blocke ab und zerhackte sie, daß ihr Blut auf dem Boden dahinfloß. Dann warf er sie zu den übrigen ins Becken.

»Jetzt will ich mir die zweite holen«, sprach der Hexenmeister, ging wieder in Gestalt eines armen Mannes vor das Haus und bettelte. Da brachte ihm die zweite ein Stück Brot, er fing sie wie die erste durch bloßes Anrühren und trug sie fort. Es erging ihr nicht besser als ihrer Schwester, sie ließ sich von ihrer Neugierde verleiten, öffnete die Blutkammer und schaute hinein und mußte es bei seiner Rückkehr mit dem Leben büßen. Er ging nun und holte die dritte, die aber war klug und listig. Als er ihr die Schlüssel und das Ei gegeben hatte und fortgereist war, verwahrte sie das Ei erst sorgfältig, dann besah sie das Haus und ging zuletzt in die verbotene Kammer. Ach, was erblickte sie! Ihre beiden lieben Schwestern lagen da in dem Becken jämmerlich ermordet und zerhackt. Aber sie hub an und suchte die Glieder zusammen und legte sie zurecht, Kopf, Leib, Arm und Beine. Und als nichts mehr fehlte, da fingen die Glieder an, sich zu regen, und schlossen sich aneinander, und beide Mädchen öffneten die Augen und waren wieder lebendig. Da freuten sie sich, küßten und herzten einander. Der Mann forderte bei seiner Ankunft gleich Schlüssel und Ei, und als er keine Spur von Blut daran entdecken konnte, sprach er: »Du hast die Probe bestanden, du sollst meine Braut sein.« Er hatte jetzt keine Macht mehr über sie und mußte tun, was sie verlangte. »Wohlan«, antwortete sie, »du sollst vorher einen Korb voll Gold meinem Vater und meiner Mutter bringen und es selbst auf deinem Rücken hintragen; derweil will ich die Hochzeit bestellen.« Dann lief sie zu ihren Schwestern, die sie in einem Kämmerlein versteckt hatte, und sagte: »Der Augenblick ist da, wo ich euch retten kann: der Bösewicht soll euch selbst wieder heimtragen; aber sobald ihr zu Hause seid, sendet mir Hilfe.« Sie setzte beide in einen Korb und deckte sie mit Gold ganz zu, daß nichts von ihnen zu sehen war, dann rief sie den Hexenmeister herein und sprach: »Nun trag den Korb fort, aber daß du mir unterwegs nicht stehenbleibst und ruhest, ich schaue durch mein Fensterlein und habe acht.«

Der Hexenmeister hob den Korb auf seinen Rücken und ging damit fort, er drückte ihn aber so schwer, daß ihm der Schweiß über das Angesicht lief. Da setzte er sich nieder und wollte ein wenig ruhen, aber gleich rief eine im Korbe: »Ich schaue durch mein Fensterlein und sehe, daß du ruhst, willst du gleich weiter.« Er meinte, die Braut rief ihm das zu, und machte sich wieder auf. Nochmals wollte er sich setzen, aber es rief gleich: »Ich schaue durch mein Fensterlein und sehe, daß du ruhst, willst du gleich weiter.« Und sooft er stillstand, rief es, und da mußte er fort, bis er endlich stöhnend und außer Atem den Korb mit dem Gold und den beiden Mädchen in ihrer Eltern Haus brachte.

Daheim aber ordnete die Braut das Hochzeitfest an und ließ die Freunde des Hexenmeisters dazu einladen. Dann nahm sie einen Totenkopf mit grinsenden Zähnen, setzte ihm einen Schmuck auf und einen Blumenkranz, trug ihn oben vors Bodenloch und ließ ihn da hinausschauen. Als alles bereit war, steckte sie sich in ein Faß mit Honig, schnitt das Bett auf und wälzte sich darin, daß sie aussah wie ein wunderlicher Vogel und kein Mensch sie erkennen konnte. Da ging sie zum Haus hinaus, und unterwegs begegnete ihr ein Teil der Hochzeitsgäste, die fragten:

»Du Fitchers Vogel, wo kommst du her?«
»Ich komme von Fitze Fitchers Hause her.«
»Was macht denn da die junge Braut?«
»Hat gekehrt von unten bis oben das Haus
und guckt zum Bodenloch heraus.«

Endlich begegnete ihr der Bräutigam, der langsam zurückwanderte. Er fragte wie die andern:

»Du Fitchers Vogel, wo kommst du her?«
»Ich komme von Fitze Fitchers Hause her.«
»Was macht denn da meine junge Braut?«
»Hat gekehrt von unten bis oben das Haus
und guckt zum Bodenloch heraus.«

Der Bräutigam schaute hinauf und sah den geputzten Totenkopf, da meinte er, es wäre seine Braut, und nickte ihr zu und grüßte sie freundlich. Wie er aber samt seinen Gästen ins Haus gegangen war, da langten die Brüder und Verwandte der Braut an, die zu ihrer Rettung gesendet waren. Sie schlossen alle Türen des Hauses zu, daß niemand entfliehen konnte, und steckten es an, also daß der Hexenmeister mitsamt seinem Gesindel verbrennen mußte.

47.

Von dem Machandelboom

Dat is nu all lang heer, wol twe dusend Johr, do wöör dar en ryk Mann, de hadd ene schöne frame Fru, un se hadden sik beyde sehr leef, hadden awerst kene Kinner, se wünschden sik awerst sehr welke, un de Fru bedd'd so veel dorüm Dag un Nacht, man se kregen keen un kregen keen. Vör erem Huse wöör en Hof, dorup stünn en Machandelboom, ünner dem stünn de Fru eens im Winter un schelld sik enen Appel, un as se sik den Appel so schelld, so sneet se sik in'n Finger, un dat Blood feel in den Snee. »Ach«, säd de Fru un süft'd so recht hoog up un seg dat Blood vör sik an un wöör so recht wehmödig, »hadd ik doch en Kind, so rood as Blood un so witt as Snee.« Un as se dat säd, so wurr ehr so recht fröhlich to Mode: ehr wöör recht, as schull dat wat warden. Do güng se to dem Huse, un't güng een Maand hen, de Snee vorgüng; un twe Maand, do wöör dat gröön; un dre Maand, do kömen de Blömer uut der Eerd; un veer Maand, do drungen sik alle Bömer in dat Holt, un de grönen Twyge wören all in eenanner wussen; door süngen de Vögelkens, dat dat ganße Holt schalld, un de Blöiten felen von den Bömern; do wöör de fofte Maand wech, un se stünn ünner dem Machandelboom, de röök so schön, do sprüng ehr dat Hart vör Freuden, un se füll up ere Knee un kunn sik nich laten; un as de soste Maand vorby wöör, do wurren de Früchte dick un staark, do wurr se ganß still; un de söwde Maand, do greep se na den Machandelbeeren un eet se so nydsch, do wurr se trurig un krank; do güng de achte Maand hen, un se reep eren Mann un weend un säd: »Wenn ik staarw, so begraaf my ünner den Machandelboom.« Do wurr se ganß getrost un freude sik, bet de neegte Maand vorby wöör, do kreeg se en Kind so witt as Snee un so rood as Blood, un as se dat seeg, so freude se sik so, dat se stürw.

Do begroof ehr Mann se ünner den Machandelboom, un he füng an to wenen so sehr; ene Tyd lang, do wurr dat wat sachter, un do he noch wat weend hadd, do hüll he up, un noch en Tyd, do nöhm he sik wedder ene Fru.

Mit de tweden Fru kreeg he ene Dochter, dat Kind awerst von der eersten Fru wöör en lüttje Sähn un wöör so rood as Blood un so witt as Snee. Wenn de Fru ere Dochter so anseeg, so hadd se se so leef, awerst denn seeg se den lüttjen Jung an, un dat güng ehr so dorch't Hart, un ehr düchd, as stünn he ehr allerwegen im Weg, un dachd denn man jümmer, wo se ehr Dochter all das Vörmägent towenden wull, un de Böse gaf ehr dat in, dat se dem lüttjen Jung ganß gramm wurr un stödd em herüm von een Eck in de anner un buffd em hier un knuffd em door, so dat dat aarme Kind jümmer in Angst wöör. Wenn he denn uut de School köhm, so hadd he kene ruhige Städ.

Eens wöör de Fru up de Kamer gaan, do köhm de lüttje Dochter ook herup un säd: »Moder, gif my enen Appel.« – »Ja, myn Kind«, säd de Fru un gaf ehr enen schönen Appel uut der Kist; de Kist awerst hadd enen grooten sworen Deckel mit en groot schaarp ysern Slott. »Moder«, säd de lüttje Dochter, »schall Broder nich ook enen hebben?« Dat vördrööt de Fru, doch säd se: »Ja, wenn he uut de School kummt.« Un as se uut dat Fenster wohr wurr, dat he köhm, so wöör dat recht, as wenn de Böse äwer ehr köhm, un se grappst to un nöhm erer Dochter den Appel wedder wech un säd: »Du schalst nich ehr enen hebben as Broder.« Do smeet se den Appel in de Kist un maakd de Kist to; do köhm de lüttje Jung in de Döhr, do gaf ehr de Böse in, dat se fründlich to em säd: »Myn Sähn, wullt du enen Appel hebben?«, un seeg em so hastig an. »Moder«, säd de lüttje Jung, »wat sühst du gräsig uut! Ja, gif my enen Appel.« Do wöör ehr, as schull se em toreden. »Kumm mit my«, säd se un maakd den Deckel up, »hahl dy enen Appel heruut.« Un as sik de lüttje Jung henin bückd, so reet ehr de Böse, bratsch! slöög se den Deckel to, dat de Kopp afflöög un ünner de roden Appel füll. Da äwerleep ehr dat in de Angst un dachd: »Kunn ik dat von my bringen!« Da güng se bawen na ere Stuw na erem Draagkasten un hahl uut de bäwelste Schuuflad enen witten Dook un sett't den Kopp wedder up den Hals un bünd den Halsdook so üm, dat'n niks sehn kunn, un sett't em vör de Döhr up enen Stohl un gaf em den Appel in de Hand.

Do köhm doorna Marleenken to erer Moder in de Kääk, de stünn by dem Führ un hadd enen Putt mit heet Water vör sik, den röhrd se jümmer üm. »Moder«, säd Marleenken, »Broder sitt vör de Döhr un süht ganß witt uut un hett enen Appel in de Hand, ik heb em beden, he schull my den Appel gewen, awerst he antwöörd my nich, do wurr my ganß grolich.« – »Gah nochmaal hen«, säd de Moder, »un wenn he dy nich antworden will, so gif em eens an de Oren.« Do güng Marleenken hen un säd: »Broder, gif my den Appel.« Awerst he sweeg still, do gaf se em eens up de Oren, do feel de Kopp herünn, doräwer vörschrock se sik un füng an to wenen un to roren un löp to erer Moder un säd: »Ach, Moder, ik hebb mynem Broder den Kopp afslagen«, un weend un weend un wull sik nich tofreden gewen. »Marleenken«, säd de Moder, »wat hest du dahn! Awerst swyg man still, dat et keen Mensch maarkt, dat is nu doch nich to ännern; wy willen em in Suhr kaken.« Do nöhm de Moder den lüttjen Jung un hackd em in Stücken, ded de in den Putt un kaakd em in Suhr. Marleenken awerst stünn daarby un weend un weend, un de Tranen füllen all in den Putt, un se bruukden goor keen Solt.

Da köhm de Vader to Huus un sett't sik to Disch un säd: »Wo is denn myn Sähn?« Da droog de Moder ene groote, groote Schöttel up mit Swartsuhr, un Marleenken weend un kunn sich nich hollen. Do säd de Vader wedder: »Wo is denn myn Sähn?« – »Ach«, säd de Moder, »he is äwer Land gaan, na Mütten erer Grootöhm: he wull door wat blywen.« – »Wat dait he denn door? Un heft my nich maal Adjüüs sechd!« – »O he wull geern hen un bed my, of he door wol sos Wäken blywen kunn; he is jo woll door uphawen.« – »Ach«, säd de Mann, »my is so recht trurig, dat is doch nich recht, he hadd my doch Adjüüs sagen schullt.« Mit des füng he an to äten un säd: »Marleenken, wat weenst du? Broder wart wol wedder kamen.« – »Ach, Fru«, säd he do, »wat smeckt my dat Äten schöön? Gif my mehr!« Un je mehr he eet, je mehr wull he hebben un säd: »Geeft my mehr, gy schöhlt niks door af hebben, dat is, as wenn dat all myn wör.« Un he eet un eet, un de Knakens smeet he all ünner den Disch, bet he allens up hadd. Marleenken awerst güng hen na ere Commod un nöhm ut de ünnerste Schuuf eren besten syden Dook un hahl all de Beenkens un Knakens ünner den Disch heruut un bünd se in den syden Dook un droog se vör de Döhr un weend ere blödigen Tranen. Door läd se se ünner den Machandelboom in dat gröne Gras, un as se se door henlechd hadd, so war ehr mit eenmal so recht licht un weend nich mer. Do füng de Machandelboom an, sik to bewegen, un de Twyge deden sik jümmer so recht von eenanner, un denn wedder tohoop, so recht as wenn sik eener so recht freut un mit de Händ so dait. Mit des so güng dar so 'n Newel von dem Boom, un recht in dem Newel dar brennd dat as Führ, un uut dem Führ dar flöög so 'n schönen Vagel heruut, de süng so herrlich und flöög hoog in de Luft, un as he wech wöör, do wöör de Machandelboom, as he vörhen west wöör, un de Dook mit de Knakens wöör wech. Marleenken awerst wöör so recht licht un vörgnöögt, recht as wenn de Broder noch leewd. Do güng se wedder ganß lustig in dat Huus by Disch un eet.

De Vagel awerst flöög wech un sett't sik up enen Goldsmidt syn Huus un füng an to singen:

»Mein Mutter, der mich schlacht,
mein Vater, der mich aß,
mein Schwester, der Marlenichen,
sucht alle meine Benichen,
bind't sie in ein seiden Tuch,
legt's unter den Machandelbaum.
Kywitt, kywitt, wat vör'n schöön Vagel bün ik!«

De Goldsmidt seet in syn Waarkstäd un maakd ene gollne Kede, do höörd he den Vagel, de up syn Dack seet un süng, un dat dünkd em so schöön. Da stünn he up, un as he äwer den Süll güng, do vörlöör he eenen Tüffel. He güng awer so recht midden up de Strat hen, eenen Tüffel un een Sock an: syn Schortfell hadd he vör, un in de een Hand hadd he de golln Kede un in de anner de Tang; un de Sünn schynd so hell up de Strat. Door güng he recht so staan un seeg den Vagel an. »Vagel«, secht he do, »wo schöön kanst du singen! Sing my dat Stück nochmaal.« – »Ne«, secht de Vagel, »twemaal sing ik nich umsünst. Gif my de golln Kede, so will ik dy't nochmaal singen.« – »Door«, secht de Goldsmidt, »hest du de golln Kede, nu sing my dat nochmaal.« Do köhm de Vagel un nöhm de golln Kede so in de rechte Poot un güng vor den Goldsmidt sitten und süng:

»Mein Mutter, der mich schlacht,
mein Vater, der mich aß,
mein Schwester, der Marlenichen,
sucht alle meine Benichen,
bind't sie in ein seiden Tuch,
legt's unter den Machandelbaum.
Kywitt, kywitt, was vör'n schöön Vagel bün ik!«

Do flög de Vagel wach na enem Schooster un sett't sik up den syn Dack un süng:

»Mein Mutter, der mich schlacht,
mein Vater, der mich aß,
mein Schwester, der Marlenichen,
sucht alle meine Benichen,
bind't sie in ein seiden Tuch,
legt's unter den Machandelbaum.
Kywitt, kywitt, wat vör'n schöön Vagel bün ik!«

De Schooster höörd dat un leep vör syn Döhr in Hemdsaarmels un seeg na syn Dack un mussd de Hand vör de Ogen hollen, dat de Sünn em nich blend't. »Vagel«, secht he, »wat kannst du schöön singen.« Do rööp he in syn Döhr henin: »Fru, kumm mal heruut, dar is een Vagel: süh mal den Vagel, de kann maal schöön singen.« Do rööp he syn Dochter un Kinner un Gesellen, Jung un Maagd, un se kömen all up de Strat un seegen den Vagel an, wo schöön he wöör, un he hadd so recht rode un gröne Feddern, un üm den Hals wöör dat as luter Gold, un de Ogen blünken em im Koop as Steern. »Vagel«, sägd de Schooster, »nu sing my dat Stück nochmaal.« –

»Ne«, secht de Vagel, »twemaal sing ik nich umsünst, du mussd my wat schenken.« – »Fru«, säd de Mann, »gah na dem Bähn: up dem bäwelsten Boord door staan een Poor rode Schö, de bring herünn.« Do güng de Fru hen un hahl de Schö. »Door, Vagel«, säd de Mann, »nu sing my dat Stück nochmaal.« Do köhm de Vagel un nöhm de Schö in de linke Klau un flöög wedder up dat Dack un süng:

»Mein Mutter, der mich schlacht,
mein Vater, der mich aß,
mein Schwester, der Marlenichen,
sucht alle meine Benichen,
bind't sie in ein seiden Tuch,
legt's unter den Machandelbaum.
Kywitt, kywitt, wat vör'n schöön Vagel bün ik!«

Un as he uutsungen hadd, so flöög he wech; de Kede hadd he in de rechte un de Schö in de linke Klau, un he flöög wyt wech na ene Mähl, un de Mähl güng klippe klappe, klippe klappe, klippe klappe. Un in de Mähl door seeten twintig Mählenburßen, de hauden enen Steen un hackden hick hack, hick hack, hick hack, un de Mähl güng klippe klappe, klippe klappe, klippe klappe. Do güng de Vagel up enen Lindenboom sitten, de vör de Mähl stünn, und süng:

»Mein Mutter, der mich schlacht«,
do hoörd een up,
»mein Vater, der mich aß«,
do hoörden noch twe up un hoörden dat,
»mein Schwester, der Marlenichen«,
do hoörden wedder veer up,
»sucht alle meine Benichen,
bind't sie in ein seiden Tuch«,
nu hackden noch man acht,
»legt's unter«
nu noch man fyw,
»den Machandelbaum«,
nun noch man een.
»Kywitt, kywitt, wat vör'n schöön Vagel bün ik!«

Do hüll de lezte ook up un hadd dat lezte noch hoörd. »Vagel«, secht he, »wat singst du schöön! Laat my dat ook hören, sing my dat nochmaal.« – »Ne«, secht de Vagel, »twemaal sing ik nich umsünst, gif my den Mählensteen, so will ik dat nochmaal singen.« – »Ja«, secht he, »wenn he my alleen tohoörd, so schullst du em hebben.« – »Ja«, säden de annern, »wenn he nochmaal singt, so schall he em hebben.« Do köhm de Vagel herünn, un de Möllers saat'n all twintig mit Böhm an un böhrden Steen up, hu uh uhp, hu uh uhp, hu uh uph! Do stöök de Vagel den Hals döör dat Lock un nöhm em üm as enen Kragen un flöög wedder up den Boom un süng:

»Mein Mutter, der mich schlacht,
mein Vater, der mich aß,
mein Schwester, der Marlenichen,
sucht alle meine Benichen,
bind't sie in ein seiden Tuch,
legt's unter den Machandelbaum.
Kywitt, kywitt, wat vör'n schöön Vagel bün ik!«

Un as he dat uutsungen hadd, do deed he de Flünk von eenanner un hadd in de rechte Klau de Kede un in de linke de Schö un üm den Hals den Mählensteen un floog wyt wech na synes Vaders Huse.

In de Stuw seet de Vader, de Moder un Marleenken by Disch, un de Vader säd: »Ach, wat waart my licht, my is recht so good to Mode.« – »Nä«, säd de Moder, »my is recht so angst, so recht as wenn en swoor Gewitter kummt.« Marleenken awerst seet un weend un weend, da köhm de Vagel anflegen, un as he sik up dat Dack sett't: »Ach«, säd de Vader, »my is so recht freudig, un de Sünn schynt buten so schöön, my is recht, as schull ik enen olen Bekannten weddersehn.« – »Ne«, säd de Fru, »my is so angst, de Täne klappern my, un dat is my as Führ in den Adern.« Un se reet sik ehr Lyfken up un so mehr, awer Marleenken seet in en Eck un weend un hadd eren Platen vör de Ogen un weend den Platen ganß meßnatt. Do sett't sik de Vagel up den Machandelboom un süng:

»Mein Mutter, der mich schlacht«,

Do hüll de Moder de Oren to un kneep de Ogen to un wull nich sehn un hören, awer dat bruusde ehr in de Oren as de allerstaarkste Storm, un de Ogen brennden ehr un zackden as Blitz.

»mein Vater, der mich aß«,

»Ach Moder«, secht de Mann, »door is en schöön Vagel, de singt so herrlich, de Sünn schynt so warm, un dat rückt als luter Zinnemamen.«

»mein Schwester, der Marlenichen«,

Do läd Marleenken den Kopp up de Knee un weend in eens wech, de Mann awerst säd: »Ik ga henuut, ik mutt den Vagel dicht by sehn.« – »Ach, gah nich«, säd de Fru, »my is, as beewd dat ganße Huus un stünn in Flammen.« Awerst de Mann güng henuut un seeg den Vagel an.

»sucht alle meine Benichen,
bind't sie in ein seiden Tuch,
legt's unter den Machandelbaum.
Kywitt, kywitt, wat vör'n schöön Vagel bün ik!«

Mit des leet de Vagel de gollne Kede fallen, un se feel dem Mann jüst um'n Hals, so recht hier herüm, dat se recht so schöön passd. Do güng he herin und säd: »Süh, wat is dat vör'n schöön Vagel, heft my so ne schöne gollne Kede schenkd un süht so schöön uut.« De Fru awerst wöör so angst un füll langs in de Stuw hen, un de Mütz füll ehr von dem Kopp. Do süng de Vagel wedder:

»Mein Mutter, der mich schlacht«,

»Ach, dat ik dusend Föder ünner de Eerd wöör, dat ik dat nich hören schull!«

»mein Vater, der mich aß«,

Do füll de Fru vör dood nedder.

»mein Schwester, der Marlenichen«,

»Ach«, säd Marleenken, »ik will ook henuut gahn un sehn, of de Vagel my wat schenkt.« Do güng se henuut.

»sucht alle meine Benichen,
bind't sie in ein seiden Tuch«,

Do smeet he ehr de Schö herünn.

»legt's unter den Machandelbaum.
Kywitt, kywitt, wat vör'n schöön Vagel bün ik!«

Do wöör ehr so licht un frölich. Do truck se de neen roden Schö an un danssd un sprüng herin. »Ach«, säd se, »ick wöör so trurig, as ik henuut güng, un nu is my so licht, dat is maal en herrlichen Vagel, hett my en Poor rode Schö schenkd.« – »Ne«, säd de Fru un sprüng up, un de Hoor stünnen ehr to Baarg as Führsflammen, »my is, as schull de Welt ünnergahn, ik will ook henuut, of my lichter warden schull.« Un as se uut de Döhr köhm, bratsch! smeet ehr de Vagel den Mählensteen up den Kopp, dat se ganß tomatscht wurr. De Vader un Marleenken höörden dat un güngen henuut; do güng en Damp un Flamm un Führ up von der Städ, un as dat vorby wöör, da stünn de lütje Broder door, un he nöhm synen Vader un Marleenken by der Hand un wören all dre so recht vergnöögt un güngen in dat Huus by Disch un eeten.

48.

Der alte Sultan

Es hatte ein Bauer einen treuen Hund, der Sultan hieß, der war alt geworden und hatte alle Zähne verloren, so daß er nichts mehr fest packen konnte. Zu einer Zeit stand der Bauer mit seiner Frau vor der Haustüre und sprach: »Den alten Sultan schieß ich morgen tot, der ist zu nichts mehr nütze.« Die Frau, die Mitleid mit dem treuen Tiere hatte, antwortete: »Da er uns so lange Jahr gedient hat und ehrlich bei uns gehalten, so könnten wir ihm wohl das Gnadenbrot geben.« – »Ei was«, sagte der Mann, »du bist nicht recht gescheit: er hat keinen Zahn mehr im Maul, und kein Dieb fürchtet sich vor ihm, er kann jetzt abgehen. Hat er uns gedient, so hat er sein gutes Fressen dafür gekriegt.«

Der arme Hund, der nicht weit davon in der Sonne ausgestreckt lag, hatte alles mit angehört und war traurig, daß morgen sein letzter Tag sein sollte. Er hatte einen guten Freund, das war der Wolf, zu dem schlich er abends hinaus in den Wald und klagte über das Schicksal, das ihm bevorstände. »Höre, Gevatter«, sagte der Wolf, »sei gutes Mutes, ich will dir aus deiner Not helfen. Ich habe etwas ausgedacht. Morgen in aller Frühe geht dein Herr mit seiner Frau ins Heu, und sie nehmen ihr kleines Kind mit, weil niemand im Hause zurückbleibt. Sie pflegen das Kind während der Arbeit hinter die Hecke in den Schatten zu legen: lege dich daneben, gleich als wolltest du es bewachen. Ich will dann aus dem Walde herauskommen und das Kind rauben: du mußt mir eifrig nachspringen, als wolltest du mir es wieder abjagen. Ich lasse es fallen, und du bringst es den Eltern wieder zurück, die glauben dann, du hättest es gerettet, und sind viel zu dankbar, als daß sie dir ein Leid antun sollten; im Gegenteil, du kommst in völlige Gnade, und sie werden es dir an nichts mehr fehlen lassen.«

Der Anschlag gefiel dem Hund, und wie er ausgedacht war, so ward er auch ausgeführt. Der Vater schrie, als er den Wolf mit seinem Kinde durchs Feld laufen sah, als es aber der alte Sultan zurückbrachte, da war er froh, streichelte ihn und sagte: »Dir soll kein Härchen gekrümmt werden, du sollst das Gnadenbrot essen, solange du lebst.« Zu seiner Frau aber sprach er: »Geh gleich heim und koche dem alten Sultan einen Weckbrei, den braucht er nicht zu beißen, und bring das Kopfkissen aus meinem Bette, das schenk ich ihm zu seinem Lager.« Von nun an hatte es der alte Sultan so gut, als er sich's nur wünschen konnte. Bald hernach besuchte ihn der Wolf und freute sich, daß alles so wohl gelungen war. »Aber Gevatter«, sagte er, »du wirst doch ein Auge zudrücken, wenn ich bei Gelegenheit deinem Herrn ein fettes Schaf weghole. Es wird einem heutzutage schwer, sich durchzuschlagen.« – »Darauf rechne nicht«, antwortete der Hund, »meinem Herrn bleibe ich treu, das darf ich nicht zugeben.« Der Wolf meinte, das wäre nicht im Ernste gesprochen, kam in der Nacht herangeschlichen und wollte sich das Schaf holen. Aber der Bauer, dem der treue Sultan das Vorhaben des Wolfes verraten hatte, paßte ihm auf und kämmte ihm mit dem Dreschflegel garstig die Haare. Der Wolf mußte ausreißen, schrie aber dem Hund zu: »Wart, du schlechter Geselle, dafür sollst du büßen.«

Am andern Morgen schickte der Wolf das Schwein und ließ den Hund hinaus in den Wald fordern, da wollten sie ihre Sache ausmachen. Der alte Sultan konnte keinen Beistand finden als eine Katze, die nur drei Beine hatte, und als sie zusammen hinausgingen, humpelte die arme Katze daher und streckte zugleich vor Schmerz den Schwanz in die Höhe. Der Wolf und sein Beistand waren schon an Ort und Stelle, als sie aber ihren Gegner daherkommen sahen, meinten sie, er führe einen Säbel mit sich, weil sie den aufgerichteten Schwanz der Katze dafür ansahen. Und wenn das arme Tier so auf drei Beinen hüpfte, dachten sie nicht anders, als es höbe jedesmal einen Stein auf, wollte damit auf sie werfen. Da ward ihnen beiden angst: das wilde Schwein verkroch sich ins Laub, und der Wolf sprang auf einen Baum. Der Hund und die Katze, als sie herankamen, wunderten sich, daß sich niemand sehen ließ. Das wilde Schwein aber hatte sich im Laub nicht ganz verstecken können, sondern die Ohren ragten noch heraus. Während die Katze sich bedächtig umschaute, zwinste das Schwein mit den Ohren; die Katze, welche meinte, es regte sich da eine Maus, sprang darauf zu und biß herzhaft hinein. Da erhob sich das Schwein mit großem Geschrei, lief fort und rief: »Dort auf dem Baum, da sitzt der Schuldige.« Der Hund und die Katze schauten hinauf und erblickten den Wolf, der schämte sich, daß er sich so furchtsam gezeigt hatte, und nahm von dem Hund den Frieden an.

49.

Die sechs Schwäne

Es jagte einmal ein König in einem großen Wald und jagte einem Wild so eifrig nach, daß ihm niemand von seinen Leuten folgen konnte. Als der Abend herankam, hielt er still und blickte um sich, da sah er, daß er sich verirrt hatte. Er suchte einen Ausgang, konnte aber keinen finden. Da sah er eine alte Frau mit wackelndem Kopfe, die auf ihn zukam; das war aber eine Hexe. »Liebe Frau«, sprach er zu ihr, »könnt Ihr mir nicht den Weg durch den Wald zeigen?« – »O ja, Herr König«, antwortete sie, »das kann ich wohl, aber es ist eine Bedingung dabei, wenn Ihr die nicht erfüllt, so kommt Ihr nimmermehr aus dem Wald und müßt darin Hungers sterben.« – »Was ist das für eine Bedingung?« fragte der König. »Ich habe eine Tochter«, sagte die Alte, »die so schön ist, wie Ihr eine auf der Welt finden könnt, und wohl verdient, Eure Gemahlin zu werden, wollt Ihr die zur Frau Königin machen, so zeige ich Euch den Weg aus dem Walde.« Der König in der Angst seines Herzens willigte ein, und die Alte führte ihn zu ihrem Häuschen, wo ihre Tochter beim Feuer saß. Sie empfing den König, als wenn sie ihn erwartet hätte, und er sah wohl, daß sie sehr schön war, aber sie gefiel ihm doch nicht, und er konnte sie ohne heimliches Grausen nicht ansehen. Nachdem er das Mädchen zu sich aufs Pferd gehoben hatte, zeigte ihm die Alte den Weg, und der König gelangte wieder in sein königliches Schloß, wo die Hochzeit gefeiert wurde.

Der König war schon einmal verheiratet gewesen und hatte von seiner ersten Gemahlin sieben Kinder, sechs Knaben und ein Mädchen, die er über alles auf der Welt liebte. Weil er nun fürchtete, die Stiefmutter möchte sie nicht gut behandeln und ihnen gar ein Leid antun, so brachte er sie in ein einsames Schloß, das mitten in einem Walde stand. Es lag so verborgen und der Weg war so schwer zu finden, daß er ihn selbst nicht gefunden hätte, wenn ihm nicht eine weise Frau ein Knäuel Garn von wunderbarer Eigenschaft geschenkt hätte; wenn er das vor sich hinwarf, so wickelte es sich von selbst los und zeigte ihm den Weg. Der König ging aber so oft hinaus zu seinen lieben Kindern, daß der Königin seine Abwesenheit auffiel; sie ward neugierig und wollte wissen, was er draußen ganz allein in dem Walde zu schaffen habe. Sie gab seinen Dienern viel Geld, und die verrieten ihr das Geheimnis und sagten ihr auch von dem Knäuel, das allein den Weg zeigen könnte. Nun hatte sie keine Ruhe, bis sie herausgebracht hatte, wo der König das Knäuel aufbewahrte, und dann machte sie kleine weißseidene Hemdchen, und da sie von ihrer Mutter die Hexenkünste gelernt hatte, so nähete sie einen Zauber hinein. Und als der König einmal auf die Jagd geritten war, nahm sie die Hemdchen und ging in den Wald, und das Knäuel zeigte ihr den Weg. Die Kinder, die aus der Ferne jemand kommen sahen, meinten, ihr lieber Vater käme zu ihnen, und sprangen ihm voll Freude entgegen. Da warf sie über ein jedes eins von den Hemdchen, und wie das ihren Leib berührt hatte, verwandelten sie sich in Schwäne und flogen über den Wald hinweg. Die Königin ging ganz vergnügt nach Haus und glaubte ihre Stiefkinder los zu sein, aber das Mädchen war ihr mit den Brüdern nicht entgegengelaufen, und sie wußte nichts von ihm. Anderntags kam der König und wollte seine Kinder besuchen, er fand aber niemand als das Mädchen. »Wo sind deine Brüder?« fragte der König. »Ach, lieber Vater«, antwortete es, »die sind fort und haben mich allein zurückgelassen«, und erzählte ihm, daß es aus seinem Fensterlein mit angesehen habe, wie seine Brüder als Schwäne über den Wald weggeflogen wären, und zeigte ihm die Federn, die sie in dem Hof hatten fallen lassen und die es aufgelesen hatte. Der König trauerte, aber er dachte nicht, daß die Königin die böse Tat vollbracht hätte, und weil er fürchtete, das Mädchen würde ihm auch geraubt, so wollte er es mit fortnehmen. Aber es hatte Angst vor der Stiefmutter und bat den König, daß es nur noch diese Nacht im Waldschloß bleiben dürfte.

Das arme Mädchen dachte: »Meines Bleibens ist nicht länger hier, ich will gehen und meine Brüder suchen.« Und als die Nacht kam, entfloh es und ging gerade in den Wald hinein. Es ging die ganze Nacht durch und auch den andern Tag in einem fort, bis es vor Müdigkeit nicht weiter konnte. Da sah es eine Wildhütte, stieg hinauf und fand eine Stube mit sechs kleinen Betten, aber es getraute nicht, sich in eins zu legen, sondern kroch unter eins, legte sich auf den harten Boden und wollte die Nacht da zubringen. Als aber die Sonne bald untergehen wollte, hörte es ein Rauschen und sah, daß sechs Schwäne zum Fenster hereingeflogen kamen. Sie setzten sich auf den Boden und bliesen einander an und bliesen sich alle

Federn ab, und ihre Schwanenhaut streifte sich ab wie ein Hemd. Da sah sie das Mädchen an und erkannte ihre Brüder, freute sich und kroch unter dem Bett hervor. Die Brüder waren nicht weniger erfreut, als sie ihr Schwesterchen erblickten, aber ihre Freude war von kurzer Dauer. »Hier kann deines Bleibens nicht sein«, sprachen sie zu ihm, »das ist eine Herberge für Räuber, wenn die heimkommen und finden dich, so ermorden sie dich.« – »Könnt ihr mich denn nicht beschützen?« fragte das Schwesterchen. »Nein«, antworteten sie, »denn wir können nur eine Viertelstunde lang jeden Abend unsere Schwanenhaut ablegen und haben in dieser Zeit unsere menschliche Gestalt, aber dann werden wir wieder in Schwäne verwandelt.« Das Schwesterchen weinte und sagte: »Könnt ihr denn nicht erlöst werden?« – »Ach nein«, antworteten sie, »die Bedingungen sind zu schwer. Du darfst sechs Jahre lang nicht sprechen und nicht lachen und mußt in der Zeit sechs Hemdchen für uns aus Sternenblumen zusammennähen. Kommt ein einziges Wort aus deinem Munde, so ist alle Arbeit verloren.« Und als die Brüder das gesprochen hatten, war die Viertelstunde herum, und sie flogen als Schwäne wieder zum Fenster hinaus.

Das Mädchen aber faßte den festen Entschluß, seine Brüder zu erlösen, und wenn es auch sein Leben kostete. Es verließ die Wildhütte, ging mitten in den Wald und setzte sich auf einen Baum und brachte da die Nacht zu. Am andern Morgen ging es aus, sammelte Sternblumen und fing an zu nähen. Reden konnte es mit niemand, und zum Lachen hatte es keine Lust: es saß da und sah nur auf seine Arbeit. Als es schon lange Zeit da zugebracht hatte, geschah es, daß der König des Landes in dem Wald jagte und seine Jäger zu dem Baum kamen, auf welchem das Mädchen saß. Sie riefen es an und sagten: »Wer bist du?« Es gab aber keine Antwort. »Komm herab zu uns«, sagten sie, »wir wollen dir nichts zuleid tun.« Es schüttelte bloß mit dem Kopf. Als sie es weiter mit Fragen bedrängten, so warf es ihnen seine goldene Halskette herab und dachte sie damit zufriedenzustellen. Sie ließen aber nicht ab, da warf es ihnen seinen Gürtel herab, und als auch dies nicht half, seine Strumpfbänder, und nach und nach alles, was es anhatte und entbehren konnte, so daß es nichts mehr als sein Hemdlein behielt. Die Jäger ließen sich aber damit nicht abweisen, stiegen auf den Baum, hoben das Mädchen herab und führten es vor den König. Der König fragte: »Wer bist du? Was machst du auf dem Baum?« Aber es antwortete nicht. Er fragte es in allen Sprachen, die er wußte, aber es blieb stumm wie ein Fisch. Weil es aber so schön war, so ward des Königs Herz gerührt, und er faßte eine große Liebe zu ihm. Er tat ihm seinen Mantel um, nahm es vor sich aufs Pferd und brachte es in sein Schloß. Da ließ er ihm reiche Kleider antun, und es strahlte in seiner Schönheit wie der helle Tag, aber es war kein Wort aus ihm herauszubringen. Er setzte es bei Tisch an seine Seite, und seine bescheidenen Mienen und seine Sittsamkeit gefielen ihm so sehr, daß er sprach: »Diese begehre ich zu heiraten und keine andere auf der Welt«, und nach einigen Tagen vermählte er sich mit ihr.

Der König aber hatte eine böse Mutter, die war unzufrieden mit dieser Heirat und sprach schlecht von der jungen Königin. »Wer weiß, wo die Dirne her ist«, sagte sie, »die nicht reden kann; sie ist eines Königs nicht würdig.« Über ein Jahr, als die Königin das erste Kind zur Welt brachte, nahm es ihr die Alte weg und bestrich ihr im Schlafe den Mund mit Blut. Da ging sie zum König und klagte sie an, sie wäre eine Menschenfresserin. Der König wollte es nicht glauben und litt nicht, daß man ihr ein Leid antat. Sie saß aber beständig und nähete an den Hemden und achtete auf nichts anderes. Das nächstemal, als sie wieder einen schönen Knaben gebar, übte die falsche Schwiegermutter denselben Betrug aus, aber der König konnte sich nicht entschließen, ihren Reden Glauben beizumessen. Er sprach: »Sie ist zu fromm und gut, als daß sie so etwas tun könnte, wäre sie nicht stumm und könnte sie sich verteidigen, so würde ihre Unschuld an den Tag kommen.« Als aber das drittemal die Alte das neugeborene Kind raubte und die Königin anklagte, die kein Wort zu ihrer Verteidigung vorbrachte, so konnte der König nicht anders, er mußte sie dem Gericht übergeben, und das verurteilte sie, den Tod durchs Feuer zu erleiden.

Als der Tag herankam, wo das Urteil sollte vollzogen werden, da war zugleich der letzte Tag von den sechs Jahren herum, in welchen sie nicht sprechen und nicht lachen durfte, und sie hatte ihre lieben Brüder aus der Macht des Zaubers befreit. Die sechs Hemden waren fertig geworden, nur daß an dem letzten der linke Ärmel noch fehlte. Als sie nun zum Scheiterhaufen geführt wurde, legte sie die Hemden auf ihren Arm, und als sie oben stand und das Feuer eben sollte angezündet werden, so schaute sie sich um, da kamen sechs Schwäne durch die Luft dahergezogen. Da sah sie, daß ihre Erlösung nahte, und ihr Herz regte sich in Freude. Die Schwäne rauschten zu ihr her und senkten sich herab, so daß sie ihnen die Hemden überwerfen konnte; und wie sie davon berührt wurden, fielen die Schwanenhäute ab, und ihre Brüder standen leibhaftig vor ihr und waren frisch und schön; nur dem jüngsten fehlte der linke Arm, und er hatte dafür einen Schwanenflügel am Rücken. Sie herzten und küßten sich, und die Königin ging zu dem Könige, der ganz bestürzt war, und fing an zu reden und sagte: »Liebster Gemahl, nun darf ich sprechen und dir offenbaren, daß ich unschuldig bin und fälschlich angeklagt«, und erzählte ihm von dem Betrug der Alten, die ihre drei Kinder weggenommen und verborgen hätte. Da wurden sie zu großer Freude des Königs herbeigeholt, und die böse Schwiegermutter wurde zur Strafe auf den Scheiterhaufen gebunden und zu Asche verbrannt. Der König aber und die Königin mit ihren sechs Brüdern lebten lange Jahre in Glück und Frieden.

50.

Dornröschen

Vorzeiten war ein König und eine Königin, die sprachen jeden Tag: »Ach, wenn wir doch ein Kind hätten!«, und kriegten immer keins. Da trug sich zu, als die Königin einmal im Bade saß, daß ein Frosch aus dem Wasser ans Land kroch und zu ihr sprach: »Dein Wunsch wird erfüllt werden, ehe ein Jahr vergeht, wirst du eine Tochter zur Welt bringen.« Was der Frosch gesagt hatte, das geschah, und die Königin gebar ein Mädchen, das war so schön, daß der König vor Freude sich nicht zu lassen wußte und ein großes Fest anstellte. Er ladete nicht bloß seine Verwandte, Freunde und Bekannte, sondern auch die weisen Frauen dazu ein, damit sie dem Kind hold und gewogen wären. Es waren ihrer dreizehn in seinem Reiche, weil er aber nur zwölf goldene Teller hatte, von welchen sie essen sollten, so mußte eine von ihnen daheim bleiben. Das Fest ward mit aller Pracht gefeiert, und als es zu Ende war, beschenkten die weisen Frauen das Kind mit ihren Wundergaben: die eine mit Tugend, die andere mit Schönheit, die dritte mit Reichtum, und so mit allem, was auf der Welt zu wünschen ist. Als elfe ihre Sprüche eben getan hatten, trat plötzlich die dreizehnte herein. Sie wollte sich dafür rächen, daß sie nicht eingeladen war, und ohne jemand zu grüßen oder nur anzusehen, rief sie mit lauter Stimme: »Die Königstochter soll sich in ihrem funfzehnten Jahr an einer Spindel stechen und tot hinfallen.« Und ohne ein Wort weiter zu sprechen, kehrte sie sich um und verließ den Saal. Alle waren erschrocken, da trat die zwölfte hervor, die ihren Wunsch noch übrig hatte, und weil sie den bösen Spruch nicht aufheben, sondern nur ihn mildern konnte, so sagte sie: »Es soll aber kein Tod sein, sondern ein hundertjähriger tiefer Schlaf, in welchen die Königstochter fällt.«

Der König, der sein liebes Kind vor dem Unglück gern bewahren wollte, ließ den Befehl ausgehen, daß alle Spindeln im ganzen Königreiche sollten verbrannt werden. An dem Mädchen aber wurden die Gaben der weisen Frauen sämtlich erfüllt, denn es war so schön, sittsam, freundlich und verständig, daß es jedermann, der es ansah, liebhaben mußte. Es geschah, daß an dem Tage, wo es gerade funfzehn Jahr alt ward, der König und die Königin nicht zu Haus waren und das Mädchen ganz allein im Schloß zurückblieb. Da ging es allerorten herum, besah Stuben und Kammern, wie es Lust hatte, und kam endlich auch an einen alten Turm. Es stieg die enge Wendeltreppe hinauf und gelangte zu einer kleinen Türe. In dem Schloß steckte ein verrosteter Schlüssel, und als es umdrehte, sprang die Türe auf, und saß da in einem kleinen Stübchen eine alte Frau mit einer Spindel und spann emsig ihren Flachs. »Guten Tag, du altes Mütterchen«, sprach die Königstochter, »was machst du da?« – »Ich spinne«, sagte die Alte und nickte mit dem Kopf. »Was ist das für ein Ding, das so lustig herumspringt?« sprach das Mädchen, nahm die Spindel und wollte auch spinnen. Kaum hatte sie aber die Spindel angerührt, so ging der Zauberspruch in Erfüllung, und sie stach sich damit in den Finger.

In dem Augenblick aber, wo sie den Stich empfand, fiel sie auf das Bett nieder, das da stand, und lag in einem tiefen Schlaf. Und dieser Schlaf verbreitete sich über das ganze Schloß: der König und die Königin, die eben heimgekommen waren und in den Saal getreten waren, fingen an einzuschlafen, und der ganze Hofstaat mit ihnen. Da schliefen auch die Pferde im Stall, die Hunde im Hofe, die Tauben auf dem Dache, die Fliegen an der Wand, ja, das Feuer, das auf dem Herde flackerte, ward still und schlief ein, und der Braten hörte auf zu brutzeln, und der Koch, der den Küchenjungen, weil er etwas versehen hatte, in den Haaren ziehen wollte, ließ ihn los und schlief. Und der Wind legte sich, und auf den Bäumen vor dem Schloß regte sich kein Blättchen mehr.

Rings um das Schloß aber begann eine Dornenhecke zu wachsen, die jedes Jahr höher ward und endlich das ganze Schloß umzog und darüber hinaus wuchs, daß gar nichts mehr davon zu sehen war, selbst nicht die Fahne auf dem Dach. Es ging aber die Sage in dem Land von dem schönen schlafenden Dornröschen, denn so ward die Königstochter genannt, also daß von Zeit zu Zeit Königssöhne kamen und durch die Hecke in das Schloß dringen wollten. Es war ihnen aber nicht möglich, denn die Dornen, als hätten sie Hände, hielten fest zusammen, und die Jünglinge blieben darin hängen, konnten sich nicht wieder losmachen und starben eines jämmerlichen Todes. Nach langen, langen Jahren kam wieder einmal ein Königssohn in das Land und hörte, wie ein alter Mann von der Dornenhecke erzählte, es sollte ein Schloß dahinter stehen, in welchem eine wunderschöne Königstochter, Dornröschen genannt, schon seit hundert Jahren schliefe, und mit ihr schliefe der König und die Königin und der ganze Hofstaat. Er wußte auch von seinem Großvater, daß schon viele Königssöhne gekommen wären und versucht hätten, durch die Dornenhecke zu dringen, aber sie wären darin hängengeblieben und eines traurigen Todes gestorben. Da sprach der Jüngling: »Ich fürchte mich nicht, ich will hinaus und das schöne Dornröschen sehen.« Der gute Alte mochte ihm abraten, wie er wollte, er hörte nicht auf seine Worte.

Nun waren aber gerade die hundert Jahre verflossen, und der Tag war gekommen, wo Dornröschen wieder erwachen sollte. Als der Königssohn sich der Dornenhecke näherte, waren es lauter große schöne Blumen, die taten sich von selbst auseinander und ließen ihn unbeschädigt hindurch, und hinter ihm taten sie sich wieder als eine Hecke zusammen. Im Schloßhof sah er die Pferde und scheckigen Jagdhunde liegen und schlafen, auf dem Dache saßen die Tauben und hatten das Köpfchen unter den Flügel gesteckt. Und als er ins Haus kam, schliefen die Fliegen an der Wand, der Koch in der Küche hielt noch die Hand, als wollte er den Jungen anpacken, und die Magd saß vor dem schwarzen Huhn, das sollte gerupft werden. Da ging er weiter und sah im Saale den ganzen Hofstaat liegen und schlafen, und oben bei dem Throne lag der König und die Königin. Da ging er noch weiter, und alles war so still, daß einer seinen Atem hören konnte, und endlich kam er zu dem Turm und öffnete die Türe zu der kleinen Stube, in welcher Dornröschen schlief. Da lag es und war so schön, daß er die Augen nicht abwenden konnte, und er bückte sich und gab ihm einen Kuß. Wie er es mit dem Kuß berührt hatte, schlug Dornröschen die Augen auf, erwachte und blickte ihn ganz freundlich an. Da gingen sie zusammen herab, und der König erwachte und die Königin und der ganze Hofstaat und sahen einander mit großen Augen an. Und die Pferde im Hof standen auf und rüttelten sich; die Jagdhunde sprangen und wedelten; die Tauben auf dem Dache zogen das Köpfchen unterm Flügel hervor, sahen umher und flogen ins Feld; die Fliegen an den Wänden krochen weiter; das Feuer in der Küche erhob sich, flakkerte und kochte das Essen; der Braten fing wieder an zu brutzeln; und der Koch gab dem Jungen eine Ohrfeige, daß er schrie; und die Magd rupfte das Huhn fertig. Und da wurde die Hochzeit des Königssohns mit dem Dornröschen in aller Pracht gefeiert, und sie lebten vergnügt bis an ihr Ende.

51.

Fundevogel

Es war einmal ein Förster, der ging in den Wald auf die Jagd, und wie er in den Wald kam, hörte er schreien, als ob's ein kleines Kind wäre. Er ging dem Schreien nach und kam endlich zu einem hohen Baum, und oben darauf saß ein kleines Kind. Es war aber die Mutter mit dem Kinde unter dem Baum eingeschlafen, und ein Raubvogel hatte das Kind in ihrem Schoße gesehen: da war er hinzugeflogen, hatte es mit seinem Schnabel weggenommen und auf den hohen Baum gesetzt.

Der Förster stieg hinauf, holte das Kind herunter und dachte: »Du willst das Kind mit nach Haus nehmen und mit deinem Lenchen zusammen aufziehn.« Er brachte es also heim, und die zwei Kinder wuchsen miteinander auf. Das aber, das auf dem Baum gefunden worden war, und weil es ein Vogel weggetragen hatte, wurde *Fundevogel* geheißen. Fundevogel und Lenchen hatten sich so lieb, nein so lieb, daß wenn eins das andere nicht sah, ward es traurig.

Der Förster hatte aber eine alte Köchin, die nahm eines Abends zwei Eimer und fing an, Wasser zu schleppen, und ging nicht einmal, sondern vielemal hinaus an den Brunnen. Lenchen sah es und sprach: »Hör einmal, alte Sanne, was trägst du denn so viel Wasser zu?« – »Wenn du's keinem Menschen wiedersagen willst, so will ich dir's wohl sagen.« Da sagte Lenchen, nein, sie wollte es keinem Menschen wiedersagen, so sprach die Köchin: »Morgen früh, wenn der Förster auf die Jagd ist, da koche ich das Wasser, und wenn's im Kessel siedet, werfe ich den Fundevogel 'nein und will ihn darin kochen.«

Des andern Morgens in aller Frühe stieg der Förster auf und ging auf die Jagd, und als er weg war, lagen die Kinder noch im Bett. Da sprach Lenchen zum Fundevogel: »Verläßt du mich nicht, so verlaß ich dich auch nicht.« So sprach der Fundevogel: »Nun und nimmermehr.« Da sprach Lenchen: »Ich will es dir nur sagen, die alte Sanne schleppte gestern abend so viel Eimer Wasser ins Haus, da fragte ich sie, warum sie das täte, so sagte sie, wenn ich's keinem Menschen sagen wollte, so wollte sie es mir wohl sagen; sprach ich, ich wollte es gewiß keinem Menschen sagen; da sagte sie, morgen früh, wenn der Vater auf die Jagd wäre, wollte sie den Kessel voll Wasser sieden, dich hineinwerfen und kochen. Wir wollen aber geschwind aufsteigen, uns anziehen und zusammen fortgehen.«

Also standen die beiden Kinder auf, zogen sich geschwind an und gingen fort. Wie nun das Wasser im Kessel kochte, ging die Köchin in die Schlafkammer, wollte den Fundevogel holen und ihn hineinwerfen. Aber als sie hineinkam und zu den Betten trat, waren die Kinder alle beide fort; da wurde ihr grausam angst, und sie sprach vor sich: »Was will ich nun sagen, wenn der Förster heimkommt und sieht, daß die Kinder weg sind? Geschwind hinten nach, daß wir sie wieder kriegen.«

Da schickte die Köchin drei Knechte nach, die sollten laufen und die Kinder einlangen. Die Kinder aber saßen vor dem Wald, und als sie die drei Knechte von weitem laufen sahen, sprach Lenchen zum Fundevogel: »Verläßt du mich nicht, so verlaß ich dich auch nicht.« So sprach Fundevogel: »Nun und nimmermehr.« Da sagte Lenchen: »Werde du zum Rosenstöckchen und ich zum Röschen darauf.« Wie nun die drei Knechte vor den Wald kamen, so war nichts da als ein Rosenstrauch und ein Röschen oben drauf, die Kinder aber nirgend. Da sprachen sie: »Hier ist nichts zu machen«, und gingen heim und sagten der Köchin, sie hätten nichts in der Welt gesehen als nur ein Rosenstöckchen und ein Röschen oben darauf. Da schalt die alte Köchin: »Ihr Einfaltspinsel, ihr hättet das Rosenstöckchen sollen entzweischneiden und das Röschen abbrechen und mit nach Haus bringen, geschwind und tut's.« Sie mußten also zum zweitenmal hinaus und suchen. Die Kinder sahen sie aber von weitem kommen, da sprach Lenchen: »Fundevogel, verläßt du mich nicht, so verlaß ich dich auch nicht.« Fundevogel sagte: »Nun und nimmermehr.« Sprach Lenchen: »So werde du eine Kirche und ich die Krone darin.« Wie nun die drei Knechte dahin kamen, war nichts da als eine Kirche und eine Krone darin. Sie sprachen also zueinander: »Was sollen wir hier machen, laßt uns nach Hause gehen.« Wie sie nach Haus kamen, fragte die Köchin, ob sie nichts gefunden hätten; so sagten sie, nein, sie hätten nichts gefunden als eine Kirche, da wäre eine Krone darin gewesen. »Ihr Narren«, schalt die Köchin, »warum habt ihr nicht die Kirche zerbrochen und die Krone mit heimgebracht?« Nun machte sich die alte Köchin selbst auf die Beine und ging mit den drei Knechten den Kindern nach. Die Kinder sahen aber die drei Knechte von weitem kommen, und die Köchin wackelte hinten nach. Da sprach Lenchen: »Fundevogel, verläßt du mich nicht, so verlaß ich dich auch nicht.« Da sprach der Fundevogel: »Nun und nimmermehr.« Sprach Lenchen: »Werde zum Teich und ich die Ente darauf.« Die Köchin aber kam herzu, und als sie den Teich sahe, legte sie sich darüber hin und wollte ihn aussaufen. Aber die Ente kam schnell geschwommen, faßte sie mit ihrem Schnabel beim Kopf und zog sie ins Wasser hinein; da mußte die alte Hexe ertrinken. Da gingen die Kinder zusammen nach Haus und waren herzlich froh; und wenn sie nicht gestorben sind, leben sie noch.

52.

König Drosselbart

Ein König hatte eine Tochter, die war über alle Maßen schön, aber dabei so stolz und übermütig, daß ihr kein Freier gut genug war. Sie wies einen nach dem andern ab und trieb noch dazu Spott mit ihnen. Einmal ließ der König ein großes Fest anstellen und ladete dazu aus der Nähe und Ferne die heiratslustigen Männer ein. Sie wurden alle in eine Reihe nach Rang und Stand geordnet; erst kamen die Könige, dann die Herzöge, die Fürsten, Grafen und Freiherrn, zuletzt die Edelleute. Nun ward die Königstochter durch die Reihen geführt, aber an jedem hatte sie etwas auszusetzen. Der eine war ihr zu dick: »Das Weinfaß!« sprach sie. Der andere zu lang: »Lang und schwank hat keinen Gang.« Der dritte zu kurz: »Kurz und dick hat kein Geschick.« Der vierte zu blaß: »Der bleiche Tod!« Der fünfte zu rot: »Der Zinshahn!« Der sechste war nicht gerad genug: »Grünes Holz, hinterm Ofen getrocknet!« Und so hatte sie an einem jeden etwas auszusetzen, besonders aber machte sie sich über einen guten König lustig, der ganz oben stand und dem das Kinn ein wenig krumm gewachsen war. »Ei«, rief sie und lachte, »der hat ein Kinn wie die Drossel einen Schnabel«; und seit der Zeit bekam er den Namen *Drosselbart*. Der alte König aber, als er sah, daß seine Tochter nichts tat als über die Leute spotten und alle Freier, die da versammelt waren, verschmähte, ward er zornig und schwur, sie sollte den ersten besten Bettler zum Manne nehmen, der vor seine Türe käme.

Ein paar Tage darauf hub ein Spielmann an, unter dem Fenster zu singen, um damit ein geringes Almosen zu verdienen. Als es der König hörte, sprach er: »Laßt ihn heraufkommen.« Da trat der Spielmann in seinen schmutzigen, verlumpten Kleidern herein, sang vor dem König und seiner Tochter und bat, als er fertig war, um eine milde Gabe. Der König sprach: »Dein Gesang hat mir so wohl gefallen, daß ich dir meine Tochter da zur Frau geben will.« Die Königstochter erschrak, aber der König sagte: »Ich habe den Eid getan, dich dem ersten besten Bettelmann zu geben, den will ich auch halten.« Es half keine Einrede, der Pfarrer ward geholt, und sie mußte sich gleich mit dem Spielmann trauen lassen. Als das geschehen war, sprach der König: »Nun schickt sich's nicht, daß du als ein Bettelweib noch länger in meinem Schloß bleibst, du kannst nur mit deinem Manne fortziehen.«

Der Bettelmann führte sie an der Hand hinaus, und sie mußte mit ihm zu Fuß fortgehen. Als sie in einen großen Wald kamen, da fragte sie:

»Ach, wem gehört der schöne Wald?«
»Der gehört dem König Drosselbart;
hättst du 'n genommen, so wär er dein.«
»Ich arme Jungfer zart,
ach, hätt ich genommen den König Drosselbart!«

Darauf kamen sie über eine Wiese, da fragte sie wieder:

»Wem gehört die schöne grüne Wiese?«
»Sie gehört dem König Drosselbart;
hättst du 'n genommen, so wär sie dein.«
»Ich arme Jungfer zart,
ach, hätt ich genommen den König Drosselbart!«

Dann kamen sie durch eine große Stadt, da fragte sie wieder:

»Wem gehört diese schöne große Stadt?«
»Sie gehört dem König Drosselbart;
hättst du 'n genommen, so wär sie dein.«
»Ich arme Jungfer zart,
ach, hätt ich genommen den König Drosselbart!«

»Es gefällt mir gar nicht«, sprach der Spielmann, »daß du dir immer einen andern zum Mann wünschest: bin ich dir nicht gut genug?« Endlich kamen sie an ein ganz kleines Häuschen, da sprach sie:

»Ach, Gott, was ist das Haus so klein!
Wem mag das elende winzige Häuschen sein?«

Der Spielmann antwortete: »Das ist mein und dein Haus, wo wir zusammen wohnen.« Sie mußte sich bücken, damit sie zu der niedrigen Tür hineinkam. »Wo sind die Diener?« sprach die Königstochter. »Was Diener!« antwortete der Bettelmann. »Du mußt selber tun, was du willst getan haben. Mach nur gleich Feuer an und stell Wasser auf, daß du mir mein Essen kochst; ich bin ganz müde.« Die Königstochter verstand aber nichts vom Feueranmachen und Kochen, und der Bettelmann mußte selber mit Hand anlegen, daß es noch so leidlich ging. Als sie die schmale Kost verzehrt hatten, legten sie sich zu Bett; aber am Morgen trieb er sie schon ganz früh heraus, weil sie das Haus besorgen sollte. Ein paar Tage lebten sie auf diese Art schlecht und recht und zehrten ihren Vorrat auf. Da sprach der Mann: »Frau, so geht's nicht länger, daß wir hier zehren und nichts verdienen. Du sollst Körbe flechten.« Er ging aus, schnitt Weiden und brachte sie heim; da fing sie an zu flechten, aber die harten Weiden stachen ihr die zarten Hände wund. »Ich sehe, das geht nicht«, sprach der Mann, »spinn lieber, vielleicht kannst du das besser.« Sie setzte sich hin und versuchte zu spinnen, aber der harte Faden schnitt ihr bald in die weichen Finger, daß das Blut daran herunterlief. »Siehst du«, sprach der Mann, »du taugst zu keiner Arbeit, mit dir bin ich schlimm angekommen. Nun will ich's versuchen und einen Handel mit Töpfen und irdenem Geschirr anfangen: du sollst dich auf den Markt setzen und die Ware feilhalten.« – »Ach«, dachte sie, »wenn auf den Markt Leute aus meines Vaters Reich kommen und sehen mich da sitzen und feilhalten, wie werden sie mich verspotten!« Aber es half nichts, sie mußte sich fügen, wenn sie nicht Hungers sterben wollten. Das erstemal ging's gut, denn die Leute kauften der Frau, weil sie schön war, gern ihre Ware ab und bezahlten, was sie forderte: ja, viele gaben ihr das Geld und ließen ihr die Töpfe noch dazu. Nun lebten sie von dem erworbenen, solang es dauerte, da handelte der Mann wieder eine Menge neues Geschirr ein. Sie setzte sich damit an eine Ecke des Marktes und stellte es um sich her und hielt feil. Da kam plötzlich ein trunkener Husar dahergejagt und ritt geradezu in die Töpfe hinein, daß alles in tausend Scherben zersprang. Sie fing an zu weinen und wußte vor Angst nicht, was sie anfangen sollte. »Ach, wie wird mir's ergehen!« rief sie. »Was wird mein Mann dazu sagen!« Sie lief heim und erzählte ihm das Unglück. »Wer setzt sich auch an die Ecke des Marktes mit irdenem Geschirr!« sprach der Mann. »Laß nur das Weinen, ich sehe wohl, du bist zu keiner ordentlichen Arbeit zu gebrauchen. Da bin ich in unseres Königs Schloß gewesen und habe gefragt, ob sie nicht eine Küchenmagd brauchen könnten, und sie haben mir versprochen, sie wollten dich dazu nehmen; dafür bekommst du freies Essen.«

Nun ward die Königstochter eine Küchenmagd, muße dem Koch zur Hand gehen und die sauerste Arbeit tun. Sie machte sich in beiden Taschen ein Töpfchen fest, darin brachte sie nach Haus, was ihr von dem Übriggebliebenen zuteil ward, und davon nährten sie sich. Es trug sich zu, daß die Hochzeit des ältesten Königssohnes sollte gefeiert werden, da ging die arme Frau hinauf, stellte sich vor die Saaltüre und wollte zusehen. Als nun die Lichter angezündet waren und immer einer schöner als der andere hereintrat und alles voll Pracht und Herrlichkeit war, dachte sie mit betrübtem Herzen an ihr Schicksal und verwünschte ihren Stolz und Übermut, der sie erniedrigt und in so große Armut gestürzt hatte. Von den köstlichen Speisen, die da ein und aus getragen wurden und von welchen der Geruch zu ihr aufstieg, warfen ihr Diener manchmal ein paar Brokken zu, die tat sie in ihr Töpfchen und wollte es heimtragen. Auf einmal trat der Königssohn herein, war in Samt und Seide gekleidet und hatte goldene Ketten um den Hals. Und als er die schöne Frau in der Türe stehen sah, ergriff er sie bei der Hand und wollte mit ihr tanzen, aber sie weigerte sich und erschrak, denn sie sah, daß es der König Drosselbart war, der um sie gefreit und den sie mit Spott abgewiesen hatte. Ihr Sträuben half nichts, er zog sie in den Saal; da zerriß das Band, an welchem die Taschen hingen, und die Töpfe fielen heraus, daß die Suppe floß und die Brocken umhersprangen. Und wie das die Leute sahen, entstand ein allgemeines Gelächter und Spotten, und sie war so beschämt, daß sie sich lieber tausend Klafter unter die Erde gewünscht hätte. Sie sprang zur Türe hinaus und wollte entfliehen, aber auf der Treppe holte sie ein Mann ein und brachte sie zurück; und wie sie ihn ansah, war es wieder der König Drosselbart. Er sprach ihr freundlich zu: »Fürchte dich nicht, ich und der Spielmann, der mit dir in dem elenden Häuschen gewohnt hat, sind eins: dir zuliebe habe ich mich so verstellt, und der Husar, der dir die Töpfe entzweigeritten hat, bin ich auch gewesen. Das alles ist geschehen, um deinen stolzen Sinn zu beugen und dich für deinen Hochmut zu strafen, womit du mich verspottet hast.« Da weinte sie bitterlich und sagte: »Ich habe großes Unrecht gehabt und bin nicht wert, deine Frau zu sein.« Er aber sprach: »Tröste dich, die bösen Tage sind vorüber, jetzt wollen wir unsere Hochzeit feiern.« Da kamen die Kammerfrauen und taten ihr die prächtigsten Kleider an, und ihr Vater kam und der ganze Hof und wünschten ihr Glück zu ihrer Vermählung mit dem König Drosselbart, und die rechte Freude fing jetzt erst an. Ich wollte, du und ich, wir wären auch dabeigewesen.

53.

Sneewittchen

Es war einmal mitten im Winter, und die Schneeflocken fielen wie Federn vom Himmel herab, da saß eine Königin an einem Fenster, das einen Rahmen von schwarzem Ebenholz hatte, und nähte. Und wie sie so nähte und nach dem Schnee aufblickte, stach sie sich mit der Nadel in den Finger, und es fielen drei Tropfen Blut in den Schnee. Und weil das Rote im weißen Schnee so schön aussah, dachte sie bei sich: »Hätt ich ein Kind so weiß wie Schnee, so rot wie Blut und so schwarz wie das Holz an dem Rahmen.« Bald darauf bekam sie ein Töchterlein, das war so weiß wie Schnee, so rot wie Blut und so schwarzhaarig wie Ebenholz, und ward darum das Sneewittchen (Schneeweißchen) genannt. Und wie das Kind geboren war, starb die Königin.

Über ein Jahr nahm sich der König eine andere Gemahlin. Es war eine schöne Frau, aber sie war stolz und übermütig und konnte nicht leiden, daß sie an Schönheit von jemand sollte übertroffen werden. Sie hatte einen wunderbaren Spiegel, wenn sie vor den trat und sich darin beschaute, sprach sie:

»Spieglein, Spieglein an der Wand,
wer ist die schönste im ganzen Land?«

So antwortete der Spiegel:

»Frau Königin, Ihr seid die schönste im Land.«

Da war sie zufrieden, denn sie wußte, daß der Spiegel die Wahrheit sagte.

Sneewittchen aber wuchs heran und wurde immer schöner, und als es sieben Jahr alt war, war es so schön wie der klare Tag und schöner als die Königin selbst. Als diese einmal ihren Spiegel fragte:

»Spieglein, Spieglein an der Wand,
wer ist die schönste im ganzen Land?«,

so antwortete er:

»Frau Königin, Ihr seid die schönste hier,
aber Sneewittchen ist tausendmal schöner als Ihr.«

Da erschrak die Königin und ward gelb und grün vor Neid. Von Stund an, wenn sie Sneewittchen erblickte, kehrte sich ihr das Herz im Leibe herum, so haßte sie das Mädchen. Und der Neid und

Hochmut wuchsen wie ein Unkraut in ihrem Herzen immer höher, daß sie Tag und Nacht keine Ruhe mehr hatte. Da rief sie einen Jäger und sprach: »Bring das Kind hinaus in den Wald, ich will's nicht mehr vor meinen Augen sehen. Du sollst es töten und mir Lunge und Leber zum Wahrzeichen mitbringen.« Der Jäger gehorchte und führte es hinaus, und als er den Hirschfänger gezogen hatte und Sneewittchens unschuldiges Herz durchbohren wollte, fing es an zu weinen und sprach: »Ach, lieber Jäger, laß mir mein Leben; ich will in den wilden Wald laufen und nimmermehr wieder heimkommen.« Und weil es so schön war, hatte der Jäger Mitleiden und sprach: »So lauf hin, du armes Kind.« – »Die wilden Tiere werden dich bald gefressen haben«, dachte er, und doch war's ihm, als wär ein Stein von seinem Herzen gewälzt, weil er es nicht zu töten brauchte. Und als gerade ein junger Frischling dahergesprungen kam, stach er ihn ab, nahm Lunge und Leber heraus und brachte sie als Wahrzeichen der Königin mit. Der Koch mußte sie in Salz kochen, und das boshafte Weib aß sie auf und meinte, sie hätte Sneewittchens Lunge und Leber gegessen.

Nun war das arme Kind in dem großen Wald mutterselig allein, und ward ihm so angst, daß es alle Blätter an den Bäumen ansah und nicht wußte, wie es sich helfen sollte. Da fing es an zu laufen und lief über die spitzen Steine und durch die Dornen, und die wilden Tiere sprangen an ihm vorbei, aber sie taten ihm nichts. Es lief, solange nur die Füße noch fort konnten, bis es bald Abend werden wollte, da sah es ein kleines Häuschen und ging hinein, sich zu ruhen. In dem Häuschen war alles klein, aber so zierlich und reinlich, daß es nicht zu sagen ist. Da stand ein weiß gedecktes Tischlein mit sieben kleinen Tellern, jedes Tellerlein mit seinem Löffelein, ferner sieben Messerlein und Gäblein und sieben Becherlein. An der Wand waren sieben Bettlein nebeneinander aufgestellt und schneeweiße Laken darübergedeckt. Sneewittchen, weil es so hungrig und durstig war, aß von jedem Tellerlein ein wenig Gemüs und Brot und trank aus jedem Becherlein einen Tropfen Wein; denn es wollte nicht einem allein alles wegnehmen. Hernach, weil es so müde war, legte es sich in ein Bettchen, aber keins paßte; das eine war zu lang, das andere zu kurz, bis endlich das siebente recht war: und darin blieb es liegen, befahl sich Gott und schlief ein.

Als es ganz dunkel geworden war, kamen die Herren von dem Häuslein, das waren die sieben Zwerge, die in den Bergen nach Erz hackten und gruben. Sie zündeten ihre sieben Lichtlein an, und wie es nun hell im Häuslein ward, sahen sie, daß jemand darin gewesen war, denn es stand nicht alles so in der Ordnung, wie sie es verlassen hatten. Der erste sprach: »Wer hat auf meinem Stühlchen gesessen?« Der zweite: »Wer hat von meinem Tellerchen gegessen?« Der dritte: »Wer hat von meinem Brötchen genommen?« Der vierte: »Wer hat von meinem Gemüschen gegessen?« Der fünfte: »Wer hat mit meinem Gäbelchen gestochen?« Der sechste: »Wer hat mit meinem Messerchen geschnitten?« Der siebente: »Wer hat aus meinem Becherlein getrunken?« Dann sah sich der erste um und sah, daß auf seinem Bett eine kleine Dälle war, da sprach er: »Wer hat in meinem Bettchen getreten?« Die andern kamen gelaufen und riefen: »In meinem hat auch jemand gelegen.« Der siebente aber, als er in sein Bett sah, erblickte Sneewittchen, das lag darin und schlief. Nun rief er die andern, die kamen herbeigelaufen und schrien vor Verwunderung, holten ihre sieben Lichtlein und beleuchteten Sneewittchen. »Ei, du mein Gott! Ei, du mein Gott!« riefen sie. »Was ist das Kind so schön!« Und hatten so große Freude, daß sie es nicht aufweckten, sondern im Bettlein fortschlafen ließen. Der siebente Zwerg aber schlief bei seinen Gesellen, bei jedem eine Stunde, da war die Nacht herum.

Als es Morgen war, erwachte Sneewittchen, und wie es die sieben Zwerge sah, erschrak es. Sie waren aber freundlich und fragten: »Wie heißt du?« – »Ich heiße Sneewittchen«, antwortete es. »Wie bist du in unser Haus gekommen?« sprachen weiter die Zwerge. Da erzählte es ihnen, daß seine Stiefmutter es hätte wollen umbringen lassen, der Jäger hätte ihm aber das Leben geschenkt, und da wär es gelaufen den ganzen Tag, bis es endlich ihr Häuslein gefunden hätte. Die Zwerge sprachen: »Willst du unsern Haushalt versehen, kochen, betten, waschen, nähen und stricken, und willst du alles ordentlich und reinlich halten, so kannst du bei uns bleiben, und es soll dir an nichts fehlen.« – »Ja«, sagte Sneewittchen, »von Herzen gern«, und blieb bei ihnen. Es hielt ihnen das Haus in Ordnung; morgens gingen sie in die Berge und suchten Erz und Gold, abends kamen sie wieder, und da mußte ihr Essen bereit sein. Den Tag über war das Mädchen allein, da warnten es die guten Zwerglein und sprachen: »Hüte dich vor deiner Stiefmutter, die wird bald wissen, daß du hier bist; laß ja niemand herein.«

Die Königin aber, nachdem sie Sneewittchens Lunge und Leber

glaubte gegessen zu haben, dachte nicht anders, als sie wäre wieder die erste und allerschönste, trat vor ihren Spiegel und sprach:

»Spieglein, Spieglein an der Wand,
wer ist die schönste im ganzen Land?«

Da antwortete der Spiegel:

»Frau Königin, Ihr seid die schönste hier,
aber Sneewittchen über den Bergen
bei den sieben Zwergen
ist noch tausendmal schöner als Ihr.«

Da erschrak sie, denn sie wußte, daß der Spiegel keine Unwahrheit sprach, und merkte, daß der Jäger sie betrogen hatte und Sneewittchen noch am Leben war. Und da sann und sann sie aufs neue, wie sie es umbringen wollte; denn solange sie nicht die schönste war im ganzen Land, ließ ihr der Neid keine Ruhe. Und als sie sich endlich etwas ausgedacht hatte, färbte sie sich das Gesicht und kleidete sich wie eine alte Krämerin, und war ganz unkenntlich. In dieser Gestalt ging sie über die sieben Berge zu den sieben Zwergen, klopfte an die Türe und rief: »Schöne Ware feil! feil!« Sneewittchen guckte zum Fenster heraus und rief: »Guten Tag, liebe Frau, was habt Ihr zu verkaufen?« – »Gute Ware, schöne Ware«, antwortete sie, »Schnürriemen von allen Farben«, und holte einen hervor, der aus bunter Seide geflochten war. »Die ehrliche Frau kann ich hereinlassen«, dachte Sneewittchen, riegelte die Türe auf und kaufte sich den hübschen Schnürriemen. »Kind«, sprach die Alte, »wie du aussiehst! Komm, ich will dich einmal ordentlich schnüren.« Sneewittchen hatte kein Arg, stellte sich vor sie und ließ sich mit dem neuen Schnürriemen schnüren; aber die Alte schnürte geschwind und schnürte so fest, daß dem Sneewittchen der Atem verging und es für tot hinfiel. »Nun bist du die schönste gewesen«, sprach sie und eilte hinaus.

Nicht lange darauf, zur Abendzeit, kamen die sieben Zwerge nach Haus, aber wie erschraken sie, als sie ihr liebes Sneewittchen auf der Erde liegen sahen; und es regte und bewegte sich nicht, als wäre es tot. Sie hoben es in die Höhe, und weil sie sahen, daß es zu fest geschnürt war, schnitten sie den Schnürriemen entzwei: da fing es an, ein wenig zu atmen, und ward nach und nach wieder lebendig. Als die Zwerge hörten, was geschehen war, sprachen sie: »Die alte Krämerfrau war niemand als die gottlose Königin: hüte dich und laß keinen Menschen herein, wenn wir nicht bei dir sind.«

Das böse Weib aber, als es nach Haus gekommen war, ging vor den Spiegel und fragte:

»Spieglein, Spieglein an der Wand,
wer ist die schönste im ganzen Land?«

Da antwortete er wie sonst:

»Frau Königin, Ihr seid die schönste hier,
aber Sneewittchen über den Bergen
bei den sieben Zwergen
ist noch tausendmal schöner als Ihr.«

Als sie das hörte, lief ihr alles Blut zum Herzen, so erschrak sie, denn sie sah wohl, daß Sneewittchen wieder lebendig geworden war. »Nun aber«, sprach sie, »will ich etwas aussinnen, das dich zugrunde richten soll«, und mit Hexenkünsten, die sie verstand, machte sie einen giftigen Kamm. Dann verkleidete sie sich und nahm die Gestalt eines andern alten Weibes an. So ging sie hin über die sieben Berge zu den sieben Zwergen, klopfte an die Türe und rief: »Gute Ware feil! feil!« Sneewittchen schaute heraus und sprach: »Geht nur weiter, ich darf niemand hereinlassen.« – »Das Ansehen wird dir doch erlaubt sein«, sprach die Alte, zog den giftigen Kamm heraus und hielt ihn in die Höhe. Da gefiel er dem Kinde so gut, daß es sich betören ließ und die Türe öffnete. Als sie des Kaufs einig waren, sprach die Alte: »Nun will ich dich einmal ordentlich kämmen.« Das arme Sneewittchen dachte an nichts und ließ die Alte gewähren, aber kaum hatte sie den Kamm in die Haare gesteckt, als das Gift darin wirkte und das Mädchen ohne Besinnung niederfiel. »Du Ausbund von Schönheit«, sprach das boshafte Weib, »jetzt ist's um dich geschehen«, und ging fort. Zum Glück aber war es bald Abend, wo die sieben Zwerglein nach Haus kamen. Als sie Sneewittchen wie tot auf der Erde liegen sahen, hatten sie gleich die Stiefmutter in Verdacht, suchten nach und fanden den giftigen Kamm, und kaum hatten sie ihn herausgezogen, so kam Sneewittchen wieder zu sich und erzählte, was vorgegangen war. Da warnten sie es noch einmal, auf seiner Hut zu sein und niemand die Türe zu öffnen.

Die Königin stellte sich daheim vor den Spiegel und sprach:

»Spieglein, Spieglein an der Wand,
wer ist die schönste im ganzen Land?«

Da antwortete er wie vorher:

»Frau Königin, Ihr seid die schönste hier,

aber Sneewittchen über den Bergen
bei den sieben Zwergen
ist doch noch tausendmal schöner als Ihr.«

Als sie den Spiegel so reden hörte, zitterte und bebte sie vor Zorn. »Sneewittchen soll sterben«, rief sie, »und wenn es mein eignes Leben kostet.« Darauf ging sie in eine ganz verborgene einsame Kammer, wo niemand hinkam, und machte da einen giftigen, giftigen Apfel. Äußerlich sah er schön aus, weiß mit roten Backen, daß jeder, der ihn erblickte, Lust danach bekam, aber wer ein Stückchen davon aß, der mußte sterben. Als der Apfel fertig war, färbte sie sich das Gesicht und verkleidete sich in eine Bauersfrau, und so ging sie über die sieben Berge zu den sieben Zwergen. Sie klopfte an, Sneewittchen streckte den Kopf zum Fenster heraus und sprach: »Ich darf keinen Menschen einlassen, die sieben Zwerge haben mir's verboten.« – »Mir auch recht«, antwortete die Bäuerin, »meine Äpfel will ich schon loswerden. Da, einen will ich dir schenken.« – »Nein«, sprach Sneewittchen, »ich darf nichts annehmen.« – »Fürchtest du dich vor Gift?« sprach die Alte. »Siehst du, da schneide ich den Apfel in zwei Teile; den roten Backen iß du, den weißen will ich essen.« Der Apfel war aber so künstlich gemacht, daß der rote Backen allein vergiftet war. Sneewittchen lusterte den schönen Apfel an, und als es sah, daß die Bäuerin davon aß, so konnte es nicht länger widerstehen, streckte die Hand hinaus und nahm die giftige Hälfte. Kaum aber hatte es einen Bissen davon im Mund, so fiel es tot zur Erde nieder. Da betrachtete es die Königin mit grausigen Blicken und lachte überlaut und sprach: »Weiß wie Schnee, rot wie Blut, schwarz wie Ebenholz! Diesmal können dich die Zwerge nicht wieder erwecken.« Und als sie daheim den Spiegel befragte:

»Spieglein, Spieglein an der Wand,
wer ist die schönste im ganzen Land?«,

so antwortete er endlich:

»Frau Königin, Ihr seid die schönste im Land.«

Da hatte ihr neidisches Herz Ruhe, so gut ein neidisches Herz Ruhe haben kann.

Die Zwerglein, wie sie abends nach Haus kamen, fanden Sneewittchen auf der Erde liegen, und es ging kein Atem mehr aus seinem Mund, und es war tot. Sie hoben es auf, suchten, ob sie was Giftiges fänden, schnürten es auf, kämmten ihm die Haare, wuschen es mit Wasser und Wein, aber es half alles nichts; das liebe

Kind war tot und blieb tot. Sie legten es auf eine Bahre und setzten sich alle siebene daran und beweinten es, und weinten drei Tage lang. Da wollten sie es begraben, aber es sah noch so frisch aus wie ein lebender Mensch und hatte noch seine schönen roten Backen. Sie sprachen: »Das können wir nicht in die schwarze Erde versenken«, und ließen einen durchsichtigen Sarg von Glas machen, daß man es von allen Seiten sehen konnte, legten es hinein und schrieben mit goldenen Buchstaben seinen Namen darauf, und daß es eine Königstochter wäre. Dann setzten sie den Sarg hinaus auf den Berg, und einer von ihnen blieb immer dabei und bewachte ihn. Und die Tiere kamen auch und beweinten Sneewittchen, erst eine Eule, dann ein Rabe, zuletzt ein Täubchen.

Nun lag Sneewittchen lange, lange Zeit in dem Sarg und verweste nicht, sondern sah aus, als wenn es schliefe, denn es war noch so weiß als Schnee, so rot als Blut und so schwarzhaarig wie Ebenholz. Es geschah aber, daß ein Königssohn in den Wald geriet und zu dem Zwergenhaus kam, da zu übernachten. Er sah auf dem Berg den Sarg, und das schöne Sneewittchen darin, und las, was mit goldenen Buchstaben darauf geschrieben war. Da sprach er zu den Zwergen: »Laßt mir den Sarg, ich will euch geben, was ihr dafür haben wollt.« Aber die Zwerge antworteten: »Wir geben ihn nicht um alles Gold in der Welt.« Da sprach er: »So schenkt mir ihn, denn ich kann nicht leben, ohne Sneewittchen zu sehen, ich will es ehren und hochachten wie mein Liebstes.« Wie er so sprach, empfanden die guten Zwerglein Mitleiden mit ihm und gaben ihm den Sarg. Der Königssohn ließ ihn nun von seinen Dienern auf den Schultern forttragen. Da geschah es, daß sie über einen Strauch stolperten, und von dem Schüttern fuhr der giftige Apfelgrütz, den Sneewittchen abgebissen hatte, aus dem Hals. Und nicht lange, so öffnete es die Augen, hob den Deckel vom Sarg in die Höhe und richtete sich auf, und war wieder lebendig. »Ach Gott, wo bin ich?« rief es. Der Königssohn sagte voll Freude: »Du bist bei mir«, und erzählte, was sich zugetragen hatte, und sprach: »Ich habe dich lieber als alles auf der Welt; komm mit mir in meines Vaters Schloß, du sollst meine Gemahlin werden.« Da war ihm Sneewittchen gut und ging mit ihm, und ihre Hochzeit ward mit großer Pracht und Herrlichkeit angeordnet.

Zu dem Fest wurde aber auch Sneewittchens gottlose Stiefmutter eingeladen. Wie sie sich nun mit schönen Kleidern angetan hatte, trat sie vor den Spiegel und sprach:

»Spieglein, Spieglein an der Wand,
wer ist die schönste im ganzen Land?«

Der Spiegel antwortete:

»Frau Königin, Ihr seid die schönste hier,
aber die junge Königin ist tausendmal schöner als Ihr.«

Da stieß das böse Weib einen Fluch aus, und ward ihr so angst, so angst, daß sie sich nicht zu lassen wußte. Sie wollte zuerst gar nicht auf die Hochzeit kommen; doch ließ es ihr keine Ruhe, sie mußte fort und die junge Königin sehen. Und wie sie hineintrat, erkannte sie Sneewittchen, und vor Angst und Schrecken stand sie da und konnte sich nicht regen. Aber es waren schon eiserne Pantoffeln über Kohlenfeuer gestellt und wurden mit Zangen hereingetragen und vor sie hingestellt. Da mußte sie in die rotglühenden Schuhe treten und so lange tanzen, bis sie tot zur Erde fiel.

54.

Der Ranzen, das Hütlein und das Hörnlein

Es waren einmal drei Brüder, die waren immer tiefer in Armut geraten, und endlich war die Not so groß, daß sie Hunger leiden mußten und nichts mehr zu beißen und zu brechen hatten. Da sprachen sie: »Es kann so nicht bleiben: es ist besser, wir gehen in die Welt und suchen unser Glück.« Sie machten sich also auf und waren schon weite Wege und über viele Grashälmerchen gegangen, aber das Glück war ihnen noch nicht begegnet. Da gelangten sie eines Tags in einen großen Wald, und mitten darin war ein Berg, und als sie näher kamen, so sahen sie, daß der Berg ganz von Silber war. Da sprach der älteste: »Nun habe ich das gewünschte Glück gefunden und verlange kein größeres.« Er nahm von dem Silber, soviel er nur tragen konnte, kehrte dann um und ging wieder nach Haus. Die beiden andern aber sprachen: »Wir verlangen vom Glück noch etwas mehr als bloßes Silber«, rührten es nicht an und gingen weiter. Nachdem sie abermals ein paar Tage gegangen waren, so kamen sie zu einem Berg, der ganz von Gold war. Der zweite Bruder stand, besann sich und war ungewiß. »Was soll ich tun?« sprach er. »Soll ich mir von dem Golde so viel nehmen, daß ich mein Lebtag genug habe, oder soll ich weitergehen?« Endlich faßte er einen Entschluß, füllte in seine Taschen, was hinein wollte, sagte seinem Bruder Lebewohl und ging heim. Der dritte aber sprach: »Silber und Gold, das rührt mich nicht: ich will meinem Glück nicht absagen, vielleicht ist mir etwas Besseres beschert.« Er zog weiter, und als er drei Tage gegangen war, so kam er in einen Wald, der noch größer war als die vorigen und gar kein Ende nehmen wollte; und da er nichts zu essen und zu trinken fand, so war er nahe daran, zu verschmachten. Da stieg er auf einen hohen Baum, ob er da oben Waldes Ende sehen möchte, aber soweit sein Auge reichte, sah er nichts als die Gipfel der Bäume. Da begab er sich, von dem Baume wieder herunterzusteigen, aber der Hunger quälte ihn, und er dachte: »Wenn ich nur noch einmal meinen Leib ersättigen könnte.« Als er herabkam, sah er mit Erstaunen unter dem Baum einen Tisch, der mit Speisen reichlich besetzt war, die ihm entgegendampften. »Diesmal«, sprach er, »ist mein Wunsch zu rechter Zeit erfüllt worden«, und ohne zu fragen, wer das Essen gebracht und wer es gekocht hätte, nahte er sich dem Tisch und aß mit Lust, bis er seinen Hunger gestillt hatte. Als er fertig war, dachte er: »Es wäre doch schade, wenn das feine Tischtüchlein hier in dem Walde verderben sollte«, legte es säuberlich zusammen und steckte es ein. Darauf ging er weiter, und abends, als der Hunger sich wieder regte, wollte er sein Tüchlein auf die Probe stellen, breitete es aus und sagte: »So wünsche ich, daß du abermals mit guten Speisen besetzt wärest«, und kaum war der Wunsch über seine Lippen gekommen, so standen so viel Schüsseln mit dem schönsten Essen darauf, als nur Platz hatten. »Jetzt merke ich«, sagte er, »in welcher Küche für mich gekocht wird; du sollst mir lieber sein als der Berg von Silber und Gold«, denn er sah wohl, daß es ein Tüchleindeckdich war. Das Tüchlein war ihm aber doch nicht genug, um sich daheim zur Ruhe zu setzen, sondern er wollte lieber noch in der Welt herumwandern und weiter sein Glück versuchen. Eines Abends traf er in einem einsamen Walde einen schwarzbestaubten Köhler, der brannte da Kohlen und hatte Kartoffeln am Feuer stehen, damit wollte er seine Mahlzeit halten. »Guten Abend, du Schwarzamsel«, sagte er, »wie geht dir's in deiner Einsamkeit?« – »Einen Tag wie den andern«, erwiderte der Köhler, »und jeden Abend Kartoffeln; hast du Lust dazu und willst mein Gast sein?« – »Schönen Dank«, antwortete der

Reisende, »ich will dir die Mahlzeit nicht wegnehmen, du hast auf einen Gast nicht gerechnet, aber wenn du mit mir vorliebnehmen willst, so sollst du eingeladen sein.« – »Wer soll dir anrichten?« sprach der Köhler. »Ich sehe, daß du nichts bei dir hast, und ein paar Stunden im Umkreis ist niemand, der dir etwas geben könnte.« – »Und doch soll's ein Essen sein«, antwortete er, »so gut, wie du noch keins gekostet hast.« Darauf holte er sein Tüchlein aus dem Ranzen, breitete es auf die Erde und sprach: »Tüchlein, deck dich«, und alsbald stand da Gesottenes und Gebratenes und war so warm, als wenn es eben aus der Küche käme. Der Köhler machte große Augen, ließ sich aber nicht lange bitten, sondern langte zu und schob immer größere Bissen in sein schwarzes Maul hinein. Als sie abgegessen hatten, schmunzelte der Köhler und sagte: »Hör, dein Tüchlein hat meinen Beifall, das wäre so etwas für mich in dem Walde, wo mir niemand etwas Gutes kocht. Ich will dir einen Tausch vorschlagen, da in der Ecke hängt ein Soldatenranzen, der zwar alt und unscheinbar ist, in dem aber wunderbare Kräfte stekken; da ich ihn doch nicht mehr brauche, so will ich ihn für das Tüchlein geben.« – »Erst muß ich wissen, was das für wunderbare Kräfte sind«, erwiderte er. »Das will ich dir sagen«, antwortete der Köhler, »wenn du mit der Hand darauf klopfst, so kommt jedesmal ein Gefreiter mit sechs Mann, die haben Ober- und Untergewehr, und was du befiehlst, das vollbringen sie.« – »Meinetwegen«, sagte er, »wenn's nicht anders sein kann, so wollen wir tauschen«, gab dem Köhler das Tüchlein, hob den Ranzen von dem Haken, hing ihn um und nahm Abschied. Als er ein Stück Wegs gegangen war, wollte er die Wunderkräfte seines Ranzens versuchen und klopfte darauf. Alsbald traten die sieben Kriegshelden vor ihn, und der Gefreite sprach: »Was verlangt mein Herr und Gebieter?« – »Marschiert im Eilschritt zu dem Köhler und fordert mein Wünschtüchlein zurück.« Sie machten linksum, und gar nicht lange, so brachten sie das Verlangte und hatten es dem Köhler, ohne viel zu fragen, abgenommen. Er hieß sie wieder abziehen, ging weiter und hoffte, das Glück würde ihm noch heller scheinen. Bei Sonnenuntergang kam er zu einem andern Köhler, der bei dem Feuer seine Abendmahlzeit bereitete. »Willst du mit mir essen«, sagte der rußige Geselle, »Kartoffeln mit Salz, aber ohne Schmalz, so setz dich zu mir nieder.« – »Nein«, antwortete er, »für diesmal sollst du mein Gast sein«, deckte sein Tüchlein auf, das gleich mit den schönsten

Gerichten besetzt war. Sie aßen und tranken zusammen und waren guter Dinge. Nach dem Essen sprach der Kohlenbrenner: »Da oben auf der Kammbank liegt ein altes, abgegriffenes Hütlein, das hat seltsame Eigenschaften: wenn das einer aufsetzt und dreht es auf dem Kopf herum, so gehen die Feldschlangen, als wären zwölfe nebeneinander aufgeführt, und schießen alles darnieder, daß niemand dagegen bestehen kann. Mir nützt das Hütlein nichts, und für dein Tischtuch will ich's wohl hingeben.« – »Das läßt sich hören«, antwortete er, nahm das Hütlein, setzte es auf und ließ sein Tüchlein zurück. Kaum aber war er ein Stück Wegs gegangen, so klopfte er auf seinen Ranzen, und seine Soldaten mußten ihm das Tüchlein wieder holen. »Es kommt eins zum andern«, dachte er, »und es ist mir, als wäre mein Glück noch nicht zu Ende.« Seine Gedanken hatten ihn auch nicht betrogen. Nachdem er abermals einen Tag gegangen war, kam er zu einem dritten Köhler, der ihn nicht anders als die vorigen zu ungeschmelzten Kartoffeln einlud. Er ließ ihn aber von seinem Wunschtüchlein mitessen, und das schmeckte dem Köhler so gut, daß er ihm zuletzt ein Hörnlein dafür bot, das noch ganz andere Eigenschaften hatte als das Hütlein. Wenn man darauf blies, so fielen alle Mauern und Festungswerke, endlich alle Städte und Dörfer übern Haufen. Er gab dem Köhler zwar das Tüchlein dafür, ließ sich's aber hernach von seiner Mannschaft wieder abfordern, so daß er endlich Ranzen, Hütlein und Hörnlein beisammen hatte. »Jetzt«, sprach er, »bin ich ein gemachter Mann, und es ist Zeit, daß ich heimkehre und sehe, wie es meinen Brüdern ergeht.«

Als er daheim anlangte, hatten sich seine Brüder von ihrem Silber und Gold ein schönes Haus gebaut und lebten in Saus und Braus. Er trat bei ihnen ein, weil er aber in einem halb zerrissenen Rock kam, das schäbige Hütlein auf dem Kopf und den alten Ranzen auf dem Rücken, so wollten sie ihn nicht für ihren Bruder anerkennen. Sie spotteten und sagten: »Du gibst dich für unsern Bruder aus, der Silber und Gold verschmähte und für sich ein besseres Glück verlangte: der kommt gewiß in voller Pracht als ein mächtiger König angefahren, nicht als ein Bettelmann«, und jagten ihn zur Türe hinaus. Da geriet er in Zorn, klopfte auf seinen Ranzen so lange, bis hundert und funfzig Mann in Reih und Glied vor ihm standen. Er befahl ihnen, das Haus seiner Brüder zu umzingeln, und zwei sollten Haselgerten mitnehmen und den beiden Übermütigen die Haut auf dem Leib so lange weichgerben, bis sie wüßten, wer er wäre. Es entstand ein gewaltiger Lärm, die Leute liefen zusammen und wollten den beiden in der Not Beistand leisten, aber sie konnten gegen die Soldaten nichts ausrichten. Es geschah endlich dem Könige Meldung davon, der ward unwillig und ließ einen Hauptmann mit seiner Schar ausrücken, der sollte den Ruhestörer aus der Stadt jagen; aber der Mann mit dem Ranzen hatte bald eine größere Mannschaft zusammen, die schlug den Hauptmann mit seinen Leuten zurück, daß sie mit blutigen Nasen abziehen mußten. Der König sprach: »Der hergelaufene Kerl ist noch zu bändigen«, und schickte am andern Tage eine größere Schar gegen ihn aus, aber sie konnte noch weniger ausrichten. Er stellte noch mehr Volk entgegen, und um noch schneller fertig zu werden, drehte er ein paarmal sein Hütlein auf dem Kopfe herum; da fing das schwere Geschütz an zu spielen, und des Königs Leute wurden geschlagen und in die Flucht gejagt. »Jetzt mache ich nicht eher Frieden«, sprach er, »als bis mir der König seine Tochter zur Frau gibt und ich in seinem Namen das ganze Reich beherrsche.« Das ließ er dem König verkündigen, und dieser sprach zu seiner Tochter: »Muß ist eine harte Nuß: was bleibt mir anders übrig, als daß ich tue, was er verlangt? Will ich Frieden haben und die Krone auf meinem Haupte behalten, so muß ich dich hingeben.«

Die Hochzeit ward also gefeiert, aber die Königstochter war verdrießlich, daß ihr Gemahl ein gemeiner Mann war, der einen schäbigen Hut trug und einen alten Ranzen umhängen hatte. Sie wäre ihn gerne wieder los gewesen und sann Tag und Nacht, wie sie das bewerkstelligen könnte. Da dachte sie: »Sollten seine Wunderkräfte wohl in dem Ranzen stecken?«, verstellte sich und liebkoste ihn, und als sein Herz weich geworden war, sprach sie: »Wenn du nur den schlechten Ranzen ablegen wolltest, er verunziert dich so sehr, daß ich mich deiner schämen muß.« – »Liebes Kind«, antwortete er, »dieser Ranzen ist mein größter Schatz, solange ich den habe, fürchte ich keine Macht der Welt«; und verriet ihr, mit welchen Wunderkräften er begabt war. Da fiel sie ihm um den Hals, als wenn sie ihn küssen wollte, nahm ihm aber mit Behendigkeit den Ranzen von der Schulter und lief damit fort. Sobald sie allein war, klopfte sie darauf und befahl den Kriegsleuten, sie sollten ihren vorigen Herrn festnehmen und aus dem königlichen Palast fortführen. Sie gehorchten, und die falsche Frau ließ noch mehr Leute hinter ihm herziehen, die ihn ganz zum Lande hinausjagen sollten. Da wäre er verloren gewesen, wenn er nicht das Hütlein gehabt hätte. Kaum aber waren seine Hände frei, so schwenkte er es ein paarmal; alsbald fing das Geschütz an zu donnern und schlug alles nieder, und die Königstochter mußte selbst kommen und um Gnade bitten. Weil sie so beweglich bat und sich zu bessern versprach, so ließ er sich überreden und bewilligte ihr Frieden. Sie tat freundlich mit ihm, stellte sich an, als hätte sie ihn sehr lieb, und wußte ihn nach einiger Zeit so zu betören, daß er ihr vertraute, wenn auch einer den Ranzen in seine Gewalt bekäme, so könnte er doch nichts gegen ihn ausrichten, solange das alte Hütlein noch sein wäre. Als sie das Geheimnis wußte, wartete sie, bis er eingeschlafen war, dann nahm sie ihm das Hütlein weg und ließ ihn hinaus auf die Straße werfen. Aber noch war ihm das Hörnlein übrig, und in großem Zorne blies er aus allen Kräften hinein. Alsbald fiel alles zusammen, Mauern, Festungswerk, Städte und Dörfer, und schlugen den König und die Königstochter tot. Und wenn er das Hörnlein nicht abgesetzt und nur noch ein wenig länger geblasen hätte, so wäre alles über den Haufen gestürzt und kein Stein auf dem andern geblieben. Da widerstand ihm niemand mehr, und er setzte sich zum König über das ganze Reich.

55.

Rumpelstilzchen

Es war einmal ein Müller, der war arm, aber er hatte eine schöne Tochter. Nun traf es sich, daß er mit dem König zu sprechen kam, und um sich ein Ansehen zu geben, sagte er zu ihm: »Ich habe eine Tochter, die kann Stroh zu Gold spinnen.« Der König sprach zum Müller: »Das ist eine Kunst, die mir wohl gefällt, wenn deine Tochter so geschickt ist, wie du sagst, so bring sie morgen in mein Schloß, da will ich sie auf die Probe stellen.« Als nun das Mädchen zu ihm gebracht ward, führte er es in eine Kammer, die ganz voll Stroh lag, gab ihr Rad und Haspel und sprach: »Jetzt mache dich an die Arbeit, und wenn du diese Nacht durch bis morgen früh dieses Stroh nicht zu Gold versponnen hast, so mußt du sterben.« Darauf schloß er die Kammer selbst zu, und sie blieb allein darin.

Da saß nun die arme Müllerstochter und wußte um ihr Leben keinen Rat: sie verstand gar nichts davon, wie man Stroh zu Gold spinnen konnte, und ihre Angst ward immer größer, daß sie endlich zu weinen anfing. Da ging auf einmal die Türe auf und trat ein kleines Männchen herein und sprach: »Guten Abend, Jungfer Müllerin, warum weint Sie so sehr?« – »Ach«, antwortete das Mädchen, »ich soll Stroh zu Gold spinnen und verstehe das nicht.« Sprach das Männchen: »Was gibst du mir, wenn ich dir's spinne?« – »Mein Halsband«, sagte das Mädchen. Das Männchen nahm das Halsband, setzte sich vor das Rädchen, und schnurr, schnurr, schnurr, dreimal gezogen, war die Spule voll. Dann steckte es eine andere auf, und schnurr, schnurr, schnurr, dreimal gezogen, war auch die zweite voll; und so ging's fort bis zum Morgen, da war alles Stroh versponnen, und alle Spulen waren voll Gold. Bei Sonnenaufgang kam schon der König, und als er das Gold erblickte, erstaunte er und freute sich, aber sein Herz ward nur noch goldgieriger. Er ließ die Müllerstochter in eine andere Kammer voll Stroh bringen, die noch viel größer war, und befahl ihr, das auch in einer Nacht zu spinnen, wenn ihr das Leben lieb wäre. Das Mädchen wußte sich nicht zu helfen und weinte, da ging abermals die Türe auf, und das kleine Männchen erschien und sprach: »Was gibst du mir, wenn ich dir das Stroh zu Gold spinne?« – »Meinen Ring von dem Finger«, antwortete das Mädchen. Das Männchen nahm den Ring, fing wieder an zu schnurren mit dem Rade und hatte bis zum Morgen alles Stroh zu glänzendem Gold gesponnen. Der König freute sich über die Maßen bei dem Anblick, war aber noch immer nicht Goldes satt, sondern ließ die Müllerstochter in eine noch größere Kammer voll Stroh bringen und sprach: »Die mußt du noch in dieser Nacht verspinnen: gelingt dir's aber, so sollst du meine Gemahlin werden.« – »Wenn's auch eine Müllerstochter ist«, dachte er, »eine reichere Frau finde ich in der ganzen Welt nicht.« Als das Mädchen allein war, kam das Männlein zum drittenmal wieder und sprach: »Was gibst du mir, wenn ich dir noch diesmal das Stroh spinne?« – »Ich habe nichts mehr, das ich geben könnte«, antwortete das Mädchen. »So versprich mir, wenn du Königin wirst, dein erstes Kind.« – »Wer weiß, wie das noch geht«, dachte die Müllerstochter und wußte sich auch in der Not nicht anders zu helfen; sie versprach also dem Männchen, was es verlangte, und das Männchen spann dafür noch einmal das Stroh zu Gold. Und als am Morgen der

König kam und alles fand, wie er gewünscht hatte, so hielt er Hochzeit mit ihr, und die schöne Müllerstochter ward eine Königin.

Über ein Jahr brachte sie ein schönes Kind zur Welt und dachte gar nicht mehr an das Männchen: da trat es plötzlich in ihre Kammer und sprach: »Nun gib mir, was du versprochen hast.« Die Königin erschrak und bot dem Männchen alle Reichtümer des Königreichs an, wenn es ihr das Kind lassen wollte: aber das Männchen sprach: »Nein, etwas Lebendes ist mir lieber als alle Schätze der Welt.« Da fing die Königin so an zu jammern und zu weinen, daß das Männchen Mitleiden mit ihr hatte: »Drei Tage will ich dir Zeit lassen«, sprach er, »wenn du bis dahin meinen Namen weißt, so sollst du dein Kind behalten.«

Nun besann sich die Königin die ganze Nacht über auf alle Namen, die sie jemals gehört hatte, und schickte einen Boten über Land, der sollte sich erkundigen weit und breit, was es sonst noch für Namen gäbe. Als am andern Tag das Männchen kam, fing sie an mit Kaspar, Melchior, Balzer und sagte alle Namen, die sie wußte, nach der Reihe her, aber bei jedem sprach das Männlein: »So heiß ich nicht.« Den zweiten Tag ließ sie in der Nachbarschaft herumfragen, wie die Leute da genannt würden, und sagte dem Männlein die ungewöhnlichsten und seltsamsten Namen vor: »Heißt du vielleicht Rippenbiest oder Hammelswade oder Schnürbein?« Aber es antwortete immer: »So heiß ich nicht.« Den dritten Tag kam der Bote wieder zurück und erzählte: »Neue Namen habe ich keinen einzigen finden können, aber wie ich an einen hohen Berg um die Waldecke kam, wo Fuchs und Has sich gute Nacht sagen, so sah ich da ein kleines Haus, und vor dem Haus brannte ein Feuer, und um das Feuer sprang ein gar zu lächerliches Männchen, hüpfte auf einem Bein und schrie:

›Heute back ich, morgen brau ich, übermorgen hol ich der Königin ihr Kind;
ach, wie gut ist, daß niemand weiß,
daß ich Rumpelstilzchen heiß!‹«

Da könnt ihr denken, wie die Königin froh war, als sie den Namen hörte, und als bald hernach das Männlein hereintrat und fragte: »Nun, Frau Königin, wie heiß ich?«, fragte sie erst: »Heißest du Kunz?« – »Nein«. – »Heißest du Heinz?« – »Nein.«

»Heißt du etwa Rumpelstilzchen?«

»Das hat dir der Teufel gesagt, das hat dir der Teufel gesagt«, schrie das Männlein und stieß mit dem rechten Fuß vor Zorn so tief in die Erde, daß es bis an den Leib hineinfuhr, dann packte es in seiner Wut den linken Fuß mit beiden Händen und riß sich selbst mitten entzwei.

56.

Der Liebste Roland

Es war einmal eine Frau, die war eine rechte Hexe und hatte zwei Töchter, eine häßlich und böse, und die liebte sie, weil sie ihre rechte Tochter war, und eine schön und gut, die haßte sie, weil sie ihre Stieftochter war. Zu einer Zeit hatte die Stieftochter eine schöne Schürze, die der andern gefiel, so daß sie neidisch war und ihrer Mutter sagte, sie wollte und müßte die Schürze haben. »Sei still, mein Kind«, sprach die Alte, »du sollst sie auch haben. Deine Stiefschwester hat längst den Tod verdient, heute nacht, wenn sie schläft, so komm ich und haue ihr den Kopf ab. Sorge nur, daß du hinten ins Bett zu liegen kommst, und schieb sie recht vornen hin.« Um das arme Mädchen war es geschehen, wenn es nicht gerade in einer Ecke gestanden und alles mit angehört hätte. Es durfte den ganzen Tag nicht zur Türe hinaus, und als Schlafenszeit gekommen war, mußte es zuerst ins Bett steigen, damit sie sich hinten hinlegen konnte; als sie aber eingeschlafen war, da schob es sie sachte vornen hin und nahm den Platz hinten an der Wand. In der Nacht kam die Alte geschlichen, in der rechten Hand hielt sie eine Axt, mit der linken fühlte sie erst, ob auch jemand vornen lag, und dann faßte sie die Axt mit beiden Händen, hieb und hieb ihrem eigenen Kinde den Kopf ab.

Als sie fortgegangen war, stand das Mädchen auf und ging zu seinem Liebsten, der Roland hieß, und klopfte an seine Türe. Als er herauskam, sprach sie zu ihm: »Höre, liebster Roland, wir müssen eilig flüchten, die Stiefmutter hat mich totschlagen wollen, hat aber ihr eigenes Kind getroffen. Kommt der Tag und sie sieht, was sie getan hat, so sind wir verloren.« – »Aber ich rate dir«, sagte Roland, »daß du erst ihren Zauberstab wegnimmst, sonst können wir uns nicht retten, wenn sie uns nachsetzt und verfolgt.« Das Mädchen holte den Zauberstab, und dann nahm es den toten Kopf und tröpfelte drei Blutstropfen auf die Erde, einen vors Bett, einen in die Küche und einen auf die Treppe. Darauf eilte es mit seinem Liebsten fort.

Als nun am Morgen die alte Hexe aufgestanden war, rief sie ihrer Tochter und wollte ihr die Schürze geben, aber sie kam nicht. Da rief sie: »Wo bist du?« – »Ei, hier auf der Treppe, da kehr ich«, antwortete der eine Blutstropfen. Die Alte ging hinaus, sah aber niemand auf der Treppe und rief abermals: »Wo bist du?« – »Ei, hier in der Küche, da wärm ich mich«, rief der zweite Blutstropfen. Sie ging in die Küche, aber sie fand niemand. Da rief sie noch einmal: »Wo bist du?« – »Ach, hier im Bette, da schlaf ich«, rief der dritte Blutstropfen. Sie ging in die Kammer ans Bett. Was sah sie da? Ihr eigenes Kind, das in seinem Blute schwamm und dem sie selbst den Kopf abgehauen hatte.

Die Hexe geriet in Wut, sprang ans Fenster, und da sie weit in die Welt schauen konnte, erblickte sie ihre Stieftochter, die mit ihrem Liebsten Roland forteilte. »Das soll euch nichts helfen«, rief sie, »wenn ihr auch schon weit weg seid, ihr entflieht mir doch nicht.« Sie zog ihre Meilenstiefeln an, in welchem sie mit jedem Schritt eine Stunde machte, und es dauerte nicht lange, so hatte sie beide eingeholt. Das Mädchen aber, wie es die Alte daherschreiten sah, verwandelte mit dem Zauberstab seinen Liebsten Roland in einen See, sich selbst aber in eine Ente, die mitten auf dem See schwamm. Die Hexe stellte sich ans Ufer, warf Brotbrocken hinein und gab sich alle Mühe, die Ente herbeizulocken; aber die Ente ließ sich nicht locken, und die Alte mußte abends unverrichteter Sache wieder umkehren. Darauf nahm das Mädchen mit seinem Liebsten Roland wieder die natürliche Gestalt an, und sie gingen die ganze Nacht weiter bis zu Tagesanbruch. Da verwandelte sich das Mädchen in eine schöne Blume, die mitten in einer Dornhecke stand, seinen Liebsten Roland aber in einen Geigenspieler. Nicht lange, so kam die Hexe herangeschritten und sprach zu dem Spielmann: »Lieber Spielmann, darf ich mir wohl die schöne Blume abbrechen?« – »O ja«, antwortete er, »ich will dazu aufspielen.« Als sie nun mit Hast in die Hecke kroch und die Blume brechen wollte, denn sie wußte wohl, wer die Blume war, so fing er an aufzuspielen, und, sie mochte wollen oder nicht, sie mußte tanzen, denn es war ein Zaubertanz. Je schneller er spielte, desto gewaltigere Sprünge mußte sie machen, und die Dornen rissen ihr die Kleider vom Leibe, stachen sie blutig und wund, und da er nicht aufhörte, mußte sie so lange tanzen, bis sie tot liegenblieb.

Als sie nun erlöst waren, sprach Roland. »Nun will ich zu meinem Vater gehen und die Hochzeit bestellen.« – »So will ich derweil hier bleiben«, sagte das Mädchen, »und auf dich warten, und damit mich niemand erkennt, will ich mich in einen roten Feldstein verwandeln.« Da ging Roland fort, und das Mädchen stand als ein roter Stein auf dem Felde und wartete auf seinen Liebsten. Als aber Roland heimkam, geriet er in die Fallstricke einer andern, die es dahin brachte, daß er das Mädchen vergaß. Das arme Mädchen stand lange Zeit, als er aber endlich gar nicht wiederkam, so ward es traurig und verwandelte sich in eine Blume und dachte: »Es wird ja wohl einer dahergehen und mich umtreten.«

Es trug sich aber zu, daß ein Schäfer auf dem Felde seine Schafe hütete und die Blume sah, und weil sie so schön war, so brach er sie ab, nahm sie mit sich und legte sie in seinen Kasten. Von der Zeit ging es wunderlich in des Schäfers Hause zu. Wenn er morgens aufstand, so war schon alle Arbeit getan: die Stube war gekehrt, Tisch und Bänke abgeputzt, Feuer auf den Herd gemacht und Wasser getragen; und mittags, wenn er heimkam, war der Tisch gedeckt und ein gutes Essen aufgetragen. Er konnte nicht begreifen, wie das zuging, denn er sah niemals einen Menschen in seinem Haus, und es konnte sich auch niemand in der kleinen Hütte versteckt haben. Die gute Aufwartung gefiel ihm freilich, aber zuletzt ward ihm doch angst, so daß er zu einer weisen Frau ging und sie um Rat fragte. Die weise Frau sprach: »Es steckt Zauberei dahinter; gib einmal morgens in aller Frühe acht, ob sich etwas in der Stube regt, und wenn du etwas siehst, es mag sein, was es will, so wirf schnell ein weißes Tuch darüber, dann wird der Zauber gehemmt.« Der Schäfer tat, wie sie gesagt hatte, und am andern Morgen, eben als der Tag anbrach, sah er, wie sich der Kasten auftat und die Blume herauskam. Schnell sprang er hinzu und warf ein weißes Tuch darüber. Alsbald war die Verwandlung vorbei, und ein schönes Mädchen stand vor ihm, das bekannte ihm, daß es die Blume gewesen wäre und seinen Haushalt bisher besorgt hätte. Es erzählte ihm sein Schicksal, und weil es ihm gefiel, fragte er, ob es ihn heiraten wollte, aber es antwortete: »Nein«, denn es wollte seinem

Liebsten Roland, obgleich er es verlassen hatte, doch treu bleiben; aber es versprach, daß es nicht weggehen, sondern ihm fernerhin haushalten wollte.

Nun kam die Zeit heran, daß Roland Hochzeit halten sollte; da ward nach altem Brauch im Lande bekanntgemacht, daß alle Mädchen sich einfinden und zu Ehren des Brautpaars singen sollten. Das treue Mädchen, als es davon hörte, ward so traurig, daß es meinte, das Herz im Leib würde ihm zerspringen, und wollte nicht hingehen, aber die andern kamen und holten es herbei. Wenn aber die Reihe kam, daß es singen sollte, so trat es zurück, bis es allein noch übrig war, da konnte es nicht anders. Aber wie es seinen Gesang anfing und er zu Rolands Ohren kam, so sprang er auf und rief: »Die Stimme kenne ich, das ist die rechte Braut, eine andere begehr ich nicht.« Alles, was er vergessen hatte und ihm aus dem Sinn verschwunden war, das war plötzlich in sein Herz wieder heimgekommen. Da hielt das treue Mädchen Hochzeit mit seinem Liebsten Roland und war sein Leid zu Ende und fing seine Freude an.

57.

Der goldene Vogel

Es war vorzeiten ein König, der hatte einen schönen Lustgarten hinter seinem Schloß, darin stand ein Baum, der goldene Äpfel trug. Als die Äpfel reiften, wurden sie gezählt, aber gleich den nächsten Morgen fehlte einer. Das ward dem König gemeldet, und er befahl, daß alle Nächte unter dem Baume Wache sollte gehalten werden. Der König hatte drei Söhne, davon schickte er den ältesten bei einbrechender Nacht in den Garten; wie es aber Mitternacht war, konnte er sich des Schlafes nicht erwehren, und am nächsten Morgen fehlte wieder ein Apfel. In der folgenden Nacht mußte der zweite Sohn wachen, aber dem erging es nicht besser: als es zwölf Uhr geschlagen hatte, schlief er ein, und morgens fehlte ein Apfel. Jetzt kam die Reihe zu wachen an den dritten Sohn, der war auch bereit, aber der König traute ihm nicht viel zu und meinte, er würde noch weniger ausrichten als seine Brüder; endlich aber gestattete er

es doch. Der Jüngling legte sich also unter den Baum, wachte und ließ den Schlaf nicht Herr werden. Als es zwölf schlug, so rauschte etwas durch die Luft, und er sah im Mondschein einen Vogel daherfliegen, dessen Gefieder ganz von Gold glänzte. Der Vogel ließ sich auf dem Baume nieder und hatte eben einen Apfel abgepickt, als der Jüngling einen Pfeil nach ihm abschoß. Der Vogel entflog, aber der Pfeil hatte sein Gefieder getroffen, und eine seiner goldenen Federn fiel herab. Der Jüngling hob sie auf, brachte sie am andern Morgen dem König und erzählte ihm, was er in der Nacht gesehen hatte. Der König versammelte seinen Rat, und jedermann erklärte, eine Feder wie diese sei mehr wert als das gesamte Königreich. »Ist die Feder so kostbar«, erklärte der König, »so hilft mir auch die eine nichts, sondern ich will und muß den ganzen Vogel haben.«

Der älteste Sohn machte sich auf den Weg, verließ sich auf seine Klugheit und meinte den goldenen Vogel schon zu finden. Wie er eine Strecke gegangen war, sah er an dem Rande eines Waldes einen Fuchs sitzen, legte seine Flinte an und zielte auf ihn. Der Fuchs rief: »Schieß mich nicht, ich will dir dafür einen guten Rat geben. Du bist auf dem Weg nach dem goldenen Vogel und wirst heut abend in ein Dorf kommen, wo zwei Wirtshäuser einander gegenüberstehen. Eins ist hell erleuchtet, und es geht darin lustig her: da kehr aber nicht ein, sondern geh ins andere, wenn es dich auch schlecht ansieht.« – »Wie kann mir wohl so ein albernes Tier einen vernünftigen Rat erteilen!« dachte der Königssohn und drückte los, aber er fehlte den Fuchs, der den Schwanz streckte und schnell in den Wald lief. Darauf setzte er seinen Weg fort und kam abends in das Dorf, wo die beiden Wirtshäuser standen: in dem einen ward gesungen und gesprungen, das andere hatte ein armseliges, betrübtes Ansehen. »Ich wäre wohl ein Narr«, dachte er, »wenn ich in das lumpige Wirtshaus ginge und das schöne liegenließ.« Also ging er in das lustige ein, lebte da in Saus und Braus und vergaß den Vogel, seinen Vater und alle guten Lehren.

Als eine Zeit verstrichen und der älteste Sohn immer und immer nicht nach Haus gekommen war, so machte sich der zweite auf den Weg und wollte den goldenen Vogel suchen. Wie dem ältesten begegnete ihm der Fuchs und gab ihm den guten Rat, den er nicht achtete. Er kam zu den beiden Wirtshäusern, wo sein Bruder am

Fenster des einen stand, aus dem der Jubel erschallte, und ihn anrief. Er konnte nicht widerstehen, ging hinein und lebte nur seinen Lüsten.

Wiederum verstrich eine Zeit, da wollte der jüngste Königssohn ausziehen und sein Heil versuchen, der Vater aber wollte es nicht zulassen. »Es ist vergeblich«, sprach er, »der wird den goldenen Vogel noch weniger finden als seine Brüder, und wenn ihm ein Unglück zustößt, so weiß er sich nicht zu helfen; es fehlt ihm am Besten.« Doch endlich, wie keine Ruhe mehr da war, ließ er ihn ziehen. Vor dem Walde saß wieder der Fuchs, bat um sein Leben und erteilte den guten Rat. Der Jüngling war gutmütig und sagte: »Sei ruhig, Füchslein, ich tue dir nichts zuleid.« – »Es soll dich nicht gereuen«, antwortete der Fuchs, »und damit du schneller fortkommst, so steig hinten auf meinen Schwanz.« Und kaum hat er sich aufgesetzt, so fing der Fuchs an zu laufen, und da ging's über Stock und Stein, daß die Haare im Winde pfiffen. Als sie zu dem Dorfe kamen, stieg der Jüngling ab, befolgte den guten Rat und kehrte, ohne sich umzusehen, in das geringe Wirtshaus ein, wo er ruhig übernachtete. Am andern Morgen, wie er auf das Feld kam, saß da schon der Fuchs und sagte: »Ich will dir weiter sagen, was du zu tun hast. Geh du immer geradeaus, endlich wirst du an ein Schloß kommen, vor dem eine ganze Schar Soldaten liegt, aber kümmre dich nicht darum, denn sie werden alle schlafen und schnarchen; geh mittendurch und geradeswegs in das Schloß hinein, und geh durch alle Stuben, zuletzt wirst du in eine Kammer kommen, wo ein goldener Vogel in einem hölzernen Käfig hängt. Nebenan steht ein leerer Goldkäfig zum Prunk, aber hüte dich, daß du den Vogel nicht aus seinem schlechten Käfig herausnimmst und in den prächtigen tust, sonst möchte es dir schlimm ergehen.« Nach diesen Worten streckte der Fuchs wieder seinen Schwanz aus, und der Königssohn setzte sich auf; da ging's über Stock und Stein, daß die Haare im Winde pfiffen. Als er bei dem Schloß angelangt war, fand er alles so, wie der Fuchs gesagt hatte. Der Königssohn kam in die Kammer, wo der goldene Vogel in einem hölzernen Käfig saß, und ein goldener stand daneben; die drei goldenen Äpfel aber lagen in der Stube umher. Da dachte er, es wäre lächerlich, wenn er den schönen Vogel in dem gemeinen und häßlichen Käfig lassen wollte, öffnete die Türe, packte ihn und setzte ihn in den goldenen. In dem Augenblick aber tat der Vogel einen durchdringenden Schrei. Die

Soldaten erwachten, stürzten herein und führten ihn ins Gefängnis. Den andern Morgen wurde er vor ein Gericht gestellt und, da er alles bekannte, zum Tode verurteilt. Doch sagte der König, er wollte ihm unter einer Bedingung das Leben schenken, wenn er ihm nämlich das goldene Pferd brächte, welches noch schneller liefe als der Wind, und dann sollte er obendrein zur Belohnung den goldenen Vogel erhalten.

Der Königssohn machte sich auf den Weg, seufzte aber und war traurig, denn wo sollte er das goldene Pferd finden? Da sah er auf einmal seinen alten Freund, den Fuchs, an dem Wege sitzen. »Siehst du«, sprach der Fuchs, »so ist es gekommen, weil du mir nicht gehört hast. Doch sei gutes Mutes, ich will mich deiner annehmen und dir sagen, wie du zu dem goldenen Pferd gelangst. Du mußt geradesweges fortgehen, so wirst du zu einem Schloß kommen, wo das Pferd im Stalle steht. Vor dem Stalle werden die Stallknechte liegen, aber sie werden schlafen und schnarchen, und du kannst geruhig das goldene Pferd herausführen. Aber eins mußt du in acht nehmen, leg ihm den schlechten Sattel von Holz und Leder auf und ja nicht den goldenen, der dabeihängt, sonst wird es dir schlimm ergehen.« Dann streckte der Fuchs seinen Schwanz aus, der Königssohn setzte sich auf, und es ging fort über Stock und Stein, daß die Haare im Winde pfiffen. Alles traf so ein, wie der Fuchs gesagt hatte, er kam in den Stall, wo das goldene Pferd stand; als er ihm aber den schlechten Sattel auflegen wollte, so dachte er: »Ein so schönes Tier wird verschändet, wenn ich ihm nicht den guten Sattel auflege, der ihm gebührt.« Kaum aber berührte der goldene Sattel das Pferd, so fing es an, laut zu wiehern. Die Stallknechte erwachten, ergriffen den Jüngling und warfen ihn ins Gefängnis. Am andern Morgen wurde er vom Gerichte zum Tode verurteilt, doch versprach ihm der König, das Leben zu schenken und dazu das goldene Pferd, wenn er die schöne Königstochter vom goldenen Schlosse herbeischaffen könnte.

Mit schwerem Herzen machte sich der Jüngling auf den Weg, doch zu seinem Glücke fand er bald den treuen Fuchs. »Ich sollte dich nur deinem Unglück überlassen«, sagte der Fuchs, »aber ich habe Mitleiden mit dir und will dir noch einmal aus deiner Not helfen. Dein Weg führt dich gerade zu dem goldenen Schlosse: abends wirst du anlangen, und nachts, wenn alles still ist, dann geht die schöne Königstochter ins Badehaus, um da zu baden. Und wenn sie hineingeht, so spring auf sie zu und gib ihr einen Kuß, dann folgt sie dir, und du kannst sie mit dir fortführen: nur dulde nicht, daß sie vorher von ihren Eltern Abschied nimmt, sonst kann es dir schlimm ergehen.« Dann streckte der Fuchs seinen Schwanz, der Königssohn setzte sich auf, und so ging es über Stock und Stein, daß die Haare im Winde pfiffen. Als er beim goldenen Schloß ankam, war es so, wie der Fuchs gesagt hatte. Er wartete bis um Mitternacht, als alles in tiefem Schlaf lag und die schöne Jungfrau ins Badehaus ging, da sprang er hervor und gab ihr einen Kuß. Sie sagte, sie wollte gerne mit ihm gehen, bat ihn aber flehentlich und mit Tränen, er möchte ihr erlauben, vorher von ihren Eltern Abschied zu nehmen. Er widerstand anfänglich ihren Bitten, als sie aber immer mehr weinte und ihm zu Fuß fiel, so gab er endlich nach. Kaum aber war die Jungfrau zu dem Bette ihres Vaters getreten, so wachte er und alle anderen, die im Schloß waren, auf, und der Jüngling ward festgehalten und ins Gefängnis gesetzt.

Am andern Morgen sprach der König zu ihm: »Dein Leben ist verwirkt, und du kannst bloß Gnade finden, wenn du den Berg abträgst, der vor meinen Fenstern liegt und über welchen ich nicht hinaussehen kann, und das mußt du binnen acht Tagen zustande bringen. Gelingt dir das, so sollst du meine Tochter zur Belohnung haben.« Der Königssohn fing an, grub und schaufelte, ohne abzulassen, als er aber nach sieben Tagen sah, wie wenig er ausgerichtet hatte und alle seine Arbeit so gut wie nichts war, so fiel er in große Traurigkeit und gab alle Hoffnung auf. Am Abend des siebenten Tags aber erschien der Fuchs und sagte: »Du verdienst nicht, daß ich mich deiner annehme, aber geh nur hin und lege dich schlafen, ich will die Arbeit für dich tun.« Am andern Morgen, als er erwachte und zum Fenster hinaussah, so war der Berg verschwunden. Der Jüngling eilte voll Freude zum König und meldete ihm, daß die Bedingung erfüllt wäre, und der König mochte wollen oder nicht, er mußte Wort halten und ihm seine Tochter geben.

Nun zogen die beiden zusammen fort, und es währte nicht lange, so kam der treue Fuchs zu ihnen. »Das Beste hast du zwar«, sagte er, »aber zu der Jungfrau aus dem goldenen Schloß gehört auch das goldene Pferd.« – »Wie soll ich das bekommen?« fragte der Jüngling. »Das will ich dir sagen«, antwortete der Fuchs, »zuerst bring dem Könige, der dich nach dem goldenen Schlosse geschickt hat, die schöne Jungfrau. Da wird unerhörte Freude sein, sie werden dir das goldene Pferd gerne geben und werden dir's vorführen. Setz dich alsbald auf und reiche allen zum Abschied die Hand herab, zuletzt der schönen Jungfrau, und wenn du sie gefaßt hast, so zieh sie mit einem Schwung hinauf und jage davon: und niemand ist imstande, dich einzuholen, denn das Pferd läuft schneller als der Wind.«

Alles wurde glücklich vollbracht, und der Königssohn führte die schöne Jungfrau auf dem goldenen Pferde fort. Der Fuchs blieb nicht zurück und sprach zu dem Jüngling: »Jetzt will ich dir auch zu dem goldenen Vogel verhelfen. Wenn du nahe bei dem Schlosse bist, wo sich der Vogel befindet, so laß die Jungfrau absitzen, und ich will sie in meine Obhut nehmen. Dann reit mit dem goldenen Pferd in den Schloßhof: bei dem Anblick wird große Freude sein, und sie werden dir den goldenen Vogel herausbringen. Wie du den Käfig in der Hand hast, so jage zu uns zurück und hole dir die Jungfrau wieder ab.« Als der Anschlag geglückt war und der Königssohn mit seinen Schätzen heimreiten wollte, so sagte der Fuchs: »Nun sollst du mich für meinen Beistand belohnen.« – »Was verlangst du dafür?« fragte der Jüngling. »Wenn wir dort in den Wald kommen, so schieß mich tot und hau mir Kopf und Pfoten ab.« – »Das wäre eine schöne Dankbarkeit«, sagte der Königssohn, »das kann ich dir unmöglich gewähren.« Sprach der Fuchs: »Wenn du es nicht tun willst, so muß ich dich verlassen; ehe ich aber fortgehe, will ich dir noch einen guten Rat geben. Vor zwei Stücken hüte dich, kauf kein Galgenfleisch und setze dich an keinen Brunnenrand.« Damit lief er in den Wald.

Der Jüngling dachte: »Das ist ein wunderliches Tier, das seltsame Grillen hat. Wer wird Galgenfleisch kaufen? Und die Lust, mich an einen Brunnenrand zu setzen, ist mir noch niemals gekommen.« Er ritt mit der schönen Jungfrau weiter, und sein Weg führte ihn wieder durch das Dorf, in welchem seine beiden Brüder geblieben waren. Da war großer Auflauf und Lärmen, und als er fragte, was da vor wäre, hieß es, es sollten zwei Leute aufgehängt werden. Als er näher hinzukam, sah er, daß es seine Brüder waren, die allerhand schlimme Streiche verübt und all ihr Gut vertan hatten. Er fragte, ob sie nicht könnten freigemacht werden. »Wenn Ihr für sie bezahlen wollt«, antworteten die Leute, »aber was wollt Ihr an die schlechten Menschen Euer Geld hängen und sie loskaufen.« Er besann sich aber nicht, zahlte für sie, und als sie freigegeben waren, so setzten sie die Reise gemeinschaftlich fort.

Sie kamen in den Wald, wo ihnen der Fuchs zuerst begegnet war, und da es darin kühl und lieblich war und die Sonne heiß brannte, so sagten die beiden Brüder: »Laßt uns hier an dem Brunnen ein wenig ausruhen, essen und trinken.« Er willigte ein, und während des Gesprächs vergaß er sich, setzte sich an den Brunnenrand und versah sich nichts Arges. Aber die beiden Brüder warfen ihn rückwärts in den Brunnen, nahmen die Jungfrau, das Pferd und den Vogel und zogen heim zu ihrem Vater. »Da bringen wir nicht bloß den goldenen Vogel«, sagten sie, »wir haben auch das goldene Pferd und die Jungfrau von dem goldenen Schlosse erbeutet.« Da war große Freude, aber das Pferd, das fraß nicht, der Vogel, der pfiff nicht, und die Jungfrau, die saß und weinte.

Der jüngste Bruder war aber nicht umgekommen. Der Brunnen war zum Glück trocken, und er fiel auf weiches Moos, ohne Schaden zu nehmen, konnte aber nicht wieder heraus. Auch in dieser Not verließ ihn der treue Fuchs nicht, kam zu ihm herabgesprungen und schalt ihn, daß er seinen Rat vergessen hätte. »Ich kann's aber doch nicht lassen«, sagte er, »ich will dir wieder an das Tageslicht helfen.« Er sagte ihm, er sollte seinen Schwanz anpacken und sich fest daran halten, und zog ihn dann in die Höhe. »Noch bist du nicht aus aller Gefahr«, sagte der Fuchs, »deine Brüder waren deines Todes nicht gewiß und haben den Wald mit Wächtern umstellt, die sollen dich töten, wenn du dich sehen ließest.« Da saß ein armer Mann am Weg, mit dem vertauschte der Jüngling die Kleider und gelangte auf diese Weise an des Königs Hof. Niemand erkannte ihn, aber der Vogel fing an zu pfeifen, das Pferd fing an zu fressen, und die schöne Jungfrau hörte Weinens auf. Der König fragte verwundert: »Was hat das zu bedeuten?« Da sprach die Jungfrau: »Ich weiß es nicht, aber ich war so traurig, und nun bin ich so fröhlich. Es ist mir, als wäre mein rechter Bräutigam gekommen.« Sie erzählte ihm alles, was geschehen war, obgleich die andern Brüder ihr den Tod angedroht hatten, wenn sie etwas verraten würde. Der König hieß alle Leute vor sich bringen, die in seinem Schloß waren, da kam auch der Jüngling als ein armer Mann in seinen Lumpenkleidern, aber die Jungfrau erkannte ihn gleich und fiel ihm um den Hals. Die gottlosen Brüder wurden ergriffen und hingerichtet, er aber ward mit der schönen Jungfrau vermählt und zum Erben des Königs bestimmt.

Aber wie ist es dem armen Fuchs ergangen? Lange danach ging der Königssohn einmal wieder in den Wald, da begegnete ihm der

Fuchs und sagte: »Du hast nun alles, was du dir wünschen kannst, aber mit meinem Unglück will es kein Ende nehmen, und es steht doch in deiner Macht, mich zu erlösen«, und abermals bat er flehentlich, er möchte ihn totschießen und ihm Kopf und Pfoten abhauen. Also tat er's, und kaum war es geschehen, so verwandelte sich der Fuchs in einen Menschen und war niemand anders als der Bruder der schönen Königstochter, der endlich von dem Zauber, der auf ihm lag, erlöst war. Und nun fehlte nichts mehr zu ihrem Glück, solange sie lebten.

58.

Der Hund und der Sperling

Ein Schäferhund hatte keinen guten Herrn, sondern einen, der ihn Hunger leiden ließ. Wie er's nicht länger bei ihm aushalten konnte, ging er ganz traurig fort. Auf der Straße begegnete ihm ein Sperling, der sprach: »Bruder Hund, warum bist du so traurig?« Antwortete der Hund: »Ich bin hungrig und habe nichts zu fressen.« Da sprach der Sperling: »Lieber Bruder, komm mit in die Stadt, so will ich dich satt machen.« Also gingen sie zusammen in die Stadt, und als sie vor einen Fleischerladen kamen, sprach der Sperling zum Hunde: »Da bleib stehen, ich will dir ein Stück Fleisch herunterpikken«, setzte sich auf den Laden, schaute sich um, ob ihn auch niemand bemerkte, und pickte, zog und zerrte so lang an einem Stück, das am Rande lag, bis es herunterrutschte. Da packte es der Hund, lief in eine Ecke und fraß es auf. Sprach der Sperling: »Nun komm mit zu einem andern Laden, da will ich dir noch ein Stück herunterholen, damit du satt wirst.« Als der Hund auch das zweite Stück gefressen hatte, fragte der Sperling: »Bruder Hund, bist du nun satt?« – »Ja, Fleisch bin ich satt«, antwortete er, »aber ich habe noch kein Brot gekriegt.« Sprach der Sperling: »Das sollst du auch haben, komm nur mit.« Da führte er ihn an einen Bäckerladen und pickte an ein paar Brötchen, bis sie herunterrollten, und als der Hund noch mehr wollte, führte er ihn zu einem andern und holte ihm noch einmal Brot herab. Wie das verzehrt war, sprach der

Sperling: »Bruder Hund, bist du nun satt?« – »Ja«, antwortete er, »nun wollen wir ein bißchen vor die Stadt gehen.«

Da gingen sie beide hinaus auf die Landstraße. Es war aber warmes Wetter, und als sie ein Eckchen gegangen waren, sprach der Hund: »Ich bin müde und möchte gerne schlafen.« – »Ja, schlaf nur«, antwortete der Sperling, »ich will mich derweil auf einen Zweig setzen.« Der Hund legte sich also auf die Straße und schlief fest ein. Während er da lag und schlief, kam ein Fuhrmann herangefahren, der hatte einen Wagen mit drei Pferden und hatte zwei Fässer Wein geladen. Der Sperling aber sah, daß er nicht ausbiegen wollte, sondern in der Fahrgleise blieb, in welcher der Hund lag, da rief er: »Fuhrmann tu's nicht, oder ich mache dich arm.« Der Fuhrmann aber brummte vor sich: »Du wirst mich nicht arm machen«, knallte mit der Peitsche und trieb den Wagen über den Hund, daß ihn die Räder totfuhren. Da rief der Sperling: »Du hast mir meinen Bruder Hund totgefahren, das soll dich Karre und Gaul kosten.« – »Ja, Karre und Gaul«, sagte der Fuhrmann, »was könntest du mir schaden!« Und fuhr weiter. Da kroch der Sperling unter das Wagentuch und pickte an dem einen Spundloch so lange, bis er den Spund losbrachte; da lief der ganze Wein heraus, ohne daß es der Fuhrmann merkte. Und als er einmal hinter sich blickte, sah er, daß der Wagen tröpfelte, untersuchte die Fässer und fand, daß eins leer war. »Ach, ich armer Mann!« rief er. »Noch nicht arm genug«, sprach der Sperling und flog dem einen Pferd auf den Kopf und pickte ihm die Augen aus. Als der Fuhrmann das sah, zog er seine Hacke heraus und wollte den Sperling treffen, aber der Sperling flog in die Höhe, und der Fuhrmann traf seinen Gaul auf den Kopf, daß er tot hinfiel. »Ach, ich armer Mann!« rief er. »Noch nicht arm genug«, sprach der Sperling, und als der Fuhrmann mit den zwei Pferden weiterfuhr, kroch der Sperling wieder unter das Tuch und pickte den Spund auch am zweiten Faß los, daß aller Wein herausschwankte. Als es der Fuhrmann gewahr wurde, rief er wieder: »Ach, ich armer Mann!« Aber der Sperling antwortete: »Noch nicht arm genug«, setzte sich dem zweiten Pferd auf den Kopf und pickte ihm die Augen aus. Der Fuhrmann lief herbei und holte mit seiner Hacke aus, aber der Sperling flog in die Höhe; da traf der Schlag das Pferd, daß es hinfiel. »Ach, ich armer Mann!« – »Noch nicht arm genug«, sprach der Sperling, setzte sich auch dem dritten Pferd auf den Kopf und pickte ihm nach den Augen. Der Fuhrmann schlug in seinem Zorn, ohne umzusehen, auf den Sperling los, traf ihn aber nicht, sondern schlug auch sein drittes Pferd tot. »Ach, ich armer Mann!« rief er. »Noch nicht arm genug«, antwortete der Sperling, »jetzt will ich dich daheim arm machen«, und flog fort.

Der Fuhrmann mußte den Wagen stehen lassen und ging voll Zorn und Ärger heim. »Ach«, sprach er zu seiner Frau, »was hab ich Unglück gehabt! Der Wein ist ausgelaufen, und die Pferde sind alle drei tot.« – »Ach, Mann«, antwortete sie, »was für ein böser Vogel ist ins Haus gekommen! Er hat alle Vögel auf der Welt zusammengebracht, und die sind droben über unsern Weizen hergefallen und fressen ihn auf.« Da stieg er hinauf, und tausend und tausend Vögel saßen auf dem Boden und hatten den Weizen aufgefressen, und der Sperling saß mitten darunter. Da rief der Fuhrmann: »Ach, ich armer Mann!« – »Noch nicht arm genug«, antwortete der Sperling, »Fuhrmann, es kostet dir noch dein Leben«, und flog hinaus.

Da hatte der Fuhrmann all sein Gut verloren, ging hinab in die Stube, setzte sich hinter den Ofen, und zwar ganz bös und giftig. Der Sperling aber saß draußen vor dem Fenster und rief: »Fuhrmann, es kostet dir dein Leben.« Da griff der Fuhrmann die Hacke und warf sie nach dem Sperling; aber er schlug nur die Fensterscheiben entzwei und traf den Vogel nicht. Der Sperling hüpfte nun herein, setzte sich auf den Ofen und rief: »Fuhrmann, es kostet dir dein Leben.« Dieser, ganz toll und blind vor Wut, schlägt den Ofen entzwei, und so fort, wie der Sperling von einem Ort zum andern fliegt, sein ganzes Hausgerät, Spieglein, Bänke, Tisch und zuletzt die Wände seines Hauses, und kann ihn nicht treffen. Endlich aber erwischte er ihn doch mit der Hand. Da sprach seine Frau: »Soll ich ihn totschlagen?« – »Nein«, rief er, »das wäre zu gelind, der soll viel mörderlicher sterben, ich will ihn verschlingen«, und nimmt ihn und verschlingt ihn auf einmal. Der Sperling aber fängt an, in seinem Leibe zu flattern, flattert wieder herauf, dem Mann in den Mund; da streckte er den Kopf heraus und ruft: »Fuhrmann, es kostet dir doch dein Leben.« Der Fuhrmann reicht seiner Frau die Hacke und spricht: »Frau, schlag mir den Vogel im Munde tot.« Die Frau schlägt zu, schlägt aber fehl und schlägt dem Fuhrmann gerade auf den Kopf, so daß er tot hinfällt. Der Sperling aber fliegt auf und davon.

59.

Der Frieder und das Catherlieschen

Es war ein Mann, der hieß Frieder, und eine Frau, die hieß Catherlieschen, die hatten einander geheiratet und lebten zusammen als junge Eheleute. Eines Tages sprach der Frieder: »Ich will jetzt zu Acker, Catherlieschen, wann ich wiederkomme, muß etwas Gebratenes auf dem Tisch stehen für den Hunger und ein frischer Trunk dabei für den Durst.« – »Geh nur, Friederchen«, antwortete das Catherlieschen, »geh nur, will dir's schon recht machen.« Als nun die Essenszeit herbeirückte, holte sie eine Wurst aus dem Schornstein, tat sie in eine Bratpfanne, legte Butter dazu und stellte sie übers Feuer. Die Wurst fing an zu braten und zu brutzeln, Catherlieschen stand dabei, hielt den Pfannenstiel und hatte so seine Gedanken; da fiel ihm ein: »Bis die Wurst fertig wird, derweil könntest du ja im Keller den Trunk zapfen.« Also stellte es den Pfannenstiel fest, nahm eine Kanne, ging hinab in den Keller und zapfte Bier. Das Bier lief in die Kanne, und Catherlieschen sah ihm zu, da fiel ihm ein: »Holla, der Hund oben ist nicht beigetan, der könnte die Wurst aus der Pfanne holen, du kämst mir recht!« Und im Hui war es die Kellertreppe hinauf; aber der Spitz hatte die Wurst schon im Maul und schleifte sie auf der Erde mit sich fort. Doch Catherlieschen, nicht faul, setzte ihm nach und jagte ihn ein gut Stück ins Feld; aber der Hund war geschwinder als Catherlieschen, ließ auch die Wurst nicht fahren, sondern über die Äcker hin hüpfen. »Hin ist hin!« sprach Catherlieschen, kehrte um, und weil es sich müde gelaufen hatte, ging es hübsch langsam und kühlte sich ab. Während der Zeit lief das Bier aus dem Faß immerzu, denn Catherlieschen hatte den Hahn nicht umgedreht, und als die Kanne voll und sonst kein Platz da war, so lief es in den Keller und hörte nicht eher auf, als bis das ganze Faß leer war. Catherlieschen sah schon auf der Treppe das Unglück. »Spuk«, rief es, »was fängst du jetzt an, daß es der Frieder nicht merkt!« Es besann sich ein Weilchen, endlich fiel ihm ein, von der letzten Kirmes stände noch ein Sack mit schönem Weizenmehl auf dem Boden, das wollte es herabholen und in das Bier streuen. »Ja«, sprach es, »wer zu rechter Zeit was spart, der hat's hernach in der Not«, stieg auf den Boden, trug den Sack herab und warf ihn gerade auf die Kanne voll Bier, daß sie umstürzte und der Trunk des Frieders auch im Keller schwamm. »Es ist ganz recht«, sprach Catherlieschen, »wo eins ist, muß das andere auch sein«, und zerstreute das Mehl im ganzen Keller. Als es fertig war, freute es sich gewaltig über seine Arbeit und sagte: »Wie's so reinlich und sauber hier aussieht!«

Um Mittagszeit kam der Frieder heim. »Nun, Frau, was hast du mir zurechtgemacht?« – »Ach, Friederchen«, antwortete sie, »ich wollte dir ja eine Wurst braten, aber während ich das Bier dazu zapfte, hat sie der Hund aus der Pfanne weggeholt, und während ich dem Hund nachsprang, ist das Bier ausgelaufen, und als ich das Bier mit dem Weizenmehl auftrocknen wollte, hab ich die Kanne auch noch umgestoßen; aber sei nur zufrieden, der Keller ist wieder ganz trocken.« Sprach der Frieder: »Catherlieschen, Catherlieschen, das hättest du nicht tun müssen! Läßt die Wurst wegholen und das Bier aus dem Faß laufen, und verschüttest obendrein unser feines Mehl!« – »Ja, Friederchen, das habe ich nicht gewußt, hättest mir's sagen müssen.«

Der Mann dachte: »Geht das so mit deiner Frau, so mußt du dich besser vorsehen.« Nun hatte er eine hübsche Summe Taler zusammengebracht, die wechselte er in Gold ein und sprach zum Catherlieschen: »Siehst du, das sind gelbe Gickelinge, die will ich in einen Topf tun und im Stall unter der Kuhkrippe vergraben; aber daß du mir ja davonbleibst, sonst geht dir's schlimm.« Sprach sie: »Nein, Friederchen, will's gewiß nicht tun.« Nun, als der Frieder fort war, da kamen Krämer, die irdne Näpfe und Töpfe feil hatten, ins Dorf und fragten bei der jungen Frau an, ob sie nichts zu handeln hätte. »Oh, ihr lieben Leute«, sprach Catherlieschen, »ich hab kein Geld und kann nichts kaufen; aber könnt ihr gelbe Gickelinge brauchen, so will ich wohl kaufen.« – »Gelbe Gickelinge, warum nicht? Laßt sie einmal sehen.« – »So geht in den Stall und grabt unter der Kuhkrippe, so werdet ihr die gelben Gickelinge finden, ich darf nicht dabeigehen.« Die Spitzbuben gingen hin, gruben und fanden eitel Gold. Da packten sie auf damit, liefen fort und ließen Töpfe und Näpfe im Hause stehen. Catherlieschen meinte, sie müßte das neue Geschirr auch brauchen; weil nun in der Küche ohnehin kein Mangel daran war, schlug sie jedem Topf den Boden aus und steckte sie insgesamt zum Zierat auf die Zaunpfähle rings ums Haus herum. Wie der Frieder kam und den neuen Zierat sah, sprach er:

»Catherlieschen, was hast du gemacht?« – »Hab's gekauft, Friederchen, für die gelben Gickelinge, die unter der Kuhkrippe steckten; bin selber nicht dabeigegangen, die Krämer haben sich's herausgraben müssen.« – »Ach, Frau«, sprach der Frieder, »was hast du gemacht! Das waren keine Gickelinge, es war eitel Gold und war all unser Vermögen; das hättest du nicht tun sollen.« – »Ja, Friederchen«, antwortete sie, »das hab ich nicht gewußt, hättest mir's vorher sagen sollen.«

Catherlieschen stand ein Weilchen und besann sich, da sprach sie: »Hör, Friederchen, das Gold wollen wir schon wieder kriegen, wollen hinter den Dieben herlaufen.« – »So komm«, sprach der Frieder, »wir wollen's versuchen; nimm aber Butter und Käse mit, daß wir auf dem Weg was zu essen haben.« – »Ja, Friederchen, will's mitnehmen.« Sie machten sich fort, und weil der Frieder besser zu Fuß war, ging Catherlieschen hinten nach. »Ist mein Vorteil«, dachte es, »wenn wir umkehren, hab ich ja ein Stück voraus.« Nun kam es an einen Berg, wo auf beiden Seiten des Wegs tiefe Fahrgleisen waren. »Da sehe einer«, sprach Catherlieschen, »was sie das arme Erdreich zerrissen, geschunden und gedrückt haben! Das wird sein Lebtag nicht wieder heil.« Und aus mitleidigem Herzen nahm es seine Butter und bestrich die Gleisen, rechts und links, damit sie von den Rädern nicht so gedrückt würden; und wie es sich bei seiner Barmherzigkeit so bückte, rollte ihm ein Käse aus der Tasche den Berg hinab. Sprach das Catherlieschen: »Ich habe den Weg schon einmal heraufgemacht, ich gehe nicht wieder hinab, es mag ein anderer hinlaufen und ihn wieder holen.« Also nahm es einen andern Käs und rollte ihn hinab. Die Käse aber kamen nicht wieder, da ließ es noch einen dritten hinablaufen und dachte: »Vielleicht warten sie auf Gesellschaft und gehen nicht gern allein.« Als sie alle drei ausblieben, sprach es: »Ich weiß nicht, was das vorstellen soll! Doch kann's ja sein, der dritte hat den Weg nicht gefunden und sich verirrt, ich will nur den vierten schicken, daß er sie herbeiruft.« Der vierte machte es aber nicht besser als der dritte. Da ward das Catherlieschen ärgerlich und warf noch den fünften und sechsten hinab, und das waren die letzten. Eine Zeitlang blieb es stehen und lauerte, daß sie kämen, als sie aber immer nicht kamen, sprach es: »Oh, ihr seid gut nach dem Tod schicken, ihr bleibt fein lange aus; meint ihr, ich wollt noch länger auf euch warten? Ich gehe meiner Wege, ihr könnt mir nachlaufen, ihr habt jüngere Beine als ich.«

Catherlieschen ging fort und fand den Frieder, der war stehengeblieben und hatte gewartet, weil er gerne was essen wollte. »Nun, gib einmal her, was du mitgenommen hast.» Sie reichte ihm das trockene Brot. »Wo ist Butter und Käse?« fragte der Mann. »Ach, Friederchen«, sagte Catherlieschen, »mit der Butter hab ich die Fahrgleisen geschmiert, und die Käse werden bald kommen; einer lief mir fort, da hab ich die andern nachgeschickt, sie sollten ihn rufen.« Sprach der Frieder: »Das hättest du nicht tun sollen, Catherlieschen, die Butter an den Weg schmieren und die Käse den Berg hinabrollen.« – »Ja, Friederchen, hättest mir's sagen müssen.«

Da aßen sie das trockene Brot zusammen, und der Frieder sagte: »Catherlieschen, hast du auch unser Haus verwahrt, wie du fortgegangen bist?« – »Nein, Friederchen, hättest mir's vorher sagen sollen.« – »So geh wieder heim und bewahr erst das Haus, ehe wir weitergehen; bring auch etwas anderes zu essen mit, ich will hier auf dich warten.« Catherlieschen ging zurück und dachte: »Friederchen will etwas anderes zu essen, Butter und Käse schmeckt ihm wohl nicht, so will ich ein Tuch voll Hutzeln und einen Krug Essig zum Trunk mitnehmen.« Danach riegelte es die Obertüre zu, aber die Untertüre hob es aus, nahm sie auf die Schulter und glaubte, wenn es die Türe in Sicherheit gebracht hätte, müßte das Haus wohlbewahrt sein. Catherlieschen nahm sich Zeit zum Weg und dachte: »Desto länger ruht sich Friederchen aus.« Als es ihn wieder erreicht hatte, sprach es: »Da, Friederchen, hast du die Haustüre, da kannst du das Haus selber verwahren.« – » Ach, Gott«, sprach er, »was hab ich für eine kluge Frau! Hebt die Türe unten aus, daß alles hineinlaufen kann, und riegelt sie oben zu. Jetzt ist's zu spät, noch einmal nach Haus zu gehen, aber hast du die Türe hierhergebracht, so sollst du sie auch ferner tragen.« – »Die Türe will ich tragen, Friederchen, aber die Hutzeln und der Essigkrug werden mir zu schwer: ich hänge sie an die Türe, die mag sie tragen.«

Nun gingen sie in den Wald und suchten die Spitzbuben, aber sie fanden sie nicht. Weil's endlich dunkel ward, stiegen sie auf einen Baum und wollten da übernachten. Kaum aber saßen sie oben, so kamen die Kerle daher, die forttragen, was nicht mitgehen will, und die Dinge finden, ehe sie verloren sind. Sie ließen sich gerade unter dem Baum nieder, auf dem Frieder und Catherlieschen saßen, machten sich ein Feuer an und wollten ihre Beute teilen. Der Frieder stieg von der andern Seite herab und sammelte Steine, stieg damit wieder hinauf und wollte die Diebe totwerfen. Die Steine aber trafen nicht, und die Spitzbuben riefen: »Es ist bald Morgen, der Wind schüttelt die Tannäpfel herunter.« Catherlieschen hatte die Türe noch immer auf der Schulter, und weil sie so schwer drückte, dachte es, die Hutzeln wären schuld, und sprach: »Friederchen, ich muß die Hutzeln hinabwerfen.« – »Nein, Catherlieschen, jetzt nicht«, antwortete er, »sie könnten uns verraten.« – »Ach, Friederchen, ich muß, sie drücken mich gar zu sehr.« – »Nun, so tu's, ins Henkers Namen!« Da rollten die Hutzeln zwischen den Ästen herab, und die Kerle unten sprachen: »Die Vögel misten.« Eine Weile danach, weil die Türe noch immer drückte, sprach Catherlieschen: »Ach, Friederchen, ich muß den Essig ausschütten.« – »Nein, Catherlieschen, das darfst du nicht, es könnte uns verraten.« – »Ach, Friederchen, ich muß, er drückt mich gar zu sehr.« – »Nun, so tu's, ins Henkers Namen!« Da schüttete es den Essig aus, daß er die Kerle bespritzte. Sie sprachen untereinander: »Der Tau tröpfelt schon herunter.« Endlich dachte Catherlieschen: »Sollte es wohl die Türe sein, was mich so drückt?« Und sprach: »Friederchen, ich muß die Türe hinabwerfen.« – »Nein, Catherlieschen, jetzt nicht, sie könnte uns verraten.« – »Ach, Friederchen, ich muß, sie drückt mich gar zu sehr.« – »Nein, Catherlieschen, halt sie ja fest.« – »Ach, Friederchen, ich laß sie fallen.« – »Ei«, antwortete Frieder ärgerlich, »so laß sie fallen, ins Teufels Namen!« Da fiel sie herunter mit starkem Gepolter, und die Kerle unten riefen: »Der Teufel kommt vom Baum herab«, rissen aus und ließen alles im Stich. Frühmorgens, wie die zwei herunterkamen, fanden sie all ihr Gold wieder und trugen's heim.

Als sie wieder zu Haus waren, sprach der Frieder: »Catherlieschen, nun mußt du aber auch fleißig sein und arbeiten.« – »Ja, Friederchen, will's schon tun, will ins Feld gehen, Frucht schneiden.« Als Catherlieschen im Feld war, sprach's mit sich selber: »Eß ich, eh ich schneid, oder schlaf ich, eh ich schneid? Hei, ich will eh'r essen!« Da aß Catherlieschen und ward überm Essen schläfrig und fing an zu schneiden und schnitt halb träumend alle seine Kleider entzwei, Schürze, Rock und Hemd. Wie Catherlieschen nach langem Schlaf wieder erwachte, stand es halb nackigt da und sprach zu sich selber: »Bin ich's oder bin ich's nicht? Ach, ich bin's nicht!« Unterdessen ward's Nacht, da lief Catherlieschen ins Dorf hinein, klopfte an ihres Mannes Fenster und rief: »Friederchen?« – »Was ist denn?« – »Möcht gern wissen, ob Catherlieschen drinnen ist.« – »Ja, ja«, antwortete der Frieder, »es wird wohl drin liegen und schlafen.« Sprach sie: »Gut, dann bin ich gewiß schon zu Haus«, und lief fort.

Draußen fand Catherlieschen Spitzbuben, die wollten stehlen. Da ging es bei sie und sprach: »Ich will euch helfen stehlen.« Die Spitzbuben meinten, es wüßte die Gelegenheit des Orts, und waren's zufrieden. Catherlieschen ging vor die Häuser und rief: »Leute, habt ihr was? Wir wollen stehlen.« Dachten die Spitzbuben: »Das wird gut werden«, und wünschten, sie wären Catherlieschen wieder los. Da sprachen sie zu ihm: »Vorm Dorfe hat der Pfarrer Rüben auf dem Feld, geh hin und rupf uns Rüben.« Catherlieschen ging hin aufs Land und fing an zu rupfen, war aber so faul und hob sich nicht in die Höhe. Da kam ein Mann vorbei, sah's und stand still und dachte, das wäre der Teufel, der so in den Rüben wühlte. Lief fort ins Dorf zum Pfarrer und sprach: »Herr Pfarrer, in Eurem Rübenland ist der Teufel und rupft.« – »Ach Gott«, antwortete der Pfarrer, »ich habe einen lahmen Fuß, ich kann nicht hinaus und ihn wegbannen.« Sprach der Mann: »So will ich Euch hockeln«, und hockelte ihn hinaus. Und als sie bei das Land kamen, machte sich das Catherlieschen auf und reckte sich in die Höhe. »Ach, der Teufel!« rief der Pfarrer, und beide eilten fort, und der Pfarrer konnte vor großer Angst mit seinem lahmen Fuße gerader laufen als der Mann, der ihn gehockt hatte, mit seinen gesunden Beinen.

60.

Die zwei Brüder

Es waren einmal zwei Brüder, ein reicher und ein armer. Der reiche war ein Goldschmied und bös von Herzen; der arme nährte sich davon, daß er Besen band, und war gut und redlich. Der arme hatte zwei Kinder, das waren Zwillingsbrüder und sich so ähnlich wie ein Tropfen Wasser dem andern. Die zwei Knaben gingen in des Reichen Haus ab und zu und erhielten von dem Abfall manchmal etwas zu essen. Es trug sich zu, daß der arme Mann, als er in den Wald ging, Reisig zu holen, einen Vogel sah, der ganz golden war und so schön, wie ihm noch niemals einer vor Augen gekommen war. Da hob er ein Steinchen auf, warf nach ihm und traf ihn auch glücklich; es fiel aber nur eine goldene Feder herab, und der Vogel flog fort. Der Mann nahm die Feder und brachte sie seinem Bruder, der sah sie an und sprach: »Es ist eitel Gold«, und gab ihm viel Geld dafür. Am andern Tag stieg der Mann auf einen Birkenbaum und wollte ein paar Äste abhauen; da flog derselbe Vogel heraus, und als der Mann nachsuchte, fand er ein Nest, und ein Ei lag darin, das war von Gold. Er nahm das Ei mit heim und brachte es seinem Bruder, der sprach wiederum: »Es ist eitel Gold«, und gab ihm, was es wert war. Zuletzt sagte der Goldschmied: »Den Vogel selber möcht ich wohl haben.« Der Arme ging zum drittenmal in den Wald und sah den Goldvogel wieder auf dem Baum sitzen; da nahm er einen Stein und warf ihn herunter und brachte ihn seinem Bruder, der gab ihm einen großen Haufen Gold dafür. »Nun kann ich mir forthelfen«, dachte er und ging zufrieden nach Haus.

Der Goldschmied war klug und listig und wußte wohl, was das für ein Vogel war. Er rief seine Frau und sprach: »Brat mir den Goldvogel und sorge, daß nichts davon wegkommt: ich habe Lust, ihn ganz allein zu essen.« Der Vogel war aber kein gewöhnlicher, sondern so wunderbarer Art, daß wer Herz und Leber von ihm aß, jeden Morgen ein Goldstück unter seinem Kopfkissen fand. Die Frau machte den Vogel zurecht, steckte ihn an einen Spieß und ließ ihn braten. Nun geschah es, daß während er am Feuer stand und die Frau anderer Arbeiten wegen notwendig aus der Küche gehen mußte, die zwei Kinder des armen Besenbinders hereinliefen, sich vor den Spieß stellten und ihn ein paarmal herumdrehten. Und als da gerade zwei Stücklein aus dem Vogel in die Pfanne herabfielen, sprach der eine: »Die paar Bißchen wollen wir essen, ich bin so hungrig, es wird's ja niemand daran merken.« Da aßen sie beide die Stückchen auf; die Frau kam aber dazu, sah, daß sie etwas aßen, und sprach: »Was habt ihr gegessen?« – »Ein paar Stückchen, die aus dem Vogel herausgefallen sind«, antworteten sie. »Das ist Herz und Leber gewesen«, sprach die Frau ganz erschrocken, und damit ihr Mann nichts vermißte und nicht böse ward, schlachtete sie geschwind ein Hähnchen, nahm Herz und Leber heraus und legte es zu dem Goldvogel. Als er gar war, trug sie ihn dem Goldschmied auf, der ihn ganz allein verzehrte und nichts übrigließ.

Am andern Morgen aber, als er unter sein Kopfkissen griff und dachte, das Goldstück hervorzuholen, war so wenig wie sonst eins zu finden.

Die beiden Kinder aber wußten nicht, was ihnen für ein Glück zuteil geworden war. Am andern Morgen, wie sie aufstanden, fiel etwas auf die Erde und klingelte, und als sie es aufhoben, da waren's zwei Goldstücke. Sie brachten sie ihrem Vater, der wunderte sich und sprach: »Wie sollte das zugegangen sein?« Als sie aber am andern Morgen wieder zwei fanden und so jeden Tag, da ging er zu seinem Bruder und erzählte ihm die seltsame Geschichte. Der Goldschmied merkte gleich, wie es gekommen war und daß die Kinder Herz und Leber von dem Goldvogel gegessen hatten, und um sich zu rächen und weil er neidisch und hartherzig war, sprach er zu dem Vater: »Deine Kinder sind mit dem Bösen im Spiel, nimm das Gold nicht und dulde sie nicht länger in deinem Haus, denn er hat Macht über sie und kann dich selbst noch ins Verderben bringen.« Der Vater fürchtete den Bösen, und so schwer es ihm ankam, führte er doch die Zwillinge hinaus in den Wald und verließ sie da mit traurigem Herzen.

Nun liefen die zwei Kinder im Wald umher und suchten den Weg nach Haus, konnten ihn aber nicht finden, sondern verirrten sich immer weiter. Endlich begegneten sie einem Jäger, der fragte: »Wem gehört ihr Kinder?« – »Wir sind des armen Besenbinders Jungen«, antworteten sie und erzählten ihm, daß ihr Vater sie nicht länger im Hause hätte behalten wollen, weil alle Morgen ein Goldstück unter ihrem Kopfkissen läge. »Nun«, sagte der Jäger, »das ist gerade nichts Schlimmes, wenn ihr nur rechtschaffen dabei bleibt und euch nicht auf die faule Haut legt.« Der gute Mann, weil ihm die Kinder gefielen und er selbst keine hatte, so nahm er sie mit nach Haus und sprach: »Ich will euer Vater sein und euch großziehen.« Sie lernten da bei ihm die Jägerei, und das Goldstück, das ein jeder beim Aufstehen fand, das hob er ihnen auf, wenn sie's in Zukunft nötig hätten.

Als sie herangewachsen waren, nahm sie ihr Pflegevater eines Tages mit in den Wald und sprach: »Heute sollt ihr euern Probeschuß tun, damit ich euch freisprechen und zu Jägern machen kann.« Sie gingen mit ihm auf den Anstand und warteten lange, aber es kam kein Wild. Der Jäger sah über sich und sah eine Kette von Schneegänsen in der Gestalt eines Dreiecks fliegen, da sagte er zu dem einen: »Nun schieß von jeder Ecke eine herab.« Der tat's und vollbrachte damit seinen Probeschuß. Bald darauf kam noch eine Kette angeflogen und hatte die Gestalt der Ziffer Zwei; da hieß der Jäger den andern gleichfalls von jeder Ecke eine herunterholen, und dem gelang sein Probeschuß auch. Nun sagte der Pflegevater: »Ich spreche euch frei, ihr seid ausgelernte Jäger.« Darauf gingen die zwei Brüder zusammen in den Wald, ratschlagten miteinander und verabredeten etwas. Und als sie abends sich zum Essen niedergesetzt hatten, sagten sie zu ihrem Pflegevater: »Wir rühren die Speise nicht an und nehmen keinen Bissen, bevor Ihr uns eine Bitte gewährt habt.« Sprach er: »Was ist denn eure Bitte?« Sie antworteten: »Wir haben nun ausgelernt, wir müssen uns auch in der Welt versuchen, so erlaubt, daß wir fortziehen und wandern.« Da sprach der Alte mit Freuden: »Ihr redet wie brave Jäger, was ihr begehrt, ist mein eigener Wunsch gewesen; zieht aus, es wird euch wohl ergehen.« Darauf aßen und tranken sie fröhlich zusammen.

Als der bestimmte Tag kam, schenkte der Pflegevater jedem eine gute Büchse und einen Hund und ließ jeden von seinen gesparten Goldstücken nehmen, soviel er wollte. Darauf begleitete er sie ein Stück Wegs, und beim Abschied gab er ihnen noch ein blankes Messer und sprach: »Wann ihr euch einmal trennt, so stoßt dies Messer am Scheideweg in einen Baum, daran kann einer, wenn er zurückkommt, sehen, wie es seinem abwesenden Bruder ergangen ist, denn die Seite, nach welcher dieser ausgezogen ist, rostet, wann er stirbt; solange er aber lebt, bleibt sie blank.« Die zwei Brüder gingen immer weiter fort und kamen in einen Wald, so groß, daß sie unmöglich in einem Tag heraus konnten. Also blieben sie die Nacht darin und aßen, was sie in die Jägertasche gesteckt hatten; sie gingen aber auch noch den zweiten Tag und kamen nicht heraus. Da sie nichts zu essen hatten, so sprach der eine: »Wir müssen uns etwas schießen, sonst leiden wir Hunger«, lud seine Büchse und sah sich um. Und als ein alter Hase dahergelaufen kam, legte er an, aber der Hase rief:

»Lieber Jäger, laß mich leben,
ich will dir auch zwei Junge geben.«

Sprang auch gleich ins Gebüsch und brachte zwei Junge; die Tierlein spielten aber so munter und waren so artig, daß die Jäger es nicht übers Herz bringen konnten, sie zu töten. Sie behielten sie also bei sich, und die kleinen Hasen folgten ihnen auf dem Fuße nach. Bald darauf schlich ein Fuchs vorbei, den wollten sie niederschießen, aber der Fuchs rief:

»Lieber Jäger, laß mich leben,
ich will dir auch zwei Junge geben.«

Er brachte auch zwei Füchslein, und die Jäger mochten sie auch nicht töten, gaben sie den Hasen zur Gesellschaft, und sie folgten ihnen nach. Nicht lange, so schritt ein Wolf aus dem Dickicht, die Jäger legten auf ihn an, aber der Wolf rief:

»Lieber Jäger, laß mich leben,
ich will dir auch zwei Junge geben.«

Die zwei jungen Wölfe taten die Jäger zu den andern Tieren, und sie folgten ihnen nach. Darauf kam ein Bär, der wollte gern noch länger herumtraben und rief:

»Lieber Jäger, laß mich leben,
ich will dir auch zwei Junge geben.«

Die zwei jungen Bären wurden zu den andern gesellt, und waren ihrer schon acht. Endlich, wer kam? Ein Löwe kam und schüttelte seine Mähnen. Aber die Jäger ließen sich nicht schrecken und zielten auf ihn; aber der Löwe sprach gleichfalls:

»Lieber Jäger, laß mich leben,
ich will dir auch zwei Junge geben.«

Er holte auch seine Jungen herbei, und nun hatten die Jäger zwei Löwen, zwei Bären, zwei Wölfe, zwei Füchse und zwei Hasen, die ihnen nachzogen und dienten. Indessen war ihr Hunger damit nicht gestillt worden, da sprachen sie zu den Füchsen: »Hört, ihr Schleicher, schafft uns etwas zu essen, ihr seid ja listig und verschlagen.« Sie antworteten: »Nicht weit von hier liegt ein Dorf, wo wir schon manches Huhn geholt haben; den Weg dahin wollen wir euch zeigen.« Da gingen sie ins Dorf, kauften sich etwas zu essen und ließen auch ihren Tieren Futter geben und zogen dann weiter. Die Füchse aber wußten guten Bescheid in der Gegend, wo die Hühnerhöfe waren, und konnten die Jäger überall zurechtweisen.

Nun zogen sie eine Weile herum, konnten aber keinen Dienst finden, wo sie zusammengeblieben wären, da sprachen sie: »Es geht nicht anders, wir müssen uns trennen.« Sie teilten die Tiere, so daß jeder einen Löwen, einen Bären, einen Wolf, einen Fuchs, und einen Hasen bekam; dann nahmen sie Abschied, versprachen sich brüderliche Liebe bis in den Tod und stießen das Messer, das ihnen ihr Pflegevater mitgegeben, in einen Baum; worauf der eine nach Osten, der andere nach Westen zog.

Der jüngste aber kam mit seinen Tieren in eine Stadt, die war ganz mit schwarzem Flor überzogen. Er ging in ein Wirtshaus und fragte den Wirt, ob er nicht seine Tiere herbergen könnte. Der Wirt gab ihnen einen Stall, wo in der Wand ein Loch war: da kroch der Hase hinaus und holte sich ein Kohlhaupt, und der Fuchs holte sich ein Huhn, und als er das gefressen hatte, auch den Hahn dazu; der Wolf aber, der Bär und der Löwe, weil sie zu groß waren, konnten nicht hinaus. Da ließ sie der Wirt hinbringen, wo eben eine Kuh auf dem Rasen lag, daß sie sich satt fraßen. Und als der Jäger für seine Tiere gesorgt hatte, fragte er erst den Wirt, warum die Stadt so mit Trauerflor ausgehängt wäre. Sprach der Wirt: »Weil morgen unseres Königs einzige Tochter sterben wird.« Fragte der Jäger: »Ist sie sterbenskrank?« – »Nein«, antwortete der Wirt, »sie ist frisch und gesund, aber sie muß doch sterben.« – »Wie geht das zu?« fragte der Jäger. »Draußen vor der Stadt ist ein hoher Berg, darauf wohnt ein Drache, der muß alle Jahr eine reine Jungfrau haben, sonst verwüstet er das ganze Land. Nun sind schon alle Jungfrauen hingegeben und ist niemand mehr übrig als die Königstochter, dennoch ist keine Gnade, sie muß ihm überliefert werden; und das soll morgen geschehen.« Sprach der Jäger: »Warum wird der Drache nicht getötet?« – »Ach«, antwortete der Wirt, »so viele Ritter haben's versucht, aber allesamt ihr Leben eingebüßt; der König hat dem, der den Drachen besiegt, seine Tochter zur Frau versprochen, und er soll auch nach seinem Tode das Reich erben.«

Der Jäger sagte dazu weiter nichts, aber am andern Morgen nahm er seine Tiere und stieg mit ihnen auf den Drachenberg. Da stand oben eine kleine Kirche, und auf dem Altar standen drei gefüllte Becher, und dabei war die Schrift »Wer die Becher austrinkt, wird der stärkste Mann auf Erden und wird das Schwert führen, das vor der Türschwelle vergraben liegt«. Der Jäger trank da nicht, ging hinaus und suchte das Schwert in der Erde, vermochte aber nicht, es von der Stelle zu bewegen. Da ging er hin und trank die Becher aus und war nun stark genug, das Schwert aufzunehmen, und seine Hand konnte es ganz leicht führen. Als die Stunde kam, wo die Jungfrau dem Drachen sollte ausgeliefert werden, begleitete sie der König, der Marschall und die Hofleute hinaus. Sie sah von weitem den Jäger oben auf dem Drachenberg und meinte, der Drache stände da und erwartete sie, und wollte nicht hinaufgehen, endlich aber, weil die ganze Stadt sonst wäre verloren gewesen, mußte sie den schweren Gang tun. Der König und die Hofleute kehrten voll großer Trauer heim, des Königs Marschall aber sollte stehenbleiben und aus der Ferne alles mit ansehen.

Als die Königstochter oben auf den Berg kam, stand da nicht der Drache, sondern der junge Jäger, der sprach ihr Trost ein und sagte, er wollte sie retten, führte sie in die Kirche und verschloß sie darin. Gar nicht lange, so kam mit großem Gebraus der siebenköpfige Drache dahergefahren. Als er den Jäger erblickte, verwunderte er sich und sprach: »Was hast du hier auf dem Berge zu schaffen?« Der Jäger antwortete: »Ich will mit dir kämpfen.« Sprach der Drache: »So mancher Rittersmann hat hier sein Leben gelassen, mit dir will ich auch fertig werden«, und atmete Feuer aus sieben Rachen. Das Feuer sollte das trockne Gras anzünden, und der Jäger sollte in der Glut und dem Dampf ersticken, aber die Tiere kamen herbeigelaufen und traten das Feuer aus. Da fuhr der Drache gegen den Jäger, aber er schwang sein Schwert, daß es in der Luft sang, und schlug ihm drei Köpfe ab. Da ward der Drache erst recht wütend, erhob sich in die Luft, spie die Feuerflammen über den Jäger aus und wollte sich auf ihn stürzen, aber der Jäger zückte nochmals sein Schwert und hieb ihm wieder drei Köpfe ab. Das Untier ward matt und sank nieder und wollte doch wieder auf den Jäger los, aber er schlug ihm mit der letzten Kraft den Schweif ab, und weil er nicht mehr kämpfen konnte, rief er seine Tiere herbei, die zerrissen es in Stücke. Als der Kampf zu Ende war, schloß der Jäger die Kirche auf und fand die Königstochter auf der Erde liegen, weil ihr die Sinne vor Angst und Schrecken während des Streites vergangen waren. Er trug sie heraus, und als sie wieder zu sich selbst kam und die Augen aufschlug, zeigte er ihr den zerrissenen Drachen und sagte ihr, daß sie nun erlöst wäre. Sie freute sich und sprach: »Nun wirst du mein liebster Gemahl werden, denn mein Vater hat mich demjenigen versprochen, der den Drachen tötet.« Darauf hing sie ihr Halsband von Korallen ab und verteilte es unter die Tiere, um sie zu belohnen, und der Löwe erhielt das goldene Schlößchen davon. Ihr Taschentuch aber, in dem ihr Name stand, schenkte sie dem Jäger, der ging hin und schnitt aus den sieben Drachenköpfen die Zungen aus, wickelte sie in das Tuch und verwahrte sie wohl.

Als das geschehen war, weil er von dem Feuer und dem Kampf so matt und müde war, sprach er zur Jungfrau: »Wir sind beide so matt und müde, wir wollen ein wenig schlafen.« Da sagte sie ja, und sie ließen sich auf die Erde nieder, und der Jäger sprach zu dem Löwen: »Du sollst wachen, damit uns niemand im Schlaf überfällt«, und beide schliefen ein. Der Löwe legte sich neben sie, um zu wachen, aber er war vom Kampf auch müde, daß er den Bären rief und sprach: »Lege dich neben mich, ich muß ein wenig schlafen, und wenn was kommt, so wecke mich auf.« Da legte sich der Bär neben ihn, aber er war auch müde und rief den Wolf und sprach: »Lege dich neben mich, ich muß ein wenig schlafen, und wenn was kommt, so wecke mich auf.« Da legte sich der Wolf neben ihn, aber er war auch müde und rief den Fuchs und sprach: »Lege dich neben mich, ich muß ein wenig schlafen, und wenn was kommt, so wecke mich auf.« Da legte sich der Fuchs neben ihn, aber er war auch müde, rief den Hasen und sprach: »Lege dich neben mich, ich muß ein wenig schlafen, und wenn was kommt, so wecke mich auf.« Da setzte sich der Hase neben ihn, aber der arme Has war auch müde und hatte niemand, den er zur Wache herbeirufen konnte, und schlief ein. Da schlief nun die Königstochter, der Jäger, der Löwe, der Bär, der Wolf, der Fuchs und der Has, und schliefen alle einen festen Schlaf.

Der Marschall aber, der von weitem hatte zuschauen sollen, als er den Drachen nicht mit der Jungfrau fortfliegen sah und alles auf dem Berg ruhig ward, nahm sich ein Herz und stieg hinauf. Da lag der Drache zerstückt und zerrissen auf der Erde und nicht weit davon die Königstochter und ein Jäger mit seinen Tieren, die waren alle in tiefen Schlaf versunken. Und weil er bös und gottlos war, so nahm er sein Schwert und hieb dem Jäger das Haupt ab und faßte die Jungfrau auf den Arm und trug sie den Berg hinab. Da erwachte sie und erschrak, aber der Marschall sprach: »Du bist in meinen Händen, du sollst sagen, daß ich es gewesen bin, der den Drachen getötet hat.« – »Das kann ich nicht«, antwortete sie, »denn ein Jäger mit seinen Tieren hat's getan.« Da zog er sein Schwert und drohte sie zu töten, wo sie ihm nicht gehorchte, und zwang sie damit, daß sie es versprach. Darauf brachte er sie vor den König, der sich vor Freuden nicht zu lassen wußte, als er sein liebes Kind wieder lebend erblickte, das er von dem Untier zerrissen glaubte. Der Marschall sprach zu ihm: »Ich habe den Drachen getötet und die Jungfrau und das ganze Reich befreit, darum fordere ich sie zur Gemahlin, so wie es zugesagt ist.« Der König fragte die Jungfrau: »Ist das wahr, was er spricht?« – »Ach ja«, antwortete sie, »es muß wohl wahr sein; aber ich halte mir aus, daß erst über Jahr und Tag die Hochzeit gefeiert wird«, denn sie dachte in der Zeit etwas von ihrem lieben Jäger zu hören.

Auf dem Drachenberg aber lagen noch die Tiere neben ihrem toten Herrn und schliefen, da kam eine große Hummel und setzte sich dem Hasen auf die Nase, aber der Hase wischte sie mit der Pfote ab und schlief weiter. Die Hummel kam zum zweitenmal, aber der Hase wischte sie wieder ab und schlief fort. Da kam sie zum drittenmal und stach ihm in die Nase, daß er aufwachte. Sobald der Hase wach war, weckte er den Fuchs und der Fuchs den Wolf und der Wolf den Bär und der Bär den Löwen. Und als der Löwe aufwachte und sah, daß die Jungfrau fort war und sein Herr tot, fing er an, fürchterlich zu brüllen, und rief: »Wer hat das vollbracht? Bär, warum hast du mich nicht geweckt?« Der Bär fragte den Wolf: »Warum hast du mich nicht geweckt?« Und der Wolf den Fuchs: »Warum hast du mich nicht geweckt?« Und der Fuchs den Hasen: »Warum hast du mich nicht geweckt?« Der arme Has wußte allein nichts zu antworten, und die Schuld blieb auf ihm hangen. Da wollten sie über ihn herfallen, aber er bat und sprach: »Bringt mich nicht um, ich will unsern Herrn wieder lebendig machen. Ich weiß einen Berg, da wächst eine Wurzel, wer die im Mund hat, der wird von aller Krankheit und allen Wunden geheilt. Aber der Berg liegt zweihundert Stunden von hier.« Sprach der Löwe: »In vierundzwanzig Stunden mußt du hin und her gelaufen sein und die Wurzel mitbringen.« Da sprang der Hase fort, und in vierundzwanzig Stunden war er zurück und brachte die Wurzel mit. Der Löwe setzte dem Jäger den Kopf wieder an, und der Hase steckte ihm die Wurzel in den Mund, alsbald fügte sich alles wieder zusammen, und das Herz schlug, und das Leben kehrte zurück. Da erwachte der Jäger und erschrak, als er die Jungfrau nicht mehr sah, und dachte: »Sie ist wohl fortgegangen, während ich schlief, um mich loszuwerden.« Der Löwe hatte in der großen Eile seinem Herrn den Kopf verkehrt aufgesetzt, der aber merkte es nicht bei seinen traurigen Gedanken an die Königstochter; erst zu Mittag, als er etwas essen wollte, da sah er, daß ihm der Kopf nach dem Rücken zu stand, konnte es nicht begreifen und fragte die Tiere, was ihm im Schlaf widerfahren wäre. Da erzählte ihm der Löwe, daß sie auch alle aus Müdigkeit eingeschlafen wären, und beim Erwachen hätten sie ihn tot gefunden mit abgeschlagenem Haupte, der Hase hätte die Lebenswurzel geholt, er aber in der Eil den Kopf verkehrt gehalten; doch wollte er seinen Fehler wiedergutmachen. Dann riß er dem Jäger den Kopf wieder ab, drehte ihn herum, und der Hase heilte ihn mit der Wurzel fest.

Der Jäger aber war traurig, zog in der Welt herum und ließ seine Tiere vor den Leuten tanzen. Es trug sich zu, daß er gerade nach Verlauf eines Jahres wieder in dieselbe Stadt kam, wo er die Königstochter vom Drachen erlöst hatte, und die Stadt war diesmal ganz mit rotem Scharlach ausgehängt. Da sprach er zum Wirt: »Was will das sagen? Vorm Jahr war die Stadt mit schwarzem Flor überzogen, was soll heute der rote Scharlach?« Der Wirt antwortete: »Vorm Jahr sollte unsers Königs Tochter dem Drachen ausgeliefert werden, aber der Marschall hat mit ihm gekämpft und ihn getötet, und da soll morgen ihre Vermählung gefeiert werden; darum war die Stadt damals mit schwarzem Flor zur Trauer und ist heute mit rotem Scharlach zur Freude ausgehängt.«

Am andern Tag, wo die Hochzeit sein sollte, sprach der Jäger um Mittagszeit zum Wirt: »Glaubt Er wohl, Herr Wirt, daß ich heut Brot von des Königs Tisch hier bei Ihm essen will?« – »Ja«, sprach der Wirt, »da wollt ich doch noch hundert Goldstücke dransetzen, daß das nicht wahr ist.« Der Jäger nahm die Wette an und setzte einen Beutel mit ebensoviel Goldstücken dagegen. Dann rief er den Hasen und sprach: »Geh hin, lieber Springer, und hol mir von dem Brot, das der König ißt.« Nun war das Häslein das geringste und konnte es keinem andern wieder auftragen, sondern mußte sich selbst auf die Beine machen. »Ei«, dachte es, »wann ich so allein durch die Straßen springe, da werden die Metzgerhunde hinter mir drein sein.« Wie es dachte, so geschah es auch, und die Hunde kamen hinter ihm drein und wollten ihm sein gutes Fell flicken. Es sprang aber, hast du nicht gesehen! und flüchtete sich in ein Schilderhaus, ohne daß es der Soldat gewahr wurde. Da kamen die Hunde und wollten es heraus haben, aber der Soldat verstand keinen Spaß und schlug mit dem Kolben drein, daß sie schreiend und heulend fortliefen. Als der Hase merkte, daß die Luft rein war, sprang er zum Schloß hinein und gerade zur Königstochter, setzte sich unter ihren Stuhl und kratzte sie am Fuß. Da sagte sie: »Willst du fort!«, und meinte, es wäre ihr Hund. Der Hase kratzte zum zweitenmal am Fuß, da sagte sie wieder: »Willst du fort!«, und meinte, es wäre ihr Hund. Aber der Hase ließ sich nicht irre machen und kratzte zum drittenmal, da guckte sie herab und erkannte den Hasen an seinem Halsband. Nun nahm sie ihn auf ihren Schoß, trug ihn in ihre Kammer und sprach: »Lieber Hase, was willst du?« Antwortete er: »Mein Herr, der den Drachen getötet hat, ist hier und schickt mich, ich soll um ein Brot bitten, wie es der König ißt.« Da war sie voll Freude und ließ den Bäcker kommen und befahl ihm, ein Brot zu bringen, wie es der König aß. Sprach das Häslein: »Aber der Bäcker muß mir's auch hintragen, damit mir die Metzgerhunde nichts tun.« Der Bäcker trug es ihm bis an die Türe der Wirtsstube, da stellte sich der Hase auf die Hinterbeine, nahm alsbald das Brot in die Vorderpfoten und brachte es seinem Herrn. Da sprach der Jäger: »Sieht Er, Herr Wirt, die hundert Goldstücke sind mein.« Der Wirt wunderte sich, aber der Jäger sagte weiter: »Ja, Herr Wirt, das Brot hätt ich, nun will ich aber auch von des Königs Braten essen.« Der Wirt sagte: »Das möcht ich sehen«, aber wetten wollte er nicht mehr. Rief der Jäger den Fuchs und sprach: »Mein Füchslein, geh hin und hol mir Braten, wie ihn der König ißt.« Der Rotfuchs wußte die Schliche besser, ging an den Ecken und durch die Winkel, ohne daß ihn ein Hund sah, setzte sich unter der Königstochter Stuhl und kratzte an ihrem Fuß. Da sah sie herab und erkannte den Fuchs am Halsband, nahm ihn mit in ihre Kammer und sprach: »Lieber Fuchs, was willst du?« Antwortete er: »Mein Herr, der den Drachen getötet hat, ist hier und schickt mich, ich soll bitten um einen Braten, wie ihn der König ißt.« Da ließ sie den Koch kommen, der mußte einen Braten, wie ihn der König aß, anrichten und dem Fuchs bis an die Türe tragen; da nahm ihm der Fuchs die Schüssel ab, wedelte mit seinem Schwanz erst die Fliegen weg, die sich auf den Braten gesetzt hatten, und brachte ihn dann seinem Herrn. »Sieht Er, Herr Wirt«, sprach der Jäger, »Brot und Fleisch ist da, nun will ich auch Zugemüs essen, wie es der König ißt.« Da rief er den Wolf und sprach: »Lieber Wolf, geh hin und hol mir Zugemüs, wie's der König ißt.« Da ging der Wolf geradezu ins Schloß, weil er sich vor niemand fürchtete, und als er in der Königstochter Zimmer kam, da zupfte er sie hinten am Kleid, daß sie sich umschauen mußte. Sie erkannte ihn am Halsband und nahm ihn mit in ihre Kammer und sprach: »Lieber Wolf, was willst du?« Antwortete er: »Mein Herr, der den Drachen getötet hat, ist hier, ich soll bitten um ein Zugemüs, wie es der König ißt.« Da ließ sie den Koch kommen, der mußte ein Zugemüs bereiten, wie es der König aß, und mußte es dem Wolf bis vor die Türe tragen, da nahm ihm der Wolf die Schüssel ab und brachte sie seinem Herrn. »Sieht Er, Herr Wirt«, sprach der Jäger, »nun hab ich Brot, Fleisch und Zugemüs, aber ich will auch Zuckerwerk essen, wie es der König ißt.« Rief er den Bären und sprach: »Lieber Bär, du leckst doch gern etwas Süßes, geh hin und hol mir Zuckerwerk, wie's der König ißt.« Da trabte der Bär nach dem Schlosse und ging ihm jedermann aus dem Wege; als er aber zu der Wache kam, hielt sie die Flinten vor und wollte ihn nicht ins königliche Schloß lassen. Aber er hob sich in die Höhe und gab mit seinen Tatzen links und rechts ein paar Ohrfeigen, daß die ganze Wache zusammenfiel, und darauf ging er geradesweges zu der Königstochter, stellte sich hinter sie und brummte ein wenig. Da schaute sie rückwärts und erkannte den Bären und hieß ihn mitgehn in ihre Kammer und sprach: »Lieber Bär, was willst du?« Antwortete er: »Mein Herr, der den Drachen getötet hat, ist hier, ich soll bitten um Zuckerwerk, wie's der König ißt.« Da ließ sie den Zuckerbäcker kommen, der mußte Zuckerwerk backen, wie's der König aß, und dem Bären vor die Türe tragen; da leckte der Bär erst die Zuckererbsen auf, die heruntergerollt waren, dann stellte er sich aufrecht, nahm die Schüssel und brachte sie seinem Herrn. »Sieht Er, Herr Wirt«, sprach der Jäger, »nun habe ich Brot, Fleisch, Zugemüs und Zuckerwerk, aber ich will auch Wein trinken, wie ihn der König trinkt.« Er rief seinen Löwen herbei und sprach: »Lieber Löwe, du trinkst dir doch gerne einen Rausch, geh und hol mir Wein, wie ihn der König trinkt.« Da schritt der Löwe über die Straße, und die Leute liefen vor ihm, und als er an die Wache kam, wollte sie den Weg sperren, aber er brüllte nur einmal, so sprang alles fort. Nun ging der Löwe vor das königliche Zimmer und klopfte mit seinem Schweif an die Türe. Da kam die Königstochter heraus und wäre fast über den Löwen erschrocken, aber sie erkannte ihn an dem goldenen Schloß von ihrem Halsbande und hieß ihn mit in ihre Kammer gehen und sprach: »Lieber Löwe, was willst du?« Antwortete er: »Mein Herr, der den Drachen getötet hat, ist hier, ich soll bitten um Wein, wie ihn der König trinkt.« Da ließ sie den Mundschenk kommen, der sollte dem Löwen Wein geben, wie ihn der König tränke. Sprach der Löwe: »Ich will mitgehen und sehen, daß ich den rechten kriege.« Da ging er mit dem Mundschenk hinab, und als sie unten hinkamen, wollte ihm dieser von dem gewöhnlichen Wein zapfen, wie ihn des Königs Diener tranken, aber der Löwe sprach: »Halt! Ich will den Wein erst versuchen«, zapfte sich ein halbes Maß und schluckte es auf einmal hinab. »Nein«, sagte er, »das ist nicht der rechte.« Der Mundschenk sah ihn schief an, ging aber und wollte ihm aus einem andern Faß geben, das für des Königs Marschall war. Sprach der Löwe: »Halt! Erst will ich den Wein versuchen«, zapfte sich ein halbes Maß und trank es, »der ist besser, aber noch nicht der rechte.« Da ward der Mundschenk bös und sprach: »Was so ein dummes Vieh vom Wein verstehen will!« Aber der Löwe gab ihm einen Schlag hinter die Ohren, daß er unsanft zur Erde fiel, und als er sich wieder aufgemacht hatte, führte er den Löwen ganz stillschweigens in einen kleinen, besonderen Keller, wo des Königs Wein lag, von dem sonst kein Mensch zu trinken bekam. Der Löwe zapfte sich erst ein halbes Maß und versuchte den Wein, dann sprach er: »Das kann von dem rechten sein«, und hieß den Mundschenk sechs Flaschen füllen. Nun stiegen sie herauf, wie der Löwe aber aus dem Keller ins Freie kam, schwankte er hin und her und war ein wenig trunken, und der Mundschenk mußte ihm den Wein bis vor die Türe tragen, da nahm der Löwe den Henkelkorb in das Maul und brachte ihn seinem Herrn. Sprach der Jäger: »Sieht Er, Herr Wirt, da hab ich Brot, Fleisch, Zugemüs, Zuckerwerk und Wein, wie es der König hat, nun will ich mit meinen Tieren Mahlzeit halten«, und setzte sich hin, aß und trank, und gab dem Hasen, dem Fuchs, dem Wolf, dem Bär und dem Löwen auch davon zu essen und zu trinken, und war guter Dinge, denn er sah, daß ihn die Königstochter noch liebhatte. Und als er Mahlzeit gehalten hatte, sprach er: »Herr Wirt, nun hab ich gegessen und getrunken, wie der König ißt und trinkt, jetzt will ich an des Königs Hof gehen und die Königstochter heiraten.« Fragte der Wirt: »Wie soll das zugehen, da sie schon einen Bräutigam hat und heute die Vermählung gefeiert wird?« Da zog der Jäger das Taschentuch heraus, das ihm die Königstochter auf dem Drachenberg gegeben hatte und worin die sieben Zungen des Untiers eingewickelt waren, und sprach: »Dazu soll mir helfen, was ich da in der Hand halte.« Da sah der Wirt das Tuch an und sprach: »Wenn ich alles glaube, so glaube ich das nicht, und will wohl Haus und Hof dransetzen.« Der Jäger aber nahm einen Beutel mit tausend Goldstücken, stellte ihn auf den Tisch und sagte: »Das setze ich dagegen.«

Nun sprach der König an der königlichen Tafel zu seiner Tochter: »Was haben die wilden Tiere alle gewollt, die zu dir gekommen und in mein Schloß ein- und ausgegangen sind?« Da antwortete sie: »Ich darf's nicht sagen, aber schickt hin und laßt den Herrn dieser Tiere holen, so werdet Ihr wohl tun.« Der König schickte einen Diener ins Wirtshaus und ließ den fremden Mann einladen, und der Diener kam gerade, wie der Jäger mit dem Wirt gewettet hatte. Da sprach er: »Sieht Er, Herr Wirt, da schickt der König einen Diener und läßt mich einladen, aber ich gehe so noch nicht.« Und zu dem Diener sagte er: »Ich lasse den Herrn König bitten, daß er mir königliche Kleider schickt, einen Wagen mit sechs Pferden und Diener, die mir aufwarten.« Als der König die Antwort hörte, sprach er zu seiner Tochter: »Was soll ich tun?« Sagte sie: »Laßt ihn holen, wie er's verlangt, so werdet Ihr wohl tun.« Da schickte der König königliche Kleider, einen Wagen mit sechs Pferden und Diener, die ihm aufwarten sollten. Als der Jäger sie kommen sah, sprach er: »Sieht Er, Herr Wirt, nun werde ich abgeholt, wie ich es verlangt habe«, und zog die königlichen Kleider an, nahm das Tuch mit den Drachenzungen und fuhr zum König. Als ihn der König kommen sah, sprach er zu seiner Tochter: »Wie soll ich ihn empfangen?« Antwortete sie: »Geht ihm entgegen, so werdet Ihr wohl tun.« Da ging ihm der König entgegen und führte ihn herauf, und seine Tiere folgten ihm nach. Der König wies ihm einen Platz an neben sich und seiner Tochter, der Marschall saß auf der andern Seite, als Bräutigam, aber der kannte ihn nicht mehr. Nun wurden gerade die sieben Häupter des Drachen zur Schau aufgetragen, und der König sprach: »Die sieben Häupter hat der Marschall dem Drachen abgeschlagen, darum geb ich ihm heute meine Tochter zur Gemahlin.« Da stand der Jäger auf, öffnete die sieben Rachen und sprach: »Wo sind die sieben Zungen des Drachen?« Da erschrak der Marschall, ward bleich und wußte nicht, was er antworten sollte, endlich sagte er in der Angst: »Drachen haben keine Zungen.« Sprach der Jäger: »Die Lügner sollten keine haben, aber die Drachenzungen sind das Wahrzeichen des Siegers«, und wickelte das Tuch auf, da lagen sie alle siebene darin, und dann steckte er jede Zunge in den Rachen, in den sie gehörte, und sie paßte genau. Darauf nahm er das Tuch, in welches der Name der Königstochter gestickt war, und zeigte es der Jungfrau und fragte sie, wem sie es gegeben hätte, da antwortete sie: »Dem, der den Drachen getötet hat.« Und dann rief er sein Getier, nahm jedem das Halsband und dem Löwen das goldene Schloß ab und zeigte es der Jungfrau und fragte, wem es angehörte. Antwortete sie: »Das Halsband und das goldene Schloß waren mein, ich habe es unter die Tiere verteilt, die den Drachen besiegen halfen.« Da sprach der Jäger: »Als ich müde von dem Kampf geruht und geschlafen habe, da ist der Marschall gekommen und hat mir den Kopf abgehauen. Dann hat er die Königstochter fortgetragen und vorgegeben, er sei es gewesen, der den Drachen getötet habe; und daß er gelogen hat, beweise ich mit den Zungen, dem Tuch und dem Halsband.« Und dann erzählte er, wie ihn seine Tiere durch eine wunderbare Wurzel geheilt hätten und daß er ein Jahr lang mit ihnen herumgezogen und endlich wieder hierhergekommen wäre, wo er den Betrug des Marschalls durch die Erzählung des Wirtes erfahren hätte. Da fragte der König seine Tochter: »Ist es wahr, daß dieser den Drachen getötet hat?« Da antwortete sie: »Ja, es ist wahr; jetzt darf ich die Schandtat des Marschalls offenbaren, weil sie ohne mein Zutun an den Tag gekommen ist, denn er hat mir das Versprechen zu schweigen abgezwungen. Darum aber habe ich mir ausgehalten, daß erst in Jahr und Tag die Hochzeit sollte gefeiert werden.« Da ließ der König zwölf Ratsherrn rufen, die sollten über den Marschall Urteil sprechen, und die urteilten, daß er müßte von vier Ochsen zerrissen werden. Also ward der Marschall gerichtet, der König aber übergab seine Tochter dem Jäger und ernannte ihn zu seinem Statthalter im ganzen Reich. Die Hochzeit ward mit großen Freuden gefeiert, und der junge König ließ seinen Vater und Pflegevater holen und überhäufte sie mit Schätzen. Den Wirt vergaß er auch nicht und ließ ihn kommen und sprach zu ihm: »Sieht Er, Herr Wirt, die Königstochter habe ich geheiratet, und sein Haus und Hof sind mein.« Sprach der Wirt: »Ja, das wäre nach den Rechten.« Der junge König aber sagte: »Es soll nach Gnaden gehen: Haus und Hof soll Er behalten, und die tausend Goldstücke schenke ich Ihm noch dazu.«

Nun waren der junge König und die junge Königin guter Dinge und lebten vergnügt zusammen. Er zog oft hinaus auf die Jagd, weil das seine Freude war, und die treuen Tiere mußten ihn begleiten. Es lag aber in der Nähe ein Wald, von dem hieß es, er wäre nicht geheuer, und wäre einer erst darin, so käm er nicht leicht wieder heraus. Der junge König hatte aber große Lust, darin zu jagen, und ließ dem alten König keine Ruhe, bis er es ihm erlaubte. Nun ritt er mit einer großen Begleitung aus, und als er zu dem Wald kam, sah er eine schneeweiße Hirschkuh darin und sprach zu seinen Leuten: »Haltet hier, bis ich zurückkomme, ich will das schöne Wild jagen«, und ritt ihm nach in den Wald hinein, und nur seine Tiere folgten ihm. Die Leute hielten und warteten bis Abend, aber er kam nicht wieder; da ritten sie heim und erzählten der jungen Königin: »Der junge König ist im Zauberwald einer weißen Hirschkuh nachgejagt und ist nicht wiedergekommen.« Da war sie in großer Besorgnis um ihn. Er war aber dem schönen Wild immer nachgeritten und konnte es niemals einholen; wenn er meinte, es wäre schußrecht, so sah er es gleich wieder in weiter Ferne dahinspringen, und endlich verschwand es ganz. Nun merkte er, daß er tief in den Wald hineingeraten war, nahm sein Horn und blies, aber er bekam keine Antwort, denn seine Leute konnten's nicht hören. Und da auch die Nacht einbrach, sah er, daß er diesen Tag nicht heimkommen könnte, stieg ab, machte sich bei einem Baum ein Feuer an und wollte dabei übernachten. Als er bei dem Feuer saß und seine Tiere sich auch neben ihn gelegt hatten, däuchte ihn, als hörte er eine menschliche Stimme; er schaute umher, konnte aber nichts bemerken. Bald darauf hörte er wieder ein Ächzen wie von oben her, da blickte er in die Höhe und sah ein altes Weib auf dem Baum sitzen, das jammerte in einem fort: »Hu, hu, hu, was mich friert!« Sprach er: »Steig herab und wärme dich, wenn dich friert.« Sie aber sagte: »Nein, deine Tiere beißen mich.« Antwortete er: »Sie tun dir nichts, altes Mütterchen, komm nur herunter.« Sie war aber eine Hexe und sprach: »Ich will dir eine Rute von dem Baum herabwerfen, wenn du sie damit auf den Rücken schlägst, tun sie mir nichts.« Da warf sie ihm ein Rütlein herab, und er schlug sie damit, alsbald lagen sie still und waren in Stein verwandelt. Und als die Hexe vor den Tieren sicher war, sprang sie herunter und rührte auch ihn mit einer Rute an und verwandelte ihn in Stein. Darauf lachte sie und schleppte ihn und die Tiere in einen Graben, wo schon mehr solcher Steine lagen.

Als aber der junge König gar nicht wiederkam, ward die Angst und Sorge der Königin immer größer. Nun trug sich zu, daß gerade in dieser Zeit der andere Bruder, der bei der Trennung gen Osten gewandelt war, in das Königreich kam. Er hatte einen Dienst gesucht und keinen gefunden, war dann herumgezogen hin und her und hatte seine Tiere tanzen lassen. Da fiel ihm ein, er wollte einmal nach dem Messer sehen, das sie bei ihrer Trennung in einen Baumstamm gestoßen hatten, um zu erfahren, wie es seinem Bruder ginge. Wie er dahin kam, war seines Bruders Seite halb verrostet, und halb war sie noch blank. Da erschrak er und dachte: »Meinem Bruder muß ein großes Unglück zugestoßen sein, doch kann ich ihn vielleicht noch retten, denn die Hälfte des Messers ist noch blank.« Er zog mit seinen Tieren gen Westen, und als er in das Stadttor kam, trat ihm die Wache entgegen und fragte, ob sie ihn bei seiner Gemahlin melden sollte: die junge Königin wäre schon seit ein paar Tagen in großer Angst über sein Ausbleiben und fürchtete, er wäre im Zauberwald umgekommen. Die Wache nämlich glaubte nicht anders, als er wäre der junge König selbst, so ähnlich sah er ihm, und hatte auch die wilden Tiere hinter sich laufen. Da merkte er, daß von seinem Bruder die Rede war, und dachte: »Es ist das beste, ich gebe mich für ihn aus, so kann ich ihn wohl leichter erretten.« Also ließ er sich von der Wache ins Schloß begleiten und ward mit großen Freuden empfangen. Die junge Königin meinte nicht anders, als es wäre ihr Gemahl, und fragte ihn, warum er so lange ausgeblieben wäre. Er antwortete: »Ich hatte mich in einem Walde verirrt und konnte mich nicht eher wieder herausfinden.« Abends ward er in das königliche Bette gebracht, aber er legte ein zweischneidiges Schwert zwischen sich und die junge Königin; sie wußte nicht, was das heißen sollte, getraute aber nicht zu fragen.

Da blieb er ein paar Tage und erforschte derweil alles, wie es mit dem Zauberwald beschaffen war, endlich sprach er: »Ich muß noch einmal dort jagen.« Der König und die junge Königin wollten es ihm ausreden, aber er bestand darauf und zog mit großer Begleitung hinaus. Als er in den Wald gekommen war, erging es ihm wie seinem Bruder, er sah eine weiße Hirschkuh und sprach zu seinen Leuten: »Bleibt hier und wartet, bis ich wiederkomme, ich will das schöne Wild jagen«, ritt in den Wald hinein, und seine Tiere liefen ihm nach. Aber er konnte die Hirschkuh nicht einholen und geriet so tief in den Wald, daß er darin übernachten mußte. Und als er ein Feuer angemacht hatte, hörte er über sich ächzen: »Hu, hu, hu, wie mich friert!« Da schaute er hinauf, und es saß dieselbe Hexe oben im Baum. Sprach er: »Wenn dich friert, so komm herab, altes Mütterchen, und wärme dich.« Antwortete sie: »Nein, deine Tiere beißen mich.« Er aber sprach: »Sie tun dir nichts.« Da rief sie: »Ich will dir eine Rute hinabwerfen, wenn du sie damit schlägst, so tun sie mir nichts.« Wie der Jäger das hörte, traute er der Alten nicht und sprach: »Meine Tiere schlag ich nicht, komm du herunter, oder ich hol dich.« Da rief sie: »Was willst du wohl? Du tust mir doch nichts.« Er aber antwortete: »Kommst du nicht, so schieß ich dich herunter.« Sprach sie: »Schieß nur zu, vor deinen Kugeln fürchte ich mich nicht.« Da legte er an und schoß nach ihr, aber die Hexe war fest gegen alle Bleikugeln, lachte, daß es gellte, und rief: »Du sollst mich noch nicht treffen.« Der Jäger wußte Bescheid, riß sich drei silberne Knöpfe vom Rock und lud sie in die Büchse, denn dagegen war ihre Kunst umsonst, und als er losdrückte, stürzte sie gleich mit Geschrei herab. Da stellte er den Fuß auf sie und sprach: »Alte Hexe, wenn du nicht gleich gestehst, wo mein Bruder ist, so pack ich dich auf mit beiden Händen und werfe dich ins Feuer.« Sie war in großer Angst, bat um Gnade und sagte: »Er liegt mit seinen Tieren versteinert in einem Graben.« Da zwang er sie, mit hinzugehen, drohte ihr und sprach: »Alte Meerkatze, jetzt machst du meinen Bruder und alle Geschöpfe, die hier liegen, lebendig, oder du kommst ins Feuer.« Sie nahm eine Rute und rührte die Steine an, da wurde sein Bruder mit den Tieren wieder lebendig, und viele andere, Kaufleute, Handwerker, Hirten, standen auf, dankten für ihre Befreiung und zogen heim. Die Zwillingsbrüder aber, als sie sich wiedersahen, küßten sich und freuten sich von Herzen. Dann griffen sie die Hexe, banden sie und legten sie ins Feuer, und als sie verbrannt war, da tat sich der Wald von selbst auf und war licht und hell, und man konnte das königliche Schloß auf drei Stunden Wegs sehen.

Nun gingen die zwei Brüder zusammen nach Haus und erzählten einander auf dem Weg ihre Schicksale. Und als der jüngste sagte, er wäre an des Königs Statt Herr im ganzen Lande, sprach der andere: »Das hab ich wohl gemerkt, denn als ich in die Stadt kam und für dich angesehen ward, da geschah mir alle königliche Ehre: die junge Königin hielt mich für ihren Gemahl, und ich mußte an ihrer Seite essen und in deinem Bett schlafen.« Wie das der andere hörte, ward er so eifersüchtig und zornig, daß er sein Schwert zog und seinem Bruder den Kopf abschlug. Als dieser aber tot dalag und er sein rotes Blut fließen sah, reute es ihn gewaltig: »Mein Bruder hat mich erlöst«, rief er aus, »und ich habe ihn dafür getötet!« Und jammerte laut. Da kam sein Hase und erbot sich, von der Lebenswurzel zu holen, sprang fort und brachte sie noch zu rechter Zeit: und der Tote ward wieder ins Leben gebracht und merkte gar nichts von der Wunde.

Darauf zogen sie weiter, und der jüngste sprach: »Du siehst aus wie ich, hast königliche Kleider an wie ich, und die Tiere folgen dir nach wie mir: wir wollen zu den entgegengesetzten Toren eingehen und von zwei Seiten zugleich beim alten König anlangen.« Also trennten sie sich, und bei dem alten König kam zu gleicher Zeit die Wache von dem einen und dem andern Tore und meldete, der junge König mit den Tieren wäre von der Jagd angelangt. Sprach der König: »Es ist nicht möglich, die Tore liegen eine Stunde weit auseinander.« Indem aber kamen von zwei Seiten die beiden Brüder in den Schloßhof hinein und stiegen beide herauf. Da sprach der König zu seiner Tochter: »Sag an, welcher ist dein Gemahl? Es sieht einer aus wie der andere, ich kann's nicht wissen.« Sie war da in großer Angst und konnte es nicht sagen, endlich fiel ihr das Halsband ein, das sie den Tieren gegeben hatte, suchte und fand an dem einen Löwen ihr goldenes Schlößchen; da rief sie vergnügt: »Der, dem dieser Löwe nachfolgt, der ist mein rechter Gemahl.« Da lachte der junge König und sagte: »Ja, das ist der rechte«, und sie setzten sich zusammen zu Tisch, aßen und tranken und waren fröhlich. Abends, als der junge König zu Bett ging, sprach seine Frau: »Warum hast du die vorigen Nächte immer ein zweischneidiges Schwert in unser Bett gelegt, ich habe geglaubt, du wolltest mich totschlagen.« Da erkannte er, wie treu sein Bruder gewesen war.

61.

Das Bürle

Es war ein Dorf, darin saßen lauter reiche Bauern und nur ein armer, den nannten sie das *Bürle* (Bäuerlein). Er hatte nicht einmal eine Kuh und noch weniger Geld, eine zu kaufen; und er und seine Frau hätten so gern eine gehabt. Einmal sprach er zu ihr: »Hör, ich habe einen guten Gedanken, da ist unser Gevatter Schreiner, der soll uns ein Kalb aus Holz machen und braun anstreichen, daß es wie ein

anderes aussieht, mit der Zeit wird's wohl groß und gibt eine Kuh.« Der Frau gefiel das auch, und der Gevatter Schreiner zimmerte und hobelte das Kalb zurecht, strich es an, wie sich's gehörte, und machte es so, daß es den Kopf herabsenkte, als fräße es.

Wie die Kühe des andern Morgens ausgetrieben wurden, rief das Bürle den Hirt herein und sprach: »Seht, da hab ich ein Kälbchen, aber es ist noch klein und muß noch getragen werden.« Der Hirt sagte: »Schon gut«, nahm's in seinen Arm, trug's hinaus auf die Weide und stellte es ins Gras. Das Kälbchen blieb da immer stehen wie eins, das frißt, und der Hirt sprach: »Das wird bald selber laufen, guck einer, was es schon frißt!« Abends, als er die Herde wieder heimtreiben wollte, sprach er zu dem Kalb: »Kannst du da stehen und dich satt fressen, so kannst du auch auf deinen vier Beinen gehen, ich mag dich nicht wieder auf dem Arm heimschleppen.« Das Bürle stand aber vor der Haustüre und wartete auf sein Kälbchen; als nun der Kuhhirt durchs Dorf trieb und das Kälbchen fehlte, fragte er danach. Der Hirt antwortete: »Das steht noch immer draußen und frißt: es wollte nicht aufhören und nicht mitgehen. « Bürle aber sprach: »Ei was, ich muß mein Vieh wieder haben.« Da gingen sie zusammen nach der Wiese zurück, aber einer hatte das Kalb gestohlen, und es war fort. Sprach der Hirt: »Es wird sich wohl verlaufen haben.« Das Bürle aber sagte: »Mir nicht so!«, und führte den Hirten vor den Schultheiß, der verdammte ihn für seine Nachlässigkeit, daß er dem Bürle für das entkommene Kalb mußte eine Kuh geben.

Nun hatte das Bürle und seine Frau die lang gewünschte Kuh; sie freuten sich von Herzen, hatten aber kein Futter und konnten ihr nichts zu fressen geben, also mußte sie bald geschlachtet werden. Das Fleisch salzten sie ein, und das Bürle ging in die Stadt und wollte das Fell dort verkaufen, um für den Erlös ein neues Kälbchen zu bestellen. Unterwegs kam er an eine Mühle, da saß ein Rabe mit gebrochenen Flügeln, den nahm er aus Erbarmen auf und wickelte ihn in das Fell. Weil aber das Wetter so schlecht ward und Wind und Regen stürmte, konnte er nicht weiter, kehrte in die Mühle ein und bat um Herberge. Die Müllerin war allein zu Haus und sprach zu dem Bürle: »Da leg dich auf die Streu«, und gab ihm ein Käsebrot. Das Bürle aß und legte sich nieder, sein Fell neben sich, und die Frau dachte: »Der ist müde und schläft.« Indem kam der Pfaff, die Frau Müllerin empfing ihn wohl und sprach: »Mein Mann ist aus, da wollen wir uns traktieren.« Bürle horchte auf, und wie's von traktieren hörte, ärgerte es sich, daß es mit Käsebrot hatte vorliebnehmen müssen. Da trug die Frau herbei und trug viererlei auf, Braten, Salat, Kuchen und Wein.

Wie sie sich nun setzten und essen wollten, klopfte es draußen. Sprach die Frau: » Ach Gott, das ist mein Mann!« Geschwind versteckte sie den Braten in die Ofenkachel, den Wein unters Kopfkissen, den Salat aufs Bett, den Kuchen unters Bett und den Pfaff in den Schrank auf dem Hausern. Danach machte sie dem Mann auf und sprach: »Gottlob, daß du wieder hier bist! Das ist ein Wetter, als wenn die Welt untergehen sollte!« Der Müller sah's Bürle auf dem Streu liegen und fragte: »Was will der Kerl da?« – »Ach«, sagte die Frau, »der arme Schelm kam in dem Sturm und Regen und bat um ein Obdach, da hab ich ihm ein Käsebrot gegeben und ihm die Streu angewiesen.« Sprach der Mann: »Ich habe nichts dagegen, aber schaff mir bald etwas zu essen.« Die Frau sagte: »Ich habe aber nichts als Käsebrot.« – »Ich bin mit allem zufrieden«, antwortete der Mann, »meinetwegen mit Käsebrot«, sah das Bürle an und rief: »Komm und iß noch einmal mit.« Bürle ließ sich das nicht zweimal sagen, stand auf und aß mit. Danach sah der Müller das Fell auf der Erde liegen, in dem der Rabe steckte, und fragte: »Was hast du da?« Antwortete das Bürle: »Da hab ich einen Wahrsager drin.« – »Kann der mir auch wahrsagen?« sprach der Müller. »Warum nicht?« antwortete das Bürle. »Er sagt aber nur vier Dinge, und das fünfte behält er bei sich.« Der Müller war neugierig und sprach: »Laß ihn einmal wahrsagen.« Da drückte Bürle dem Raben auf den Kopf, daß er quackte und »krr krr« machte. Sprach der Müller: »Was hat er gesagt?« Bürle antwortete: »Erstens hat er gesagt, es steckte Wein unterm Kopfkissen.« – »Das wäre des Guckgucks!« rief der Müller, ging hin und fand den Wein. »Nun weiter«, sprach der Müller. Das Bürle ließ den Raben wieder quacksen und sprach: »Zweitens hat er gesagt, wäre Braten in der Ofenkachel.« – »Das wäre des Guckgucks!« rief der Müller, ging hin und fand den Braten. Bürle ließ den Raben noch mehr weissagen und sprach: »Drittens hat er gesagt, wäre Salat auf dem Bett.« – »Das wäre des Guckgucks!« rief der Müller, ging hin und fand den Salat. Endlich drückte das Bürle den Raben noch einmal, daß er knurrte, und sprach: »Viertens hat er gesagt, wäre Kuchen unterm Bett.« – »Das wäre des Guckgucks!« rief der Müller, ging hin und fand den Kuchen.

Nun setzten sich die zwei zusammen an den Tisch, die Müllerin aber kriegte Todesängste, legte sich ins Bett und nahm alle Schlüssel zu sich. Der Müller hätte auch gern das fünfte gewußt, aber Bürle sprach: »Erst wollen wir die vier andern Dinge ruhig essen, denn das fünfte ist etwas Schlimmes.« So aßen sie, und danach ward gehandelt, wieviel der Müller für die fünfte Wahrsagung geben sollte, bis sie um dreihundert Taler einig wurden. Da drückte das Bürle dem Raben noch einmal an den Kopf, daß er laut quackte. Fragte der Müller: »Was hat er gesagt?« Antwortete das Bürle: »Er hat gesagt, draußen im Schrank auf dem Hausern, da steckte der Teufel.« Sprach der Müller: »Der Teufel muß hinaus«, und sperrte die Haustür auf, die Frau aber mußte den Schlüssel hergeben, und Bürle schloß den Schrank auf. Da lief der Pfaff, was er konnte, hinaus, und der Müller sprach: »Ich habe den schwarzen Kerl mit meinen Augen gesehen: es war richtig.« Bürle aber machte sich am andern Morgen in der Dämmerung mit den dreihundert Talern aus dem Staub.

Daheim tat sich das Bürle allgemach auf, baute ein hübsches Haus, und die Bauern sprachen: »Das Bürle ist gewiß gewesen, wo der goldene Schnee fällt und man das Geld mit Scheffeln heimträgt.« Da ward Bürle vor den Schultheiß gefordert, es sollte sagen, woher sein Reichtum käme. Antwortete es: »Ich habe mein Kuhfell in der Stadt für dreihundert Taler verkauft.« Als die Bauern das hörten, wollten sie auch den großen Vorteil genießen, liefen heim, schlugen all ihre Kühe tot und zogen die Felle ab, um sie in der Stadt mit dem großen Gewinn zu verkaufen. Der Schultheiß sprach: »Meine Magd muß aber vorangehen.« Als diese zum Kaufmann in die Stadt kam, gab er ihr nicht mehr als drei Taler für ein Fell; und als die übrigen kamen, gab er ihnen nicht einmal so viel und sprach: »Was soll ich mit all den Häuten anfangen?«

Nun ärgerten sich die Bauern, daß sie vom Bürle hinters Licht geführt waren, wollten Rache an ihm nehmen und verklagten es wegen des Betrugs bei dem Schultheiß. Das unschuldige Bürle ward einstimmig zum Tod verurteilt und sollte in einem durchlöcherten Faß ins Wasser gerollt werden. Bürle ward hinausgeführt und ein Geistlicher gebracht, der ihm eine Seelenmesse lesen sollte. Die andern mußten sich alle entfernen, und wie das Bürle den Geistlichen anblickte, so erkannte es den Pfaffen, der bei der Frau Müllerin gewesen war. Sprach es zu ihm: »Ich hab Euch aus dem Schrank befreit, befreit mich aus dem Faß.« Nun trieb gerade der Schäfer mit einer Herde Schafe daher, von dem das Bürle wußte, daß er längst gerne Schultheiß geworden wäre, da schrie es aus allen Kräften: »Nein, ich tu's nicht! Und wenn's die ganze Welt haben wollte, nein, ich tu's nicht!« Der Schäfer, der das hörte, kam herbei und fragte: »Was hast du vor? Was willst du nicht tun?« Bürle sprach: »Da wollen sie mich zum Schultheiß machen, wenn ich mich in das Faß setze, aber ich tu's nicht.« Der Schäfer sagte: »Wenn's weiter nichts ist, um Schultheiß zu werden, wollte ich mich gleich in das Faß setzen.« Bürle sprach: »Willst du dich hineinsetzen, so wirst du auch Schultheiß.« Der Schäfer war's zufrieden, setzte sich hinein, und das Bürle schlug den Deckel drauf; dann nahm es die Herde des Schäfers für sich und trieb sie fort. Der Pfaff aber ging zur Gemeinde und sagte, die Seelenmesse wäre gelesen. Da kamen sie und rollten das Faß nach dem Wasser hin. Als das Faß zu rollen anfing, rief der Schäfer: »Ich will ja gerne Schultheiß werden.« Sie glaubten nicht anders, als das Bürle schrie so, und sprachen: »Das meinen wir auch, aber erst sollst du dich da unten umsehen«, und rollten das Faß ins Wasser hinein.

Darauf gingen die Bauern heim, und wie sie ins Dorf kamen, so kam auch das Bürle daher, trieb eine Herde Schafe ruhig ein und war ganz zufrieden. Da erstaunten die Bauern und sprachen: »Bürle, wo kommst du her? Kommst du aus dem Wasser?« – »Freilich«, antwortete das Bürle, »ich bin versunken tief, tief, bis ich endlich auf den Grund kam: ich stieß dem Faß den Boden aus und kroch hervor, da waren schöne Wiesen, auf denen viele Lämmer weideten, davon bracht ich mir die Herde mit.« Sprachen die Bauern: »Sind noch mehr da?« – »O ja«, sagte das Bürle, »mehr, als ihr brauchen könnt.« Da verabredeten sich die Bauern, daß sie sich auch Schafe holen wollten, jeder eine Herde; der Schultheiß aber sagte: »Ich komme zuerst.« Nun gingen sie zusammen zum Wasser, da standen gerade am blauen Himmel kleine Flockwolken, die man Lämmerchen nennt, die spiegelten sich im Wasser ab, da riefen die Bauern: »Wir sehen schon die Schafe unten auf dem Grund.« Der Schulz drängte sich hervor und sagte: »Nun will ich zuerst hinunter und mich umsehen; wenn's gut ist, will ich euch rufen.« Da sprang er hinein, »plump« klang es im Wasser. Sie meinten nicht anders, als er riefe ihnen zu: »Kommt!«, und der ganze Haufe stürzte in einer Hast hinter ihm drein. Da war das

Dorf ausgestorben, und Bürle als der einzige Erbe ward ein reicher Mann.

62.

Die Bienenkönigin

Zwei Königssöhne gingen einmal auf Abenteuer und gerieten in ein wildes, wüstes Leben, so daß sie gar nicht wieder nach Haus kamen. Der jüngste, welcher der Dummling hieß, machte sich auf und suchte seine Brüder; aber wie er sie endlich fand, verspotteten sie ihn, daß er mit seiner Einfalt sich durch die Welt schlagen wollte, und sie zwei könnten nicht durchkommen und wären doch viel klüger. Sie zogen alle drei miteinander fort und kamen an einen Ameisenhaufen. Die zwei ältesten wollten ihn aufwühlen und sehen, wie die kleinen Ameisen in der Angst herumkröchen und ihre Eier forttrügen, aber der Dummling sagte: »Laßt die Tiere in Frieden, ich leid's nicht, daß ihr sie stört.« Da gingen sie weiter und kamen an einen See, auf dem schwammen viele, viele Enten. Die zwei Brüder wollten ein paar fangen und braten, aber der Dummling ließ es nicht zu und sprach: »Laßt die Tiere in Frieden, ich leid's nicht, daß ihr sie tötet.« Endlich kamen sie an ein Bienennest, darin war so viel Honig, daß er am Stamm herunterlief. Die zwei wollten Feuer unter den Baum legen und die Bienen ersticken, damit sie den Honig wegnehmen könnten. Der Dummling hielt sie aber wieder ab und sprach: »Laßt die Tiere in Frieden, ich leid's nicht, daß ihr sie verbrennt.« Endlich kamen die drei Brüder in ein Schloß, wo in den Ställen lauter steinerne Pferde standen, auch war kein Mensch zu sehen, und sie gingen durch alle Säle, bis sie vor eine Tür ganz am Ende kamen, davor hingen drei Schlösser; es war aber mitten in der Türe ein Lädlein, dadurch konnte man in die Stube sehen. Da sahen sie ein graues Männchen, das an einem Tisch saß. Sie riefen es an, einmal, zweimal, aber es hörte nicht; endlich riefen sie zum drittenmal, da stand es auf, öffnete die Schlösser und kam heraus. Er sprach aber kein Wort, sondern führte sie zu einem reichbesetzten Tisch; und als sie gegessen und getrunken hatten, brachte es einen jeglichen in sein eigenes Schlafgemach. Am andern Morgen kam das graue Männchen zu dem ältesten, winkte und leitete ihn zu einer steinernen Tafel, darauf standen drei Aufgaben geschrieben, wodurch das Schloß erlöst werden könnte. Die erste war, in dem Wald unter dem Moos lagen die Perlen der Königstochter, tausend an der Zahl, die mußten aufgesucht werden, und wenn vor Sonnenuntergang noch eine einzige fehlte, so ward der, welcher gesucht hatte, zu Stein. Der älteste ging hin und suchte den ganzen Tag, als aber der Tag zu Ende war, hatte er erst hundert gefunden; es geschah, wie auf der Tafel stand, er ward in Stein verwandelt. Am folgenden Tag unternahm der zweite Bruder das Abenteuer; es ging ihm aber nicht viel besser als dem ältesten, er fand nicht mehr als zweihundert Perlen und ward zu Stein. Endlich kam auch an den Dummling die Reihe, der suchte im Moos, es war aber so schwer, die Perlen zu finden, und ging so langsam. Da setzte er sich auf einen Stein und weinte. Und wie er so saß, kam der Ameisenkönig, dem er einmal das Leben erhalten hatte, mit fünftausend Ameisen, und es währte gar nicht lange, so hatten die kleinen Tiere die Perlen miteinander gefunden und auf einen Haufen getragen. Die zweite Aufgabe aber war, den Schlüssel zu der Schlafkammer der Königstochter aus der See zu holen. Wie der Dummling zur See kam, schwammen die Enten, die er einmal gerettet hatte, heran, tauchten unter und holten den Schlüssel aus der Tiefe. Die dritte Aufgabe aber war die schwerste, aus den drei schlafenden Töchtern des Königs sollte die jüngste und die liebste herausgesucht werden. Sie glichen sich aber vollkommen und waren durch nichts verschieden, als daß sie, bevor sie eingeschlafen waren, verschiedene Süßigkeiten gegessen hatten, die älteste ein Stück Zucker, die zweite ein wenig Sirup, die jüngste einen Löffel voll Honig. Da kam die Bienenkönigin von den Bienen, die der Dummling vor dem Feuer geschützt hatte, und versuchte den Mund von allen dreien, zuletzt blieb sie auf dem Mund sitzen, der Honig gegessen hatte, und so erkannte der Königssohn die rechte. Da war der Zauber vorbei, alles war aus dem Schlaf erlöst, und wer von Stein war, erhielt seine menschliche Gestalt wieder. Und der Dummling vermählte sich mit der jüngsten und liebsten und ward König nach ihres Vaters Tod; seine zwei Brüder aber erhielten die beiden andern Schwestern.

63.

Die drei Federn

Es war einmal ein König, der hatte drei Söhne, davon waren zwei klug und gescheit, aber der dritte sprach nicht viel, war einfältig und hieß nur der *Dummling*. Als der König alt und schwach ward und an sein Ende dachte, wußte er nicht, welcher von seinen Söhnen nach ihm das Reich erben sollte. Da sprach er zu ihnen: »Ziehet aus, und wer mir den feinsten Teppich bringt, der soll nach meinem Tod König sein.« Und damit es keinen Streit unter ihnen gab, führte er sie vor sein Schloß, blies drei Federn in die Luft und sprach: »Wie die fliegen, so sollt ihr ziehen.« Die eine Feder flog nach Osten, die andere nach Westen, die dritte flog aber geradeaus und flog nicht weit, sondern fiel bald zur Erde. Nun ging der eine Bruder rechts, der andere ging links, und sie lachten den Dummling aus, der bei der dritten Feder da, wo sie niedergefallen war, bleiben mußte.

Der Dummling setzte sich nieder und war traurig. Da bemerkte er auf einmal, daß neben der Feder eine Falltüre lag. Er hob sie in die Höhe, fand eine Treppe und stieg hinab. Da kam er vor eine andere Tür, klopfte an und hörte, wie es inwendig rief:

»Jungfer grün und klein,
Hutzelbein,
Hutzelbeins Hündchen,
Hutzel hin und her,
laß geschwind sehen, wer draußen wär.«

Die Türe tat sich auf, und er sah eine große dicke Itsche (Kröte) sitzen und rings um sie eine Menge kleiner Itschen. Die dicke Itsche fragte, was sein Begehren wäre. Er antwortete: »Ich hätte gerne den schönsten und feinsten Teppich.« Da rief sie eine junge und sprach:

»Jungfer grün und klein,
Hutzelbein,
Hutzelbeins Hündchen,
Hutzel hin und her,
bring mir die große Schachtel her.«

Die junge Itsche holte die Schachtel, und die dicke Itsche machte sie auf und gab dem Dummling einen Teppich daraus, so schön und so fein, wie oben auf der Erde keiner konnte gewebt werden. Da dankte er ihr und stieg wieder hinauf.

Die beiden andern hatten aber ihren jüngsten Bruder für so albern gehalten, daß sie glaubten, er würde gar nichts finden und aufbringen. »Was sollen wir uns mit Suchen groß Mühe geben«, sprachen sie, nahmen dem ersten besten Schäfersweib, das ihnen begegnete, die groben Tücher vom Leib und trugen sie dem König heim. Zu derselben Zeit kam auch der Dummling zurück und brachte seinen schönen Teppich, und als der König den sah, erstaunte er und sprach: »Wenn es dem Recht nach gehen soll, so gehört dem jüngsten das Königreich.« Aber die zwei andern ließen dem Vater keine Ruhe und sprachen, unmöglich könnte der Dummling, dem es in allen Dingen an Verstand fehlte, König werden, und baten ihn, er möchte eine neue Bedingung machen. Da sagte der Vater: »Der soll das Reich erben, der mir den schönsten Ring bringt«, führte die drei Brüder hinaus und blies drei Federn in die Luft, denen sie nachgehen sollten. Die zwei ältesten zogen wieder nach Osten und Westen, und für den Dummling flog die Feder geradeaus und fiel neben der Erdtüre nieder. Da stieg er wieder hinab zu der dicken Itsche und sagte ihr, daß er den schönsten Ring brauchte. Sie ließ sich gleich ihre große Schachtel holen und gab ihm daraus einen Ring, der glänzte von Edelsteinen und war so schön, daß ihn kein Goldschmied auf der Erde hätte machen können. Die zwei ältesten lachten über den Dummling, der einen goldenen Ring suchen wollte, gaben sich gar keine Mühe, sondern schlugen einem alten Wagenring die Nägel aus und brachten ihn dem König. Als aber der Dummling seinen goldenen Ring vorzeigte, so sprach der Vater abermals: »Ihm gehört das Reich.« Die zwei ältesten ließen nicht ab, den König zu quälen, bis er noch eine dritte Bedingung machte und den Ausspruch tat, der sollte das Reich haben, der die schönste Frau heimbrächte. Die drei Federn blies er nochmals in die Luft, und sie flogen wie die vorigemale.

Da ging der Dummling ohne weiteres hinab zu der dicken Itsche und sprach: »Ich soll die schönste Frau heimbringen.« – »Ei«, antwortete die Itsche, »die schönste Frau! Die ist nicht gleich zur Hand, aber du sollst sie doch haben.« Sie gab ihm eine ausgehöhlte gelbe Rübe, mit sechs Mäuschen bespannt. Da sprach der Dummling ganz traurig: »Was soll ich damit anfangen?« Die Itsche antwortete: »Setze nur eine von meinen kleinen Itschen hinein.« Da griff er auf Geratewohl eine aus dem Kreis und setzte sie in die gelbe Kutsche, aber kaum saß sie darin, so ward sie zu einem wunderschönen

Fräulein, die Rübe zur Kutsche und die sechs Mäuschen zu Pferden. Da küßte er sie, jagte mit den Pferden davon und brachte sie zu dem König. Seine Brüder kamen nach, die hatten sich gar keine Mühe gegeben, eine schöne Frau zu suchen, sondern die ersten besten Bauernweiber mitgenommen. Als der König sie erblickte, sprach er: »Dem jüngsten gehört das Reich nach meinem Tod.« Aber die zwei ältesten betäubten die Ohren des Königs aufs neue mit ihrem Geschrei: »Wir können's nicht zugeben, daß der Dummling König wird«, und verlangten, der sollte den Vorzug haben, dessen Frau durch einen Ring springen könnte, der da mitten in dem Saal hing. Sie dachten: »Die Bauernweiber können das wohl, die sind stark genug, aber das zarte Fräulein springt sich tot.« Der alte König gab das auch noch zu. Da sprangen die zwei Bauernweiber, sprangen auch durch den Ring, waren aber so plump, daß sie fielen und ihre groben Arme und Beine entzweibrachen. Darauf sprang das schöne Fräulein, das der Dummling mitgebracht hatte, und sprang so leicht hindurch wie ein Reh, und aller Widerspruch mußte aufhören. Also erhielt er die Krone und hat lange in Weisheit geherrscht.

64.

Die goldene Gans

Es war ein Mann, der hatte drei Söhne, davon hieß der jüngste der *Dummling* und wurde verachtet und verspottet und bei jeder Gelegenheit zurückgesetzt. Es geschah, daß der älteste in den Wald gehen wollte, Holz hauen, und eh er ging, gab ihm noch seine Mutter einen schönen feinen Eierkuchen und eine Flasche Wein mit, damit er nicht Hunger und Durst litte. Als er in den Wald kam, begegnete ihm ein altes graues Männlein, das bot ihm einen guten Tag und sprach: »Gib mir doch ein Stück Kuchen aus deiner Tasche und laß mich einen Schluck von deinem Wein trinken, ich bin so hungrig und durstig.« Der kluge Sohn aber antwortete: »Geb ich dir meinen Kuchen und meinen Wein, so hab ich selber nichts, pack dich deiner Wege«, ließ das Männlein stehen und ging fort. Als er nun anfing, einen Baum zu behauen, dauerte es nicht lange, so hieb er fehl, und die

Axt fuhr ihm in den Arm, daß er mußte heimgehen und sich verbinden lassen. Das war aber von dem grauen Männchen gekommen.

Darauf ging der zweite Sohn in den Wald, und die Mutter gab ihm, wie dem ältesten, einen Eierkuchen und eine Flasche Wein. Dem begegnete gleichfalls das alte graue Männchen und hielt um ein Stückchen Kuchen und einen Trunk Wein an. Aber der zweite Sohn sprach auch ganz verständig: »Was ich dir gebe, das geht mir selber ab, pack dich deiner Wege«, ließ das Männlein stehen und ging fort. Die Strafe blieb nicht aus, als er ein paar Hiebe am Baum getan, hieb er sich ins Bein, daß er mußte nach Haus getragen werden.

Da sagte der Dummling: »Vater, laß mich einmal hinausgehen und Holz hauen.« Antwortete der Vater: »Deine Brüder haben sich Schaden dabei getan, laß dich davon, du verstehst nichts davon.« Der Dummling aber bat so lange, bis er endlich sagte: »Geh nur hin, durch Schaden wirst du klug werden.« Die Mutter gab ihm einen Kuchen, der war mit Wasser in der Asche gebacken, und dazu eine Flasche saueres Bier. Als er in den Wald kam, begegnete ihm gleichfalls das alte graue Männchen, grüßte ihn und sprach: »Gib mir ein Stück von deinem Kuchen und einen Trunk aus deiner Flasche, ich bin so hungrig und durstig.« Antwortete der Dummling: »Ich habe aber nur Aschenkuchen und saueres Bier, wenn dir das recht ist, so wollen wir uns setzen und essen.« Da setzten sie sich, und als der Dummling seinen Aschenkuchen herausholte, so war's ein feiner Eierkuchen, und das sauere Bier war ein guter Wein. Nun aßen und tranken sie, und danach sprach das Männlein: »Weil du ein gutes Herz hast und von dem deinigen gerne mitteilst, so will ich dir Glück bescheren. Dort steht ein alter Baum, den hau ab, so wirst du in den Wurzeln etwas finden.« Darauf nahm das Männlein Abschied.

Der Dummling ging hin und hieb den Baum um, und wie er fiel, saß in den Wurzeln eine Gans, die hatte Federn von reinem Gold. Er hob sie heraus, nahm sie mit sich und ging in ein Wirtshaus, da wollte er übernachten. Der Wirt hatte aber drei Töchter, die sahen die Gans, waren neugierig, was das für ein wunderlicher Vogel wäre, und hätten gar gern eine von seinen goldenen Federn gehabt. Die älteste dachte: »Es wird sich schon eine Gelegenheit finden, wo ich mir eine Feder ausziehen kann.« Und als der Dummling einmal hinausgegangen war, faßte sie die Gans beim Flügel, aber Finger und Hand blieben ihr daran festhängen. Bald danach kam die zweite und hatte keinen andern Gedanken, als sich eine goldene Feder zu holen; kaum aber hatte sie ihre Schwester angerührt, so blieb sie festhängen. Endlich kam auch die dritte in gleicher Absicht; da schrieen die andern: »Bleib weg, ums Himmels willen, bleib weg.« Aber sie begriff nicht, warum sie wegbleiben sollte, dachte: »Sind die dabei, so kann ich auch dabei sein«, und sprang herzu, und wie sie ihre Schwester angerührt hatte, so blieb sie an ihr hängen. So mußten sie die Nacht bei der Gans zubringen.

Am andern Morgen nahm der Dummling die Gans in den Arm, ging fort und bekümmerte sich nicht um die drei Mädchen, die daranhingen. Sie mußten immer hinter ihm dreinlaufen, links und rechts, wie's ihm in die Beine kam. Mitten auf dem Felde begegnete ihnen der Pfarrer, und als er den Aufzug sah, sprach er: »Schämt euch, ihr garstigen Mädchen, was lauft ihr dem jungen Bursch durchs Feld nach, schickt sich das?« Damit faßte er die jüngste an die Hand und wollte sie zurückziehen; wie er sie aber anrührte, blieb er gleichfalls hängen und mußte selber hinterdreinlaufen. Nicht lange, so kam der Küster daher und sah den Herrn Pfarrer, der drei Mädchen auf dem Fuß folgte. Da verwunderte er sich und rief: »Ei, Herr Pfarrer, wo hinaus so geschwind? Vergeßt nicht, daß wir heute noch eine Kindtaufe haben«, lief auf ihn zu und faßte ihn am Ärmel, blieb aber auch fest hängen. Wie die fünf so hintereinander hertrabten, kamen zwei Bauern mit ihren Hacken vom Feld; da rief der Pfarrer sie an und bat, sie möchten ihn und den Küster losmachen. Kaum aber hatten sie den Küster angerührt, so blieben sie hängen und waren ihrer nun siebene, die dem Dummling mit der Gans nachliefen.

Er kam darauf in eine Stadt, da herrschte ein König, der hatte eine Tochter, die war so ernsthaft, daß sie niemand zum Lachen bringen konnte. Darum hatte er ein Gesetz gegeben, wer sie könnte zum Lachen bringen, der sollte sie heiraten. Der Dummling, als er das hörte, ging mit seiner Gans und ihrem Anhang vor die Königstochter, und als diese die sieben Menschen immer hintereinander herlaufen sah, fing sie überlaut an zu lachen und wollte gar nicht wieder aufhören. Da verlangte sie der Dummling zur Braut, aber dem König gefiel der Schwiegersohn nicht, er machte allerlei Einwendungen und sagte, er müßte ihm erst einen Mann bringen, der einen Keller voll Wein austrinken könnte. Der Dummling dachte an das graue Männchen, das könnte ihm wohl helfen, ging hinaus in den Wald, und auf der Stelle, wo er den Baum abgehauen hatte, sah er einen Mann sitzen, der machte ein ganz betrübtes Gesicht. Der Dummling fragte, was er sich so sehr zu Herzen nähme. Da antwortete er: »Ich habe so großen Durst und kann ihn nicht löschen, das kalte Wasser vertrage ich nicht, ein Faß Wein habe ich zwar ausgeleert, aber was ist ein Tropfen auf einem heißen Stein?« – »Da kann ich dir helfen«, sagte der Dummling, »komm nur mit, du sollst satt haben.« Er führte ihn darauf in des Königs Keller, und der Mann machte sich über die großen Fässer, trank und trank, daß ihm die Hüften wehtaten, und ehe ein Tag herum war, hatte er den ganzen Keller ausgetrunken. Der Dummling verlangte abermals seine Braut, der König aber ärgerte sich, daß ein schlechter Bursch, den jedermann einen Dummling nannte, seine Tochter davontragen sollte, und machte neue Bedingungen: er müßte erst einen Mann schaffen, der einen Berg voll Brot aufessen könnte. Der Dummling besann sich nicht lange, sondern ging gleich hinaus in den Wald; da saß auf demselben Platz ein Mann, der schnürte sich den Leib mit einem Riemen zusammen, machte ein grämliches Gesicht und sagte: »Ich habe einen ganzen Backofen voll Raspelbrot gegessen, aber was hilft das, wenn man so großen Hunger hat wie ich: mein Magen bleibt leer, und ich muß mich nur zuschnüren, wenn ich nicht Hungers sterben soll.« Der Dummling war froh darüber und sprach: »Mach dich auf und geh mit mir, du sollst dich satt essen.« Er führte ihn an den Hof des Königs, der hatte alles Mehl aus dem ganzen Reich zusammenfahren und einen ungeheuern Berg davon backen lassen; der Mann aber aus dem Walde stellte sich davor, fing an zu essen, und in einem Tag war der ganze Berg verschwunden. Der Dummling forderte zum drittenmal seine Braut, der König aber suchte noch einmal Ausflucht und verlangte ein Schiff, das zu Land und zu Wasser fahren könnte: »Sowie du aber damit angesegelt kommst«, sagte er, »so sollst du gleich meine Tochter zur Gemahlin haben.« Der Dummling ging geradesweges in den Wald, da saß das alte graue Männchen, dem er seinen Kuchen gegeben hatte, und sagte: »Ich habe für dich getrunken und gegessen, ich will dir auch das Schiff geben; das alles tu ich, weil du barmherzig gegen mich gewesen bist.« Da gab er ihm das Schiff, das zu Land und zu Wasser fuhr, und als der König das sah, konnte er ihm seine Tochter nicht länger vorenthalten. Die Hochzeit ward gefeiert, nach des Königs Tod erbte der Dummling das Reich und lebte lange Zeit vergnügt mit seiner Gemahlin.

65.

Allerleirauh

Es war einmal ein König, der hatte eine Frau mit goldenen Haaren, und sie war so schön, daß sich ihresgleichen nicht mehr auf Erden fand. Es geschah, daß sie krank lag, und als sie fühlte, daß sie bald sterben würde, rief sie den König und sprach: »Wenn du nach meinem Tode dich wieder vermählen willst, so nimmt keine, die nicht ebenso schön ist, als ich bin, und die nicht solche goldene Haare hat, wie ich habe; das mußt du mir versprechen.« Nachdem es ihr der König versprochen hatte, tat sie die Augen zu und starb.

Der König war lange Zeit nicht zu trösten und dachte nicht daran, eine zweite Frau zu nehmen. Endlich sprachen seine Räte: »Es geht nicht anders, der König muß sich wieder vermählen, damit wir eine Königin haben.« Nun wurden Boten weit und breit umhergeschickt, eine Braut zu suchen, die an Schönheit der verstorbenen Königin ganz gleich käme. Es war aber keine in der ganzen Welt zu finden, und wenn man sie auch gefunden hätte, so war doch keine da, die solche goldene Haare gehabt hätte. Also kamen die Boten unverrichteter Sache wieder heim.

Nun hatte der König eine Tochter, die war geradeso schön wie ihre verstorbene Mutter, und hatte auch solche goldene Haare. Als sie herangewachsen war, sah sie der König einmal an und sah, daß sie in allem seiner verstorbenen Gemahlin ähnlich war, und fühlte plötzlich eine heftige Liebe zu ihr. Da sprach er zu seinen Räten: »Ich will meine Tochter heiraten, denn sie ist das Ebenbild meiner verstorbenen Frau, und sonst kann ich doch keine Braut finden, die ihr gleicht.« Als die Räte das hörten, erschraken sie und sprachen: »Gott hat verboten, daß der Vater seine Tochter heirate, aus der Sünde kann nichts Gutes entspringen, und das Reich wird mit ins Verderben gezogen.« Die Tochter erschrak noch mehr, als sie den Entschluß ihres Vaters vernahm, hoffte aber, ihn von seinem Vorhaben noch abzubringen. Da sagte sie zu ihm: »Eh ich Euren Wunsch erfülle, muß ich erst drei Kleider haben, eins so golden wie die Sonne, eins so silbern wie der Mond und eins so glänzend wie die Sterne; ferner verlange ich einen Mantel, von tausenderlei Pelz und Rauhwerk zusammengesetzt, und ein jedes Tier in Eurem

Reich muß ein Stück von seiner Haut dazugeben.« Sie dachte aber: »Das anzuschaffen ist ganz unmöglich, und ich bringe damit meinen Vater von seinen bösen Gedanken ab.« Der König ließ aber nicht ab, und die geschicktesten Jungfrauen in seinem Reiche mußten die drei Kleider weben, eins so golden wie die Sonne, eins so silbern wie der Mond und eins so glänzend wie die Sterne; und seine Jäger mußten alle Tiere im ganzen Reiche auffangen und ihnen ein Stück von ihrer Haut abziehen; daraus ward ein Mantel von tausenderlei Rauhwerk gemacht. Endlich, als alles fertig war, ließ der König den Mantel herbeiholen, breitete ihn vor ihr aus und sprach: »Morgen soll die Hochzeit sein.«

Als nun die Königstochter sah, daß keine Hoffnung mehr war, ihres Vaters Herz umzuwenden, so faßte sie den Entschluß, zu entfliehen. In der Nacht, während alles schlief, stand sie auf und nahm von ihren Kostbarkeiten dreierlei, einen goldenen Ring, ein goldenes Spinnrädchen und ein goldenes Haspelchen; die drei Kleider von Sonne, Mond und Sternen tat sie in eine Nußschale, zog den Mantel von allerlei Rauhwerk an und machte sich Gesicht und Hände mit Ruß schwarz. Dann befahl sie sich Gott und ging fort, und ging die ganze Nacht, bis sie in einen großen Wald kam. Und weil sie müde war, setzte sie sich in einen hohlen Baum und schlief ein.

Die Sonne ging auf, und sie schlief fort und schlief noch immer, als es schon hoher Tag war. Da trug es sich zu, daß der König, dem dieser Wald gehörte, darin jagte. Als seine Hunde zu dem Baum kamen, schnupperten sie, liefen ringsherum und bellten. Sprach der König zu den Jägern: »Seht doch, was dort für ein Wild sich versteckt hat.« Die Jäger folgten dem Befehl, und als sie wiederkamen, sprachen sie: »In dem hohlen Baum liegt ein wunderliches Tier, wie wir noch niemals eins gesehen haben; an seiner Haut ist tausenderlei Pelz; es liegt aber und schläft.« Sprach der König: »Seht zu, ob ihr's lebendig fangen könnt, dann bindet's auf den Wagen und nehmt's mit.« Als die Jäger das Mädchen anfaßten, erwachte es voll Schrekken und rief ihnen zu: »Ich bin ein armes Kind, von Vater und Mutter verlassen, erbarmt euch mein und nehmt mich mit.« Da sprachen sie: »*Allerleirauh,* du bist gut für die Küche, komm nur mit, da kannst du die Asche zusammenkehren.« Also setzten sie es auf den Wagen und fuhren heim in das königliche Schloß. Dort wiesen sie ihm ein Ställchen an unter der Treppe, wo kein Tageslicht hinkam, und sagten: »Rauhtierchen, da kannst du wohnen und schlafen.« Dann ward es in die Küche geschickt, da trug es Holz und Wasser, schürte das Feuer, rupfte das Federvieh, belas das Gemüs, kehrte die Asche und tat alle schlechte Arbeit.

Da lebte Allerleihrauh lange Zeit recht armselig. Ach, du schöne Königstochter, wie soll's mit dir noch werden! Es geschah aber einmal, daß ein Fest im Schloß gefeiert ward, da sprach sie zum Koch: »Darf ich ein wenig hinaufgehen und zusehen? Ich will mich außen vor die Türe stellen.« Antwortete der Koch: »Ja, geh nur hin, aber in einer halben Stunde mußt du wieder hier sein und die Asche zusammentragen.« Da nahm sie ihr Öllämpchen, ging in ihr Ställchen, zog den Pelzrock aus und wusch sich den Ruß von dem Gesicht und den Händen ab, so daß ihre volle Schönheit wieder an den Tag kam. Dann machte sie die Nuß auf und holte ihr Kleid hervor, das wie die Sonne glänzte. Und wie das geschehen war, ging sie hinauf zum Fest, und alle traten ihr aus dem Weg, denn niemand kannte sie, und meinten nicht anders, als daß es eine Königstochter wäre. Der König aber kam ihr entgegen, reichte ihr die Hand und tanzte mit ihr und dachte in seinem Herzen: »So schön haben meine Augen noch keine gesehen.« Als der Tanz zu Ende war, verneigte sie sich, und wie sich der König umsah, war sie verschwunden, und niemand wußte wohin. Die Wächter, die vor dem Schlosse standen, wurden gerufen und ausgefragt, aber niemand hatte sie erblickt.

Sie war aber in ihr Ställchen gelaufen, hatte geschwind ihr Kleid ausgezogen, Gesicht und Hände schwarz gemacht und den Pelzmantel umgetan und war wieder Allerleirauh. Als sie nun in die Küche kam und an ihre Arbeit gehen und die Asche zusammenkehren wollte, sprach der Koch: »Laß das gut sein bis morgen und koche mir da die Suppe für den König, ich will auch einmal ein bißchen oben zugucken; aber laß mir kein Haar hineinfallen, sonst kriegst du in Zukunft nichts mehr zu essen.« Da ging der Koch fort, und Allerleirauh kochte die Suppe für den König und kochte eine Brotsuppe, so gut es konnte, und wie sie fertig war, holte es in dem Ställchen seinen goldenen Ring und legte ihn in die Schüssel, in welche die Suppe angerichtet ward. Als der Tanz zu Ende war, ließ sich der König die Suppe bringen und aß sie, und sie schmeckte ihm so gut, daß er meinte, niemals eine bessere Suppe gegessen zu haben. Wie er aber auf den Grund kam, sah er da einen goldenen Ring liegen und konnte nicht begreifen, wie er dahin geraten war. Da befahl er, der Koch sollte vor ihn kommen. Der Koch erschrak, wie er den Befehl hörte, und sprach zu Allerleirauh: »Gewiß hast du ein Haar in die Suppe fallen lassen; wenn's wahr ist, so kriegst du Schläge.« Als er vor den König kam, fragte dieser, wer die Suppe gekocht hätte. Antwortete der Koch: »Ich habe sie gekocht.« Der König aber sprach: »Das ist nicht wahr, denn sie war auf andere Art und viel besser gekocht als sonst.« Antwortete er: »Ich muß es gestehen, daß ich sie nicht gekocht habe, sondern das Rauhtierchen.« Sprach der König: »Geh und laß es heraufkommen.«

Als Allerleirauh kam, fragte der König: »Wer bist du?« – »Ich bin ein armes Kind, das keinen Vater und Mutter mehr hat.« Fragte er weiter: »Wozu bist du in meinem Schloß?« Antwortete es: »Ich bin zu nichts gut, als daß mir die Stiefeln um den Kopf geworfen werden.« Fragte er weiter: »Wo hast du den Ring her, der in der Suppe war?« Antwortete es: »Von dem Ring weiß ich nichts.« Also konnte der König nichts erfahren und mußte es wieder fortschicken.

Über eine Zeit war wieder ein Fest, da bat Allerleirauh den Koch wie vorigesmal um Erlaubnis, zusehen zu dürfen. Antwortete er: »Ja, aber komm in einer halben Stunde wieder und koch dem König die Brotsuppe, die er so gerne ißt.« Da lief es in sein Ställchen, wusch sich geschwind und nahm aus der Nuß das Kleid, das so silbern war wie der Mond, und tat es an. Da ging sie hinauf und glich einer Königstochter; und der König trat ihr entgegen und freute sich, daß er sie wiedersah, und weil eben der Tanz anhub, so tanzten sie zusammen. Als aber der Tanz zu Ende war, verschwand sie wieder so schnell, daß der König nicht bemerken konnte, wo sie hinging. Sie sprang aber in ihr Ställchen und machte sich wieder zum Rauhtierchen und ging in die Küche, die Brotsuppe zu kochen. Als der Koch oben war, holte es das goldene Spinnrad und tat es in die Schüssel, so daß die Suppe darüber angerichtet wurde. Danach ward sie dem König gebracht, der aß sie, und sie schmeckte ihm so gut wie das vorigemal, und ließ den Koch kommen, der mußte auch diesmal gestehen, daß Allerleirauh die Suppe gekocht hätte. Allerleirauh kam da wieder vor den König, aber sie antwortete, daß sie nur dazu da wäre, daß ihr die Stiefeln an den Kopf geworfen würden und daß sie von dem goldenen Spinnrädchen gar nichts wüßte.

Als der König zum drittenmal ein Fest anstellte, da ging es nicht anders als die vorigemale. Der Koch sprach zwar: »Du bist eine

Hexe, Rauhtierchen, und tust immer etwas in die Suppe, davon sie so gut wird und dem König besser schmeckt, als was ich koche«; doch weil es so bat, so ließ er es auf die bestimmte Zeit hingehen. Nun zog es ein Kleid an, das wie die Sterne glänzte, und trat damit in den Saal. Der König tanzte wieder mit der schönen Jungfrau und meinte, daß sie noch niemals so schön gewesen wäre. Und während er tanzte, steckte er ihr, ohne daß sie es merkte, einen goldenen Ring an den Finger, und hatte befohlen, daß der Tanz recht lang währen sollte. Wie er zu Ende war, wollte er sie an den Händen festhalten, aber sie riß sich los und sprang so geschwind unter die Leute, daß sie vor seinen Augen verschwand. Sie lief, was sie konnte, in ihr Ställchen unter der Treppe, weil sie aber zu lange und über eine halbe Stunde geblieben war, so konnte sie das schöne Kleid nicht ausziehen, sondern warf nur den Mantel von Pelz darüber, und in der Eile machte sie sich auch nicht ganz rußig, sondern ein Finger blieb weiß. Allerleirauh lief nun in die Küche, kochte dem König die Brotsuppe und legte, wie der Koch fort war, den goldenen Haspel hinein. Der König, als er den Haspel auf dem Grunde fand, ließ Allerleirauh rufen; da erblickte er den weißen Finger und sah den Ring, den er im Tanze ihr angesteckt hatte. Da ergriff er sie an der Hand und hielt sie fest, und als sie sich losmachen und fortspringen wollte, tat sich der Pelzmantel ein wenig auf, und das Sternenkleid schimmerte hervor. Der König faßte den Mantel und riß ihn ab. Da kamen die goldenen Haare hervor, und sie stand da in voller Pracht und konnte sich nicht länger verbergen. Und als sie Ruß und Asche aus ihrem Gesicht gewischt hatte, da war sie schöner, als man noch jemand auf Erden gesehen hat. Der König aber sprach: »Du bist meine liebe Braut, und wir scheiden nimmermehr voneinander.« Darauf ward die Hochzeit gefeiert, und sie lebten vergnügt bis an ihren Tod.

66.

Häsichenbraut

Et was ene Frou mit ener Toachter in änen schöhnen Goarten mit Koal; dahin kam än Häsichen und froaß zo Wenterszit allen Koal. Da seit de Frou zur Toachter: »Gäh in den Goarten und jag's Häsichen.« Seit's Mäken zum Häsichen: »Schu, schu! du Häsichen, frißt noch allen Koal.« Seit's Häsichen: »Kumm, Mäken, und sett dich uf min Haosenschwänzeken und kumm mit in min Haosenhüttchen.« Mäken well nech. Am annern Tog kummt's Häsichen weder und frißt den Koal, do seit de Frou zur Toachter: »Gäh in den Goarten und jag's Häsichen.« Seit's Mäken zum Häsichen: »Schu, schu! du Häsichen, frißt noch allen Koal.« Seit's Häsichen: »Kumm, Mäken, sett dich uf min Haosenschwänzeken und kumm mit mer in min Haosenhüttchen.« Mäken well nech. Am dretten Tog kummt's Häsichen weder und frißt den Koal. Do seit de Frou zur Toachter: »Gäh in den Goarten und jag's Häsichen.« Seit's Mäken: »Schu, schu! du Häsichen, frißt noch allen Koal.« Seit's Häsichen: »Kumm, Mäken, sett dich uf min Haosenschwänzeken und kumm mit mer in min Haosenhüttchen.« Mäken sätzt sich uf den Haosenschwänzeken, do bracht's Häsichen weit raus in sin Hüttchen und seit: »Nu koach Grinkoal und Hersche (Hirse), ick well de Hochtidlüd beten.« Do kamen alle Hochtidlüd zusam'm. (Wer waren dann die Hochzeitsleute? Das kann ich dir sagen, wie mir's ein anderer erzählt hat: das waren alle Hasen, und die Krähe war als Pfarrer dabei, die Brautleute zu trauen, und der Fuchs als Küster, und der Altar war unterm Regenbogen.)

Mäken aober was trurig, da se so alleene was. Kummt's Häsichen und seit: »Tu uf, tu uf, de Hochtidlüt senn fresch (frisch, lustig).« De Braut seit nischt und wint. Häsichen gäht fort, Häsichen kummt weder und seit: »Tu uf, tu uf, de Hochtidlüt senn hongrig.« De Braut seit weder nischt und wint. Häsichen gäht fort, Häsichen kummt und seit: »Tu uf, tu uf, de Hochtidlüt waorten.« Do seit de Braut nischt, und Häsichen gäht fort, aober se macht ene Puppen von Stroah met eren Kleedern und gibt er eenen Röhrleppel und set se an den Kessel med Hersche und gäht zor Motter. Häsichen kummt noch ämahl und seit: »Tu uf, tu uf«, und macht uf und smet de Puppe an Kopp, daß er de Hube abfällt.

Do set Häsichen, daß sine Braut nech es, und gäht fort und es trurig.

67.

Die zwölf Jäger

Es war einmal ein Königssohn, der hatte eine Braut und hatte sie sehr lieb. Als er nun bei ihr saß und ganz vergnügt war, da kam die Nachricht, daß sein Vater todkrank läge und ihn noch vor seinem Ende zu sehen verlangte. Da sprach er zu seiner Liebsten: »Ich muß nun fort und muß dich verlassen, da geb ich dir einen Ring zu meinem Andenken. Wann ich König bin, komm ich wieder und hol dich heim.« Da ritt er fort, und als er bei seinem Vater anlangte, war dieser sterbenskrank und dem Tode nah. Er sprach zu ihm: »Liebster Sohn, ich habe dich vor meinem Ende noch einmal sehen wollen, versprich mir, nach meinem Willen dich zu verheiraten«, und nannte ihm eine gewisse Königstochter, die sollte seine Gemahlin werden. Der Sohn war so betrübt, daß er sich gar nicht bedachte, sondern sprach: »Ja, lieber Vater, was Euer Wille ist, soll geschehen«, und darauf schloß der König die Augen und starb.

Als nun der Sohn zum König ausgerufen und die Trauerzeit verflossen war, mußte er das Versprechen halten, das er seinem Vater gegeben hatte, und ließ um die Königstochter werben, und sie ward ihm auch zugesagt. Das hörte seine erste Braut und grämte sich über die Untreue so sehr, daß sie fast verging. Da sprach ihr Vater zu ihr: »Liebstes Kind, warum bist du so traurig? Was du dir wünschest, das sollst du haben.« Sie bedachte sich einen Augenblick, dann sprach sie: »Lieber Vater, ich wünsche mir elf Mädchen, von Angesicht, Gestalt und Wuchs mir völlig gleich.« Sprach der König: »Wenn's möglich ist, soll dein Wunsch erfüllt werden«, und ließ in seinem ganzen Reich so lange suchen, bis elf Jungfrauen gefunden waren, seiner Tochter von Angesicht, Gestalt und Wuchs völlig gleich.

Als sie zu der Königstochter kamen, ließ diese zwölf Jägerkleider machen, eins wie das andere, und die elf Jungfrauen mußten die

Jägerkleider anziehen, und sie selber zog das zwölfte an. Darauf nahm sie Abschied von ihrem Vater und ritt mit ihnen fort und ritt an den Hof ihres ehemaligen Bräutigams, den sie so sehr liebte. Da fragte sie an, ob er Jäger brauchte und ob er sie nicht alle zusammen in seinen Dienst nehmen wollte. Der König sah sie an und erkannte sie nicht; weil es aber so schöne Leute waren, sprach er, ja, er wollte sie gerne nehmen; und da waren sie die zwölf Jäger des Königs.

Der König aber hatte einen Löwen, das war ein wunderliches Tier, denn er wußte alles Verborgene und Heimliche. Es trug sich zu, daß er eines Abends zum König sprach: »Du meinst, du hättest da zwölf Jäger?« – »Ja«, sagte der König, »zwölf Jäger sind's.« Sprach der Löwe weiter: »Du irrst dich, das sind zwölf Mädchen.« Antwortete der König: »Das ist nimmermehr wahr, wie willst du mir das beweisen?« – »Oh, laß nur Erbsen in dein Vorzimmer streuen«, antwortete der Löwe, »da wirst du's gleich sehen. Männer haben einen festen Tritt, wenn die über Erbsen hingehen, regt sich keine, aber Mädchen, die trippeln und trappeln und schlurfeln, und die Erbsen rollen.« Dem König gefiel der Rat wohl, und er ließ die Erbsen streuen.

Es war aber ein Diener des Königs, der war den Jägern gut, und wie er hörte, daß sie sollten auf die Probe gestellt werden, ging er hin und erzählte ihnen alles wieder und sprach: »Der Löwe will dem König weismachen, ihr wärt Mädchen.« Da dankte ihm die Königstochter und sprach hernach zu ihren Jungfrauen: »Tut euch Gewalt an und tretet fest auf die Erbsen.« Als nun der König am andern Morgen die zwölf Jäger zu sich rufen ließ und sie ins Vorzimmer kamen, wo die Erbsen lagen, so traten sie so fest darauf und hatten einen so sichern starken Gang, daß auch nicht eine rollte oder sich bewegte. Da gingen sie wieder fort, und der König sprach zum Löwen: »Du hast mich belogen, sie gehen ja wie Männer.« Antwortete der Löwe: »Sie haben's gewußt, daß sie sollten auf die Probe gestellt werden, und haben sich Gewalt angetan. Laß nur einmal zwölf Spinnräder ins Vorzimmer bringen, so werden sie herzukommen und werden sich daran freuen, und das tut kein Mann.« Dem König gefiel der Rat, und er ließ die Spinnräder ins Vorzimmer stellen.

Der Diener aber, der's redlich mit den Jägern meinte, ging hin und entdeckte ihnen den Anschlag. Da sprach die Königstochter, als sie allein waren, zu ihren elf Mädchen: »Tut euch Gewalt an und blickt euch nicht um nach den Spinnrädern.« Wie nun der König am andern Morgen seine zwölf Jäger rufen ließ, so kamen sie durch das Vorzimmer und sahen die Spinnräder gar nicht an. Da sprach der König wiederum zum Löwen: »Du hast mich belogen, es sind Männer, denn sie haben die Spinnräder nicht angesehen.« Der Löwe antwortete: »Sie haben's gewußt, daß sie sollten auf die Probe gestellt werden, und haben sich Gewalt angetan.« Der König aber wollte dem Löwen nicht mehr glauben.

Die zwölf Jäger folgten dem König beständig zur Jagd, und er hatte sie je länger, je lieber. Nun geschah es, daß, als sie einmal auf der Jagd waren, Nachricht kam, die Braut des Königs wäre im Anzug. Wie die rechte Braut das hörte, tat's ihr so weh, daß es ihr fast das Herz abstieß und sie ohnmächtig auf die Erde fiel. Der König meinte, seinem lieben Jäger sei etwas begegnet, lief hinzu und wollte ihm helfen und zog ihm den Handschuh aus. Da erblickte er den Ring, den er seiner ersten Braut gegeben, und als er ihr in das Gesicht sah, erkannte er sie. Da ward sein Herz so gerührt, daß er sie küßte, und als sie die Augen aufschlug, sprach er: »Du bist mein, und ich bin dein, und kein Mensch auf der Welt kann das ändern.« Zu der andern Braut aber schickte er einen Boten und ließ sie bitten, in ihr Reich zurückzukehren, denn er habe schon eine Gemahlin, und wer einen alten Schlüssel wiedergefunden habe, brauche den neuen nicht. Darauf ward die Hochzeit gefeiert, und der Löwe kam wieder in Gnade, weil er doch die Wahrheit gesagt hatte.

68.

De Gaudeif un sien Meester

Jan wull sien Sohn en Handwerk lehren loeten, do gonk Jan in de Kerke un beddet to ussen Herrgott, wat üm wull selig (zuträglich) wöre; do steit de Köster achter dat Altar un seg: »Dat Gaudeifen, dat Gaudeifen (gaudieben).« Do geit Jan wier to sien Sohn, he möst dat Gaudeifen lehren, dat hedde em usse Herrgott segt. Geit he met sienen Sohn un sögt sik enen Mann, de dat Gaudeifen kann. Do goht se ene ganze Tied, kummt in so 'n graut Wold, do steit so 'n klein Hüsken mot so ne olle Frau derin; seg Jan: »Wiet ji nich enen Mann, de dat Gaudeifen kann?« – »Dat känn ji hier wull lehren«, seg de Frau, »mien Sohn is en Meester dervon.« Do kührt (spricht) he met den Sohn, of he dat Gaudeifen auk recht könne. De Gaudeifsmeester seg: »Ick willt juen Sohn wull lehren, dann kummt övern Johr wier, wann ji dann juen Sohn noch kennt, dann will ick gar kien Lehrgeld hebben, un kenne ji em nig, dann müge ji mi twe hunnert Dahler giewen.«

De Vader geit wier noh Hues, un de Sohn lehret gut hexen un gaudeifen. Asse dat Johr um is, geit de Vader alle un grient, wu he dat anfangen will, dat he sienen Sohn kennt. Asse he der so geit un grient, do kümmt em so 'n klein Männken in de Möte (entgegen), dat seg: »Mann, wat grien ji? Ji sind je so bedröft.« – »Oh«, seg Jan, »ick hebbe mienen Sohn vör en Johr bi en Gaudeifsmeester vermet, do sede de mig, ick söll övert Johr wier kummen, un wann ick dann mienen Sohn nich kennde, dann söll ick em twe hunnert Dahler giewen, un wann ick em kennde, dann höf ick nix to giewen; nu sin ick so bange, dat ick em nig kenne, un ick weet nig, wo ick dat Geld herkriegen sall.« Do seg dat Männken, he söll en Körsken Braut met niemen un gohen unner den Kamin stohen: »Do up den Hahlbaum steit en Körfken, do kiekt en Vügelken uht, dat is jue Sohn.«

Do geit Jan hen un schmit en Körsken Schwatbraut vör den Korf, do kümmt dat Vügelken daruht un blickt der up. »Holla, mien Sohn, bist du hier?« seg de Vader. Do freude sick de Sohn, dat he sienen Vader sog; awerst de Lehrmeester seg: »Dat het ju de Düvel in giewen, wu könn ji sus juen Sohn kennen?« – »Vader, loet us gohn«, sede de Junge.

Do will de Vader met sienen Sohn nach Hues hengohn, unnerweges kümmt der ne Kutske anföhren, do segd de Sohn to sienen Vader: »Ick will mie in enen grauten Windhund maken, dann künn ji viel Geld met mie verdienen.« Do röpt de Heer uht de Kutske: »Mann, will ji den Hund verkaupen?« – »Jau«, sede de Vader. »Wuviel Geld will ji den vör hebben?« – »Dertig Dahler.« – »Je, Mann, dat is je viel, men wegen dat et so 'n eislicke rohren Ruen (gewaltig schöner Rüde) is, so will ick en behollen.« De Heer nimmt en in siene Kutske, asse de en lück (wenig) wegföhrt is, do sprinkt de Hund uht den Wagen dör de Glase, un do was he kien Windhund mehr un was wier bie sienen Vader.

Do goht sie tosamen noh Hues. Den annern Dag is in dat neigste Dorb Markt, do seg de Junge to sienen Vader: »Ick will mie nu in en schön Perd maken, dann verkaupet mie; awerst wann ji mie verkaupet, do möt ji mi den Taum uttrecken, süs kann ick kien Mensk wier weren.« Do treckt de Vader met dat Perd noh't Markt, do kümmt de Gaudeifsmeester un köft dat Perd för hunnert Dahler, un de Vader verget un treckt em den Taum nig uht. Do treckt de Mann met dat Perd noh Hues un doet et in en Stall. Asse de Magd öwer de Dehle geit, do segt dat Perd: »Tüh mie den Taum uht, tüh mie den Taum uht.« Do steiht de Magd un lustert: »Je, kannst du kühren?« Geit hen un tüht em den Taum uht, do werd dat Perd en Lüning (Sperling) un flügt öwer de Döhre, un de Hexenmeester auk en Lüning un flügt em noh. Do kümmt se bie ene (zusammen) un bietet sick, awerst de Meester verspielt un mäk sick in't Water un is en Fisk. Do werd de Junge auk en Fisk, un se bietet sick wier, dat de Meester verspielen mot. Do mäk sick de Meester in en Hohn, un de Junge werd en Voß un bitt den Meester den Kopp af; do is he storwen un liegt daut bes up düssen Dag.

69.

Jorinde und Joringel

Es war einmal ein altes Schloß mitten in einem großen dicken Wald, darinnen wohnte eine alte Frau ganz allein, das war eine Erzzauberin. Am Tage machte sie sich zur Katze oder zur Nachteule, des Abends aber wurde sie wieder ordentlich wie ein Mensch gestaltet. Sie konnte das Wild und die Vögel herbeilocken, und dann schlachtete sie's, kochte und briet es. Wenn jemand auf hundert Schritte dem Schloß nahe kam, so mußte er stillestehen und konnte sich nicht von der Stelle bewegen, bis sie ihn lossprach; wenn aber eine keusche Jungfrau in diesen Kreis kam, so verwandelte sie dieselbe in einen Vogel und sperrte sie dann in einen Korb ein und trug den Korb in eine Kammer des Schlosses. Sie hatte wohl siebentausend solcher Körbe mit so raren Vögeln im Schlosse.

Nun war einmal eine Jungfrau, die hieß Jorinde; sie war schöner als alle andere Mädchen. Die und dann ein gar schöner Jüngling namens Joringel hatten sich zusammen versprochen. Sie waren in den Brauttagen, und sie hatten ihr größtes Vergnügen eins am andern. Damit sie nun einsmalen vertraut zusammen reden könnten, gingen sie in den Wald spazieren. »Hüte dich«, sagte Joringel, »daß du nicht so nahe ans Schloß kommst.« Es war ein schöner Abend, die Sonne schien zwischen den Stämmen der Bäume hell ins dunkle Grün des Waldes, und die Turteltaube sang kläglich auf den alten Maibuchen.

Jorinde weinte zuweilen, setzte sich hin im Sonnenschein und klagte; Joringel klagte auch. Sie waren so bestürzt, als wenn sie hätten sterben sollen; sie sahen sich um, waren irre und wußten nicht, wohin sie nach Hause gehen sollten. Noch halb stand die Sonne über dem Berg, und halb war sie unter. Joringel sah durchs Gebüsch und sah die alte Mauer des Schlosses nah bei sich; er erschrak und wurde todbang. Jorinde sang:

»Mein Vöglein mit dem Ringlein rot
singt Leide, Leide, Leide:
es singt dem Täubelein seinen Tod,
singt Leide, Lei – zicküth, zicküth, zicküth.«

Joringel sah nach Jorinde. Jorinde war in eine Nachtigall verwandelt, die sang zicküth, zicküth. Eine Nachteule mit glühenden Augen flog dreimal um sie herum und schrie dreimal schu, hu, hu, hu. Joringel konnte sich nicht regen: er stand da wie ein Stein, konnte nicht weinen, nicht reden, nicht Hand noch Fuß regen. Nun war die Sonne unter; die Eule flog in einen Strauch, und gleich darauf kam eine alte krumme Frau aus diesem hervor, gelb und mager: große rote Augen, krumme Nase, die mit der Spitze ans Kinn reichte. Sie murmelte, fing die Nachtigall und trug sie auf der Hand fort. Joringel konnte nichts sagen, nicht von der Stelle kommen; die Nachtigall war fort. Endlich kam das Weib wieder und sagte mit dumpfer Stimme: »Grüß dich, Zachiel, wenn's Möndel ins Körbel scheint, bind los, Zachiel, zu guter Stund.« Da wurde Joringel los. Er fiel vor dem Weib auf die Knie und bat, sie möchte ihm seine Jorinde wiedergeben, aber sie sagte, er sollte sie nie wiederhaben, und ging fort. Er rief, er weinte, er jammerte, aber alles umsonst. »Uu, was soll mir geschehen?« Joringel ging fort und kam endlich in ein fremdes Dorf; da hütete er die Schafe lange Zeit. Oft ging er rund um das Schloß herum, aber nicht zu nahe dabei. Endlich träumte er

einmal des Nachts, er fände eine blutrote Blume, in deren Mitte eine schöne große Perle war. Die Blume brach er ab, ging damit zum Schlosse: alles, was er mit der Blume berührte, ward von der Zauberei frei; auch träumte er, er hätte seine Jorinde dadurch wiederbekommen. Des Morgens, als er erwachte, fing er an, durch Berg und Tal zu suchen, ob er eine solche Blume fände; er suchte bis an den neunten Tag, da fand er die blutrote Blume am Morgen früh. In der Mitte war ein großer Tautropfe, so groß wie die schönste Perle. Diese Blume trug er Tag und Nacht bis zum Schloß. Wie er auf hundert Schritte nahe bis zum Schloß kam, da ward er nicht fest, sondern ging fort bis ans Tor. Joringel freute sich hoch, berührte die Pforte mit der Blume, und sie sprang auf. Er ging hinein, durch den Hof, horchte, wo er die vielen Vögel vernähme; endlich hörte er's. Er ging und fand den Saal, darauf war die Zauberin und fütterte die Vögel in den siebentausend Körben. Wie sie den Joringel sah, ward sie bös, sehr bös, schalt, spie Gift und Galle gegen ihn aus, aber sie konnte auf zwei Schritte nicht an ihn kommen. Er kehrte sich nicht an sie und ging, besah die Körbe mit den Vögeln; da waren aber viele hundert Nachtigallen, wie sollte er nun seine Jorinde wiederfinden? Indem er so zusah, bemerkte er, daß die Alte heimlich ein Körbchen mit einem Vogel wegnahm und damit nach der Türe ging. Flugs sprang er hinzu, berührte das Körbchen mit der Blume und auch das alte Weib; nun konnte sie nichts mehr zaubern, und Jorinde stand da, hatte ihn um den Hals gefaßt, so schön, wie sie ehemals war. Da machte er auch alle die andern Vögel wieder zu Jungfrauen, und da ging er mit seiner Jorinde nach Hause, und sie lebten lange vergnügt zusammen.

70.

Die drei Glückskinder

Ein Vater ließ einmal seine drei Söhne vor sich kommen und schenkte dem ersten einen Hahn, dem zweiten eine Sense, dem dritten eine Katze. »Ich bin schon alt«, sagte er, »und mein Tod ist nah, da wollte ich euch vor meinem Ende noch versorgen. Geld hab ich nicht, und was ich euch jetzt gebe, scheint wenig wert, es kommt aber bloß darauf an, daß ihr es verständig anwendet: sucht euch nur ein Land, wo dergleichen Dinge noch unbekannt sind, so ist euer Glück gemacht.« Nach dem Tode des Vaters ging der älteste mit seinem Hahn aus, wo er aber hinkam, war der Hahn schon bekannt: in den Städten sah er ihn schon von weitem auf den Türmen sitzen und sich mit dem Wind umdrehen, in den Dörfern hörte er mehr als einen krähen, und niemand wollte sich über das Tier wundern, so daß es nicht das Ansehn hatte, als würde er sein Glück damit machen. Endlich aber geriet's ihm doch, daß er auf eine Insel kam, wo die Leute nichts von einem Hahn wußten, sogar ihre Zeit nicht einzuteilen verstanden. Sie wußten wohl, wenn's Morgen oder Abend war, aber nachts, wenn sie's nicht verschliefen, wußte sich keiner aus der Zeit herauszufinden. »Seht«, sprach er, »was für ein stolzes Tier, es hat eine rubinrote Krone auf dem Kopf und trägt Sporn wie ein Ritter. Es ruft euch des Nachts dreimal zu bestimmter Zeit an, und wenn's das letztemal ruft, so geht die Sonne bald auf. Wenn's aber bei hellem Tag ruft, so richtet euch darauf ein, dann gibt's gewiß anderes Wetter.« Den Leuten gefiel das wohl, sie schliefen eine ganze Nacht nicht und hörten mit großer Freude, wie der Hahn um zwei, vier und sechs Uhr laut und vernehmlich die Zeit abrief. Sie fragten ihn, ob das Tier nicht feil wäre und wieviel er dafür verlangte. »Etwa so viel, als ein Esel Gold trägt«, antwortete er. »Ein Spottgeld für ein so kostbares Tier«, riefen sie insgesamt und gaben ihm gerne, was er gefordert hatte.

Als er mit dem Reichtum heimkam, verwunderten sich seine Brüder, und der zweite sprach: »So will ich mich doch aufmachen und sehen, ob ich meine Sense auch so gut losschlagen kann.« Es hatte aber nicht das Ansehen danach, denn überall begegneten ihm Bauern und hatten so gut eine Sense auf der Schulter als er. Doch zuletzt glückte es ihm auch auf einer Insel, wo die Leute nichts von einer Sense wußten. Wenn dort das Korn reif war, so fuhren sie Kanonen vor den Feldern auf und schossen's herunter. Das war nun ein ungewisses Ding, mancher schoß drüber hinaus, ein anderer traf statt des Halms die Ähren und schoß sie fort, dabei ging viel zugrund, und obendrein gab's einen lästerlichen Lärmen. Da stellte sich der Mann hin und mähte es so still und so geschwind nieder, daß die Leute Maul und Nase vor Verwunderung aufsperrten. Sie waren willig, ihm dafür zu geben, was er verlangte, und er bekam ein Pferd, dem war Gold aufgeladen, soviel es tragen konnte.

Nun wollte der dritte Bruder seine Katze auch an den rechten Mann bringen. Es ging ihm wie den andern, solange er auf dem festen Lande blieb, war nichts auszurichten, es gab allerorten Katzen, und waren ihrer so viel, daß die neugebornen Jungen meist im Wasser ersäuft wurden. Endlich ließ er sich auf eine Insel überschiffen, und es traf sich glücklicherweise, daß dort noch niemals eine gesehen war und doch die Mäuse so überhandgenommen hatten, daß sie auf den Tischen und Bänken tanzten, der Hausherr mochte daheim sein oder nicht. Die Leute jammerten gewaltig über die Plage, der König selbst wußte sich in seinem Schlosse nicht dagegen zu retten: in allen Ecken pfiffen Mäuse und zernagten, was sie mit ihren Zähnen nur packen konnten. Da fing nun die Katze ihre Jagd an und hatte bald ein paar Säle gereinigt, und die Leute baten den König, das Wundertier für das Reich zu kaufen. Der König gab gerne, was gefordert wurde, das war ein mit Gold beladener Maulesel, und der dritte Bruder kam mit den allergrößten Schätzen heim.

Die Katze machte sich in dem königlichen Schlosse mit den Mäusen eine rechte Lust und biß so viele tot, daß sie nicht mehr zu zählen waren. Endlich ward ihr von der Arbeit heiß, und sie bekam Durst; da blieb sie stehen, drehte den Kopf in die Höhe und schrie: »Miau, miau.« Der König samt allen seinen Leuten, als sie das seltsame Geschrei vernahmen, erschraken und liefen in ihrer Angst sämtlich zum Schloß hinaus. Unten hielt der König Rat, was zu tun das beste wäre; zuletzt ward beschlossen, einen Herold an die Katze abzuschicken und sie aufzufordern, das Schloß zu verlassen oder zu gewärtigen, daß Gewalt gegen sie gebraucht würde. Die Räte sagten: »Lieber wollen wir uns von den Mäusen plagen lassen, an das Übel sind wir gewöhnt, als unser Leben einem solchen Untier preisgeben.« Ein Edelknabe mußte hinaufgehen und die Katze fragen, ob sie das Schloß gutwillig räumen wollte. Die Katze aber, deren Durst nur noch größer geworden war, antwortete bloß: »Miau, miau.« Der Edelknabe verstand: »Durchaus, durchaus nicht«, und überbrachte dem König die Antwort. »Nun«, sprachen die Räte, »soll sie der Gewalt weichen.« Es wurden Kanonen aufgeführt und das Haus in Brand geschossen. Als das Feuer in den Saal kam, wo die Katze saß, sprang sie glücklich zum Fenster hinaus; die

Belagerer hörten aber nicht eher auf, als bis das ganze Schloß in Grund und Boden geschossen war.

71.

Sechse kommen durch die ganze Welt

Es war einmal ein Mann, der verstand allerlei Künste; er diente im Krieg und hielt sich brav und tapfer, aber als der Krieg zu Ende war, bekam er den Abschied und drei Heller Zehrgeld auf den Weg. »Wart«, sprach er, »das laß ich mir nicht gefallen, finde ich die rechten Leute, so soll mir der König noch die Schätze des ganzen Landes herausgeben.« Da ging er voll Zorn in den Wald und sah einen darin stehen, der hatte sechs Bäume ausgerupft, als wären's Kornhalme. Sprach er zu ihm: »Willst du mein Diener sein und mit mir ziehen?« – »Ja«, antwortete er, »aber erst will ich meiner Mutter das Wellchen Holz heimbringen«, und nahm einen von den Bäumen und wickelte ihn um die fünf andern, hob die Welle auf die Schulter und trug sie fort. Dann kam er wieder und ging mit seinem Herrn, der sprach: »Wir zwei sollten wohl durch die ganze Welt kommen.« Und als sie ein Weilchen gegangen waren, fanden sie einen Jäger, der lag auf den Knien, hatte die Büchse angelegt und zielte. Sprach der Herr zu ihm: »Jäger, was willst du schießen?« Er antwortete: »Zwei Meilen von hier sitzt eine Fliege auf dem Ast eines Eichbaums, der will ich das linke Auge herausschießen.« – »O geh mit mir«, sprach der Mann, »wenn wir drei zusammen sind, sollten wir wohl durch die ganze Welt kommen.« Der Jäger war bereit und ging mit ihm, und sie kamen zu sieben Windmühlen, deren Flügel trieben ganz hastig herum, und ging doch links und rechts kein Wind und bewegte sich kein Blättchen. Da sprach der Mann: »Ich weiß nicht, was die Windmühlen treibt, es regt sich ja kein Lüftchen«, und ging mit seinen Dienern weiter, und als sie zwei Meilen fortgegangen waren, sahen sie einen auf einem Baum sitzen, der hielt das eine Nasenloch zu und blies aus dem andern. »Mein, was treibst du da oben?« fragte der Mann. Er antwortete: »Zwei Meilen von hier stehen sieben Windmühlen, seht, die blase ich an, daß sie laufen.« – »O geh mit mir«, sprach der Mann, »wenn wir vier zusammen sind, sollten wir wohl durch die ganze Welt kommen.« Da stieg der Bläser herab und ging mit, und über eine Zeit sahen sie einen, der stand da auf einem Bein und hatte das andere abgeschnallt und neben sich gelegt. Da sprach der Herr: »Du hast dir's ja bequem gemacht zum Ausruhen.« – »Ich bin ein Laufer«, antwortete er, »und damit ich nicht gar zu schnell springe, habe ich mir das eine Bein abgeschnallt; wenn ich mit zwei Beinen laufe, so geht's geschwinder, als ein Vogel fliegt.« – »O geh mit mir, wenn wir fünf zusammen sind, sollten wir wohl durch die ganze Welt kommen.« Da ging er mit, und gar nicht lang, so begegneten sie einem, der hatte ein Hütchen auf, hatte es aber ganz auf dem einen Ohr sitzen. Da sprach der Herr zu ihm: »Manierlich, manierlich! Häng deinen Hut doch nicht auf ein Ohr, du siehst ja aus wie ein Hans Narr.« – »Ich darf's nicht tun«, sprach der andere, »denn setz ich meinen Hut gerad, so kommt ein gewaltiger Frost, und die Vögel unter dem Himmel erfrieren und fallen tot zur Erde.« – »O geh mit mir«, sprach der Herr, »wenn wir sechs zusammen sind, sollten wir wohl durch die ganze Welt kommen.«

Nun gingen die sechse in eine Stadt, wo der König hatte bekanntmachen lassen, wer mit seiner Tochter in die Wette laufen wollte und den Sieg davontrüge, der sollte ihr Gemahl werden; wer aber verlöre, müßte auch seinen Kopf hergeben. Da meldete sich der Mann und sprach: »Ich will aber meinen Diener für mich laufen lassen.« Der König antwortete: »Dann mußt du auch noch dessen Leben zum Pfand setzen, also daß sein und dein Kopf für den Sieg haften.« Als das verabredet und festgemacht war, schnallte der Mann dem Laufer das andere Bein an und sprach zu ihm: »Nun sei hurtig und hilf, daß wir siegen.« Es war aber bestimmt, daß wer am ersten Wasser aus einem weit abgelegenen Brunnen brächte, der sollte Sieger sein. Nun bekam der Laufer einen Krug, und die Königstochter auch einen, und sie fingen zu gleicher Zeit zu laufen an; aber in einem Augenblick, als die Königstochter erst eine kleine Strecke fort war, konnte den Laufer schon kein Zuschauer mehr sehen, und es war nicht anders, als wäre der Wind vorbeigesaust. In kurzer Zeit langte er bei dem Brunnen an, schöpfte den Krug voll Wasser und kehrte wieder um. Mitten aber auf dem Heimweg überkam ihn eine Müdigkeit, da setzte er den Krug hin, legte sich nieder und schlief ein. Er hatte aber einen Pferdeschädel, der da auf der

Erde lag, zum Kopfkissen gemacht, damit er hart läge und bald wieder erwachte. Indessen war die Königstochter, die auch gut laufen konnte, so gut es ein gewöhnlicher Mensch vermag, bei dem Brunnen angelangt und eilte mit ihrem Krug voll Wasser zurück; und als sie den Laufer da liegen und schlafen sah, war sie froh und sprach: »Der Feind ist in meine Hände gegeben«, leerte seinen Krug aus und sprang weiter. Nun wäre alles verloren gewesen, wenn nicht zu gutem Glück der Jäger mit seinen scharfen Augen oben auf dem Schloß gestanden und alles mit angesehen hätte. Da sprach er: »Die Königstochter soll doch gegen uns nicht aufkommen«, lud seine Büchse und schoß so geschickt, daß er dem Laufer den Pferdeschädel unter dem Kopf wegschoß, ohne ihm wehzutun. Da erwachte der Laufer, sprang in die Höhe und sah, daß sein Krug leer und die Königstochter schon weit voraus war. Aber er verlor den Mut nicht, lief mit dem Krug wieder zum Brunnen zurück, schöpfte aufs neue Wasser und war noch zehn Minuten eher als die Königstochter daheim. »Seht Ihr«, sprach er, »jetzt hab ich erst die Beine aufgehoben, vorher war's gar kein Laufen zu nennen.«

Den König aber kränkte es, und seine Tochter noch mehr, daß sie so ein gemeiner, abgedankter Soldat davontragen sollte; sie ratschlagten miteinander, wie sie ihn samt seinen Gesellen loswürden. Da sprach der König zu ihr: »Ich habe ein Mittel gefunden, laß dir nicht bang sein, sie sollen nicht wieder heimkommen.« Und sprach zu ihnen: »Ihr sollt euch nun zusammen lustig machen, essen und trinken«, und führte sie zu einer Stube, die hatte einen Boden von Eisen, und die Türen waren auch von Eisen, und die Fenster waren mit eisernen Stäben verwahrt. In der Stube war eine Tafel, mit köstlichen Speisen besetzt, da sprach der König zu ihnen: »Geht hinein und laßt's euch wohl sein.« Und wie sie darinnen waren, ließ er die Türe verschließen und verriegeln. Dann ließ er den Koch kommen und befahl ihm, ein Feuer so lange unter die Stube zu machen, bis das Eisen glühend würde. Das tat der Koch, und es fing an und ward den sechsen in der Stube, während sie an der Tafel saßen, ganz warm, und sie meinten, das käme vom Essen; als aber die Hitze immer größer ward und sie hinaus wollten, Türe und Fenster aber verschlossen fanden, da merkten sie, daß der König Böses im Sinne gehabt hatte und sie ersticken wollte. »Es soll ihm aber nicht gelingen«, sprach der mit dem Hütchen, »ich will einen Frost kommen lassen, vor dem sich das Feuer schämen und verkriechen soll.« Da setzte er sein Hütchen gerade, und alsobald fiel ein Frost, daß alle Hitze verschwand und die Speisen auf den Schüsseln anfingen zu frieren. Als nun ein paar Stunden herum waren und der König glaubte, sie wären in der Hitze verschmachtet, ließ er die Türe öffnen und wollte selbst nach ihnen sehen. Aber wie die Türe aufging, standen sie alle sechse da, frisch und gesund, und sagten, es wäre ihnen lieb, daß sie heraus könnten, sich zu wärmen, denn bei der großen Kälte in der Stube frören die Speisen an den Schüsseln fest. Da ging der König voll Zorn hinab zu dem Koch, schalt ihn und fragte, warum er nicht getan hätte, was ihm wäre befohlen worden. Der Koch aber antwortete: »Es ist Glut genug da, seht nur selbst.« Da sah der König, daß ein gewaltiges Feuer unter der Eisenstube brannte, und merkte, daß er den sechsen auf diese Weise nichts anhaben könnte.

Nun sann der König aufs neue, wie er der bösen Gäste loswürde, ließ den Meister kommen und sprach: »Willst du Gold nehmen und dein Recht auf meine Tochter aufgeben, so sollst du haben, soviel du willst.« – »O ja, Herr König«, antwortete er, »gebt mir so viel, als mein Diener tragen kann, so verlange ich Eure Tochter nicht.« Das war der König zufrieden, und jener sprach weiter: »So will ich in vierzehn Tagen kommen und es holen.« Darauf rief er alle Schneider aus dem ganzen Reich herbei, die mußten vierzehn Tage lang sitzen und einen Sack nähen. Und als er fertig war, mußte der Starke, welcher Bäume ausrupfen konnte, den Sack auf die Schulter nehmen und mit ihm zu dem König gehen. Da sprach der König: »Was ist das für ein gewaltiger Kerl, der den hausgroßen Ballen Leinewand auf der Schulter trägt?« Erschrak und dachte: »Was wird der für Gold wegschleppen!« Da hieß er eine Tonne Gold herbringen, die mußten sechszehn der stärksten Männer tragen, aber der Starke packte sie mit einer Hand, steckte sie in den Sack und sprach: »Warum bringt ihr nicht gleich mehr, das deckt ja kaum den Boden.« Da ließ der König nach und nach seinen ganzen Schatz herbeitragen, den schob der Starke in den Sack hinein, und der Sack war davon noch nicht zur Hälfte voll. »Schafft mehr herbei«, rief er, »die paar Brocken füllen nicht.« Da mußten noch siebentausend Wagen mit Gold in dem ganzen Reich zusammengefahren werden; die schob der Starke samt den vorgespannten Ochsen in seinen Sack. »Ich will's nicht lange besehen«, sprach er, »und nehmen, was kommt, damit der Sack nur voll wird.« Wie alles darinstak, ging doch noch viel hinein, da sprach er: »Ich will dem Ding nur ein Ende machen, man bindet wohl einmal einen Sack zu, wenn er auch noch nicht voll ist.« Dann huckte er ihn auf den Rücken und ging mit seinen Gesellen fort.

Als der König nun sah, wie der einzige Mann des ganzen Landes Reichtum forttrug, ward er zornig und ließ seine Reiterei aufsitzen, die sollten den sechsen nachjagen und hatten Befehl, dem Starken den Sack wieder abzunehmen. Zwei Regimenter holten sie bald ein und riefen ihnen zu: »Ihr seid Gefangene, legt den Sack mit dem Gold nieder oder ihr werdet zusammengehauen.« – »Was sagt ihr?« sprach der Bläser. »Wir wären Gefangene? Eher sollt ihr sämtlich in der Luft herumtanzen«, hielt das eine Nasenloch zu und blies mit dem andern die beiden Regimenter an, da fuhren sie auseinander und in die blaue Luft über alle Berge weg, der eine hierhin, der andere dorthin. Ein Feldwebel rief um Gnade, er hätte neun Wunden und wäre ein braver Kerl, der den Schimpf nicht verdiente. Da ließ der Bläser ein wenig nach, so daß er ohne Schaden wieder herabkam, dann sprach er zu ihm: »Nun geh heim zum König und sag, er sollte nur noch mehr Reiterei schicken, ich wollte sie alle in die Luft blasen.« Der König, als er den Bescheid vernahm, sprach: »Laßt die Kerle gehen, die haben etwas an sich.« Da brachten die sechs den Reichtum heim, teilten ihn unter sich und lebten vergnügt bis an ihr Ende.

72.

Der Wolf und der Mensch

Der Fuchs erzählte einmal dem Wolf von der Stärke des Menschen, kein Tier könnte ihm widerstehen, und sie müßten List gebrauchen, um sich vor ihm zu erhalten. Da antwortete der Wolf: »Wenn ich nur einmal einen Menschen zu sehen bekäme, ich wollte doch auf ihn losgehen.« – »Dazu kann ich dir helfen«, sprach der Fuchs, »komm nur morgen früh zu mir, so will ich dir einen zeigen.« Der Wolf stellte sich frühzeitig ein, und der Fuchs brachte ihn hinaus auf den Weg, den der Jäger alle Tage ging. Zuerst kam ein alter, abgedankter Soldat. »Ist das ein Mensch?« fragte der Wolf. »Nein«, antwortete der Fuchs, »das ist einer gewesen.« Danach kam ein kleiner Knabe, der zur Schule wollte. »Ist das ein Mensch?« – »Nein, das will erst einer werden.« Endlich kam der Jäger, die Doppelflinte auf dem Rücken und den Hirschfänger an der Seite. Sprach der Fuchs zum Wolf: »Siehst du, dort kommt ein Mensch, auf den mußt du losgehen, ich aber will mich fort in meine Höhle machen.« Der Wolf ging nun auf den Menschen los, der Jäger, als er ihn erblickte, sprach: »Es ist schade, daß ich keine Kugel geladen habe«, legte an und schoß dem Wolf das Schrot ins Gesicht. Der Wolf verzog das Gesicht gewaltig, doch ließ er sich nicht schrecken und ging vorwärts; da gab ihm der Jäger die zweite Ladung. Der Wolf verbiß den Schmerz und rückte dem Jäger zu Leibe; da zog dieser seinen blanken Hirschfänger und gab ihm links und rechts ein paar Hiebe, daß er, über und über blutend, mit Geheul zu dem Fuchs zurücklief. »Nun, Bruder Wolf«, sprach der Fuchs, »wie bist du mit dem Menschen fertig worden?« – »Ach«, antwortete der Wolf, »so hab ich mir die Stärke des Menschen nicht vorgestellt, erst nahm er einen Stock von der Schulter und blies hinein, da flog mir etwas ins Gesicht, das hat mich ganz entsetzlich gekitzelt; danach pustete er noch einmal in den Stock, da flog mirs um die Nase, wie Blitz und Hagelwetter, und wie ich ganz nah war, da zog er eine blanke Rippe aus dem Leib, damit hat er so auf mich losgeschlagen, daß ich beinah tot wäre liegengeblieben.« – »Siehst du«, sprach der Fuchs, »was du für ein Prahlhans bist: du wirfst das Beil so weit, daß du's nicht wieder holen kannst.«

73.

Der Wolf und der Fuchs

Der Wolf hatte den Fuchs bei sich, und was der Wolf wollte, das mußte der Fuchs tun, weil er der schwächste war, und der Fuchs wär gerne des Herrn losgewesen. Es trug sich zu, daß sie beide durch den Wald gingen, da sprach der Wolf: »Rotfuchs, schaff mir was zu fressen, oder ich fresse dich selber auf.« Da antwortete der

Fuchs: »Ich weiß einen Bauernhof, wo ein paar junge Lämmlein sind, hast du Lust, so wollen wir eins holen.« Dem Wolf war das recht, sie gingen hin, und der Fuchs stahl das Lämmlein, brachte es dem Wolf und machte sich fort. Da fraß es der Wolf auf, war aber damit noch nicht zufrieden, sondern wollte das andere dazu haben und ging, es zu holen. Weil er es aber so ungeschickt machte, ward es die Mutter vom Lämmlein gewahr und fing an, entsetzlich zu schreien und zu bläen, daß die Bauern herbeigelaufen kamen. Da fanden sie den Wolf und schlugen ihn so erbärmlich, daß er hinkend und heulend bei dem Fuchs ankam. »Du hast mich schön angeführt«, sprach er, »ich wollte das andere Lamm holen, da haben mich die Bauern erwischt und haben mich weichgeschlagen.« Der Fuchs antwortete: »Warum bist du so ein Nimmersatt.«

Am andern Tag gingen sie wieder ins Feld, sprach der gierige Wolf abermals: »Rotfuchs, schaff mir was zu fressen, oder ich fresse dich selber auf.« Da antwortete der Fuchs: »Ich weiß ein Bauernhaus, da backt die Frau heut abend Pfannkuchen, wir wollen uns davon holen.« Sie gingen hin, und der Fuchs schlich ums Haus herum, guckte und schnupperte so lange, bis er ausfindig machte, wo die Schüssel stand, zog dann sechs Pfannkuchen herab und brachte sie dem Wolf. »Da hast du zu fressen«, sprach er zu ihm und ging seiner Wege. Der Wolf hatte die Pfannkuchen in einem Augenblick hinuntergeschluckt und sprach: »Sie schmecken nach mehr«, ging hin und riß geradezu die ganze Schüssel herunter, daß sie in Stücke zersprang. Da gab's einen gewaltigen Lärm, daß die Frau herauskam, und als sie den Wolf sah, rief sie die Leute, die eilten herbei und schlugen ihn, was das Zeug wollte halten, daß er mit zwei lahmen Beinen laut heulend zum Fuchs in den Wald hinauskam. »Was hast du mich garstig angeführt!« rief er. »Die Bauern haben mich erwischt und mir die Haut gegerbt.« Der Fuchs aber antwortete: »Warum bist du so ein Nimmersatt.«

Am dritten Tag, als sie beisammen draußen waren und der Wolf mit Mühe nur forthinkte, sprach er doch wieder: »Rotfuchs, schaff mir was zu fressen, oder ich fresse dich selber auf.« Der Fuchs antwortete: »Ich weiß einen Mann, der hat geschlachtet, und das gesalzene Fleisch liegt in einem Faß im Keller, das wollen wir holen.« Sprach der Wolf: »Aber ich will gleich mitgehen, damit du mir hilfst, wenn ich nicht fort kann.« – »Meinetwegen«, sagte der Fuchs und zeigte ihm die Schliche und Wege, auf welchen sie endlich in den Keller gelangten. Da war nun Fleisch im Überfluß, und der Wolf machte sich gleich daran und dachte: »Bis ich aufhöre, hat's Zeit.« Der Fuchs ließ sich's auch gut schmecken, blickte überall herum, lief aber oft zu dem Loch, durch welches sie gekommen waren, und versuchte, ob sein Leib noch schmal genug wäre, durchzuschlüpfen. Sprach der Wolf: »Lieber Fuchs, sag mir, warum rennst du so hin und her und springst hinaus und herein?« – »Ich muß doch sehen, ob niemand kommt«, antwortete der Listige, »friß nur nicht zu viel.« Da sagte der Wolf: »Ich gehe nicht eher fort, als bis das Faß leer ist.« Indem kam der Bauer, der den Lärm von des Fuchses Sprüngen gehört hatte, in den Keller. Der Fuchs, wie er ihn sah, war mit einem Satz zum Loch draußen; der Wolf wollte nach, aber er hatte sich so dick gefressen, daß er nicht mehr durch konnte, sondern steckenblieb. Da kam der Bauer mit einem Knüppel und schlug ihn tot. Der Fuchs aber sprang in den Wald und war froh, daß er den alten Nimmersatt los war.

74.

Der Fuchs und die Frau Gevatterin

Die Wölfin brachte ein Junges zur Welt und ließ den Fuchs zu Gevatter einladen. »Er ist doch nahe mit uns verwandt«, sprach sie, »hat einen guten Verstand und viel Geschicklichkeit, er kann mein Söhnlein unterrichten und ihm in der Welt forthelfen.« Der Fuchs erschien auch ganz ehrbar und sprach: »Liebwerte Frau Gevatterin, ich danke Euch für die Ehre, die Ihr mir erzeigt, ich will mich aber auch so halten, daß Ihr Eure Freude daran haben sollt.« Bei dem Fest ließ er sich's schmecken und machte sich ganz lustig, hernach sagte er: »Liebe Frau Gevatterin, es ist unsere Pflicht, für das Kindlein zu sorgen, Ihr müßt gute Nahrung haben, damit es auch zu Kräften kommt. Ich weiß einen Schafstall, woraus wir leicht ein gutes Stück holen können.« Der Wölfin gefiel das Liedlein, und sie ging mit dem Fuchs hinaus nach dem Bauernhof. Er zeigte ihr den Stall aus der Ferne und sprach: »Dort werdet Ihr ungesehen hineinkriechen können, ich will mich derweil auf der andern Seite umsehen, ob ich etwa ein Hühnlein erwische.« Er ging aber nicht hin, sondern ließ sich am Eingang des Waldes nieder, streckte die Beine und ruhte sich. Die Wölfin kroch in den Stall, da lag ein Hund und machte Lärm, so daß die Bauern gelaufen kamen, die Frau Gevatterin ertappten und eine scharfe Lauge von ungebrannter Asche über ihr Fell gossen. Endlich entkam sie doch und schleppte sich hinaus; da lag der Fuchs, tat ganz kläglich und sprach: »Ach, liebe Frau Gevatterin, wie ist mir's schlimm ergangen! Die Bauern haben mich überfallen und mir alle Glieder zerschlagen, wenn Ihr nicht wollt, daß ich auf dem Platz liegenbleiben und verschmachten soll, so müßt Ihr mich forttragen.« Die Wölfin konnte selbst nur langsam fort, doch hatte sie große Sorge für den Fuchs, daß sie ihn auf ihren Rücken nahm und den ganz gesunden und heilen Gevatter langsam bis zu ihrem Haus trug. Da rief er ihr zu: »Lebt wohl, liebe Frau Gevatterin, und laßt Euch den Braten wohl bekommen«, lachte sie gewaltig aus und sprang fort.

75.

Der Fuchs und die Katze

Es trug sich zu, daß die Katze in einem Walde dem Herrn Fuchs begegnete, und weil sie dachte: »Er ist gescheit und wohl erfahren und gilt viel in der Welt«, so sprach sie ihm freundlich zu. »Guten Tag, lieber Herr Fuchs, wie geht's, wie steht's? Wie schlagt Ihr Euch durch in dieser teuren Zeit?« Der Fuchs, alles Hochmutes voll, betrachtete die Katze von Kopf bis zu Füßen und wußte lange nicht, ob er eine Antwort geben sollte. Endlich sprach er: »O du armseliger Bartputzer, du buntscheckiger Narr, du Hungerleider und Mäusejäger, was kommt dir in den Sinn? Du unterstehst dich zu fragen, wie mir's gehe? Was hast du gelernt? Wieviel Künste verstehst du?« – »Ich verstehe nur eine einzige«, antwortete bescheidentlich die Katze. »Was ist das für eine Kunst?« fragte der Fuchs. »Wenn die Hunde hinter mir her sind, so kann ich auf einen Baum springen und mich retten.« – »Ist das alles?« sagte der Fuchs. »Ich bin Herr über hundert Künste und habe überdies noch einen Sack voll Liste. Du jammerst mich, komm mit mir, ich will dich lehren, wie man den Hunden entgeht.« Indem kam ein Jäger mit vier Hunden daher. Die Katze sprang behend auf einen Baum und setzte sich in den Gipfel, wo Äste und Laubwerk sie völlig verbargen. »Bindet den Sack auf, Herr Fuchs, bindet den Sack auf«, rief ihm die Katze zu, aber die Hunde hatten ihn schon gepackt und hielten ihn fest. »Ei, Herr Fuchs«, rief die Katze, »Ihr bleibt mit Euern hundert Künsten stecken. Hättet Ihr heraufkriechen können wie ich, so wär's nicht um Euer Leben geschehen.«

76.

Die Nelke

Es war eine Königin, die hatte unser Herrgott verschlossen, daß sie keine Kinder gebar. Da ging sie alle Morgen in den Garten und bat zu Gott im Himmel, er möchte ihr einen Sohn oder eine Tochter bescheren. Da kam ein Engel vom Himmel und sprach: »Gib dich zufrieden, du sollst einen Sohn haben mit wünschlichen Gedanken, denn was er sich wünscht auf der Welt, das wird er erhalten.« Sie ging zum König und sagte ihm die fröhliche Botschaft, und als die Zeit herum war, gebar sie einen Sohn, und der König war in großer Freude.

Nun ging sie alle Morgen mit dem Kind in den Tiergarten und wusch sich da bei einem klaren Brunnen. Es geschah einstmals, als das Kind schon ein wenig älter war, daß es ihr auf dem Schoß lag und sie entschlief. Da kam der alte Koch, der wußte, daß das Kind wünschliche Gedanken hatte, und raubte es, und nahm ein Huhn und zerriß es und tropfte ihr das Blut auf die Schürze und das Kleid. Da trug er das Kind fort an einen verborgenen Ort, wo es eine Amme tränken mußte, und lief zum König und klagte die Königin an, sie habe ihr Kind von den wilden Tieren rauben lassen. Und als der König das Blut an der Schürze sah, glaubte er es und geriet in einen solchen Zorn, daß er einen tiefen Turm bauen ließ, in den weder Sonne noch Mond schien, und ließ seine Gemahlin hineinsetzen und vermauern; da sollte sie sieben Jahre sitzen, ohne Essen und

Trinken, und sollte verschmachten. Aber Gott schickte zwei Engel vom Himmel in Gestalt von weißen Tauben, die mußten täglich zweimal zu ihr fliegen und ihr das Essen bringen, bis die sieben Jahre herum waren.

Der Koch aber dachte bei sich: »Hat das Kind wünschliche Gedanken und ich bin hier, so könnte es mich leicht ins Unglück bringen.« Da machte er sich vom Schloß weg und ging zu dem Knaben, der war schon so groß, daß er sprechen konnte, und sagte zu ihm: »Wünsche dir ein schönes Schloß mit einem Garten und was dazugehört.« Und kaum waren die Worte aus dem Munde des Knaben, so stand alles da, was er gewünscht hatte. Über eine Zeit sprach der Koch zu ihm: »Es ist nicht gut, daß du so allein bist, wünsche dir eine schöne Jungfrau zur Gesellschaft.« Da wünschte sie der Königssohn herbei, und sie stand gleich vor ihm und war so schön, wie sie kein Maler malen konnte. Nun spielten die beiden zusammen und hatten sich von Herzen lieb, und der alte Koch ging auf die Jagd wie ein vornehmer Mann. Es kam ihm aber der Gedanke, der Königssohn könnte einmal wünschen, bei seinem Vater zu sein, und ihn damit in große Not bringen. Da ging er hinaus, nahm das Mädchen beiseit und sprach: »Diese Nacht, wenn der Knabe schläft, so geh an sein Bett und stoß ihm das Messer ins Herz und bring mir Herz und Zunge von ihm; und wenn du das nicht tust, so sollst du dein Leben verlieren.« Darauf ging er fort, und als er am andern Tag wiederkam, so hatte sie es nicht getan und sprach: »Was soll ich ein unschuldiges Blut ums Leben bringen, das noch niemand beleidigt hat?« Sprach der Koch wieder: »Wo du es nicht tust, so kostet dich's selbst dein Leben.« Als er weggegangen war, ließ sie sich eine kleine Hirschkuh herbeiholen und ließ sie schlachten und nahm Herz und Zunge und legte sie auf einen Teller, und als sie den Alten kommen sah, sprach sie zu dem Knaben: »Leg dich ins Bett und zieh die Decke über dich.«

Da trat der Bösewicht herein und sprach: »Wo ist Herz und Zunge von dem Knaben?« Das Mädchen reichte ihm den Teller, aber der Königssohn warf die Decke ab und sprach: »Du alter Sünder, warum hast du mich töten wollen? Nun will ich dir dein Urteil sprechen. Du sollst ein schwarzer Pudelhund werden und eine goldene Kette um den Hals haben, und sollst glühende Kohlen fressen, daß dir die Lohe zum Hals herausschlägt.« Und wie er die Worte ausgesprochen hatte, so war der Alte in einen Pudelhund verwandelt und hatte eine goldene Kette um den Hals, und die Köche mußten lebendige Kohlen heraufbringen, die fraß er, daß ihm die Lohe aus dem Hals herausschlug. Nun blieb der Königssohn noch eine kleine Zeit da und dachte an seine Mutter und ob sie noch am Leben wäre. Endlich sprach er zu dem Mädchen: »Ich will heim in mein Vaterland, willst du mit mir gehen, so will ich dich ernähren.« – »Ach«, antwortete sie, »der Weg ist so weit, und was soll ich in einem fremden Lande machen, wo ich unbekannt bin.« Weil es also ihr Wille nicht recht war und sie doch voneinander nicht lassen wollten, wünschte er sie zu einer schönen Nelke und steckte sie bei sich.

Da zog er fort, und der Pudelhund mußte mitlaufen, und zog in sein Vaterland. Nun ging er zu dem Turm, wo seine Mutter darinsaß, und weil der Turm so hoch war, wünschte er eine Leiter herbei, die bis oben hinreichte. Da stieg er hinauf und sah hinein und rief: »Herzliebste Mutter, Frau Königin, seid Ihr noch am Leben, oder seid Ihr tot?« Sie antwortete: »Ich habe ja eben gegessen und bin noch satt«, und meinte, die Engel wären da. Sprach er: »Ich bin Euer lieber Sohn, den die wilden Tiere Euch sollen vom Schoß geraubt haben; aber ich bin noch am Leben und will Euch bald erretten.« Nun stieg er herab und ging zu seinem Herr Vater und ließ sich anmelden als ein fremder Jäger, ob er könnte Dienste bei ihm haben. Antwortete der König, ja, wenn er gelernt wäre und ihm Wildbret schaffen könnte, sollte er herkommen; es hatte sich aber auf der ganzen Grenze und Gegend niemals Wild aufgehalten. Da versprach der Jäger, er wollte ihm so viel Wild schaffen, als er nur auf der königlichen Tafel brauchen könnte. Dann hieß er die Jägerei zusammenkommen, sie sollten alle mit ihm hinaus in den Wald gehen. Da gingen sie mit, und draußen hieß er sie einen großen Kreis schließen, der an einem Ende offen blieb, und dann stellte er sich hinein und fing an zu wünschen. Alsbald kamen zweihundert und etliche Stück Wildbret in den Kreis gelaufen, und die Jäger mußten es schießen. Da ward alles auf sechszig Bauerwagen geladen und dem König heimgefahren; da konnte er einmal seine Tafel mit Wildbret zieren, nachdem er lange Jahre keins gehabt hatte.

Nun empfand der König große Freude darüber und bestellte, es sollte des andern Tags seine ganze Hofhaltung bei ihm speisen, und machte ein großes Gastmahl. Wie sie alle beisammen waren, sprach er zu dem Jäger: »Weil du so geschickt bist, so sollst du neben mir sitzen.« Er antwortete: »Herr König, Ew. Majestät halte zu Gnaden, ich bin ein schlechter Jägerbursch.« Der König aber bestand darauf und sagte: »Du sollst dich neben mich setzen«, bis er es tat. Wie er da saß, dachte er an seine liebste Frau Mutter und wünschte, daß nur einer von des Königs ersten Dienern von ihr anfinge, und fragte, wie es wohl der Frau Königin im Turm ginge, ob sie wohl noch am Leben wäre oder verschmachtet. Kaum hatte er es gewünscht, so fing auch schon der Marschall an und sprach: »Königliche Majestät, wir leben hier in Freuden, wie geht es wohl der Frau Königin im Turm, ob sie wohl noch am Leben oder verschmachtet ist?« Aber der König antwortete: »Sie hat mir meinen lieben Sohn von den wilden Tieren zerreißen lassen, davon will ich nichts hören.« Da stand der Jäger auf und sprach: »Gnädigster Herr Vater, sie ist noch am Leben, und ich bin ihr Sohn, und die wilden Tiere haben ihn nicht geraubt, sondern der Bösewicht, der alte Koch, hat es getan, der hat mich, als sie eingeschlafen war, von ihrem Schoß weggenommen und ihre Schürze mit dem Blut eines Huhns betropft.« Darauf nahm er den Hund mit dem goldenen Halsband und sprach: »Das ist der Bösewicht«, und ließ glühende Kohlen bringen, die mußte er angesichts aller fressen, daß ihm die Lohe aus dem Hals schlug. Darauf fragte er den König, ob er ihn in seiner wahren Gestalt sehen wollte, und wünschte ihn wieder zum Koch, da stand er alsbald mit der weißen Schürze und dem Messer an der Seite. Der König, wie er ihn sah, ward zornig und befahl, daß er in den tiefsten Kerker sollte geworfen werden. Darauf sprach der Jäger weiter: »Herr Vater, wollt Ihr auch das Mädchen sehen, das mich so zärtlich aufgezogen hat und mich hernach ums Leben bringen sollte, es aber nicht getan hat, obgleich sein eigenes Leben auf dem Spiel stand?« Antwortete der König: »Ja, ich will sie gerne sehen.« Sprach der Sohn: »Gnädigster Herr Vater, ich will sie Euch zeigen in Gestalt einer schönen Blume.« Und griff in die Tasche und holte die Nelke und stellte sie auf die königliche Tafel, und sie war so schön, wie der König nie eine gesehen hatte. Darauf sprach der Sohn: »Nun will ich sie auch in ihrer wahren Gestalt zeigen«, und wünschte sie zu einer Jungfrau; da stand sie da und war so schön, daß kein Maler sie hätte schöner malen können.

Der König aber schickte zwei Kammerfrauen und zwei Diener hinab in den Turm, die sollten die Frau Königin holen und an die königliche Tafel bringen. Als sie aber dahin geführt ward, aß sie nichts mehr und sagte: »Der gnädige barmherzige Gott, der mich im Turm erhalten hat, wird mich bald erlösen.« Da lebte sie noch drei Tage und starb dann selig; und als sie begraben ward, da folgten ihr die zwei weißen Tauben nach, die ihr das Essen in den Turm gebracht hatten und Engel vom Himmel waren, und setzten sich auf ihr Grab. Der alte König ließ den Koch in vier Stücke zerreißen, aber der Gram zehrte an seinem Herzen, und er starb bald. Der Sohn heiratete die schöne Jungfrau, die er als Blume in der Tasche mitgebracht hatte, und ob sie noch leben, das steht bei Gott.

77.

Das kluge Gretel

Es war eine Köchin, die hieß Gretel, die trug Schuhe mit roten Absätzen, und wenn sie damit ausging, so drehte sie sich hin und her, war ganz fröhlich und dachte: »Du bist doch ein schönes Mädel.« Und wenn sie nach Haus kam, so trank sie aus Fröhlichkeit einen Schluck Wein, und weil der Wein auch Lust zum Essen macht, so versuchte sie das Beste, was sie kochte, so lang, bis sie satt war, und sprach: »Die Köchin muß wissen, wie's Essen schmeckt.«

Es trug sich zu, daß der Herr einmal zu ihr sagte: »Gretel, heut abend kommt ein Gast, richte mir zwei Hühner fein wohl zu.« – »Will's schon machen, Herr«, antwortete Gretel. Nun stach's die Hühner ab, brühte sie, rupfte sie, steckte sie an den Spieß und brachte sie, wie's gegen Abend ging, zum Feuer, damit sie braten sollten. Die Hühner fingen an, braun und gar zu werden, aber der Gast war noch nicht gekommen. Da rief Gretel dem Herrn: »Kommt der Gast nicht, so muß ich die Hühner vom Feuer tun, ist aber Jammer und Schade, wenn sie nicht bald gegessen werden, wo sie am besten im Saft sind.« Sprach der Herr: »So will ich nur selbst laufen und den Gast holen.« Als der Herr den Rücken gekehrt hatte, legte Gretel den Spieß mit den Hühnern beiseite und dachte: »So lange da beim Feuer stehen macht schwitzen und durstig, wer weiß, wann die kommen! Derweil spring ich in den Keller und tue einen Schluck.« Lief hinab, setzte einen Krug an, sprach: »Gott gesegne 's dir, Gretel«, und tat einen guten Zug. »Der Wein hängt aneinander«, sprach's weiter, »und ist nicht gut abbrechen«, und tat noch einen ernsthaften Zug. Nun ging es und stellte die Hühner wieder übers Feuer, strich sie mit Butter und trieb den Spieß lustig herum. Weil aber der Braten so gut roch, dachte Gretel: »Es könnte etwas fehlen, versucht muß er werden!« Schleckte mit dem Finger und sprach: »Ei, was sind die Hühner so gut! Ist ja Sünd und Schand, daß man sie nicht gleich ißt!« Lief zum Fenster, ob der Herr mit dem Gast noch nicht käm, aber es sah niemand; stellte sich wieder zu den Hühnern, dachte: »Der eine Flügel verbrennt, besser ist's, ich eß ihn weg.« Also schnitt es ihn ab und aß ihn auf, und er schmeckte ihm: und wie es damit fertig war, dachte es: »Der andere muß auch herab, sonst merkt der Herr, daß etwas fehlt.« Wie die zwei Flügel verzehrt waren, ging es wieder und schaute nach dem Herrn und sah ihn nicht. »Wer weiß«, fiel ihm ein, »sie kommen wohl gar nicht und sind wo eingekehrt.« Da sprach's: »Hei, Gretel, sei guter Dinge, das eine ist doch angegriffen, tu noch einen frischen Trunk, und iß es vollends auf, wenn's all ist, hast du Ruhe; warum soll die gute Gottesgabe umkommen?« Also lief es noch einmal in den Keller, tat einen ehrbaren Trunk und aß das eine Huhn in aller Freudigkeit auf. Wie das eine Huhn hinunter war und der Herr noch immer nicht kam, sah Gretel das andere an und sprach: »Wo das eine ist, muß das andere auch sein, die zwei gehören zusammen: was dem einen recht ist, das ist dem andern billig; ich glaube, wenn ich noch einen Trunk tue, so sollte mir's nicht schaden.« Also tat es noch einen herzhaften Trunk und ließ das zweite Huhn wieder zum andern laufen.

Wie es so im besten Essen war, kam der Herr dahergegangen und rief: »Eil dich, Gretel, der Gast kommt gleich nach.« – »Ja, Herr, will's schon zurichten«, antwortete Gretel. Der Herr sah indessen, ob der Tisch wohl gedeckt war, nahm das große Messer, womit er die Hühner zerschneiden wollte, und wetzte es auf dem Gang. Indem kam der Gast, klopfte sittig und höflich an der Haustüre. Gretel lief und schaute, wer da war, und als es den Gast sah, hielt es den Finger an den Mund und sprach: »Still, still! Macht geschwind, daß Ihr wieder fortkommt, wenn Euch mein Herr erwischt, so seid Ihr unglücklich; er hat Euch zwar zum Nachtessen eingeladen, aber er hat nichts anders im Sinn, als Euch die beiden Ohren abzuschneiden. Hört nur, wie er das Messer dazu wetzt.« Der Gast hörte das

Wetzen und eilte, was er konnte, die Stiegen wieder hinab. Gretel war nicht faul, lief schreiend zu dem Herrn und rief: »Da habt Ihr einen schönen Gast eingeladen!« – »Ei, warum, Gretel? Was meinst du damit?« – »Ja«, sagte es, »der hat mir beide Hühner, die ich eben auftragen wollte, von der Schüssel genommen und ist damit fortgelaufen.« – »Das ist feine Weise!« sprach der Herr, und ward ihm leid um die schönen Hühner. »Wenn er mir dann wenigstens das eine gelassen hätte, damit mir was zu essen geblieben wäre.« Er rief ihm nach, er sollte bleiben, aber der Gast tat, als hörte er es nicht. Da lief er hinter ihm her, das Messer noch immer in der Hand, und schrie: »Nur eins, nur eins!«, und meinte, der Gast sollte ihm nur ein Huhn lassen und nicht alle beide nehmen; der Gast aber meinte nicht anders, als er sollte eins von seinen Ohren hergeben, und lief, als wenn Feuer unter ihm brennte, damit er sie beide heimbrächte.

78.

Der alte Großvater und der Enkel

Es war einmal ein steinalter Mann, dem waren die Augen trüb geworden, die Ohren taub, und die Knie zitterten ihm. Wenn er nun bei Tische saß und den Löffel kaum halten konnte, schüttete er Suppe auf das Tischtuch, und es floß ihm auch etwas wieder aus dem Mund. Sein Sohn und dessen Frau ekelten sich davor, und deswegen mußte sich der alte Großvater endlich hinter den Ofen in die Ecke setzen, und sie gaben ihm sein Essen in ein irdenes Schüsselchen und noch dazu nicht einmal satt; da sah er betrübt nach dem Tisch, und die Augen wurden ihm naß. Einmal auch konnten seine zitterigen Hände das Schüsselchen nicht festhalten, es fiel zur Erde und zerbrach. Die junge Frau schalt, er sagte aber nichts und seufzte nur. Da kaufte sie ihm ein hölzernes Schüsselchen für ein paar Heller, daraus mußte er nun essen. Wie sie da so sitzen, so trägt der kleine Enkel von vier Jahren auf der Erde kleine Brettlein zusammen. »Was machst du da?« fragte der Vater. »Ich mache ein Tröglein«, antwortete das Kind, »daraus sollen Vater und Mutter essen, wenn ich groß bin.« Da sahen sich Mann und Frau eine Weile an, fingen endlich an zu weinen, holten alsofort den alten Großvater an den Tisch und ließen ihn von nun an immer mitessen, sagten auch nichts, wenn er ein wenig verschüttete.

79.

Die Wassernixe

Ein Brüderchen und ein Schwesterchen spielten an einem Brunnen, und wie sie so spielten, plumpten sie beide hinein. Da war unten eine Wassernixe, die sprach: »Jetzt hab ich euch, jetzt sollt ihr mir brav arbeiten«, und führte sie mit sich fort. Dem Mädchen gab sie verwirrten garstigen Flachs zu spinnen, und es mußte Wasser in ein hohles Faß schleppen, der Junge aber sollte einen Baum mit einer stumpfen Axt hauen; und nichts zu essen bekamen sie als steinharte Klöße. Da wurden zuletzt die Kinder so ungeduldig, daß sie warteten, bis eines Sonntags die Nixe in der Kirche war, da entflohen sie. Und als die Kirche vorbei war, sah die Nixe, daß die Vögel ausgeflogen waren, und setzte ihnen mit großen Sprüngen nach. Die Kinder erblickten sie aber von weitem, und das Mädchen warf eine Bürste hinter sich, das gab einen großen Bürstenberg mit tausend und tausend Stacheln, über den die Nixe mit großer Müh klettern mußte; endlich aber kam sie doch hinüber. Wie das die Kinder sahen, warf der Knabe einen Kamm hinter sich, das gab einen großen Kammberg mit tausendmal tausend Zinken, aber die Nixe wußte sich daran festzuhalten und kam zuletzt doch drüber. Da warf das Mädchen einen Spiegel hinterwärts, welches einen Spiegelberg gab, der war so glatt, so glatt, daß sie unmöglich drüber konnte. Da dachte sie: »Ich will geschwind nach Haus gehen und meine Axt holen und den Spiegelberg entzweihauen.« Bis sie aber wiederkam und das Glas aufgehauen hatte, waren die Kinder längst weit entflohen, und die Wassernixe mußte sich wieder in ihren Brunnen trollen.

80.

Von dem Tode des Hühnchens

Auf eine Zeit ging das Hühnchen mit dem Hähnchen in den Nußberg, und sie machten miteinander aus, wer einen Nußkern fände, sollte ihn mit dem andern teilen. Nun fand das Hühnchen eine große, große Nuß, sagte aber nichts davon und wollte den Kern allein essen. Der Kern war aber so dick, daß es ihn nicht hinunterschlucken konnte und er ihm im Hals steckenblieb, daß ihm angst wurde, es müßte ersticken. Da schrie das Hühnchen: »Hähnchen, ich bitte dich, lauf, was du kannst, und hol mir Wasser, sonst erstick ich.« Das Hähnchen lief, was es konnte, zum Brunnen und sprach: »Born, du sollst mir Wasser geben; das Hühnchen liegt auf dem Nußberg, hat einen großen Nußkern geschluckt und will erstikken.« Der Brunnen antwortete: »Lauf erst hin zur Braut und laß dir rote Seide geben.« Das Hähnchen lief zur Braut: »Braut, du sollst mir rote Seide geben: rote Seide will ich dem Brunnen geben, der Brunnen soll mir Wasser geben, das Wasser will ich dem Hühnchen bringen, das liegt auf dem Nußberg, hat einen großen Nußkern geschluckt und will daran ersticken.« Die Braut antwortete: »Lauf erst und hol mir mein Kränzlein, das blieb an einer Weide hängen.« Da lief das Hähnchen zur Weide und zog das Kränzlein von dem Ast und brachte es der Braut, und die Braut gab ihm rote Seide dafür, die brachte es dem Brunnen, der gab ihm Wasser dafür. Da brachte das Hähnchen das Wasser zum Hühnchen, wie es aber hinkam, war dieweil das Hühnchen erstickt und lag da tot und regte sich nicht. Da war das Hähnchen so traurig, daß es laut schrie, und kamen alle Tiere und beklagten das Hühnchen; und sechs Mäuse bauten einen kleinen Wagen, das Hühnchen darin zum Grabe zu fahren; und als der Wagen fertig war, spannten sie sich davor, und das Hähnchen fuhr. Auf dem Wege aber kam der Fuchs: »Wo willst du hin, Hähnchen?« – »Ich will mein Hühnchen begraben.« – »Darf ich mitfahren?«

»Ja, aber setz dich hinten auf den Wagen,
vorn können's meine Pferdchen nicht vertragen.«

Da setzte sich der Fuchs hinten auf, dann der Wolf, der Bär, der Hirsch, der Löwe und alle Tiere in dem Wald. So ging die Fahrt fort, da kamen sie an einen Bach. »Wie sollen wir nun hinüber?« sagte das Hähnchen. Da lag ein Strohhalm am Bach, der sagte: »Ich will mich quer drüberlegen, so könnt ihr über mich fahren.« Wie aber die sechs Mäuse auf die Brücke kamen, rutschte der Strohhalm und fiel ins Wasser, und die sechs Mäuse fielen alle hinein und ertranken. Da ging die Not von neuem an und kam eine Kohle und sagte: »Ich bin groß genug, ich will mich darüberlegen, und ihr sollt über mich fahren.« Die Kohle legte sich auch an das Wasser, aber sie berührte es unglücklicherweise ein wenig, da zischte sie, verlöschte und war tot. Wie das ein Stein sah, erbarmte er sich und wollte dem Hähnchen helfen und legte sich über das Wasser. Da zog nun das Hähnchen den Wagen selber, wie es ihn aber bald drüben hatte und war mit dem toten Hühnchen auf dem Land und wollte die andern, die hinten aufsaßen, auch heranziehen, da waren ihrer zu viel geworden, und der Wagen fiel zurück, und alles fiel miteinander in das Wasser und ertrank. Da war das Hähnchen noch allein mit dem toten Hühnchen und grub ihm ein Grab und legte es hinein und machte einen Hügel darüber, auf den setzte es sich und grämte sich so lang, bis es auch starb; und da war alles tot.

81.

Bruder Lustig

Es war einmal ein großer Krieg, und als der Krieg zu Ende war, bekamen viele Soldaten ihren Abschied. Nun bekam der *Bruder Lustig* auch seinen Abschied und sonst nichts als ein kleines Laibchen Kommißbrot und vier Kreuzer an Geld; damit zog er fort. Der heilige Petrus aber hatte sich als ein armer Bettler an den Weg gesetzt, und wie der Bruder Lustig daherkam, bat er ihn um ein Almosen. Er antwortete: »Lieber Bettelmann, was soll ich dir geben? Ich bin Soldat gewesen und habe meinen Abschied bekommen und habe sonst nichts als das kleine Kommißbrot und vier Kreuzer Geld, wenn das all ist, muß ich betteln, so gut wie du. Doch geben will ich dir was.« Darauf teilte er den Laib in vier Teile und gab davon dem Apostel einen und auch einen Kreuzer. Der heilige Petrus bedankte sich, ging weiter und setzte sich in einer andern Gestalt wieder als Bettelmann dem Soldaten an den Weg, und als er zu ihm kam, bat er ihn, wie das vorigemal, um eine Gabe. Der Bruder Lustig sprach wie vorher und gab ihm wieder ein Viertel von dem Brot und einen Kreuzer. Der heil. Petrus bedankte sich und ging weiter, setzte sich aber zum drittenmal in einer andern Gestalt als ein Bettler an den Weg und sprach den Bruder Lustig an. Der Bruder Lustig gab ihm auch das dritte Viertel Brot und den dritten Kreuzer. Der heil. Petrus bedankte sich, und der Bruder Lustig ging weiter und hatte nicht mehr als ein Viertel Brot und einen Kreuzer. Damit ging er in ein Wirtshaus, aß das Brot und ließ sich für den Kreuzer Bier dazu geben. Als er fertig war, zog er weiter, und da ging ihm der heil. Petrus gleichfalls in der Gestalt eines verabschiedeten Soldaten entgegen und redete ihn an: »Guten Tag, Kamerad, kannst du mir nicht ein Stück Brot geben und einen Kreuzer zu einem Trunk?« – »Wo soll ich's hernehmen«, antwortete Bruder Lustig, »ich habe meinen Abschied und sonst nichts als einen Laib Kommißbrot und vier Kreuzer an Geld bekommen. Drei Bettler sind mir auf der Landstraße begegnet, davon hab ich jedem ein Viertel von meinem Brot und einen Kreuzer Geld gegeben. Das letzte Viertel hab ich im Wirtshaus gegessen und für den letzten Kreuzer dazu getrunken. Jetzt bin ich leer, und wenn du auch nichts mehr hast, so können wir miteinander betteln gehen.« – »Nein«, antwortete der heil. Petrus, »das wird just nicht nötig sein: ich verstehe mich ein wenig auf die Doktorei, und damit will ich mir schon so viel verdienen, als ich brauche.« – »Ja«, sagte der Bruder Lustig, »davon verstehe ich nichts, also muß ich allein betteln gehen.« – »Nun komm nur mit«, sprach der heil. Petrus, »wenn ich was verdiene, sollst du die Hälfte davon haben.« – »Das ist mir wohl recht«, sagte der Bruder Lustig. Also zogen sie miteinander fort.

Nun kamen sie an ein Bauernhaus und hörten darin gewaltig jammern und schreien, da gingen sie hinein, so lag der Mann darin auf den Tod krank und war nah am Verscheiden, und die Frau heulte und weinte ganz laut. »Laßt Euer Heulen und Weinen«, sprach der heil. Petrus, »ich will den Mann wieder gesund machen«, nahm eine Salbe aus der Tasche und heilte den Kranken augenblicklich, so daß er aufstehen konnte und ganz gesund war. Sprachen Mann und Frau in großer Freude: »Wie können wir Euch lohnen? Was sollen wir Euch geben?« Der heil. Petrus aber wollte nichts nehmen, und je mehr ihn die Bauersleute baten, desto mehr weigerte er sich. Der Bruder Lustig aber stieß den heil. Petrus an und sagte: »So nimm doch was, wir brauchen's ja.« Endlich brachte die Bäuerin ein Lamm und sprach zu dem heil. Petrus, das müßte er annehmen, aber er wollte es nicht. Da stieß ihn der Bruder Lustig in die Seite und sprach: »Nimm's doch, dummer Teufel, wir brauchen's ja.« Da sagte der heil. Petrus endlich: »Ja, das Lamm will ich nehmen, aber ich trag's nicht; wenn du's willst, so mußt du es tragen.« – »Das hat keine Not«, sprach der Bruder Lustig, »das will ich schon tragen«, und nahm's auf die Schulter. Nun gingen sie fort und kamen in einen Wald, da war das Lamm dem Bruder Lustig schwer geworden, er aber war hungrig, also sprach er zu dem heil. Petrus: »Schau, da ist ein schöner Platz, da könnten wir das Lamm kochen und verzehren.« – »Mir ist's recht«, antwortete der heil. Petrus, »doch kann ich mit der Kocherei nicht umgehen; willst du kochen, so hast du da einen Kessel, ich will derweil auf- und abgehen, bis es gar ist. Du mußt aber nicht eher zu essen anfangen, als bis ich wieder zurück bin; ich will schon zu rechter Zeit kommen.« – »Geh nur«, sagte Bruder Lustig, »ich verstehe mich aufs Kochen, ich will's schon machen.« Da ging der heil. Petrus fort, und der Bruder Lustig schlachtete das Lamm, machte Feuer an, warf das Fleisch in den Kessel und kochte. Das Lamm war aber schon gar und der Apostel noch immer nicht zurück, da nahm es der Bruder Lustig aus dem Kessel, zerschnitt es und fand das Herz. »Das soll das Beste sein«, sprach er und versuchte es, zuletzt aber aß er es ganz auf. Endlich kam der heil. Petrus zurück und sprach: »Du kannst das ganze Lamm allein essen, ich will nur das Herz davon, das gib mir.« Da nahm Bruder Lustig Messer und Gabel, tat, als suchte er eifrig in dem Lammfleisch herum, konnte aber das Herz nicht finden; endlich sagte er kurzweg: »Es ist keins da.« – »Nun, wo soll's denn sein?« sagte der Apostel. »Das weiß ich nicht«, antwortete der Bruder Lustig, »aber schau, was sind wir alle beide für Narren, suchen das Herz vom Lamm und fällt keinem von uns ein, ein Lamm hat ja kein Herz!« – »Ei«, sprach der heil. Petrus, »das ist was ganz Neues, jedes Tier hat ja ein Herz, warum sollt ein Lamm kein Herz haben?« – »Nein, gewißlich, Bruder, ein Lamm hat kein Herz, denk nur recht nach, so wird dir's einfallen, es hat im Ernst keins.« – »Nun, es ist schon gut«, sagte der heil. Petrus, »ist kein

Herz da, so brauch ich auch nichts vom Lamm, du kannst's allein essen.« – »Was ich halt nicht aufessen kann, das nehm ich mit in meinem Ranzen«, sprach der Bruder Lustig, aß das halbe Lamm und steckte das übrige in seinen Ranzen.

Sie gingen weiter, da machte der heil. Petrus, daß ein großes Wasser quer über den Weg floß und sie hindurch mußten. Sprach der heil. Petrus: »Geh du nur voran.« – »Nein«, antwortete der Bruder Lustig, »geh du voran«, und dachte: »Wenn dem das Wasser zu tief ist, so bleib ich zurück.« Da schritt der heil. Petrus hindurch, und das Wasser ging ihm nur bis ans Knie. Nun wollte Bruder Lustig auch hindurch, aber das Wasser wurde größer und stieg ihm an den Hals. Da rief er: »Bruder, hilf mir.« Sagte der heil. Petrus: »Willst du auch gestehen, daß du das Herz von dem Lamm gegessen hast?« – »Nein«, antwortete er, »ich hab es nicht gegessen.« Da ward das Wasser noch größer und stieg ihm bis an den Mund: »Hilf mir, Bruder«, rief der Soldat. Sprach der heil. Petrus noch einmal: »Willst du auch gestehen, daß du das Herz vom Lamm gegessen hast?« – »Nein«, antwortete er, »ich hab es nicht gegessen.« Der heil. Petrus wollte ihn doch nicht ertrinken lassen, ließ das Wasser wieder fallen und half ihm hinüber.

Nun zogen sie weiter und kamen in ein Reich, da hörten sie, daß die Königstochter todkrank läge. »Holla, Bruder«, sprach der Soldat zum heil. Petrus, »da ist ein Fang für uns, wenn wir die gesund machen, so ist uns auf ewige Zeiten geholfen.« Da war ihm der heil. Petrus nicht geschwind genug: »Nun, heb die Beine auf, Bruderherz«, sprach er zu ihm, »daß wir noch zu rechter Zeit hinkommen.« Der heil. Petrus ging aber immer langsamer, wie auch der Bruder Lustig ihn trieb und schob, bis sie endlich hörten, die Königstochter wäre gestorben. »Da haben wir's«, sprach der Bruder Lustig, »das kommt von deinem schläfrigen Gang.« – »Sei nur still«, antwortete der heil. Petrus, »ich kann noch mehr als Kranke gesund machen, ich kann auch Tote wieder ins Leben erwecken.« – »Nun, wenn das ist«, sagte der Bruder Lustig, »so laß ich mir's gefallen, das halbe Königreich mußt du uns aber zum wenigsten damit verdienen.« Darauf gingen sie in das königliche Schloß, wo alles in großer Trauer war; der heil. Petrus aber sagte zu dem König, er wollte die Tochter wieder lebendig machen. Da ward er zu ihr geführt, und dann sprach er: »Bringt mir einen Kessel mit Wasser«, und wie der gebracht war, hieß er jedermann hinausgehen, und nur der Bruder Lustig durfte bei ihm bleiben. Darauf schnitt er alle Glieder der Toten los und warf sie ins Wasser, machte Feuer unter den Kessel und ließ sie kochen. Und wie alles Fleisch von den Knochen herabgefallen war, nahm er das schöne weiße Gebein heraus und legte es auf eine Tafel und reihte und legte es nach seiner natürlichen Ordnung zusammen. Als das geschehen war, trat er davor und sprach dreimal: »Im Namen der allerheiligsten Dreifaltigkeit, Tote, steh auf.« Und beim drittenmal erhob sich die Königstochter lebendig, gesund und schön. Nun war der König darüber in großer Freude und sprach zum heil. Petrus: »Begehre deinen Lohn, und wenn's mein halbes Königreich wäre, so will ich dir's geben.« Der heil. Petrus aber antwortete: »Ich verlange nichts dafür.« – »O du Hans Narr!« dachte der Bruder Lustig bei sich, stieß seinen Kameraden in die Seite und sprach: »Sei doch nicht so dumm, wenn du nichts willst, so brauch ich doch was.« Der heil. Petrus aber wollte nichts; doch weil der König sah, daß der andere gerne was wollte, ließ er ihm vom Schatzmeister seinen Ranzen mit Gold anfüllen.

Sie zogen darauf weiter, und wie sie in einen Wald kamen, sprach der heil. Petrus zum Bruder Lustig: »Jetzt wollen wir das Gold teilen.« – »Ja«, antwortete er, »das wollen wir tun.« Da teilte der heil. Petrus das Gold und teilte es in drei Teile. Dachte der Bruder Lustig: »Was er wieder für einen Sparren im Kopf hat! Macht drei Teile, und unser sind zwei.« Der heil. Petrus aber sprach: »Nun habe ich genau geteilt, ein Teil für mich, ein Teil für dich und ein Teil für den, der das Herz vom Lamm gegessen hat.« – »Oh, das hab ich gegessen«, antwortete der Bruder Lustig und strich geschwind das Gold ein, »das kannst du mir glauben.« – »Wie kann das wahr sein«, sprach der heil. Petrus, »ein Lamm hat ja kein Herz.« – »Ei was, Bruder, wo denkst du hin! Ein Lamm hat ja ein Herz, so gut wie jedes Tier, warum sollte das allein keins haben?« – »Nun, es ist schon gut«, sagte der heil. Petrus, »behalt das Gold allein, aber ich bleibe nicht mehr bei dir und will meinen Weg allein gehen.« – »Wie du willst, Bruderherz«, antwortete der Soldat, »leb wohl.«

Da ging der heil. Petrus eine andere Straße, Bruder Lustig aber dachte: »Es ist gut, daß er abtrabt, es ist doch ein wunderlicher Heiliger.« Nun hatte er zwar Geld genug, wußte aber nicht mit umzugehen, vertat's, verschenkt's, und wie eine Zeit herum war, hatte er wieder nichts. Da kam er in ein Land, wo er hörte, daß die Königstochter gestorben wäre. »Holla«, dachte er, »das kann gut werden, die will ich wieder lebendig machen und mir's bezahlen lassen, daß es eine Art hat.« Ging also zum König und bot ihm an, die Tote wieder zu erwecken. Nun hatte der König gehört, daß ein abgedankter Soldat herumziehe und die Gestorbenen wieder lebendig mache, und dachte, der Bruder Lustig wäre dieser Mann, doch weil er kein Vertrauen zu ihm hatte, fragte er erst seine Räte, die sagten aber, er könnte es wagen, da seine Tochter doch tot wäre. Nun ließ sich der Bruder Lustig Wasser im Kessel bringen, hieß jedermann hinausgehen, schnitt die Glieder ab, warf sie ins Wasser und machte Feuer darunter, gerade wie er es beim heil. Petrus gesehen hatte. Das Wasser fing an zu kochen, und das Fleisch fiel herab, da nahm er das Gebein heraus und tat es auf die Tafel; er wußte aber nicht, in welcher Ordnung es liegen mußte, und legte alles verkehrt durcheinander. Dann stellte er sich davor und sprach: »Im Namen der allerheiligsten Dreifaltigkeit, Tote, steh auf«, und sprach's dreimal, aber die Gebeine rührten sich nicht. Da sprach er es noch dreimal, aber gleichfalls umsonst. »Du Blitzmädel, steh auf«, rief er, »steh auf, oder es geht dir nicht gut.« Wie er das gesprochen, kam der heil. Petrus auf einmal in seiner vorigen Gestalt, als verabschiedeter Soldat, durchs Fenster hereingegangen und sprach: »Du gottloser Mensch, was treibst du da, wie kann die Tote auferstehen, da du ihr Gebein so untereinander geworfen hast?« – »Bruderherz, ich hab's gemacht, so gut ich konnte«, antwortete er. »Diesmal will ich dir aus der Not helfen, aber das sag ich dir, wo du noch einmal so etwas unternimmst, so bist du unglücklich, auch darfst du von dem König nicht das Geringste dafür begehren oder annehmen.« Darauf legte der heil. Petrus die Gebeine in ihre rechte Ordnung, sprach dreimal zu ihr: »Im Namen der allerheiligsten Dreifaltigkeit, Tote, steh auf«, und die Königstochter stand auf, war gesund und schön wie vorher. Nun ging der heil. Petrus wieder durchs Fenster hinaus; der Bruder Lustig war froh, daß es so gut abgelaufen war, ärgerte sich aber doch, daß er nichts dafür nehmen sollte. »Ich möchte nur wissen«, dachte er, »was der für Mucken im Kopf hat, denn was er mit der einen Hand gibt, das nimmt er mit der andern: da ist kein Verstand drin.« Nun bot der König dem Bruder Lustig an, was er haben wollte, er durfte aber nichts nehmen, doch brachte er es durch Anspielung und Listigkeit dahin, daß ihm der König seinen Ranzen mit Gold füllen ließ, und damit zog er ab. Als er hinauskam, stand vor dem Tor der heil. Petrus und sprach: »Schau, was du für ein Mensch bist, habe ich dir nicht verboten, etwas zu nehmen, und nun hast du den Ranzen doch voll Gold.« – »Was kann ich dafür«, antwortete Bruder Lustig, »wenn mir's hineingesteckt wird.« – »Das sag ich dir, daß du nicht zum zweitenmal solche Dinge unternimmst, sonst soll es dir schlimm ergehen.« – »Ei, Bruder, sorg doch nicht, jetzt hab ich Gold, was soll ich mich da mit dem Knochenwaschen abgeben.« – »Ja«, sprach der heil. Petrus, »das Gold wird lang dauern! Damit du aber hernach nicht wieder auf unerlaubten Wegen gehst, so will ich deinem Ranzen die Kraft geben, daß alles, was du dir hinein wünschest, auch darin sein soll. Leb wohl, du siehst mich nun nicht wieder.« – »Gott befohlen«, sprach der Bruder Lustig und dachte: »Ich bin froh, daß du fortgehst, du wunderlicher Kauz, ich will dir wohl nicht nachgehen.« An die Wunderkraft aber, die seinem Ranzen verliehen war, dachte er nicht weiter.

Bruder Lustig zog mit seinem Gold umher und vertat's und verfumfeit's wie das erstemal. Als er nun nichts mehr als vier Kreuzer hatte, kam er an einem Wirtshaus vorbei und dachte: »Das Geld muß fort«, und ließ sich für drei Kreuzer Wein und einen Kreuzer Brot geben. Wie er da saß und trank, kam ihm der Geruch von gebratenen Gänsen in die Nase. Bruder Lustig schaute und guckte und sah, daß der Wirt zwei Gänse in der Ofenröhre stehen hatte. Da fiel ihm ein, daß ihm sein Kamerad gesagt hatte, was er sich in seinen Ranzen wünschte, das sollte darin sein. »Holla, das mußt du mit den Gänsen versuchen!« Also ging er hinaus, und vor der Türe sprach er: »So wünsch ich die zwei gebratenen Gänse aus der Ofenröhre in meinen Ranzen.« Wie er das gesagt hatte, schnallte er ihn auf und schaute hinein, da lagen sie beide darin. »Ach, so ist's recht«, sprach er, »nun bin ich ein gemachter Kerl«, ging fort auf eine Wiese und holte den Braten hervor. Wie er so im besten Essen war, kamen zwei Handwerksbursche daher und sahen die eine Gans, die noch nicht angerührt war, mit hungrigen Augen an. Dachte der Bruder Lustig: »Mit einer hast du genug«, rief die zwei Burschen herbei und sprach: »Da, nehmt die Gans und verzehrt sie auf meine Gesundheit.« Sie bedankten sich, gingen damit ins Wirtshaus, ließen sich eine Halbe Wein und ein Brot geben, packten die geschenkte Gans aus und fingen an zu essen. Die Wirtin sah zu und sprach zu ihrem Mann: »Die zwei essen eine Gans, sieh doch nach, ob's nicht eine von unsern aus der Ofenröhre ist.« Der Wirt lief hin, da war die Ofenröhre leer: »Was, ihr Diebsgesindel, so wohlfeil wollt ihr Gänse essen! Gleich bezahlt, oder ich will euch mit grünem Haselsaft waschen.« Die zwei sprachen: »Wir sind keine Diebe, ein abgedankter Soldat hat uns die Gans draußen auf der Wiese geschenkt.« – »Ihr sollt mir keine Nase drehen, der Soldat ist hier gewesen, aber als ein ehrlicher Kerl zur Tür hinausgegangen, auf den hab ich achtgehabt; ihr seid die Diebe und sollt bezahlen.« Da sie aber nicht bezahlen konnten, nahm er den Stock und prügelte sie zur Türe hinaus.

Bruder Lustig ging seiner Wege und kam an einen Ort, da stand ein prächtiges Schloß und nicht weit davon ein schlechtes Wirtshaus. Er ging in das Wirtshaus und bat um ein Nachtlager, aber der Wirt wies ihn ab und sprach: »Es ist kein Platz mehr da, das Haus ist voll vornehmer Gäste.« – »Das nimmt mich wunder«, sprach der Bruder Lustig, »daß sie zu Euch kommen und nicht in das prächtige Schloß gehen.« – »Ja«, antwortete der Wirt, »es hat was an sich, dort eine Nacht zu liegen, wer's noch versucht hat, ist nicht lebendig wieder herausgekommen.« – »Wenn's andere versucht haben«, sagte der Bruder Lustig, »will ich's auch versuchen.« – »Das laßt nur bleiben«, sprach der Wirt, »es geht Euch an den Hals.« – »Es wird nicht gleich an den Hals gehen«, sagte der Bruder Lustig, »gebt mir nur die Schlüssel und brav Essen und Trinken mit.« Nun gab ihm der Wirt die Schlüssel und Essen und Trinken, und damit ging der Bruder Lustig ins Schloß, ließ sich's gut schmecken, und als er endlich schläfrig wurde, legte er sich auf die Erde, denn es war kein Bett da. Er schlief auch bald ein, in der Nacht aber wurde er von einem großen Lärm aufgeweckt, und wie er sich ermunterte, sah er neun häßliche Teufel in dem Zimmer, die hatten einen Kreis um ihn gemacht und tanzten um ihn herum. Sprach der Bruder Lustig: »Nun tanzt, solang ihr wollt, aber komm mir keiner zu nah.« Die Teufel aber drangen immer näher auf ihn ein und traten ihm mit ihren garstigen Füßen fast ins Gesicht. »Habt Ruh, ihr Teufelsgespenster«, sprach er, aber sie trieben's immer ärger. Da ward der Bruder Lustig bös und rief: »Holla, ich will bald Ruhe stiften!«, kriegte ein Stuhlbein und schlug mitten hinein. Aber neun Teufel gegen einen Soldaten war doch zu viel, und wenn er auf den vordern zuschlug, so packten ihn die andern hinten bei den Haaren und rissen ihn erbärmlich. »Teufelspack«, rief er, »jetzt wird mir's zu arg: wartet aber! Alle neune in meinen Ranzen hinein!« Husch, steckten sie darin, und nun schnallte er ihn zu und warf ihn in eine Ecke. Da war's auf einmal still, und Bruder Lustig legte sich wieder hin und schlief bis an den hellen Morgen. Nun kamen der Wirt und der Edelmann, dem das Schloß gehörte, und wollten sehen, wie es ihm ergangen wäre; als sie ihn gesund und munter erblickten, erstaunten sie und fragten: »Haben Euch denn die Geister nichts getan?« – »Warum nicht gar«, antwortete Bruder Lustig, »ich habe sie alle neune in meinem Ranzen. Ihr könnt Euer Schloß wieder ganz ruhig bewohnen, es wird von nun an keiner mehr darin umgehen!« Da dankte ihm der Edelmann, beschenkte ihn reichlich und bat ihn, in seinen Diensten zu bleiben, er wollte ihn auf sein Lebtag versorgen. »Nein«, antwortete er, »ich bin an das Herumwandern gewöhnt, ich will weiterziehen.« Da ging der Bruder Lustig fort, trat in eine Schmiede und legte den Ranzen, worin die neun Teufel waren, auf den Amboß und bat den Schmied und seine Gesellen zuzuschlagen. Die schlugen mit ihren großen Hämmern aus allen Kräften zu, daß die Teufel ein erbärmliches Gekreisch erhoben. Wie er danach den Ranzen aufmachte, waren achte tot, einer aber, der in einer Falte gesessen hatte, war noch lebendig, schlüpfte heraus und fuhr wieder in die Hölle.

Darauf zog der Bruder Lustig noch lange in der Welt herum, und wer's wüßte, könnte viel davon erzählen. Endlich aber wurde er alt und dachte an sein Ende, da ging er zu einem Einsiedler, der als ein frommer Mann bekannt war, und sprach zu ihm: »Ich bin das Wandern müde und will nun trachten, in das Himmelreich zu kommen.« Der Einsiedler antwortete: »Es gibt zwei Wege, der eine ist breit und angenehm und führt zur Hölle, der andere ist eng und rauh und führt zum Himmel.« – »Da müßt ich ein Narr sein«, dachte der Bruder Lustig, »wenn ich den engen und rauhen Weg gehen sollte.« Machte sich auf und ging den breiten und angenehmen Weg und kam endlich zu einem großen schwarzen Tor, und das war das Tor der Hölle. Bruder Lustig klopfte an, und der Torwächter guckte, wer da wäre. Wie er aber den Bruder Lustig sah, erschrak er, denn er war gerade der neunte Teufel, der mit in dem Ranzen gesteckt hatte und mit einem blauen Auge davongekommen war. Darum schob er den Riegel geschwind wieder vor, lief zum Obersten der Teufel und sprach: »Draußen ist ein Kerl mit einem Ranzen und will herein, aber laßt ihn beileibe nicht herein, er wünscht sonst die ganze Hölle in seinen Ranzen. Er hat mich einmal garstig darin hämmern lassen.« Also ward dem Bruder Lustig hinausgerufen, er sollte wieder abgehen, er käme nicht herein. »Wenn sie mich da nicht wollen«, dachte er, »will ich sehen, ob ich im Himmel ein Unterkommen finde, irgendwo muß ich doch bleiben.« Kehrte also um und zog weiter, bis er vor das Himmelstor kam, wo er auch anklopfte. Der heil. Petrus saß gerade dabei als Torwächter; der Bruder Lustig erkannte ihn gleich und dachte: »Hier findest du einen alten Freund, da wird's besser gehen.« Aber der heil. Petrus sprach: »Ich glaube gar, du willst in den Himmel?« – »Laß mich doch ein, Bruder, ich muß doch wo einkehren; hätten sie mich in der Hölle aufgenommen, so wär ich nicht hierhergegangen.« – »Nein«, sagte der heil. Petrus, »du kommst nicht herein.« – »Nun, willst du mich nicht einlassen, so nimm auch deinen Ranzen wieder: dann will ich gar nichts von dir haben«, sprach der Bruder Lustig. »So gib ihn her«, sagte der heil. Petrus. Da reichte er den Ranzen durchs Gitter in den Himmel hinein, und der heil. Petrus nahm ihn und hing ihn neben seinen Sessel auf. Da sprach der Bruder Lustig: »Nun wünsch ich mich selbst in meinen Ranzen hinein.« Husch, war er darin und saß nun im Himmel, und der heil. Petrus mußte ihn darin lassen.

82.

De Spielhansl

Is is emohl e Mon gewön, der hot ninx us (als) g'spielt, und do hobend 'n d'Leut nur in *Spielhansl* g'hoaßen, und wal (weil) e gor nit afg'hört zen spieln, se hot e san (sein) Haus und ullss (alles) vespielt. Hietzt (jetzt), nette (eben) in lötzten Tog, eh's iahm (ihm) d' Schuldne schon 's Haus hobend wögnehme willn, is unse Herrgout un de halli Pedrus kemme und hobend g'sogt, er sull's übe d'Nocht g'holte (bei sich behalten). Oft (da) hot de Spielhansl g'sogt: »Wögn meine kints do bleibn döi Nocht; ober i kong eng koan Bött und ninx z'össn (zu essen) gebn.« Oft hot unse Herrgout g'sogt, er sulls ne (nur) g'holten und söi willetn ian (ihnen) selbe wos z'össn kaffen; dos is in Spielhansl recht g'wön. Oft hot iahm de halli Pedrus drei Grouschn gebn, und er sull zen Böcke (Becker) gehn und e Brod huhln. Hietzt is hullt (halt) de Spielhansl gonge, wie er aber ze den Haus kemme is, wou di onnen Spiellumpn drin g'wön sand, döi iahm ullss ogwunge hobnd, do hobnd s' 'n g'ruefft und hobend g'schrien: »Hansl, geh ahne (herein).« – »Jo«, hot e g'sogt, »willt's me die drei Grouschn a non ogwinge.« Döi hobnd 'n obe (aber) nit ausg'lossn. Hietzt is e hullt anhi (hinein), und oft hot e die drei Grouschn a non vespielt. De halli Pedrus und unse Herrgout hobnd ollewall (immer) g'wort't, und wie er ian z'long nit kemme is, sand s' iahm intgögn gonge. De Spielhansl obe, wie e kemme is, hot ton, us wenn iahm's Geld in ne Locken (Lacken) g'folln war, und hot ollewall drin herumkrobbelt; obe unse Herrgout hot's schon g'wißt, daß e's vespielt hot. Oft hot iahm de halli Pedrus non mohl drei Grouschn gebn. Hietzt hot e sie obe nimme veführn losse und hot ian 's Brod brocht. Oft hot 'n unse Herrgout g'frogt, wou e koan'n Wein nit hot, do [hot] e g'sogt: »U Herr, d'Fasse sand alli laar.« Oft hot unse Herrgout g'sogt, er sull ner in Költe (Keller) ohi (hinab) gehn: »Is is non de böst Wein int.« Er hot's long nit glaubn willn, obe af d'löst hot e g'sogt: »I will ohi gehn, ober i woaß's, daß koane int is.« Wie er obe 's Fassl onzapft hot, se is de böst Wein auße g'runne. Hietzt hot er ian in Wein brocht, und döi zwoa sand übe d'Nocht do bliebn. In onnen Tog, in de Früe, hot unse Herrgout zen Spielhansl g'sogt, er sull sie (sich) drei Gnodn ausbittn. Er hot g'moant, er wird sie 'n Himml ausbittn, obe de Spielhansl hot bettn um e Kortn, mit der er ullss g'wingt; um Würfl, mit den er a ulls g'wingt, und um en Bam (Baum), wou ullss Oubst draf wochst und wonn oane (einer) affi steigt, daß e nimme ohe kon (herab kann), bis er iahm's schofft (befiehlt). Hietzt hot iahm unse Herrgout ullss gebn, wos e velangt hot, un is mit 'n hallin Pedrus wiede fuert (fort).

Hietzt hot hult de Spielhansl erst recht zen spieln ong'fongt und hätt bold d' halbeti Welt zomg'wunge. Oft hot de halli Pedrus ze 'n unse Herrgoutn g'sogt: »Herr, dos Ding tuet koan guet, er g'winget af d'löst non (noch) d'ganzi Welt; me müssn iahm in (den) Toid schickn.« Hietzt hobend s' iahm in Toid g'schickt. Wie de Toid kemme is, is de Spielhansl nette be 'n Spieltisch g'sössn; oft hot de Toid g'sogt: »Hansl, kimm e Bissl auße.« De Spielhansl obe hot g'sogt: »Wort nur e Bissl, bis dos G'spiel aus is, und steig dewall e weng af 'n Bam do affi und brouck uns e wengerl wos o, daß me af 'n Wög wos z'noschn hobn.« Hietzt is hullt de Toid affi g'stiegn, und wie e wiede hot ohi wille, hot e nit kinne, und de Spielhansl hot 'n sieben Johr droubn lossn, und dewall is koan Mensch nit g'storbn.

Oft hot de halli Pedrus zen unsen Herrgoutn g'sogt: »Herr, dos Ding tuet koan guet, is sterbet jo koan Mensch mehr; mir müessn schon selbe kemme.« Hietzt sand s' hullt selbe kemme, und do hot iahm unse Herrgout g'schofft, daß er in Toid ohe lossn sull. Oft is er obe glei gonge und hot zen Toid g'sogt: »Geh ohe«, und der hot 'n glei g'numme und hot 'n okragelt (erwürgt). Oft sand s' mit enonne fuert und sand in d' onneri Welt kemme, do is hullt man (mein) Spielhansl zen Himmltoir gonge und hot onkloupft. »Wer is draußt?« – »De Spielhansl.« – »Ach, den brauche me nit, geh ne wiede fuert.« Oft is e zen Fegfuirtoir gonge und hot wiede kloupft. »Wer is draußt?« – »De Spielhansl.« »Ach is is e so (ohne das) Jomme und Noit g'nue be'n uns, mir willn nit spieln; geh ne wiede fuert.« Oft is e zen Hüllntoir gonge, und do hobnd s' 'n anhi lossn, is is obe niamd dehoambt g'wön us de olti Luzifar und krumpn Tuifln (die g'rodn hobn af de Welt z' toan g'hot), und oft hot e sie glei ine (nieder) g'sötzt und hot wiede zen spieln ong'fongt. Hietzt hot obe de Luzifar ninx g'hot us sani krumpn Tuifln: döi hot iahm de Spielhansl ogwunge, wall e mit sann Kortn ullss hot g'winge müessn. Hietzt is e mit sann krumpn Tuifln fuert, und oft sand s' af Hoihefuert (nach Hohenfuert) und hobnd d' Houpfnstange aus-g'rissn und san demit zen Himml affi und hobnd zen wägn on-g'fongt; und hietzt hot de Himml schon krocht (gekracht). Oft hot de halli Pedrus wiede g'sogt: »Herr, dos Ding tuet koan guet, mir müessn ne anhe (herein) lossn, sunst werfet er uns in Himml ohi (hinab).« Hietzt hobnd s' 'n hult anhi lossn. Obe de Spielhansl hot glei wiede zen spieln ong'fongt, und do is glei e Lärm und e Getös won (worden), daß me san oagns Wort nit vestondn hot. Oft hat de halli Pedrus wiede g'sogt: »Herr, dos Ding tuet koan guet, wir müessn ne ohi werfen, er machet uns sunst in gonzn Himml rewel-lisch.« Hietzt sand s' hullt her und hobnd 'n ohe g'worfn, und da hot sie san Seel z'toalt (hat sich seine Seele zerteilt) und is in d'onnen Spiellumpen g'fohrn, döi non (noch) bis date lebnd.

83.

Hans im Glück

Hans hatte sieben Jahre bei seinem Herrn gedient, da sprach er zu ihm: »Herr, meine Zeit ist herum, nun wollte ich gerne wieder heim zu meiner Mutter, gebt mir meinen Lohn.« Der Herr antwortete: »Du hast mir treu und ehrlich gedient, wie der Dienst war, so soll der Lohn sein«, und gab ihm ein Stück Gold, das so groß als Hansens Kopf war. Hans zog sein Tüchlein aus der Tasche, wickelte den Klumpen hinein, setzte ihn auf die Schulter und machte sich auf den Weg nach Haus. Wie er so dahinging und immer ein Bein vor das andere setzte, kam ihm ein Reiter in die Augen, der frisch und fröhlich auf einem muntern Pferd vorbeitrabte. »Ach«, sprach Hans ganz laut, »was ist das Reiten ein schönes Ding! Da sitzt einer wie auf einem Stuhl, stößt sich an keinen Stein, spart die Schuh und kommt fort, er weiß nicht wie.« Der Reiter, der das gehört hatte, hielt an und rief: »Ei, Hans, warum laufst du auch zu Fuß?« – »Ich muß ja wohl«, antwortete er, »da habe ich einen Klumpen heimzutragen: es ist zwar Gold, aber ich kann den Kopf dabei nicht geradhalten, auch drückt mir's auf die Schulter.« – »Weißt du was«, sagte der Reiter, »wir wollen tauschen: ich gebe dir mein Pferd, und du gibst mir deinen Klumpen.« – »Von Herzen gern«, sprach Hans, »aber ich sage Euch, Ihr müßt Euch damit schleppen.« Der Reiter stieg ab, nahm das Gold und half dem Hans hinauf, gab ihm die Zügel fest in die Hände und sprach: »Wenn's nun recht geschwind soll gehen, so mußt du mit der Zunge schnalzen und hopp, hopp rufen.«

Hans war seelenfroh, als er auf dem Pferde saß und so frank und frei dahinritt. Über ein Weilchen fiel's ihm ein, es sollte noch schneller gehen, und fing an, mit der Zunge zu schnalzen und hopp, hopp zu rufen. Das Pferd setzte sich in starken Trab, und ehe sich's Hans versah, war er abgeworfen und lag in einem Graben, der die Äcker von der Landstraße trennte. Das Pferd wäre auch durchgegangen, wenn es nicht ein Bauer aufgehalten hätte, der des Weges kam und eine Kuh vor sich hertrieb. Hans suchte seine Glieder zusammen und machte sich wieder auf die Beine. Er war aber verdrießlich und sprach zu dem Bauer: »Es ist ein schlechter Spaß, das

Reiten, zumal wenn man auf so eine Mähre gerät wie diese, die stößt und einen herabwirft, daß man den Hals brechen kann; ich setze mich nun und nimmermehr wieder auf. Da lob ich mir Eure Kuh, da kann einer mit Gemächlichkeit hinterhergehen und hat obendrein seine Milch, Butter und Käse jeden Tag gewiß. Was gäb ich darum, wenn ich so eine Kuh hätte!« – »Nun«, sprach der Bauer, »geschieht Euch so ein großer Gefallen, so will ich Euch wohl die Kuh für das Pferd vertauschen.« Hans willigte mit tausend Freuden ein; der Bauer schwang sich aufs Pferd und ritt eilig davon.

Hans trieb seine Kuh ruhig vor sich her und bedachte den glücklichen Handel. »Hab ich nur ein Stück Brot, und daran wird mir's doch nicht fehlen, so kann ich, sooft mir's beliebt, Butter und Käse dazu essen; hab ich Durst, so melk ich meine Kuh und trinke Milch. Herz, was verlangst du mehr?« Als er zu einem Wirtshaus kam, machte er halt, aß in der großen Freude alles, was er bei sich hatte, sein Mittags- und Abendbrot, rein auf und ließ sich für seine letzten paar Heller ein halbes Glas Bier einschenken. Dann trieb er seine Kuh weiter, immer nach dem Dorfe seiner Mutter zu. Die Hitze ward drückender, je näher der Mittag kam, und Hans befand sich in einer Heide, die wohl noch eine Stunde dauerte. Da ward es ihm ganz heiß, so daß ihm vor Durst die Zunge am Gaumen klebte. »Dem Ding ist zu helfen«, dachte Hans, »jetzt will ich meine Kuh melken und mich an der Milch laben.« Er band sie an einen dürren Baum, und da er keinen Eimer hatte, so stellte er seine Ledermütze unter, aber wie er sich auch bemühte, es kam kein Tropfen Milch zum Vorschein. Und weil er sich ungeschickt dabei anstellte, so gab ihm das ungeduldige Tier endlich mit einem der Hinterfüße einen solchen Schlag vor den Kopf, daß er zu Boden taumelte und eine Zeitlang sich gar nicht besinnen konnte, wo er war. Glücklicherweise kam gerade ein Metzger des Weges, der auf einem Schubkarren ein junges Schwein liegen hatte. »Was sind das für Streiche!« rief er und half dem guten Hans auf. Hans erzählte, was vorgefallen war. Der Metzger reichte ihm seine Flasche und sprach: »Da trinkt einmal und erholt Euch. Die Kuh will wohl keine Milch geben, das ist ein altes Tier, das höchstens noch zum Ziehen taugt oder zum Schlachten.« – »Ei, ei«, sprach Hans und strich sich die Haare über den Kopf, »wer hätte das gedacht! Es ist freilich gut, wenn man so ein Tier ins Haus abschlachten kann, was gibt's für Fleisch! Aber ich mache mir aus dem Kuhfleisch nicht viel, es ist mir nicht saftig genug. Ja, wer so ein junges Schwein hätte! Das schmeckt anders, dabei noch die Würste.« – »Hört, Hans«, sprach da der Metzger, »Euch zuliebe will ich tauschen und will Euch das Schwein für die Kuh lassen.« – »Gott lohn Euch Eure Freundschaft«, sprach Hans, übergab ihm die Kuh, ließ sich das Schweinchen vom Karren losmachen und den Strick, woran es gebunden war, in die Hand geben.

Hans zog weiter und überdachte, wie ihm doch alles nach Wunsch ginge, begegnete ihm je eine Verdrießlichkeit, so würde sie doch gleich wiedergutgemacht. Es gesellte sich danach ein Bursch zu ihm, der trug eine schöne weiße Gans unter dem Arm. Sie boten einander die Zeit, und Hans fing an, von seinem Glück zu erzählen und wie er immer so vorteilhaft getauscht hätte. Der Bursch erzählte ihm, daß er die Gans zu einem Kindtaufschmaus brächte. »Hebt einmal«, fuhr er fort und packte sie bei den Flügeln, »wie schwer sie ist, die ist aber auch acht Wochen lang genudelt worden. Wer in den Braten beißt, muß sich das Fett von beiden Seiten abwischen.« – »Ja«, sprach Hans und wog sie mit der einen Hand, »die hat ihr Gewicht, aber mein Schwein ist auch keine Sau.« Indessen sah sich der Bursch nach allen Seiten ganz bedenklich um, schüttelte auch wohl mit dem Kopf. »Hört«, fing er darauf an, »mit Eurem Schweine mag's nicht ganz richtig sein. In dem Dorfe, durch das ich gekommen bin, ist eben dem Schulzen eins aus dem Stall gestohlen worden. Ich fürchte, ich fürchte, Ihr habt's da in der Hand. Sie haben Leute ausgeschickt, und es wäre ein schlimmer Handel, wenn sie Euch mit dem Schwein erwischten: das geringste ist, daß Ihr ins finstere Loch gesteckt werdet.« Dem guten Hans ward bang: »Ach Gott«, sprach er, »helft mir aus der Not, Ihr wißt hier herum bessern Bescheid, nehmt mein Schwein da und laßt mir Eure Gans.« – »Ich muß schon etwas aufs Spiel setzen«, antwortete der Bursche, »aber ich will doch nicht schuld sein, daß Ihr ins Unglück geratet.« Er nahm also das Seil in die Hand und trieb das Schwein schnell auf einen Seitenweg fort; der gute Hans aber ging, seiner Sorgen entledigt, mit der Gans unter dem Arme der Heimat zu. »Wenn ich's recht überlege«, sprach er mit sich selbst, »habe ich noch Vorteil bei dem Tausch: erstlich den guten Braten, hernach die Menge von Fett, die heraustraufeln wird, das gibt Gänsefettbrot auf ein Vierteljahr; und endlich die schönen weißen Federn, die laß ich mir in mein Kopfkissen stopfen, und darauf will ich wohl ungewiegt einschlafen. Was wird meine Mutter eine Freude haben!«

Als er durch das letzte Dorf gekommen war, stand da ein Scherenschleifer mit seinem Karren, sein Rad schnurrte, und er sang dazu:

»Ich schleife die Schere und drehe geschwind
und hänge mein Mäntelchen nach dem Wind.«

Hans blieb stehen und sah ihm zu; endlich redete er ihn an und sprach: »Euch geht's wohl, weil Ihr so lustig bei Eurem Schleifen seid.« – »Ja«, antwortete der Scherenschleifer, »das Handwerk hat einen güldenen Boden. Ein rechter Schleifer ist ein Mann, der, sooft er in die Tasche greift, auch Geld darin findet. Aber wo habt Ihr die schöne Gans gekauft?« – »Die hab ich nicht gekauft, sondern für mein Schwein eingetauscht.« – »Und das Schwein?« – »Das hab ich für eine Kuh gekriegt.« – »Und die Kuh?« – »Die hab ich für ein Pferd bekommen.« – »Und das Pferd?« – »Dafür hab ich einen Klumpen Gold, so groß als mein Kopf, gegeben.« – »Und das Gold?« – »Ei, das war mein Lohn für sieben Jahre Dienst.« – »Ihr habt Euch jederzeit zu helfen gewußt«, sprach der Schleifer, »könnt Ihr's nun dahin bringen, daß Ihr das Geld in der Tasche springen hört, wenn Ihr aufsteht, so habt Ihr Euer Glück gemacht.« – »Wie soll ich das anfangen?« sprach Hans. »Ihr müßt ein Schleifer werden wie ich; dazu gehört eigentlich nichts als ein Wetzstein, das andere findet sich schon von selbst. Da hab ich einen, der ist zwar ein wenig schadhaft, dafür sollt Ihr mir aber auch weiter nichts als Eure Gans geben; wollt Ihr das?« – »Wie könnt Ihr noch fragen«, antwortete Hans, »ich werde ja zum glücklichsten Menschen auf Erden; habe ich Geld, sooft ich in die Tasche greife, was brauche ich da länger zu sorgen?« Reichte ihm die Gans hin und nahm den Wetzstein in Empfang. »Nun«, sprach der Schleifer und hob einen gewöhnlichen schweren Feldstein, der neben ihm lag, auf, »da habt Ihr noch einen tüchtigen Stein dazu, auf dem sich's gut schlagen läßt und Ihr Eure alten Nägel geradeklopfen könnt. Nehmt hin und hebt ihn ordentlich auf.«

Hans lud den Stein auf und ging mit vergnügtem Herzen weiter; seine Augen leuchteten vor Freude: »Ich muß in einer Glückshaut geboren sein«, rief er aus, »alles, was ich wünsche, trifft mir ein wie einem Sonntagskind.« Indessen, weil er seit Tagesanbruch auf den Beinen gewesen war, begann er müde zu werden; auch plagte ihn der Hunger, da er allen Vorrat auf einmal in der Freude über die erhandelte Kuh aufgezehrt hatte. Er konnte endlich nur mit Mühe weitergehen und mußte jeden Augenblick haltmachen; dabei drückten ihn die Steine ganz erbärmlich. Da konnte er sich des Gedankens nicht erwehren, wie gut es wäre, wenn er sie gerade jetzt nicht zu tragen brauchte. Wie eine Schnecke kam er zu einem Feldbrunnen geschlichen, wollte da ruhen und sich mit einem frischen Trunk laben; damit er aber die Steine im Niedersitzen nicht beschädigte, legte er sie bedächtig neben sich auf den Rand des Brunnens. Darauf setzte er sich nieder und wollte sich zum Trinken bücken, da versah er's, stieß ein klein wenig an, und beide Steine plumpten hinab. Hans, als er sie mit seinen Augen in die Tiefe hatte versinken sehen, sprang vor Freuden auf, kniete dann nieder und dankte Gott mit Tränen in den Augen, daß er ihm auch diese Gnade noch erwiesen und ihn auf eine so gute Art, und ohne daß er sich einen Vorwurf zu machen brauchte, von den schweren Steinen befreit hätte, die ihm allein noch hinderlich gewesen wären. »So glücklich wie ich«, rief er aus, »gibt es keinen Menschen unter der Sonne.« Mit leichtem Herzen und frei von aller Last sprang er nun fort, bis er daheim bei seiner Mutter war.

84.

Hans heiratet

Es war einmal ein junger Bauer, der hieß Hans, dem wollte sein Vetter gern eine reiche Frau werben. Da setzte er den Hans hinter den Ofen und ließ gut einheizen. Dann holte er einen Topf Milch und eine gute Menge Weißbrot, gab ihm einen neugemünzten glänzenden Heller in die Hand und sprach: »Hans, den Heller da halt fest, und das Weißbrot, das brocke in die Milch, und bleib da sitzen und geh mir nicht von der Stelle, bis ich wiederkomme.« – »Ja«, sprach der Hans, »das will ich alles ausrichten.« Nun zog der Werber ein paar alte, verplackte Hosen an, ging ins andere Dorf zu einer reichen Bauerntochter und sprach: »Wollt Ihr nicht meinen Vetter Hans heiraten? Ihr kriegt einen wackern und gescheiten Mann, der

Euch gefallen wird.« Fragte der geizige Vater: »Wie sieht's aus mit seinem Vermögen? Hat er auch was einzubrocken?« – »Lieber Freund«, antwortete der Werber, »mein junger Vetter sitzt warm, hat einen guten schönen Pfennig in der Hand und hat wohl einzubrocken. Er sollte auch nicht weniger Placken (wie man die Güter nannte) zählen als ich«, und schlug sich dabei auf seine geplackte Hose. »Wollt Ihr Euch die Mühe nehmen, mit mir hinzugehen, soll Euch zur Stunde gezeigt werden, daß alles so ist, wie ich sage.« Da wollte der Geizhals die gute Gelegenheit nicht fahrenlassen und sprach: »Wenn dem so ist, so habe ich weiter nichts gegen die Heirat.«

Nun ward die Hochzeit an dem bestimmten Tag gefeiert, und als die junge Frau ins Feld gehen und die Güter des Bräutigams sehen wollte, zog Hans erst sein sonntägliches Kleid aus und seinen verplackten Kittel an und sprach: »Ich könnte mir das gute Kleid verunehren.« Da gingen sie zusammen ins Feld, und wo sich auf dem Weg der Weinstock abzeichnete oder Äcker und Wiesen abgeteilt waren, deutete Hans mit dem Finger und schlug dann an einen großen oder kleinen Placken seines Kittels und sprach: »Der Placken ist mein und jener auch, mein Schatz, schauet nur danach«, und wollte damit sagen, die Frau sollte nicht in das weite Feld gaffen, sondern auf sein Kleid schauen, das wäre sein eigen.

»Bist du auch auf der Hochzeit gewesen?« – »Jawohl bin ich darauf gewesen, und in vollem Staat. Mein Kopfputz war von Schnee, da kam die Sonne, und er ist mir abgeschmolzen; mein Kleid war von Spinneweb, da kam ich durch Dornen, die rissen mir es ab; meine Pantoffel waren von Glas, da stieß ich an einen Stein, da sagten sie klink! und sprangen entzwei.«

85.

Die Goldkinder

Es war ein armer Mann und eine arme Frau, die hatten nichts als eine kleine Hütte und nährten sich vom Fischfang, und es ging bei ihnen von Hand zu Mund. Es geschah aber, als der Mann eines

Tages beim Wasser saß und sein Netz auswarf, daß er einen Fisch herauszog, der ganz golden war. Und als er den Fisch voll Verwunderung betrachtete, hub dieser an zu reden und sprach: »Hör, Fischer, wirfst du mich wieder hinab ins Wasser, so mach ich deine kleine Hütte zu einem prächtigen Schloß.« Da antwortete der Fischer: »Was hilft mir ein Schloß, wenn ich nichts zu essen habe?« Sprach der Goldfisch weiter: »Auch dafür soll gesorgt sein, es wird ein Schrank im Schloß sein, wenn du den aufschließest, so stehen Schüsseln darin mit den schönsten Speisen, soviel du dir wünschest.« – »Wenn das ist«, sprach der Mann, »so kann ich dir wohl den Gefallen tun.« – »Ja«, sagte der Fisch, »es ist aber die Bedingung dabei, daß du keinem Menschen auf der Welt, wer es auch immer sein mag, entdeckst, woher dein Glück gekommen ist; sprichst du ein einziges Wort, so ist alles vorbei.«

Nun warf der Mann den wunderbaren Fisch wieder ins Wasser und ging heim. Wo aber sonst seine Hütte gestanden hatte, da stand jetzt ein großes Schloß. Da machte er ein paar Augen, trat hinein und sah seine Frau, mit schönen Kleidern geputzt, in einer prächtigen Stube sitzen. Sie war ganz vergnügt und sprach: »Mann, wie ist das auf einmal gekommen? Das gefällt mir wohl.« – »Ja«, sagte der Mann, »es gefällt mir auch, aber es hungert mich auch gewaltig, gib mir erst was zu essen.« Sprach die Frau: »Ich habe nichts und weiß in dem neuen Haus nichts zu finden.« – »Das hat keine Not«, sagte der Mann, »dort sehe ich einen großen Schrank, den schließ einmal auf.« Wie sie den Schrank aufschloß, stand da Kuchen, Fleisch, Obst, Wein und lachte einen ordentlich an. Da rief die Frau voll Freude: »Herz, was begehrst du nun?« Und sie setzten sich nieder, aßen und tranken zusammen. Wie sie satt waren, fragte die Frau: »Aber, Mann, wo kommt all dieser Reichtum her?« – »Ach«, antwortete er, »frage mich nicht darum, ich darf dir's nicht sagen, wenn ich's jemand entdecke, so ist unser Glück wieder dahin.« – »Gut«, sprach sie, »wenn ich's nicht wissen soll, so begehr ich's auch nicht zu wissen.« Das war aber ihr Ernst nicht, es ließ ihr keine Ruhe Tag und Nacht, und sie quälte und stachelte den Mann so lang, bis er in der Ungeduld heraussagte, es käme alles von einem wunderbaren goldenen Fisch, den er gefangen und dafür wieder in Freiheit gelassen hätte. Und wie's heraus war, da verschwand alsbald das schöne Schloß mit dem Schrank, und sie saßen wieder in der alten Fischerhütte.

Der Mann mußte von vornen anfangen, seinem Gewerbe nachgehen und fischen. Das Glück wollte es aber, daß er den goldenen Fisch noch einmal herauszog. »Hör«, sprach der Fisch, »wenn du mich wieder ins Wasser wirfst, so will ich dir noch einmal das Schloß mit dem Schrank voll Gesottenem und Gebratenem zurückgeben; nur halt dich fest und verrat beileibe nicht, von wem du's hast, sonst geht's wieder verloren.« – »Ich will mich schon hüten«, antwortete der Fischer und warf den Fisch in sein Wasser hinab. Daheim war nun alles wieder in voriger Herrlichkeit, und die Frau war in einer Freude über das Glück; aber die Neugierde ließ ihr doch keine Ruhe, daß sie nach ein paar Tagen wieder zu fragen anhub, wie es zugegangen wäre und wie er es angefangen habe. Der Mann schwieg eine Zeitlang still dazu, endlich aber machte sie ihn so ärgerlich, daß er herausplatzte und das Geheimnis verriet. In dem Augenblick verschwand das Schloß, und sie saßen wieder in der alten Hütte. »Nun hast du's«, sagte der Mann, »jetzt können wir wieder am Hungertuch nagen.« – »Ach«, sprach die Frau, »ich will den Reichtum lieber nicht, wenn ich nicht weiß, von wem er kommt; sonst habe ich doch keine Ruhe.«

Der Mann ging wieder fischen, und über eine Zeit, so war's nicht anders, er holte den Goldfisch zum drittenmal heraus. »Hör«, sprach der Fisch, »ich sehe wohl, ich soll immer wieder in deine Hände fallen, nimm mich mit nach Haus und zerschneid mich in sechs Stücke, zwei davon gib deiner Frau zu essen, zwei deinem Pferd, und zwei leg in die Erde, so wirst du Segen davon haben.« Der Mann nahm den Fisch mit nach Haus und tat, wie er ihm gesagt hatte. Es geschah aber, daß aus den zwei Stücken, die in die Erde gelegt waren, zwei goldene Lilien aufwuchsen und daß das Pferd zwei goldene Füllen bekam und des Fischers Frau zwei Kinder gebar, die ganz golden waren.

Die Kinder wuchsen heran, wurden groß und schön, und die Lilien und Pferde wuchsen mit ihnen. Da sprachen sie: »Vater, wir wollen uns auf unsere goldenen Rosse setzen und in die Welt ausziehen.« Er aber antwortete betrübt: »Wie will ich's aushalten, wenn ihr fortzieht und ich nicht weiß, wie's euch geht?« Da sagten sie: »Die zwei goldenen Lilien bleiben hier, daran könnt Ihr sehen, wie's uns geht: sind sie frisch, so sind wir gesund; sind sie welk, so sind wir krank; fallen sie um, so sind wir tot.« Sie ritten fort und kamen in ein Wirtshaus, darin waren viele Leute, und als sie die zwei

Goldkinder erblickten, fingen sie an zu lachen und zu spotten. Wie der eine das Gespött hörte, so schämte er sich, wollte nicht in die Welt, kehrte um und kam wieder heim zu seinem Vater. Der andere aber ritt fort und gelangte zu einem großen Wald. Und als er hineinreiten wollte, sprachen die Leute: »Es geht nicht, daß Ihr durchreitet, der Wald ist voll Räuber, die werden übel mit Euch umgehen, und gar wenn sie sehen, daß Ihr golden seid und Euere Pferde auch, so werden sie Euch totschlagen.« Er aber ließ sich nicht schrecken und sprach: »Ich muß und soll hindurch.« Da nahm er Bärenfelle und überzog sich und sein Pferd damit, daß nichts mehr vom Gold zu sehen war, und ritt getrost in den Wald hinein. Als er ein wenig fortgeritten war, so hörte er es in den Gebüschen rauschen und vernahm Stimmen, die miteinander sprachen. Von der einen Seite rief's: »Da ist einer«, von der andern aber: »Laß ihn laufen, das ist ein Bärenhäuter, und arm und kahl wie eine Kirchenmaus, was sollen wir mit ihm anfangen!« So ritt das Goldkind glücklich durch den Wald und geschah ihm kein Leid.

Eines Tags kam er in ein Dorf, darin sah er ein Mädchen, das war so schön, daß er nicht glaubte, es könnte ein schöneres auf der Welt sein. Und weil er eine so große Liebe zu ihm empfand, so ging er zu ihm und sagte: »Ich habe dich von ganzem Herzen lieb, willst du meine Frau werden?« Er gefiel aber auch dem Mädchen so sehr, daß es einwilligte und sprach: »Ja, ich will deine Frau werden und dir treu sein mein Lebelang.« Nun hielten sie Hochzeit zusammen, und als sie eben in der größten Freude waren, kam der Vater der Braut heim, und als er sah, daß seine Tochter Hochzeit machte, verwunderte er sich und sprach: »Wo ist der Bräutigam?« Sie zeigten ihm das Goldkind, das hatte aber noch seine Bärenfelle um. Da sprach der Vater zornig: »Nimmermehr soll ein Bärenhäuter meine Tochter haben«, und wollte ihn ermorden. Da bat ihn die Braut, was sie konnte, und sprach: »Er ist einmal mein Mann, und ich habe ihn von Herzen lieb«, bis er sich endlich besänftigen ließ. Doch aber kam's ihm nicht aus den Gedanken, so daß er am andern Morgen früh aufstand und seiner Tochter Mann sehen wollte, ob er ein gemeiner und verlumpter Bettler wäre. Wie er aber hinblickte, sah er einen herrlichen, goldenen Mann im Bette, und die abgeworfenen Bärenfelle lagen auf der Erde. Da ging er zurück und dachte: »Wie gut ist's, daß ich meinen Zorn bändigte, ich hätte eine große Missetat begangen.«

Dem Goldkind aber träumte, er zöge hinaus auf die Jagd nach einem prächtigen Hirsch, und als er am Morgen erwachte, sprach er zu seiner Braut: »Ich will hinaus auf die Jagd.« Ihr war angst, und sie bat ihn dazubleiben und sagte: »Leicht kann dir ein großes Unglück begegnen«, aber er antwortete: »Ich soll und muß fort.« Da stand er auf und zog hinaus in den Wald, und gar nicht lange, so hielt auch ein stolzer Hirsch vor ihm, ganz nach seinem Traume. Er legte an und wollte ihn schießen, aber der Hirsch sprang fort. Da jagte er ihm nach, über Graben und durch Gebüsche und ward nicht müde den ganzen Tag; am Abend aber verschwand der Hirsch vor seinen Augen. Und als das Goldkind sich umsah, so stand er vor einem kleinen Haus, darin saß eine Hexe. Er klopfte an, und ein Mütterchen kam heraus und fragte: »Was wollt Ihr so spät noch mitten in dem großen Wald?« Er sprach: »Habt Ihr keinen Hirsch gesehen?« – »Ja«, antwortete sie, »den Hirsch kenn ich wohl«, und ein Hündlein, das mit ihr aus dem Haus gekommen war, bellte dabei den Mann heftig an. »Willst du schweigen, du böse Kröte«, sprach er, »sonst schieß ich dich tot.« Da rief die Hexe zornig: »Was, mein Hündchen willst du töten!«, und verwandelte ihn alsbald, daß er dalag wie ein Stein, und seine Braut erwartete ihn umsonst und dachte: »Es ist gewiß eingetroffen, was mir so angst machte und so schwer auf dem Herzen lag.«

Daheim aber stand der andere Bruder bei den Goldlilien, als plötzlich eine davon umfiel. »Ach Gott«, sprach er, »meinem Bruder ist ein großes Unglück zugestoßen, ich muß fort, ob ich ihn vielleicht errette.« Da sagte der Vater: »Bleib hier, wenn ich auch dich verliere, was soll ich anfangen?« Er aber antwortete: »Ich soll und muß fort.« Da setzte er sich auf sein goldenes Pferd und ritt fort und kam in den großen Wald, wo sein Bruder lag und Stein war. Die alte Hexe kam aus ihrem Haus, rief ihn an und wollte ihn auch berücken, aber er näherte sich nicht, sondern sprach: »Ich schieße dich nieder, wenn du meinen Bruder nicht wieder lebendig machst.« Sie rührte, so ungerne sie's auch tat, den Stein mit dem Finger an, und alsbald erhielt er sein menschliches Leben zurück. Die beiden Goldkinder aber freuten sich, als sie sich wiedersahen, küßten und herzten sich und ritten zusammen fort aus dem Wald, der eine zu seiner Braut, der andere heim zu seinem Vater. Da sprach der Vater: »Ich wußte wohl, daß du deinen Bruder erlöst hattest, denn die goldene Lilie ist auf einmal wieder aufgestanden und hat fortgeblüht.« Nun lebten sie vergnügt, und es ging ihnen wohl bis an ihr Ende.

86.

Der Fuchs und die Gänse

Der Fuchs kam einmal auf eine Wiese, wo eine Herde schöner fetter Gänse saß, da lachte er und sprach: »Ich komme ja wie gerufen, ihr sitzt hübsch beisammen, so kann ich eine nach der andern auffressen.« Die Gänse gackerten vor Schrecken, sprangen auf, fingen an zu jammern und kläglich um ihr Leben zu bitten. Der Fuchs aber wollte auf nichts hören und sprach: »Da ist keine Gnade, ihr müßt sterben.« Endlich nahm sich eine das Herz und sagte: »Sollen wir armen Gänse doch einmal unser jung frisch Leben lassen, so erzeige uns die einzige Gnade und erlaub uns noch ein Gebet, damit wir nicht in unsern Sünden sterben; hernach wollen wir uns auch in eine Reihe stellen, damit du dir immer die fetteste aussuchen kannst.« – »Ja«, sagte der Fuchs, »das ist billig und ist eine fromme Bitte: betet, ich will so lange warten.« Also fing die erste ein recht langes Gebet an, immer »ga, ga!«, und weil sie gar nicht aufhören wollte, wartete die zweite nicht, bis die Reihe an sie kam, sondern fing auch an »ga, ga!«. Die dritte und vierte folgte ihr, und bald gackerten sie alle zusammen. (Und wenn sie ausgebetet haben, soll das Märchen weitererzählt werden, sie beten aber alleweile noch immer fort.)

87.

Der Arme und der Reiche

Vor alten Zeiten, als der liebe Gott noch selber auf Erden unter den Menschen wandelte, trug es sich zu, daß er eines Abends müde war und ihn die Nacht überfiel, bevor er zu einer Herberge kommen konnte. Nun standen auf dem Weg vor ihm zwei Häuser einander gegenüber, das eine groß und schön, das andere klein und ärmlich anzusehen, und gehörte das große einem Reichen, das kleine einem armen Manne. Da dachte unser Herrgott: »Dem Reichen werde ich nicht beschwerlich fallen: bei ihm will ich übernachten.« Der Reiche, als er an seine Türe klopfen hörte, machte das Fenster auf und fragte den Fremdling, was er suche. Der Herr antwortete: »Ich bitte um ein Nachtlager.« Der Reiche guckte den Wandersmann von Haupt bis zu den Füßen an, und weil der liebe Gott schlichte Kleider trug und nicht aussah wie einer, der viel Geld in der Tasche hat, schüttelte er mit dem Kopf und sprach: »Ich kann Euch nicht aufnehmen, meine Kammern liegen voll Kräuter und Samen, und sollte ich einen jeden beherbergen, der an meine Türe klopft, so könnte ich selber den Bettelstab in die Hand nehmen. Sucht Euch anderswo ein Auskommen.« Schlug damit sein Fenster zu und ließ den lieben Gott stehen. Also kehrte ihm der liebe Gott den Rücken und ging hinüber zu dem kleinen Haus. Kaum hatte er angeklopft, so klinkte der Arme schon sein Türchen auf und bat den Wandersmann einzutreten. »Bleibt die Nacht über bei mir«, sagte er, »es ist schon finster, und heute könnt Ihr doch nicht weiterkommen.« Das gefiel dem lieben Gott, und er trat zu ihm ein. Die Frau des Armen reichte ihm die Hand, hieß ihn willkommen und sagte, er möchte sich's bequem machen und vorliebnehmen, sie hätten nicht viel, aber was es wäre, gäben sie von Herzen gerne. Dann setzte sie Kartoffeln ans Feuer, und derweil sie kochten, melkte sie ihre Ziege, damit sie ein wenig Milch dazu hätten. Und als der Tisch gedeckt war, setzte sich der liebe Gott nieder und aß mit ihnen, und schmeckte ihm die schlechte Kost gut, denn es waren vergnügte Gesichter dabei. Nachdem sie gegessen hatten und Schlafenszeit war, rief die Frau heimlich ihren Mann und sprach: »Hör, lieber Mann, wir wollen uns heute nacht eine Streu machen, damit der arme Wanderer sich in unser Bett legen und ausruhen kann: er ist den ganzen Tag über gegangen, da wird einer müde.« – »Von Herzen gern«, antwortete er, »ich will's ihm anbieten«, ging zu dem lieben Gott und bat ihn, wenn's ihm recht wäre, möcht er sich in ihr Bett legen und seine Glieder ordentlich ausruhen. Der liebe Gott wollte den beiden Alten ihr Lager nicht nehmen, aber sie ließen nicht ab, bis er es endlich tat und sich in ihr Bett legte; sich selbst aber machten sie eine Streu auf die Erde. Am andern Morgen standen sie vor Tag schon auf und kochten dem Gast ein Frühstück, so gut sie es hatten. Als nun die Sonne durchs Fensterlein schien und der liebe Gott aufgestanden war, aß er wieder mit ihnen und wollte dann seines Weges ziehen. Als er in der Türe stand, kehrte er sich um und sprach: »Weil ihr so mitleidig und fromm seid, so wünscht euch dreierlei, das will ich euch erfüllen.« Da sagte der Arme: »Was soll ich mir sonst wünschen als die ewige Seligkeit, und daß wir zwei, solang wir leben, gesund dabei bleiben und unser notdürftiges tägliches Brot haben; fürs dritte weiß ich mir nichts zu wünschen.« Der liebe Gott sprach: »Willst du dir nicht ein neues Haus für das alte wünschen?« – »O ja«, sagte der Mann, »wenn ich das auch noch erhalten kann, so wär mir's wohl lieb.« Da erfüllte der Herr ihre Wünsche, verwandelte ihr altes Haus in ein neues, gab ihnen nochmals seinen Segen und zog weiter.

Es war schon voller Tag, als der Reiche aufstand. Er legte sich ins Fenster und sah gegenüber ein neues, reinliches Haus mit roten Ziegeln, wo sonst eine alte Hütte gestanden hatte. Da machte er große Augen, rief seine Frau herbei und sprach: »Sag mir, was ist geschehen? Gestern abend stand noch die alte, elende Hütte, und heute steht da ein schönes neues Haus. Lauf hinüber und höre, wie das gekommen ist.« Die Frau ging und fragte den Armen aus; er erzählte ihr: »Gestern abend kam ein Wanderer, der suchte Nachtherberge, und heute morgen beim Abschied hat er uns drei Wünsche gewährt, die ewige Seligkeit, Gesundheit in diesem Leben und das notdürftige tägliche Brot dazu und zuletzt noch statt unserer alten Hütte ein schönes neues Haus.« Die Frau des Reichen lief eilig zurück und erzählte ihrem Manne, wie alles gekommen war. Der Mann sprach: »Ich möchte mich zerreißen und zerschlagen: hätt ich das nur gewußt! Der Fremde ist zuvor hier gewesen und hat bei uns übernachten wollen, ich habe ihn aber abgewiesen.« – »Eil dich«, sprach die Frau, »und setze dich auf dein Pferd, so kannst du den Mann noch einholen, und dann mußt du dir auch drei Wünsche gewähren lassen.«

Der Reiche befolgte den guten Rat, jagte mit seinem Pferd davon und holte den lieben Gott noch ein. Er redete fein und lieblich und bat, er möcht's nicht übelnehmen, daß er nicht gleich wäre eingelassen worden, er hätte den Schlüssel zur Haustüre gesucht, derweil wäre er weggegangen; wenn er des Weges zurückkäme, müßte er bei ihm einkehren. »Ja«, sprach der liebe Gott, »wenn ich einmal zurückkomme, will ich es tun.« Da fragte der Reiche, ob er nicht auch drei Wünsche tun dürfte wie sein Nachbar. Ja, sagte der liebe Gott, das dürfte er wohl, es wäre aber nicht gut für ihn, und er sollte sich lieber nichts wünschen. Der Reiche meinte, er wollte sich schon etwas aussuchen, das zu seinem Glück gereiche, wenn er nur wüßte, daß es erfüllt würde. Sprach der liebe Gott: »Reit heim, und drei Wünsche, die du tust, die sollen in Erfüllung gehen.«

Nun hatte der Reiche, was er verlangte, ritt heimwärts und fing an nachzusinnen, was er sich wünschen sollte. Wie er sich so bedachte und die Zügel fallen ließ, fing das Pferd an zu springen, so daß er immerfort in seinen Gedanken gestört wurde und sie gar nicht zusammenbringen konnte. Er klopfte ihm an den Hals und sagte: »Sei ruhig, Liese«, aber das Pferd machte aufs neue Männerchen. Da ward er zuletzt ärgerlich und rief ganz ungeduldig: »So wollt ich, daß du den Hals zerbrächst!« Wie er das Wort ausgesprochen hatte, plump, fiel er auf die Erde und lag das Pferd tot und regte sich nicht mehr; damit war der erste Wunsch erfüllt. Weil er aber von Natur geizig war, wollte er das Sattelzeug nicht im Stich lassen, schnitt's ab, hing's auf seinen Rücken und mußte nun zu Fuß gehen. »Du hast noch zwei Wünsche übrig«, dachte er und tröstete sich damit. Wie er nun langsam durch den Sand dahinging und zu Mittag die Sonne heiß brannte, ward's ihm so warm und verdrießlich zumut: der Sattel drückte ihn auf den Rücken, auch war ihm noch immer nicht eingefallen, was er sich wünschen sollte. »Wenn ich mir auch alle Reiche und Schätze der Welt wünsche«, sprach er zu sich selbst, »so fällt mir hernach noch allerlei ein, dieses und jenes, das weiß ich im voraus: ich will's aber so einrichten, daß mir gar nichts mehr übrig zu wünschen bleibt.« Dann seufzte er und sprach: »Ja, wenn ich der bayrische Bauer wäre, der auch drei Wünsche frei hatte, der wußte sich zu helfen, der wünschte sich zuerst recht viel Bier und zweitens so viel Bier, als er trinken könnte, und drittens noch ein Faß Bier dazu.« Manchmal meinte er, jetzt hätte er es gefunden, aber hernach schien's ihm doch zu wenig. Da kam ihm so in die Gedanken, was es seine Frau jetzt gut hätte, die säße daheim in einer kühlen Stube und ließe sich's wohl schmecken. Das ärgerte ihn ordentlich, und ohne daß er's wußte, sprach er so hin: »Ich wollte, die säße daheim auf dem Sattel und könnte nicht herunter, statt daß ich ihn da auf meinem Rücken schleppe.« Und wie das letzte Wort aus seinem Munde kam, so war der Sattel von seinem

Rücken verschwunden, und er merkte, daß sein zweiter Wunsch auch in Erfüllung gegangen war. Da ward ihm erst recht heiß, er fing an zu laufen und wollte sich daheim ganz einsam in seine Kammer hinsetzen und auf etwas Großes für den letzten Wunsch sinnen. Wie er aber ankommt und die Stubentür aufmacht, sitzt da seine Frau mittendrin auf dem Sattel und kann nicht herunter, jammert und schreit. Da sprach er: »Gib dich zufrieden, ich will dir alle Reichtümer der Welt herbeiwünschen, nur bleib da sitzen.« Sie schalt ihn aber einen Schafskopf und sprach: »Was helfen mir alle Reichtümer der Welt, wenn ich auf dem Sattel sitze; du hast mich daraufgewünscht, du mußt mir auch wieder herunterhelfen.« Er mochte wollen oder nicht, er mußte den dritten Wunsch tun, daß sie vom Sattel ledig wäre und heruntersteigen könnte; und der Wunsch ward alsbald erfüllt. Also hatte er nichts davon als Ärger, Mühe, Scheltworte und ein verlorenes Pferd; die Armen aber lebten vergnügt, still und fromm bis an ihr seliges Ende.

88.

Das singende springende Löweneckerchen

Es war einmal ein Mann, der hatte eine große Reise vor, und beim Abschied fragte er seine drei Töchter, was er ihnen mitbringen sollte. Da wollte die älteste Perlen, die zweite wollte Diamanten, die dritte aber sprach: »Lieber Vater, ich wünsche mir ein singendes springendes Löweneckerchen (Lerche).« Der Vater sagte: »Ja, wenn ich es kriegen kann, sollst du es haben«, küßte alle drei und zog fort. Als nun die Zeit kam, daß er wieder auf dem Heimweg war, so hatte er Perlen und Diamanten für die zwei ältesten gekauft, aber das singende springende Löweneckerchen für die jüngste hatte er umsonst allerorten gesucht, und das tat ihm leid, denn sie war sein liebstes Kind. Da führte ihn der Weg durch einen Wald, und mitten darin war ein prächtiges Schloß, und nah am Schloß stand ein Baum, ganz oben auf der Spitze des Baums aber sah er ein Löweneckerchen singen und springen. »Ei, du kommst mir gerade recht«, sagte er ganz vergnügt und rief seinem Diener, er sollte hinaufsteigen und das Tierchen fangen. Wie er aber zu dem Baum trat, sprang ein Löwe darunter auf, schüttelte sich und brüllte, daß das Laub an den Bäumen zitterte. »Wer mir mein singendes springendes Löweneckerchen stehlen will«, rief er, »den fresse ich auf.« Da sagte der Mann: »Ich habe nicht gewußt, daß der Vogel dir gehört; ich will mein Unrecht wiedergutmachen und mich mit schwerem Golde loskaufen, laß mir nur das Leben.« Der Löwe sprach: »Dich kann nichts retten, als wenn du mir zu eigen versprichst, was dir daheim zuerst begegnet; willst du das aber tun, so schenke ich dir das Leben und den Vogel für deine Tochter obendrein.« Der Mann aber weigerte sich und sprach: »Das könnte meine jüngste Tochter sein, die hat mich am liebsten und läuft mir immer entgegen, wenn ich nach Haus komme.« Dem Diener aber war angst, und er sagte: »Muß Euch denn gerade Eure Tochter begegnen, es könnte ja auch eine Katze oder ein Hund sein.« Da ließ sich der Mann überreden, nahm das singende springende Löweneckerchen und versprach dem Löwen zu eigen, was ihm daheim zuerst begegnen würde.

Wie er daheim anlangte und in sein Haus eintrat, war das erste, was ihm begegnete, niemand anders als seine jüngste, liebste Tochter: die kam gelaufen, küßte und herzte ihn, und als sie sah, daß er ein singendes springendes Löweneckerchen mitgebracht hatte, war sie außer sich vor Freude. Der Vater aber konnte sich nicht freuen, sondern fing an zu weinen und sagte: »Mein liebstes Kind, den kleinen Vogel habe ich teuer gekauft, ich habe dich dafür einem wilden Löwen versprechen müssen, und wenn er dich hat, wird er dich zerreißen und fressen«, und erzählte ihr da alles, wie es zugegangen war, und bat sie, nicht hinzugehen, es möchte auch kommen, was da wollte. Sie tröstete ihn aber und sprach: »Liebster Vater, was Ihr versprochen habt, muß auch gehalten werden: ich will hingehen und will den Löwen schon besänftigen, daß ich wieder gesund zu Euch komme.« Am andern Morgen ließ sie sich den Weg zeigen, nahm Abschied und ging getrost in den Wald hinein. Der Löwe aber war ein verzauberter Königssohn und war bei Tag ein Löwe, und mit ihm wurden alle seine Leute Löwen, in der Nacht aber hatten sie ihre natürliche, menschliche Gestalt. Bei ihrer Ankunft ward sie freundlich empfangen und in das Schloß geführt. Als die Nacht kam, war er ein schöner Mann, und die Hochzeit ward mit Pracht gefeiert. Sie lebten vergnügt miteinander, wachten in der Nacht und schliefen am Tag. Zu einer Zeit kam er und sagte:

»Morgen ist ein Fest in deines Vaters Haus, weil deine älteste Schwester sich verheiratet, und wenn du Lust hast hinzugehen, so sollen dich meine Löwen hinführen.« Da sagte sie, ja, sie möchte gern ihren Vater wiedersehen, fuhr hin und ward von den Löwen begleitet. Da war große Freude, als sie ankam, denn sie hatten alle geglaubt, sie wäre von dem Löwen zerrissen worden und schon lange nicht mehr am Leben. Sie erzählte aber, was sie für einen schönen Mann hätte und wie gut es ihr ginge, und blieb bei ihnen, solang die Hochzeit dauerte, dann fuhr sie wieder zurück in den Wald. Wie die zweite Tochter heiratete und sie wieder zur Hochzeit eingeladen war, sprach sie zum Löwen: »Diesmal will ich nicht allein sein, du mußt mitgehen.« Der Löwe aber sagte, das wäre zu gefährlich für ihn, denn wenn dort der Strahl eines brennenden Lichts ihn berührte, so würde er in eine Taube verwandelt und müßte sieben Jahre lang mit den Tauben fliegen. »Ach«, sagte sie, »geh nur mit mir: ich will dich schon hüten und vor allem Licht bewahren.« Also zogen sie zusammen und nahmen auch ihr kleines Kind mit. Sie ließ dort einen Saal mauern, so stark und dick, daß kein Strahl durchdringen konnte, darin sollt er sitzen, wann die Hochzeitslichter angesteckt würden. Die Tür aber war von frischem Holz gemacht, das sprang und bekam einen kleinen Ritz, den kein Mensch bemerkte. Nun ward die Hochzeit mit Pracht gefeiert, wie aber der Zug aus der Kirche zurückkam mit den vielen Fackeln und Lichtern an dem Saal vorbei, da fiel ein haarbreiter Strahl auf den Königssohn, und wie dieser Strahl ihn berührt hatte, in dem Augenblick war er auch verwandelt, und als sie hineinkam und ihn suchte, sah sie ihn nicht, aber es saß da eine weiße Taube. Die Taube sprach zu ihr: »Sieben Jahr muß ich in die Welt fortfliegen; alle sieben Schritte aber will ich einen roten Blutstropfen und eine weiße Feder fallen lassen, die sollen dir den Weg zeigen, und wenn du der Spur folgst, kannst du mich erlösen.«

Da flog die Taube zur Tür hinaus, und sie folgte ihr nach, und alle sieben Schritte fiel ein rotes Blutströpfchen und ein weißes Federchen herab und zeigte ihr den Weg. So ging sie immerzu in die weite Welt hinein und schaute nicht um sich und ruhte sich nicht, und waren fast die sieben Jahre herum; da freute sie sich und meinte, sie wären bald erlöst, und war noch so weit davon. Einmal, als sie so fortging, fiel kein Federchen mehr und auch kein rotes Blutströpfchen, und als sie die Augen aufschlug, so war die Taube verschwunden. Und weil sie dachte: »Menschen können dir da nicht helfen«, so stieg sie zur Sonne hinauf und sagte zu ihr: »Du scheinst in alle Ritzen und über alle Spitzen, hast du keine weiße Taube fliegen sehen?« – »Nein«, sagte die Sonne, »ich habe keine gesehen, aber da schenk ich dir ein Kästchen, das mach auf, wenn du in großer Not bist.« Da dankte sie der Sonne und ging weiter, bis es Abend war und der Mond schien, da fragte sie ihn: »Du scheinst ja die ganze Nacht und durch alle Felder und Wälder, hast du keine weiße Taube fliegen sehen?« – »Nein«, sagte der Mond, »ich habe keine gesehen, aber da schenk ich dir ein Ei, das zerbrich, wenn du in großer Not bist.« Da dankte sie dem Mond und ging weiter, bis der Nachtwind herankam und sie anblies; da sprach sie zu ihm: »Du wehst ja über alle Bäume und unter allen Blättern weg, hast du keine weiße Taube fliegen sehen?« – »Nein«, sagte der Nachtwind, »ich habe keine gesehen, aber ich will die drei andern Winde fragen, die haben sie vielleicht gesehen.« Der Ostwind und der Westwind kamen und hatten nichts gesehen, der Südwind aber sprach: »Die weiße Taube habe ich gesehen, sie ist zum Roten Meer geflogen, da ist sie wieder ein Löwe geworden, denn die sieben Jahre sind herum, und der Löwe steht dort im Kampf mit einem Lindwurm, der Lindwurm ist aber eine verzauberte Königstochter.« Da sagte der Nachtwind zu ihr: »Ich will dir Rat geben, geh zum Roten Meer, am rechten Ufer, da stehen große Ruten, die zähle, und die eilfte schneid dir ab und schlag den Lindwurm damit, dann kann ihn der Löwe bezwingen, und beide bekommen auch ihren menschlichen Leib wieder. Hernach schau dich um, und du wirst den Vogel Greif sehen, der am Roten Meer sitzt, schwing dich mit deinem Liebsten auf seinen Rücken: der Vogel wird euch übers Meer nach Haus tragen. Da hast du auch eine Nuß, wenn du mitten über dem Meer bist, laß sie herabfallen, alsbald wird sie aufgehen, und ein großer Nußbaum wird aus dem Wasser hervorwachsen, auf dem sich der Greif ausruht; und könnte er nicht ruhen, so wäre er nicht stark genug, euch hinüberzutragen; und wenn du vergißt, die Nuß herabzuwerfen, so läßt er euch ins Meer fallen.«

Da ging sie hin und fand alles, wie der Nachtwind gesagt hatte. Sie zählte die Ruten am Meer und schnitt die eilfte ab, damit schlug sie den Lindwurm, und der Löwe bezwang ihn; alsbald hatten beide ihren menschlichen Leib wieder. Aber wie die Königstochter, die vorher ein Lindwurm gewesen war, vom Zauber frei war, nahm sie den Jüngling in den Arm, setzte sich auf den Vogel Greif und führte ihn mit sich fort. Da stand die arme Weitgewanderte und war wieder verlassen und setzte sich nieder und weinte. Endlich aber ermutigte sie sich und sprach: »Ich will noch so weit gehen, als der Wind weht, und so lange, als der Hahn kräht, bis ich ihn finde.« Und ging fort, lange, lange Wege, bis sie endlich zu dem Schloß kam, wo beide zusammenlebten; da hörte sie, daß bald ein Fest wäre, wo sie Hochzeit miteinander machen wollten. Sie sprach aber: »Gott hilft mir noch«, und öffnete das Kästchen, das ihr die Sonne gegeben hatte, da lag ein Kleid darin, so glänzend wie die Sonne selber. Da nahm sie es heraus und zog es an und ging hinauf in das Schloß, und alle Leute und die Braut selber sahen sie mit Verwunderung an; und das Kleid gefiel der Braut so gut, daß sie dachte, es könnte ihr Hochzeitskleid geben, und fragte, ob es nicht feil wäre. »Nicht für Geld und Gut«, antwortete sie, »aber für Fleisch und Blut.« Die Braut fragte, was sie damit meinte. Da sagte sie: »Laßt mich eine Nacht in der Kammer schlafen, wo der Bräutigam schläft.« Die Braut wollte nicht, und wollte doch gerne das Kleid haben, endlich willigte sie ein, aber der Kammerdiener mußte dem Königssohn einen Schlaftrunk geben. Als es nun Nacht war und der Jüngling schon schlief, ward sie in die Kammer geführt. Da setzte sie sich ans Bett und sagte: »Ich bin dir nachgefolgt sieben Jahre, bin bei Sonne und Mond und bei den vier Winden gewesen und habe nach dir gefragt, und habe dir geholfen gegen den Lindwurm, willst du mich denn ganz vergessen?« Der Königssohn aber schlief so hart, daß es ihm nur vorkam, als rauschte der Wind draußen in den Tannenbäumen. Wie nun der Morgen anbrach, da ward sie wieder hinausgeführt und mußte das goldene Kleid hingeben. Und als auch das nichts geholfen hatte, ward sie traurig, ging hinaus auf eine Wiese, setzte sich da hin und weinte. Und wie sie so saß, da fiel ihr das Ei noch ein, das ihr der Mond gegeben hatte; sie schlug es auf, da kam eine Glucke heraus mit zwölf Küchlein ganz von Gold, die liefen herum und piepten und krochen der Alten wieder unter die Flügel, so daß nichts Schöneres auf der Welt zu sehen war. Da stand sie auf, trieb sie auf der Wiese vor sich her, so lange, bis die Braut aus dem Fenster sah, und da gefielen ihr die kleinen Küchlein so gut, daß sie gleich herabkam und fragte, ob sie nicht feil wären. »Nicht für Geld und Gut, aber für Fleisch und Blut; laßt mich noch eine Nacht in der Kammer schlafen, wo der Bräutigam schläft.« Die Braut sagte ja und wollte sie betrügen wie am vorigen Abend. Als aber der Königssohn zu Bett ging, fragte er seinen Kammerdiener, was das Murmeln und Rauschen in der Nacht gewesen sei. Da erzählte der Kammerdiener alles, daß er ihm einen Schlaftrunk hätte geben müssen, weil ein armes Mädchen heimlich in der Kammer geschlafen hätte, und heute nacht sollte er ihm wieder einen geben. Sagte der Königssohn: »Gieß den Trank neben das Bett aus.« Zur Nacht wurde sie wieder hereingeführt, und als sie anfing zu erzählen, wie es ihr traurig ergangen wäre, da erkannte er gleich an der Stimme seine liebe Gemahlin, sprang auf und rief: »Jetzt bin ich erst recht erlöst, mir ist gewesen wie in einem Traum, denn die fremde Königstochter hatte mich bezaubert, daß ich dich vergessen mußte, aber Gott hat noch zu rechter Stunde die Betörung von mir genommen.« Da gingen sie beide in der Nacht heimlich aus dem Schloß, denn sie fürchteten sich vor dem Vater der Königstochter, der ein Zauberer war, und setzten sich auf den Vogel Greif, der trug sie über das Rote Meer, und als sie in der Mitte waren, ließ sie die Nuß fallen. Alsbald wuchs ein großer Nußbaum, darauf ruhte sich der Vogel, und dann führte er sie nach Haus, wo sie ihr Kind fanden, das war groß und schön geworden, und sie lebten von nun an vergnügt bis an ihr Ende.

89.

Die Gänsemagd

Es lebte einmal eine alte Königin, der war ihr Gemahl schon lange Jahre gestorben, und sie hatte eine schöne Tochter. Wie die erwuchs, wurde sie weit über Feld an einen Königssohn versprochen. Als nun die Zeit kam, wo sie vermählt werden sollten und das Kind in das fremde Reich abreisen mußte, packte ihr die Alte gar viel köstliches Gerät und Geschmeide ein, Gold und Silber, Becher und Kleinode, kurz, alles, was nur zu einem königlichen Brautschatz gehörte, denn sie hatte ihr Kind von Herzen lieb. Auch gab sie ihr eine Kammerjungfer bei, welche mitreiten und die Braut in die Hände des Bräutigams überliefern sollte, und jede bekam ein Pferd zur Reise, aber das

G Cruikshank fect

Pferd der Königstochter hieß *Falada* und konnte sprechen. Wie nun die Abschiedsstunde da war, begab sich die alte Mutter in ihre Schlafkammer, nahm ein Messerlein und schnitt damit in ihre Finger, daß sie bluteten; darauf hielt sie ein weißes Läppchen unter und ließ drei Tropfen Blut hineinfallen, gab sie der Tochter und sprach: »Liebes Kind, verwahre sie wohl, sie werden dir unterweges not tun.«

Also nahmen beide voneinander betrübten Abschied; das Läppchen steckte die Königstochter in ihren Busen vor sich, setzte sich aufs Pferd und zog nun fort zu ihrem Bräutigam. Da sie eine Stunde geritten waren, empfand sie heißen Durst und sprach zu ihrer Kammerjungfer: »Steig ab und schöpfe mir mit meinem Becher, den du für mich mitgenommen hast, Wasser aus dem Bache, ich möchte gern einmal trinken.« – »Wenn Ihr Durst habt«, sprach die Kammerjungfer, »so steigt selber ab, legt Euch ans Wasser und trinkt, ich mag Eure Magd nicht sein.« Da stieg die Königstochter vor großem Durst herunter, neigte sich über das Wasser im Bach und trank und durfte nicht aus dem goldnen Becher trinken. Da sprach sie: »Ach Gott!« Da antworteten die drei Blutstropfen: »Wenn das deine Mutter wüßte, das Herz im Leibe tät ihr zerspringen.« Aber die Königsbraut war demütig, sagte nichts und stieg wieder zu Pferde. So ritten sie etliche Meilen weiter fort, aber der Tag war warm, die Sonne stach, und sie durstete bald von neuem. Da sie nun an einen Wasserfluß kamen, rief sie noch einmal ihrer Kammerjungfer: »Steig ab und gib mir aus meinem Goldbecher zu trinken«, denn sie hatte aller bösen Worte längst vergessen. Die Kammerjungfer sprach aber noch hochmütiger: »Wollt Ihr trinken, so trinkt allein, ich mag nicht Eure Magd sein.« Da stieg die Königstochter hernieder vor großem Durst, legte sich über das fließende Wasser, weinte und sprach: »Ach Gott!« Und die Blutstropfen antworteten wiederum: »Wenn das deine Mutter wüßte, das Herz im Leibe tät ihr zerspringen.« Und wie sie so trank und sich recht überlehnte, fiel ihr das Läppchen, worin die drei Tropfen waren, aus dem Busen und floß mit dem Wasser fort, ohne daß sie es in ihrer großen Angst merkte. Die Kammerjungfer hatte aber zugesehen und freute sich, daß sie Gewalt über die Braut bekäme: denn damit, daß diese die Blutstropfen verloren hatte, war sie schwach und machtlos geworden. Als sie nun wieder auf ihr Pferd steigen wollte, das da hieß Falada, sagte die Kammerfrau: »Auf Falada gehör ich, und auf meinen Gaul gehörst du«; und das mußte sie sich gefallen lassen. Dann befahl ihr die Kammerfrau mit harten Worten, die königlichen Kleider auszuziehen und ihre schlechten anzulegen, und endlich mußte sie sich unter freiem Himmel verschwören, daß sie am königlichen Hof keinem Menschen etwas davon sprechen wollte; und wenn sie diesen Eid nicht abgelegt hätte, wäre sie auf der Stelle umgebracht worden. Aber Falada sah das alles an und nahm's wohl in acht.

Die Kammerfrau stieg nun auf Falada und die wahre Braut auf das schlechte Roß, und so zogen sie weiter, bis sie endlich in dem königlichen Schloß eintrafen. Da war große Freude über ihre Ankunft, und der Königssohn sprang ihnen entgegen, hob die Kammerfrau vom Pferde und meinte, sie wäre seine Gemahlin; sie ward die Treppe hinaufgeführt, die wahre Königstochter aber mußte unten stehenbleiben. Da schaute der alte König am Fenster und sah sie im Hof halten und sah, wie sie fein war, zart und gar schön; ging alsbald hin ins königliche Gemach und fragte die Braut nach der, die sie bei sich hätte und da unten im Hofe stände und wer sie wäre. »Die hab ich mir unterwegs mitgenommen zur Gesellschaft; gebt der Magd was zu arbeiten, daß sie nicht müßig steht.« Aber der alte König hatte keine Arbeit für sie und wußte nichts, als daß er sagte: »Da hab ich so einen kleinen Jungen, der hütet die Gänse, dem mag sie helfen.« Der Junge hieß *Kürdchen* (Konrädchen), dem mußte die wahre Braut helfen Gänse hüten.

Bald aber sprach die falsche Braut zu dem jungen König: »Liebster Gemahl, ich bitte Euch, tut mir einen Gefallen.« Er antwortete: »Das will ich gerne tun.« – »Nun, so laßt den Schinder rufen und da dem Pferde, worauf ich hergeritten bin, den Hals abhauen, weil es mich unterweges geärgert hat.« Eigentlich aber fürchtete sie, daß das Pferd sprechen möchte, wie sie mit der Königstochter umgegangen war. Nun war das so weit geraten, daß es geschehen und der treue Falada sterben sollte, da kam es auch der rechten Königstochter zu Ohr, und sie versprach dem Schinder heimlich ein Stück Geld, das sie ihm bezahlen wollte, wenn er ihr einen kleinen Dienst erwiese. In der Stadt war ein großes finsteres Tor, wo sie abends und morgens mit den Gänsen durch mußte, unter das finstere Tor möchte er dem Falada seinen Kopf hinnageln, daß sie ihn doch noch mehr als einmal sehen könnte. Also versprach das der Schindersknecht zu tun, hieb den Kopf ab und nagelte ihn unter das finstere Tor fest.

Des Morgens früh, da sie und Kürdchen unterm Tor hinaustrieben, sprach sie im Vorbeigehen:

»O du Falada, da du hangest.«

Da antwortete der Kopf:

»O du Jungfer Königin, da du gangest,
wenn das deine Mutter wüßte,
ihr Herz tät ihr zerspringen.«

Da zog sie still weiter zur Stadt hinaus, und sie trieben die Gänse aufs Feld. Und wenn sie auf der Wiese angekommen war, saß sie nieder und machte ihre Haare auf, die waren eitel Gold, und Kürdchen sah sie und freute sich, wie sie glänzten, und wollte ihr ein paar ausraufen. Da sprach sie:

»Weh, weh, Windchen,
nimm Kürdchen sein Hütchen,
und laß 'n sich mit jagen,
bis ich mich geflochten und geschnatzt
und wieder aufgesatzt.«

Und da kam ein so starker Wind, daß er dem Kürdchen sein Hütchen wegwehte über alle Land, und es mußte ihm nachlaufen. Bis es wieder kam, war sie mit dem Kämmen und Aufsetzen fertig, und er konnte keine Haare kriegen. Da war Kürdchen bös und sprach nicht mit ihr; und so hüteten sie die Gänse, bis daß es Abend ward, dann gingen sie nach Haus.

Den andern Morgen, wie sie unter dem finstern Tor hinaustrieben, sprach die Jungfrau:

»O du Falada, da du hangest.«

Falada antwortete:

»O du Jungfer Königin, da du gangest,
wenn das deine Mutter wüßte,
das Herz tät ihr zerspringen.«

Und in dem Feld setzte sie sich wieder auf die Wiese und fing an, ihr Haar auszukämmen, und Kürdchen lief und wollte danach greifen, da sprach sie schnell:

»Weh, weh, Windchen,
nimm Kürdchen sein Hütchen,
und laß 'n sich mit jagen,
bis ich mich geflochten und geschnatzt
und wieder aufgesatzt.«

Da wehte der Wind und wehte ihm das Hütchen vom Kopf weit

weg, daß Kürdchen nachlaufen mußte; und als es wiederkam, hatte sie längst ihr Haar zurecht, und es konnte keins davon erwischen; und so hüteten sie die Gänse, bis es Abend ward.

Abends aber, nachdem sie heimgekommen waren, ging Kürdchen vor den alten König und sagte: »Mit dem Mädchen will ich nicht länger Gänse hüten.« – »Warum denn?« fragte der alte König. »Ei, das ärgert mich den ganzen Tag.« Da befahl ihm der alte König zu erzählen, wie's ihm denn mit ihr ginge. Da sagte Kürdchen: »Morgens, wenn wir unter dem finstern Tor mit der Herde durchkommen, so ist da ein Gaulskopf an der Wand, zu dem redet sie:

»Falada, da du hangest.«

Da antwortet der Kopf:

»O du Königsjungfer, da du gangest,
wenn das deine Mutter wüßte,
das Herz tät ihr zerspringen.«

Und so erzählte Kürdchen weiter, was auf der Gänsewiese geschähe und wie es da dem Hut im Winde nachlaufen müßte.

Der alte König befahl ihm, den nächsten Tag wieder hinauszutreiben, und er selbst, wie es Morgen war, setzte sich hinter das finstere Tor und hörte da, wie sie mit dem Haupt des Falada sprach; und dann ging er ihr auch nach in das Feld und barg sich in einem Busch auf der Wiese. Da sah er nun bald mit seinen eigenen Augen, wie die Gänsemagd und der Gänsejunge die Herde getrieben brachte und wie nach einer Weile sie sich setzte und ihre Haare losflocht, die strahlten von Glanz. Gleich sprach sie wieder:

»Weh, weh, Windchen,
faß Kürdchen sein Hütchen,
und laß 'n sich mit jagen,
bis daß ich mich geflochten und geschnatzt
und wieder aufgesatzt.«

Da kam ein Windstoß und fuhr mit Kürdchens Hut weg, daß es weit zu laufen hatte, und die Magd kämmte und flocht ihre Locken still fort, welches der alte König alles beobachtete. Darauf ging er unbemerkt zurück, und als abends die Gänsemagd heimkam, rief er sie beiseite und fragte, warum sie dem allem so täte. »Das darf ich Euch nicht sagen, und darf auch keinem Menschen mein Leid klagen, denn so hab ich mich unter freiem Himmel verschworen, weil ich sonst um mein Leben gekommen wäre.« Er drang in sie und ließ ihr keinen Frieden, aber er konnte nichts aus ihr herausbringen. Da sprach er: »Wenn du mir nichts sagen willst, so klag dem Eisenofen da dein Leid«, und ging fort. Da kroch sie in den Eisenofen, fing an zu jammern und zu weinen, schüttete ihr Herz aus und sprach: »Da sitze ich nun, von aller Welt verlassen, und bin doch eine Königstochter, und eine falsche Kammerjungfer hat mich mit Gewalt dahin gebracht, daß ich meine königlichen Kleider habe ablegen müssen, und hat meinen Platz bei meinem Bräutigam eingenommen, und ich muß als Gänsemagd gemeine Dienste tun. Wenn das meine Mutter wüßte, das Herz im Leib tät ihr zerspringen.« Der alte König stand aber außen an der Ofenröhre, lauerte ihr zu und hörte, was sie sprach. Da kam er wieder herein und hieß sie aus dem Ofen gehen. Da wurden ihr königliche Kleider angetan, und es schien ein Wunder, wie sie so schön war. Der alte König rief seinen Sohn und offenbarte ihm, daß er die falsche Braut hätte: die wäre bloß ein Kammermädchen, die wahre aber stände hier, als die gewesene Gänsemagd. Der junge König war herzensfroh, als er ihre Schönheit und Tugend erblickte, und ein großes Mahl wurde angestellt, zu dem alle Leute und guten Freunde gebeten wurden. Obenan saß der Bräutigam, die Königstochter zur einen Seite und die Kammerjungfer zur andern, aber die Kammerjungfer war verblendet und erkannte jene nicht mehr in dem glänzenden Schmuck. Als sie nun gegessen und getrunken hatten und gutes Muts waren, gab der alte König der Kammerfrau ein Rätsel auf, was eine solche wert wäre, die den Herrn so und so betrogen hätte, erzählte damit den ganzen Verlauf und fragte: »Welches Urteils ist diese würdig?« Da sprach die falsche Braut: »Die ist nichts Besseres wert, als daß sie splitternackt ausgezogen und in ein Faß gesteckt wird, das inwendig mit spitzen Nägeln beschlagen ist; und zwei weiße Pferde müssen vorgespannt werden, die sie Gasse auf Gasse ab zu Tode schleifen.« – »Das bist du«, sprach der alte König, »und hast dein eigen Urteil gefunden, und danach soll dir widerfahren.« Und als das Urteil vollzogen war, vermählte sich der junge König mit seiner rechten Gemahlin, und beide beherrschten ihr Reich in Frieden und Seligkeit.

Inhalt

dtv Klassik

Klassiker der englischen und amerikanischen Literatur

Edgar Allan Poe:
Detektivgeschichten
Übersetzt von
Hans Wollschläger
Nachwort und
Anmerkungen von
U. Broich
dtv 2059

Faszination des Grauens
11 Meistererzählungen
Übersetzt von
A. Schmidt und
H. Wollschläger
Nachwort und
Anmerkungen von
U. Broich
dtv 2095

Der Teufel im Glockenturm und andere groteske Erzählungen
Übersetzt von
A. Schmidt,
H. Wollschläger und
K. Schuhmann
Nachwort und
Anmerkungen von
U. Broich
dtv 2111

Umständlicher Bericht des Arthur Gordon Pym von Nantucket
Übersetzt von
A. Schmidt
Mit Anmerkungen und einer Zeittafel
dtv 2123

Die Maske des Roten Todes
Sämtliche Arabesken
Übersetzt von
A. Schmidt und
H. Wollschläger
Nachwort und
Anmerkungen von
B. Lenz
dtv 2127

Charles Dickens:
Die Pickwickier*
Mit 42 Illustrationen von Seymour und Phiz
Nachwort v. S. Schmitz
dtv 2022

Weihnachtserzählungen*
Mit 49 Illustrationen
Nachwort v. S. Schmitz
dtv 2028

Große Erwartungen*
Mit 21 Illustrationen von F.W. Pailthorpe
Nachwort v. S. Schmitz
dtv 2036

Oliver Twist*
Mit 23 Illustrationen von G. Cruikshank
Nachwort v. S. Schmitz
dtv 2062

Nathaniel Hawthorne:
Der scharlachrote Buchstabe
Übersetzt von Franz Blei
Nachwort und
Anmerkungen von
H.-J. Lang
dtv 2064

Mark Twain:
Tom Sawyer und Huckleberry Finn*
Nachwort von T.S. Eliot
dtv 2015

Durch Dick und Dünn
Mit Anmerkungen von
K.-J. Popp
dtv 2102

Oskar Wilde:
Das Bildnis des Dorian Gray
Übersetzt und mit einem Nachwort sowie Anmerkungen versehen von S. Schmitz
dtv 2083

*) Dünndruck-Ausgaben

Klassische Dramen der deutschen Literatur im dtv

Joh. Wolfgang Goethe:
Frühe Dramen
Götz von Berlichingen
Clavigo
Hrsg. und kommentiert von W. Kayser (Hamburger Ausgabe)
dtv 6104

Die großen Weimarer Dramen
Egmont · Iphigenie auf Tauris · Torquato Tasso
Hrsg. von L. Blumenthal und W. Kayser, kommentiert von S. Atkins, W. Kayser und D. Lohmeier (Hamburger Ausgabe)
dtv 6100

Iphigenie auf Tauris
Hrsg. und kommentiert von L. Blumenthal und D. Lohmeier (Hamburger Ausgabe)
dtv 2124

Faust. Eine Tragödie
Erster und zweiter Teil
Nachwort und Anmerkungen von G. Fetzer
dtv 2074

Friedrich Schiller:
Die Dramen des Sturm und Drang
Die Räuber · Die Verschwörung des Fiesco zu Genua · Kabale und Liebe
Hrsg. und kommentiert von G. Fricke
dtv 6097

Don Carlos. Infant von Spanien
Ein dramatisches Gedicht
Hrsg. und kommentiert von G. Fricke
dtv 2125

Georg Büchner:
Werke und Briefe
Nach der hist.-krit. Ausgabe von W.R. Lehmann und mit Kommentar zu allen Werken und Briefen
dtv 2065

Klassische Autoren in dtv-Gesamtausgaben

Johann Wolfgang von Goethe:
Werke
Dünndruckausgabe
Hamburger Ausgabe
in 14 Bänden
Hrsg. von Erich Tunz
dtv 5986

Georg Büchner:
Sämtliche Werke und Briefe
Nach der historisch-kritischen Ausgabe von W. R. Lehmann
Hrsg. von K. Pörnbacher, G. Schaub, H.J. Simm und E. Ziegler
dtv 2065

Friedrich Nietzsche:
Sämtliche Werke
Kritische Studienausgabe in 15 Dünndruck-Bänden
Hrsg. von G. Colli und M. Montinari
Auf der Grundlage der »Kritischen Gesamtausgabe«
(Verlag W. de Gruyter)
dtv / de Gruyter 5977

Georg Trakl:
Das dichterische Werk
Auf Grund der historisch-kritischen Ausgabe
Hrsg. von W. Killy und H. Szklenar
dtv 6001

Stefan George:
Werke in vier Bänden
Mit einem Nachwort von Werner Vordtriede
Nachdruck der von Robert Boehringer herausgegebenen George-Ausgabe
Gesamtumfang: 1216 Seiten
dtv 5940

Antoine de Saint-Exupéry:
Gesammelte Schriften
Dünndruckausgabe
in drei Bänden
dtv 5959

dtv

Brüder Grimm
Kinder- und Hausmärchen
Band 2

Literatur · Philosophie · Wissenschaft

Brüder Grimm

Kinder- und Hausmärchen
Band 2

Mit Illustrationen von George Cruikshank

Deutscher Taschenbuch Verlag

Norma Liedtke 1984

Vollständige Ausgabe in zwei Bänden.
Der Text folgt der noch von den Brüdern Grimm herausgegebenen 7. Auflage von 1857 (Ausgabe letzter Hand) unter Hinzuziehung der von Herman Grimm korrigierten 8. Auflage der Märchen von 1864.

Originalausgabe
November 1984

Umschlaggestaltung: Celestino Piatti unter Verwendung einer Illustration von George Cruikshank
(Brüder Grimm-Museum, Kassel)
Gesamtherstellung: C. H. Beck'sche Buchdruckerei, Nördlingen
Printed in Germany · ISBN 3-423-05949-4

G. Cruikshank fec^t

90.

Der junge Riese

Ein Bauersmann hatte einen Sohn, der war so groß wie ein Daumen und ward gar nicht größer und wuchs in etlichen Jahren nicht ein Haarbreit. Einmal wollte der Bauer ins Feld gehen und pflügen, da sagte der Kleine: »Vater, ich will mit hinaus.« – »Du willst mit hinaus?« sprach der Vater. »Bleib du hier, dort bist du zu nichts nutz; du könntest mir auch verlorengehen.« Da fing der Däumling an zu weinen, und um Ruhe zu haben, steckte ihn der Vater in die Tasche und nahm ihn mit. Draußen auf dem Felde holte er ihn wieder heraus und setzte ihn in eine frische Furche. Wie er da so saß, kam über den Berg ein großer Riese daher. »Siehst du dort den großen Butzemann?« sagte der Vater, und wollte den Kleinen schrecken, damit er artig wäre. »Der kommt und holt dich.« Der Riese aber hatte mit seinen langen Beinen kaum ein paar Schritte getan, so war er bei der Furche. Er hob den kleinen Däumling mit zwei Fingern behutsam in die Höhe, betrachtete ihn und ging, ohne ein Wort zu sprechen, mit ihm fort. Der Vater stand dabei, konnte vor Schrecken keinen Laut hervorbringen und dachte nicht anders als sein Kind für verloren, also daß er's sein Lebtag nicht wieder mit Augen sehen würde.

Der Riese aber trug es heim und ließ es an seiner Brust saugen, und der Däumling wuchs und ward groß und stark nach Art der Riesen. Nach Verlauf von zwei Jahren ging der Alte mit ihm in den Wald, wollte ihn versuchen und sprach: »Zieh dir eine Gerte heraus.« Da war der Knabe schon so stark, daß er einen jungen Baum mit den Wurzeln aus der Erde riß. Der Riese aber meinte: »Das muß besser kommen«, nahm ihn wieder mit und säugte ihn noch zwei Jahre. Als er ihn versuchte, hatte seine Kraft schon so zugenommen, daß er einen alten Baum aus der Erde brechen konnte. Das war dem Riesen noch immer nicht genug, er säugte ihn abermals zwei Jahre, und als er dann mit ihm in den Wald ging und sprach: »Nun reiß einmal eine ordentliche Gerte aus«, so riß der Junge den dicksten Eichenbaum aus der Erde, daß er krachte, und war ihm nur ein Spaß. »Nun ist's genug«, sprach der Riese, »du hast ausgelernt«, und führte ihn zurück auf den Acker, wo er ihn geholt hatte. Sein

Vater stand da hinter dem Pflug, der junge Riese ging auf ihn zu und sprach: »Sieht Er wohl, Vater, was Sein Sohn für ein Mann geworden ist.« Der Bauer erschrak und sagte: »Nein, du bist mein Sohn nicht, ich will dich nicht, geh weg von mir.« – »Freilich bin ich Sein Sohn, laß Er mich an die Arbeit, ich kann pflügen so gut als Er und noch besser.« – »Nein, nein, du bist mein Sohn nicht, du kannst auch nicht pflügen, geh weg von mir.« Weil er sich aber vor dem großen Mann fürchtete, ließ er den Pflug los, trat zurück und setzte sich zur Seite ans Land. Da nahm der Junge das Geschirr und drückte bloß mit einer Hand darauf, aber der Druck war so gewaltig, daß der Pflug tief in die Erde ging. Der Bauer konnte das nicht mit ansehen und rief ihm zu: »Wenn du pflügen willst, mußt du nicht so gewaltig drücken, das gibt schlechte Arbeit.« Der Junge aber spannte die Pferde aus, zog selber den Pflug und sagte: »Geh Er nur nach Haus, Vater, und laß Er die Mutter eine große Schüssel voll Essen kochen; ich will derweil den Acker schon umreißen.« Da ging der Bauer heim und bestellte das Essen bei seiner Frau; der Junge aber pflügte das Feld, zwei Morgen groß, ganz allein, und dann spannte er sich auch selber vor die Egge und eggte alles mit zwei Eggen zugleich. Wie er fertig war, ging er in den Wald und riß zwei Eichenbäume aus, legte sie auf die Schultern, und hinten und vorn eine Egge darauf, und hinten und vorn auch ein Pferd, und trug das alles, als wär es ein Bund Stroh, nach seiner Eltern Haus. Wie er in den Hof kam, erkannte ihn seine Mutter nicht und fragte: »Wer ist der entsetzliche, große Mann?« Der Bauer sagte: »Das ist unser Sohn.« Sie sprach: »Nein, unser Sohn ist das nimmermehr, so groß haben wir keinen gehabt, unser war ein kleines Ding.« Sie rief ihm zu: »Geh fort, wir wollen dich nicht.« Der Junge schwieg still, zog seine Pferde in den Stall, gab ihnen Hafer und Heu, alles, wie sich's gehörte. Als er fertig war, ging er in die Stube, setzte sich auf die Bank und sagte: »Mutter, nun hätte ich Lust zu essen, ist's bald fertig?« Da sagte sie ja und brachte zwei große, große Schüsseln voll herein, daran hätten sie und ihr Mann acht Tage lang satt gehabt. Der Junge aber aß sie allein auf und fragte, ob sie nicht mehr vorsetzen könnte. »Nein«, sagte sie, »das ist alles, was wir haben.« – »Das war ja nur zum Schmecken, ich muß mehr haben.« Sie getraute nicht, ihm zu widerstehen, ging hin und setzte einen großen Schweinekessel voll übers Feuer, und wie es gar war, trug sie es herein. »Endlich kommen noch ein paar Brocken«, sagte er und aß alles hinein; es war aber doch nicht genug, seinen Hunger zu stillen. Da sprach er: »Vater, ich sehe wohl, bei Ihm werd ich nicht satt, will Er mir einen Stab von Eisen verschaffen, der stark ist und den ich vor meinen Knien nicht zerbrechen kann, so will ich fort in die Welt gehen.« Der Bauer war froh, spannte seine zwei Pferde vor den Wagen und holte bei dem Schmied einen Stab so groß und dick, als ihn die zwei Pferde nur fortschaffen konnten. Der Junge nahm ihn vor die Knie und ratsch! brach er ihn wie eine Bohnenstange in der Mitte entzwei und warf ihn weg. Der Vater spannte vier Pferde vor und holte einen Stab so groß und dick, als ihn die vier Pferde fortschaffen konnten. Der Sohn knickte auch diesen vor dem Knie entzwei, warf ihn hin und sprach: »Vater, der kann mir nicht helfen, Er muß besser vorspannen und einen stärkern Stab holen.« Da spannte der Vater acht Pferde vor und holte einen so groß und dick, als ihn die acht Pferde herbeifahren konnten. Wie der Sohn den in die Hand nahm, brach er gleich oben ein Stück davon ab und sagte: »Vater, ich sehe, Er kann mir keinen Stab anschaffen, wie ich ihn brauche, ich will nicht länger bei Ihm bleiben.«

Da ging er fort und gab sich für einen Schmiedegesellen aus. Er kam in ein Dorf, darin wohnte ein Schmied, der war ein Geizmann, gönnte keinem Menschen etwas und wollte alles allein haben; zu dem trat er in die Schmiede und fragte, ob er keinen Gesellen brauchte. »Ja«, sagte der Schmied, sah ihn an und dachte: »Das ist ein tüchtiger Kerl, der wird gut vorschlagen und sein Brot verdienen.« Er fragte: »Wieviel willst du Lohn haben?« – »Gar keinen will ich haben«, antwortete er, »nur alle vierzehn Tage, wenn die andern Gesellen ihren Lohn bezahlt kriegen, will ich dir zwei Streiche geben, die mußt du aushalten.« Das war der Geizmann von Herzen zufrieden und dachte damit viel Geld zu sparen. Am andern Morgen sollte der fremde Geselle zuerst vorschlagen, wie aber der Meister den glühenden Stab brachte und jener den ersten Schlag tat, so flog das Eisen voneinander, und der Amboß sank in die Erde, so tief, daß sie ihn gar nicht wieder herausbringen konnten. Da ward der Geizmann bös und sagte: »Ei was, dich kann ich nicht brauchen, du schlägst gar zu grob, was willst du für den einen Zuschlag haben?« Da sprach er: »Ich will dir nur einen ganz kleinen Streich geben, weiter nichts.« Und hob seinen Fuß auf und gab ihm einen Tritt, daß er über vier Fuder Heu hinausflog. Darauf suchte er sich den

dicksten Eisenstab aus, der in der Schmiede war, nahm ihn als einen Stock in die Hand und ging weiter.

Als er eine Weile gezogen war, kam er zu einem Vorwerk und fragte den Amtmann, ob er keinen Großknecht nötig hätte. »Ja«, sagte der Amtmann, »ich kann einen brauchen; du siehst aus wie ein tüchtiger Kerl, der schon was vermag, wieviel willst du Jahrslohn haben?« Er antwortete wiederum, er verlangte gar keinen Lohn, aber alle Jahre wollte er ihm drei Streiche geben, die müßte er aushalten. Das war der Amtmann zufriden, denn er war auch ein Geizhals. Am andern Morgen, da sollten die Knechte ins Holz fahren, und die andern Knechte waren schon auf, er aber lag noch im Bett. Da rief ihn einer an: »Steh auf, es ist Zeit, wir wollen ins Holz, und du mußt mit.« – »Ach«, sagte er ganz grob und trotzig, »geht ihr nur hin, ich komme doch eher wieder als ihr alle miteinander.« Da gingen die andern zum Amtmann und erzählten ihm, der Großknecht läge noch im Bett und wollte nicht mit ins Holz fahren. Der Amtmann sagte, sie sollten ihn noch einmal wecken und ihn heißen die Pferde vorspannen. Der Großknecht sprach aber wie vorher: »Geht ihr nur hin, ich komme doch eher wieder als ihr alle miteinander.« Darauf blieb er noch zwei Stunden liegen, da stieg er endlich aus den Federn, holte sich aber erst zwei Scheffel voll Erbsen vom Boden, kochte sich einen Brei und aß den mit guter Ruhe, und wie das alles geschehen war, ging er hin, spannte die Pferde vor und fuhr ins Holz. Nicht weit vor dem Holz war ein Hohlweg, wo er durch mußte, da fuhr er den Wagen erst vorwärts, dann mußten die Pferde stillehalten, und er ging hinter den Wagen, nahm Bäume und Reisig und machte da eine große Hucke (Verhack), so daß kein Pferd durchkommen konnte. Wie er nun vors Holz kam, fuhren die andern eben mit ihren beladenen Wagen heraus und wollten heim, da sprach er zu ihnen: »Fahrt nur hin, ich komme doch eher als ihr nach Haus.« Er fuhr gar nicht weit ins Holz, riß gleich zwei der allergrößten Bäume aus der Erde, warf sie auf den Wagen und drehte um. Als er vor der Hucke anlangte, standen die andern noch da und konnten nicht durch. »Seht ihr wohl«, sprach er, »wärt ihr bei mir geblieben, so wärt ihr ebenso schnell nach Haus gekommen und hättet noch eine Stunde schlafen können.« Er wollte nun zufahren, aber seine Pferde konnten sich nicht durcharbeiten, da spannte er sie aus, legte sie oben auf den Wagen, nahm selber die Deichsel in die Hand, und hüf! zog er alles durch, und das ging so leicht, als hätt er Federn geladen. Wie er

drüben war, sprach er zu den andern: »Seht ihr wohl, ich bin schneller hindurch als ihr«, fuhr weiter, und die andern mußten stehenbleiben. In dem Hof aber nahm er einen Baum in die Hand, zeigte ihn dem Amtmann und sagte: »Ist das nicht ein schönes Klafterstück?« Da sprach der Amtmann zu seiner Frau: »Der Knecht ist gut; wenn er auch lang schläft, er ist doch eher wieder da als die andern.«

Nun diente er dem Amtmann ein Jahr; wie das herum war und die andern Knechte ihren Lohn kriegten, sprach er, es wäre Zeit, er wollte sich auch seinen Lohn nehmen. Dem Amtmann ward aber angst vor den Streichen, die er kriegen sollte, und bat ihn inständig, er möchte sie ihm schenken, lieber wollte er selbst Großknecht werden, und er sollte Amtmann sein. »Nein«, sprach er, »ich will kein Amtmann werden, ich bin Großknecht und will's bleiben, ich will aber austeilen, was bedungen ist.« Der Amtmann wollte ihm geben, was er nur verlangte, aber es half nichts, der Großknecht sprach zu allem nein. Da wußte sich der Amtmann nicht zu helfen und bat ihn um vierzehn Tage Frist, er wollte sich auf etwas besinnen. Der Großknecht sprach, die Frist sollte er haben. Der Amtmann berief alle seine Schreiber zusammen, sie sollten sich bedenken und ihm einen Rat geben. Die Schreiber besannen sich lange, endlich sagten sie, vor dem Großknecht wäre niemand seines Lebens sicher, der schlüge einen Menschen wie eine Mücke tot. Er sollte ihn heißen in den Brunnen steigen und ihn reinigen, wenn er unten wäre, wollten sie einen von den Mühlensteinen, die da lägen, herbeirollen und ihm auf den Kopf werfen, dann würde er nicht wieder an des Tages Licht kommen. Der Rat gefiel dem Amtmann, und der Großknecht war bereit, in den Brunnen hinabzusteigen. Als er unten auf dem Grund stand, rollten sie den größten Mühlstein hinab und meinten, der Kopf wäre ihm eingeschlagen, aber er rief: »Jagt die Hühner vom Brunnen weg, die kratzen da oben im Sand und werfen mir die Körner in die Augen, daß ich nicht sehen kann.« Da rief der Amtmann: »Husch, husch!«, und tat, als scheuchte er die Hühner weg. Als der Großknecht mit seiner Arbeit fertig war, stieg er herauf und sagte: »Seht einmal, ich habe doch ein schönes Halsband um«, da war es der Mühlenstein, den er um den Hals trug. Der Großknecht wollte jetzt seinen Lohn nehmen, aber der Amtmann bat wieder um vierzehn Tage Bedenkzeit. Die Schreiber kamen zusammen und gaben den Rat, er sollte den Großknecht in die verwünschte Mühle schicken, um dort in der Nacht Korn zu mahlen: von da wäre noch kein Mensch morgens lebendig herausgekommen. Der Anschlag gefiel dem Amtmann, er rief den Großknecht noch denselben Abend und hieß ihn acht Malter Korn in die Mühle fahren und in der Nacht noch mahlen; sie hätten's nötig. Da ging der Großknecht auf den Boden und tat zwei Malter in seine rechte Tasche, zwei in die linke, vier nahm er in einem Quersack halb auf den Rücken, halb auf die Brust und ging also beladen nach der verwünschten Mühle. Der Müller sagte ihm, bei Tag könnte er recht gut da mahlen, aber nicht in der Nacht, da wäre die Mühle verwünscht, und wer da noch hineingegangen wäre, den hätte man am Morgen tot darin gefunden. Er sprach: »Ich will schon durchkommen, macht Euch nur fort und legt Euch aufs Ohr.« Darauf ging er in die Mühle und schüttete das Korn auf. Gegen elf Uhr ging er in die Müllerstube und setzte sich auf die Bank. Als er ein Weilchen da gesessen hatte, tat sich auf einmal die Tür auf und kam eine große, große Tafel herein, und auf die Tafel stellte sich Wein und Braten und viel gutes Essen, alles von selber, denn es war niemand da, der's auftrug. Und danach rückten sich die Stühle herbei, aber es kamen keine Leute, bis auf einmal sah er Finger, die hantierten mit den Messern und Gabeln und legten Speisen auf die Teller, aber sonst konnte er nichts sehen. Da er hungrig war und die Speisen sah, so setzte er sich auch an die Tafel, aß mit und ließ sich's gut schmecken. Als er satt war und die andern ihre Schüsseln auch ganz leer gemacht hatten, da wurden die Lichter auf einmal alle ausgeputzt, das hörte er deutlich, und wie's nun stockfinster war, so kriegte er so etwas wie eine Ohrfeige ins Gesicht. Da sprach er: »Wenn noch einmal so etwas kommt, so teil ich auch wieder aus.« Und wie er zum zweitenmal eine Ohrfeige kriegte, da schlug er gleichfalls mit hinein. Und so ging das fort die ganze Nacht, er nahm nichts umsonst, sondern gab reichlich zurück und schlug nicht faul um sich herum; bei Tagesanbruch aber hörte alles auf. Wie der Müller aufgestanden war, wollte er nach ihm sehen und verwunderte sich, daß er noch lebte. Da sprach er: »Ich habe mich satt gegessen, habe Ohrfeigen gekriegt, aber ich habe auch Ohrfeigen ausgeteilt.« Der Müller freute sich und sagte, nun wäre die Mühle erlöst, und wollte ihm gern zur Belohnung viel Geld geben. Er sprach aber: »Geld will ich nicht, ich habe doch genug.« Dann nahm er sein Mehl auf den Rücken, ging nach Haus und sagte dem Amtmann, er hätte die Sache ausgerichtet und wollte nun seinen bedungenen Lohn haben. Wie der Amtmann das hörte, da ward ihm erst recht angst: er wußte sich nicht zu lassen, ging in der Stube auf und ab, und die Schweißtropfen liefen ihm von der Stirne herunter. Da machte er das Fenster auf nach frischer Luft, eh er sich's aber versah, hatte ihm der Großknecht einen Tritt gegeben, daß er durchs Fenster in die Luft hineinflog, immerfort, bis ihn niemand mehr sehen konnte. Da sprach der Großknecht zur Frau des Amtmanns: »Kommt er nicht wieder, so müßt Ihr den anderen Streich hinnehmen.« Sie rief: »Nein, nein, ich kann's nicht aushalten«, und machte das andere Fenster auf, weil ihr die Schweißtropfen die Stirne herunterliefen. Da gab er ihr einen Tritt, daß sie gleichfalls hinausflog, und da sie leichter war, noch viel höher als ihr Mann. Der Mann rief: »Komm doch zu mir«, sie aber rief: »Komm du zu mir, ich kann nicht zu dir.« Und sie schwebten da in der Luft und konnte keins zum andern kommen, und ob sie da noch schweben, das weiß ich nicht; der junge Riese aber nahm seine Eisenstange und ging weiter.

91.

Dat Erdmänneken

Et was mal en rik Künig west, de hadde drei Döchter had, de wören alle Dage in den Schlottgoren spazeren gaen, un de Künig, dat was so en Leivhawer von allerhand wackeren Bömen west; un einen, den hadde he so leiv had, dat he denjenigen, de ümme en Appel dervon plückede, hunnerd Klafter unner de Eere verwünschede. Als et nu Hervest was, da worden de Appel an den einen Baume so raut ase Blaud. De drei Döchter gungen alle Dage unner den Baum un seihen to, ov nig de Wind 'n Appel herunner schlagen hädde, awerst se fannen ir Levedage kienen, un de Baum, de satt so vull, dat he breken wull, un de Telgen (Zweige) hungen bis up de Eere. Da gelustede den jungesten Künigskinne gewaldig, un et segde to sinen Süstern: »Use Teite (Vater), de hett us viel to leiv, ase dat he us verwünschen deihe: ik glöve, dat he dat nur wegen de frümden Lude dahen hat.« Un indes plücked dat Kind en gans dicken Appel af un sprunk fur sinen Süstern un segde: »A nu schmecket mal, mine lewen Süsterkes, nu hew ik doch min Levedage so wat schones no nig schmecket.« Da beeten de beiden annern Künigsdöchter auch mal in den Appel, un da versünken se alle drei deip unner de Eere, dat kien Haan mer danach krähete.

As et da Middag is, da wull se de Künig do Diske roopen, do sind se nirgends to finnen; he söket se so viel im Schlott un in Goren, awerst he kun se nig finnen. Da werd he so bedröwet un let dat ganse Land upbeien (aufbieten), un wer ünne sine Döchter wier brechte, de sull ene davon tor Fruen hewen. Da gahet so viele junge Lude uwer Feld un söket, dat is gans ut der Wiese (über alle Maßen), denn jeder hadde de drei Kinner geren had, wiil se wören gegen jedermann so fründlig un so schön von Angesichte west. Un et togen auck drei Jägerburschen ut, un ase da wol en acht Dage rieset hadden, da kummet se up en grot Schlott, da woren so hübsche Stoben inne west, un in einem Zimmer is en Disch decket, darup wören so söte Spiesen, de sied noch so warme, dat se dampet, awerst in den ganzen Schlott is kien Minsk to hören noch to seihen. Do wartet se noch en halwen Dag, un de Spiesen bliewet immer warme un dampet, bis up et lest, da weret se so hungerig, dat se sik derbie settet un ettet, un macket mit en anner ut, se wüllen up den Schlotte wuhnen bliewen, un wüllen darümme loosen, dat eine in Huse blev un de beiden annern de Dochter söketen; dat doet se auck, un dat Loos dreppet den ölesten. Den annern Dag, da gaet de twei jüngesten söken, un de öleste mot to Huse bliewen. Am Middage kümmt der so en klein klein Männeken un hölt um 'n Stükesken Braud ane, da nümmt he von dem Braude, wat he da funnen hädde, un schnitt en Stücke rund umme den Braud weg un will ünne dat giewen, indes dat he et ünne reiket, lett et dat kleine Männeken fallen un segd, he sulle dok so gut sin un giewen ün dat Stücke wier. Da will he dat auck doen un bucket sik, mit des nümmt dat Männeken en Stock un päckt ünne bie den Haaren un giwt ünne düete Schläge. Den anneren Dag, da is de tweide to Hus bliewen, den geit et nicks better. Ase de beiden annern da den Avend nah Hus kümmet, da segd de öleste: »No, wie hätt et die dann gaen?« – »O et geit mie gans schlechte.« Da klaget se sik enanner ere Naud, awerst den jungesten hadden se nicks davonne sagd, den hadden se gar nig lien (leiden) mogt un hadden ünne jummer den dummen Hans heiten, weil he nig recht van de Weld was. Den dritten Dag, da blivt de jungeste to Hus, da kümmet dat kleine Männeken wier un hölt um en Stücksken Braud an; da he ünne dat giewen hätt, let he et wier fallen un segd, he mügte dock so gut sien un reicken ünne dat Stücksken wier. Da segd he to den kleinen Männeken: »Wat! kannst du dat Stücke nig sulwens wier up nummen, wenn du die de Möhe nig mal um dine dägliche Narunge giewen wust, so bist du auck nich wert, dat du et etest.« Da word dat Männeken so bös un sehde, he möst et doen; he awerst nig fuhl, nam min lewe Männeken un drosch et duet dör (tüchtig durch). Da schriege dat Männeken so viel un rep: »Hör up, hör up un lat mie geweren, dann will ik die auck seggen, wo de Künigsdöchter sied.« Wie he dat hörde, häll hei up to slaen, un dat Männeken vertelde, he wör en Erdmänneken, un sulke wären mehr ase dusend, he mögte man mit ünne gaen, dann wulle he ünne wiesen, wo de Künigsdöchter weren. Da wist he ünne en deipen Born, da is awerst kien Water inne west. Da segd dat Männeken, he wuste wohl, dat et sine Gesellen nig ehrlich mit ünne meinten, wenn he de Künigskinner erlösen wulle, dann möste he et alleine doen. De beiden annern Broer wullen wohl auck geren de Künigsdöchter wier hewen, awerst se wullen der kiene Möge un Gefahr umme doen, he möste so en grauten Korv nümmen un möste sik mit sinen Hirschfänger un en Schelle darinne setten un sik herunter winnen laten; unnen da wören drei Zimmer, in jeden sette ein Künigskind un hädde en Drachen mit villen Köppen to lusen, den möste he de Köppe afschlagen. Ase dat Erdmänneken nu dat alle sagd hadde, verschwand et. Ase 't Awend is, da kümmet de beiden annern un fraget, wie et ün gaen hädde, da segd he: »O so wit gud«, un hädde keinen Minsken sehen, ase des Middags, da wer so ein klein Männeken kummen, de hädde ün umme en Stücksken Braud biddit, do he et ünne giewen hädde, hädde dat Männeken et fallen laten un hädde segd, he mögtet ünne doch wier up nümmen, wie he dat nig hadde doen wullt, da hädde et anfangen to puchen, dat hädde he awerst unrecht verstan un hädde dat Männeken prügelt, un da hädde et ünne vertellt, wo de Künigsdöchter wären. Da ärgerten sik de beiden so viel, dat se gehl un grön wören. Den annern Morgen, da gungen se to haupe an den Born un mackten Loose, wer sik dat erste in den Korv setten sulle, da feel dat Loos wier den öllesten to, he mot sik darin setten un de Klingel mitnümmen. Da segd he: »Wenn ik klingele, so mutt gi mik nur geschwinne wier herupwinnen.« Ase he en bitken herunner is, da klingelte wat, da winnen se ünne wier heruper; da sett sik de tweide herinne, de maket ewen sau; nu kümmet dann auck de Riege an den jungesten, da lät sik awerst gans drinne runner winnen. Ase he ut den Korve stiegen is, da nümmet he sinen Hirschfänger un geit vor der ersten Doer staen un lustert, da hort he den Drachen gans lute schnarchen. He macket langsam de Döre oppen, da sitt da de eine Künigsdochter un häd op eren Schot niegene (neun) Drachenköppe ligen un luset de. Da nümmet he sinen Hirschfänger un hogget to, da siet de niegne Koppe awe. De Künigsdochter sprank up un fäl ünne um den Hals un drucket un piepete (küßte) ünn so viel un nümmet ihr Bruststücke, dat wor von rauen Golle west, un henget ünne dat umme. Da geit he auck nach der tweiden Künigsdochter, de häd en Drachen mit sieven Köppe to lusen un erlöset de auck, so de jungeste, de hadde en Drachen mit viere Köppen to lusen had, da geit he auck hinne. Do froget se sich alle so viel un drucketen un piepeten ohne Uphören. Da klingelte he sau harde, bis dat se owen hört. Da set he de Künigsdöchter ein nach der annern in den Korv un let se alle drei heruptrecken, wie nu an ünne de Riege kümmt, da fallet ün de Woore (Worte) von den Erdmänneken wier bie, dat et sine Gesellen mit ünne nig gut meinden. Da nümmet he en groten Stein, de da ligt, un legt ün in den Korv, ase de Korv da ungefähr bis in de Midde herup is, schnien de falsken Broer owen dat Strick af, dat de Korv mit den Stein up den Grund füll, un meinten, he wöre nu daude, up laupet mit de drei Künigsdöchter wege un latet sik dervan verspreken, dat se an ehren Vater seggen willt, dat se beiden se erlöset hädden; da kümmet se tom Künig un begehrt se tor Frugen. Unnerdies geit de jungeste Jägerbursche gans bedröwet in den drei Kammern herummer un denket, dat he nu wull sterwen möste, da süht he an der Wand 'n Fleutenpipe hangen, da segd he: »Worümme hengest du da wull, hier kann ja doch keiner lustig sin?« He bekucket auck de Drachenköppe un segd: »Ju künnt mie nu auck nig helpen.« He geit so mannigmal up un af spatzeren, dat de Erdboden davon glat werd. Up et lest, da kriegt he annere Gedanken, da nümmet he de Fleutenpipen von der Wand un blest en Stücksken, up eenmahl kummet da so viele Erdmänneckens, bie jeden Don, den he däht, kummt eint mehr; da blest he so lange dat Stücksken, bis det Zimmer stopte vull is. De fraget alle, wat sin Begehren wöre, da segd he, he wull geren wier up de Ere an Dages Licht, da fatten sie ünne alle an, an jeden Spir (Faden) Haar, wat he up sinen Koppe hadde, un sau fleiget se mit ünne herupper his up de Ere. Wie he owen is, geit he glick nach den Künigsschlott, wo grade de Hochtit mit der einen Künigsdochter sin sulle, un geit up den Zimmer, wo de Künig mit sinen drei Döchtern is. Wie ünne da de Kinner seihet, da wered se gans beschwämt (ohnmächtig). Da werd de Künig so böse un let ünne glick in een Gefängnisse setten, weil he meint, he hädde den Kinnern en Leid anne daen. Ase awer de Künigsdöchter wier to sik kümmt, da biddet se so viel, he mogte ünne doch wier lose laten. De Künig fraget se worümme, da segd se, dat se dat nig vertellen dorften, awerst de Vaer, de segd, se sullen et den Owen (Ofen) vertellen. Da geit he herut un lustert an de Döre un hört alles. Da lät he de beiden an en Galgen hängen, un den einen givt he de jungeste Dochter; un da trok ik en Paar gläserne Schohe an, un da stott ik an en Stein, da segd et: »Klink!« Da wören se caput.

92.

Der König vom goldenen Berg

Ein Kaufmann, der hatte zwei Kinder, einen Buben und ein Mädchen, die waren beide noch klein und konnten noch nicht laufen. Es gingen aber zwei reichbeladene Schiffe von ihm auf dem Meer, und sein ganzes Vermögen war darin, und wie er meinte, dadurch viel Geld zu gewinnen, kam die Nachricht, sie wären versunken. Da war er nun statt eines reichen Mannes ein armer Mann und hatte nichts mehr übrig als einen Acker vor der Stadt. Um sich sein Unglück ein wenig aus den Gedanken zu schlagen, ging er hinaus auf den Acker, und wie er da so auf und ab ging, stand auf einmal ein kleines schwarzes Männchen neben ihm und fragte, warum er so traurig wäre und was er sich so sehr zu Herzen nähme. Da sprach der Kaufmann: »Wenn du mir helfen könntest, wollt ich dir es wohl sagen.« – »Wer weiß«, antwortete das schwarze Männchen, »vielleicht helf ich dir.« Da erzählte der Kaufmann, daß ihm sein ganzer Reichtum auf dem Meer zugrunde gegangen wäre, und hätte er nichts mehr übrig als diesen Acker. »Bekümmere dich nicht«, sagte das Männchen, »wenn du mir versprichst, das, was dir zu Haus am

ersten widers Bein stößt, in zwölf Jahren hierher auf den Platz zu bringen, sollst du Geld haben, soviel du willst.« Der Kaufmann dachte: »Was kann das anders sein als mein Hund?« Aber an seinen kleinen Jungen dachte er nicht und sagte ja, gab dem schwarzen Mann Handschrift und Siegel darüber und ging nach Haus.

Als er nach Haus kam, da freute sich sein kleiner Junge so sehr darüber, daß er sich an den Bänken hielt, zu ihm herbeiwackelte und ihn an den Beinen fest packte. Da erschrak der Vater, denn es fiel ihm sein Versprechen ein, und er wußte nun, was er verschrieben hatte; weil er aber immer noch kein Geld in seinen Kisten und Kasten fand, dachte er, es wäre nur ein Spaß von dem Männchen gewesen. Einen Monat nachher ging er auf den Boden und wollte altes Zinn zusammensuchen und verkaufen, da sah er einen großen Haufen Geld liegen. Nun war er wieder guter Dinge, kaufte ein, ward ein größerer Kaufmann als vorher und ließ Gott einen guten Mann sein. Unterdessen ward der Junge groß und dabei klug und gescheit. Je näher aber die zwölf Jahre herbeikamen, je sorgvoller ward der Kaufmann, so daß man ihm die Angst im Gesicht sehen konnte. Da fragte ihn der Sohn einmal, was ihm fehlte; der Vater wollte es nicht sagen, aber jener hielt so lange an, bis er ihm endlich sagte, er hätte ihn, ohne zu wissen, was er verspräche, einem schwarzen Männchen zugesagt und vieles Geld dafür bekommen. Er hätte seine Handschrift mit Siegel darüber gegeben, und nun müßte er ihn, wenn zwölf Jahre herum wären, ausliefern. Da sprach der Sohn: »O Vater, laßt Euch nicht bang sein, das soll schon gut werden, der Schwarze hat keine Macht über mich.«

Der Sohn ließ sich von dem Geistlichen segnen, und als die Stunde kam, gingen sie zusammen hinaus auf den Acker, und der Sohn machte einen Kreis und stellte sich mit seinem Vater hinein. Da kam das schwarze Männchen und sprach zu dem Alten: »Hast du mitgebracht, was du mir versprochen hast?« Er schwieg still, aber der Sohn fragte: »Was willst du hier?« Da sagte das schwarze Männchen: »Ich habe mit deinem Vater zu sprechen und nicht mit dir.« Der Sohn antwortete: »Du hast meinen Vater betrogen und verführt, gib die Handschrift heraus.« – »Nein«, sagte das schwarze Männchen, »mein Recht geb ich nicht auf.« Da redeten sie noch lange miteinander, endlich wurden sie einig, der Sohn, weil er nicht dem Erbfeind und nicht mehr seinem Vater zugehörte, sollte sich in ein Schiffchen setzen, das auf einem hinabwärtsfließenden Wasser stände, und der Vater sollte es mit seinem eigenen Fuß fortstoßen, und dann sollte der Sohn dem Wasser überlassen bleiben. Da nahm er Abschied von seinem Vater, setzte sich in ein Schiffchen, und der Vater mußte es mit seinem eigenen Fuß fortstoßen. Das Schiffchen schlug um, so daß der unterste Teil oben war, die Decke aber im Wasser; und der Vater glaubte, sein Sohn wäre verloren, ging heim und trauerte um ihn.

Das Schiffchen aber versank nicht, sondern floß ruhig fort, und der Jüngling saß sicher darin, und so floß es lange, bis es endlich an einem unbekannten Ufer festsitzen blieb. Da stieg er ans Land, sah ein schönes Schloß vor sich liegen und ging darauf los. Wie er aber hineintrat, war es verwünscht; er ging durch alle Zimmer, aber sie waren leer, bis er in die letzte Kammer kam, da lag eine Schlange darin und ringelte sich. Die Schlange aber war eine verwünschte Jungfrau, die freute sich, wie sie ihn sah, und sprach zu ihm: »Kommst du, mein Erlöser? Auf dich habe ich schon zwölf Jahre gewartet; dies Reich ist verwünscht, und du mußt es erlösen.« – »Wie kann ich das?« fragte er. »Heute nacht kommen zwölf schwarze Männer, die mit Ketten behangen sind, die werden dich fragen, was du hier machst, da schweig aber still und gib ihnen keine Antwort und laß sie mit dir machen, was sie wollen: sie werden dich quälen, schlagen und stechen, laß alles geschehen, nur rede nicht; um zwölf Uhr müssen sie wieder fort. Und in der zweiten Nacht werden wieder zwölf andere kommen, in der dritten vierundzwanzig, die werden dir den Kopf abhauen; aber um zwölf Uhr ist ihre Macht vorbei, und wenn du dann ausgehalten und kein Wörtchen gesprochen hast, so bin ich erlöst. Ich komme zu dir und habe in einer Flasche das Wasser des Lebens, damit bestreiche ich dich, und dann bist du wieder lebendig und gesund wie zuvor.« Da sprach er: »Gerne will ich dich erlösen.« Es geschah nun alles so, wie sie gesagt hatte: die schwarzen Männer konnten ihm kein Wort abzwingen, und in der dritten Nacht ward die Schlange zu einer schönen Königstochter, die kam mit dem Wasser des Lebens und machte ihn wieder lebendig. Und dann fiel sie ihm um den Hals und küßte ihn, und war Jubel und Freude im ganzen Schloß. Da wurde ihre Hochzeit gehalten, und er war König vom *goldenen Berg*.

Also lebten sie vergnügt zusammen, und die Königin gebar einen schönen Knaben. Acht Jahre waren schon herum, da fiel ihm sein Vater ein, und sein Herz ward bewegt, und er wünschte ihn einmal heimzusuchen. Die Königin wollte ihn aber nicht fortlassen und sagte: »Ich weiß schon, daß es mein Unglück ist«, er ließ ihr aber keine Ruhe, bis sie einwilligte. Beim Abschied gab sie ihm noch einen Wünschring und sprach: »Nimm diesen Ring und steck ihn an deinen Finger, so wirst du alsbald dahin versetzt, wo du dich hinwünschest, nur mußt du mir versprechen, daß du ihn nicht gebrauchst, mich von hier weg zu deinem Vater zu wünschen.« Er versprach ihr das, steckte den Ring an seinen Finger und wünschte sich heim vor die Stadt, wo sein Vater lebte. Im Augenblick befand er sich auch dort und wollte in die Stadt; wie er aber vors Tor kam, wollten ihn die Schildwachen nicht einlassen, weil er seltsame und doch so reiche und prächtige Kleider anhatte. Da ging er auf einen Berg, wo ein Schäfer hütete, tauschte mit diesem die Kleider und zog den alten Schäferrock an und ging also ungestört in die Stadt ein. Als er zu seinem Vater kam, gab er sich zu erkennen, der aber glaubte nimmermehr, daß es sein Sohn wäre, und sagte, er hätte zwar einen Sohn gehabt, der wäre aber längst tot; doch weil er sähe, daß er ein armer dürftiger Schäfer wäre, so wollte er ihm einen Teller voll zu essen geben. Da sprach der Schäfer zu seinen Eltern: »Ich bin wahrhaftig euer Sohn, wißt ihr kein Mal an meinem Leibe, woran ihr mich erkennen könnt?« – »Ja«, sagte die Mutter, »unser Sohn hatte eine Himbeere unter dem rechten Arm.« Er streifte das Hemd zurück, da sahen sie die Himbeere unter seinem rechten Arm und zweifelten nicht mehr, daß es ihr Sohn wäre. Darauf erzählte er ihnen, er wäre König vom goldenen Berg, und eine Königstochter wäre seine Gemahlin, und sie hätten einen schönen Sohn von sieben Jahren. Da sprach der Vater: »Nun und nimmermehr ist das wahr: das ist mir ein schöner König, der in einem zerlumpten Schäferrock hergeht.« Da ward der Sohn zornig und drehte, ohne an sein Versprechen zu denken, den Ring herum und wünschte beide, seine Gemahlin und sein Kind, zu sich. In dem Augenblick waren sie auch da, aber die Königin, die klagte und weinte und sagte, er hätte sein Wort gebrochen und hätte sie unglücklich gemacht. Er sagte: »Ich habe es unachtsam getan und nicht mit bösem Willen«, und redete ihr zu; sie stellte sich auch, als gäbe sie nach, aber sie hatte Böses im Sinn.

Da führte er sie hinaus vor die Stadt auf den Acker und zeigte ihr das Wasser, wo das Schiffchen war abgestoßen worden, und sprach dann: »Ich bin müde, setze dich nieder, ich will ein wenig auf deinem Schoß schlafen.« Da legte er seinen Kopf auf ihren Schoß, und sie lauste ihn ein wenig, bis er einschlief. Als er eingeschlafen war, zog sie erst den Ring von seinem Finger, dann zog sie den Fuß unter ihm weg und ließ nur den Toffel zurück; hierauf nahm sie ihr Kind in den Arm und wünschte sich wieder in ihr Königreich. Als er aufwachte, lag er da ganz verlassen, und seine Gemahlin und das Kind waren fort, und der Ring vom Finger auch, nur der Toffel stand noch da zum Wahrzeichen. »Nach Haus zu deinen Eltern kannst du nicht wieder gehen«, dachte er, »die würden sagen, du wärst ein Hexenmeister, du willst aufpacken und gehen, bis du in dein Königreich kommst.« Also ging er fort und kam endlich zu einem Berg, vor dem drei Riesen standen und miteinander stritten, weil sie nicht wußten, wie sie ihres Vaters Erbe teilen sollten. Als sie ihn vorbeigehen sahen, riefen sie ihn an und sagten, kleine Menschen hätten klugen Sinn, er sollte ihnen die Erbschaft verteilen. Die Erbschaft aber bestand aus einem Degen, wenn einer den in die Hand nahm und sprach: »Köpf alle runter, nur meiner nicht«, so lagen alle Köpfe auf der Erde; zweitens aus einem Mantel, wer den anzog, war unsichtbar; drittens aus ein paar Stiefeln, wenn man die angezogen hatte und sich wohin wünschte, so war man im Augenblick da. Er sagte: »Gebt mir die drei Stücke, damit ich probieren könnte, ob sie noch in gutem Stande sind.« Da gaben sie ihm den Mantel, und als er ihn umgehängt hatte, war er unsichtbar und war in eine Fliege verwandelt. Dann nahm er wieder seine Gestalt an und sprach: »Der Mantel ist gut, nun gebt mir das Schwert.« Sie sagten: »Nein, das geben wir nicht! Wenn du sprächst: ›Köpf alle runter, nur meiner nicht‹, so wären unsere Köpfe alle herab, und du allein hättest den deinigen noch.« Doch gaben sie es ihm unter der Bedingung, daß er's an einem Baum probieren sollte. Das tat er und das Schwert zerschnitt den Stamm eines Baums wie einen Strohhalm. Nun wollte er noch die Stiefeln haben, sie sprachen aber: »Nein, die geben wir nicht weg, wenn du sie angezogen hättest und wünschtest dich oben auf den Berg, so stünden wir da unten und hätten nichts.« – »Nein«, sprach er, »das will ich nicht tun.« Da gaben sie ihm auch die Stiefeln. Wie er nun alle drei Stücke hatte, so dachte er an nichts als an seine Frau und sein Kind und sprach so vor sich hin: »Ach wäre ich auf dem goldenen Berg«, und alsbald verschwand er vor den Augen der Riesen, und war also ihr Erbe geteilt. Als er nah beim Schloß war, hörte er Freudengeschrei, Geigen und Flöten, und die Leute sagten ihm, seine Gemahlin feierte ihre Hochzeit mit einem andern. Da ward er zornig und sprach: »Die Falsche, sie hat mich betrogen und mich verlassen, als ich eingeschlafen war.« Da hing er seinen Mantel um und ging unsichtbar ins Schloß hinein. Als er in den Saal eintrat, war da eine große Tafel mit köstlichen Speisen besetzt, und die Gäste aßen und tranken, lachten und scherzten. Sie aber saß in der Mitte in prächtigen Kleidern auf einem königlichen Sessel und hatte die Krone auf dem Haupt. Er stellte sich hinter sie, und niemand sah ihn. Wenn sie ihr ein Stück Fleisch auf den Teller legten, nahm er ihn weg und aß es; und wenn sie ihr ein Glas Wein einschenkten, nahm er's weg und trank's aus; sie gaben ihr immer, und sie hatte doch immer nichts, denn Teller und Glas verschwanden augenblicklich. Da ward sie bestürzt und schämte sie sich, stand auf und ging in ihre Kammer und weinte, er aber ging hinter ihr her. Da sprach sie: »Ist denn der Teufel über mir, oder kam mein Erlöser nie?« Da schlug er ihr ins Angesicht und sagte: »Kam dein Erlöser nie? Er ist über dir, du Betrügerin. Habe ich das an dir verdient?« Da machte er sich sichtbar, ging in den Saal und rief: »Die Hochzeit ist aus, der wahre König ist gekommen!« Die Könige, Fürsten und Räte, die da versammelt waren, höhnten und verlachten ihn; er aber gab kurze Worte und sprach: »Wollt ihr hinaus oder nicht?« Da wollten sie ihn fangen und drangen auf ihn ein, aber er zog sein Schwert und sprach: »Köpf alle runter, nur meiner nicht.« Da rollten alle Köpfe zur Erde, und er war allein der Herr und war wieder König vom goldenen Berg.

93.

Die Rabe

Es war einmal eine Königin, die hatte ein Töchterchen, das war noch klein und mußte noch auf dem Arm getragen werden. Zu einer Zeit war das Kind unartig, und die Mutter mochte sagen, was sie wollte, es hielt nicht Ruhe. Da ward sie ungeduldig, und weil die Raben so um das Schloß herumflogen, öffnete sie das Fenster und sagte: »Ich wollte, du wärst eine Rabe und flögst fort, so hätt ich

Ruhe.« Kaum hatte sie das Wort gesagt, so war das Kind in eine Rabe verwandelt und flog von ihrem Arm zum Fenster hinaus. Sie flog aber in einen dunklen Wald und blieb lange Zeit darin, und die Eltern hörten nichts von ihr. Danach führte einmal einen Mann sein Weg in diesen Wald, der hörte die Rabe rufen und ging der Stimme nach; und als er näher kam, sprach die Rabe: »Ich bin eine Königstochter von Geburt und bin verwünscht worden, du aber kannst mich erlösen.« – »Was soll ich tun?« fragte er. Sie sagte: »Geh weiter in den Wald, und du wirst ein Haus finden, darin sitzt eine alte Frau, die wird dir Essen und Trinken reichen, aber du darfst nichts nehmen: wenn du etwas issest oder trinkst, so verfällst du in einen Schlaf und kannst du mich nicht erlösen. Im Garten hinter dem Haus ist eine große Lohhucke, darauf sollst du stehen und mich erwarten. Drei Tage lang komm ich jeden Mittag um zwei Uhr zu dir in einem Wagen, der ist erst mit vier weißen Hengsten bespannt, dann mit vier roten und zuletzt mit vier schwarzen, wenn du aber nicht wach bist, sondern schläfst, so werde ich nicht erlöst.« Der Mann versprach, alles zu tun, was sie verlangt hatte, die Rabe aber sagte: »Ach, ich weiß es schon, du wirst mich nicht erlösen, du nimmst etwas von der Frau.« Da versprach der Mann noch einmal, er wollte gewiß nichts anrühren, weder von dem Essen noch von dem Trinken. Wie er aber in das Haus kam, trat die alte Frau zu ihm und sagte: »Armer Mann, was seid Ihr abgemattet, kommt und erquickt Euch, esset und trinkt.« – »Nein«, sagte der Mann, »ich will nicht essen und nicht trinken.« Sie ließ ihm aber keine Ruhe und sprach: »Wenn Ihr dann nicht essen wollt, so tut einen Zug aus dem Glas, einmal ist keinmal.« Da ließ er sich überreden und trank. Nachmittags gegen zwei Uhr ging er hinaus in den Garten auf die Lohhucke und wollte auf die Rabe warten. Wie er da stand, ward er auf einmal so müde und konnte es nicht überwinden und legte sich ein wenig nieder; doch wollte er nicht einschlafen. Aber kaum hatte er sich hingestreckt, so fielen ihm die Augen von selber zu, und er schlief ein und schlief so fest, daß ihn nichts auf der Welt hätte erwecken können. Um zwei Uhr kam die Rabe mit vier weißen Hengsten gefahren, aber sie war schon in voller Trauer und sprach: »Ich weiß, daß er schläft.« Und als sie in den Garten kam, lag er auch da auf der Lohhucke und schlief. Sie stieg aus dem Wagen, ging zu ihm und schüttelte ihn und rief ihn an, aber er erwachte nicht. Am andern Tag zur Mittagszeit kam die alte Frau wieder und brachte ihm Essen und Trinken, aber er wollte es nicht annehmen. Doch sie ließ ihm keine Ruhe und redete ihm so lange zu, bis er wieder einen Zug aus dem Glase tat. Gegen zwei Uhr ging er in den Garten auf die Lohhucke und wollte auf die Rabe warten, da empfand er auf einmal so große Müdigkeit, daß seine Glieder ihn nicht mehr hielten: er konnte sich nicht helfen, mußte sich legen und fiel in tiefen Schlaf. Als die Rabe daherfuhr mit vier braunen Hengsten, war sie schon in voller Trauer und sagte: »Ich weiß, daß er schläft.« Sie ging zu ihm hin, aber er lag da im Schlaf und war nicht zu erwecken. Am andern Tag sagte die alte Frau, was das wäre, er äße und tränke nichts, ob er sterben wollte. Er antwortete: »Ich will und darf nicht essen und nicht trinken.« Sie stellte aber die Schüssel mit Essen und das Glas mit Wein vor ihm hin, und als der Geruch davon zu ihm aufstieg, so konnte er nicht widerstehen und tat einen starken Zug. Als die Zeit kam, ging er hinaus in den Garten auf die Lohhucke und wartete auf die Königstochter; da ward er noch müder als die Tage vorher, legte sich nieder und schlief so fest, als wär er ein Stein. Um zwei Uhr kam die Rabe und hatte vier schwarze Hengste, und die Kutsche und alles war schwarz. Sie war aber schon in voller Trauer und sprach: »Ich weiß, daß er schläft und mich nicht erlösen kann.« Als sie zu ihm kam, lag er da und schlief fest. Sie rüttelte ihn und rief ihn, aber sie konnte ihn nicht aufwekken. Da legte sie ein Brot neben ihn hin, dann ein Stück Fleisch, zum dritten eine Flasche Wein, und er konnte von allem so viel nehmen, als er wollte, es ward nicht weniger. Danach nahm sie einen goldenen Ring von ihrem Finger und steckte ihn an seinen Finger, und war ihr Name eingegraben. Zuletzt legte sie einen Brief hin, darin stand, was sie ihm gegeben hatte und daß es nie all würde, und es stand auch darin: »Ich sehe wohl, daß du mich hier nicht erlösen kannst, willst du mich aber noch erlösen, so komm nach dem goldenen Schloß von Stromberg, es steht in deiner Macht, das weiß ich gewiß.« Und wie sie ihm das alles gegeben hatte, setzte sie sich in ihren Wagen und fuhr in das goldene Schloß von Stromberg.

Als der Mann aufwachte und sah, daß er geschlafen hatte, ward er von Herzen traurig und sprach: »Gewiß, nun ist sie vorbeigefahren, und ich habe sie nicht erlöst.« Da fielen ihm die Dinge in die Augen, die neben ihm lagen, und er las den Brief, darin geschrieben stand, wie es zugegangen war. Also machte er sich auf und ging fort und wollte nach dem goldenen Schloß von Stromberg, aber er wußte nicht, wo es lag. Nun war er schon lange in der Welt herumgegangen, da kam er in einen dunkeln Wald und ging vierzehn Tage darin fort und konnte sich nicht herausfinden. Da ward es wieder Abend, und er war so müde, daß er sich an einen Busch legte und einschlief. Am andern Tag ging er weiter, und abends, als er sich wieder an einen Busch legen wollte, hörte er ein Heulen und Jammern, daß er nicht einschlafen konnte. Und wie die Zeit kam, wo die Leute Lichter anstecken, sah er eins schimmern, machte sich auf und ging ihm nach; da kam er vor ein Haus, das schien so klein, denn es stand ein großer Riese davor. Da dachte er bei sich: »Gehst du hinein und der Riese erblickt dich, so ist es leicht um dein Leben geschehen.« Endlich wagte er es und trat heran. Als der Riese ihn sah, sprach er: »Es ist gut, daß du kommst, ich habe lange nichts gegessen: ich will dich gleich zum Abendbrot verschlucken.« – »Laß das lieber sein«, sprach der Mann, »ich lasse mich nicht gerne verschlucken; verlangst du zu essen, so habe ich genug, um dich satt zu machen.« – »Wenn das wahr ist«, sagte der Riese, »so kannst du ruhig bleiben; ich wollte dich nur verzehren, weil ich nichts anderes habe.« Da gingen sie und setzten sich an den Tisch, und der Mann holte Brot, Wein und Fleisch, das nicht all ward. »Das gefällt mir wohl«, sprach der Riese und aß nach Herzenslust. Danach sprach der Mann zu ihm: »Kannst du mir nicht sagen, wo das goldene Schloß von Stromberg ist?« Der Riese sagte: »Ich will auf meiner Landkarte nachsehen, darauf sind alle Städte, Dörfer und Häuser zu finden.« Er holte die Landkarte, die er in der Stube hatte, und suchte das Schloß, aber es stand nicht darauf. »Es tut nichts«, sprach er, »ich habe oben im Schranke noch größere Landkarten; darauf wollen wir suchen«; aber es war auch vergeblich. Der Mann wollte nun weitergehen; aber der Riese bat ihn, noch ein paar Tage zu warten, bis sein Bruder heimkäme, der wäre ausgegangen, Lebensmittel zu holen. Als der Bruder heimkam, fragten sie nach dem goldenen Schloß von Stromberg, er antwortete: »Wenn ich gegessen habe und satt bin, dann will ich auf der Karte suchen.« Er stieg dann mit ihnen auf seine Kammer, und sie suchten auf seiner Landkarte, konnten es aber nicht finden; da holte er noch andere alte Karten, und sie ließen nicht ab, bis sie endlich das goldene Schloß von Stromberg fanden, aber es war viele tausend Meilen weit weg. »Wie werde ich nun dahinkommen?« fragte der Mann. Der Riese sprach: »Zwei Stunden hab ich Zeit, da will ich dich bis in die Nähe tragen, dann aber muß ich wieder nach Haus und das Kind säugen, das wir haben.« Da trug der Riese den Mann bis etwa hundert Stunden vom Schloß und sagte: »Den übrigen Weg kannst du wohl allein gehen.« Dann kehrte er um, der Mann aber ging vorwärts Tag und Nacht, bis er endlich zu dem goldenen Schloß von Stromberg kam. Es stand aber auf einem gläsernen Berge, und die verwünschte Jungfrau fuhr in ihrem Wagen um das Schloß herum und ging dann hinein. Er freute sich, als er sie erblickte, und wollte zu ihr hinaufsteigen, aber wie er es auch anfing, er rutschte an dem Glas immer wieder herunter. Und als er sah, daß er sie nicht erreichen konnte, ward er ganz betrübt und sprach zu sich selbt: »Ich will hier unten bleiben und auf sie warten.« Also baute er sich eine Hütte und saß darin ein ganzes Jahr und sah die Königstochter alle Tage oben fahren, konnte aber nicht zu ihr hinaufkommen.

Da sah er einmal aus seiner Hütte, wie drei Räuber sich schlugen, und rief ihnen zu: »Gott sei mit euch!« Sie hielten bei dem Ruf inne, als sie aber niemand sahen, fingen sie wieder an, sich zu schlagen, und das zwar ganz gefährlich. Da rief er abermals: »Gott sei mit euch!« Sie hörten wieder auf, guckten sich um, weil sie aber niemand sahen, fuhren sie auch wieder fort, sich zu schlagen. Da rief er zum drittenmal: »Gott sei mit euch!«, und dachte: »Du mußt sehen, was die drei vorhaben«, ging hin und fragte, warum sie aufeinander losschlügen. Da sagte der eine, er hätte einen Stock gefunden, wenn er damit wider eine Tür schlüge, so spränge sie auf; der andere sagte, er hätte einen Mantel gefunden, wenn er den umhinge, so wär er unsichtbar; der dritte aber sprach, er hätte ein Pferd gefangen, damit könnte man überall hinreiten, sogar auf den gläsernen Berg hinauf. Nun wüßten sie nicht, ob sie das in Gemeinschaft behalten oder ob sie sich trennen sollten. Da sprach der Mann: »Die drei Sachen will ich euch eintauschen; Geld habe ich zwar nicht, aber andere Dinge, die mehr wert sind! Doch muß ich vorher eine Probe machen, damit ich sehe, ob ihr auch die Wahrheit gesagt habt.« Da ließen sie ihn aufs Pferd sitzen, hingen ihm den Mantel um und gaben ihm den Stock in die Hand, und wie er das alles hatte, konnten sie ihn nicht mehr sehen. Da gab er ihnen tüchtige Schläge und rief: »Nun, ihr Bärenhäuter, da habt ihr, was euch gebührt: seid ihr zufrieden?« Dann ritt er den Glasberg hinauf, und als er oben vor das Schloß kam, war es verschlossen; da schlug er mit dem Stock an das Tor, und alsbald sprang es auf. Er trat ein und ging die Treppe hinauf bis oben in den Saal, da saß die Jungfrau und hatte einen goldenen Kelch mit Wein vor sich. Sie konnte ihn aber nicht sehen, weil er den Mantel um hatte. Und als er vor sie kam, zog er den Ring, den sie ihm gegeben hatte, vom Finger und warf ihn in den Kelch, daß es klang. Da rief sie: »Das ist mein Ring, so muß auch der Mann da sein, der mich erlösen wird.« Sie suchten im ganzen Schloß und fanden ihn nicht, er war aber hinausgegangen, hatte sich aufs Pferd gesetzt und den Mantel abgeworfen. Wie sie nun vor das Tor kamen, sahen sie ihn und schrien vor Freude. Da stieg er ab und nahm die Königstocher in den Arm; sie aber küßte ihn und sagte: »Jetzt hast du mich erlöst, und morgen wollen wir unsere Hochzeit feiern.«

94.

Die kluge Bauerntochter

Es war einmal ein armer Bauer, der hatte kein Land, nur ein kleines Häuschen und eine alleinige Tochter, da sprach die Tochter: »Wir sollten den Herrn König um ein Stückchen Rottland bitten.« Da der König ihre Armut hörte, schenkte er ihnen auch ein Eckchen Rasen, den hackte sie und ihr Vater um, und wollten ein wenig Korn und der Art Frucht darauf säen. Als sie den Acker beinah herum hatten, so fanden sie in der Erde einen Mörsel von purem Gold. »Hör«, sagte der Vater zu dem Mädchen, »weil unser Herr König ist so gnädig gewesen und hat uns diesen Acker geschenkt, so müssen wir ihm den Mörsel dafür geben.« Die Tochter aber wollt es nicht bewilligen und sagte: »Vater, wenn wir den Mörsel haben und haben den Stößer nicht, dann müssen wir auch den Stößer herbeischaffen, darum schweigt lieber still.« Er wollte ihr aber nicht gehorchen, nahm den Mörsel, trug ihn zum Herrn König und sagte, den hätte er gefunden in der Heide, ob er ihn als eine Verehrung annehmen wollte. Der König nahm den Mörsel und fragte, ob er nichts mehr gefunden hätte. »Nein«, antwortete der Bauer. Da sagte der König, er sollte nun auch den Stößer herbeischaffen. Der

Bauer sprach, den hätten sie nicht gefunden; aber das half ihm so viel, als hätt er's in den Wind gesagt, er ward ins Gefängnis gesetzt und sollte so lange da sitzen, bis er den Stößer herbeigeschafft hätte. Die Bedienten mußten ihm täglich Wasser und Brot bringen, was man so in dem Gefängnis kriegt, da hörten sie, wie der Mann als fortschrie: »Ach, hätt ich meiner Tochter gehört! Ach, ach, hätt ich meiner Tochter gehört!« Da gingen die Bedienten zum König und sprachen das, wie der Gefangene als fortschrie: »Ach, hätt ich doch meiner Tochter gehört!«, und wollte nicht essen und nicht trinken. Da befahl er den Bedienten, sie sollten den Gefangenen vor ihn bringen, und da fragte ihn der Herr König, warum er also fortschrie: »Ach, hätt ich meiner Tochter gehört!« – »Was hat Eure Tochter denn gesagt?« – »Ja, sie hat gesprochen, ich sollte den Mörsel nicht bringen, sonst müßt ich auch den Stößer schaffen.« – »Habt Ihr so eine kluge Tochter, so laßt sie einmal herkommen.« Also mußte sie vor den König kommen, der fragte sie, ob sie denn so klug wäre, und sagte, er wollte ihr ein Rätsel aufgeben, wenn sie das treffen könnte, dann wollte er sie heiraten. Da sprach sie gleich, ja, sie wollt's erraten. Da sagte der König: »Komm zu mir, nicht gekleidet, nicht nackend, nicht geritten, nicht gefahren, nicht in dem Weg, nicht außer dem Weg, und wenn du das kannst, will ich dich heiraten.« Da ging sie hin und zog sich aus splinternackend, da war sie nicht gekleidet, und nahm ein großes Fischgarn und setzte sich hinein und wickelte es ganz um sich herum, da war sie nicht nackend; und borgte einen Esel fürs Geld und band dem Esel das Fischgarn an den Schwanz, darin er sie fortschleppen mußte, und war das nicht geritten und nicht gefahren; der Esel mußte sie aber in der Fahrgleise schleppen, so daß sie nur mit der großen Zehe auf die Erde kam, und war das nicht in dem Weg und nicht außer dem Wege. Und wie sie so daherkam, sagte der König, sie hätte das Rätsel getroffen, und es wäre alles erfüllt. Da ließ er ihren Vater los aus dem Gefängnis und nahm sie bei sich als seine Gemahlin und befahl ihr das ganze königliche Gut an.

Nun waren etliche Jahre herum, als der Herr König einmal auf die Parade zog, da trug es sich zu, daß Bauern mit ihren Wagen vor dem Schloß hielten, die hatten Holz verkauft; etliche hatten Ochsen vorgespannt und etliche Pferde. Da war ein Bauer, der hatte drei Pferde, davon kriegte eins ein junges Füllchen, das lief weg und legte sich mitten zwischen zwei Ochsen, die vor dem Wagen waren.

Als nun die Bauern zusammenkamen, fingen sie an, sich zu zanken, zu schmeißen und zu lärmen, und der Ochsenbauer wollte das Füllchen behalten und sagte, die Ochsen hätten's gehabt; und der andere sagte, nein, seine Pferde hätten's gehabt, und es wäre sein. Der Zank kam vor den König, und der tat den Ausspruch, wo das Füllen gelegen hätte, da sollte es bleiben; und also bekam's der Ochsenbauer, dem's doch nicht gehörte. Da ging der andere weg, weinte und lamentierte über sein Füllchen. Nun hatte er gehört, wie daß die Frau Königin so gnädig wäre, weil sie auch von armen Bauersleuten gekommen wäre; ging er zu ihr und bat sie, ob sie ihm nicht helfen könnte, daß er sein Füllchen wieder bekäme. Sagte sie: »Ja, wenn Ihr mir versprecht, daß Ihr mich nicht verraten wollt, so will ich's Euch sagen. Morgen früh, wenn der König auf der Wachtparade ist, so stellt Euch hin mitten in die Straße, wo er vorbeikommen muß, nehmt ein großes Fischgarn und tut, als fischtet Ihr, und fischt also fort und schüttet das Garn aus, als wenn Ihr's voll hättet«, und sagte ihm auch, was er antworten sollte, wenn er vom König gefragt würde. Also stand der Bauer am andern Tag da und fischte auf einem trockenen Platz. Wie der König vorbeikam und das sah, schickte er seinen Laufer hin, der sollte fragen, was der närrische Mann vorhätte. Da gab er zur Antwort: »Ich fische.« Fragte der Laufer, wie er fischen könnte, es wäre ja kein Wasser da. Sagte der Bauer: »So gut als zwei Ochsen können ein Füllen kriegen, so gut kann ich auch auf dem trockenen Platz fischen.« Der Laufer ging hin und brachte dem König die Antwort, da ließ er den Bauer vor sich kommen und sagte ihm, das hätte er nicht von sich, von wem er das hätte: und sollt's gleich bekennen. Der Bauer aber wollt's nicht tun und sagte immer, Gott bewahr! er hätt es von sich. Sie legten ihn auf ein Gebund Stroh und schlugen und drangsalten ihn so lange, bis er's bekannte, daß er's von der Frau Königin hätte. Als der König nach Haus kam, sagte er zu seiner Frau: »Warum bist du so falsch mit mir, ich will dich nicht mehr zur Gemahlin: deine Zeit ist um, geh wieder hin, woher du kommen bist, in dein Bauernhäuschen.« Doch erlaubte er ihr eins, sie sollte sich das Liebste und Beste mitnehmen, was sie wüßte, und das sollte ihr Abschied sein. Sie sagte: »Ja, lieber Mann, wenn du's so befiehlst, will ich es auch tun«, und fiel über ihn her und küßte ihn und sprach, sie wollte Abschied von ihm nehmen. Dann ließ sie einen starken Schlaftrunk kommen, Abschied mit ihm zu trinken; der

König tat einen großen Zug, sie aber trank nur ein wenig. Da geriet er bald in einen tiefen Schlaf, und als sie das sah, rief sie einen Bedienten und nahm ein schönes weißes Linnentuch und schlug ihn da hinein, und die Bedienten mußten ihn in einen Wagen vor die Türe tragen, und fuhr sie ihn heim in ihr Häuschen. Da legte sie ihn in ihr Bettchen, und er schlief Tag und Nacht in einem fort, und als er aufwachte, sah er sich um und sagte: »Ach Gott, wo bin ich denn?« Rief seinen Bedienten, aber es war keiner da. Endlich kam seine Frau vors Bett und sagte: »Lieber Herr König, Ihr habt mir befohlen, ich sollte das Liebste und Beste aus dem Schloß mitnehmen, nun hab ich nichts Besseres und Lieberes als dich, da hab ich dich mitgenommen.« Dem König stiegen die Tränen in die Augen, und er sagte: »Liebe Frau, du sollst mein sein und ich dein«, und nahm sie wieder mit ins königliche Schloß und ließ sich aufs neue mit ihr vermählen; und werden sie ja wohl noch auf den heutigen Tag leben.

95.

Der alte Hildebrand

Es war amahl a Baur und a Bäurin, und dö Bäurin, dö hat der Pfarra im Dorf gern gesegn, und da hat er alleweil gwunschen, wann er nur amahl an ganzen Tag mit der Bäurin allan recht vergnügt zubringa kunnt, und der Bäurin, der war's halt a recht gwesn. No, da hat er amahl zu der Bäurin gsagt: »Hanz, mei liebi Bäurin, hietzt hab i was ausstudiert, wie wir halt amahl an ganzen Tag recht vergnügt mitanander zubringa kunnten. Wißt's was, ös legt's eng auf'm Mittwoch ins Bett und sagt's engern Mon, ös seit's krang, und lamatiert's und übelt's nur recht, und das treibt's fort bis auf'm Sunta, wann i die Predi halt, und da wir (werde) i predigen, daß wer z' Haus a krangs Kind, an krangen Mon, a krangs Weib, an krangen Vader, a krange Muader, a krange Schwester, Bruader, oda wer's sunst nacha is, hat, und der tut a Wollfart auf'm Göckerliberg in Wälischland, wo ma um an Kreuzer an Metzen Lorberbladen kriegt, dem wird's krange Kind, der krange Mon, 's krange Weib, der krange Vader, d' krange Muader, d' krange Schwester, oda wer's sunst nacha is, auf der Stell gsund.«

»Dös wir i schon machen«, hat die Bäurin drauf gsagt. No, drauf, auf'm Mittwoch hat sie halt d' Bäurin ins Bett glegt und hat glamatiert und gübelt als wie, und ihr Mon hat ihr alles braucht, was er nur gwißt hat, 's hat aber halt nix gholfn. Wie denn der Sunta kuma is, hat d' Bäurin gsagt: »Mir is zwar so miserabel, als ob i glei verschaden sollt, aber ans möcht i do no vor mein End, i möcht halt in Herrn Pfarra sei Predi hörn, dö er heund halten wird.« – »A mei Kind«, sagt der Baur drauf, »tu du dös nit, du kunntst schlechter wern, wann aufstundst. Schau, es wir i in d' Predi gehn und wir recht acht gebe und wir dir alles wieder derzöhln, was der Herr Pfarra gsagt hat.« – »No«, hat d' Bäurin gsagt, »so geh halt und gib recht acht und derzöhl mir alles, was d' ghört hast.« No, und da is der Baur halt in d' Predi ganga, und da hat der Herr Pfarra also angfangt zun predigen und hat halt gsagt, wann ans a krangs Kind, an krangen Mon, a krangs Weib, an krangen Vader, a krange Muader, a krange Schwester, Bruader, oda wer's sunst nacha war, z' Haus hät, und der wollt a Wollfart machen auf'm Göckerliberg in Wälischland, wo der Metzen Lorberbladen an Kreuzer kost, dem wird's krange Kind, der krange Mon, 's krange Weib, der krange Vader, d' krange Muader, d' krange Schwester, Bruader, oda wer's sunst nacha war, auf der Stell gesund wern, und wer also dö Ras unternehma wollt, der soll nach der Meß zu ihm kuma, da wird er ihm den Lorbersack gebn und den Kreuzer. Da war niembd fröher als der Bauer, und nach der Meß is er gleich zum Pfarra ganga, und der hat ihm also den Lorbersack gebn und den Kreuzer. Drauf is er nach Haus kuma und hat schon bei der Haustür einigschrien: »Juchesha, liebes Weib, hietzt is so viel, als ob's gsund warst. Der Herr Pfarra hat heunt predigt, daß wer a krangs Kind, an krangen Mon, a kranges Weib, an krangen Vader, a krange Muader, a krange Schwester, Bruader, oda wer's sunst nacha war, z' Haus hat und der macht a Wollfart auf'm Göckerliberg in Wälischland, wo der Metzen Lorberbladen an Kreuzer kost, dem wird's krange Kind, der krange Mon, 's krange Weib, der krange Vader, d' krange Muader, d' krange Schwester, Bruader, oda wer's sunst nacha war, auf der Stell gsund; und hietzt hab i mir schon den Lorbersack gholt vom Herrn Pfarra und den Kreuzer, und wir glei mein Wanderschaft antreten, daß d' desto eher gsund wirst«; und drauf is er fortganga.

Er war aber kam fort, so is die Bäurin schon aufgwesn, und der Pfarra war a glei do. Hietzt lassen wir aber dö zwa indessen auf der Seiten und gänga mir mit'n Baur. Der is halt alleweil drauflosganga, damit er desto ehender auf'm Göckerliberg kummt, und wie er halt so geht, begegnt ihm sein Gvatter. Sein Gvatter, dös war an Armon (Eiermann), und der is just von Mark kuma, wo er seine Ar verkauft hat. »Globt seist«, sagt sein Gvatter, »wo gehst denn so trabi hin, Gvatter?« – »In Ewigkeit, Gvatter«, sagt der Baur, »mein Weib is krang worn, und da hab i heund in Herrn Pfarra sein Predi ghört, und da hat er predigt, daß wann aner z' Haus an krangs Kind, an krangen Mon, a krangs Weib, an krangen Vader, a krange Muader, a krange Schwester, Bruader, oda wer's sunst nacha war, hat, und er macht a Wollfart auf'm Göckerliberg in Wälischland, wo der Metzen Lorberbladen an Kreuzer kost, dem wird's krange Kind, der krange Mon, 's krange Weib, der krange Vader, d' krange Muader, d' krange Schwester, Bruader, oda wer's sunst nacha war, auf der Stell gsund, und da hab i mir von Herrn Pfarra den Lorbersack un den Kreuzer gholt, und hietzt trit i halt mein Wanderschaft an.« – »Aber hanz, Gvatter«, hat der Gvatter zum Baur gsagt, »seit's denn gar so dacket (einfältig), daß so was glauben könt's? Wißt's, was is? Der Pfarra möcht gern mit engern Weib an ganzen Tag allan recht vergnügt zubringa, drum habn's eng den Bärn anbunden, daß ihr en aus'n Füßen kumts.« – »Mein«, hat der Baur gsagt, »so möcht i do wissen, ob das wahr ist.« – No«, hat der Gvatter gsagt, »wast was, setz di in mein Arkorb eini, so will i di nach Haus tragn, und da wirst es selber segn.« No, das is also gschegn, und den Baur hat sein Gvatter in sein Arkorb einigsetzt, und der hat 'n nach Haus tragn. Wie's nach Haus kuma san, holla, da is schon lusti zuganga. Da hat die Bäurin schon fast alles, was nur in ihren Hof war, abgstochen ghabt, und Krapfen hat's bachen, und der Pfarra war a schon da und hat a sein Geige mitbracht ghabt. Und da hat halt der Gvatter anklopft, und d' Bäurin hat gfragt, wer draußen war. »I bin's, Gevatterin«, hat der Gvatter gsagt, »mei, gebt's mir heund Nacht a Herberg, i hab meini Ar auf'm Mark nit verkauft, und hietzt muß i's wieder nach Haus trage, und sö san gar z' schwar, i bring's nit fort, es is a schon finster.« – »Ja, mein Gvatter«, sagt d' Bäurin drauf, »ös kumts mir recht zur unglegna Zeit. No, weil's halt her nit anders is, so kömts eina und setzt's eng dort auf d' Ofenbank.« No hat sie der Gvatter also mit sein Buckelkorb auf d' Ofenbank gsetzt. Der Pfarra aber und d' Bäurin, dö warn halt recht lusti. Endli fangt der Pfarra an und sagt: »Hanz, mein liebi Bäurin, ös könnt's ja so schön singa, singt's mir do ans.« – »Ah«, sagt die Bäurin, »hietzt kann i nix mehr singa, ja in mein junge Jahren, da hab i's wohl könna, aber hietzt is schon vorbei.« – »Ei«, sagt wieder der Pfarra, »singt's do nur a bißl.« No, da fangt die Bäurin an und singt:

»I hab mein Mon wohl ausgesandt
auf'm Göckerliberg in Wälischland.«

Drauf singt der Pfarra:

»I wollt, er blieb da a ganzes Jahr,
was fragt i nach demLorbersack.
Halleluja!«

Hietzt fangt der Gvatter hinten an und singt (da muß i aber derzöhln, daß der Baur Hildebrand ghassen hat), singt also der Gvatter:

»Ei du, mein lieber Hildebrand,
was machst du auf der Ofenbank?
Halleluja!«

Und hietzt singt der Baur in Korb drinna:

»Hietzt kann i das Singa nimmermehr leiden,
hietzt muß i aus mein Buckelkorb steigen.«

Und steigt aus'n Korb und prügelt den Pfaffen beim Haus hinaus.

96.

De drei Vügelkens

Et is wul dusent un meere Jaare hen, da wören hier im Lanne luter kleine Künige, da hed auck einer up den Keuterberge wünt (gewohnt), de gink san geren up de Jagd. Ase nu mal mit sinen Jägern vom Schlotte herruttrok, höen (hüteten) unner den Berge drei Mäkens ire Köge (Kühe), un wie sei den Künig mit den vielen Lüen (Leuten) seien, so reip de ölleste den annern beden Mäkens to un weis up den Künig: »Helo, helo! Wenn ik den nig kriege, so will ik keinen.« Da antworde de zweide up de annere Side vom Berge un weis up den, de dem Künige rechter Hand gink: »Helo, helo! Wenn ik den nig kriege, so will ik keinen.« Da reip de jüngeste un weis up den, de linker Hand gink: »Helo, helo! Wenn ik den nig kriege, so will ik keinen.« Dat wören averst de beden Ministers. Dat hörde de Künig alles, un ase von der Jagd heime kummen was, leit he de drei Mäkens to sik kummen un fragete se, wat se da gistern am Berge segd hedden. Dat wullen se nig seggen, de Künig frog awerst de ölleste, ob se ün wol tom Manne hewen wulle. Da segde se ja, un ere beiden Süstern friggeten de beiden Ministers, denn se wören alle drei scheun un schir (klar, schön) von Angesicht, besunnders de Künigin, de hadde Hare ase Flass.

De beiden Süstern awerst kregen keine Kinner, un ase de Künig mal verreisen moste, let he se tor Künigin kummen, um se up to munnern, denn se was grae (gerad) swanger. Se kreg en kleinen Jungen, de hadde 'n ritsch roen (roten) Stern mit up de Weld. Da sehden de beiden Süstern, eine tor annern, se wullen den hübsken Jungen in't Water werpen. Wie se 'n darin worpen hadden (ick glöwe, et is de Weser west), da flügt 'n Vügelken in de Högte, dat sank:

»Tom Daude bereit,
up wietern Bescheid
tom Lilienstrus:
wacker Junge, bist du's?«

Da dat de beiden hörten, kregen se de Angst up'n Lieve un makten, dat se fort keimen. Wie de Künig na Hus kam, sehden se to üm, de Künigin hedde 'n Hund kregen. Da segde de Künig: »Wat Gott deiet, dat is wole dahn.«

Et wunde averst 'n Fisker an den Water, de fiskede den kleinen Jungen wier herut, ase noch ewen lebennig was, un da sine Fru kene Kinner hadde, foerden (fütterten) s' en up. Na 'n Jaar was de Künig wier verreist, da krig de Künigin wier 'n Jungen, den namen de beiden falsken Süstern un warpen 'n auck in't Water, da flügt dat Vügelken wier in de Högte un sank:

»Tom Daude bereit,
up wieternBescheid
tom Lilienstrus:
wacker Junge, bist du's?«

Un wie de Künig torügge kam, sehden se to üm, de Künigin hedde wier 'n Hund bekummen, un he segde wier: »Wat Gott deit, dat is wole dahn.« Awerst de Fisker trok düsen auck ut den Water un foerd 'n up.

Da verreisede de Künig wier, un de Künigin kreg 'n klein Mäken, dat warpen de falsken Süstern auck in't Water. Da flügt dat Vügelken wier in de Högte un sank:

»Tom Daude bereit,
up wietern Bescheid
tom Lilienstrus:
wacker Mäken, bist du's?«

Un wie de Künig na Hus kam, sehden se to üm, de Künigin hedde ne Katte kregt. Da worde de Künig beuse un leit sine Fru in't Gefängnis smieten, da hed se lange Jaare in setten.

De Kinner wören unnerdes anewassen, da gink de ölleste mal mit annern Jungens herut to fisken, da wüllt ün de annern Jungens nig twisken sik hewen un segget: »Du Fündling, gaa du diner Wege.« Da ward he gans bedröwet un fräggt den olen Fisker, ob dat war wöre. De vertellt ün, dat he mal fisked hedde un hedde ün ut den Water troken (gezogen). Da segd he, he wulle furt un sinen Teiten (Vater) söken. De Fisker, de biddet 'n, he mögde doch bliven, awerst he let sik gar nicht hallen, bis de Fisker et tolest togivt. Da givt he sik un den Weg un geit meere Dage hinner'n anner, endlich kümmt he vor 'n graut allmächtig Water, davor steit ne ole Fru un fiskede. »Guden Dag, Moer«, segde de Junge. »Groten Dank.« – »Du süst da wol lange fisken, e du 'n Fisk fängest.« – »Un du wol lange söken, e du dinen Teiten findst. Wie wust du der denn da över't Water kummen?« sehde de Fru. »Ja, dat mag Gott witten.« Da nümmt de ole Fru ün up den Rüggen un dragt 'n derdörch, un he söcht lange Tiid un kann sinen Teiten nig finnen. Ase nu wol'n Jahr veröwer is, da trekt de tweide auck ut un will sinen Broer söken. He kümmt an dat Water, un da geit et ün ewen so ase sinen Broer. Nu was nur noch de Dochter allein to Hus, de jammerde so viel na eren Broern, dat se upt lest auck den Fisker bad, he mögte se treken laten, se wulle ere Broerkes söken. Da kam se auck bie den grauten Water, da sehde se tor olen Fru: »Guden Dag, Moer.« – »Groten Dank.« – »Gott helpe ju bie juen fisken.« Ase de ole Fru dat horde, da word se ganz fründlich un drog se över't Water un gab er 'n Roe (Rute) un sehde to er: »Nu gah man jümmer up düsen Wege to, mine Dochter, un wenn du bie einen groten swarten Hund vorbie kummst, so must du still un drist un one to lachen un one ün an to kicken vorbie gaan. Dann kümmest du an 'n grot open Schlott, up'n Süll (Schwelle) most du de Roe fallen laten un stracks dörch dat Schlott an den annern Side wier herut gahen; da is 'n olen Brunnen, darut is 'n groten Boom wassen, daran hänget 'n Vugel im Buer, den nümm af; dann nümm noch 'n Glas Water ut den Brunnen un gaa mit düsen beiden den sülvigen Weg wier torügge; up den Süll nümm de Roe auck wier mit, un wenn du dann wier bie den Hund vorbie kummst, so schlah ün in't Gesicht, awerst sü to, dat du ün treppest, un dann kumm nur wier to me torügge.« Da fand se et grade so, ase de Fru et sagd hadde, un up den Rückwege, da fand se de beiden Broer, de sik de halve Welt durchsöcht hadden. Se gingen tosammen, bis wo de swarte Hund an den Weg lag, den schlog se in't Gesicht, da word et'n schönen Prinz, de geit mit ünen bis an dat Water. Da stand da noch de ole Fru, de frögede sik ser, da se alle wier da wören, un drog se alle över't Water, un dann gink se auck weg, denn se was nu erlöst. De annern awerst gingen alle na den olen Fisker, un alle wören froh, dat se sik wier funnen hadden, den Vügel awerst hüngen se an der Wand.

De tweide Suhn kunne awerst nig to Huse rasten un nam 'n Flitzebogen un gink up de Jagd. Wie he möe was, nam he sine Flötepipen un mackte 'n Stücksken. De Künig awerst wör auck up de Jagd un hörde dat, da ging he hin, un wie he den Jungen drap, so sehde he: »We hett die verlöwt hier to jagen?« – »O neimes (niemand).« – »Wen hörst du dann to?« – »Ik bin den Fisker sin Suhn.« – »De hett ja keine Kinner.« – »Wenn du't nig glöwen wust, so kum mit.« Dat dehe de Künig un frog den Fisker, de vertälle ün alles, un dat Vügelken an der Wand fing an to singen:

»De Möhme (Mutter) sitt allein,
wol in dat Kerkerlein.
O Künig, edeles Blod,
dat sind diene Kinner god.
De falsken Süstern beide,
de dehen de Kinnerkes Leide,
wol in des Waters Grund,
wo se de Fisker fund.«

Da erschraken se alle, un de Künig nahm den Vugel, den Fisker un de drei Kinner mit sik na den Schlotte un leit dat Gefänknis upschluten un nam sine Fru wier herut, de was awerst gans kränksch un elennig woren. Da gav er de Dochter von den Water ut den Brunnen to drinken, da war se frisk un gesund. De beiden falsken Süstern wören awerst verbrennt, un de Dochter friggede den Prinzen.

97.

Das Wasser des Lebens

Es war einmal ein König, der war krank, und niemand glaubte, daß er mit dem Leben davonkäme. Er hatte aber drei Söhne, die waren darüber betrübt, gingen hinunter in den Schloßgarten und weinten. Da begegnete ihnen ein alter Mann, der fragte sie nach ihrem Kummer. Sie sagten ihm, ihr Vater wäre so krank, daß er wohl sterben würde, denn es wollte ihm nichts helfen. Da sprach der Alte: »Ich weiß noch ein Mittel, das ist das Wasser des Lebens, wenn er davon trinkt, so wird er wieder gesund; es ist aber schwer zu finden.« Der älteste sagte: »Ich will es schon finden«, ging zum kranken König und bat ihn, er möchte ihm erlauben auszuziehen, um das Wasser des Lebens zu suchen, denn das könnte ihn allein heilen. »Nein«, sprach der König, »die Gefahr dabei ist zu groß, lieber will ich sterben.« Er bat aber so lange, bis der König einwilligte. Der Prinz dachte in seinem Herzen: »Bringe ich das Wasser, so bin ich meinem Vater der liebste und erbe das Reich.«

Also machte er sich auf, und als er eine Zeitlang fortgeritten war, stand da ein Zwerg auf dem Wege, der rief ihn an und sprach: »Wo hinaus so geschwind?« – »Dummer Knirps«, sagte der Prinz ganz stolz, »das brauchst du nicht zu wissen«, und ritt weiter. Das kleine Männchen aber war zornig geworden und hatte einen bösen Wunsch getan. Der Prinz geriet bald hernach in eine Bergschlucht, und je weiter er ritt, je enger taten sich die Berge zusammen, und endlich ward der Weg so eng, daß er keinen Schritt weiter konnte; es war nicht möglich, das Pferd zu wenden oder aus dem Sattel zu steigen, und er saß da wie eingesperrt. Der kranke König wartete lange Zeit auf ihn, aber er kam nicht. Da sagte der zweite Sohn: »Vater, laßt mich ausziehen und das Wasser suchen«, und dachte bei sich: »Ist mein Bruder tot, so fällt das Reich mir zu.« Der König wollt ihn anfangs auch nicht ziehen lassen, endlich gab er nach. Der Prinz zog also auf demselben Weg fort, den sein Bruder eingeschlagen hatte, und begegnete auch dem Zwerg, der ihn anhielt und fragte, wohin er so eilig wolle. »Kleiner Knirps«, sagte der Prinz, »das brauchst du nicht zu wissen«, und ritt fort, ohne sich weiter umzusehen. Aber der Zwerg verwünschte ihn, und er geriet wie der andere in eine Bergschlucht und konnte nicht vorwärts und rückwärts. So geht's aber den Hochmütigen.

Als auch der zweite Sohn ausblieb, so erbot sich der jüngste, auszuziehen und das Wasser zu holen, und der König mußte ihn endlich ziehen lassen. Als er dem Zwerg begegnete und dieser fragte, wohin er so eilig wolle, so hielt er an, gab ihm Rede und Antwort und sagte: »Ich suche das Wasser des Lebens, denn mein Vater ist sterbenskrank.« – »Weißt du auch, wo das zu finden ist?« – »Nein«, sagte der Prinz. »Weil du dich betragen hast, wie sich's geziemt, nicht übermütig wie deine falschen Brüder, so will ich dir Auskunft geben und dir sagen, wie du zu dem Wasser des Lebens gelangst. Es quillt aus einem Brunnen in dem Hofe eines verwünschten Schlosses, aber du dringst nicht hinein, wenn ich dir nicht eine eiserne Rute gebe und zwei Laiberchen Brot. Mit der Rute schlag dreimal an das eiserne Tor des Schlosses, so wird es aufspringen; inwendig liegen zwei Löwen, die den Rachen aufsperren, wenn du aber jedem ein Brot hineinwirfst, so werden sie still, und dann eile dich und hol von dem Wasser des Lebens, bevor es zwölf schlägt, sonst schlägt das Tor wieder zu, und du bist eingesperrt.« Der Prinz dankte ihm, nahm die Rute und das Brot und machte sich auf den Weg. Und als er anlangte, war alles so, wie der Zwerg gesagt hatte. Das Tor sprang beim dritten Rutenschlag auf, und als er die Löwen mit dem Brot gesänftigt hatte, trat er in das Schloß und kam in einen großen schönen Saal; darin saßen verwünschte Prinzen, denen zog er die Ringe vom Finger, dann lag da ein Schwert und ein Brot, das nahm er weg. Und weiter kam er in ein Zimmer, darin stand eine schöne Jungfrau, die freute sich, als sie ihn sah, küßte ihn und sagte, er hätte sie erlöst und sollte ihr ganzes Reich haben, und wenn er in einem Jahr wiederkäme, so sollte ihre Hochzeit gefeiert werden. Dann sagte sie ihm auch, wo der Brunnen wäre mit dem Lebenswasser, er müßte sich aber eilen und daraus schöpfen, eh es zwölf schlüge. Da ging er weiter und kam endlich in ein Zimmer, wo ein schönes frischgedecktes Bett stand, und weil er müde war, wollt er erst ein wenig ausruhen. Also legte er sich und schlief ein; als er erwachte, schlug es dreiviertel auf zwölf. Da sprang er ganz erschrocken auf, lief zu dem Brunnen und schöpfte daraus mit einem Becher, der daneben stand, und eilte, daß er fortkam. Wie er eben zum eisernen Tor hinausging, da schlug's zwölf, und das Tor schlug so heftig zu, daß es ihm noch ein Stück von der Ferse wegnahm.

Er aber war froh, daß er das Wasser des Lebens erlangt hatte, ging heimwärts und kam wieder an dem Zwerg vorbei. Als dieser das Schwert und das Brot sah, sprach er: »Damit hast du großes Gut gewonnen, mit dem Schwert kannst du ganze Heere schlagen, das Brot aber wird niemals all.« Der Prinz wollte ohne seine Brüder nicht zu dem Vater nach Haus kommen und sprach: »Lieber Zwerg, kannst du mir nicht sagen, wo meine zwei Brüder sind? Sie sind früher als ich nach dem Wasser des Lebens ausgezogen und sind nicht wiedergekommen.« – »Zwischen zwei Bergen stecken sie eingeschlossen«, sprach der Zwerg, »dahin habe ich sie verwünscht, weil sie so übermütig waren.« Da bat der Prinz so lange, bis der Zwerg sie wieder losließ, aber er warnte ihn und sprach: »Hüte dich vor ihnen, sie haben ein böses Herz.«

Als seine Brüder kamen, freute er sich und erzählte ihnen, wie es ihm ergangen wäre, daß er das Wasser des Lebens gefunden und einen Becher voll mitgenommen und eine schöne Prinzessin erlöst hätte, die wollte ein Jahr lang auf ihn warten, dann sollte Hochzeit gehalten werden, und er bekäme ein großes Reich. Danach ritten sie zusammen fort und gerieten in ein Land, wo Hunger und Krieg war, und der König glaubte schon, er müßte verderben, so groß war die Not. Da ging der Prinz zu ihm und gab ihm das Brot, womit er sein ganzes Reich speiste und sättigte; und dann gab ihm der Prinz auch das Schwert, damit schlug er die Heere seiner Feinde und konnte nun in Ruhe und Frieden leben. Da nahm der Prinz sein Brot und Schwert wieder zurück, und die drei Brüder ritten weiter. Sie kamen aber noch in zwei Länder, wo Hunger und Krieg herrschten, und da gab der Prinz den Königen jedesmal sein Brot und Schwert und hatte nun drei Reiche gerettet. Und danach setzten sie sich auf ein Schiff und fuhren übers Meer. Während der Fahrt, da sprachen die beiden ältesten unter sich: »Der jüngste hat das Wasser des Lebens gefunden und wir nicht, dafür wird ihm unser Vater das Reich geben, das uns gebührt, und er wird unser Glück wegnehmen.« Da wurden sie rachsüchtig und verabredeten miteinander, daß sie ihn verderben wollten. Sie warteten, bis er einmal fest eingeschlafen war, da gossen sie das Wasser des Lebens aus dem Becher und nahmen es für sich, ihm aber gossen sie bitteres Meerwasser hinein.

Als sie nun daheim ankamen, brachte der jüngste dem kranken König seinen Becher, damit er daraus trinken und gesund werden sollte. Kaum aber hatte er ein wenig von dem bitteren Meerwasser getrunken, so ward er noch kränker als zuvor. Und wie er darüber jammerte, kamen die beiden ältesten Söhne und klagten den jüngsten an, er hätte ihn vergiften wollen, sie brächten ihm das rechte Wasser des Lebens, und reichten es ihm. Kaum hatte er davon getrunken, so fühlte er seine Krankheit verschwinden und ward stark und gesund wie in seinen jungen Tagen. Danach gingen die beiden zu dem jüngsten, verspotteten ihn und sagten: »Du hast zwar das Wasser des Lebens gefunden, aber du hast die Mühe gehabt und wir den Lohn; du hättest klüger sein und die Augen aufbehalten sollen, wir haben dir's genommen, während du auf dem Meere eingeschlafen warst, und übers Jahr, da holt sich einer von uns die schöne Königstochter. Aber hüte dich, daß du nichts davon verrätst, der Vater glaubt dir doch nicht, und wenn du ein einziges Wort sagst, so sollst du noch obendrein dein Leben verlieren, schweigst du aber, so soll dir's geschenkt sein.«

Der alte König war zornig über seinen jüngsten Sohn und glaubte, er hätte ihm nach dem Leben getrachtet. Also ließ er den Hof versammeln und das Urteil über ihn sprechen, daß er heimlich sollte erschossen werden. Als der Prinz nun einmal auf die Jagd ritt und nichts Böses vermutete, mußte des Königs Jäger mitgehen. Draußen, als sie ganz allein im Wald waren und der Jäger so traurig aussah, sagte der Prinz zu ihm: »Lieber Jäger, was fehlt dir?« Der Jäger sprach: »Ich kann's nicht sagen und soll es doch.« Da sprach der Prinz: »Sage heraus, was es ist, ich will dir's verzeihen.« – »Ach«, sagte der Jäger, »ich soll Euch totschießen, der König hat mir's befohlen.« Da erschrak der Prinz und sprach: »Lieber Jäger, laß mich leben, da geb ich dir mein königliches Kleid, gib mir dafür dein schlechtes.« Der Jäger sagte: »Das will ich gerne tun, ich hätte doch nicht nach Euch schießen können.« Da tauschten sie die Kleider, und der Jäger ging heim, der Prinz aber ging weiter in den Wald hinein.

Über eine Zeit, da kamen zu dem alten König drei Wagen mit Gold und Edelsteinen für seinen jüngsten Sohn; sie waren aber von den drei Königen geschickt, die mit des Prinzen Schwert die Feinde geschlagen und mit seinem Brot ihr Land ernährt hatten und die sich dankbar bezeigen wollten. Da dachte der alte König: »Sollte mein Sohn unschuldig gewesen sein?« Und sprach zu seinen Leuten: »Wäre er noch am Leben, wie tut mir's so leid, daß ich ihn habe töten lassen.« – »Er lebt noch«, sprach der Jäger, »ich konnte es nicht übers Herz bringen, Euern Befehl auszuführen«, und sagte dem König, wie es zugegangen war. Da fiel dem König ein Stein von dem Herzen, und er ließ in allen Reichen verkündigen, sein Sohn dürfte wiederkommen und sollte in Gnaden aufgenommen werden.

Die Königstochter aber ließ eine Straße vor ihrem Schloß machen, die war ganz golden und glänzend, und sagte ihren Leuten, wer darauf geradeswegs zu ihr geritten käme, das wäre der rechte und den sollten sie einlassen, wer aber daneben käme, der wäre der rechte nicht, und den sollten sie auch nicht einlassen. Als nun die Zeit bald herum war, dachte der älteste, er wollte sich eilen, zur Königstochter gehen und sich für ihren Erlöser ausgeben, da bekäme er sie zur Gemahlin und das Reich daneben. Also ritt er fort, und als er vor das Schloß kam und die schöne goldene Straße sah, dachte er: »Das wäre jammerschade, wenn du darauf rittest«, lenkte ab und ritt rechts nebenher. Wie er aber vor das Tor kam, sagten die Leute zu ihm, er wäre der rechte nicht, er sollte wieder fortgehen. Bald darauf machte sich der zweite Prinz auf, und wie der zur goldenen Straße kam und das Pferd den einen Fuß daraufgesetzt hatte, dachte er: »Es wäre jammerschade, das könnte etwas abtreten«, lenkte ab und ritt links nebenher. Wie er aber vor das Tor kam, sagten die Leute, er wäre der rechte nicht, er sollte wieder fortgehen. Als nun das Jahr ganz herum war, wollte der dritte aus dem Wald fort zu seiner Liebsten reiten und bei ihr sein Leid vergessen. Also machte er sich auf und dachte immer an sie und wäre gerne schon bei ihr gewesen und sah die goldene Straße gar nicht. Da ritt sein Pferd mitten darüber hin, und als er vor das Tor kam, ward es aufgetan, und die Königstochter empfing ihn mit Freuden und sagte, er wär ihr Erlöser und der Herr des Königreichs, und ward die Hochzeit gehalten mit großer Glückseligkeit. Und als sie vorbei war, erzählte sie ihm, daß sein Vater ihn zu sich entboten und ihm verziehen hätte. Da ritt er hin und sagte ihm alles, wie seine Brüder ihn betrogen und er doch dazu geschwiegen hätte. Der alte König wollte sie strafen, aber sie hatten sich aufs Meer gesetzt und waren fortgeschifft und kamen ihr Lebtag nicht wieder.

98.

Doktor Allwissend

Es war einmal ein armer Bauer namens *Krebs,* der fuhr mit zwei Ochsen ein Fuder Holz in die Stadt und verkaufte es für zwei Taler an einen Doktor. Wie ihm nun das Geld ausbezahlt wurde, saß der Doktor gerade zu Tisch; da sah der Bauer, wie er schön aß und trank, und das Herz ging ihm danach auf, und er wäre auch gern ein Doktor gewesen. Also blieb er noch ein Weilchen stehen und fragte endlich, ob er nicht auch könnte ein Doktor werden. »Oh ja«, sagte der Doktor, »das ist bald geschehen.« – »Was muß ich tun?« fragte der Bauer. »Erstlich kauf dir ein Abc-Buch, so eins, wo vorn ein Göckelhahn drin ist; zweitens mache deinen Wagen und deine zwei Ochsen zu Geld und schaff dir damit Kleider an und was sonst zur Doktorei gehört; drittens laß dir ein Schild malen mit den Worten ›Ich bin der Doktor Allwissend‹ und laß das oben über deine Haustür nageln.« Der Bauer tat alles, wie's ihm geheißen war. Als er nun ein wenig gedoktert hatte, aber noch nicht viel, ward einem reichen großen Herrn Geld gestohlen. Da ward ihm von dem Doktor Allwissend gesagt, der in dem und dem Dorfe wohnte und auch wissen müßte, wo das Geld hingekommen wäre. Also ließ der Herr seinen Wagen anspannen, fuhr hinaus ins Dorf und fragte bei ihm an, ob er der Doktor Allwissend wäre. Ja, der wär er. So sollte er mitgehen und das gestohlene Geld wiederschaffen. O ja, aber die Grete, seine Frau, müßte auch mit. Der Herr war das zufrieden und ließ sie beide in den Wagen sitzen, und sie fuhren zusammen fort. Als sie auf den adligen Hof kamen, war der Tisch gedeckt, da sollte er erst mitessen. Ja, aber seine Frau, die Grete, auch, sagte er und setzte sich mit ihr hinter den Tisch. Wie nun der erste Bediente mit einer Schüssel schönem Essen kam, stieß der Bauer seine Frau an und sagte: »Grete, das war der erste«, und meinte, es wäre derjenige, welcher das erste Essen brächte. Der Bediente aber meinte, er hätte damit sagen wollen: »Das ist der erste Dieb«, und weil er's nun wirklich war, ward ihm angst, und er sagte draußen zu seinen Kameraden: »Der Doktor weiß alles, wir kommen übel an: er hat gesagt, ich wäre der erste.« Der zweite wollte gar nicht herein, er mußte aber doch. Wie er nun mit seiner Schüssel hereinkam, stieß der Bauer seine Frau an:

»Grete, das ist der zweite.« Dem Bedienten ward ebenfalls angst, und er machte, daß er hinauskam. Dem dritten ging's nicht besser, der Bauer sagte wieder: »Grete, das ist der dritte.« Der vierte mußte eine verdeckte Schüssel hereintragen, und der Herr sprach zum Doktor, er sollte seine Kunst zeigen und raten, was darunterläge; es waren aber Krebse. Der Bauer sah die Schüssel an, wußte nicht, wie er sich helfen sollte, und sprach: »Ach, ich armer *Krebs*!« Wie der Herr das hörte, rief er: »Da, er weiß es, nun weiß er auch, wer das Geld hat.«

Dem Bedienten aber ward gewaltig angst, und er blinzelte den Doktor an, er möchte einmal herauskommen. Wie er nun hinauskam, gestanden sie ihm alle viere, sie hätten das Geld gestohlen; sie wollten's ja gerne herausgeben und ihm eine schwere Summe dazu, wenn er sie nicht verraten wollte: es ginge ihnen sonst an den Hals. Sie führten ihn auch hin, wo das Geld versteckt lag. Damit war der Doktor zufrieden, ging wieder hinein, setzte sich an den Tisch und sprach: »Herr, nun will ich in meinem Buch suchen, wo das Geld steckt.« Der fünfte Bediente aber kroch in den Ofen und wollte hören, ob der Doktor noch mehr wüßte. Der saß aber und schlug sein Abc-Buch auf, blätterte hin und her und suchte den Göckelhahn. Weil er ihn nicht gleich finden konnte, sprach er: »Du bist doch darin und mußt auch heraus.« Da glaubte der im Ofen, er wäre gemeint, sprang voller Schrecken heraus und rief: »Der Mann weiß alles.« Nun zeigte der Doktor Allwissend dem Herrn, wo das Geld lag, sagte aber nicht, wer's gestohlen hatte, bekam von beiden Seiten viel Geld zur Belohnung und ward ein berühmter Mann.

99.

Der Geist im Glas

Es war einmal ein armer Holzhacker, der arbeitete vom Morgen bis in die späte Nacht. Als er sich endlich etwas Geld zusammengespart hatte, sprach er zu seinem Jungen: »Du bist mein einziges Kind, ich will das Geld, das ich mit saurem Schweiß erworben habe, zu deinem Unterricht anwenden; lernst du etwas Rechtschaffenes, so kannst du mich im Alter ernähren, wenn meine Glieder steif geworden sind und ich daheim sitzen muß.« Da ging der Junge auf eine hohe Schule und lernte fleißig, so daß ihn seine Lehrer rühmten, und blieb eine Zeitlang dort. Als er ein paar Schulen durchgelernt hatte, doch aber noch nicht in allem vollkommen war, so war das bißchen Armut, das der Vater erworben hatte, draufgegangen, und er mußte wieder zu ihm heimkehren. »Ach«, sprach der Vater betrübt, »ich kann dir nichts mehr geben und kann in der teuern Zeit auch keinen Heller mehr verdienen als das tägliche Brot.« – »Lieber Vater«, antwortete der Sohn, »macht Euch darüber keine Gedanken, wenn's Gottes Wille also ist, so wird's zu meinem Besten ausschlagen; ich will mich schon dreinschicken.« Als der Vater hinaus in den Wald wollte, um etwas am Malterholz (am Zuhauen und Aufrichten) zu verdienen, so sprach der Sohn: »Ich will mit Euch gehen und Euch helfen.« – »Ja, mein Sohn«, sagte der Vater, »das sollte dir beschwerlich ankommen, du bist an harte Arbeit nicht gewöhnt, du hältst das nicht aus; ich habe auch nur eine Axt und kein Geld übrig, um noch eine zu kaufen.« – »Geht nur zum Nachbar«, antwortete der Sohn, »der leiht Euch seine Axt so lange, bis ich mir selbst eine verdient habe.«

Da borgte der Vater beim Nachbar eine Axt, und am anderen Morgen, bei Anbruch des Tages, gingen sie zusammen hinaus in den Wald. Der Sohn half dem Vater und war ganz munter und frisch dabei. Als nun die Sonne über ihnen stand, sprach der Vater: »Wir wollen rasten und Mittag halten, hernach geht's noch einmal so gut.« Der Sohn nahm sein Brot in die Hand und sprach: »Ruht Euch nur aus, Vater, ich bin nicht müde, ich will in dem Wald ein wenig auf und ab gehen und Vogelnester suchen.« – »O du Geck«, sprach der Vater, »was willst du da herumlaufen, hernach bist du müde und kannst den Arm nicht mehr aufheben; bleib hier und setze dich zu mir.«

Der Sohn aber ging in den Wald, aß sein Brot, war ganz fröhlich und sah in die grünen Zweige hinein, ob er etwa ein Nest entdeckte. So ging er hin und her, bis er endlich zu einer großen, gefährlichen Eiche kam, die gewiß schon viele hundert Jahre alt war und die keine fünf Menschen umspannt hätten. Er blieb stehen und sah sie an und dachte: »Es muß doch mancher Vogel sein Nest hineingebaut haben.« Da däuchte ihn auf einmal, als hörte er eine Stimme. Er horchte und vernahm, wie es mit so einem recht dumpfen Ton rief: »Laß mich heraus, laß mich heraus.« Er sah sich rings um, konnte aber nichts entdecken, doch es war ihm, als ob die Stimme unten aus der Erde hervorkäme. Da rief er: »Wo bist du?« Die Stimme antwortete: »Ich stecke da unten bei den Eichwurzeln. Laß mich heraus, laß mich heraus.« Der Schüler fing an, unter dem Baum aufzuräumen und bei den Wurzeln zu suchen, bis er endlich in einer kleinen Höhlung eine Glasflasche entdeckte. Er hob sie in die Höhe und hielt sie gegen das Licht, da sah er ein Ding, gleich einem Frosch gestaltet, das sprang darin auf und nieder. »Laß mich heraus, laß mich heraus«, rief's von neuem, und der Schüler, der an nichts Böses dachte, nahm den Pfropfen von der Flasche ab. Alsbald stieg ein Geist heraus und fing an zu wachsen und wuchs so schnell, daß er in wenigen Augenblicken als ein entsetzlicher Kerl, so groß wie der halbe Baum, vor dem Schüler stand. »Weißt du«, rief er mit einer fürchterlichen Stimme, »was dein Lohn dafür ist, daß du mich herausgelassen hast?« – »Nein«, antwortete der Schüler ohne Furcht, »wie soll ich das wissen?« – So will ich dir's sagen«, rief der Geist, »den Hals muß ich dir dafür brechen.« – »Das hättest du mir früher sagen sollen«, antwortete der Schüler, »so hätte ich dich stecken lassen; mein Kopf aber soll vor dir wohl feststehen, da müssen mehr Leute gefragt werden.« – »Mehr Leute hin, mehr Leute her«, rief der Geist, »deinen verdienten Lohn, den sollst du haben. Denkst du, ich wäre aus Gnade da so lange Zeit eingeschlossen worden, nein, es war zu meiner Strafe; ich bin der großmächtige Merkurius, wer mich losläßt, dem muß ich den Hals brechen.« – »Sachte«, antwortete der Schüler, »so geschwind geht das nicht, erst muß ich auch wissen, daß du wirklich in der kleinen Flasche gesessen hast und daß du der rechte Geist bist: kannst du auch wieder hinein, so will ich's glauben, und dann magst du mit mir anfangen, was du willst.« Der Geist sprach voll Hochmut: »Das ist eine geringe Kunst«, zog sich zusammen und machte sich so dünn und klein, wie er anfangs gewesen war, also daß er durch dieselbe Öffnung und durch den Hals der Flasche wieder hineinkroch. Kaum aber war er darin, so drückte der Schüler den abgezogenen Pfropfen wieder auf und warf die Flasche unter die Eichwurzeln an ihren alten Platz, und der Geist war betrogen.

Nun wollte der Schüler zu seinem Vater zurückgehen, aber der Geist rief ganz kläglich: »Ach, laß mich doch heraus, laß mich doch heraus.« – »Nein«, antwortete der Schüler, »zum zweiten Male nicht: wer mir einmal nach dem Leben gestrebt hat, den laß ich nicht los, wenn ich ihn wieder eingefangen habe.« – »Wenn du mich frei machst«, rief der Geist, »so will ich dir so viel geben, daß du dein Lebtag genug hast.« – »Nein«, antwortete der Schüler, »du würdest mich betriegen wie das erstemal.« – »Du verscherzest dein Glück«, sprach der Geist, »ich will dir nichts tun, sondern dich reichlich belohnen.« Der Schüler dachte: »Ich will's wagen, vielleicht hält er Wort, und anhaben soll er mir doch nichts.« Da nahm er den Pfropfen ab, und der Geist stieg wie das vorigemal heraus, dehnte sich auseinander und ward groß wie ein Riese. »Nun sollst du deinen Lohn haben«, sprach er und reichte dem Schüler einen kleinen Lappen, ganz wie ein Pflaster, und sagte: »Wenn du mit dem einen Ende eine Wunde bestreichst, so heilt sie; und wenn du mit dem anderen Ende Stahl und Eisen bestreichst, so wird es in Silber verwandelt.« »Das muß ich erst versuchen«, sprach der Schüler, ging an einen Baum, ritzte die Rinde mit seiner Axt und bestrich sie mit dem einen Ende des Pflasters: alsbald schloß sie sich wieder zusammen und war geheilt. »Nun, es hat seine Richtigkeit«, sprach er zum Geist, »jetzt können wir uns trennen.« Der Geist dankte ihm für seine Erlösung, und der Schüler dankte dem Geist für sein Geschenk und ging zurück zu seinem Vater.

»Wo bist du herumgelaufen?« sprach der Vater. »Warum hast du die Arbeit vergessen? Ich habe es ja gleich gesagt, daß du nichts zustande bringen würdest.« – »Gebt Euch zufrieden, Vater, ich will's nachholen.« – »Ja, nachholen«, sprach der Vater zornig, »das hat keine Art.« – »Habt acht, Vater, den Baum da will ich gleich umhauen, daß er krachen soll.« Da nahm er sein Pflaster, bestrich die Axt damit und tat einen gewaltigen Hieb; aber weil das Eisen in Silber verwandelt war, so legte sich die Schneide um. »Ei, Vater, seht einmal, was habt Ihr mir für eine schlechte Axt gegeben, die ist ganz schief geworden.« Da erschrak der Vater und sprach: »Ach, was hast du gemacht! Nun muß ich die Axt bezahlen und weiß nicht womit; das ist der Nutzen, den ich von deiner Arbeit habe.« – »Werdet nicht bös«, antwortete der Sohn, »die Axt will ich schon bezahlen.« – »O du Dummbart«, rief der Vater, »wovon willst du sie bezahlen? Du hast nichts, als was ich dir gebe; das sind Studentenkniffe, die dir im Kopf stecken, aber vom Holzhacken hast du keinen Verstand.«

Über ein Weilchen sprach der Schüler: »Vater, ich kann doch

nichts mehr arbeiten, wir wollen lieber Feierabend machen.« – »Ei was«, antwortete er, »meinst du, ich wollte die Hände in den Schoß legen wie du? Ich muß noch schaffen, du kannst dich aber heimpakken.« – »Vater, ich bin zum erstenmal hier in dem Wald, ich weiß den Weg nicht allein, geh doch mit mir.« Weil sich der Zorn gelegt hatte, so ließ der Vater sich endlich bereden und ging mit ihm heim. Da sprach er zum Sohn: »Geh und verkauf die verschändete Axt und sieh zu, was du dafür kriegst; das übrige muß ich verdienen, um sie dem Nachbar zu bezahlen.« Der Sohn nahm die Axt und trug sie in die Stadt zu einem Goldschmied, der probierte sie, legte sie auf die Waage und sprach: »Sie ist vierhundert Taler wert, so viel habe ich nicht bar.« Der Schüler sprach: »Gebt mir, was Ihr habt, das übrige will ich Euch borgen.« Der Goldschmied gab ihm dreihundert Taler und blieb einhundert schuldig. Darauf ging der Schüler heim und sprach: »Vater, ich habe Geld, geht und fragt, was der Nachbar für die Axt haben will.« – »Das weiß ich schon«, antwortete der Alte, »einen Taler, sechs Groschen.« – »So gebt ihm zwei Taler, zwölf Groschen, das ist das Doppelte und ist genug; seht Ihr, ich habe Geld im Überfluß«, und gab dem Vater einhundert Taler und sprach: »Es soll Euch niemals fehlen, lebt nach Eurer Bequemlichkeit.« – »Mein Gott«, sprach der Alte, »wie bist du zu dem Reichtum gekommen?« Da erzählte er ihm, wie alles zugegangen wäre und wie er im Vertrauen auf sein Glück einen so reichen Fang getan hätte. Mit dem übrigen Geld aber zog er wieder hin auf die hohe Schule und lernte weiter, und weil er mit seinem Pflaster alle Wunden heilen konnte, ward er der berühmteste Doktor auf der ganzen Welt.

100.

Des Teufels rußiger Bruder

Ein abgedankter Soldat hatte nichts zu leben und wußte sich nicht mehr zu helfen. Da ging er hinaus in den Wald, und als er ein Weilchen gegangen war, begegnete ihm ein kleines Männchen, das war aber der Teufel. Das Männchen sagte zu ihm: »Was fehlt dir?

Du siehst ja so trübselig aus.« Da sprach der Soldat: »Ich habe Hunger, aber kein Geld.« Der Teufel sagte: »Willst du dich bei mir vermieten und mein Knecht sein, so sollst du für dein Lebtag genug haben; sieben Jahre sollst du mir dienen, hernach bist du wieder frei. Aber eins sag ich dir, du darfst dich nicht waschen, nicht kämmen, nicht schnippen, keine Nägel und Haare abschneiden und kein Wasser aus den Augen wischen.« Der Soldat sprach: »Frisch dran, wenn's nicht anders sein kann«, und ging mit dem Männchen fort, das führte ihn geradewegs in die Hölle hinein. Dann sagte es ihm, was er zu tun hätte: er müßte das Feuer schüren unter den Kesseln, wo die Höllenbraten drinsäßen, das Haus reinhalten, den Kehrdreck hinter die Türe tragen und überall auf Ordnung sehen; aber guckte er ein einziges Mal in die Kessel hinein, so würde es ihm schlimm ergehen. Der Soldat sprach: »Es ist gut, ich will's schon besorgen.« Da ging nun der alte Teufel wieder hinaus auf seine Wanderung, und der Soldat trat seinen Dienst an, legte Feuer zu, kehrte und trug den Kehrdreck hinter die Türe, alles, wie es befohlen war. Wie der alte Teufel wiederkam, sah er nach, ob alles geschehen war, zeigte sich zufrieden und ging zum zweitenmal fort. Der Soldat schaute sich nun einmal recht um, da standen die Kessel ringsherum in der Hölle, und war ein gewaltiges Feuer darunter, und es kochte und brutzelte darin. Er hätte für sein Leben gerne hineingeschaut, wenn es ihm der Teufel nicht so streng verboten hätte; endlich konnte er sich nicht mehr anhalten, hob vom ersten Kessel ein klein bißchen den Deckel auf und guckte hinein. Da sah er seinen ehemaligen Unteroffizier darinsitzen: »Aha, Vogel«, sprach er, »treff ich dich hier? Du hast mich gehabt, jetzt hab ich dich«, ließ geschwind den Deckel fallen, schürte das Feuer und legte noch frisch zu. Danach ging er zum zweiten Kessel, hob ihn auch ein wenig auf und guckte, da saß sein Fähnrich darin: »Aha, Vogel, treff ich dich hier? Du hast mich gehabt, jetzt hab ich dich«, machte den Deckel wieder zu und trug noch einen Klotz herbei, der sollte ihm erst recht heiß machen. Nun wollte er auch sehen, wer im dritten Kessel säße, da war's gar ein General: »Aha, Vogel, treff ich dich hier? Du hast mich gehabt, jetzt hab ich dich«, holte den Blasbalg und ließ das Höllenfeuer recht unter ihm flackern. Also tat er sieben Jahr seinen Dienst in der Hölle, wusch sich nicht, kämmte sich nicht, schnippte sich nicht, schnitt sich die Nägel und Haare nicht und wischte sich kein Wasser aus den Augen; und die sieben Jahre waren ihm so kurz, daß er meinte, es wäre nur ein halbes Jahr gewesen. Als nun die Zeit vollends herum war, kam der Teufel und sagte: »Nun, Hans, was hast du gemacht?« – »Ich habe das Feuer unter den Kesseln geschürt, ich habe gekehrt und den Kehrdreck hinter die Türe getragen.« – »Aber du hast auch in die Kessel geguckt; dein Glück ist, daß du noch Holz zugelegt hast, sonst war dein Leben verloren; jetzt ist deine Zeit herum, willst du wieder heim?« – »Ja«, sagte der Soldat, »ich wollt auch gerne sehen, was mein Vater daheim macht.« Sprach der Teufel: »Damit du deinen verdienten Lohn kriegst, geh und raffe dir deinen Ranzen voll Kehrdreck und nimm's mit nach Haus. Du sollst auch gehen ungewaschen und ungekämmt, mit langen Haaren am Kopf und am Bart, mit ungeschnittenen Nägeln und mit trüben Augen, und wenn du gefragt wirst, woher du kämst, sollst du sagen: ›Aus der Hölle‹, und wenn du gefragt wirst, wer du wärst, sollst du sagen: ›Des Teufels rußiger Bruder, und mein König auch.‹ «Der Soldat schwieg still und tat, was der Teufel sagte, aber er war mit seinem Lohn gar nicht zufrieden.

Sobald er nun wieder oben im Wald war, hob er seinen Ranzen vom Rücken und wollt ihn ausschütten; wie er ihn aber öffnete, so war der Kehrdreck pures Gold geworden. »Das hätte ich mir nicht gedacht«, sprach er, war vergnügt und ging in die Stadt hinein. Vor dem Wirtshaus stand der Wirt, und wie ihn der herankommen sah, erschrak er, weil Hans so entsetzlich aussah, ärger als eine Vogelscheuche. Er rief ihn an und fragte: »Woher kommst du?« – »Aus der Hölle.« – »Wer bist du?« – »Dem Teufel sein rußiger Bruder, und mein König auch.« Nun wollte der Wirt ihn nicht einlassen, wie er ihm aber das Gold zeigte, ging er und klinkte selber die Türe auf. Da ließ sich Hans die beste Stube geben und köstlich aufwarten, aß und trank sich satt, wusch sich aber nicht und kämmte sich nicht, wie ihm der Teufel geheißen hatte, und legte sich endlich schlafen. Dem Wirt aber stand der Ranzen voll Gold vor Augen und ließ ihm keine Ruhe, bis er in der Nacht hinschlich und ihn wegstahl.

Wie nun Hans am anderen Morgen aufstand, den Wirt bezahlen und weitergehen wollte, da war sein Ranzen weg. Er faßte sich aber kurz, dachte: »Du bist ohne Schuld unglücklich gewesen«, und kehrte wieder um, geradezu in die Hölle; da klagte er dem alten Teufel seine Not und bat ihn um Hülfe. Der Teufel sagte: »Setze dich, ich will dich waschen, kämmen, schnippen, die Haare und

Nägel schneiden und die Augen auswischen«, und als er mit ihm fertig war, gab er ihm den Ranzen wieder voll Kehrdreck und sprach: »Geh hin und sage dem Wirt, er solle dir dein Gold wieder herausgeben, sonst wollt ich kommen und ihn abholen, und er sollte an deinem Platz das Feuer schüren.« Hans ging hinauf und sprach zum Wirt: »Du hast mein Gold gestohlen, gibst du's nicht wieder, so kommst du in die Hölle an meinen Platz und sollst aussehen so gräulich wie ich.« Da gab ihm der Wirt das Gold und noch mehr dazu und bat ihn, nur still davon zu sein; und Hans war nun ein reicher Mann.

Hans machte sich auf den Weg heim zu seinem Vater, kaufte sich einen schlechten Linnenkittel auf den Leib, ging herum und machte Musik, denn das hatte er bei dem Teufel in der Hölle gelernt. Es war aber ein alter König im Land, vor dem mußt er spielen, und der geriet darüber in solche Freude, daß er dem Hans seine älteste Tochter zur Ehe versprach. Als die aber hörte, daß sie so einen gemeinen Kerl im weißen Kittel heiraten sollte, sprach sie: »Eh ich das tät, wollt ich lieber ins tiefste Wasser gehen.« Da gab ihm der König die jüngste, die wollt's ihrem Vater zuliebe gerne tun; und also bekam des Teufels rußiger Bruder die Königstochter, und als der alte König gestorben war, auch das ganze Reich.

101.

Der Bärenhäuter

Es war einmal ein junger Kerl, der ließ sich als Soldat anwerben, hielt sich tapfer und war immer der vorderste, wenn es blaue Bohnen regnete. Solange der Krieg dauerte, ging alles gut, aber als Friede geschlossen war, erhielt er seinen Abschied, und der Hauptmann sagte, er könnte gehen, wohin er wollte. Seine Eltern waren tot, und er hatte keine Heimat mehr, da ging er zu seinen Brüdern und bat, sie möchten ihm so lange Unterhalt geben, bis der Krieg wieder anfinge. Die Brüder aber waren hartherzig und sagten: »Was sollen wir mit dir? Wir können dich nicht brauchen, sieh zu, wie du dich durchschlägst.« Der Soldat hatte nichts übrig als sein Gewehr, das nahm er auf die Schulter und wollte in die Welt gehen. Er kam auf eine große Heide, auf der nichts zu sehen war als ein Ring von Bäumen; darunter setzte er sich ganz traurig nieder und sann über sein Schicksal nach. »Ich habe kein Geld«, dachte er, »ich habe nichts gelernt als das Kriegshandwerk, und jetzt, weil Friede geschlossen ist, brauchen sie mich nicht mehr; ich sehe voraus, ich muß verhungern.« Auf einmal hörte er ein Brausen, und wie er sich umblickte, stand ein unbekannter Mann vor ihm, der einen grünen Rock trug, recht stattlich aussah, aber einen garstigen Pferdefuß hatte. »Ich weiß schon, was dir fehlt«, sagte der Mann, »Geld und Gut sollst du haben, soviel du mit aller Gewalt durchbringen kannst, aber ich muß zuvor wissen, ob du dich nicht fürchtest, damit ich mein Geld nicht umsonst ausgebe.« – »Ein Soldat und Furcht, wie paßt das zusammen?« antwortete er, »du kannst mich auf die Probe stellen.« – »Wohlan«, antwortete der Mann, »schau hinter dich.« Der Soldat kehrte sich um und sah einen großen Bär, der brummend auf ihn zutrabte. »Oho«, rief der Soldat, »dich will ich an der Nase kitzeln, daß dir die Lust zum Brummen vergehen soll«, legte an und schoß den Bär auf die Schnauze, daß er zusammenfiel und sich nicht mehr regte. »Ich sehe wohl«, sagte der Fremde, »daß dir's an Mut nicht fehlt, aber es ist noch eine Bedingung dabei, die mußt du erfüllen.« – »Wenn mir's an meiner Seligkeit nicht schadet«, antwortete der Soldat, der wohl merkte, wen er vor sich hatte, »sonst laß ich mich auf nichts ein.« – »Das wirst du selber sehen«, antwortete der Grünrock, »du darfst in den nächsten sieben Jahren dich nicht waschen, dir Bart und Haare nicht kämmen, die Nägel nicht schneiden und kein Vaterunser beten. Dann will ich dir einen Rock und Mantel geben, den mußt du in dieser Zeit tragen. Stirbst du in diesen sieben Jahren, so bist du mein, bleibst du aber leben, so bist du frei und bist reich dazu für dein Lebtag.« Der Soldat dachte an die große Not, in der er sich befand, und da er so oft in den Tod gegangen war, wollte er es auch jetzt wagen und willigte ein. Der Teufel zog den grünen Rock aus, reichte ihn dem Soldaten hin und sagte: »Wenn du den Rock an deinem Leibe hast und in die Tasche greifst, so wirst du die Hand immer voll Geld haben.« Dann zog er dem Bären die Haut ab und sagte: »Das soll dein Mantel sein und auch dein Bett, denn darauf mußt du schlafen und darfst in kein anderes Bett kommen. Und dieser Tracht wegen sollst du Bärenhäuter heißen.« Hierauf verschwand der Teufel.

Der Soldat zog den Rock an, griff gleich in die Tasche und fand, daß die Sache ihre Richtigkeit hatte. Dann hing er die Bärenhaut um, ging in die Welt, war guter Dinge und unterließ nichts, was ihm wohl und dem Gelde wehe tat. Im ersten Jahr ging es noch leidlich, aber in dem zweiten sah er schon aus wie ein Ungeheuer. Das Haar bedeckte ihm fast das ganze Gesicht, sein Bart glich einem Stück grobem Filztuch, seine Finger hatten Krallen, und sein Gesicht war so mit Schmutz bedeckt, daß wenn man Kresse hineingesät hätte, sie aufgegangen wäre. Wer ihn sah, lief fort, weil er aber allerorten den Armen Geld gab, damit sie für ihn beteten, daß er in den sieben Jahren nicht stürbe, und weil er alles gut bezahlte, so erhielt er doch immer noch Herberge. Im vierten Jahr kam er in ein Wirtshaus, da wollte ihn der Wirt nicht aufnehmen und wollte ihm nicht einmal einen Platz im Stall anweisen, weil er fürchtete, seine Pferde würden scheu werden. Doch als der Bärenhäuter in die Tasche griff und eine Handvoll Dukaten herausholte, so ließ der Wirt sich erweichen und gab ihm eine Stube im Hintergebäude; doch mußte er versprechen, sich nicht sehen zu lassen, damit sein Haus nicht in bösen Ruf käme.

Als der Bärenhäuter abends allein saß und von Herzen wünschte, daß die sieben Jahre herum wären, so hörte er in einem Nebenzimmer ein lautes Jammern. Er hatte ein mitleidiges Herz, öffnete die Türe und erblickte einen alten Mann, der heftig weinte und die Hände über dem Kopf zusammenschlug. Der Bärenhäuter trat näher, aber der Mann sprang auf und wollte entfliehen. Endlich, als er eine menschliche Stimme vernahm, ließ er sich bewegen, und durch freundliches Zureden brachte es der Bärenhäuter dahin, daß er ihm die Ursache seines Kummers offenbarte. Sein Vermögen war nach und nach geschwunden, er und seine Töchter mußten darben, und er war so arm, daß er den Wirt nicht einmal bezahlen konnte und ins Gefängnis sollte gesetzt werden. »Wenn Ihr weiter keine Sorgen habt«, sagte der Bärenhäuter, »Geld habe ich genug.« Er ließ den Wirt herbeikommen, bezahlte ihn und steckte dem Unglücklichen noch einen Beutel voll Gold in die Tasche.

Als der alte Mann sich aus seinen Sorgen erlöst sah, wußte er nicht, womit er sich dankbar beweisen sollte. »Komm mit mir«, sprach er zu ihm, »meine Töchter sind Wunder von Schönheit, wähle dir eine davon zur Frau. Wenn sie hört, was du für mich getan hast, so wird sie sich nicht weigern. Du siehst freilich ein wenig seltsam aus, aber sie wird dich schon wieder in Ordnung bringen.« Dem Bärenhäuter gefiel das wohl, und er ging mit. Als ihn die älteste erblickte, entsetzte sie sich so gewaltig vor seinem Antlitz, daß sie aufschrie und fortlief. Die zweite blieb zwar stehen und betrachtete ihn, von Kopf bis zu Füßen, dann aber sprach sie: »Wie kann ich einen Mann nehmen, der keine menschliche Gestalt mehr hat? Da gefiel mir der rasierte Bär noch besser, der einmal hier zu sehen war und sich für einen Menschen ausgab, der hatte doch einen Husarenpelz an und weiße Handschuhe. Wenn er nur häßlich wäre, so könnte ich mich an ihn gewöhnen.« Die jüngste aber sprach: »Lieber Vater, das muß ein guter Mann sein, der Euch aus der Not geholfen hat, habt Ihr ihm dafür eine Braut versprochen, so muß Euer Wort gehalten werden.« Es war schade, daß das Gesicht des Bärenhäuters von Schmutz und Haaren bedeckt war, sonst hätte man sehen können, wie ihm das Herz im Leibe lachte, als er diese Worte hörte. Er nahm einen Ring von seinem Finger, brach ihn entzwei und gab ihr die Hälfte, die andere behielt er für sich. In ihre Hälfte aber schrieb er seinen Namen, und in seine Hälfte schrieb er ihren Namen und bat sie, ihr Stück gut aufzuheben. Hierauf nahm er Abschied und sprach: »Ich muß noch drei Jahre wandern. Komm ich aber nicht wieder, so bist du frei, weil ich dann tot bin. Bitte aber Gott, daß er mir das Leben erhält.«

Die arme Braut kleidete sich ganz schwarz, und wenn sie an ihren Bräutigam dachte, so kamen ihr die Tränen in die Augen. Von ihren Schwestern ward ihr nichts als Hohn und Spott zuteil. »Nimm dich in acht«, sagte die älteste, »wenn du ihm die Hand reichst, so schlägt er dir mit der Tatze darauf.« – »Hüte dich«, sagte die zweite, »die Bären lieben die Süßigkeit, und wenn du ihm gefällst, so frißt er dich auf.« – »Du mußt nur immer seinen Willen tun«, hub die älteste wieder an, »sonst fängt er an zu brummen.« Und die zweite fuhr fort: »Aber die Hochzeit wird lustig sein, Bären, die tanzen gut.« Die Braut schwieg still und ließ sich nicht irremachen. Der Bärenhäuter aber zog in der Welt herum, von einem Ort zum andern, tat Gutes, wo er konnte, und gab den Armen reichlich, damit sie für ihn beteten. Endlich, als der letzte Tag von den sieben Jahren anbrach, ging er wieder hinaus auf die Heide und setzte sich unter den Ring von Bäumen. Nicht lange, so sauste der Wind, und der Teufel stand vor ihm und blickte ihn verdrießlich an; dann warf er ihm den alten Rock hin und verlangte seinen grünen zurück. »So weit sind wir noch nicht«, antwortete der Bärenhäuter, »erst sollst du mich reinigen.« Der Teufel mochte wollen oder nicht, er mußte Wasser holen, den Bärenhäuter abwaschen, ihm die Haare kämmen und die Nägel schneiden. Hierauf sah er wie ein tapferer Kriegsmann aus und war viel schöner als je vorher.

Als der Teufel glücklich abgezogen war, so war es dem Bärenhäuter ganz leicht ums Herz. Er ging in die Stadt, tat einen prächtigen Sammetrock an, setzte sich in einen Wagen, mit vier Schimmeln bespannt, und fuhr zu dem Haus seiner Braut. Niemand erkannte ihn, der Vater hielt ihn für einen vornehmen Feldobrist und führte ihn in das Zimmer, wo seine Töchter saßen. Er mußte sich zwischen die beiden ältesten niederlassen; sie schenkten ihm Wein ein, legten ihm die besten Bissen vor und meinten, sie hätten keinen schöneren Mann auf der Welt gesehen. Die Braut aber saß in schwarzem Kleide ihm gegenüber, schlug die Augen nicht auf und sprach kein Wort. Als er endlich den Vater fragte, ob er ihm eine seiner Töchter zur Frau geben wollte, so sprangen die beiden ältesten auf, liefen in ihre Kammer und wollten prächtige Kleider anziehen, denn eine jede bildete sich ein, sie wäre die Auserwählte. Der Fremde, sobald er mit seiner Braut allein war, holte den halben Ring hervor und warf ihn in einen Becher mit Wein, den er ihr über den Tisch reichte. Sie nahm ihn an, aber als sie getrunken hatte und den halben Ring auf dem Grund liegen fand, so schlug ihr das Herz. Sie holte die andere Hälfte, die sie an einem Band um den Hals trug, hielt sie daran, und es zeigte sich, daß beide Teile vollkommen zueinander paßten. Da sprach er: »Ich bin dein verlobter Bräutigam, den du als Bärenhäuter gesehen hast, aber durch Gottes Gnade habe ich meine menschliche Gestalt wieder erhalten und bin wieder rein geworden.« Er ging auf sie zu, umarmte sie und gab ihr einen Kuß. Indem kamen die beiden Schwestern in vollem Putz herein, und als sie sahen, daß der schöne Mann der jüngsten zuteil geworden war und hörten, daß das der Bärenhäuter war, liefen sie voll Zorn und Wut hinaus; die eine ersäufte sich im Brunnen, die andere erhenkte sich an einem Baum. Am Abend klopfte jemand an der Türe, und als der Bräutigam öffnete, so war's der Teufel im grünen Rock, der sprach: »Siehst du, nun habe ich zwei Seelen für deine eine.«

102.

Der Zaunkönig und der Bär

Zur Sommerszeit gingen einmal der Bär und der Wolf im Wald spazieren, da hörte der Bär so schönen Gesang von einem Vogel und sprach: »Bruder Wolf, was ist das für ein Vogel, der so schön singt?« – »Das ist der König der Vögel«, sagte der Wolf, »vor dem müssen wir uns neigen«, es war aber der Zaunkönig. »Wenn das ist«, sagte der Bär, »so möcht ich auch gerne seinen königlichen Palast sehen, komm und führe mich hin.« – »Das geht nicht so, wie du meinst«, sprach der Wolf, »du mußt warten, bis die Frau Königin kommt.« Bald darauf kam die Frau Königin und hatte Futter im Schnabel, und der Herr König auch, und wollten ihre Jungen ätzen. Der Bär wäre gerne nun gleich hinterdreingegangen, aber der Wolf hielt ihn am Ärmel und sagte: »Nein, du mußt warten, bis Herr und Frau Königin wieder fort sind.« Also nahmen sie das Loch in acht, wo das Nest stand, und trabten wieder ab. Der Bär aber hatte keine Ruhe, wollte den königlichen Palast sehen und ging nach einer kurzen Weile wieder vor. Da waren König und Königin richtig ausgeflogen; er guckte hinein und sah fünf oder sechs Junge, die lagen darin. »Ist das der königliche Palast!« rief der Bär. »Das ist ein erbärmlicher Palast! Ihr seid auch keine Königskinder, ihr seid unehrliche Kinder.« Wie das die jungen Zaunkönige hörten, wurden sie gewaltig bös und schrien: »Nein, das sind wir nicht, unsere Eltern sind ehrliche Leute; Bär, das soll ausgemacht werden mit dir.« Dem Bär und dem Wolf ward angst, sie kehrten um und setzten sich in ihre Höhlen. Die jungen Zaunkönige aber schrien und lärmten fort, und als ihre Eltern wieder Futter brachten, sagten sie: »Wir rühren kein Fliegenbeinchen an, und sollten wir verhungern, bis ihr erst ausgemacht habt, ob wir ehrliche Kinder sind oder nicht: der Bär ist da gewesen und hat uns gescholten.« Da sagte der alte König: »Seid nur ruhig, das soll ausgemacht werden.« Flog darauf mit der Frau Königin dem Bären vor seine Höhle und rief hinein: »Alter Brummbär, warum hast du meine Kinder gescholten? Das soll dir übel bekommen, das wollen wir in einem blutigen Krieg ausmachen.« Also war dem Bären der Krieg angekündigt und ward alles vierfüßige Getier berufen, Ochs, Esel, Rind, Hirsch, Reh und was die Erde sonst alles trägt. Der Zaunkönig aber berief alles, was in der Luft fliegt; nicht allein die Vögel groß und klein, sondern auch die Mücken, Hornissen, Bienen und Fliegen mußten herbei.

Als nun die Zeit kam, wo der Krieg angehen sollte, da schickte der Zaunkönig Kundschafter aus, wer der kommandierende General des Feindes wäre. Die Mücke war die listigste von allen, schwärmte im Wald, wo der Feind sich versammelte, und setzte sich endlich unter ein Blatt auf den Baum, wo die Parole ausgegeben wurde. Da stand der Bär, rief den Fuchs vor sich und sprach: »Fuchs, du bist der schlauste unter allem Getier, du sollst General sein und uns anführen.« – »Gut«, sagte der Fuchs, »aber was für Zeichen wollen wir verabreden?« Niemand wußte es. Da sprach der Fuchs: »Ich habe einen schönen, langen buschigen Schwanz, der sieht aus fast wie ein roter Federbusch; wenn ich den Schwanz in die Höhe halte, so geht die Sache gut, und ihr müßt darauf losmarschieren; laß ich ihn aber herunterhängen, so lauft, was ihr könnt.« Als die Mücke das gehört hatte, flog sie wieder heim und verriet dem Zaunkönig alles haarklein.

Als der Tag anbrach, wo die Schlacht sollte geliefert werden, hu, da kam das vierfüßige Getier dahergerennt mit Gebraus, daß die Erde zitterte; Zaunkönig mit seiner Armee kam auch durch die Luft daher, die schnurrte, schrie und schwärmte, daß einem angst und bange ward; und gingen sie da von beiden Seiten aneinander. Der Zaunkönig aber schickte die Hornisse hinab, sie sollte sich dem Fuchs unter den Schwanz setzen und aus Leibeskräften stechen. Wie nun der Fuchs den ersten Stich bekam, zuckte er, daß er das eine Bein aufhob, doch ertrug er's und hielt den Schwanz noch in der Höhe; beim zweiten Stich mußte er ihn einen Augenblick herunterlassen; beim dritten aber konnte er sich nicht mehr halten, schrie und nahm den Schwanz zwischen die Beine. Wie das die Tiere sahen, meinten sie, alles wäre verloren, und fingen an zu laufen, jeder in seine Höhle; und hatten die Vögel die Schlacht gewonnen.

Da flog der Herr König und die Frau Königin heim zu ihren Kindern und riefen: »Kinder, seid fröhlich, eßt und trinkt nach Herzenslust, wir haben den Krieg gewonnen.« Die jungen Zaunkönige aber sagten: »Noch essen wir nicht, der Bär soll erst vors Nest kommen und Abbitte tun und soll sagen, daß wir ehrliche Kinder sind.« Da flog der Zaunkönig vor das Loch des Bären und rief: »Brummbär, du sollst vor das Nest zu meinen Kindern gehen und

Abbitte tun und sagen, daß sie ehrliche Kinder sind, sonst sollen dir die Rippen im Leib zertreten werden.« Da kroch der Bär in der größten Angst hin und tat Abbitte. Jetzt waren die jungen Zaunkönige erst zufrieden, setzten sich zusammen, aßen und tranken und machten sich lustig bis in die späte Nacht hinein.

103.

Der süße Brei

Es war einmal ein armes frommes Mädchen, das lebte mit seiner Mutter allein, und sie hatten nichts mehr zu essen. Da ging das Kind hinaus in den Wald und begegnete ihm da eine alte Frau, die wußte seinen Jammer schon und schenkte ihm ein Töpfchen, zu dem sollt es sagen: »Töpfchen koche«, so kochte es guten süßen Hirsenbrei, und wenn es sagte: »Töpfchen, steh«, so hörte es wieder auf zu kochen. Das Mädchen brachte den Topf seiner Mutter heim, und nun waren sie ihrer Armut und ihres Hungers ledig und aßen süßen Brei, sooft sie wollten. Auf eine Zeit war das Mädchen ausgegangen, da sprach die Mutter: »Töpfchen koche«, da kocht es, und sie ißt sich satt; nun will sie, daß das Töpfchen wieder aufhören soll, aber sie weiß das Wort nicht. Also kocht es fort, und der Brei steigt über den Rand hinaus und kocht immerzu, die Küche und das ganze Haus voll, und das zweite Haus und dann die Straße, als wollt's die ganze Welt satt machen, und ist die größte Not, und kein Mensch weiß sich da zu helfen. Endlich, wie nur noch ein einziges Haus übrig ist, da kommt das Kind heim und spricht nur: »Töpfchen, steh«, da steht es und hört auf zu kochen; und wer wieder in die Stadt wollte, der mußte sich durchessen.

104.

Die klugen Leute

Eines Tages holte ein Bauer seinen hagebüchnen Stock aus der Ecke und sprach zu seiner Frau: »Trine, ich gehe jetzt über Land und komme erst in drei Tagen wieder zurück. Wenn der Viehhändler in der Zeit bei uns einspricht und will unsere drei Kühe kaufen, so kannst du sie losschlagen, aber nicht anders als für zweihundert Taler, geringer nicht, hörst du.« – »Geh nur in Gottes Namen«, antwortete die Frau, »ich will das schon machen.« – »Ja, du!« sprach der Mann. »Du bist als ein kleines Kind einmal auf den Kopf gefallen, das hängt dir bis auf diese Stunde nach. Aber das sage ich dir, machst du dummes Zeug, so streiche ich dir den Rücken blau an, und das ohne Farbe, bloß mit dem Stock, den ich da in der Hand habe, und der Anstrich soll ein ganzes Jahr halten, darauf kannst du dich verlassen.« Damit ging der Mann seiner Wege.

Am andern Morgen kam der Viehhändler, und die Frau brauchte mit ihm nicht viel Worte zu machen. Als er die Kühe besehen hatte und den Preis vernahm, sagte er: »Das gebe ich gerne, so viel sind sie unter Brüdern wert. Ich will die Tiere gleich mitnehmen.« Er machte sie von der Kette los und trieb sie aus dem Stall. Als er eben zum Hoftor hinaus wollte, faßte ihn die Frau am Ärmel und sprach: »Ihr müßt mir erst die zweihundert Taler geben, sonst kann ich Euch nicht gehen lassen.« – »Richtig«, antwortete der Mann, »ich habe nur vergessen, meine Geldkatze umzuschnallen. Aber macht Euch keine Sorge, Ihr sollt Sicherheit haben, bis ich zahle. Zwei Kühe nehme ich mit, und die dritte lasse ich Euch zurück, so habt Ihr ein gutes Pfand.« Der Frau leuchtete das ein, sie ließ den Mann mit seinen Kühen abziehen und dachte: »Wie wird sich der Hans freuen, wenn er sieht, daß ich es so klug gemacht habe.« Der Bauer kam den dritten Tag, wie er gesagt hatte, nach Haus und fragte gleich, ob die Kühe verkauft wären. »Freilich, lieber Hans«, antwortete die Frau, »und wie du gesagt hast, für zweihundert Taler. So viel sind sie kaum wert, aber der Mann nahm sie ohne Widerrede.« – »Wo ist das Geld?« fragte der Bauer. »Das Geld, das habe ich nicht«, antwortete die Frau, »er hatte gerade seine Geldkatze vergessen, wird's aber bald bringen; er hat mir ein gutes Pfand zurückgelassen.« – »Was für ein Pfand?« fragte der Mann. »Eine von den drei Kühen, die kriegt er nicht eher, als bis er die anderen bezahlt hat. Ich habe es klug gemacht, ich habe die kleinste zurückbehalten, die frißt am wenigsten.« Der Mann ward zornig, hob seinen Stock in die Höhe und wollte ihr damit den verheißenen Anstrich geben. Plötzlich ließ er ihn sinken und sagte: »Du bist die dummste Gans, die auf Gottes Erdboden herumwackelt, aber du dauerst mich. Ich will auf die Landstraße gehen und drei Tage lang warten, ob ich jemand finde, der noch einfältiger ist, als du bist. Glückt mir's, so sollst du frei sein, finde ich ihn aber nicht, so sollst du deinen wohlverdienten Lohn ohne Abzug erhalten.«

Er ging hinaus auf die große Straße, setzte sich auf einen Stein und wartete auf die Dinge, die kommen sollten. Da sah er einen Leiterwagen heranfahren, und eine Frau stand mitten darauf, statt auf dem Gebund Stroh zu sitzen, das dabeilag, oder neben den Ochsen zu gehen und sie zu leiten. Der Mann dachte: »Das ist wohl eine, wie du sie suchst«, sprang auf und lief vor dem Wagen hin und her, wie einer, der nicht recht gescheit ist. »Was wollt Ihr, Gevatter«, sagte die Frau zu ihm, »ich kenne Euch nicht, von wo kommt Ihr her?« – »Ich bin von dem Himmel gefallen«, antwortete der Mann, »und weiß nicht, wie ich wieder hinkommen soll; könnt Ihr mich nicht hinfahren?« – »Nein«, sagte die Frau, »ich weiß den Weg nicht. Aber wenn Ihr aus dem Himmel kommt, so könnt Ihr mir wohl sagen, wie es meinem Mann geht, der schon seit drei Jahren dort ist: Ihr habt ihn gewiß gesehen?« – »Ich habe ihn wohl gesehen, aber es kann nicht allen Menschen gut gehen. Er hütet die Schafe, und das liebe Vieh macht ihm viel zu schaffen, das springt auf die Berge und verirrt sich in der Wildnis, und da muß er hinterherlaufen und es wieder zusammentreiben. Abgerissen ist er auch, und die Kleider werden ihm bald vom Leib fallen. Schneider gibt es dort nicht, der heil. Petrus läßt keinen hinein, wie Ihr aus dem Märchen wißt.« – »Wer hätte sich das gedacht!« rief die Frau. »Wißt Ihr was? Ich will seinen Sonntagsrock holen, der noch daheim im Schrank hängt, den kann er dort mit Ehren tragen. Ihr seid so gut und nehmt ihn mit.« – »Das geht nicht wohl«, antwortete der Bauer, »Kleider darf man nicht in den Himmel bringen, die werden einem vor dem Tor abgenommen.« – »Hört mich an«, sprach die Frau, »ich habe gestern meinen schönen Weizen verkauft und ein hübsches Geld dafür bekommen, das will ich ihm schicken. Wenn Ihr den Beutel in die Tasche steckt, so wird's kein Mensch gewahr.« – »Kann's nicht anders sein«, erwiderte der Bauer, »so will ich Euch wohl den Gefallen tun.« – »Bleibt nur da sitzen«, sagte sie, »ich will heimfahren und den Beutel holen; ich bin bald wieder hier. Ich setze mich nicht auf das Bund Stroh, sondern stehe auf dem Wagen, so hat's das Vieh leichter.« Sie trieb ihre Ochsen an, und der Bauer dachte: »Die hat Anlage zur Narrheit, bringt sie das Geld wirklich, so kann meine Frau von Glück sagen, denn sie kriegt keine Schläge.« Es dauerte nicht lange, so kam sie gelaufen, brachte das Geld und steckte es ihm selbst in die Tasche. Eh sie wegging, dankte sie ihm noch tausendmal für seine Gefälligkeit.

Als die Frau wieder heimkam, so fand sie ihren Sohn, der aus dem Feld zurückgekehrt war. Sie erzählte ihm, was sie für unerwartete Dinge erfahren hätte, und setzte dann hinzu: »Ich freue mich recht, daß ich Gelegenheit gefunden habe, meinem armen Mann etwas zu schicken, wer hätte sich vorgestellt, daß er im Himmel an etwas Mangel leiden würde?« Der Sohn war in der größten Verwunderung. »Mutter«, sagte er, »so einer aus dem Himmel kommt nicht alle Tage, ich will gleich hinaus und sehen, daß ich den Mann noch finde: er muß mir erzählen, wie's dort aussieht und wie's mit der Arbeit geht.« Er sattelte das Pferd und ritt in aller Hast fort. Er fand den Bauer, der unter einem Weidenbaum saß und das Geld, das im Beutel war, zählen wollte. »Habt Ihr nicht den Mann gesehen«, rief ihm der Junge zu, »der aus dem Himmel gekommen ist?« – »Ja«, antwortete der Bauer, »der hat sich wieder auf den Rückweg gemacht und ist den Berg dort hinaufgegangen, von wo er's etwas näher hat. Ihr könnt ihn noch einholen, wenn Ihr scharf reitet.« – »Ach«, sagte der Junge, »ich habe mich den ganzen Tag abgeäschert, und der Ritt hierher hat mich vollends müde gemacht: Ihr kennt den Mann, seid so gut und setzt Euch auf mein Pferd und überredet ihn, daß er hierherkommt.« – »Aha«, meinte der Bauer, »das ist auch einer, der keinen Docht in seiner Lampe hat.« – »Warum sollte ich Euch den Gefallen nicht tun?« sprach er, stieg auf und ritt im stärksten Trab fort. Der Junge blieb sitzen, bis die Nacht einbrach, aber der Bauer kam nicht zurück. »Gewiß«, dachte er, »hat der Mann aus dem Himmel große Eile gehabt und nicht umkehren wollen, und der Bauer hat ihm das Pferd mitgegeben, um es meinem Vater zu bringen.« Er ging heim und erzählte seiner Mutter, was geschehen war: das Pferd habe er dem Vater geschickt, damit er nicht immer herumzulaufen brauche. »Du hast wohlgetan«, antwortete sie, »du hast noch junge Beine und kannst zu Fuß gehen.«

Als der Bauer nach Haus gekommen war, stellte er das Pferd in den Stall neben die verpfändete Kuh, ging dann zu seiner Frau und sagte: »Trine, das war dein Glück, ich habe zwei gefunden, die noch einfältigere Narren sind als du: diesmal kommst du ohne Schläge davon, ich will sie für eine andere Gelegenheit aufsparen.« Dann zündete er seine Pfeife an, setzte sich in den Großvaterstuhl und sprach: »Das war ein gutes Geschäft, für zwei magere Kühe ein glattes Pferd und dazu einen großen Beutel voll Geld. Wenn die Dummheit immer so viel einbrächte, so wollte ich sie gerne in Ehren halten.« So dachte der Bauer, aber dir sind gewiß die Einfältigen lieber.

105.

Märchen von der Unke

I.

Es war einmal ein kleines Kind, dem gab seine Mutter jeden Nachmittag ein Schüsselchen mit Milch und Weckbrocken, und das Kind setzte sich damit hinaus in den Hof. Wenn es aber anfing zu essen, so kam die Hausunke aus einer Mauerritze hervorgekrochen, senkte ihr Köpfchen in die Milch und aß mit. Das Kind hatte seine Freude daran, und wenn es mit seinem Schüsselchen da saß und die Unke kam nicht gleich herbei, so rief es ihr zu:

Unke, Unke, komm geschwind,
komm herbei, du kleines Ding,
sollst dein Bröckchen haben,
an der Milch dich laben.«

Da kam die Unke gelaufen und ließ es sich gut schmecken. Sie zeigte sich auch dankbar, denn sie brachte dem Kind aus ihrem heimlichen Schatz allerlei schöne Dinge, glänzende Steine, Perlen und goldene Spielsachen. Die Unke trank aber nur Milch und ließ die Brocken liegen. Da nahm das Kind einmal sein Löffelchen, schlug ihr damit sanft auf den Kopf und sagte: »Ding, iß auch Brocken.« Die Mutter, die in der Küche stand, hörte, daß das Kind mit jemand sprach, und als sie sah, daß es mit seinem Löffelchen nach einer Unke schlug, so lief sie mit einem Scheit Holz heraus und tötete das gute Tier.

Von der Zeit an ging eine Veränderung mit dem Kinde vor. Es war, solange die Unke mit ihm gegessen hatte, groß und stark geworden, jetzt aber verlor es seine schönen roten Backen und magerte ab. Nicht lange, so fing in der Nacht der Totenvogel an zu schreien, und das Rotkehlchen sammelte Zweiglein und Blätter zu einem Totenkranz, und bald hernach lag das Kind auf der Bahre.

II.

Ein Waisenkind saß an der Stadtmauer und spann, da sah es eine Unke aus einer Öffnung unten an der Mauer hervorkommen. Geschwind breitete es sein blauseidenes Halstuch neben sich aus, das die Unken gewaltig lieben und auf das sie allein gehen. Alsobald die Unke das erblickte, kehrte sie um, kam wieder und brachte ein kleines goldenes Krönchen getragen, legte es darauf und ging dann wieder fort. Das Mädchen nahm die Krone auf, sie glitzerte und war von zartem Goldgespinst. Nicht lange, so kam die Unke zum zweitenmal wieder; wie sie aber die Krone nicht mehr sah, kroch sie an die Wand und schlug vor Leid ihr Köpfchen so lange dawider, als sie nur noch Kräfte hatte, bis sie endlich tot dalag. Hätte das Mädchen die Krone liegen lassen, die Unke hätte wohl noch mehr von ihren Schätzen aus der Höhle herbeigetragen.

III.

Unke ruft: »Huhu, huhu«, Kind spricht: »Komm herut.« Die Unke kommt hervor, da fragt das Kind nach seinem Schwesterchen: »Hast du Rotstrümpfchen nicht gesehen?« Unke sagt: »Ne, ik og nit: wie du denn? Huhu, huhu, huhu.«

106.

Der arme Müllerbursch und das Kätzchen

In einer Mühle lebte ein alter Müller, der hatte weder Frau noch Kinder, und drei Müllerburschen dienten bei ihm. Wie sie nun etliche Jahre bei ihm gewesen waren, sagte er eines Tages zu ihnen: »Ich bin alt und will mich hinter den Ofen setzen; zieht aus, und wer mir das beste Pferd nach Haus bringt, dem will ich die Mühle geben, und er soll mich dafür bis an meinen Tod verpflegen.« Der dritte von den Burschen war aber der Kleinknecht, der ward von den andern für albern gehalten, dem gönnten sie die Mühle nicht; und er wollte sie hernach nicht einmal. Da zogen alle drei miteinander aus, und wie sie vor das Dorf kamen, sagten die zwei zu dem albernen Hans: »Du kannst nur hierbleiben, du kriegst dein Lebtag keinen Gaul.« Hans aber ging doch mit, und als es Nacht war, kamen sie an eine Höhle, da hinein legten sie sich schlafen. Die zwei Klugen warteten, bis Hans eingeschlafen war, dann stiegen sie auf, machten sich fort und ließen Hänschen liegen und meinten's recht fein gemacht zu haben; ja, es wird euch doch nicht gut gehen! Wie nun die Sonne kam und Hans aufwachte, lag er in einer tiefen Höhle; er guckte sich überall um und rief: »Ach Gott, wo bin ich!« Da erhob er sich und krappelte die Höhle hinauf, ging in den Wald und dachte: »Ich bin hier ganz allein und verlassen, wie soll ich nun zu einem Pferd kommen?« Indem er so in Gedanken dahinging, begegnete ihm ein kleines buntes Kätzchen, das sprach ganz freundlich: »Hans, wo willst du hin?« – »Ach, du kannst mir doch nicht helfen.« – »Was dein Begehren ist, weiß ich wohl«, sprach das Kätzchen, »du willst einen hübschen Gaul haben. Komm mit mir und sei sieben Jahre lang mein treuer Knecht, so will ich dir einen geben, schöner, als du dein Lebtag einen gesehen hast.« – »Nun, das ist eine wunderliche Katze«, dachte Hans, »aber sehen will ich doch, ob das wahr ist, was sie sagt.« Da nahm sie ihn mit in ihr verwünschtes Schlößchen und hatte da lauter Kätzchen, die ihr dienten; die sprangen flink die Treppe auf und ab, waren lustig und guter Dinge. Abends, als sie sich zu Tisch setzten, mußten drei Musik machen: eins strich den Baß, das andere die Geige, das dritte setzte die Trompete an und blies die Backen auf, so sehr es nur konnte.

Als sie gegessen hatten, wurde der Tisch weggetragen, und die Katze sagte: »Nun komm, Hans, und tanze mit mir.« – »Nein«, antwortete er, »mit einer Miezekatze tanze ich nicht, das habe ich noch niemals getan.« – »So bringt ihn ins Bett«, sagte sie zu den Kätzchen. Da leuchtete ihm eins in seine Schlafkammer, eins zog ihm die Schuhe aus, eins die Strümpfe, und zuletzt blies eins das Licht aus. Am andern Morgen kamen sie wieder und halfen ihm aus dem Bett: eins zog ihm die Strümpfe an, eins band ihm die Strumpfbänder, eins holte die Schuhe, eins wusch ihn, und eins trocknete ihm mit dem Schwanz das Gesicht ab. »Das tut recht sanft«, sagte Hans. Er mußte aber auch der Katze dienen und alle Tage Holz kleinmachen; dazu kriegte er eine Axt von Silber und die Keile und Säge von Silber, und der Schläger war von Kupfer. Nun, da machte er's klein, blieb da im Haus, hatte sein gutes Essen und Trinken, sah aber niemand als die bunte Katze und ihr Gesinde. Einmal sagte sie zu ihm: »Geh hin und mähe meine Wiese und mache das Gras trocken«, und gab ihm von Silber eine Sense und von Gold einen Wetzstein, hieß ihn aber auch alles wieder richtig abliefern. Da ging Hans hin und tat, was ihm geheißen war; nach vollbrachter Arbeit trug er Sense, Wetzstein und Heu nach Haus und fragte, ob sie ihm noch nicht seinen Lohn geben wollte. »Nein«, sagte die Katze, »du sollst mir erst noch einerlei tun, da ist Bauholz von Silber, Zimmeraxt, Winkeleisen und was nötig ist, alles von Silber, daraus baue mir erst ein kleines Häuschen.« Da baute Hans das Häuschen fertig und sagte, er hätte nun alles getan und hätte noch kein Pferd. Doch waren ihm die sieben Jahre herumgegangen wie ein halbes. Fragte die Katze, ob er ihre Pferde sehen wollte. »Ja«, sagte Hans. Da machte sie ihm das Häuschen auf, und weil sie die Türe so aufmacht, da stehen zwölf Pferde, ach, die waren gewesen ganz stolz, die hatten geblänkt und gespiegelt, daß sich sein Herz im Leibe darüber freute. Nun gab sie ihm zu essen und zu trinken und sprach: »Geh heim, dein Pferd geb ich dir nicht mit; in drei Tagen aber komm ich und bringe dir's nach.« Also machte Hans sich auf, und sie zeigte ihm den Weg zur Mühle. Sie hatte ihm aber nicht einmal ein neues Kleid gegeben, sondern er mußte sein altes lumpiges Kittelchen behalten, das er mitgebracht hatte und das ihm in den sieben Jahren überall zu kurz geworden war. Wie er nun heimkam, so waren die beiden andern Müllerburschen auch wieder da; jeder hatte zwar sein Pferd mitgebracht, aber des einen seins war blind, des andern seins lahm. Sie fragten: »Hans, wo hast du dein Pferd?« – »In drei Tagen wird's nachkommen.« Da lachten sie und sagten: »Ja du, Hans, wo willst du ein Pferd herkriegen, das wird was Rechtes sein!« Hans ging in die Stube, der Müller sagte aber, er solle nicht an den Tisch kommen, er wäre so zerrissen und zerlumpt, man müßte sich schämen, wenn jemand hereinkäme. Da gaben sie ihm ein bißchen Essen hinaus, und wie sie abends schlafen gingen, wollten ihm die zwei andern kein Bett geben, und er mußte endlich ins Gänseställchen kriechen und sich auf ein wenig hartes Stroh legen. Am Morgen, wie er aufwacht, sind schon die drei Tage herum, und es kommt eine Kutsche mit sechs Pferden, ei, die glänzten, daß es schön war, und ein Bedienter, der brachte noch ein siebentes, das war für den armen Müllerbursch. Aus der Kutsche aber stieg eine prächtige Königstochter und ging in die Mühle hinein, und die Königstochter war das kleine bunte Kätzchen, dem der arme Hans sieben Jahr gedient hatte. Sie fragte den Müller, wo der Mahlbursch, der Kleinknecht, wäre. Da sagte der Müller: »Den können wir nicht in die Mühle nehmen, der ist so verrissen und liegt im Gänsestall.« Da sagte die Königstochter, sie sollten ihn gleich holen. Also holten sie ihn heraus, und er mußte sein Kittelchen zusammenpacken, um sich zu bedecken. Da schnallte der Bediente prächtige Kleider aus und mußte ihn waschen und anziehen, und wie er fertig war, konnte kein König schöner aussehen. Danach verlangte die Jungfrau, die Pferde zu sehen, welche die anderen Mahlburschen mitgebracht hatten, eins war blind, das andere lahm. Da ließ sie den Bedienten das siebente Pferd bringen; wie der Müller das sah, sprach er, so eins wär ihm noch nicht auf den Hof gekommen; »und das ist für den dritten Malbursch«, sagte sie. »Da muß er die Mühle haben«, sagte der Müller, die Königstochter aber sprach, da wäre das Pferd, er sollte seine Mühle auch behalten, und nimmt ihren treuen Hans und setzt ihn in die Kutsche und fährt mit ihm fort. Sie fahren zuerst nach dem kleinen Häuschen, das er mit dem silbernen Werkzeug gebaut hat, da ist es ein großes Schloß, und ist alles darin von Silber und Gold; und da hat sie ihn geheiratet, und war er reich, so reich, daß er für sein Lebtag genug hatte. Darum soll keiner sagen, daß wer albern ist, deshalb nichts Rechtes werden könne.

107.

Die beiden Wanderer

Berg und Tal begegnen sich nicht, wohl aber die Menschenkinder, zumal gute und böse. So kam auch einmal ein Schuster und ein Schneider auf der Wanderschaft zusammen. Der Schneider war ein kleiner, hübscher Kerl und war immer lustig und guter Dinge. Er sah den Schuster von der anderen Seite herankommen, und da er an seinem Felleisen merkte, was er für ein Handwerk trieb, rief er ihm ein Spottliedchen zu:

»Nähe mir die Naht,
ziehe mir den Draht,
streich ihn rechts und links mit Pech,
schlag, schlag mir fest den Zweck.«

Der Schuster aber konnte keinen Spaß vertragen, er verzog ein Gesicht, als wenn er Essig getrunken hätte, und machte Miene, das Schneiderlein am Kragen zu packen. Der kleine Kerl fing aber an zu lachen, reichte ihm eine Flasche und sprach: »Es ist nicht bös gemeint, trink einmal und schluck die Galle hinunter.« Der Schuster tat einen gewaltigen Schluck, und das Gewitter auf seinem Gesicht fing an, sich zu verziehen. Er gab dem Schneider die Flasche zurück und sprach: »Ich habe ihr ordentlich zugesprochen, man sagt wohl vom vielen Trinken, aber nicht vom großen Durst. Wollen wir zusammen wandern?« – »Mir ist's recht«, antwortete der Schneider, »wenn du nur Lust hast, in eine große Stadt zu gehen, wo es nicht an Arbeit fehlt.« – »Gerade dahin wollte ich auch«, antwortete der Schuster, »in einem kleinen Nest ist nichts zu verdienen, und auf dem Lande gehen die Leute lieber barfuß.« Sie wanderten also zusammen weiter und setzten immer einen Fuß vor den andern wie die Wiesel im Schnee.

Zeit genug hatten sie beide, aber wenig zu beißen und zu brechen. Wenn sie in eine Stadt kamen, so gingen sie umher und grüßten das Handwerk, und weil das Schneiderlein so frisch und munter aussah und so hübsche rote Backen hatte, so gab ihm jeder gerne, und wenn das Glück gut war, so gab ihm die Meistertochter unter der Haustüre auch noch einen Kuß auf den Weg. Wenn er mit dem Schuster wieder zusammentraf, so hatte er immer mehr in seinem

Bündel. Der griesgrämige Schuster schnitt ein schiefes Gesicht und meinte: »Je größer der Schelm, je größer das Glück.« Aber der Schneider fing an zu lachen und zu singen und teilte alles, was er bekam, mit seinem Kameraden. Klingelten nun ein paar Groschen in seiner Tasche, so ließ er auftragen, schlug vor Freude auf den Tisch, daß die Gläser tanzten, und es hieß bei ihm: »Leicht verdient und leicht vertan.«

Als sie eine Zeitlang gewandert waren, kamen sie an einen großen Wald, durch welchen der Weg nach der Königsstadt ging. Es führten aber zwei Fußsteige hindurch, davon war der eine sieben Tage lang, der andere nur zwei Tage, aber niemand von ihnen wußte, welcher der kürzere Weg war. Die zwei Wanderer setzten sich unter einen Eichenbaum und ratschlagten, wie sie sich vorsehen und für wieviel Tage sie Brot mitnehmen wollten. Der Schuster sagte: »Man muß weiter denken, als man geht, ich will für sieben Tage Brot mitnehmen.« – »Was«, sagte der Schneider, »für sieben Tage Brot auf dem Rücken schleppen wie ein Lasttier und sich nicht umschauen? Ich halte mich an Gott und kehre mich an nichts. Das Geld, das ich in der Tasche habe, das ist im Sommer so gut als im Winter, aber das Brot wird in der heißen Zeit trocken und obendrein schimmelig. Mein Rock geht auch nicht länger als auf die Knöchel. Warum sollen wir den richtigen Weg nicht finden? Für zwei Tage Brot und damit gut.« Es kaufte sich also ein jeder sein Brot, und dann gingen sie auf gut Glück in den Wald hinein.

In dem Wald war es so still wie in einer Kirche. Kein Wind wehte, kein Bach rauschte, kein Vogel sang, und durch die dichtbelaubten Äste drang kein Sonnenstrahl. Der Schuster sprach kein Wort, ihn drückte das schwere Brot auf dem Rücken, daß ihm der Schweiß über sein verdrießliches und finsteres Gesicht herabfloß. Der Schneider aber war ganz munter, sprang daher, pfiff auf einem Blatt oder sang ein Liedchen und dachte: »Gott im Himmel muß sich freuen, daß ich so lustig bin.« Zwei Tage ging das so fort, aber als am dritten Tag der Wald kein Ende nehmen wollte und der Schneider sein Brot aufgegessen hatte, so fiel ihm das Herz doch eine Elle tiefer herab; indessen verlor er nicht den Mut, sondern verließ sich auf Gott und auf sein Glück. Den dritten Tag legte er sich abends hungrig unter einen Baum und stieg den andern Morgen hungrig wieder auf. So ging es auch den vierten Tag, und wenn der Schuster sich auf einen umgestürzten Baum setzte und seine Mahlzeit verzehrte, so blieb dem Schneider nichts als das Zusehen. Bat er um ein Stückchen Brot, so lachte der andere höhnisch und sagte: »Du bist immer so lustig gewesen, da kannst du auch einmal versuchen, wie's tut, wenn man unlustig ist: die Vögel, die morgens zu früh singen, die stößt abends der Habicht«, kurz, er war ohne Barmherzigkeit. Aber am fünften Morgen konnte der arme Schneider nicht mehr aufstehen und vor Mattigkeit kaum ein Wort herausbringen; die Backen waren ihm weiß und die Augen rot. Da sagte der Schuster zu ihm: »Ich will dir heute ein Stück Brot geben, aber dafür will ich dir dein rechtes Auge ausstechen.« Der unglückliche Schneider, der doch gerne sein Leben erhalten wollte, konnte sich nicht anders helfen: er weinte noch einmal mit beiden Augen und hielt sie dann hin, und der Schuster, der ein Herz von Stein hatte, stach ihm mit einem scharfen Messer das rechte Auge aus. Dem Schneider kam in den Sinn, was ihm sonst seine Mutter gesagt hatte, wenn er in der Speisekammer genascht hatte: »Essen, soviel man mag, und leiden, was man muß.« Als er sein teuer bezahltes Brot verzehrt hatte, machte er sich wieder auf die Beine, vergaß sein Unglück und tröstete sich damit, daß er mit einem Auge noch immer genug sehen könnte. Aber am sechsten Tag meldete sich der Hunger aufs neue und zehrte ihm fast das Herz auf. Er fiel abends bei einem Baum nieder, und am siebenten Morgen konnte er sich vor Mattigkeit nicht erheben, und der Tod saß ihm im Nacken. Da sagte der Schuster: »Ich will Barmherzigkeit ausüben und dir nochmals Brot geben; umsonst bekommst du es nicht, ich steche dir dafür das andere Auge noch aus.« Da erkannte der Schneider sein leichtsinniges Leben, bat den lieben Gott um Verzeihung und sprach: »Tue, was du mußt, ich will leiden, was ich muß; aber bedenke, daß unser Herrgott nicht jeden Augenblick richtet und daß eine andere Stunde kommt, wo die böse Tat vergolten wird, die du an mir verübst und die ich nicht an dir verdient habe. Ich habe in guten Tagen mit dir geteilt, was ich hatte. Mein Handwerk ist der Art, daß Stich muß Stich vertreiben. Wenn ich keine Augen mehr habe und nicht mehr nähen kann, so muß ich betteln gehen. Laß mich nur, wenn ich blind bin, hier nicht allein liegen, sonst muß ich verschmachten.« Der Schuster aber, der Gott aus seinem Herzen vertrieben hatte, nahm das Messer und stach ihm noch das linke Auge aus. Dann gab er ihm ein Stück Brot zu essen, reichte ihm einen Stock und führte ihn hinter sich her.

Als die Sonne unterging, kamen sie aus dem Wald, und vor dem Wald auf dem Feld stand ein Galgen. Dahin leitete der Schuster den blinden Schneider, ließ ihn dann liegen und ging seiner Wege. Vor Müdigkeit, Schmerz und Hunger schlief der Unglückliche ein und schlief die ganze Nacht. Als der Tag dämmerte, erwachte er, wußte aber nicht, wo er lag. An dem Galgen hingen zwei arme Sünder, und auf dem Kopfe eines jeden saß eine Krähe. Da fing der eine an zu sprechen: »Bruder, wachst du?« – »Ja, ich wache«, antwortete der zweite. »So will ich dir etwas sagen«, fing der erste wieder an, »der Tau, der heute nacht über uns vom Galgen herabgefallen ist, der gibt jedem, der sich damit wäscht, die Augen wieder. Wenn das die Blinden wüßten, wie mancher könnte sein Gesicht wieder haben, der nicht glaubt, daß das möglich sei.« Als der Schneider das hörte, nahm er sein Taschentuch, drückte es auf das Gras, und als es mit dem Tau befeuchtet war, wusch er seine Augenhöhlen damit. Alsbald ging in Erfüllung, was der Gehenkte gesagt hatte, und ein paar frische und gesunde Augen füllten die Höhlen. Es dauerte nicht lange, so sah der Schneider die Sonne hinter den Bergen aufsteigen; vor ihm in der Ebene lag die große Königsstadt mit ihren prächtigen Toren und hundert Türmen, und die goldenen Knöpfe und Kreuze, die auf den Spitzen standen, fingen an zu glühen. Er unterschied jedes Blatt an den Bäumen, erblickte die Vögel, die vorbeiflogen, und die Mücken, die in der Luft tanzten. Er holte eine Nähnadel aus der Tasche, und als er den Zwirn einfädeln konnte, so gut, als er es je gekonnt hatte, so sprang sein Herz vor Freude. Er warf sich auf seine Knie, dankte Gott für die erwiesene Gnade und sprach seinen Morgensegen; er vergaß auch nicht, für die armen Sünder zu bitten, die da hingen wie der Schwengel in der Glocke und die der Wind aneinanderschlug. Dann nahm er seinen Bündel auf den Rücken, vergaß bald das ausgestandene Herzeleid und ging unter Singen und Pfeifen weiter.

Das erste, was ihm begegnete, war ein braunes Füllen, das frei im Felde herumsprang. Er packte es an der Mähne, wollte sich aufschwingen und in die Stadt reiten. Das Füllen aber bat um seine Freiheit: »Ich bin noch zu jung«, sprach es, »auch ein leichter Schneider wie du bricht mir den Rücken entzwei, laß mich laufen, bis ich stark geworden bin. Es kommt vielleicht eine Zeit, wo ich dir's lohnen kann.« – »Lauf hin«, sagte der Schneider, »ich sehe, du bist auch so ein Springinsfeld.« Er gab ihm noch einen Hieb mit der

Gerte über den Rücken, daß es vor Freude mit den Hinterbeinen ausschlug, über Hecken und Gräben setzte und in das Feld hineinjagte.

Aber das Schneiderlein hatte seit gestern nichts gegessen. »Die Sonne«, sprach er, »füllt mir zwar die Augen, aber das Brot nicht den Mund. Das erste, was mir begegnet und halbwegs genießbar ist, das muß herhalten.« Indem schritt ein Storch ganz ernsthaft über die Wiese daher. »Halt, halt«, rief der Schneider und packte ihn am Bein, »ich weiß nicht, ob du zu genießen bist, aber mein Hunger erlaubt mir keine lange Wahl, ich muß dir den Kopf abschneiden und dich braten.« – »Tue das nicht«, antwortete der Storch, »ich bin ein heiliger Vogel, dem niemand ein Leid zufügt und der den Menschen großen Nutzen bringt. Läßt du mir mein Leben, so kann ich dir's ein andermal vergelten.« – »So zieh ab, Vetter Langbein«, sagte der Schneider. Der Storch erhob sich, ließ die langen Beine hängen und flog gemächlich fort.

»Was soll daraus werden?« sagte der Schneider zu sich selbst. »Mein Hunger wird immer größer und mein Magen immer leerer. Was mir jetzt in den Weg kommt, das ist verloren.« Indem sah er auf einem Teich ein paar junge Enten daherschwimmen. »Ihr kommt ja wie gerufen«, sagte er, packte eine davon und wollte ihr den Hals umdrehen. Da fing eine alte Ente, die in dem Schilf steckte, laut an zu kreischen, schwamm mit aufgesperrtem Schnabel herbei und bat ihn flehentlich, sich ihrer lieben Kinder zu erbarmen. »Denkst du nicht«, sagte sie, »wie deine Mutter jammern würde, wenn dich einer wegholen und dir den Garaus machen wollte.« – »Sei nur still«, sagte der gutmütige Schneider, »du sollst deine Kinder behalten«, und setzte die Gefangene wieder ins Wasser.

Als er sich umkehrte, stand er vor einem alten Baum, der halb hohl war, und sah die wilden Bienen aus und ein fliegen. »Da finde ich gleich den Lohn für meine gute Tat«, sagte der Schneider, »der Honig wird mich laben.« Aber der Weisel kam heraus, drohte und sprach: »Wenn du mein Volk anrührst und mein Nest zerstörst, so sollen dir unsere Stacheln wie zehntausend glühende Nadeln in die Haut fahren. Läßt du uns aber in Ruhe und gehst deiner Wege, so wollen wir dir ein andermal dafür einen Dienst leisten.«

Das Schneiderlein sah, daß auch hier nichts anzufangen war. »Drei Schüsseln leer«, sagte er, »und auf der vierten nichts, das ist eine schlechte Mahlzeit.« Er schleppte sich also mit seinem ausgehungerten Magen in die Stadt, und da es eben zu Mittag läutete, so war für ihn im Gasthaus schon gekocht, und er konnte sich gleich zu Tisch setzen. Als er satt war, sagte er: »Nun will ich auch arbeiten.« Er ging in der Stadt umher, suchte einen Meister und fand auch bald ein gutes Unterkommen. Da er aber sein Handwerk von Grund aus gelernt hatte, so dauerte es nicht lange, er ward berühmt, und jeder wollte seinen neuen Rock von dem kleinen Schneider gemacht haben. Alle Tage nahm sein Ansehen zu. »Ich kann in meiner Kunst nicht weiterkommen«, sprach er, »und doch geht's jeden Tag besser.« Endlich bestellte ihn der König zu seinem Hofschneider.

Aber wie's in der Welt geht. An demselben Tag war sein ehemaliger Kamerad, der Schuster, auch Hofschuster geworden. Als dieser den Schneider erblickte und sah, daß er wieder zwei gesunde Augen hatte, so peinigte ihn das Gewissen. »Ehe er Rache an mir nimmt«, dachte er bei sich selbst, »muß ich ihm eine Grube graben.« Wer aber andern eine Grube gräbt, fällt selbst hinein. Abends, als er Feierabend gemacht hatte und es dämmrig geworden war, schlich er sich zu dem König und sagte: »Herr König, der Schneider ist ein übermütiger Mensch und hat sich vermessen, er wollte die goldene Krone wieder herbeischaffen, die vor alten Zeiten ist verlorengegangen.« – »Das sollte mir lieb sein«, sprach der König, ließ den Schneider am andern Morgen vor sich fordern und befahl ihm, die Krone wieder herbeizuschaffen oder für immer die Stadt zu verlassen. »Oho«, dachte der Schneider, »ein Schelm gibt mehr, als er hat. Wenn der murrköpfige König von mir verlangt, was kein Mensch leisten kann, so will ich nicht warten bis morgen, sondern gleich heute wieder zur Stadt hinauswandern.« Er schnürte also sein Bündel, als er aber aus dem Tor heraus war, so tat es ihm doch leid, daß er sein Glück aufgeben und die Stadt, in der es ihm so wohl gegangen war, mit dem Rücken ansehen sollte. Er kam zu dem Teich, wo er mit den Enten Bekanntschaft gemacht hatte, da saß gerade die Alte, der er ihre Jungen gelassen hatte, am Ufer und putzte sich mit dem Schnabel. Sie erkannte ihn gleich und fragte, warum er den Kopf so hängen lasse. »Du wirst dich nicht wundern, wenn du hörst, was mir begegnet ist«, antwortete der Schneider und erzählte ihr sein Schicksal. »Wenn's weiter nichts ist«, sagte die Ente, »da können wir Rat schaffen. Die Krone ist ins Wasser gefallen und liegt unten auf dem Grund, wie bald haben wir sie wieder heraufgeholt. Breite nur derweil dein Taschentuch ans Ufer aus.« Sie tauchte mit ihren zwölf Jungen unter, und nach fünf Minuten war sie wieder oben und saß mitten in der Krone, die auf ihren Fittichen ruhte, und die zwölf Jungen schwammen rundherum, hatten ihre Schnäbel untergelegt und halfen tragen. Sie schwammen ans Land und legten die Krone auf das Tuch. Du glaubst nicht, wie prächtig die Krone war, wenn die Sonne daraufschien, so glänzte sie wie hunderttausend Karfunkelsteine. Der Schneider band sein Tuch mit den vier Zipfeln zusammen und trug sie zum König, der in einer Freude war und dem Schneider eine goldene Kette um den Hals hing.

Als der Schuster sah, daß der eine Streich mißlungen war, so besann er sich auf einen zweiten, trat vor den König und sprach: »Herr König, der Schneider ist wieder so übermütig geworden, er vermißt sich, das ganze königliche Schloß mit allem, was darin ist, los und fest, innen und außen, in Wachs abzubilden.« Der König ließ den Schneider kommen und befahl ihm, das ganze königliche Schloß mit allem, was darin wäre, los und fest, innen und außen, in Wachs abzubilden, und wenn er es nicht zustande brächte oder es fehlte nur ein Nagel an der Wand, so sollte er zeitlebens unter der Erde gefangensitzen. Der Schneider dachte: »Es kommt immer ärger, das hält kein Mensch aus«, warf sein Bündel auf den Rücken und wanderte fort. Als er an den hohlen Baum kam, setzte er sich nieder und ließ den Kopf hängen. Die Bienen kamen herausgeflogen, und der Weisel fragte ihn, ob er einen steifen Hals hätte, weil er den Kopf so schief hielt. »Ach nein«, antwortete der Schneider, »mich drückt etwas anderes«, und erzählte, was der König von ihm gefordert hatte. Die Bienen fingen an, untereinander zu summen und zu brummen, und der Weisel sprach: »Geh nur wieder nach Haus, komm aber morgen um diese Zeit wieder und bring ein großes Tuch mit, so wird alles gut gehen.« Da kehrte er wieder um, die Bienen aber flogen nach dem königlichen Schloß, geradezu in die offenen Fenster hinein, krochen in allen Ecken herum und besahen alles aufs genauste. Dann liefen sie zurück und bildeten das Schloß in Wachs nach mit einer solchen Geschwindigkeit, daß man meinte, es wüchse einem vor den Augen. Schon ab Abend war alles fertig, und als der Schneider am folgenden Morgen kam, so stand das ganze prächtige Gebäude da, und es fehlte kein Nagel an der Wand und keine Ziegel auf dem Dach; dabei war es zart und schneeweiß und roch süß wie Honig. Der Schneider packte es vorsichtig in sein Tuch und brachte es dem König, der aber konnte sich nicht genug verwundern, stellte es in seinem größten Saal auf und schenkte dem Schneider dafür ein großes steinernes Haus.

Der Schuster aber ließ nicht nach, ging zum drittenmal zu dem König und sprach: »Herr König, dem Schneider ist zu Ohren gekommen, daß auf dem Schloßhof kein Wasser springen will, da hat er sich vermessen, es solle mitten im Hof mannshoch aufsteigen und hell sein wie Kristall.« Da ließ der König den Schneider herbeiholen und sagte: »Wenn nicht morgen ein Strahl von Wasser in meinem Hof springt, wie du versprochen hast, so soll dich der Scharfrichter auf demselben Hof um einen Kopf kürzer machen.« Der arme Schneider besann sich nicht lange und eilte zum Tore hinaus, und weil es ihm diesmal ans Leben gehen sollte, so rollten ihm die Tränen über die Backen herab. Indem er so voll Trauer dahinging, kam das Füllen herangesprungen, dem er einmal die Freiheit geschenkt hatte und aus dem ein hübscher Brauner geworden war. »Jetzt kommt die Stunde«, sprach er zu ihm, »wo ich dir deine Guttat vergelten kann. Ich weiß schon, was dir fehlt, aber es soll dir bald geholfen werden, sitz nur auf, mein Rücken kann deiner zwei tragen.« Dem Schneider kam das Herz wieder, er sprang in einem Satz auf, und das Pferd rennte in vollem Lauf zur Stadt hinein und geradezu auf den Schloßhof. Da jagte es dreimal rundherum, schnell wie der Blitz, und beim drittenmal stürzte es nieder. In dem Augenblick aber krachte es furchtbar: ein Stück Erde sprang in der Mitte des Hofs wie eine Kugel in die Luft und über das Schloß hinaus, und gleich dahinterher erhob sich ein Strahl von Wasser so hoch wie Mann und Pferd, und das Wasser war so rein wie Kristall, und die Sonnenstrahlen fingen an, darauf zu tanzen. Als der König das sah, stand er vor Verwunderung auf, ging und umarmte das Schneiderlein im Angesicht aller Menschen.

Aber das Glück dauerte nicht lang. Der König hatte Töchter genug, eine immer schöner als die andere, aber keinen Sohn. Da begab sich der boshafte Schuster zum viertenmal zu dem König und sprach: »Herr König, der Schneider läßt nicht ab von seinem Übermut. Jetzt hat er sich vermessen, wenn er wolle, so könne er dem Herrn König einen Sohn durch die Lüfte herbeitragen lassen.« Der König ließ den Schneider rufen und sprach: »Wenn du mir binnen neun Tagen einen Sohn bringen läßt, so sollst du meine älteste

Tochter zur Frau haben.« – »Der Lohn ist freilich groß«, dachte das Schneiderlein, »da täte man wohl ein übriges, aber die Kirschen hängen mir zu hoch: wenn ich danach steige, so bricht unter mir der Ast, und ich falle herab.« Er ging nach Haus, setzte sich mit untergeschlagenen Beinen auf seinen Arbeitstisch und bedachte sich, was zu tun wäre. »Es geht nicht«, rief er endlich aus, »ich will fort, hier kann ich doch nicht in Ruhe leben.« Er schnürte sein Bündel und eilte zum Tore hinaus. Als er auf die Wiesen kam, erblickte er seinen alten Freund, den Storch, der da, wie ein Weltweiser, auf- und abging, zuweilen stillstand, einen Frosch in nähere Betrachtung nahm und ihn endlich verschluckte. Der Storch kam heran und begrüßte ihn. »Ich sehe«, hub er an, »du hast deinen Ranzen auf dem Rücken, warum willst du die Stadt verlassen?« Der Schneider erzählte ihm, was der König von ihm verlangt hatte und er nicht erfüllen konnte, und jammerte über sein Mißgeschick. »Laß dir darüber keine grauen Haare wachsen«, sagte der Storch, »ich will dir aus der Not helfen. Schon lange bringe ich die Wickelkinder in die Stadt, da kann ich auch einmal einen kleinen Prinzen aus dem Brunnen holen. Geh heim und verhalte dich ruhig. Heut über neun Tage begib dich in das königliche Schloß, da will ich kommen.« Das Schneiderlein ging nach Haus und war zur rechten Zeit in dem Schloß. Nicht lange, so kam der Storch herangeflogen und klopfte ans Fenster. Der Schneider öffnete ihm, und Vetter Langbein stieg vorsichtig herein und ging mit gravitätischen Schritten über den glatten Marmorboden; er hatte aber ein Kind im Schnabel, das schön wie ein Engel und seine Händchen nach der Königin ausstreckte. Er legte es ihr auf den Schoß, und sie herzte und küßte es und war vor Freude außer sich. Der Storch nahm, bevor er wieder wegflog, seine Reisetasche von der Schulter herab und überreichte sie der Königin. Es steckten Düten darin mit bunten Zuckererbsen, sie wurden unter die kleinen Prinzessinnen verteilt. Die älteste aber erhielt nichts, sondern bekam den lustigen Schneider zum Mann. »Es ist mir geradeso«, sprach der Schneider, »als wenn ich das große Los gewonnen hätte. Meine Mutter hatte doch recht, die sagte immer, wer auf Gott vertraut und nur Glück hat, dem kann's nicht fehlen.«

Der Schuster mußte die Schuhe machen, in welchen das Schneiderlein auf dem Hochzeitsfest tanzte, hernach ward ihm befohlen, die Stadt auf immer zu verlassen. Der Weg nach dem Wald führte ihn zu dem Galgen. Von Zorn, Wut und der Hitze des Tages ermüdet, warf er sich nieder. Als er die Augen zumachte und schlafen wollte, stürzten die beiden Krähen von den Köpfen der Gehenkten mit lautem Geschrei herab und hackten ihm die Augen aus. Unsinnig rannte er in den Wald und muß darin verschmachtet sein, denn es hat ihn niemand wieder gesehen oder etwas von ihm gehört.

108.

Hans mein Igel

Es war einmal ein Bauer, der hatte Geld und Gut genug, aber wie reich er war, so fehlte doch etwas an seinem Glück: er hatte mit seiner Frau keine Kinder. Öfters, wenn er mit den andern Bauern in die Stadt ging, spotteten sie und fragten, warum er keine Kinder hätte. Da ward er endlich zornig, und als er nach Haus kam, sprach er: »Ich will ein Kind haben, und sollt's ein Igel sein.« Da kriegte seine Frau ein Kind, das war oben ein Igel und unten ein Junge, und als sie das Kind sah, erschrak sie und sprach: »Siehst du, du hast uns verwünscht.« Da sprach der Mann: »Was kann das alles helfen, getauft muß der Junge werden, aber wir können keinen Gevatter dazu nehmen.« Die Frau sprach: »Wir können ihn auch nicht anders taufen als *Hans mein Igel.*« Als er getauft war, sagte der Pfarrer: »Der kann wegen seiner Stacheln in kein ordentlich Bett kommen.« Da ward hinter dem Ofen ein wenig Stroh zurechtgemacht und Hans mein Igel daraufgelegt. Er konnte auch an der Mutter nicht trinken, denn er hätte sie mit seinen Stacheln gestochen. So lag er da hinter dem Ofen acht Jahre, und sein Vater war ihn müde und dachte, wenn er nur stürbe; aber er starb nicht, sondern blieb da liegen. Nun trug es sich zu, daß in der Stadt ein Markt war, und der Bauer wollte hingehen, da fragte er seine Frau, was er ihr sollte mitbringen. »Ein wenig Fleisch und ein paar Wecke, was zum Haushalt gehört«, sprach sie. Darauf fragte er die Magd, die wollte ein paar Toffeln und Zwickelstrümpfe. Endlich sagte er auch: »Hans mein Igel, was willst du denn haben?« – »Väterchen«, sprach er, »bring mir doch einen Dudelsack mit.« Wie nun der Bauer wieder nach Hause kam, gab er der Frau, was er ihr gekauft hatte, Fleisch und Wecke, dann gab er der Magd die Toffeln und die Zwickelstrümpfe, endlich ging er hinter den Ofen und gab dem Hans mein Igel den Dudelsack. Und wie Hans mein Igel den Dudelsack hatte, sprach er: »Väterchen, geht doch vor die Schmiede und laßt mir meinen Göckelhahn beschlagen, dann will ich fortreiten und will nimmermehr wiederkommen.« Da war der Vater froh, daß er ihn loswerden sollte, und ließ ihm den Hahn beschlagen, und als er fertig war, setzte sich Hans mein Igel darauf, ritt fort, nahm auch Schweine und Esel mit, die wollt er draußen im Walde hüten. Im Wald aber mußte der Hahn mit ihm auf einen hohen Baum fliegen, da saß er und hütete die Esel und Schweine, und saß lange Jahre, bis die Herde ganz groß war, und wußte sein Vater nichts von ihm. Wenn er aber auf dem Baum saß, blies er seinen Dudelsack und machte Musik, die war sehr schön. Einmal kam ein König vorbeigefahren, der hatte sich verirrt und hörte die Musik; da verwunderte er sich darüber und schickte seinen Bedienten hin, er sollte sich einmal umgucken, wo die Musik herkäme. Er guckte sich um, sah aber nichts als ein kleines Tier auf dem Baum oben sitzen, das war wie ein Göckelhahn, auf dem ein Igel saß, und der machte die Musik. Da sprach der König zum Bedienten, er sollte fragen, warum er da säße und ob er nicht wüßte, wo der Weg in sein Königreich ginge. Da stieg Hans mein Igel vom Baum und sprach, er wollte den Weg zeigen, wenn der König ihm wollte verschreiben und versprechen, was ihm zuerst begegnete am königlichen Hofe, sobald er nach Haus käme. Da dachte der König: »Das kann ich leicht tun, Hans mein Igel versteht's doch nicht, und ich kann schreiben, was ich will.« Da nahm der König Feder und Dinte und schrieb etwas auf, und als es geschehen war, zeigte ihm Hans mein Igel den Weg, und er kam glücklich nach Haus. Seine Tochter aber, wie sie ihn von weitem sah, war so voll Freuden, daß sie ihm entgegenlief und ihn küßte. Da gedachte er an Hans mein Igel und erzählte ihr, wie es ihm gegangen wäre und daß er einem wunderlichen Tier hätte verschreiben sollen, was ihm daheim zuerst begegnen würde, und das Tier hätte auf einem Hahn wie auf einem Pferde gesessen und schöne Musik gemacht; er hätte aber geschrieben, es sollt's nicht haben, denn Hans mein Igel könnt es doch nicht lesen. Darüber war die Prinzessin froh und sagte, das wäre gut, denn sie wäre doch nimmermehr hingegangen.

Hans mein Igel aber hütete die Esel und Schweine, war immer lustig, saß auf dem Baum und blies auf seinem Dudelsack. Nun geschah es, daß ein anderer König gefahren kam mit seinen Bedienten und Laufern, und hatte sich verirrt und wußte nicht, wieder nach Haus zu kommen, weil der Wald so groß war. Da hörte er gleichfalls die schöne Musik von weitem und sprach zu seinem Laufer, was das wohl wäre, er sollte einmal zusehen. Da ging der Laufer hin unter den Baum und sah den Göckelhahn sitzen und Hans mein Igel obendrauf. Der Laufer fragte ihn, was er da oben vorhätte. »Ich hüte meine Esel und Schweine; aber was ist Euer Begehren?« Der Laufer sagte, sie hätten sich verirrt und könnten nicht wieder ins Königreich, ob er ihnen den Weg nicht zeigen wollte. Da stieg Hans mein Igel mit dem Hahn vom Baum herunter und sagte zu dem alten König, er wolle ihm den Weg zeigen, wenn er ihm zu eigen geben wollte, was ihm zu Haus vor seinem königlichen Schlosse das erste begegnen würde. Der König sagte ja und unterschrieb sich dem Hans mein Igel, er sollte es haben. Als das geschehen war, ritt er auf dem Göckelhahn voraus und zeigte ihm den Weg, und gelangte der König glücklich wieder in sein Reich. Wie er auf den Hof kam, war große Freude darüber. Nun hatte er eine einzige Tochter, die war sehr schön, lief ihm entgegen, fiel ihm um den Hals und küßte ihn und freute sich, daß ihr alter Vater wiederkam. Sie fragte ihn auch, wo er so lange in der Welt gewesen wäre, da erzählte er ihr, er hätte sich verirrt und wäre beinahe gar nicht wiedergekommen, aber als er durch einen großen Wald gefahren wäre, hätte einer, halb wie ein Igel, halb wie ein Mensch, rittlings auf einem Hahn in einem hohen Baum gesessen und schöne Musik gemacht, der hätte ihm fortgeholfen und den Weg gezeigt, er aber hätte ihm dafür versprochen, was ihm am königlichen Hofe zuerst begegnete, und das wäre sie, und das täte ihm nun so leid. Da versprach sie ihm aber, sie wollte gerne mit ihm gehen, wann er käme, ihrem alten Vater zuliebe.

Hans mein Igel aber hütete seine Schweine, und die Schweine bekamen wieder Schweine, und wurden ihrer so viel, daß der ganze Wald voll war. Da wollte Hans mein Igel nicht länger im Walde leben und ließ seinem Vater sagen, sie sollten alle Ställe im Dorf räumen, denn er käme mit einer so großen Herde, daß jeder schlachten könnte, der nur schlachten wollte. Da war sein Vater betrübt, als er das hörte, denn er dachte, Hans mein Igel wäre schon lange gestorben. Hans mein Igel aber setzte sich auf seinen Göckelhahn, trieb die Schweine vor sich her ins Dorf und ließ schlachten; hu! da war ein Gemetzel und ein Hacken, daß man's zwei Stunden weit hören konnte. Danach sagte Hans mein Igel: »Väterchen, laßt mir meinen Göckelhahn noch einmal vor der Schmiede beschlagen, dann reit ich fort und komme mein Lebtag nicht wieder.« Da ließ der Vater den Göckelhahn beschlagen und war froh, daß Hans mein Igel nicht wiederkommen wollte.

Hans mein Igel ritt fort in das erste Königreich, da hatte der König befohlen, wenn einer käme auf einem Hahn geritten und hätte einen Dudelsack bei sich, dann sollten alle auf ihn schießen, hauen und stechen, damit er nicht ins Schloß käme. Als nun Hans mein Igel dahergeritten kam, drangen sie mit den Bajonetten auf ihn ein, aber er gab dem Hahn die Sporen, flog auf, über das Tor hin vor des Königs Fenster, ließ sich da nieder und rief ihm zu, er sollt ihm geben, was er versprochen hätte, sonst so wollt er ihm und seiner Tochter das Leben nehmen. Da gab der König seiner Tochter gute Worte, sie möchte zu ihm hinausgehen, damit sie ihm und sich das Leben rettete. Da zog sie sich weiß an, und ihr Vater gab ihr einen Wagen mit sechs Pferden und herrlichen Bedienten, Geld und Gut. Sie setzte sich ein und Hans mein Igel mit seinem Hahn und Dudelsack neben sie, dann nahmen sie Abschied und zogen fort, und der König dachte, er kriegte sie nicht wieder zu sehen. Es ging aber anders als er dachte, denn als sie ein Stück Wegs von der Stadt waren, da zog ihr Hans mein Igel die schönen Kleider aus und stach sie mit seiner Igelhaut, bis sie ganz blutig war, sagte: »Das ist der Lohn für eure Falschheit, geh hin, ich will dich nicht«, und jagte sie damit nach Haus, und war sie beschimpft ihr Lebtag.

Hans mein Igel aber ritt weiter auf seinem Göckelhahn und mit seinem Dudelsack nach dem zweiten Königreich, wo er dem König auch den Weg gezeigt hatte. Der aber hatte bestellt, wenn einer käme wie Hans mein Igel, sollten sie das Gewehr präsentieren, ihn frei hereinführen, Vivat rufen und ihn ins königliche Schloß bringen. Wie ihn nun die Königstochter sah, war sie erschrocken, weil er doch gar zu wunderlich aussah, sie dachte aber, es wäre nicht anders, sie hätte es ihrem Vater versprochen. Da ward Hans mein Igel von ihr bewillkommt und ward mit ihr vermählt, und er mußte mit an die königliche Tafel gehen, und sie setzte sich zu seiner Seite, und sie aßen und tranken. Wie's nun Abend ward, daß sie wollten schlafen gehen, da fürchtete sie sich sehr vor seinen Stacheln; er aber sprach, sie sollte sich nicht fürchten, es geschähe ihr kein Leid, und sagte zu dem alten König, er sollte vier Mann bestellen, die sollten wachen vor der Kammertüre und ein großes Feuer anmachen, und wann er in die Kammer einginge und sich ins Bett legen wollte, würde er aus seiner Igelshaut herauskriechen und sie vor dem Bett liegen lassen; dann sollten die Männer hurtig herbeispringen und sie ins Feuer werfen, auch dabeibleiben, bis sie vom Feuer verzehrt wäre. Wie die Glocke nun elfe schlug, da ging er in die Kammer, streifte die Igelshaut ab und ließ sie vor dem Bette liegen; da kamen die Männer und holten sie geschwind und warfen sie ins Feuer; und als sie das Feuer verzehrt hatte, da war er erlöst und lag da im Bett ganz als ein Mensch gestaltet, aber er war kohlschwarz wie gebrannt. Der König schickte zu seinem Arzt, der wusch ihn mit guten Salben und balsamierte ihn, da ward er weiß und war ein schöner junger Herr. Wie das die Königstochter sah, war sie froh, und am andern Morgen stiegen sie mit Freuden auf, aßen und tranken, und ward die Vermählung erst recht gefeiert, und Hans mein Igel bekam das Königreich von dem alten König.

Wie etliche Jahre herum waren, fuhr er mit seiner Gemahlin zu seinem Vater und sagte, er wäre sein Sohn; der Vater aber sprach, er hätte keinen, er hätte nur einen gehabt, der wäre aber wie ein Igel mit Stacheln geboren worden und wäre in die Welt gegangen. Da gab er sich zu erkennen, und der alte Vater freute sich und ging mit ihm in sein Königreich.

Mein Märchen ist aus,
und geht vor Gustchen sein Haus.

109.

Das Totenhemdchen

Es hatte eine Mutter ein Büblein von sieben Jahren, das war so schön und lieblich, daß es niemand ansehen konnte, ohne ihm gut zu sein, und sie hatte es auch lieber als alles auf der Welt. Nun geschah es, daß es plötzlich krank ward und der liebe Gott es zu sich nahm; darüber konnte sich die Mutter nicht trösten und weinte Tag und Nacht. Bald darauf aber, nachdem es begraben war, zeigte sich das Kind nachts an den Plätzen, wo es sonst im Leben gesessen und gespielt hatte; weinte die Mutter, so weinte es auch, und wenn der Morgen kam, war es verschwunden. Als aber die Mutter gar nicht aufhören wollte zu weinen, kam es in einer Nacht mit seinem weißen Totenhemdchen, in welchem es in den Sarg gelegt war, und mit dem Kränzchen auf dem Kopf, setzte sich zu ihren Füßen auf das Bett und sprach: »Ach Mutter, höre doch auf zu weinen, sonst kann ich in meinem Sarge nicht einschlafen, denn mein Totenhemdchen wird nicht trocken von deinen Tränen, die alle darauffallen.« Da erschrak die Mutter, als sie das hörte, und weinte nicht mehr. Und in der andern Nacht kam das Kindchen wieder, hielt in der Hand ein Lichtchen und sagte: »Siehst du, nun ist mein Hemdchen bald trokken, und ich habe Ruhe in meinem Grab.« Da befahl die Mutter dem lieben Gott ihr Leid und ertrug es still und geduldig, und das Kind kam nicht wieder, sondern schlief in seinem unterirdischen Bettchen.

110.

Der Jude im Dorn

Es war einmal ein reicher Mann, der hatte einen Knecht, der diente ihm fleißig und redlich, war alle Morgen der erste aus dem Bett und abends der letzte hinein, und wenn's eine saure Arbeit gab, wo keiner anpacken wollte, so stellte er sich immer zuerst daran. Dabei klagte er nicht, sondern war mit allem zufrieden und war immer lustig. Als sein Jahr herum war, gab ihm der Herr keinen Lohn und dachte: »Das ist das Gescheitste, so spare ich etwas, und er geht mir nicht weg, sondern bleibt hübsch im Dienst.« Der Knecht schwieg auch still, tat das zweite Jahr wie das erste seine Arbeit, und als er am Ende desselben abermals keinen Lohn bekam, ließ er sich's gefallen und blieb noch länger. Als auch das dritte Jahr herum war, bedachte sich der Herr, griff in die Tasche, holte aber nichts heraus. Da fing der Knecht endlich an und sprach: »Herr, ich habe Euch

drei Jahre redlich gedient, seid so gut und gebt mir, was mir von Rechts wegen zukommt: ich wollte fort und mich gerne weiter in der Welt umsehen.« Da antwortete der Geizhals: »Ja, mein lieber Knecht, du hast mir unverdrossen gedient, dafür sollst du mildiglich belohnt werden«, griff abermals in die Tasche und zählte dem Knecht drei Heller einzeln auf, »da hast du für jedes Jahr einen Heller, das ist ein großer und reichlicher Lohn, wie du ihn bei wenigen Herrn empfangen hättest.« Der gute Knecht, der vom Geld wenig verstand, strich sein Kapital ein und dachte: »Nun hast du vollauf in der Tasche, was willst du sorgen und dich mit schwerer Arbeit länger plagen.«

Da zog er fort, bergauf, bergab, sang und sprang nach Herzenslust. Nun trug es sich zu, als er an einem Buschwerk vorüberkam, daß ein kleines Männchen hervortrat und ihn anrief: »Wo hinaus, Bruder Lustig? Ich sehe, du trägst nicht schwer an deinen Sorgen.« – »Was soll ich traurig sein«, antwortete der Knecht, »ich habe vollauf, der Lohn von drei Jahren klingelt in meiner Tasche.« – »Wieviel ist denn deines Schatzes?« fragte ihn das Männchen. »Wieviel? Drei bare Heller, richtig gezählt.« – »Höre«, sagte der Zwerg, »ich bin ein armer, bedürftiger Mann, schenke mir deine drei Heller: ich kann nichts mehr arbeiten, du aber bist jung und kannst dir dein Brot leicht verdienen.« Und weil der Knecht ein gutes Herz hatte und Mitleid mit dem Männchen fühlte, so reichte er ihm seine drei Heller und sprach: »In Gottes Namen, es wird mir doch nicht fehlen.« Da sprach das Männchen: »Weil ich dein gutes Herz sehe, so gewähre ich dir drei Wünsche, für jeden Heller einen, die sollen dir in Erfüllung gehen.« – »Aha«, sprach der Knecht, »du bist einer, der blau pfeifen kann. Wohlan, wenn's doch sein soll, so wünsche ich mir erstlich ein Vogelrohr, das alles trifft, wonach ich ziele; zweitens eine Fidel, wenn ich darauf streiche, so muß alles tanzen, was den Klang hört; und drittens, wenn ich an jemand eine Bitte tue, so darf er sie nicht abschlagen.« – »Das sollst du alles haben«, sprach das Männchen, griff in den Busch, und, denk einer, da lag schon Fidel und Vogelrohr in Bereitschaft, als wenn sie bestellt wären. Er gab sie dem Knecht und sprach: »Was du dir immer erbitten wirst, kein Mensch auf der Welt soll dir's abschlagen.«

»Herz, was begehrst du nun?« sprach der Knecht zu sich selber und zog lustig weiter. Bald darauf begegnete er einem Juden mit einem langen Ziegenbart, der stand und horchte auf den Gesang eines Vogels, der hoch oben in der Spitze eines Baumes saß. »Gottes Wunder!« rief er aus. »So ein kleines Tier hat so eine grausam mächtige Stimme! Wenn's doch mein wäre! Wer ihm doch Salz auf den Schwanz streuen könnte!« – »Wenn's weiter nichts ist«, sprach der Knecht, »der Vogel soll bald herunter sein«, legte an und traf aufs Haar, und der Vogel fiel herab in die Dornhecke. »Geh, Spitzbub«, sagte er zum Juden, »und hol dir den Vogel heraus.« – »Mein«, sprach der Jude, »laß der Herr den Bub weg, so kommt ein Hund gelaufen; ich will mir den Vogel auflesen, weil Ihr ihn doch einmal getroffen habt«, legte sich auf die Erde und fing an, sich in den Busch hineinzuarbeiten. Wie er nun mitten in dem Dorn steckte, plagte der Mutwille den guten Knecht, daß er seine Fidel abnahm und anfing zu geigen. Gleich fing auch der Jude an, die Beine zu heben und in die Höhe zu springen; und je mehr der Knecht strich, desto besser ging der Tanz. Aber die Dörner zerrissen ihm den schäbigen Rock, kämmten ihm den Ziegenbart und stachen und zwickten ihn am ganzen Leib. »Mein«, rief der Jude, »was soll mir das Geigen! Laß der Herr das Geigen, ich begehre nicht zu tanzen.« Aber der Knecht hörte nicht darauf und dachte: »Du hast die Leute genug geschunden, nun soll dir's die Dornhecke nicht besser machen«, und fing von neuem an zu geigen, daß der Jude immer höher aufspringen mußte und die Fetzen von seinem Rock an den Stacheln hängenblieben. »Au weih geschrien!« rief der Jude. »Geb ich doch dem Herrn, was Er verlangt, wenn Er nur das Geigen läßt, einen ganzen Beutel mit Gold.« – »Wenn du so spendabel bist«, sprach der Knecht, »so will ich wohl mit meiner Musik aufhören, aber das muß ich dir nachrühmen, du machst deinen Tanz noch mit, daß es eine Art hat«, nahm darauf den Beutel und ging seiner Wege.

Der Jude blieb stehen und sah ihm nach und war still, bis der Knecht weit weg und ihm ganz aus den Augen war, dann schrie er aus Leibeskräften: »Du miserabler Musikant, du Bierfiedler: wart, wenn ich dich allein erwische! Ich will dich jagen, daß du die Schuhsohlen verlieren sollst: du Lump, steck einen Groschen ins Maul, daß du sechs Heller wert bist«, und schimpfte weiter, was er nur losbringen konnte. Und als er sich damit etwas zugute getan und Luft gemacht hatte, lief er in die Stadt zum Richter. »Herr Richter, au weih geschrien! Seht, wie mich auf offener Landstraße ein gottloser Mensch beraubt und übel zugerichtet hat: ein Stein auf dem

Erdboden möcht sich erbarmen. Die Kleider zerfetzt! Der Leib zerstochen und zerkratzt! Mein bißchen Armut samt dem Beutel genommen! Lauter Dukaten, ein Stück schöner als das andere: um Gottes willen, laßt den Menschen ins Gefängnis werfen.« Sprach der Richter: »War's ein Soldat, der dich mit seinem Säbel so zugerichtet hat?« – »Gott bewahr!« sagte der Jude. »Einen nackten Degen hat er nicht gehabt, aber ein Rohr hat er gehabt auf dem Buckel hängen und eine Geige am Hals; der Bösewicht ist leicht zu erkennen.« Der Richter schickte seine Leute nach ihm aus, die fanden den guten Knecht, der ganz langsam weitergezogen war, und fanden auch den Beutel mit Gold bei ihm. Als er vor Gericht gestellt wurde, sagte er: »Ich habe den Juden nicht angerührt und ihm das Geld nicht genommen, er hat mir's aus freien Stücken angeboten, damit ich nur aufhörte zu geigen, weil er meine Musik nicht vertragen konnte.« – »Gott bewahr!« schrie der Jude. »Der greift die Lügen wie Fliegen an der Wand.« Aber der Richter glaubte es auch nicht und sprach: »Das ist eine schlechte Entschuldigung, das tut kein Jude«, und verurteilte den guten Knecht, weil er auf offener Straße einen Raub begangen hätte, zum Galgen. Als er aber abgeführt ward, schrie ihm noch der Jude zu: »Du Bärenhäuter, du Hundemusikant, jetzt kriegst du deinen wohlverdienten Lohn.« Der Knecht stieg ganz ruhig mit dem Henker die Leiter hinauf, auf der letzten Sprosse aber drehte er sich um und sprach zum Richter: »Gewährt mir noch eine Bitte, eh ich sterbe.« – »Ja«, sprach der Richter, »wenn du nicht um dein Leben bittest.« – »Nicht ums Leben«, antwortete der Knecht, »ich bitte, laßt mich zu guter Letzt noch einmal auf meiner Geige spielen.« Der Jude erhob ein Zetergeschrei: »Um Gottes willen, erlaubt's nicht, erlaubt's nicht.« Allein der Richter sprach: »Warum soll ich ihm die kurze Freude nicht gönnen: es ist ihm zugestanden, und dabei soll es sein Bewenden haben.« Auch konnte er es ihm nicht abschlagen wegen der Gabe, die dem Knecht verliehen war. Der Jude aber rief: »Au weih, au weih! Bindet mich an, bindet mich fest.« Da nahm der gute Knecht seine Geige vom Hals, legte sie zurecht, und wie er den ersten Strich tat, fing alles an zu wabern und zu wanken, der Richter, die Schreiber und die Gerichtsdiener; und der Strick fiel dem aus der Hand, der den Juden festbinden wollte; beim zweiten Strich hoben alle die Beine, und der Henker ließ den guten Knecht los und machte sich zum Tanze fertig; bei dem dritten Strich sprang alles in die Höhe und fing an zu tanzen, und der Richter und der Jude waren vorn und sprangen am besten. Bald tanzte alles mit, was auf den Markt aus Neugierde herbeigekommen war, alte und junge, dicke und magere Leute untereinander; sogar die Hunde, die mitgelaufen waren, setzten sich auf die Hinterfüße und hüpften mit. Und je länger er spielte, desto höher sprangen die Tänzer, daß sie sich einander an die Köpfe stießen und anfingen, jämmerlich zu schreien. Endlich rief der Richter ganz außer Atem: »Ich schenke dir dein Leben, höre nur auf zu geigen.« Der gute Knecht ließ sich bewegen, setzte die Geige ab, hing sie wieder um den Hals und stieg die Leiter herab. Da trat er zu dem Juden, der auf der Erde lag und nach Atem schnappte, und sagte: »Spitzbube, jetzt gesteh, wo du das Geld her hast, oder ich nehme meine Geige vom Hals und fange wieder an zu spielen.« – »Ich hab's gestohlen, ich hab's gestohlen«, schrie er, »du aber hast's redlich verdient.« Da ließ der Richter den Juden zum Galgen führen und als einen Dieb aufhängen.

III.

Der gelernte Jäger

Es war einmal ein junger Bursch, der hatte die Schlosserhantierung gelernt und sprach zu seinem Vater, er wollte jetzt in die Welt gehen und sich versuchen. »Ja«, sagte der Vater, »das bin ich zufrieden«, und gab ihm etwas Geld auf die Reise. Also zog er herum und suchte Arbeit. Auf eine Zeit, da wollt ihm das Schlosserwerk nicht mehr folgen und stand ihm auch nicht mehr an, aber er kriegte Lust zur Jägerei. Da begegnete ihm auf der Wanderschaft ein Jäger in grünem Kleide, der fragte, wo er herkäme und wo er hin wollte. Er wär ein Schlossergesell, sagte der Bursch, aber das Handwerk gefiele ihm nicht mehr, und hätte Lust zur Jägerei, ob er ihn als Lehrling annehmen wollte. »O ja, wenn du mit mir gehen willst.« Da ging der junge Bursch mit, vermietete sich etliche Jahre bei ihm und lernte die Jägerei. Danach wollte er sich weiter versuchen, und der Jäger gab ihm nichts zum Lohn als eine Windbüchse, die hatte aber die Eigenschaft, wenn er damit einen Schuß tat, so traf er ohnfehlbar. Da ging er fort und kam in einen sehr großen Wald, von dem konnte er in einem Tag das Ende nicht finden. Wie's Abend war, setzte er sich auf einen hohen Baum, damit er aus den wilden Tieren käme. Gegen Mitternacht zu, däuchte ihn, schimmerte ein kleines Lichtchen von weitem, da sah er durch die Äste darauf hin und behielt in acht, wo es war. Doch nahm er erst noch seinen Hut und warf ihn nach dem Licht zu herunter, daß er danach gehen wollte, wann er herabgestiegen wäre, als nach einem Zeichen. Nun kletterte er herunter, ging auf seinen Hut los, setzte ihn wieder auf und zog geradeswegs fort. Je weiter er ging, je größer ward das Licht, und wie er nahe dabei kam, sah er, daß es ein gewaltiges Feuer war, und saßen drei Riesen dabei und hatten einen Ochsen am Spieß und ließen ihn braten. Nun sprach der eine: »Ich muß doch schmecken, ob das Fleisch bald zu essen ist«, riß ein Stück herab und wollt es in den Mund stecken, aber der Jäger schoß es ihm aus der Hand. »Nun ja«, sprach der Riese, »da weht mir der Wind das Stück aus der Hand«, und nahm sich ein anderes. Wie er eben anbeißen wollte, schoß es ihm der Jäger abermals weg; da gab der Riese dem, der neben ihm saß, eine Ohrfeige und rief zornig: »Was reißt du mir mein Stück weg?« – »Ich habe es nicht weggerissen«, sprach der andere, »es wird dir's ein Scharfschütz weggeschossen haben.« Der Riese nahm sich das dritte Stück, konnte es aber nicht in der Hand behalten, der Jäger schoß es ihm heraus. Da sprachen die Riesen: »Das muß ein guter Schütze sein, der den Bissen vor dem Maul wegschießt, so einer wäre uns nützlich«, und riefen laut: »Komm herbei, du Scharfschütze, setze dich zu uns ans Feuer und iß dich satt, wir wollen dir nichts tun; aber kommst du nicht und wir holen dich mit Gewalt, so bist du verloren.« Da trat der Bursch herzu und sagte, er wäre ein gelernter Jäger, und wonach er mit seiner Büchse ziele, das treffe er auch sicher und gewiß. Da sprachen sie, wenn er mit ihnen gehen wollte, sollte er's gut haben, und erzählten ihm, vor dem Wald sei ein großes Wasser, dahinter stände ein Turm, und in dem Turm säß eine schöne Königstochter, die wollten sie gern rauben. »Ja«, sprach er, »die will ich bald geschafft haben.« Sagten sie weiter: »Es ist aber noch etwas dabei, es liegt ein kleines Hündchen dort, das fängt gleich an zu bellen, wann sich jemand nähert, und sobald das bellt, wacht auch alles am königlichen Hofe auf: und deshalb können wir nicht hineinkommen; unterstehst du dich, das Hündchen totzuschießen?« – »Ja«, sprach er, »das ist mir ein kleiner

Spaß.« Danach setzte er sich auf ein Schiff und fuhr über das Wasser, und wie er bald beim Land war, kam das Hündlein gelaufen und wollte bellen, aber er kriegte seine Windbüchse und schoß es tot. Wie die Riesen das sahen, freuten sie sich und meinten, sie hätten die Königstochter schon gewiß, aber der Jäger wollte erst sehen, wie die Sache beschaffen war, und sprach, sie sollten haußen bleiben, bis er sie riefe. Da ging er in das Schloß, und es war mäuschenstill darin und schlief alles. Wie er das erste Zimmer aufmachte, hing da ein Säbel an der Wand, der war von purem Silber, und war ein goldener Stern darauf und des Königs Name; daneben aber lag auf einem Tisch ein versiegelter Brief, den brach er auf, und es stand darin, wer den Säbel hätte, könnte alles ums Leben bringen, was ihm vorkäme. Da nahm er den Säbel von der Wand, hing ihn um und ging weiter; da kam er in das Zimmer, wo die Königstochter lag und schlief; und sie war so schön, daß er stillstand und sie betrachtete und den Atem anhielt. Er dachte bei sich selbst: »Wie darf ich eine unschuldige Jungfrau in die Gewalt der wilden Riesen bringen, die haben Böses im Sinn.« Er schaute sich weiter um, da standen unter dem Bett ein Paar Pantoffeln, auf dem rechten stand ihres Vaters Name mit einem Stern und auf dem linken ihr eigener Name mit einem Stern. Sie hatte auch ein großes Halstuch um, von Seide mit Gold ausgestickt, auf der rechten Seite ihres Vaters Name, auf der linken ihr Name, alles mit goldenen Buchstaben. Da nahm der Jäger eine Schere und schnitt den rechten Schlippen ab und tat ihn in seinen Ranzen, und dann nahm er auch den rechten Pantoffel mit des Königs Namen und steckte ihn hinein. Nun lag die Jungfrau noch immer und schlief, und sie war ganz in ihr Hemd eingenäht; da schnitt er auch ein Stückchen von dem Hemd ab und steckte es zu dem andern, doch tat er das alles, ohne sie anzurühren. Dann ging er fort und ließ sie ungestört schlafen, und als er wieder ans Tor kam, standen die Riesen noch draußen, warteten auf ihn und dachten, er würde die Königstochter bringen. Er rief ihnen aber zu, sie sollten hereinkommen, die Jungfrau wäre schon in seiner Gewalt; die Türe könnte er ihnen aber nicht aufmachen, aber da wäre ein Loch, durch welches sie kriechen müßten. Nun kam der erste näher, da wickelte der Jäger des Riesen Haar um seine Hand, zog den Kopf herein und hieb ihn mit seinem Säbel in einem Streich ab und duns (zog) ihn dann vollends hinein. Dann rief er den zweiten und hieb ihm gleichfalls das Haupt ab, und endlich auch dem dritten, und war froh, daß er die schöne Jungfrau von ihren Feinden befreit hatte, und schnitt ihnen die Zungen aus und steckte sie in seinen Ranzen. Da dachte er: »Ich will heimgehen zu meinem Vater und ihm zeigen, was ich schon getan habe, dann will ich in der Welt herumziehen; das Glück, das mir Gott bescheren will, wird mich schon erreichen.«

Der König in dem Schloß aber, als er aufwachte, erblickte er die drei Riesen, die da tot lagen. Dann ging er in die Schlafkammer seiner Tochter, weckte sie auf und fragte, wer das wohl gewesen wäre, der die Riesen ums Leben gebracht hätte. Da sagte sie: »Lieber Vater, ich weiß es nicht, ich habe geschlafen.« Wie sie nun aufstand und ihre Pantoffeln anziehen wollte, da war der rechte weg, und wie sie ihr Halstuch betrachtete, war es durchschnitten und fehlte der rechte Schlippen, und wie sie ihr Hemd ansah, war ein Stückchen heraus. Der König ließ den ganzen Hof zusammenkommen, Soldaten und alles, was da war, und fragte, wer seine Tochter befreit und die Riesen ums Leben gebracht hätte. Nun hatte er einen Hauptmann, der war einäugig und ein häßlicher Mensch, der sagte, er hätte es getan. Da sprach der alte König, so er das vollbracht hätte, sollte er seine Tochter auch heiraten. Die Jungfrau aber sagte: »Lieber Vater, dafür, daß ich den heiraten soll, will ich lieber in die Welt gehen, so weit, als mich meine Beine tragen.« Da sprach der König, wenn sie den nicht heiraten wollte, sollte sie die königlichen Kleider ausziehen und Bauernkleider antun und fortgehen; und sie sollte zu einem Töpfer gehen und einen Handel mit irdenem Geschirr anfangen. Da tat sie ihre königlichen Kleider aus und ging zu einem Töpfer und borgte sich einen Kram irden Werk; sie versprach ihm auch, wenn sie's am Abend verkauft hätte, wollte sie es bezahlen. Nun sagte der König, sie sollte sich an eine Ecke damit setzen und es verkaufen, dann bestellte er etliche Bauernwagen, die sollten mittendurch fahren, daß alles in tausend Stücke ginge. Wie nun die Königstochter ihren Kram auf die Straße hingestellt hatte, kamen die Wagen und zerbrachen ihn zu lauter Scherben. Sie fing an zu weinen und sprach: »Ach Gott, wie will ich nun dem Töpfer bezahlen.« Der König aber hatte sie damit zwingen wollen, den Hauptmann zu heiraten, statt dessen ging sie wieder zum Töpfer und fragte ihn, ob er ihr noch einmal borgen wollte. Er antwortete, nein, sie sollte erst das vorige bezahlen. Da ging sie zu ihrem Vater, schrie und jammerte und sagte, sie wollte in die Welt hineingehen. Da sprach er: »Ich will dir draußen in dem Wald ein Häuschen bauen lassen, darin sollst du dein Lebtag sitzen und für jedermann kochen, du darfst aber kein Geld nehmen.« Als das Häuschen fertig war, ward vor die Türe ein Schild gehängt, darauf stand geschrieben: »Heute umsonst, morgen für Geld«. Da saß sie lange Zeit und sprach es sich in der Welt herum, da säße eine Jungfrau, die kochte umsonst, und das stände vor der Türe an einem Schild. Das hörte auch der Jäger und dachte: »Das wär etwas für dich, du bist doch arm und hast kein Geld.« Er nahm also seine Windbüchse und seinen Ranzen, worin noch alles steckte, was er damals im Schloß als Wahrzeichen mitgenommen hatte, ging in den Wald und fand auch das Häuschen mit dem Schild »Heute umsonst, morgen für Geld«. Er hatte aber den Degen umhängen, womit er den drei Riesen den Kopf abgehauen hatte, trat so in das Häuschen hinein und ließ sich etwas zu essen geben. Er freute sich über das schöne Mädchen, es war aber auch bildschön. Sie fragte, wo er herkäme und hin wollte, da sagte er: »Ich reise in der Welt herum.« Da fragte sie ihn, wo er den Degen herhätte, da stände ja ihres Vaters Name darauf. Fragte er, ob sie des Königs Tochter wäre. »Ja«, antwortete sie. »Mit diesem Säbel«, sprach er, »habe ich drei Riesen den Kopf abgehauen«, und holte zum Zeichen ihre Zungen aus dem Ranzen, dann zeigte er ihr auch den Pantoffel, den Schlippen vom Halstuch und das Stück vom Hemd. Da war sie voll Freude und sagte, er wäre derjenige, der sie erlöst hätte. Darauf gingen sie zusammen zum alten König und holten ihn herbei, und sie führte ihn in ihre Kammer und sagte ihm, der Jäger wäre der rechte, der sie von den Riesen erlöst hätte. Und wie der alte König die Wahrzeichen alle sah, da konnte er nicht mehr zweifeln und sagte, es wäre ihm lieb, daß er wüßte, wie alles zugegangen wäre, und er sollte sie nun auch zur Gemahlin haben; darüber freute sich die Jungfrau von Herzen. Darauf kleideten sie ihn, als wenn er ein fremder Herr wäre, und der König ließ ein Gastmahl anstellen. Als sie nun zu Tisch gingen, kam der Hauptmann auf die linke Seite der Königstochter zu sitzen, der Jäger aber auf die rechte; und der Hauptmann meinte, das wäre ein fremder Herr und wäre zum Besuch gekommen. Wie sie gegessen und getrunken hatten, sprach der alte König zum Hauptmann, er wollte ihm etwas aufgeben, das sollte er erraten: Wenn einer spräche, er hätte drei Riesen ums Leben gebracht, und er gefragt würde, wo die Zungen der Riesen wären, und er müßte zusehen und wären keine in ihren Köpfen, wie das zuginge. Da sagte der Hauptmann: »Sie werden keine gehabt haben.« – »Nicht so«, sagte der König, »jedes Getier hat eine Zunge«, und fragte weiter, was der wert wäre, daß ihm widerführe. Antwortete der Hauptmann: »Der gehört in Stücken zerrissen zu werden.« Da sagte der König, er hätte sich selber sein Urteil gesprochen, und ward der Hauptmann gefänglich gesetzt und dann in vier Stücke zerrissen, die Königstochter aber mit dem Jäger vermählt. Danach holte er seinen Vater und seine Mutter herbei, und die lebten in Freude bei ihrem Sohn, und nach des alten Königs Tod bekam er das Reich.

112.

Der Dreschflegel vom Himmel

Es zog einmal ein Bauer mit einem Paar Ochsen zum Pflügen aus. Als er auf den Acker kam, da fingen den beiden Tieren die Hörner an zu wachsen, wuchsen fort, und als er nach Haus wollte, waren sie so groß, daß er nicht mit zum Tor hinein konnte. Zu gutem Glück kam gerade ein Metzger daher, dem überließ er sie, und schlossen sie den Handel dergestalt, daß er sollte dem Metzger ein Maß Rübsamen bringen, der wollt ihm dann für jedes Korn einen Brabanter Taler aufzählen. Das heiß ich gut verkauft! Der Bauer ging nun heim und trug das Maß Rübsamen auf dem Rücken herbei; unterwegs verlor er aber aus dem Sack ein Körnchen. Der Metzger bezahlte ihn, wie gehandelt war, richtig aus; hätte der Bauer das Korn nicht verloren, so hätte er einen Brabanter Taler mehr gehabt. Indessen, wie er wieder des Wegs zurückkam, war aus dem Korn ein Baum gewachsen, der reichte bis an den Himmel. Da dachte der Bauer: »Weil die Gelegenheit da ist, mußt du doch sehen, was die Engel da droben machen, und ihnen einmal unter die Augen gucken.« Also stieg er hinauf und sah, daß die Engel oben Hafer droschen, und schaute das mit an; wie er so schaute, merkte er, daß der Baum, worauf er stand, anfing zu wackeln, guckte hinunter und sah, daß ihn eben einer umhauen wollte. »Wenn du da herabstürztest, das wär ein böses Ding«, dachte er, und in der Not wußt er sich nicht besser zu helfen, als daß er die Spreu vom Hafer nahm, die haufenweis dalag, und daraus einen Strick drehte; auch griff er nach einer Hacke und einem Dreschflegel, die da herum im Himmel lagen, und ließ sich an dem Seil herunter. Er kam aber unten auf der Erde gerade in ein tiefes, tiefes Loch, und da war es ein rechtes Glück, daß er die Hacke hatte, denn er hackte sich damit eine Treppe, stieg in die Höhe und brachte den Dreschflegel zum Wahrzeichen mit, so daß niemand an seiner Erzählung mehr zweifeln konnte.

113.

De beiden Künigeskinner

Et was mol en Künig west, de hadde en kleinen Jungen kregen, in den sin Teiken (Zeichen) hadde stahn, he sull von einen Hirsch ümmebracht weren, wenn he sestein Johr alt wäre. Ase he nu so wit anewassen was, do gingen de Jägers mol mit ünne up de Jagd. In den Holte, do kümmt de Künigssuhn bie de annern denne (von den andern weg), up einmol süht he do ein grooten Hirsch, den wull he scheiten, he kunn en awerst nig dreppen; up't lest is de Hirsch so lange für ünne herut laupen, bis gans ut den Holte, do steiht do up einmol so ein grot lank Mann stad des Hirsches, de segd: »Nu dat is gut, dat ik dik hewe; ik hewe schon sess paar gleserne Schlitschau hinner die caput jaget un hewe dik nig kriegen könnt.« Do nümmet he ün mit sik un schlippet em dur ein grot Water bis für en grot Künigsschlott, da mut he mit an 'n Disk un eten wat. Ase se tosammen wat geeten hed, segd de Künig: »Ik hewe drei Döchter, bie der öllesten mußt du en Nacht waken, von des Obends niegen Uhr bis Morgen sesse, un ik kumme jedesmol, wenn de Klocke schlätt, sülwens un rope, un wenn du mie dann kine Antwort givst, so werst du morgen ümmebracht, wenn du awerst mie immer Antwort givst, so salst du se tor Frugge hewen.« Ase do die jungen Lude up de Schlopkammer kämen, do stund der en steineren Christoffel, do segd de Künigsdochter to emme: »Um niegen Uhr kummet min Teite (Vater), alle Stunne, bis et dreie schlätt, wenn he froget, so giwet gi em Antwort statt des Künigssuhns.« Do nickede de steinerne Christoffel mit den Koppe gans schwinne un dann jümmer lanksamer, bis he to leste wier stille stand. Den anneren Morgen, da segd de Künig to emme: »Du hest dine Sacken gut macket, awerst mine Dochter kann ik nig hergiewen, du möstest dann en Nacht bie de tweiden Dochter wacken, dann will ik mie mal drup bedenken, ob du mine ölleste Dochter tor Frugge hewen kannst; awerst ik kumme olle Stunne sülwenst, un wenn ik die rope, so antworte mie, un wenn ik die rope und du antwortest nig, so soll fleiten din Blaud für mie.« Un do gengen de beiden up de Schlopkammer, do stand do noch en gröteren steineren Christoffel, dato segd de Künigsdochter: »Wenn min Teite frögt, so antworte du.« Do nickede de grote steinerne Christoffel wier mit den Koppe gans schwinne un dann jümmer lanksamer, bis he to leste wier stille stand. Un de Künigssuhn legte sik up den Dörsüll (Türschwelle), legte de Hand unner den Kopp un schläp inne. Den anneren Morgen seh de Künig to ünne: »Du hast dine Sacken twaren gut macket, awerst mine Dochter kann ik nig hergiewen, du möstest süs bie der jungesten Künigsdochter en Nacht wacken, dann will ik mie bedenken, ob du mine tweide Dochter tor Frugge hewen kannst; awerst ik kumme olle Stunne sülwenst, un wenn ik die rope, so antworte mie, un wenn ik die rope un du antwortest nig, so soll fleiten din Blaud für mie.« Do gingen se wier tohope (zusammen) up ehre Schlopkammer, do was do noch en viel grötern un viel längern Christoffel ase bie de twei ersten. Dato segd de Künigsdochter: »Wenn min Teite röpet, so antworte du«, do nickede de grote lange steinerne Christoffel wohl ene halwe Stunne mit den Koppe, bis de Kopp tolest wier stille stand. Un de Künigssuhn legte sik up de Dörsül un schläp inne. Den annern Morgen, do segd de Künig: »Du hast twaren gut wacket, awerst ik kann die nau mine Dochter nig giewen, ik hewe so en groten Wall, wenn du mie den von hüte morgen sesse bis obends sesse afhoggest, so will ik mie drup bedenken.« Do dehe (tat, d.i. gab) he ünne en gleserne Exe, en gleserne Kiel un en gleserne Holthacke midde. Wie he in dat Holt kummen is, do hoggete he einmal to, do was de Exe entwei; do nam he den Kiel un schlett einmal mit de Holthacke daruppe, do is et so kurt un so klein ase Grutt (Sand). Do was he so bedröwet un glövte, nu möste he sterwen, un he geit sitten un grient (weint). Asset nu

Middag is, do segd de Künig: »Eine von juck Mäken mott ünne wat to etten bringen.« – »Nee«, segged de beiden öllesten, »wie willt ün nicks bringen, wo he dat leste bie wacket het, de kann ün auck wat bringen.« Do mutt de jungeste weg un bringen ünne wat to etten. Ase in den Walle kummet, do frägt se ün, wie et ünne ginge. »Oh«, seh he, et ginge ün gans schlechte. Do seh se, he sull herkommen un etten eest en bitken; »nee«, seh he, dat künne he nig, he möste jo doch sterwen, etten wull he nig mehr. Do gav se ünne so viel gute Woore, he möchte et doch versöken; do kümmt he un ett wat. Ase he wat getten hett, do seh se: »Ik will die eest en bitken lusen, dann werst du annerst to Sinnen.« Do se ün luset, do werd he so möhe un schlöppet in, un do nümmet se ehren Doock un binnet en Knupp do in un schlätt ün dreimol up de Eere un segd: »Arweggers, herut!« Do würen gliek so viele Eerdmännekens herfur kummen un hadden froget, wat de Künigsdochter befelde. Do seh se: »In Tied von drei Stunnen mutt de grote Wall afhoggen un olle dat Holt in Höpen settet sien.« Do gingen de Eerdmännekens herum un boen ehre ganse Verwanschap up, dat se ehnen an de Arweit helpen sullen. Do fingen se gliek an, un ase de drei Stunne ümme würen, do is olles to Enne (zu Ende) west; un do keimen se wier to der Künigsdochter un sehent ehr. Do nümmet se wier ehren witten Doock un segd: »Arweggers, nah Hus!« Do siet se olle wier wege west. Do de Künigssuhn upwacket, so werd he so frau, do segd se: »Wenn et nu sesse schloen het, so kumme nah Hus.« Dat het he auck bevolget, un do frägt de Künig: »Hest du den Wall aawe (ab)?« – »Jo«, segd de Künigssuhn. Ase se do an een Diske sittet, do seh de Künig: »Ik kann di nau mine Dochter nie tor Frugge giewen«, he möste eest nau wat umme se dohen. Do frägt he, wat dat denn sien sulle. »Ik hewe so en grot Dieck«, seh de Künig, »do most du den annern Morgen hünne un most en utschloen, dat he so blank is ase en Spegel, un et müttet von ollerhand Fiske dorinne sien.« Den anneren Morgen, do gav ünne de Künig ene gleserne Schute (Schüppe) un segd: »Umme sess Uhr mot de Dieck ferrig sien.« Do geit he weg, ase he bie den Dieck kummet, do stecket he mit de Schute in de Muhe (Moor, Sumpf), do brack se af; do stecket he mit de Hacken in de Muhe, un et was wier caput. Do werd he gans bedröwet. Den Middag brachte de jüngeste Dochter ünne wat to etten, do frägt se, wo et ünne ginge. Do seh de Künigssuhn, et ginge ünne gans schlechte, he sull sienen Kopp wohl missen mutten: »Dat Geschirr is mie wier klein gohen.« – »Oh«, seh se, »he sull kummen un etten eest wat, dann werst du anneren Sinnes.« – »Nee«, segd he, etten kunn he nig, he wer gar to bedröwet. Do givt se ünne viel gude Woore, bis he kummet un ett wat. Do luset se ünn wier, un he schloppet in; se nümmet von niggen en Doock, schlett en Knupp do inne un kloppet mit den Knuppe dreimol up de Eere un segd: »Arweggers, herut!« Do kummt gliek so viele Eerdmännekens un froget olle, wat ehr Begeren wür. In Tied von drei Stunne mosten se den Dieck gans utschloen hewen, un he möste so blank sien, dann man sik inne speigelen künne, un von ollerhand Fiske mosten dorinne sien. Do gingen de Eerdmännekens hünn un boen ehre Verwanschap up, dat se ünnen helpen sullen; un et is auck in zwei Stunnen ferrig west. Do kummet se wier un segged: »Wie hät dohen, so us befolen is.« Do nümmet de Künigsdochter den Doock un schlett wier dreimol up de Eere un segd: »Arweggers, to Hus!« Do siet se olle wier weg. Ase do de Künigssuhn upwacket, do is de Dieck ferrig. Do geit de Künigsdochter auck weg un segd, wenn et sesse wär, dann sull he nah Hus kummen. Ase he do nah Hus kummet, do frägt de Künig: »Hes du den Dieck ferrig?« – »Jo«, seh de Künigssuhn. Dat wür schöne. Do se do wier to Diske sittet, do seh de Künig: »Du hast den Dieck twaren ferrig, awerst ik kann die mine Dochter noch nie giewen, du most eest nau eins dohen.« – »Wat is dat denn?« frögte de Künigssuhn. He hedde so en grot Berg, do würen luter Dorenbuske anne, de mosten olle afhoggen weren, un bowen up moste he en grot Schlott buggen, dat moste so wacker sien, ase 't nu en Menske denken kunne, un olle Ingedömse, de in den Schlott gehorden, de mösten der olle inne sien. Do he nu den anneren Morgen upsteit, do gav ünne de Künig en glesernen Exen un en glesernen Boren mit; et mott awerst um sess Uhr ferrig sien. Do he an den eersten Dorenbuske mit de Exen anhogget, do ging se so kurt un so klein, dat de Stücker rund um ünne herfloen, un de Boren kunn he auck nig brucken. Do war he gans bedröwet un toffte (wartete) up sine Leiweste, op de nie keime un ünn ut de Naut hülpe. Ase 't do Middag is, do kummet se un bringet wat to etten; do geit he ehr in de Möte (entgegen) un vertellt ehr olles un ett wat un lett sik von ehr lusen un schloppet in. Do nümmetse wier den Knupp un schlett domit up de Eere un segd: »Arweggers, herut!« Do kummet wier so viel Eerdmännekens un froget, wat ehr Begeren wür. So seh se: »In Tied von drei Stunnen müttet ju den gansen Busk afhoggen, un bowen uppe den Berge, do mot en Schlott stohen, dat mot so wacker sien, ase 't nu ener denken kann, un olle Ingedömse muttet do inne sien.« Do ginge se hünne un boen ehre Verwanschap up, dat se helpen sullen, un ase de Tied umme was, do was alles ferrig. Do kümmet se to der Künigsdochter un segged dat, un de Künigsdochter nümmet den Doock un schlett dreimol domit up de Eere un segd: »Arweggers, to Hus!« Do siet se gliek olle wier weg west. Do nu de Künigssuhn upwacket un olles soh, do was he so frau ase en Vugel in der Luft. Do et do sesse schloen hadde, do gingen se tohaupe nah Hus. Do segd de Künig: »Is dat Schlott auck ferrig?« – »Jo«, seh de Künigssuhn. Ase do to Diske sittet, do segd de Künig: »Mine jungeste Dochter kann ik nie giewen, befur de twei öllesten frigget het.« Do wor de Künigssuhn un de Künigsdochter gans bedröwet, un de Künigssuhn wuste sik gar nig to bergen (helfen). Do kummet he mol bie Nachte to der Künigsdochter un löppet dermit furt. Ase do en bitken wegsiet, do kicket sik de Dochter mol umme un süht ehren Vader hinner sik. »Oh«, seh se, »wo sul wie dat macken? Min Vader is hinner us un will us ummeholen; ik will die grade to 'n Dörenbusk macken un mie tor Rose, un ik will mie ümmer midden in den Busk waaren (schützen).« Ase do de Vader an de Stelle kummet, do steit do en Dörenbusk un ene Rose do anne; do will he de Rose afbrecken, do kummet de Dören un stecket ün in de Finger, dat he wier nah Hus gehen mut. Do frägt sine Frugge, worumme he se nig hädde middebrocht. Do seh he, he wür der balt bie west, awerst he hedde se uppen mol ut den Gesichte verloren, un do hädde do en Dörenbusk un ene Rose stohen. Do seh de Künigin: »Heddest du ment (nur) de Rose afbrocken, de Busk hedde sullen wohl kummen.« Do geit he wier weg un will de Rose herholen. Unnerdes waren awerst de beiden schon wiet öwer Feld, un de Künig löppet der hinner her. Do kicket sik de Dochter wier umme un süht ehren Vader kummen; do seh se: »Oh, wo sull wie et nu macken? Ik will die grade tor Kerke macken un mie tom Pastoer; do will ik up de Kanzel stohn un priedigen.« Ase do de Künig an de Stelle kummet, do steiht do ene Kerke, un up de Kanzel is en Pastoer un priediget; do hort he de Priedig to un geit wier nah Hus. Do frägt de Küniginne, worumme he se nig middebrocht hedde, da segd he: »Nee, ik hewe se so lange nachlaupen, un as ik glovte, ik wer der bold bie, do steit do en Kerke un up de Kanzel en Pastoer, de priedigte.« – »Du häddest sullen ment den Pastoer bringen«, seh de Fru, »de Kerke hädde sullen wohl kummen: dat ik die auck (wenn ich dich auch) schicke, dat kann nig mer helpen, ik mut sülwenst hünne gohen.« Ase se do ene Wiele weg is un de beiden von fern süht, do kicket sik de Künigsdochter umme un süht ehre Moder kummen un segd: »Nu si wie unglücksk, nu kummet miene Moder sülwenst: ik will die grade tom Dieck macken un mie tom Fisk.« Do de Moder up de Stelle kummet, do is do en grot Dieck, un in de Midde sprank en Fisk herumme un kickete mit den Kopp ut den Water un was gans lustig. Do wull se geren den Fisk kriegen, awerst se kunn ün gar nig fangen. Do werd se gans böse un drinket den gansen Dieck ut, dat se den Fisk kriegen will, awerst do werd se so üwel, dat se sick spiggen mott un spigget den gansen Dieck wier ut. Do seh se: »Ik sehe do wohl, dat et olle nig mer helpen kann«; sei mogten nu wier to ehr kummen. Do gohet se dann auck wier hünne, un de Küniginne givt der Dochter drei Wallnütte un segd: »Do kannst du die mit helpen, wenn du in dine högste Naud bist.« Un do gingen de jungen Lüde wier tohaupe weg. Do se do wohl tein Stunne gohen hadden, do kummet se an dat Schlott, wovon de Künigssuhn was, un dobie was en Dorp. Ase se do anne keimen, do segd de Künigssuhn: »Blief hie, mine Leiweste, ik will eest up dat Schlott gohen, un dann will ik mit den Wagen un Bedeinten kummen un will die afholen.« Ase he do up dat Schlott kummet, do werd se olle so frau, dat se den Künigssuhn nu wier hett; do vertellt he, he hedde ene Brut, un de wür jetzt in den Dorpe, se wullen mit den Wagen hintrecken un se holen. Do spannt se auck gliek an, un viele Bedeinten setten sich up den Wagen. Ase do de Künigssuhn instiegen wull, do gab ün sine Moder en Kus, do hadde he alles vergeten, wat schehen was un auck wat he dohen will. Do befal de Moder, se sullen wier utspannen, un do gingen se olle wier in't Hus. Dat Mäken awerst sitt im Dorpe un luert un luert un meint, he sull se afholen, et kummet awerst keiner. Do vermaiet (vermietet) sik de Künigsdochter in de Muhle, de hoerde bie dat Schlott, do moste se olle Nohmiddage bie den Watter sitten un Stunze schüren (Gefäße reinigen). Do kummet de Küniginne mol von den Schlotte gegohen un gohet an den Watter spatzeiern un seihet dat wackere Mäken do sitten, do segd se: »Wat is dat für en wacker Mäken! Wat gefällt mie dat gut!« Do kicket se et olle an, awerst keen Menske hadde et kand. Do geit wohl ene lange Tied vorbie, dat dat Mäken eerlick un getrugge bie den Müller deint. Unnerdes hadde de Küniginne ene Frugge für ehren Suhn socht, de is gans feren ut der Weld west. Ase do de Brut ankümmet, do söllt se gliek tohaupe giewen weren. Et laupet so viele Lüde tosamen, de dat olle seihen willt, do segd dat Mäken to den Müller, he mögte ehr doch auck Verlöv giewen. Do seh de Müller: »Goh menten hünne.« Ase 't do weg will, do macket et ene van den drei Wallnütten up, do legt do so en wacker Kleid inne, dat trecket et an un gienk domie in de Kerke gigen den Altor stohen. Up enmol kummt de Brut un de Brüme (Bräutigam) un settet sik für den Altor, un ase de Pastor se do insegnen wull, do kicket sik de Brut van der Halwe (seitwärts) un süht et do stohen, do steit se wier up un segd, se wull sik nie giewen loten, bis se auck so en wacker Kleid hädde ase de Dame. Do gingen se wier nah Hus un läten de Dame froen, ob se dat Kleid wohl verkofte. Nee, verkaupen dau se't nig, awerst verdeinen, dat mögte wohl sien. Do fragten se ehr, wat se denn dohen sullen. Do segd se, wenn se van Nachte fur dat Dohr van den Künigssuhn schlapen döffte, dann wull se et wohl dohen. Do segd se, jo, dat sul se menten dohen. Do muttet de Bedeinten den Künigssuhn en Schlopdrunk ingiewen, un do legt se sik up den Süll un günselt (Twinselt) de heile Nacht, se hädde den Wall für ün afhoggen loten, se hädde de Dieck fur ün utschloen, se hädde dat Schlott für ün bugget, se hädde ünne ton Dörenbusk macket, dann wier tor Kerke un tolest tom Dieck, un he hädde se so geschwinne vergeten. De Künigssuhn hadde nicks davon hört, de Bedeinten awerst würen upwacket un hadden tolustert un hadden nie wust, wat et sull bedüen. Den anneren Morgen, ase se upstohen würen, do trock de Brut dat Kleid an, un fort mit den Brümen nah der Kerke. Unnerdes macket dat wackere Mäken de tweide Wallnutt up, un do is nau en schöner Kleid inne, dat tüt et wier an un geit domie in de Kerke gigen den Altor stohen, do geit et dann ewen wie dat vürge mol. Un dat Mäken liegt wier en Nacht für den Süll, de nah des Künigssuhns Stobe geit, un de Bedeinten süllt ün wier en Schlopdrunk ingiewen; de Bedeinten kummet awerst un giewet ünne wat to wacken, domie legt he sik to Bedde; un de Müllersmaged fur den Dörsüll günselt wier so viel un segd, wat se dohen hädde. Dat hört olle de Künigssuhn un werd gans bedröwet, un et föllt ünne olle wier bie, wat vergangen was. Do will he nah ehr gohen, awerst sine Moder hadde de Dör toschlotten. Den annern Morgen awerst ging he gliek to siner Leiwesten un vertellte ehr olles, wie et mit ünne togangen wür, un se mögte ünne doch nig beuse sin, dat he se so lange vergetten hädde. Do macket de Künigsdochter de dridde Wallnutt up, do is nau en viel wackerer Kleid inne; dat trecket sie an un fört mit ehrem Brümen nah de Kerke, un do keimen so viele Kinner, de geiwen ünne Blomen un hellen ünne bunte Bänner fur de Föte, un se leiten sik insegnen un hellen ene lustige Hochtied; awerst de falske Moder un Brut mosten weg. Un we dat lest vertellt het, den is de Mund noch wärm.

114.

Vom klugen Schneiderlein

Es war einmal eine Prinzessin gewaltig stolz: kam ein Freier, so gab sie ihm etwas zu raten auf, und wenn er's nicht erraten konnte, so ward er mit Spott fortgeschickt. Sie ließ auch bekanntmachen, wer ihr Rätsel löste, sollte sich mit ihr vermählen, und möchte kommen, wer da wollte. Endlich fanden sich auch drei Schneider zusammen, davon meinten die zwei ältesten, sie hätten so manchen feinen Stich getan und hätten's getroffen, da könnt's ihnen nicht fehlen, sie müßten's auch hier treffen; der dritte war ein kleiner unnützer Springinsfeld, der nicht einmal sein Handwerk verstand, aber meinte, er müßte dabei Glück haben, denn woher sollt's ihm sonst kommen. Da sprachen die zwei andern zu ihm: »Bleib nur zu Haus, du wirst mit deinem bißchen Verstande nicht weit kommen.« Das Schneiderlein ließ sich aber nicht irremachen und sagte, es hätte einmal seinen Kopf darauf gesetzt und wollte sich schon helfen, und ging dahin, als wäre die ganze Welt sein.

Da meldeten sich alle drei bei der Prinzessin und sagten, sie sollte ihnen ihre Rätsel vorlegen: es wären die rechten Leute angekommen, die hätten einen feinen Verstand, daß man ihn wohl in eine Nadel fädeln könnte. Da sprach die Prinzessin: »Ich habe zweierlei Haar auf dem Kopf, von was für Farben ist das?« – »Wenn's weiter nichts ist«, sagte der erste, »es wird schwarz und weiß sein, wie Tuch, das man Kümmel und Salz nennt.« Die Prinzessin sprach: »Falsch geraten, antworte der zweite.« Da sagte der zweite: »Ist's nicht schwarz und weiß, so ist's braun und rot, wie meines Herrn Vaters Bratenrock.« – »Falsch geraten«, sagte die Prinzessin, »antworte der dritte, dem seh ich's an, der weiß es sicherlich.« Da trat das Schneiderlein keck hervor und sprach: »Die Prinzessin hat ein silbernes und ein goldenes Haar auf dem Kopf, und das sind die zweierlei Farben.« Wie die Prinzessin das hörte, ward sie blaß und wäre vor Schrecken beinah hingefallen, denn das Schneiderlein hatte es getroffen, und sie hatte fest geglaubt, das würde kein Mensch auf der Welt herausbringen. Als ihr das Herz wieder kam, sprach sie: »Damit hast du mich noch nicht gewonnen, du mußt noch eins tun, unten im Stall liegt ein Bär, bei dem sollst du die Nacht zubringen; wenn ich dann morgen aufstehe und du bist noch lebendig, so sollst du mich heiraten.« Sie dachte aber, damit wollte sie das Schneiderlein loswerden, denn der Bär hatte noch keinen Menschen lebendig gelassen, der ihm unter die Tatzen gekommen war. Das Schneiderlein ließ sich nicht abschrecken, war ganz vergnügt und sprach: »Frisch gewagt ist halb gewonnen.«

Als nun der Abend kam, ward mein Schneiderlein hinunter zum Bären gebracht. Der Bär wollt auch gleich auf den kleinen Kerl los und ihm mit seiner Tatze einen guten Willkommen geben. »Sachte, sachte«, sprach das Schneiderlein, »ich will dich schon zur Ruhe bringen.« Da holte es ganz gemächlich, als hätt es keine Sorgen, welsche Nüsse aus der Tasche, biß sie auf und aß die Kerne. Wie der Bär das sah, kriegte er Lust und wollte auch Nüsse haben. Das Schneiderlein griff in die Tasche und reichte ihm eine Handvoll; es waren aber keine Nüsse, sondern Wackersteine. Der Bär steckte sie ins Maul, konnte aber nichts aufbringen, er mochte beißen, wie er wollte. »Ei«, dachte er, »was bist du für ein dummer Klotz! Kannst nicht einmal die Nüsse aufbeißen«, und sprach zum Schneiderlein: »Mein, beiß mir die Nüsse auf.« – »Da siehst du, was du für ein Kerl bist«, sprach das Schneiderlein, »hast so ein großes Maul und kannst die kleine Nuß nicht aufbeißen.« Da nahm es die Steine, war hurtig, steckte dafür eine Nuß in den Mund, und knack, war sie entzwei. »Ich muß das Ding noch einmal probieren«, sprach der Bär, »wenn ich's so ansehe, ich mein, ich müßt's auch können.« Da gab ihm das Schneiderlein abermals Wackersteine, und der Bär arbeitete und biß aus allen Leibeskräften hinein. Aber du glaubst auch nicht, daß er sie aufgebracht hat. Wie das vorbei war, holte das Schneiderlein eine Violine unter dem Rock hervor und spielte sich ein Stückchen darauf. Als der Bär die Musik vernahm, konnte er es nicht lassen und fing an zu tanzen, und als er ein Weilchen getanzt hatte, gefiel ihm das Ding so wohl, daß er zum Schneiderlein sprach: »Hör, ist das Geigen schwer?« – »Kinderleicht, siehst du, mit der Linken leg ich die Finger auf, und mit der Rechten streich ich mit dem Bogen drauflos, da geht's lustig, hopsasa, vivallalera!« – »So geigen«, sprach der Bär, »das möcht ich auch verstehen, damit ich tanzen könnte, sooft ich Lust hätte. Was meinst du dazu? Willst du mir Unterricht darin geben?« – »Von Herzen gern«, sagte das Schneiderlein, »wenn du Geschick dazu hast. Aber weis einmal deine Tatzen her, die sind gewaltig lang, ich muß dir die Nägel ein wenig abschneiden.« Da ward ein Schraubstock herbeigeholt, und der Bär legte seine Tatze darauf, das Schneiderlein aber schraubte sie fest und sprach: »Nun warte, bis ich mit der Schere komme«, ließ den Bären brummen, soviel er wollte, legte sich in die Ecke auf ein Bund Stroh und schlief ein.

Die Prinzessin, als sie am Abend den Bären so gewaltig brummen hörte, glaubte nicht anders, als er brummte vor Freuden und hätte dem Schneider den Garaus gemacht. Am Morgen stand sie ganz unbesorgt und vergnügt auf, wie sie aber nach dem Stall guckt, so steht das Schneiderlein ganz munter davor und ist gesund wie ein Fisch im Wasser. Da konnte sie nun kein Wort mehr dagegen sagen, weil sie's öffentlich versprochen hatte, und der König ließ einen Wagen kommen, darin mußte sie mit dem Schneiderlein zur Kirche fahren, und sollte sie da vermählt werden. Wie sie eingestiegen waren, gingen die beiden andern Schneider, die ein falsches Herz hatten und ihm sein Glück nicht gönnten, in den Stall und schraubten den Bären los. Der Bär in voller Wut rannte hinter dem Wagen her. Die Prinzessin hörte ihn schnauben und brummen; es ward ihr angst, und sie rief: »Ach, der Bär ist hinter uns und will dich holen.« Das Schneiderlein war fix, stellte sich auf den Kopf, streckte die Beine zum Fenster hinaus und rief: »Siehst du den Schraubstock? Wann du nicht gehst, so sollst du wieder hinein.« Wie der Bär das sah, drehte er um und lief fort. Mein Schneiderlein fuhr da ruhig in die Kirche, und die Prinzessin ward ihm an die Hand getraut, und lebte er mit ihr vergnügt wie eine Heidlerche. Wer's nicht glaubt, bezahlt einen Taler.

115.

Die klare Sonne bringt's an den Tag

Ein Schneidergesell reiste in der Welt auf sein Handwerk herum und konnte er einmal keine Arbeit finden und war die Armut bei ihm so groß, daß er keinen Heller Zehrgeld hatte. In der Zeit begegnete ihm auf dem Weg ein Jude, und da dachte er, der hätte viel Geld bei sich, und stieß Gott aus seinem Herzen, ging auf ihn los und sprach: »Gib mir dein Geld, oder ich schlag dich tot.« Da sagte der Jude: »Schenkt mir doch das Leben, Geld hab ich keins und nicht mehr als acht Heller.« Der Schneider aber sprach: »Du hast doch Geld, und das soll auch heraus«, brauchte Gewalt und schlug ihn so lange, bis er nah am Tod war. Und wie der Jude nun sterben wollte, sprach er das letzte Wort: »Die klare Sonne wird es an den Tag bringen!«, und starb damit. Der Schneidergesell griff ihm in die Tasche und suchte nach Geld, er fand aber nicht mehr als die acht Heller, wie der Jude gesagt hatte. Da packte er ihn auf, trug ihn hinter einen Busch und zog weiter auf sein Handwerk. Wie er nun lange Zeit gereist war, kam er in eine Stadt bei einem Meister in Arbeit, der hatte eine schöne Tochter, in die verliebte er sich und heiratete sie und lebte in einer guten vergnügten Ehe.

Über lang, als sie schon zwei Kinder hatten, starben Schwiegervater und Schwiegermutter, und die jungen Leute hatten den Haushalt allein. Eines Morgens, wie der Mann auf dem Tisch vor dem Fenster saß, brachte ihm die Frau den Kaffee, und als er ihn in die Unterschale gegossen hatte und eben trinken wollte, da schien die Sonne darauf, und der Widerschein blinkte oben an der Wand so hin und her und machte Kringel daran. Da sah der Schneider hinauf und sprach: »Ja, die will's gern an den Tag bringen und kann's nicht!« Die Frau sprach: »Ei, lieber Mann, was ist denn das? Was meinst du damit?« Er antwortete: »Das darf ich dir nicht sagen.« Sie aber sprach: »Wenn du mich liebhast, mußt du mir's sagen«, und gab ihm die allerbesten Worte, es sollt's kein Mensch wiedererfahren, und ließ ihm keine Ruhe. Da erzählte er, vor langen Jahren, wie er auf der Wanderschaft ganz abgerissen und ohne Geld gewesen, habe er einen Juden erschlagen, und der Jude habe in der letzten Todesangst die Worte gesprochen: »Die klare Sonne wird's an den Tag bringen!« Nun hätt's die Sonne eben gern an den Tag bringen wollen und hätt an der Wand geblinkt und Kringel gemacht, sie hätt's aber nicht gekonnt. Danach bat er sie noch besonders, sie dürfte es niemand sagen, sonst käm er um sein Leben, das versprach sie auch. Als er sich aber zur Arbeit gesetzt hatte, ging sie zu ihrer Gevatterin und vertraute ihr die Geschichte, sie dürfte sie aber keinem Menschen wiedersagen; ehe aber drei Tage vergingen, wußte es die ganze Stadt, und der Schneider kam vor das Gericht und ward gerichtet. Da brachte es doch die klare Sonne an den Tag.

116.

Das blaue Licht

Es war einmal ein Soldat, der hatte dem König lange Jahre treu gedient; als aber der Krieg zu Ende war und der Soldat, der vielen Wunden wegen, die er empfangen hatte, nicht weiter dienen konnte, sprach der König zu ihm: »Du kannst heimgehen, ich brauche dich nicht mehr; Geld bekommst du weiter nicht, denn Lohn erhält nur der, welcher mir Dienste dafür leistet.« Da wußte der Soldat nicht, womit er sein Leben fristen sollte; ging voll Sorgen fort und ging den ganzen Tag, bis er abends in einen Wald kam. Als die Finsternis einbrach, sah er ein Licht, dem näherte er sich und kam zu einem Haus, darin wohnte eine Hexe. »Gib mir doch ein Nachtlager und ein wenig Essen und Trinken«, sprach er zu ihr, »ich verschmachte sonst.« – »Oho!« antwortete sie, »wer gibt einem verlaufenen Soldaten etwas? Doch will ich barmherzig sein und dich aufnehmen, wenn du tust, was ich verlange.« – »Was verlangst du?« fragte der Soldat. »Daß du mir morgen meinen Garten umgräbst.« Der Soldat willigte ein und arbeitete den folgenden Tag aus allen Kräften, konnte aber vor Abend nicht fertig werden. »Ich sehe wohl«, sprach die Hexe, »daß du heute nicht weiter kannst; ich will dich noch eine Nacht behalten, dafür sollst du mir morgen ein Fuder Holz spalten und klein machen.« Der Soldat brauchte dazu den ganzen Tag, und abends machte ihm die Hexe den Vorschlag, noch eine Nacht zu bleiben. »Du sollst mir morgen nur eine geringe

G. Cruikshank fect.

Arbeit tun, hinter meinem Hause ist ein alter, wasserleerer Brunnen, in den ist mir mein Licht gefallen, es brennt blau und verlischt nicht, das sollst du mir wieder heraufholen.« Den andern Tag führte ihn die Alte zu dem Brunnen und ließ ihn in einem Korb hinab. Er fand das blaue Licht und machte ein Zeichen, daß sie ihn wieder hinaufziehen sollte. Sie zog ihn auch in die Höhe, als er aber dem Rand nahe war, reichte sie die Hand hinab und wollte ihm das blaue Licht abnehmen. »Nein«, sagte er und merkte ihre bösen Gedanken, »das Licht gebe ich dir nicht eher, als bis ich mit beiden Füßen auf dem Erdboden stehe.« Da geriet die Hexe in Wut, ließ ihn wieder hinab in den Brunnen fallen und ging fort.

Der arme Soldat fiel, ohne Schaden zu nehmen, auf den feuchten Boden, und das blaue Licht brannte fort, aber was konnte ihm das helfen? Er sah wohl, daß er dem Tod nicht entgehen würde. Er saß eine Weile ganz traurig, da griff er zufällig in seine Tasche und fand seine Tabakspfeife, die noch halb gestopft war. »Das soll dein letztes Vergnügen sein«, dachte er, zog sie heraus, zündete sie an dem blauen Licht an und fing an zu rauchen. Als der Dampf in der Höhle umhergezogen war, stand auf einmal ein kleines schwarzes Männchen vor ihm und fragte: »Herr, was befiehlst du?« – »Was habe ich dir zu befehlen?« erwiderte der Soldat ganz verwundert. »Ich muß alles tun«, sagte das Männchen, »was du verlangst.« – »Gut«, sprach der Soldat, »so hilf mir zuerst aus dem Brunnen.« Das Männchen nahm ihn bei der Hand und führte ihn durch einen unterirdischen Gang, vergaß aber nicht, das blaue Licht mitzunehmen. Es zeigte ihm unterwegs die Schätze, welche die Hexe zusammengebracht und da versteckt hatte, und der Soldat nahm so viel Gold, als er tragen konnte. Als er oben war, sprach er zu dem Männchen: »Nun geh hin, bind die alte Hexe und führe sie vor das Gericht.« Nicht lange, so kam sie auf einem wilden Kater mit furchtbarem Geschrei schnell wie der Wind vorbeigeritten, und es dauerte abermals nicht lange, so war das Männchen zurück. »Es ist alles ausgerichtet«, sprach es, »und die Hexe hängt schon am Galgen.« – »Herr, was befiehlst du weiter?« fragte der Kleine. »In dem Augenblick nichts«, antwortete der Soldat, »du kannst nach Haus gehen; sei nur gleich bei der Hand, wenn ich dich rufe.« – »Es ist nichts nötig«, sprach das Männchen, »als daß du deine Pfeife an dem blauen Licht anzündest, dann stehe ich gleich vor dir.« Darauf verschwand es vor seinen Augen.

Der Soldat kehrte in die Stadt zurück, aus der er gekommen war.

Er ging in den besten Gasthof und ließ sich schöne Kleider machen, dann befahl er dem Wirt, ihm ein Zimmer so prächtig als möglich einzurichten. Als es fertig war und der Soldat es bezogen hatte, rief er das schwarze Männchen und sprach: »Ich habe dem König treu gedient, er aber hat mich fortgeschickt und mich hungern lassen, dafür will ich jetzt Rache nehmen.« – »Was soll ich tun?« fragte der Kleine. »Spät abends, wenn die Königstochter im Bett liegt, so bring sie schlafend hierher, sie soll Mägdedienste bei mir tun.« Das Männchen sprach: »Für mich ist das ein leichtes, für dich aber ein gefährliches Ding, wenn das herauskommt, wird es dir schlimm ergehen.« Als es zwölf geschlagen hatte, sprang die Tür auf, und das Männchen trug die Königstochter herein. »Aha, bist du da?« rief der Soldat. »Frisch an die Arbeit! Geh, hol den Besen und kehr die Stube.« Als sie fertig war, hieß er sie zu seinem Sessel kommen, streckte ihr die Füße entgegen und sprach: »Zieh mir die Stiefel aus«, warf sie ihr dann ins Gesicht, und sie mußte sie aufheben, reinigen und glänzend machen. Sie tat aber alles, was er ihr befahl, ohne Widerstreben, stumm und mit halbgeschlossenen Augen. Bei dem ersten Hahnschrei trug sie das Männchen wieder in das königliche Schloß und in ihr Bett zurück.

Am andern Morgen, als die Königstochter aufgestanden war, ging sie zu ihrem Vater und erzählte ihm, sie hätte einen wunderlichen Traum gehabt. »Ich ward durch die Straßen mit Blitzesschnelle fortgetragen und in das Zimmer eines Soldaten gebracht, dem mußte ich als Magd dienen und aufwarten und alle gemeine Arbeit tun, die Stube kehren und die Stiefel putzen. Es war nur ein Traum, und doch bin ich so müde, als wenn ich wirklich alles getan hätte.« – »Der Traum könnte wahr gewesen sein«, sprach der König, »ich will dir einen Rat geben, stecke deine Tasche voll Erbsen und mache ein klein Loch in die Tasche, wirst du wieder abgeholt, so fallen sie heraus und lassen die Spur auf der Straße.« Als der König so sprach, stand das Männchen unsichtbar dabei und hörte alles mit an. Nachts, als es die schlafende Königstochter wieder durch die Straßen trug, fielen zwar einzelne Erbsen aus der Tasche, aber sie konnten keine Spur machen, denn das listige Männchen hatte vorher in allen Straßen Erbsen verstreut. Die Königstochter aber mußte wieder bis zum Hahnenschrei Mägdedienste tun.

Der König schickte am folgenden Morgen seine Leute aus, welche die Spur suchen sollten, aber es war vergeblich, denn in allen

Straßen saßen die armen Kinder und lasen Erbsen auf und sagten: »Es hat heut nacht Erbsen geregnet.« – »Wir müssen etwas anderes aussinnen«, sprach der König, »behalt deine Schuh an, wenn du dich zu Bett legst, und ehe du von dort zurückkehrst, verstecke einen davon; ich will ihn schon finden.« Das schwarze Männchen vernahm den Anschlag, und als der Soldat abends verlangte, er sollte die Königstochter wieder herbeitragen, riet es ihm ab und sagte, gegen diese List wüßte es kein Mittel, und wenn der Schuh bei ihm gefunden würde, so könnte es ihm schlimm ergehen. »Tue, was ich dir sage«, erwiderte der Soldat, und die Königstochter mußte auch in der dritten Nacht wie eine Magd arbeiten; sie versteckte aber, ehe sie zurückgetragen wurde, einen Schuh unter das Bett.

Am andern Morgen ließ der König in der ganzen Stadt den Schuh seiner Tochter suchen; er ward bei dem Soldaten gefunden, und der Soldat selbst, der sich auf Bitten des Kleinen zum Tor hinausgemacht hatte, ward bald eingeholt und ins Gefängnis geworfen. Er hatte sein Bestes bei der Flucht vergessen, das blaue Licht und das Gold, und hatte nur noch einen Dukaten in der Tasche. Als er nun, mit Ketten belastet, an dem Fenster seines Gefängnisses stand, sah er einen seiner Kameraden vorbeigehen. Er klopfte an die Scheibe, und als er herbeikam, sagte er: »Sei so gut und hol mir das kleine Bündelchen, das ich in dem Gasthaus habe liegen lassen, ich gebe dir dafür einen Dukaten.« Der Kamerad lief hin und brachte ihm das Verlangte. Sobald der Soldat wieder allein war, steckte er seine Pfeife an und ließ das schwarze Männchen kommen. »Sei ohne Furcht«, sprach es zu seinem Herrn, »geh hin, wo sie dich hinführen, und laß alles geschehen, nimm nur das blaue Licht mit.« Am anderen Tag ward Gericht über den Soldaten gehalten, und obgleich er nichts Böses getan hatte, verurteilte ihn der Richter doch zum Tode. Als er nun hinausgeführt wurde, bat er den König um eine letzte Gnade. »Was für eine?« fragte der König. »Daß ich auf dem Weg noch eine Pfeife rauchen darf.« – »Du kannst drei rauchen«, antwortete der König, »aber glaube nicht, daß ich dir das Leben schenke.« Da zog der Soldat seine Pfeife heraus und zündete sie an dem blauen Licht an, und wie ein paar Ringel von Rauch aufgestiegen waren, so stand schon das Männchen da, hatte einen kleinen Knüppel in der Hand und sprach: »Was befiehlt mein Herr?« – »Schlag mir da die falschen Richter und ihre Häscher zu Boden, und verschone auch den König nicht, der mich so schlecht behandelt hat.« Da fuhr das Männchen wie der Blitz, zickzack, hin und her, und wen es mit seinem Knüppel nur anrührte, der fiel schon zu Boden und getraute sich nicht mehr zu regen. Dem König ward angst, er legte sich auf das Bitten, und um nur das Leben zu behalten, gab er dem Soldat das Reich und seine Tochter zur Frau.

117.

Das eigensinnige Kind

Es war einmal ein Kind eigensinnig und tat nicht, was seine Mutter haben wollte. Darum hatte der liebe Gott kein Wohlgefallen an ihm und ließ es krank werden, und kein Arzt konnte ihm helfen, und in kurzem lag es auf dem Totenbettchen. Als es nun ins Grab versenkt und Erde über es hingedeckt war, so kam auf einmal sein Ärmchen wieder hervor und reichte in die Höhe, und wenn sie es hineinlegten und frische Erde darüber taten, so half das nicht, und das Ärmchen kam immer wieder heraus. Da mußte die Mutter selbst zum Grabe gehn und mit der Rute aufs Ärmchen schlagen, und wie sie das getan hatte, zog es sich hinein, und das Kind hatte nun erst Ruhe unter der Erde.

118.

Die drei Feldscherer

Drei Feldscherer reisten in der Welt, die meinten, ihre Kunst ausgelernt zu haben, und kamen in ein Wirtshaus, wo sie übernachten wollten. Der Wirt fragte, wo sie her wären und hinaus wollten. »Wir ziehen auf unsere Kunst in der Welt herum.« – »Zeigt mir doch einmal, was ihr könnt«, sagte der Wirt. Da sprach der erste, er wollte seine Hand abschneiden und morgen früh wieder anheilen;

der zweite sprach, er wollte sein Herz ausreißen und morgen früh wieder anheilen; der dritte sprach, er wollte seine Augen ausstechen und morgen früh wieder einheilen. »Könnt ihr das«, sprach der Wirt, »so habt ihr ausgelernt.« Sie hatten aber eine Salbe, was sie damit bestrichen, das heilte zusammen, und das Fläschchen, wo sie drin war, trugen sie beständig bei sich. Da schnitten sie Hand, Herz und Auge vom Leibe, wie sie gesagt hatten, legten's zusammen auf einen Teller und gaben's dem Wirt; der Wirt gab's einem Mädchen, das sollt's in den Schrank stellen und wohl aufheben. Das Mädchen aber hatte einen heimlichen Schatz, der war ein Soldat. Wie nun der Wirt, die drei Feldscherer und alle Leute im Haus schliefen, kam der Soldat und wollte was zu essen haben. Da schloß das Mädchen den Schrank auf und holte ihm etwas, und über der großen Liebe vergaß es die Schranktüre zuzumachen, setzte sich zum Liebsten an Tisch, und sie schwätzten miteinander. Wie es so vergnügt saß und an kein Unglück dachte, kam die Katze hereingeschlichen, fand den Schrank offen, nahm die Hand, das Herz und die Augen der drei Feldscherer und lief damit hinaus. Als nun der Soldat gegessen hatte und das Mädchen das Gerät aufheben und den Schrank zuschließen wollte, da sah es wohl, daß der Teller, den ihm der Wirt aufzuheben gegeben hatte, ledig war. Da sagte es erschrocken zu seinem Schatz: »Ach, was will ich armes Mädchen anfangen! Die Hand ist fort, das Herz und die Augen sind auch fort, wie wird mir's morgen früh ergehen!« – »Sei still«, sprach er, »ich will dir aus der Not helfen: es hängt ein Dieb draußen am Galgen, dem will ich die Hand abschneiden; welche Hand war's denn?« – »Die rechte.« Da gab ihm das Mädchen ein scharfes Messer, und er ging hin, schnitt dem armen Sünder die rechte Hand ab und brachte sie herbei. Darauf packte er die Katze und stach ihr die Augen aus; nun fehlte nur noch das Herz. »Habt ihr nicht geschlachtet, und liegt das Schweinefleisch nicht im Keller?« – »Ja«, sagte das Mädchen. »Nun, das ist gut«, sagte der Soldat, ging hinunter und holte ein Schweineherz. Das Mädchen tat alles zusammen auf den Teller und stellte ihn in den Schrank, und als ihr Liebster darauf Abschied genommen hatte, legte es sich ruhig ins Bett.

Morgens, als die Feldscherer aufstanden, sagten sie dem Mädchen, es sollte ihnen den Teller holen, darauf Hand, Herz und Augen lägen. Da brachte es ihn aus dem Schrank, und der erste hielt sich die Diebshand an und bestrich sie mit seiner Salbe, alsbald war sie ihm angewachsen. Der zweite nahm die Katzenaugen und heilte sie ein; der dritte machte das Schweineherz fest. Der Wirt aber stand dabei, bewunderte ihre Kunst und sagte, dergleichen hätt er noch nicht gesehen, er wollte sie bei jedermann rühmen und empfehlen. Darauf bezahlten sie ihre Zeche und reisten weiter.

Wie sie so dahingingen, so blieb der mit dem Schweineherzen gar nicht bei ihnen, sondern wo eine Ecke war, lief er hin und schnüffelte darin herum, wie Schweine tun. Die andern wollten ihn an dem Rockschlippen zurückhalten, aber das half nichts, er riß sich los und lief hin, wo der dickste Unrat lag. Der zweite stellte sich auch wunderlich an, rieb die Augen und sagte zu dem andern: »Kamerad, was ist das? Das sind meine Augen nicht, ich sehe ja nichts, leite mich doch einer, daß ich nicht falle.« Da gingen sie mit Mühe fort bis zum Abend, wo sie zu einer andern Herberge kamen. Sie traten zusammen in die Wirtsstube, da saß in der Ecke ein reicher Herr vorm Tisch und zählte Geld. Der mit der Diebshand ging um ihn herum, zuckte ein paarmal mit dem Arm, endlich, wie der Herr sich umwendete, griff er in den Haufen hinein und nahm eine Handvoll Geld heraus. Der eine sah's und sprach: »Kamerad, was machst du? Stehlen darfst du nicht, schäm dich!« – »Ei«, sagte der, »was kann ich dafür! Es zuckt mir in der Hand, ich muß zugreifen, ich mag wollen oder nicht.« Sie legten sich danach schlafen, und wie sie da liegen, ist's so finster, daß man keine Hand vor Augen sehen kann. Auf einmal erwachte der mit den Katzenaugen, weckte die andern und sprach: »Brüder, schaut einmal auf, seht ihr die weißen Mäuschen, die da herumlaufen?« Die zwei richteten sich auf, konnten aber nichts sehen. Da sprach er: »Es ist mit uns nicht richtig, wir haben das Unsrige nicht wieder gekriegt, wir müssen zurück nach dem Wirt, der hat uns betrogen.« Also machten sie sich am andern Morgen dahin auf und sagten dem Wirt, sie hätten ihr richtig Werk nicht wieder gekriegt, der eine hätte eine Diebshand, der zweite Katzenaugen und der dritte ein Schweineherz. Der Wirt sprach, daran müßte das Mädchen schuld sein, und wollte es rufen, aber wie das die drei hatte kommen sehen, war es zum Hinterpförtchen fortgelaufen und kam nicht wieder. Da sprachen die drei, er sollte ihnen viel Geld geben, sonst ließen sie ihm den roten Hahn übers Haus fliegen; da gab er, was er hatte und nur aufbringen konnte, und die drei zogen damit fort. Es war für ihr Lebtag genug, sie hätten aber doch lieber ihr richtig Werk gehabt.

119.

Die sieben Schwaben

Einmal waren sieben Schwaben beisammen, der erste war der Herr Schulz, der zweite der Jackli, der dritte der Marli, der vierte der Jergli, der fünfte der Michal, der sechste der Hans, der siebente der Veitli; die hatten alle siebene sich vorgenommen, die Welt zu durchziehen, Abenteuer zu suchen und große Taten zu vollbringen. Damit sie aber auch mit bewaffneter Hand und sicher gingen, sahen sie's für gut an, daß sie sich zwar nur einen einzigen, aber recht starken und langen Spieß machen ließen. Diesen Spieß faßten sie alle siebene zusammen an, vorn ging der kühnste und männlichste, das mußte der Herr Schulz sein, und dann folgten die andern nach der Reihe, und der Veitli war der letzte.

Nun geschah es, als sie im Heumonat eines Tags einen weiten Weg gegangen waren, auch noch ein gut Stück bis in das Dorf hatten, wo sie über Nacht bleiben mußten, daß in der Dämmerung auf einer Wiese ein großer Roßkäfer oder eine Hornisse nicht weit von ihnen hinter einer Staude vorbeiflog und feindlich brummelte. Der Herr Schulz erschrak, daß er fast den Spieß hätte fallen lassen und ihm der Angstschweiß am ganzen Leibe ausbrach. »Horcht, horcht«, rief er seinen Gesellen, »Gott, ich höre eine Trommel!« Der Jackli, der hinter ihm den Spieß hielt und dem ich weiß nicht was für ein Geruch in die Nase kam, sprach: »Etwas ist ohne Zweifel vorhanden, denn ich schmeck das Pulver und den Zündstrick.« Bei diesen Worten hub der Herr Schulz an, die Flucht zu ergreifen, und sprang im Hui über einen Zaun, weil er aber gerade auf die Zinken eines Rechen sprang, der vom Heumachen da liegengeblieben war, so fuhr ihm der Stiel ins Gesicht und gab ihm einen ungewaschenen Schlag. »O wei, o wei«, schrie der Herr Schulz, »nimm mich gefangen, ich ergeb mich, ich ergeb mich!« Die andern sechs hüpften auch alle einer über den andern herzu und schrien: »Gibst du dich, so geb ich mich auch, gibst du dich, so geb ich mich auch.« Endlich, wie kein Feind da war, der sie binden und fortführen wollte, merkten sie, daß sie betrogen waren; und damit die Geschichte nicht unter die Leute käme und sie nicht genarrt und gespottet würden, verschwuren sie sich, untereinander so lang davon stillzuschweigen, bis einer unverhofft das Maul auftäte.

Hierauf zogen sie weiter. Die zweite Gefährlichkeit, die sie erlebten, kann aber mit der ersten nicht verglichen werden. Nach etlichen Tagen trug sie ihr Weg durch ein Brachfeld, da saß ein Hase in der Sonne und schlief, streckte die Ohren in die Höhe und hatte die großen gläsernen Augen starr aufstehen. Da erschraken sie bei dem Anblick des grausamen und wilden Tieres insgesamt und hielten Rat, was zu tun das wenigst Gefährliche wäre. Denn so sie fliehen wollten, war zu besorgen, das Ungeheuer setzte ihnen nach und verschlänge sie alle mit Haut und Haar. Also sprachen sie: »Wir müssen einen großen und gefährlichen Kampf bestehen, frisch gewagt ist halb gewonnen!« Faßten alle siebene den Spieß an, der Herr Schulz vorn und der Veitli hinten. Der Herr Schulz wollte den Spieß noch immer anhalten, der Veitli aber war hinten ganz mutig geworden, wollte losbrechen und rief:

»Stoß zu in aller Schwabe Name,
sonst wünsch i, daß ihr möcht erlahme.«

Aber der Hans wußt ihn zu treffen und sprach:

»Beim Element, du hascht gut schwätze,
bischt stets der letscht beim Drachehetze.«

Der Michal rief:

»Es wird nit fehle um ei Haar,
so ischt es wohl der Teufel gar.«

Drauf kam an den Jergli die Reihe, der sprach:

»Ischt er es nit, so ischt's sei Muter
oder des Teufels Stiefbruder.«

Der Marli hatte da einen guten Gedanken und sagte zum Veitli:

»Gang, Veitli, gang, gang du voran,
i will dahinte vor di stahn.«

Der Veitli hörte aber nicht drauf, und der Jackli sagte:

»Der Schulz, der muß der erschte sei,
denn ihm gebührt die Ehr allei.«

Da nahm sich der Herr Schulz ein Herz und sprach gravitätisch:

»So zieht denn herzhaft in den Streit,
hieran erkennt man tapfre Leut.«

Da gingen sie insgesamt auf den Drachen los. Der Herr Schulz segnete sich und rief Gott um Beistand an; wie aber das alles nicht helfen wollte und er dem Feinde immer näher kam, schrie er in großer Angst: »Hau! Hurlehau! Hau! Hauhau!« Davon erwachte der Has, erschrak und sprang eilig davon. Als ihn der Herr Schulz so feldflüchtig sah, da rief er voll Freude:

»Potz, Veitli, lueg, lueg, was isch das?
das Ungehüer ischt a Has.«

Der Schwabenbund suchte aber weiter Abenteuer und kam an die Mosel, ein mosiges, stilles und tiefes Wasser, darüber nicht viel Brücken sind, sondern man an mehreren Orten sich muß in Schiffen überfahren lassen. Weil die sieben Schwaben dessen unberichtet waren, riefen sie einem Mann, der jenseits des Wassers seine Arbeit vollbrachte, zu, wie man doch hinüberkommen könnte. Der Mann verstand wegen der Weite und wegen ihrer Sprache nicht, was sie wollten, und fragte auf sein Trierisch: »Wat? Wat?« Da meinte der Herr Schulz, er spräche nicht anders als: »Wade, wade durchs Wasser«, und hub an, weil er der vorderste war, sich auf den Weg zu machen und in die Mosel hineinzugehen. Nicht lang, so versank er in den Schlamm und in die antreibenden tiefen Wellen, seinen Hut aber jagte der Wind hinüber an das jenseitige Ufer, und ein Frosch setzte sich dabei und quakte »wat, wat, wat«. Die sechs andern hörten das drüben und sprachen: »Unser Gesell, der Herr Schulz, ruft uns, kann er hinüberwaden, warum wir nicht auch?« Sprangen darum eilig alle zusammen in das Wasser und ertranken, also daß ein Frosch ihrer sechse ums Leben brachte und niemand von dem Schwabenbund wieder nach Haus kam.

120.

Die drei Handwerksburschen

Es waren drei Handwerksbursche, die hatten es verabredet, auf ihrer Wanderung beisammenzubleiben und immer in einer Stadt zu arbeiten. Auf eine Zeit aber fanden sie bei ihren Meistern kein Verdienst mehr, so daß sie endlich ganz abgerissen waren und nichts zu leben hatten. Da sprach der eine: »Was sollen wir anfangen? Hier bleiben können wir nicht länger, wir wollen wieder wandern, und wenn wir in der Stadt, wo wir hinkommen, keine Arbeit finden, so wollen wir beim Herbergsvater ausmachen, daß wir ihm schreiben, wo wir uns aufhalten, und einer vom andern Nachricht haben kann, und dann wollen wir uns trennen«; das schien den andern auch das

Beste. Sie zogen fort, da kam ihnen auf dem Weg ein reichgekleideter Mann entgegen, der fragte, wer sie wären. »Wir sind Handwerksleute und suchen Arbeit; wir haben uns bisher zusammengehalten, wenn wir aber keine mehr finden, so wollen wir uns trennen.« – »Das hat keine Not«, sprach der Mann, »wenn ihr tun wollt, was ich euch sage, soll's euch an Geld und Arbeit nicht fehlen; ja ihr sollt große Herren werden und in Kutschen fahren.« Der eine sprach: »Wenn's unserer Seele und Seligkeit nicht schadet, so wollen wir's wohl tun.« – »Nein«, antwortete der Mann, »ich habe keinen Teil an euch.« Der andere aber hatte nach seinen Füßen gesehen, und als er da einen Pferdefuß und einen Menschenfuß erblickte, wollte er sich nicht mit ihm einlassen. Der Teufel aber sprach: »Gebt euch zufrieden, es ist nicht auf euch abgesehen, sondern auf eines anderen Seele, der schon halb mein ist und dessen Maß nur vollaufen soll.« Weil sie nun sicher waren, willigten sie ein, und der Teufel sagte ihnen, was er verlangte, der erste sollte auf jede Frage antworten: »Wir alle drei«, der zweite: »Ums Geld«, der dritte: »Und das war recht«. Das sollten sie immer hintereinander sagen, weiter aber dürften sie kein Wort sprechen, und überträten sie das Gebot, so wäre gleich alles Geld verschwunden; solange sie es aber befolgten, sollten ihre Taschen immer voll sein. Zum Anfang gab er ihnen auch gleich so viel, als sie tragen konnten, und hieß sie in die Stadt in das und das Wirtshaus gehen. Sie gingen hinein, der Wirt kam ihnen entgegen und fragte: »Wollt ihr etwas zu essen?« Der erste antwortete: »Wir alle drei.« – »Ja«, sagte der Wirt, »das mein ich auch.« Der zweite: »Ums Geld.« – »Das versteht sich«, sagte der Wirt. Der dritte: »Und das war recht.« – »Jawohl war's recht«, sagte der Wirt. Es ward ihnen nun gut Essen und Trinken gebracht und wohl aufgewartet. Nach dem Essen mußte die Bezahlung geschehen, da hielt der Wirt dem einen die Rechnung hin, der sprach: »Wir alle drei«, der zweite: »Ums Geld«, der dritte: »Und das war recht«. – »Freilich ist's recht«, sagte der Wirt, »alle drei bezahlen, und ohne Geld kann ich nichts geben.« Sie bezahlten aber noch mehr, als er gefordert hatte. Die Gäste sahen das mit an und sprachen: »Die Leute müssen toll sein.« – »Ja, das sind sie auch«, sagte der Wirt, »sie sind nicht recht klug.« So blieben sie eine Zeitlang in dem Wirtshaus und sprachen kein ander Wort als: »Wir alle drei«, »Ums Geld«, »Und das war recht«. Sie sahen aber und wußten alles, was darin vorging. Es trug sich zu, daß ein großer

Kaufmann kam mit vielem Geld, der sprach: »Herr Wirt, heb Er mir mein Geld auf, da sind die drei närrischen Handwerksbusche, die möchten mir's stehlen.« Das tat der Wirt. Wie er den Mantelsack in seine Stube trug, fühlte er, daß er schwer von Gold war. Darauf gab er den drei Handwerkern unten ein Lager, der Kaufmann aber kam oben hin in eine besondere Stube. Als Mitternacht war und der Wirt dachte, sie schliefen alle, kam er mit seiner Frau, und sie hatten eine Holzaxt und schlugen den reichen Kaufmann tot; nach vollbrachtem Mord legten sie sich wieder schlafen. Wie's nun Tag war, gab's großen Lärm, der Kaufmann lag tot im Bett und schwamm in seinem Blut. Da liefen alle Gäste zusammen, der Wirt aber sprach: »Das haben die drei tollen Handwerker getan.« Die Gäste bestätigten es und sagten: »Niemand anders kann's gewesen sein.« Der Wirt aber ließ sie rufen und sagte zu ihnen: »Habt ihr den Kaufmann getötet?« – »Wir alle drei«, sagte der erste, »Ums Geld«, der zweite, »Und das war recht«, der dritte. »Da hört ihr's nun«, sprach der Wirt, »sie gestehen's selber.« Sie wurden also ins Gefängnis gebracht und sollten gerichtet werden. Wie sie nun sahen, daß es so ernsthaft ging, ward ihnen doch angst, aber nachts kam der Teufel und sprach: »Haltet nur noch einen Tag aus, und verscherzt euer Glück nicht, es soll euch kein Haar gekrümmt werden.« Am andern Morgen wurden sie vor Gericht geführt; da sprach der Richter: »Seid ihr die Mörder?« – »Wir alle drei.« – »Warum habt ihr den Kaufmann erschlagen?« – »Ums Geld.« – »Ihr Bösewichter«, sagte der Richter, »habt ihr euch nicht der Sünde gescheut?« – »Und das war recht.« – »Sie haben bekannt und sind noch halsstarrig dazu«, sprach der Richter, »führt sie gleich zum Tod.« Also wurden sie hinausgebracht, und der Wirt mußte mit in den Kreis treten. Wie sie nun von den Henkersknechten gefaßt und oben aufs Gerüst geführt wurden, wo der Scharfrichter mit bloßem Schwerte stand, kam auf einmal eine Kutsche, mit vier blutroten Füchsen bespannt, und fuhr, daß das Feuer aus den Steinen sprang, aus dem Fenster aber winkte einer mit einem weißen Tuche. Da sprach der Scharfrichter: »Es kommt Gnade«, und ward auch aus dem Wagen »Gnade! Gnade!« gerufen. Da trat der Teufel heraus, als ein sehr vornehmer Herr, prächtig gekleidet, und sprach: »Ihr drei seid unschuldig; ihr dürft nun sprechen, sagt heraus, was ihr gesehen und gehört habt.« Da sprach der älteste: »Wir haben den Kaufmann nicht getötet, der Mörder steht da im Kreis«, und deutete auf den Wirt, »zum Wahrzeichen geht hin in seinen Keller, da hängen noch viele andere, die er ums Leben gebracht.« Da schickte der Richter die Henkersknechte hin, die fanden es, wie's gesagt war, und als sie dem Richter das berichtet hatten, ließ er den Wirt hinaufführen und ihm das Haupt abschlagen. Da sprach der Teufel zu den dreien: »Nun hab ich die Seele, die ich haben wollte, ihr seid aber frei und habt Geld für euer Lebtag.«

121.

Der Königssohn, der sich vor nichts fürchtet

Es war einmal ein Königssohn, dem gefiel's nicht mehr daheim in seines Vaters Haus, und weil er vor nichts Furcht hatte, so dachte er: »Ich will in die weite Welt gehen, da wird mir Zeit und Weile nicht lang, und ich werde wunderliche Dinge genug sehen.« Also nahm er von seinen Eltern Abschied und ging fort, immer zu, von Morgen bis Abend, und es war ihm einerlei, wohinaus ihn der Weg führte. Es trug sich zu, daß er vor eines Riesen Haus kam, und weil er müde war, setzte er sich vor die Türe und ruhte. Und als er seine Augen so hin und her gehen ließ, sah er auf dem Hof des Riesen Spielwerk liegen: das waren ein paar mächtige Kugeln und Kegel, so groß als ein Mensch. Über ein Weilchen bekam er Lust, stellte die Kegel auf und schob mit den Kugeln danach, schrie und rief, wenn die Kegel fielen, und war guter Dinge. Der Riese hörte den Lärm, streckte seinen Kopf zum Fenster heraus und erblickte einen Menschen, der nicht größer war als andere und doch mit seinen Kegeln spielte. »Würmchen«, rief er, »was kegelst du mit meinen Kegeln? Wer hat dir die Stärke dazu gegeben?« Der Königssohn schaute auf, sah den Riesen an und sprach: »O du Klotz, du meinst wohl, du hättest allein starke Arme? Ich kann alles, wozu ich Lust habe.« Der Riese kam herab, sah dem Kegeln ganz verwundert zu und sprach: »Menschenkind, wenn du der Art bist, so geh und hol mir einen Apfel vom Baum des Lebens.« – »Was willst du damit?« sprach der Königssohn. »Ich will den Apfel nicht für mich«, antwortete der Riese, »aber ich habe eine Braut, die verlangt danach; ich bin weit in der Welt umhergegangen und kann den Baum nicht finden.« – »Ich will ihn schon finden«, sagte der Königssohn, »und ich weiß nicht, was mich abhalten soll, den Apfel herunterzuholen.« Der Riese sprach: »Du meinst wohl, das wäre so leicht? Der Garten, worin der Baum steht, ist von einem eisernen Gitter umgeben, und vor dem Gitter liegen wilde Tiere, eins neben dem andern, die halten Wache und lassen keinen Menschen hinein.« – »Mich werden sie schon einlassen«, sagte der Königssohn. »Ja, gelangst du auch in den Garten und siehst den Apfel am Baum hängen, so ist er doch noch nicht dein: es hängt ein Ring davor, durch den muß einer die Hand stekken, wenn er den Apfel erreichen und abbrechen will, und das ist noch keinem geglückt.« – »Mir soll's schon glücken«, sprach der Königssohn.

Da nahm er Abschied von dem Riesen, ging fort über Berg und Tal, durch Felder und Wälder, bis er endlich den Wundergarten fand. Die Tiere lagen ringsherum, aber sie hatten die Köpfe gesenkt und schliefen. Sie erwachten auch nicht, als er herankam, sondern er trat über sie weg, stieg über das Gitter und kam glücklich in den Garten. Da stand mitteninne der Baum des Lebens, und die roten Äpfel leuchteten an den Ästen. Er kletterte an dem Stamm in die Höhe, und wie er nach einem Apfel reichen wollte, sah er einen Ring davorhängen, aber er steckte seine Hand ohne Mühe hindurch und brach den Apfel. Der Ring schloß sich fest an seinen Arm, und er fühlte, wie auf einmal eine gewaltige Kraft durch seine Adern drang. Als er mit dem Apfel von dem Baum wieder herabgestiegen war, wollte er nicht über das Gitter klettern, sondern faßte das große Tor und brauchte nur einmal daran zu schütteln, so sprang es mit Krachen auf. Da ging er hinaus, und der Löwe, der davorgelegen hatte, war wach geworden und sprang ihm nach, aber nicht in Wut und Wildheit, sondern er folgte ihm demütig als seinem Herrn.

Der Königssohn brachte dem Riesen den versprochenen Apfel und sprach: »Siehst du, ich habe ihn ohne Mühe geholt.« Der Riese war froh, daß sein Wunsch so bald erfüllt war, eilte zu seiner Braut und gab ihr den Apfel, den sie verlangt hatte. Es war eine schöne und kluge Jungfrau, und da sie den Ring nicht an seinem Arm sah, sprach sie: »Ich glaube nicht eher, daß du den Apfel geholt hast, als bis ich den Ring an deinem Arm erblicke.« Der Riese sagte: »Ich brauche nur heimzugehen und ihn zu holen«, und meinte, es wäre ein leichtes, dem schwachen Menschen mit Gewalt wegzunehmen, was er nicht gutwillig geben wollte. Er forderte also den Ring von ihm, aber der Königssohn weigerte sich. »Wo der Apfel ist, muß auch der Ring sein«, sprach der Riese, »gibst du ihn nicht gutwillig, so mußt du mit mir darum kämpfen.«

Sie rangen lange Zeit miteinander, aber der Riese konnte dem Königssohn, den die Zauberkraft des Ringes stärkte, nichts anhaben. Da sann der Riese auf eine List und sprach: »Mir ist warm geworden bei dem Kampf, und dir auch, wir wollen im Flusse baden und uns abkühlen, eh wir wieder anfangen.« Der Königssohn, der von Falschheit nichts wußte, ging mit ihm zu dem Wasser, streifte mit seinen Kleidern auch den Ring vom Arm und sprang in den Fluß. Alsbald griff der Riese nach dem Ring und lief damit fort, aber der Löwe, der den Diebstahl bemerkt hatte, setzte dem Riesen nach, riß den Ring ihm aus der Hand und brachte ihn seinem Herrn zurück. Da stellte sich der Riese hinter einen Eichbaum, und als der Königssohn beschäftigt war, seine Kleider wieder anzuziehen, überfiel er ihn und stach ihm beide Augen aus.

Nun stand da der arme Königssohn, war blind und wußte sich nicht zu helfen. Da kam der Riese wieder herbei, faßte ihn bei der Hand, wie jemand, der ihn leiten wollte, und führte ihn auf die Spitze eines hohen Felsens. Dann ließ er ihn stehen und dachte: »Noch ein paar Schritte weiter, so stürzt er sich tot, und ich kann ihm den Ring abziehen.« Aber der treue Löwe hatte seinen Herrn nicht verlassen, hielt ihn am Kleide fest und zog ihn allmählich wieder zurück. Als der Riese kam und den Toten berauben wollte, sah er, daß seine List vergeblich gewesen war. »Ist denn ein so schwaches Menschenkind nicht zu verderben!« sprach er zornig zu sich selbst, faßte den Königssohn und führte ihn auf einem andern Weg nochmals zu dem Abgrund; aber der Löwe, der die böse Absicht merkte, half seinem Herrn auch hier aus der Gefahr. Als sie nahe zum Rand gekommen waren, ließ der Riese die Hand des Blinden fahren und wollte ihn allein zurücklassen, aber der Löwe stieß den Riesen, daß er hinabstürzte und zerschmettert auf den Boden fiel.

Das treue Tier zog seinen Herrn wieder von dem Abgrund zurück und leitete ihn zu einem Baum, an dem ein klarer Bach floß. Der Königssohn setzte sich da nieder, der Löwe aber legte sich und spritzte mit seiner Tatze ihm das Wasser ins Antlitz. Kaum hatten ein paar Tröpfchen die Augenhöhlen benetzt, so konnte er wieder etwas sehen und bemerkte ein Vöglein, das flog ganz nah vorbei, stieß sich aber an einen Baumstamm; hierauf ließ es sich in das Wasser herab und badete sich darin, dann flog es auf, strich, ohne anzustoßen, zwischen den Bäumen hin, als hätte es sein Gesicht wiederbekommen. Da erkannte der Königssohn den Wink Gottes, neigte sich herab zu dem Wasser und wusch und badete sich darin das Gesicht. Und als er sich aufrichtete, hatte er seine Augen wieder so hell und rein, wie sie nie gewesen waren.

Der Königssohn dankte Gott für die große Gnade und zog mit seinem Löwen weiter in der Welt herum. Nun trug es sich zu, daß er vor ein Schloß kam, welches verwünscht war. In dem Tor stand eine Jungfrau von schöner Gestalt und feinem Antlitz, aber sie war ganz schwarz. Sie redete ihn an und sprach: »Ach, könntest du mich erlösen aus dem bösen Zauber, der über mich geworfen ist.« – »Was soll ich tun?« sprach der Königssohn. Die Jungfrau antwortete: »Drei Nächte mußt du in dem großen Saal des verwünschten Schlosses zubringen, aber es darf keine Furcht in dein Herz kommen. Wenn sie dich auf das ärgste quälen und du hältst es aus, ohne einen Laut von dir zu geben, so bin ich erlöst; das Leben dürfen sie dir nicht nehmen.« Da sprach der Königssohn: »Ich fürchte mich nicht, ich will's mit Gottes Hülfe versuchen.« Also ging er fröhlich in das Schloß, und als es dunkel ward, setzte er sich in den großen Saal und wartete. Es war aber still bis Mitternacht, da fing plötzlich ein großer Lärm an, und aus allen Ecken und Winkeln kamen kleine Teufel herbei. Sie taten, als ob sie ihn nicht sähen, setzten sich mitten in die Stube, machten ein Feuer an und fingen an zu spielen. Wenn einer verlor, sprach er: »Es ist nicht richtig, es ist einer da, der nicht zu uns gehört, der ist schuld, daß ich verliere.« – »Wart, ich komme, du hinter dem Ofen«, sagte ein anderer. Das Schreien ward immer größer, so daß es niemand ohne Schrecken hätte anhören können. Der Königssohn blieb ganz ruhig sitzen und hatte keine Furcht; doch endlich sprangen die Teufel von der Erde auf und fielen über ihn her, und es waren so viele, daß er sich ihrer nicht erwehren konnte. Sie zerrten ihn auf dem Boden herum, zwickten, stachen, schlugen und quälten ihn, aber er gab keinen Laut von sich. Gegen Morgen verschwanden sie, und er war abgemattet, daß er kaum seine Glieder regen konnte; als aber der Tag anbrach, da trat die schwarze Jungfrau zu ihm herein. Sie trug in ihrer Hand eine kleine Flasche, worin Wasser des Lebens war, damit wusch sie ihn, und alsbald fühlte er, wie alle Schmerzen verschwanden und frische Kraft in seine Adern drang. Sie sprach: »Eine Nacht hast du glücklich ausgehalten, aber noch zwei stehen dir bevor.« Da ging sie wieder weg, und im Weggehen bemerkte er, daß ihre Füße weiß geworden waren. In der folgenden Nacht kamen die Teufel und fingen ihr Spiel aufs neue an: sie fielen über den Königssohn her und schlugen ihn viel härter als in der vorigen Nacht, daß sein Leib voll Wunden war. Doch da er alles still ertrug, mußten sie von ihm lassen, und als die Morgenröte anbrach, erschien die Jungfrau und heilte ihn mit dem Lebenswasser. Und als sie wegging, sah er mit Freuden, daß sie schon weiß geworden war bis zu den Fingerspitzen. Nun hatte er nur noch eine Nacht auszuhalten, aber die war die schlimmste. Der Teufelsspuk kam wieder: »Bist du noch da?« schrien sie. »Du sollst gepeinigt werden, daß dir der Atem stehenbleibt.« Sie stachen und schlugen ihn, warfen ihn hin und her und zogen ihn an Armen und Beinen, als wollten sie ihn zerreißen; aber er duldete alles und gab keinen Laut von sich. Endlich verschwanden die Teufel, aber er lag da ohnmächtig und regte sich nicht: er konnte auch nicht die Augen aufheben, um die Jungfrau zu sehen, die hereinkam und ihn mit dem Wasser des Lebens benetzte und begoß. Aber auf einmal war er von allen Schmerzen befreit und fühlte sich frisch und gesund, als wäre er aus einem Schlaf erwacht, und wie er die Augen aufschlug, so sah er die Jungfrau neben sich stehen, die war schneeweiß und schön wie der helle Tag. »Steh auf«, sprach sie, »und schwing dein Schwert dreimal über die Treppe, so ist alles erlöst.« Und als er das getan hatte, da war das ganze Schloß vom Zauber befreit, und die Jungfrau war eine reiche Königstochter. Die Diener kamen und sagten, im großen Saale wäre die Tafel schon zubereitet und die Speisen aufgetragen. Da setzten sie sich nieder, aßen und tranken zusammen, und abends ward in großen Freuden die Hochzeit gefeiert.

122.

Der Krautesel

Es war einmal ein junger Jäger, der ging in den Wald auf Anstand. Er hatte ein frisches und fröhliches Herz, und als er daherging und auf dem Blatt pfiff, kam ein altes häßliches Mütterchen, das redete ihn an und sprach: »Guten Tag, lieber Jäger, du bist wohl lustig und vergnügt, aber ich leide Hunger und Durst, gib mir doch ein Almosen.« Da dauerte den Jäger das arme Mütterchen, daß er in seine Tasche griff und ihr nach seinem Vermögen etwas reichte. Nun wollte er weitergehen, aber die alte Frau hielt ihn an und sprach: »Höre, lieber Jäger, was ich dir sage, für dein gutes Herz will ich dir ein Geschenk machen: geh nur immer deiner Wege, über ein Weilchen wirst du an einen Baum kommen, darauf sitzen neun Vögel, die haben einen Mantel in den Krallen und raufen sich darum. Da lege du deine Büchse an und schieß mitten drunter: den Mantel werden sie dir wohl fallen lassen, aber auch einer von den Vögeln wird getroffen sein und tot herabstürzen. Den Mantel nimm mit dir, es ist ein Wunschmantel, wenn du ihn um die Schultern wirfst, brauchst du dich nur an einen Ort zu wünschen, und im Augenblick bist du dort. Aus dem toten Vogel nimm das Herz heraus, und verschluck es ganz, dann wirst du allen und jeden Morgen früh beim Aufstehen ein Goldstück unter deinem Kopfkissen finden.«

Der Jäger dankte der weisen Frau und dachte bei sich: »Schöne Dinge, die sie mir versprochen hat, wenn's nur auch all so einträfe.« Doch wie er etwa hundert Schritte gegangen war, hörte er über sich in den Ästen ein Geschrei und Gezwitscher, daß er aufschaute; da sah er einen Haufen Vögel, die rissen mit den Schnäbeln und Füßen ein Tuch herum, schrien, zerrten und balgten sich, als wollt's ein jeder allein haben. »Nun«, sprach der Jäger, »das ist wunderlich, es kommt ja gerade so, wie das Mütterchen gesagt hat«, nahm die Büchse von der Schulter, legte an und tat seinen Schuß mitten hinein, daß die Federn herumflogen. Alsbald nahm das Getier mit großem Schreien die Flucht, aber einer fiel tot herab, und der Mantel sank ebenfalls herunter. Da tat der Jäger, wie ihm die Alte geheißen hatte, schnitt den Vogel auf, suchte das Herz, schluckte es hinunter und nahm den Mantel mit nach Haus.

Am andern Morgen, als er aufwachte, fiel ihm die Verheißung ein, und er wollte sehen, ob sie auch eingetroffen wäre. Wie er aber sein Kopfkissen in die Höhe hob, da schimmerte ihm das Goldstück entgegen, und am andern Morgen fand er wieder eins, und so weiter jedesmal, wenn er aufstand. Er sammelte sich einen Haufen Gold, endlich aber dachte er: »Was hilft mir all mein Gold, wenn ich daheim bleibe? Ich will ausziehen und mich in der Welt umsehen.«

Da nahm er von seinen Eltern Abschied, hing seinen Jägerranzen und seine Flinte um und zog in die Welt. Es trug sich zu, daß er eines Tages duch einen dicken Wald kam, und wie der zu Ende war, lag in der Ebene vor ihm ein ansehnliches Schloß. In einem Fenster desselben stand eine Alte mit einer wunderschönen Jungfrau und schaute herab. Die Alte aber war eine Hexe und sprach zu dem Mädchen: »Dort kommt einer aus dem Wald, der hat einen wunderbaren Schatz im Leib, den müssen wir darum berücken, mein Herzenstöchterchen: uns steht das besser an als ihm. Er hat ein Vogelherz bei sich, deshalb liegt jeden Morgen ein Goldstück unter seinem Kopfkissen.« Sie erzählt ihr, wie es damit beschaffen wäre und wie sie darum zu spielen hätte, und zuletzt drohte sie und sprach mit zornigen Augen: »Und wenn du mir nicht gehorchst, so bist du unglücklich.« Als nun der Jäger näher kam, erblickte er das Mädchen und sprach zu sich: »Ich bin nun so lang herumgezogen, ich will einmal ausruhen und in das schöne Schloß einkehren, Geld hab ich ja vollauf.« Eigentlich aber war die Ursache, daß er ein Auge auf das schöne Bild geworfen hatte.

Er trat in das Haus ein und ward freundlich empfangen und höflich bewirtet. Es dauerte nicht lange, da war er so in das Hexenmädchen verliebt, daß er an nichts anders mehr dachte und nur nach ihren Augen sah, und was sie verlangte, das tat er gerne. Da sprach die Alte: »Nun müssen wir das Vogelherz haben, er wird nichts spüren, wenn es ihm fehlt.« Sie richteten einen Trank zu, und wie der gekocht war, tat sie ihn in einen Becher und gab ihn dem Mädchen, das mußte ihn dem Jäger reichen. Sprach es: »Nun, mein Liebster, trink mir zu.« Da nahm er den Becher, und wie er den Trunk geschluckt hatte, brach er das Herz des Vogels aus dem Leibe. Das Mädchen mußte es heimlich fortschaffen und dann selbst verschlucken, denn die Alte wollte es haben. Von nun an fand er kein Gold mehr unter seinem Kopfkissen, sondern es lag unter dem Kissen des Mädchens, wo es die Alte jeden Morgen holte; aber er war so verliebt und vernarrt, daß er an nichts anders dachte, als sich mit dem Mädchen die Zeit zu vertreiben.

Da sprach die alte Hexe: »Das Vogelherz haben wir, aber den Wunschmantel müssen wir ihm auch abnehmen.« Antwortete das Mädchen: »Den wollen wir ihm lassen, er hat ja doch seinen Reichtum verloren.« Da ward die Alte bös und sprach: »So ein Mantel ist ein wunderbares Ding, das selten auf der Welt gefunden wird, den soll und muß ich haben.« Sie gab dem Mädchen Anschläge und sagte, wenn es ihr nicht gehorchte, sollte es ihm schlimm ergehen. Da tat es nach dem Geheiß der Alten, stellte sich einmal ans Fenster und schaute in die weite Gegend, als wäre es ganz traurig. Fragte der Jäger: »Was stehst du so traurig da?« – »Ach, mein Schatz«, gab es zur Antwort, »da gegenüber liegt der Granatenberg, wo die köstlichen Edelsteine wachsen. Ich trage so groß Verlangen danach, daß wenn ich daran denke, ich ganz traurig bin; aber wer kann sie holen! Nur die Vögel, die fliegen, kommen hin, ein Mensch nimmermehr.« – »Hast du weiter nichts zu klagen«, sagte der Jäger, »den Kummer will ich dir bald vom Herzen nehmen.« Damit faßte er sie unter seinen Mantel und wünschte sich hinüber auf den Granatenberg, und im Augenblick saßen sie auch beide drauf. Da schimmerte das edele Gestein von allen Seiten, daß es eine Freude war anzusehen, und sie lasen die schönsten und kostbarsten Stücke zusammen. Nun hatte es aber die Alte durch ihre Hexenkunst bewirkt, daß dem Jäger die Augen schwer wurden. Er sprach zu dem Mädchen: »Wir wollen ein wenig niedersitzen und ruhen, ich bin so müde, daß ich mich nicht mehr auf den Füßen erhalten kann.« Da setzten sie sich, und er legte sein Haupt in ihren Schoß und schlief ein. Wie er entschlafen war, da band es ihm den Mantel von den Schultern und hing ihn sich selbst um, las die Granaten und Steine auf und wünschte sich damit nach Haus.

Als aber der Jäger seinen Schlaf ausgetan hatte und aufwachte, sah er, daß seine Liebste ihn betrogen und auf dem wilden Gebirg allein gelassen hatte. »Oh«, sprach er, »wie ist die Untreue so groß auf der Welt!« Saß da in Sorge und Herzeleid und wußte nicht, was er anfangen sollte. Der Berg aber gehörte wilden und ungeheuern Riesen, die darauf wohnten und ihr Wesen trieben, und er saß nicht lange, so sah er ihrer drei daherschreiten. Da legte er sich nieder, als wäre er in tiefen Schlaf versunken. Nun kamen die Riesen herbei, und der erste stieß ihn mit dem Fuß an und sprach: »Was liegt da für ein Erdwurm und beschaut sich inwendig?« Der zweite sprach: »Tritt ihn tot.« Der dritte aber sprach verächtlich: »Das wäre der Mühe wert! Laßt ihn nur leben, hier kann er nicht bleiben, und wenn er höher steigt, bis auf die Bergspitze, so packen ihn die Wolken und tragen ihn fort.« Unter diesem Gespräch gingen sie vorüber, der Jäger aber hatte auf ihre Worte gemerkt, und sobald sie fort waren, stand er auf und klimmte den Berggipfel hinauf. Als er ein Weilchen da gesessen hatte, so schwebte eine Wolke heran, ergriff ihn, trug ihn fort und zog eine Zeitlang am Himmel her, dann senkte sie sich und ließ sich über einen großen, rings mit Mauern umgebenen Krautgarten nieder, also daß er zwischen Kohl und Gemüse sanft auf den Boden kam.

Da sah der Jäger sich um und sprach: »Wenn ich nur etwas zu essen hätte, ich bin so hungrig, und mit dem Weiterkommen wird's schwerfallen; aber hier seh ich keinen Apfel und keine Birne und keinerlei Obst, überall nichts als Krautwerk.« Endlich dachte er: »Zur Not kann ich von dem Salat essen, der schmeckt nicht sonderlich, wird mich aber erfrischen.« Also suchte er sich ein schönes Haupt aus und aß davon, aber kaum hatte er ein paar Bissen hinabgeschluckt, so war ihm so wunderlich zumute, und er fühlte sich ganz verändert. Es wuchsen ihm vier Beine, ein dicker Kopf und zwei lange Ohren, und er sah mit Schrecken, daß er in einen Esel verwandelt war. Doch weil er dabei immer noch großen Hunger spürte und ihm der saftige Salat nach seiner jetzigen Natur gut schmeckte, so aß er mit großer Gier immerzu. Endlich gelangte er an eine andere Art Salat, aber kaum hatte er etwas davon verschluckt, so fühlte er aufs neue eine Veränderung und kehrte in seine menschliche Gestalt zurück.

Nun legte sich der Jäger nieder und schlief seine Müdigkeit aus. Als er am andern Morgen erwachte, brach er ein Haupt von dem bösen und eins von dem guten Salat ab und dachte: »Das soll mir zu dem meinigen wieder helfen und die Treulosigkeit bestrafen.« Dann steckte er die Häupter zu sich, kletterte über die Mauer und ging fort, das Schloß seiner Liebsten zu suchen. Als er ein paar Tage herumgestrichen war, fand er es glücklicherweise wieder. Da bräunte er sich schnell sein Gesicht, daß ihn seine eigene Mutter nicht erkannt hätte, ging in das Schloß und bat um eine Herberge. »Ich bin so müde«, sprach er, »und kann nicht weiter.« Fragte die Hexe: »Landsmann, wer seid Ihr, und was ist Euer Geschäft?« Er antwortete: »Ich bin ein Bote des Königs und war ausgeschickt, den köstlichsten Salat zu suchen, der unter der Sonne wächst. Ich bin auch so glücklich gewesen, ihn zu finden, und trage ihn bei mir, aber die Sonnenhitze brennt gar zu stark, daß mir das zarte Kraut zu welken droht und ich nicht weiß, ob ich es weiterbringen werde.«

Als die Alte von dem köstlichen Salat hörte, ward sie lüstern und sprach: »Lieber Landsmann, laßt mich doch den wunderbaren Salat versuchen.« – »Warum nicht?« antwortete er. »Ich habe zwei Häupter mitgebracht und will Euch eins geben«, machte seinen Sack auf und reichte ihr das böse hin. Die Hexe dachte an nichts Arges, und der Mund wässerte ihr so sehr nach dem neuen Gericht, daß sie selbst in die Küche ging und es zubereitete. Als es fertig war, konnte sie nicht warten, bis es auf dem Tisch stand, sondern sie nahm gleich ein paar Blätter und steckte sie in den Mund, kaum aber waren sie verschluckt, so war auch die menschliche Gestalt verloren, und sie lief als eine Eselin hinab in den Hof. Nun kam die Magd in die Küche, sah den fertigen Salat da stehen und wollte ihn auftragen, unterwegs aber überfiel sie, nach alter Gewohnheit, die Lust zu versuchen, und sie aß ein paar Blätter. Alsbald zeigte sich die Wunderkraft, und sie ward ebenfalls zu einer Eselin und lief hinaus zu der Alten, und die Schüssel mit Salat fiel auf die Erde. Der Bote saß in der Zeit bei dem schönen Mädchen, und als niemand mit dem Salat kam und es doch auch lüstern danach war, sprach es: »Ich weiß nicht, wo der Salat bleibt.« Da dachte der Jäger: »Das Kraut wird schon gewirkt haben«, und sprach: »Ich will nach der Küche gehen und mich erkundigen.« Wie er hinabkam, sah er die zwei Eselinnen im Hof herumlaufen, der Salat aber lag auf der Erde. »Schon recht«, sprach er, »die zwei haben ihr Teil weg«, und hob die übrigen Blätter auf, legte sie auf die Schüssel und brachte sie dem Mädchen. »Ich bringe Euch selbst das köstliche Essen«, sprach er, »damit Ihr nicht länger zu warten braucht.« Da aß sie davon und war alsbald wie die übrigen ihrer menschlichen Gestalt beraubt und lief als eine Eselin in den Hof.

Nachdem sich der Jäger sein Angesicht gewaschen hatte, also daß ihn die Verwandelten erkennen konnten, ging er hinab in den Hof und sprach: »Jetzt sollt ihr den Lohn für eure Untreue empfangen.« Er band sie alle drei an ein Seil und trieb sie fort, bis er zu einer Mühle kam. Er klopfte an das Fenster, der Müller steckte den Kopf heraus und fragte, was sein Begehren wäre. »Ich habe drei böse

Tiere«, antwortete er, »die ich nicht länger behalten mag. Wollt Ihr sie bei Euch nehmen, Futter und Lager geben und sie halten, wie ich Euch sage, so zahl ich dafür, was Ihr verlangt.« Sprach der Müller: »Warum das nicht? Wie soll ich sie aber halten?« Da sagte der Jäger, der alten Eselin, und das war die Hexe, sollte er täglich dreimal Schläge und einmal zu fressen geben; der jüngern, welche die Magd war, einmal Schläge und dreimal Futter; und der jüngsten, welche das Mädchen war, keinmal Schläge und dreimal zu fressen; denn er konnte es doch nicht über das Herz bringen, daß das Mädchen sollte geschlagen werden. Darauf ging er zurück in das Schloß, und was er nötig hatte, das fand er alles darin.

Nach ein paar Tagen kam der Müller und sprach, er müßte melden, daß die alte Eselin, die nur Schläge bekommen hätte und nur einmal zu fressen, gestorben wäre. »Die zwei andern«, sagte er weiter, »sind zwar nicht gestorben und kriegen auch dreimal zu fressen, aber sie sind so traurig, daß es nicht lange mit ihnen dauern kann.« Da erbarmte sich der Jäger, ließ den Zorn fahren und sprach zum Müller, er sollte sie wieder hertreiben. Und wie sie kamen, gab er ihnen von dem guten Salat zu fressen, daß sie wieder zu Menschen wurden. Da fiel das schöne Mädchen vor ihm auf die Knie und sprach: »Ach, mein Liebster, verzeiht mir, was ich Böses an Euch getan, meine Mutter hatte mich dazu gezwungen; es ist gegen meinen Willen geschehen, denn ich habe Euch von Herzen lieb. Euer Wunschmantel hängt in einem Schrank, und für das Vogelherz will ich einen Brechtrunk einnehmen.« Da ward er anderes Sinnes und sprach: »Behalt es nur, es ist doch einerlei, denn ich will dich zu meiner treuen Ehegemahlin annehmen.« Und da ward Hochzeit gehalten, und sie lebten vergnügt miteinander bis an ihren Tod.

123.

Die Alte im Wald

Es fuhr einmal ein armes Dienstmädchen mit seiner Herrschaft durch einen großen Wald, und als sie mitten darin waren, kamen Räuber aus dem Dickicht hervor und ermordeten, wen sie fanden.

Da kamen alle miteinander um bis auf das Mädchen, das war in der Angst aus dem Wagen gesprungen und hatte sich hinter einen Baum verborgen. Wie die Räuber mit ihrer Beute fort waren, trat es herbei und sah das große Unglück. Da fing es an, bitterlich zu weinen, und sagte: »Was soll ich armes Mädchen nun anfangen, ich weiß mich nicht aus dem Wald herauszufinden, keine Menschenseele wohnt darin, so muß ich gewiß verhungern.« Es ging herum, suchte einen Weg, konnte aber keinen finden. Als es Abend war, setzte es sich unter einen Baum, befahl sich Gott und wollte da sitzenbleiben und nicht weggehen, möchte geschehen, was immer wollte. Als es aber eine Weile da gesessen hatte, kam ein weiß Täubchen zu ihm geflogen und hatte ein kleines goldenes Schlüsselchen im Schnabel. Das Schlüsselchen legte es ihm in die Hand und sprach: »Siehst du dort den großen Baum, daran ist ein kleines Schloß, das schließ mit dem Schlüsselchen auf, so wirst du Speise genug finden und keinen Hunger mehr leiden.« Da ging es zu dem Baum und schloß ihn auf und fand Milch in einem kleinen Schüsselchen und Weißbrot zum Einbrocken dabei, daß es sich satt essen konnte. Als es satt war, sprach es: »Jetzt ist es Zeit, wo die Hühner daheim auffliegen, ich bin so müde, könnt ich mich doch auch in mein Bett legen.« Da kam das Täubchen wieder geflogen und brachte ein anderes goldenes Schlüsselchen im Schnabel und sagte: »Schließ dort den Baum auf, so wirst du ein Bett finden.« Da schloß es auf und fand ein schönes weiches Bettchen; da betete es zum lieben Gott, er möchte es behüten in der Nacht, legte sich und schlief ein. Am Morgen kam das Täubchen zum drittenmal, brachte wieder ein Schlüsselchen und sprach: »Schließ dort den Baum auf, da wirst du Kleider finden«, und wie es aufschloß, fand es Kleider, mit Gold und Edelsteinen besetzt, so herrlich, wie sie keine Königstochter hat. Also lebte es da eine Zeitlang und kam das Täubchen alle Tage und sorgte für alles, was es bedurfte, und war das ein stilles, gutes Leben.

Einmal aber kam das Täubchen und sprach: »Willst du mir etwas zuliebe tun?« – »Von Herzen gerne«, sagte das Mädchen. Da sprach das Täubchen: »Ich will dich zu einem kleinen Häuschen führen, da geh hinein, mittendrein am Herd wird eine alte Frau sitzen und guten Tag sagen. Aber gib ihr beileibe keine Antwort, sie mag auch anfangen, was sie will, sondern geh zu ihrer rechten Hand weiter, da ist eine Türe, die mach auf, so wirst du in eine Stube kommen, wo eine Menge von Ringen allerlei Art auf dem Tisch liegt, darunter sind prächtige mit glitzerigen Steinen, die laß aber liegen und suche einen schlichten heraus, der auch darunter sein muß, und bring ihn zu mir her, so geschwind du kannst.« Das Mädchen ging zu dem Häuschen und trat zu der Türe ein; da saß eine Alte, die machte große Augen, wie sie es erblickte, und sprach: »Guten Tag, mein Kind.« Es gab ihr aber keine Antwort und ging auf die Türe zu. »Wo hinaus?« rief sie und faßte es beim Rock und wollte es festhalten. »Das ist mein Haus, da darf niemand herein, wenn ich's nicht haben will.« Aber das Mädchen schwieg still, machte sich von ihr los und ging gerade in die Stube hinein. Da lag nun auf dem Tisch eine übergroße Menge von Ringen, die glitzerten und glimmerten ihm vor den Augen; es warf sie herum und suchte nach dem schlichten, konnte ihn aber nicht finden. Wie es so suchte, sah es die Alte, wie sie daherschlich und einen Vogelkäfig in der Hand hatte und damit fort wollte. Da ging es auf sie zu und nahm ihr den Käfig aus der Hand, und wie es ihn aufhob und hineinsah, saß ein Vogel darin, der hatte den schlichten Ring im Schnabel. Da nahm es den Ring und lief ganz froh damit zum Haus hinaus und dachte, das weiße Täubchen würde kommen und den Ring holen, aber es kam nicht. Da lehnte es sich an einen Baum und wollte auf das Täubchen warten, und wie es so stand, da war es, als wäre der Baum weich und biegsam und senkte seine Zweige herab. Und auf einmal schlangen sich die Zweige um es herum und waren zwei Arme, und wie es sich umsah, war der Baum ein schöner Mann, der es umfaßte und herzlich küßte und sagte: »Du hast mich erlöst und aus der Gewalt der Alten befreit, die eine böse Hexe ist. Sie hatte mich in einen Baum verwandelt, und alle Tage ein paar Stunden war ich eine weiße Taube, und solang sie den Ring besaß, konnte ich meine menschliche Gestalt nicht wiedererhalten.« Da waren auch seine Bedienten und Pferde von dem Zauber frei, der sie auch in Bäume verwandelt hatte, und standen neben ihm. Da fuhren sie fort in sein Reich, denn er war eines Königs Sohn, und sie heirateten sich und lebten glücklich.

124.

Die drei Brüder

Es war ein Mann, der hatte drei Söhne und weiter nichts im Vermögen als das Haus, worin er wohnte. Nun hätte jeder gerne nach seinem Tode das Haus gehabt, dem Vater war aber einer so lieb als der andere, da wußte er nicht, wie er's anfangen sollte, daß er keinem zu nahe tät; verkaufen wollte er das Haus auch nicht, weil's von seinen Voreltern war, sonst hätte er das Geld unter sie geteilt. Da fiel ihm endlich ein Rat ein, und er sprach zu seinen Söhnen: »Geht in die Welt und versucht euch und lerne jeder sein Handwerk, wenn ihr dann wiederkommt, wer das beste Meisterstück macht, der soll das Haus haben.«

Das waren die Söhne zufrieden, und der älteste wollte ein Hufschmied, der zweite ein Barbier, der dritte aber ein Fechtmeister werden. Darauf bestimmten sie eine Zeit, wo sie wieder nach Haus zusammenkommen wollten, und zogen fort. Es traf sich auch, daß jeder einen tüchtigen Meister fand, wo er was Rechtschaffenes lernte. Der Schmied mußte des Königs Pferde beschlagen und dachte: »Nun kann dir's nicht fehlen, du kriegst das Haus.« Der Barbier rasierte lauter vornehme Herren und meinte auch, das Haus wäre schon sein. Der Fechtmeister kriegte manchen Hieb, biß aber die Zähne zusammen und ließ sich's nicht verdrießen, denn er dachte bei sich: »Fürchtest du dich vor einem Hieb, so kriegst du das Haus nimmermehr.« Als nun die gesetzte Zeit herum war, kamen sie bei ihrem Vater wieder zusammen; sie wußten aber nicht, wie sie die beste Gelegenheit finden sollten, ihre Kunst zu zeigen, saßen beisammen und ratschlagten. Wie sie so saßen, kam auf einmal ein Hase übers Feld dahergelaufen. »Ei«, sagte der Barbier, »der kommt wie gerufen«, nahm Becken und Seife, schaumte so lange, bis der Hase in die Nähe kam, dann seifte er ihn in vollem Laufe ein und rasierte ihm auch in vollem Laufe ein Stutzbärtchen, und dabei schnitt er ihn nicht und tat ihm an keinem Haare weh. »Das gefällt mir«, sagte der Vater, »wenn sich die andern nicht gewaltig angreifen, so ist das Haus dein.« Es währte nicht lang, so kam ein Herr in einem Wagen dahergerennt in vollem Jagen. »Nun sollt Ihr sehen, Vater, was ich kann«, sprach der Hufschmied, sprang dem Wagen nach, riß dem Pferd, das in einem fortjagte, die vier Hufeisen ab und schlug ihm auch im Jagen vier neue wieder an. »Du bist ein ganzer Kerl«, sprach der Vater, »du machst deine Sachen so gut wie dein Bruder; ich weiß nicht, wem ich das Haus geben soll.« Da sprach der dritte: »Vater, laßt mich auch einmal gewähren«, und weil es anfing zu regnen, zog er seinen Degen und schwenkte ihn in Kreuzhieben über seinen Kopf, daß kein Tropfen auf ihn fiel; und als der Regen stärker ward und endlich so stark, als ob man mit Mulden vom Himmel gösse, schwang er den Degen immer schneller und blieb so trocken, als säß er unter Dach und Fach. Wie der Vater das sah, erstaunte er und sprach: »Du hast das beste Meisterstück gemacht, das Haus ist dein.«

Die beiden andern Brüder waren damit zufrieden, wie sie vorher gelobt hatten, und weil sie sich einander so liebhatten, blieben sie alle drei zusammen im Haus und trieben ihr Handwerk; und da sie so gut ausgelernt hatten und so geschickt waren, verdienten sie viel Geld. So lebten sie vergnügt bis in ihr Alter zusammen, und als der eine krank ward und starb, grämten sich die zwei andern so sehr darüber, daß sie auch krank wurden und bald starben. Da wurden sie, weil sie so geschickt gewesen waren und sich so liebgehabt hatten, alle drei zusammen in ein Grab gelegt.

125.

Der Teufel und seine Großmutter

Es war ein großer Krieg, und der König hatte viel Soldaten, gab ihnen aber wenig Sold, so daß sie nicht davon leben konnten. Da taten sich drei zusammen und wollten ausreißen. Einer sprach zum andern: »Wenn wir erwischt werden, so hängt man uns an den Galgenbaum: wie wollen wir's machen?« Sprach der andere: »Seht dort das große Kornfeld, wenn wir uns da verstecken, so findet uns kein Mensch: das Heer darf nicht hinein und muß morgen weiterziehen.« Sie krochen in das Korn, aber das Heer zog nicht weiter, sondern blieb rundherum liegen. Sie saßen zwei Tage und zwei Nächte im Korn und hatten so großen Hunger, daß sie beinah gestorben wären; gingen sie aber heraus, so war ihnen der Tod gewiß. Da sprachen sie: »Was hilft uns unser Ausreißen, wir müssen hier elendig sterben.« Indem kam ein feuriger Drache durch die Luft geflogen, der senkte sich zu ihnen herab und fragte sie, warum sie sich da versteckt hätten. Sie antworteten: »Wir sind drei Soldaten und sind ausgerissen, weil unser Sold gering war; nun müssen wir hier Hungers sterben, wenn wir liegenbleiben, oder wir müssen am Galgen baumeln, wenn wir herausgehen.« – »Wollt ihr mir sieben Jahre dienen«, sagte der Drache, »so will ich euch mitten durchs Heer führen, daß euch niemand erwischen soll.« – »Wir haben keine Wahl und müssen's annehmen«, antworteten sie. Da packte sie der Drache in seine Klauen, führte sie durch die Luft über das Heer hinweg und setzte sie weit davon wieder auf die Erde; der Drache war aber niemand als der Teufel. Er gab ihnen ein kleines Peitschchen und sprach: »Peitscht und knallt ihr damit, so wird so viel Geld vor euch herumspringen, als ihr verlangt: ihr könnt dann wie große Herrn leben, Pferde halten und in Wagen fahren; nach Verlauf der sieben Jahre aber seid ihr mein eigen.« Dann hielt er ihnen ein Buch vor, in das mußten sie sich alle drei unterschreiben. »Doch will ich euch«, sprach er, »erst noch ein Rätsel aufgeben, könnt ihr das raten, sollt ihr frei sein und aus meiner Gewalt entlassen.« Da flog der Drache von ihnen weg, und sie reisten fort mit ihren Peitschchen, hatten Geld die Fülle, ließen sich Herrenkleider machen und zogen in der Welt herum. Wo sie waren, lebten sie in Freuden und Herrlichkeit, fuhren mit Pferden und Wagen, aßen und tranken, taten aber nichts Böses. Die Zeit verstrich ihnen schnell, und als es mit den sieben Jahren zu Ende ging, ward zweien gewaltig angst und bang, der dritte aber nahm's auf die leichte Schulter und sprach: »Brüder, fürchtet nichts, ich bin nicht auf den Kopf gefallen, ich errate das Rätsel.« Sie gingen hinaus aufs Feld, saßen da, und die zwei machten betrübte Gesichter. Da kam eine alte Frau daher, die fragte, warum sie so traurig wären. »Ach, was liegt Euch daran, Ihr könnt uns doch nicht helfen.« – »Wer weiß«, antwortete sie, »vertraut mir nur euern Kummer.« Da erzählten sie ihr, sie wären des Teufels Diener gewesen, fast sieben Jahre lang, der hätte ihnen Geld wie Heu geschafft, sie hätten sich ihm aber verschrieben und wären ihm verfallen, wenn sie nach den sieben Jahren nicht ein Rätsel auflösen könnten. Die Alte sprach: »Soll euch geholfen werden, so muß einer von euch in den Wald gehen, da wird er an eine eingestürzte Felsenwand kommen, die aussieht wie ein Häuschen, in das muß er eintreten, dann wird er Hilfe finden.« Die zwei traurigen dachten: »Das wird uns doch nicht retten«, und blieben sitzen, der dritte aber, der lustige, machte sich auf und ging so weit in den Wald, bis er die Felsenhütte fand. In dem Häuschen aber saß eine steinalte Frau, die war des Teufels Großmutter und fragte ihn, woher er käme und was er hier wollte. Er erzählte ihr alles, was geschehen war, und weil er ihr wohl gefiel, hatte sie Erbarmen und sagte, sie wollte ihm helfen. Sie hob einen großen Stein auf, der über einem Keller lag, und sagte: »Da verstecke dich, du kannst alles hören, was hier gesprochen wird, sitz nur still und rege dich nicht; wann der Drache kommt, will ich ihn wegen der Rätsel befragen: mir sagt er alles; und dann achte auf das, was er antwortet.« Um zwölf Uhr nachts kam der Drache angeflogen und verlangte sein Essen. Die Großmutter deckte den Tisch und trug Trank und Speise auf, daß er vergnügt war, und sie aßen und tranken zusammen. Da fragte sie ihn im Gespräch, wie's den Tag ergangen wäre und wieviel Seelen er kriegt hätte. »Es wollte mir heute nicht recht glükken«, antwortete er, »aber ich habe drei Soldaten gepackt, die sind mir sicher.« – »Ja, drei Soldaten«, sagte sie, »die haben etwas an sich, die können dir noch entkommen.« Sprach der Teufel höhnisch: »Die sind mein, denen gebe ich noch ein Rätsel auf, das sie nimmermehr raten können.« – »Was ist das für ein Rätsel?« fragte sie. »Das will ich dir sagen: In der großen Nordsee liegt eine tote Meerkatze, das soll ihr Braten sein; und von einem Walfisch die Rippe, das soll ihr silberner Löffel sein; und ein alter hohler Pferdefuß, das soll ihr Weinglas sein.« Als der Teufel zu Bett gegangen war, hob die alte Großmutter den Stein auf und ließ den Soldaten heraus. »Hast du auch alles wohl in acht genommen?« – »Ja«, sprach er, »ich weiß genug und will mir schon helfen.« Darauf mußte er auf einem andern Weg durchs Fenster heimlich und in aller Eile zu seinen Gesellen zurückgehen. Er erzählte ihnen, wie der Teufel von der alten Großmutter wäre überlistet worden und wie er die Auflösung des Rätsels von ihm vernommen hätte. Da waren sie alle fröhlich und guter Dinge, nahmen die Peitsche und schlugen sich so viel Geld, daß es auf der Erde herumsprang. Als die sieben Jahre völlig herum waren, kam der Teufel mit dem Buche, zeigte die Unterschriften und sprach: »Ich will euch mit in die Hölle nehmen, da sollt ihr eine Mahlzeit haben; könnt ihr mir raten, was ihr für einen Braten werdet zu essen kriegen, so sollt ihr frei und los sein und dürft auch das Peitschchen behalten.« Da fing der erste Soldat an: »In der großen Nordsee liegt eine tote Meerkatze, das wird wohl der Braten sein.« Der Teufel ärgerte sich, machte »hm! hm! hm!« und fragte den zweiten: »Was soll aber euer Löffel sein?« – »Von einem Walfisch die Rippe, das soll unser silberner Löffel sein.« Der Teufel schnitt ein Gesicht, knurrte wieder dreimal »hm! hm! hm!« und sprach zum dritten: »Wißt ihr auch, was euer Weinglas sein soll?« – »Ein alter Pferdefuß, das soll unser Weinglas sein.« Da flog der Teufel mit einem lauten Schrei fort und hatte keine Gewalt mehr über sie; aber die drei behielten das Peitschchen, schlugen Geld hervor, soviel sie wollten, und lebten vergnügt bis an ihr Ende.

126.

Ferenand getrü un Ferenand ungetrü

Et was mal en Mann un 'ne Fru west, de hadden, solange se rick wören, kene Kinner, as se awerst arm woren, da kregen se en kleinen Jungen. Se kunnen awert kenen Paen dato kregen, da segde de Mann, he wulle mal na den annern Ohre (Orte) gahn un tosehn, ob he da enen krege. Wie he so gienk, begegnete ünn en armen Mann, de frog en, wo he hünne wulle, he segde, he wulle hünn un tosehn, dat he'n Paen kriegte, he sie arm, un da wulle ünn ken Minske to Gevaher stahn. »Oh«, segde de arme Mann, »gi sied arm, un ik sie arm, ik will guhe (euer) Gevaher weren; ik sie awerst so arm, ik kann dem Kinne nix giwen, gahet hen un segget de Bähmoer (Wehmutter), se sulle man mit den Kinne na der Kerken kummen.« Ase se nu tohaupe an der Kerken kummet, da is de Bettler schaun darinne, de givt dem Kinne den Namen *Ferenand getrü*.

Wie he nu ut der Kerken gahet, da segd de Bettler: »Nu gahet man na Hus, ik kann guh (euch) nix giwen, un gi süllt mi ok nix giwen.« De Bähmoer awerst gav he 'n Schlüttel un segd er, se mögt en, wenn se na Hus käme, dem Vaer giwen, de sull 'n verwahren, bis dat Kind vertein Johr old wöre, dann sull et up de Heide gahn, da wöre 'n Schlott, dato paßte de Schlüttel, wat darin wöre, dat sulle em hören. Wie dat Kind nu sewen Johr alt wor und düet (tüchtig) wassen wor, gienk et mal spilen mit annern Jungens, da hadde de eine noch mehr vom Paen kriegt ase de annere, he awerst kunne nix seggen, un da grinde he un gienk na Hus un segde tom Vaer: »Hewe ik denn gar nix vom Paen kriegt?« – »O ja«, segde de Vaer, »du hest en Schlüttel kriegt, wenn up de Heide 'n Schlott steit, so gah man hen un schlut et up.« Da gienk he hen, awert et was kein Schlott to hören un to sehen. Wier na sewen Jahren, ase he vertein Johr old is, geit he nochmals hen, da steit en Schlott darup. Wie he et upschloten het, da is der nix enne ase 'n Perd, 'n Schümmel. Da werd de Junge so vuller Früden, dat he dat Perd hadde, dat he sik darup sett un to sinen Vaer jegt (jagt). »Nu hew ik auck 'n Schümmel, nu will ik auck reisen«, segd he.

Da treckt he weg, un wie he unnerweges ist, ligd da 'ne Schriffedder up 'n Wegge, he will se eist (erst) upnümmen, da denkt he awerst wier bie sich: »Oh, du süst se auck liggen laten, du findst ja wul, wo du hen kümmst, 'ne Schriffedder, wenn du eine bruckest.« Wie he so weggeit, do roppt et hinner üm: »Ferenand getrü, nümm se mit.« He süt sik ümme, süt awerst keinen, da geit he wier torugge un nümmt se up. Wie he wier 'ne Wile rien (geritten) is, kümmt he bie 'n Water vorbie, so ligd da en Fisk am Oewer (Ufer) un snappet un happet na Luft; so segd he: »Töv, min lewe Fisk, ik will die helpen, dat du in't Water kümmst«, un gript 'n bie 'n Schwans un werpt 'n in't Water. Da steckt de Fisk den Kopp ut den Water un segd: »Nu du mie ut den Kot holpen hest, will ik die 'ne Flötenpiepen giwen, wenn du in de Naud bist, so flöte derup, dann will ik die helpen, un wenn du mal wat in Water hest fallen laten, so flöte man, so will ik et die herut reicken.« Nu ritt he weg, da kümmt so 'n Minsk to üm, de frägt 'n, wo he hen wull. »Oh, na den neggsten Ohre.« Wu he dann heite? – »Ferenand getrü.« – »Sü, da hewe wie ja fast den sülwigen Namen, ik heite *Ferenand ungetrü.*« Da trecket se beide na den neggsten Ohre in dat Wertshus.

Nu was et schlimm, dat de Ferenand ungetrü allet wuste, wat 'n annerer dacht hadde un doen wulle; dat wust he döre so allerhand slimme Kunste. Et was awerst im Wertshuse, so 'n wacker Mäken, dat hadde 'n schier (klares) Angesicht un drog sik so hübsch; dat verleiv sik in den Ferenand getrü, denn et was 'n hübschen Minschen west, un frog 'n, wo he hen to wulle. Oh, he wulle so herümmer reisen. Da segd se, so sull he doch nur da bliewen, et wöre hier to Lanne 'n Künig, de neime wull geren 'n Bedeenten oder 'n Vorrüter; dabie sulle he in Diensten gahn. He antworde, he kunne nig gud so to einen hingahen un been sik an. Da segde dat Mäken: »Oh, dat will ik dann schun dauen.« Un so gienk se auck stracks hen na den Künig un sehde ünn, se wüste ünn 'n hübschen Bedeenten. Dat was de wol tofreen un leit 'n to sik kummen un wull 'n tom Bedeenten macken. He wull awerst leewer Vorrüter sin, denn wo sin Perd wöre, da möst he auck sin; da mackt 'n de Künig tom Vorrüter. Wie düt de Ferenand ungetrü gewahr wore, da segd he to den Mäken: »Töv, helpest du den an un mie nig?« – »Oh«, segd dat Mäken, »ik will 'n auck anhelpen.« Se dachte: »Den most du die tom Frünne wahren, denn he is nig to truen.« Se geit alse vorm Künig stahn un beed 'n als Bedeenten an; dat is de Künig tofreen.

Wenn he nu also det Morgens den Heren antrock, da jammerte de jümmer: »O wenn ik doch eist mine Leiveste bie mie hädde.« De Ferenand ungetrü was awerst dem Ferenand getrü jümmer uppsettsig, wie asso de Künig mal wier so jammerte, da segd he: »Sie haben ja den Vorreiter, den schicken Sie hin, der muß sie herbeischaffen, und wenn er es nicht tut, so muß ihm der Kopf vor die Füße gelegt werden.« Do leit de Künig den Ferenand getrü to sik kummen un sehde üm, he hädde da un da 'ne Leiveste, de sull he ünn herschappen, wenn he dat nig deie, sull he sterwen.

De Ferenand getrü gienk in Stall to sinen Schümmel un grinde un jammerde. »O wat sin ik 'n unglücksch Minschenkind.« Do röppet jeimes hinner üm: »Ferdinand getreu, was weinst du?« He süt sik um, süt awerst neimes un jammerd jümmer fort: »O min lewe Schümmelken, nu mot ik die verlaten, nu mot ik sterwen.« Do röppet et wier: »Ferdinand getreu, was weinst du?« Do merket he eist, dat dat sin Schümmelken dei, dat Fragen. »Döst du dat, min Schümmelken, kannst du küren (reden)?« Un segd wier: »Ik sull da un da hen un sull de Brut halen, west du nig, wie ik dat wol anfange?« Do antwoerd dat Schümmelken: »Gah du na den Künig un segg, wenn he die giwen wulle, wat du hewen möstest, so wullest du se ünn schappen: wenn he die 'n Schipp vull Fleisk un 'n Schipp vull Brod giwen wulle, so sull et gelingen; da wören grauten Riesen up den Water, wenn du denen ken Fleisk midde brächtes, so terreiten se die; un da wören de grauten Vüggel, de pickeden die de Ogen ut den Koppe, wenn du ken Brod vor se häddest.« Da lett de Künig alle Slächter im Lanne slachten un alle Becker backen, dat de

Schippe vull werdt. Wie se vull sied, segd dat Schümmelken tom Ferenand getrü: »Nu gah man up mie sitten un treck mit mie in't Schipp, wenn dann de Riesen kümmet, so segg:

›Still, still, meine lieben Riesechen,
ich hab euch wohl bedacht,
ich hab euch was mitgebracht.‹

Un wenn de Vüggel kümmet, so seggst du wier:

›Still, still, meine lieben Vögelchen,
ich hab euch wohl bedacht,
ich hab euch was mitgebracht.‹

Dann doet sie die nix, un wenn du dann bie dat Schlott kümmst, dann helpet die de Riesen, dann gah up dat Schlott un nümm 'n paar Riesen mit, da ligd de Prinzessin un schlöppet; du darfst se awerst nig upwecken, sonnern de Riesen mött se mit den Bedde upnümmen un in dat Schipp dregen.« Und da geschah nun alles, wie das Schimmelchen gesagt hatte, und den Riesen und den Vögeln gab der Ferenand getrü, was er ihnen mitgebracht hatte, dafür wurden die Riesen willig und trugen die Prinzessin in ihrem Bett zum König. Un ase se tom Künig kümmet, segd se, se künne nig liwen, se möste ere Schriften hewen, de wören up eren Schlotte liggen bliwen. Da werd de Ferenand getrü up Anstifften det Ferenand ungetrü roopen, un de Künig bedütt ünn, he sulle de Schriften van dem Schlotte halen, süst sull he sterwen. Da geit he wier in Stall un grind un segd: »O min lewe Schümmelken, nu sull ik noch 'n mal weg, wie süll wie dat macken?« Da segd de Schümmel, se sullen dat Schipp man wier vull laen (laden). Da geht es wieder wie das vorigemal, und die Riesen und die Vögel werden von dem Fleisch gesättigt und besänftigt. Ase se bie dat Schlott kümmet, segd de Schümmel to ünn, he sulle man herin gahn, in den Schlapzimmer der Prinzessin, up den Diske, da lägen de Schriften. Da geit Ferenand getru hün un langet se. Ase se up 'n Water sind, da let he sine Schriffedder in't Water fallen, da segd de Schümmel: »Nu kann ik die awerst nig helpen.« Da fällt 'n dat bie mit de Flötepiepen, he fänkt an to flöten, da kümmt de Fisk un het de Fedder im Mule un langet se 'm hen. Nu bringet he de Schriften na dem Schlotte, wo de Hochtid hallen werd.

De Künigin mogte awerst den Künig nig lien, weil he keine Nese hadde, sonnern se mogte den Ferenand getrü geren lien. Wie nu mal alle Herens vom Hove tosammen sied, so segd de Künigin, se könne auck Kunststücke macken, se künne einen den Kopp afhoggen un wier upsetten, et sull nur mant einer versöcken. Da wull awerst kener de eiste sien, da mott Ferenand getrü daran, wier up Anstifften von Ferenand ungetrü, den hogget se den Kopp af un sett 'n ünn auck wier up, et is auck glick wier tau heilt, dat et ut sach, ase hädde he 'n roen Faen (Faden) üm 'n Hals. Da segd de Künig to ehr: »Mein Kind, wo hast du denn das gelernt?« – »Ja«, segd se, »die Kunst versteh ich, soll ich es an dir auch einmal versuchen?« – »O ja«, segd he. Do hogget se en averst den Kopp af un sett 'n en nig wier up, se doet, as ob se 'n nig darup kriegen künne, un as ob he nig fest sitten wulle. Da werd de Künig begrawen, se awerst frigget den Ferenand getrü.

He ride awerst jümmer sinen Schümmel, un ase he mal darup sat, da segd he to em, he sulle mal up 'ne annere Heide, de he em wist, trecken un da dreimal mit em herumme jagen. Wie he dat dahen hadde, da geit de Schümmel up de Hinnerbeine stahn un verwannelt sik in 'n Künigssuhn.

127.

Der Eisenofen

Zur Zeit, wo das Wünschen noch geholfen hat, ward ein Königssohn von einer alten Hexe verwünscht, daß er im Walde in einem großen Eisenofen sitzen sollte. Da brachte er viele Jahre zu, und konnte ihn niemand erlösen. Einmal kam eine Königstochter durch den Wald, die hatte sich irregegangen und konnte ihres Vaters Reich nicht wiederfinden; neun Tage war sie so herumgegangen und stand zuletzt vor dem eisernen Kasten. Da kam eine Stimme heraus und fragte sie: »Wo kommst du her, und wo willst du hin?« Sie antwortete: »Ich habe meines Vaters Königreich verloren und kann nicht wieder nach Haus kommen.« Da sprach's aus dem Eisenofen: »Ich will dir wieder nach Haus verhelfen, und zwar in einer kurzen Zeit, wenn du willst unterschreiben, zu tun, was ich verlange. Ich bin ein größerer Königssohn als du eine Königstochter und will dich heiraten.« Da erschrak sie und dachte: »Lieber Gott, was soll ich mit dem

Eisenofen anfangen!« Weil sie aber gerne wieder zu ihrem Vater heim wollte, unterschrieb sie sich doch, zu tun, was er verlangte. Er sprach aber: »Du sollst wiederkommen, ein Messer mitbringen und ein Loch in das Eisen schrappen.« Dann gab er ihr jemand zum Gefährten, der ging nebenher und sprach nicht; er brachte sie aber in zwei Stunden nach Haus. Nun war große Freude im Schloß, als die Königstochter wiederkam, und der alte König fiel ihr um den Hals und küßte sie. Sie war aber sehr betrübt und sprach: »Lieber Vater, wie mir's gegangen hat! Ich wäre nicht wieder nach Haus gekommen aus dem großen wilden Walde, wenn ich nicht wäre bei einen eisernen Ofen gekommen, dem habe ich mich müssen dafür unterschreiben, daß ich wollte wieder zu ihm zurückkehren, ihn erlösen und heiraten.« Da erschrak der alte König so sehr, daß er beinahe in eine Ohnmacht gefallen wäre, denn er hatte nur die einzige Tochter. Beratschlagten sich also, sie wollten die Müllerstochter, die schön wäre, an ihre Stelle nehmen; führten die hinaus, gaben ihr ein Messer und sagten, sie sollte an dem Eisenofen schaben. Sie schrappte auch vierundzwanzig Stunden lang, konnte aber nicht das geringste herabbringen. Wie nun der Tag anbrach, rief's in dem Eisenofen: »Mich däucht, es ist Tag draußen.« Da antwortete sie: »Das däucht mich auch, ich meine, ich höre meines Vaters Mühle rappeln.« – »So bist du eine Müllerstochter, dann geh gleich hinaus und laß die Königstochter herkommen.« Da ging sie hin und sagte dem alten König, der draußen wollte sie nicht, er wollte seine Tochter. Da erschrak der alte König, und die Tochter weinte. Sie hatten aber noch eine Schweinehirtentochter, die war noch schöner als die Müllerstochter, der wollten sie ein Stück Geld geben, damit sie für die Königstochter zum eisernen Ofen ginge. Also ward sie hinausgebracht und mußte auch vierundzwanzig Stunden lang schrappen; sie brachte aber nichts davon. Wie nun der Tag anbrach, rief's im Ofen: »Mich däucht, es ist Tag draußen.« Da antwortete sie: »Das däucht mich auch, ich meine, ich höre meines Vaters Hörnchen tüten.« – »So bist du eine Schweinehirtentochter, geh gleich fort und laß die Königstochter kommen; und sag ihr, es sollt ihr widerfahren, was ich ihr versprochen hätte, und wenn sie nicht käme, sollte im ganzen Reich alles zerfallen und einstürzen und kein Stein auf dem andern bleiben.« Als die Königstochter das hörte, fing sie an zu weinen; es war aber nun nicht anders, sie mußte ihr Versprechen halten. Da nahm sie Abschied von ihrem Vater, steckte ein

Messer ein und ging zu dem Eisenofen in den Wald hinaus. Wie sie nun angekommen war, hub sie an zu schrappen, und das Eisen gab nach, und wie zwei Stunden vorbei waren, hatte sie schon ein kleines Loch geschabt. Da guckte sie hinein und sah einen so schönen Jüngling, ach, der glimmerte in Gold und Edelsteinen, daß er ihr recht in der Seele gefiel. Nun da schrappte sie noch weiter fort und machte das Loch so groß, daß er heraus konnte. Da sprach er: »Du bist mein, und ich bin dein, du bist meine Braut und hast mich erlöst.« Er wollte sie mit sich in sein Reich führen, aber sie bat sich aus, daß sie noch einmal dürfte zu ihrem Vater gehen, und der Königssohn erlaubte es ihr, doch sollte sie nicht mehr mit ihrem Vater sprechen als drei Worte, und dann sollte sie wiederkommen. Also ging sie heim, sie sprach aber mehr als drei Worte; da verschwand alsbald der Eisenofen und ward weit weggerückt über gläserne Berge und schneidende Schwerter; doch der Königssohn war erlöst und nicht mehr darin eingeschlossen. Danach nahm sie Abschied von ihrem Vater und nahm etwas Geld mit, aber nicht viel, ging wieder in den großen Wald und suchte den Eisenofen, allein der war nicht zu finden. Neun Tage suchte sie, da ward ihr Hunger so groß, daß sie sich nicht zu helfen wußte, denn sie hatte nichts mehr zu leben. Und als es Abend ward, setzte sie sich auf einen kleinen Baum und gedachte darauf die Nacht hinzubringen, weil sie sich vor den wilden Tieren fürchtete. Als nun Mitternacht herankam, sah sie von fern ein kleines Lichtchen und dachte: »Ach, da wär ich wohl erlöst«, stieg vom Baum und ging dem Lichtchen nach, auf dem Weg aber betete sie. Da kam sie zu einem kleinen alten Häuschen, und war viel Gras darum gewachsen und stand ein kleines Häufchen Holz davor. Dachte sie: »Ach wo kommst du hier hin!« Guckte durchs Fenster hinein, so sah sie nichts darin als dicke und kleine Itschen (Kröten), aber einen Tisch, schön gedeckt mit Wein und Braten, und Teller und Becher waren von Silber. Da nahm sie sich das Herz und klopfte an. Alsbald rief die Dicke:

»Jungfer grün und klein,
Hutzelbein,
Hutzelbeins Hündchen,
hutzel hin und her,
laß geschwind sehen, wer draußen wär.«

Da kam eine kleine Itsche herbeigegangen und machte ihr auf. Wie sie eintrat, hießen alle sie willkommen, und sie mußte sich setzen.

Sie fragten: »Wo kommt Ihr her? Wo wollt Ihr hin?« Da erzählte sie alles, wie es ihr gegangen wäre, und weil sie das Gebot übertreten hätte, nicht mehr als drei Worte zu sprechen, wäre der Ofen weg samt dem Königssohn; nun wollte sie so lange suchen und über Berg und Tal wandern, bis sie ihn fände. Da sprach die alte Dicke:

»Jungfer grün und klein,
Hutzelbein,
Hutzelbeins Hündchen,
hutzel hin und her,
bring mir die große Schachtel her.«

Da ging die kleine hin und brachte die Schachtel herbei getragen. Hernach gaben sie ihr Essen und Trinken und brachten sie zu einem schönen gemachten Bett, das war wie Seide und Sammet, da legte sie sich hinein und schlief in Gottes Namen. Als der Tag kam, stieg sie auf und gab ihr die alte Itsche drei Nadeln aus der großen Schachtel, sie sollte sie mitnehmen; sie würden ihr nötig tun, denn sie müßte über einen hohen gläsernen Berg und über drei schneidende Schwerter und über ein großes Wasser: wenn sie das durchsetzte, würde sie ihren Liebsten wiederkriegen. Nun gab sie hiermit drei Teile (Stücke), die sollte sie recht in acht nehmen, nämlich drei große Nadeln, ein Pflugrad und drei Nüsse. Hiermit reiste sie ab, und wie sie vor den gläsernen Berg kam, der so glatt war, steckte sie die drei Nadeln als hinter die Füße und dann wieder vorwärts und gelangte so hinüber, und als sie hinüber war, steckte sie sie an einen Ort, den sie wohl in acht nahm. Danach kam sie vor die drei schneidenden Schwerter, da stellte sie sich auf ihr Pflugrad und rollte hinüber. Endlich kam sie vor ein großes Wasser, und wie sie übergefahren war, in ein großes schönes Schloß. Sie ging hinein und hielt um einen Dienst an, sie wär eine arme Magd und wollte sich gerne vermieten; sie wußte aber, daß der Königssohn drinne war, den sie erlöst hatte aus dem eisernen Ofen im großen Wald. Also ward sie angenommen zum Küchenmädchen für geringen Lohn. Nun hatte der Königssohn schon wieder eine andere an der Seite, die wollte er heiraten, denn er dachte, sie wäre längst gestorben. Abends, wie sie aufgewaschen hatte und fertig war, fühlte sie in die Tasche und fand die drei Nüsse, welche ihr die alte Itsche gegeben hatte. Biß eine auf und wollte den Kern essen, siehe, da war ein stolzes königliches Kleid drin. Wie's nun die Braut hörte, kam sie und hielt um das Kleid an und wollte es kaufen und sagte, es wäre kein Kleid für eine Dienstmagd. Da sprach sie, nein, sie wollt's nicht verkaufen, doch wann sie ihr einerlei (ein Ding) wollte erlauben, so sollte sie's haben, nämlich eine Nacht in der Kammer ihres Bräutigams zu schlafen. Die Braut erlaubt es ihr, weil das Kleid so schön war und sie noch keins so hatte. Wie's nun Abend war, sagte sie zu ihrem Bräutigam: »Das närrische Mädchen will in deiner Kammer schlafen.« – »Wenn du's zufrieden bist, bin ich's auch«, sprach er. Sie gab aber dem Mann ein Glas Wein, in das sie einen Schlaftrunk getan hatte. Also gingen beide in die Kammer schlafen, und er schlief so fest, daß sie ihn nicht erwecken konnte. Sie weinte die ganze Nacht und rief: »Ich habe dich erlöst aus dem wilden Wald und aus einem eisernen Ofen, ich habe dich gesucht und bin gegangen über einen gläsernen Berg, über drei schneidende Schwerter und über ein großes Wasser, ehe ich dich gefunden habe, und willst mich doch nicht hören.« Die Bedienten saßen vor der Stubentüre und hörten, wie sie so die ganze Nacht weinte, und sagten's am Morgen ihrem Herrn. Und wie sie am andern Abend aufgewaschen hatte, biß sie die zweite Nuß auf, da war noch ein weit schöneres Kleid drin; wie das die Braut sah, wollte sie es auch kaufen. Aber Geld wollte das Mädchen nicht und bat sich aus, daß es noch einmal in der Kammer des Bräutigams schlafen dürfte. Die Braut gab ihm aber einen Schlaftrunk, und er schlief so fest, daß er nichts hören konnte. Das Küchenmädchen weinte aber die ganze Nacht und rief: »Ich habe dich erlöst aus einem Walde und aus einem eisernen Ofen, ich habe dich gesucht und bin gegangen über einen gläsernen Berg, über drei schneidende Schwerter und über ein großes Wasser, ehe ich dich gefunden habe, und du willst mich doch nicht hören.« Die Bedienten saßen vor der Stubentüre und hörten, wie sie so die ganze Nacht weinte, und sagten's am Morgen ihrem Herrn. Und als sie am dritten Abend aufgewaschen hatte, biß sie die dritte Nuß auf, da war ein noch schöneres Kleid drin, das starrte von purem Gold. Wie die Braut das sah, wollte sie es haben, das Mädchen aber gab es nur hin, wenn es zum drittenmal dürfte in der Kammer des Bräutigams schlafen. Der Königssohn aber hütete sich und ließ den Schlaftrunk vorbeilaufen. Wie sie nun anfing zu weinen und zu rufen: »Liebster Schatz, ich habe dich erlöst aus dem grausamen wilden Walde und aus einem eisernen Ofen«, so sprang der Königssohn auf und sprach: »Du bist die rechte, du bist mein, und ich bin dein.« Darauf setzte er sich noch in der Nacht mit ihr in einen Wagen, und der falschen Braut nahmen sie die Kleider weg, daß sie nicht aufstehen konnte. Als sie zu dem großen Wasser kamen, da schifften sie hinüber, und vor den drei schneidenden Schwertern, da setzten sie sich aufs Pflugrad, und vor dem gläsernen Berg, da steckten sie die drei Nadeln hinein. So gelangten sie endlich zu dem alten kleinen Häuschen, aber wie sie hineintraten, war's ein großes Schloß; die Itschen waren alle erlöst und lauter Königskinder und waren in voller Freude. Da ward Vermählung gehalten, und sie blieben in dem Schloß, das war viel größer als ihres Vaters Schloß. Weil aber der Alte jammerte, daß er allein bleiben sollte, so fuhren sie weg und holten ihn zu sich, und hatten zwei Königreiche und lebten in gutem Ehestand.

Da kam eine Maus,
Das Märchen war aus.

128.

Die faule Spinnerin

Auf einem Dorfe lebte ein Mann und eine Frau, und die Frau war so faul, daß sie immer nichts arbeiten wollte; und was ihr der Mann zu spinnen gab, das spann sie nicht fertig, und was sie auch spann, haspelte sie nicht, sondern ließ alles auf dem Klauel gewickelt liegen. Schalt sie nun der Mann, so war sie mit ihrem Maul doch vornen und sprach: »Ei, wie sollt ich haspeln, da ich keinen Haspel habe, geh du erst in den Wald und schaff mir einen.« – »Wenn's daran liegt«, sagte der Mann, »so will ich in den Wald gehen und Haspelholz holen.« Da fürchtete sich die Frau, wenn er das Holz hätte, daß er daraus einen Haspel machte und sie abhaspeln und dann wieder frisch spinnen müßte. Sie besann sich ein bißchen, da kam ihr ein guter Einfall, und sie lief dem Manne heimlich nach in den Wald. Wie er nun auf einen Baum gestiegen war, das Holz auszulesen und zu hauen, schlich sie darunter in das Gebüsch, wo er sie nicht sehen konnte und rief hinauf:

»Wer Haspelholz haut, der stirbt,
wer da haspelt, der verdirbt.«

Der Mann horchte, legte die Axt eine Weile nieder und dachte nach, was das wohl zu bedeuten hätte. »Ei was«, sprach er endlich, »was wird's gewesen sein! Es hat dir in den Ohren geklungen, mache dir keine unnötige Furcht.« Also ergriff er die Axt von neuem und wollte zuhauen, da rief's wieder von unten herauf:

»Wer Haspelholz haut, der stirbt,
wer da haspelt, der verdirbt.«

Er hielt ein, kriegte angst und bang und sann dem Ding nach. Wie aber ein Weilchen vorbei war, kam ihm das Herz wieder, und er langte zum drittenmal nach der Axt und wollte zuhauen. Aber zum dritten Male rief's und sprach's laut:

»Wer Haspelholz haut, der stirbt,
wer da haspelt, der verdirbt.«

Da hatte er's genug, und alle Lust war ihm vergangen, so daß er eilends den Baum herunterstieg und sich auf den Heimweg machte. Die Frau lief, was sie konnte, auf Nebenwegen, damit sie eher nach Haus käme. Wie er nun in die Stube trat, tat sie unschuldig, als wäre nichts vorgefallen, und sagte: »Nun, bringst du ein gutes Haspelholz?« – »Nein«, sprach er, »ich sehe wohl, es geht mit dem Haspeln nicht«, erzählte ihr, was ihm im Walde begegnet war, und ließ sie von nun an damit in Ruhe.

Bald hernach fing der Mann doch wieder an, sich über die Unordnung im Hause zu ärgern. »Frau«, sagte er, »es ist doch eine Schande, daß das gesponnene Garn da auf dem Klauel liegenbleibt.« – »Weißt du was«, sprach sie, »weil wir doch zu keinem Haspel kommen, so stell dich auf den Boden, und ich steh unten, da will ich dir den Klauel hinaufwerfen, und du wirfst ihn herunter, so gibt's doch einen Strang.« – »Ja, das geht«, sagte der Mann. Also taten sie das, und wie sie fertig waren, sprach er: »Das Garn ist nun gesträngt, nun muß es auch gekocht werden.« Der Frau ward wieder angst, sie sprach zwar: »Ja, wir wollen's gleich morgen früh kochen«, dachte aber bei sich auf einen neuen Streich. Frühmorgens stand sie auf, machte Feuer an und stellte den Kessel bei, allein statt des Garns legte sie einen Klumpen Werg hinein und ließ es immerzu kochen. Darauf ging sie zum Manne, der noch zu Bette lag, und sprach zu ihm: »Ich muß einmal ausgehen, steh derweil auf und sieh nach dem Garn, das im Kessel überm Feuer steht; aber du mußt's beizeit tun, gib wohl acht, denn wo der Hahn kräht und du sähest nicht nach, wird das Garn zu Werg.« Der Mann war bei der Hand und wollte nichts versäumen, stand eilends auf, so schnell er konnte, und ging in die Küche. Wie er aber zum Kessel kam und hineinsah, so erblickte er mit Schrecken nichts als einen Klumpen Werg. Da schwieg der arme Mann mäuschenstill, dachte, er hätt's versehen und wäre schuld daran, und sprach in Zukunft gar nicht mehr von Garn und Spinnen. Aber das mußt du selbst sagen, es war eine garstige Frau.

129.

Die vier kunstreichen Brüder

Es war ein armer Mann, der hatte vier Söhne, wie die herangewachsen waren, sprach er zu ihnen: »Liebe Kinder, ihr müßt jetzt hinaus in die Welt, ich habe nichts, das ich euch geben könnte; macht euch auf und geht in die Fremde, lernt ein Handwerk und seht, wie ihr euch durchschlagt.« Da ergriffen die vier Brüder den Wanderstab, nahmen Abschied von ihrem Vater und zogen zusammen zum Tor hinaus. Als sie eine Zeitlang gewandert waren, kamen sie an einen Kreuzweg, der nach vier verschiedenen Gegenden führte. Da sprach der älteste: »Hier müssen wir uns trennen, aber heut über vier Jahre wollen wir an dieser Stelle wieder zusammentreffen und in der Zeit unser Glück versuchen.«

Nun ging jeder seinen Weg, und dem ältesten begegnete ein Mann, der fragte ihn, wo er hinaus wollte und was er vorhätte. »Ich will ein Handwerk lernen«, antwortete er. Da sprach der Mann: »Geh mit mir und werde ein Dieb.« – »Nein«, antwortete er, »das gilt für kein ehrliches Handwerk mehr, und das Ende vom Lied ist, daß einer als Schwengel in der Feldglocke gebraucht wird.« – »Oh«, sprach der Mann, »vor dem Galgen brauchst du dich nicht zu fürchten: Ich will dich bloß lehren, wie du holst, was sonst kein Mensch kriegen kann, und wo dir niemand auf die Spur kommt.« Da ließ er sich überreden, ward bei dem Manne ein gelernter Dieb und ward so geschickt, daß vor ihm nichts sicher war, was er einmal haben wollte. Der zweite Bruder begegnete einem Mann, der dieselbe Frage an ihn tat, was er in der Welt lernen wollte. »Ich weiß es noch nicht«, antwortete er. »So geh mit mir und werde ein Sterngucker: nichts besser als das, es bleibt einem nichts verborgen.« Er ließ sich das gefallen und ward ein so geschickter Sterngucker, daß sein Meister, als er ausgelernt hatte und weiterziehen wollte, ihm ein Fernrohr gab und zu ihm sprach: »Damit kannst du sehen, was auf Erden und am Himmel vorgeht, und kann dir nichts verborgen bleiben.« Den dritten Bruder nahm ein Jäger in die Lehre und gab ihm in allem, was zur Jägerei gehört, so guten Unterricht, daß er ein ausgelernter Jäger ward. Der Meister schenkte ihm beim Abschied eine Büchse und sprach: »Die fehlt nicht, was du damit aufs Korn nimmst, das triffst du sicher.« Der jüngste Bruder begegnete gleichfalls einem Manne, der ihn anredete und nach seinem Vorhaben fragte. »Hast du nicht Lust, ein Schneider zu werden?« – »Daß ich nicht wüßte«, sprach der Junge, »das Krummsitzen von morgens bis abends, das Hin- und Herfegen mit der Nadel und das Bügeleisen will mir nicht in den Sinn.« – »Ei was«, antwortete der Mann, »du sprichst wie du's verstehst: bei mir lernst du eine ganz andere Schneiderkunst, die ist anständig und ziemlich, zum Teil sehr ehrenvoll.« Da ließ er sich überreden, ging mit und lernte die Kunst des Mannes aus dem Fundament. Beim Abschied gab ihm dieser eine Nadel und sprach: »Damit kannst du zusammennähen, was dir vorkommt, es sei so weich wie ein Ei oder so hart als Stahl; und es wird ganz zu einem Stück, daß keine Naht mehr zu sehen ist.«

Als die bestimmten vier Jahre herum waren, kamen die vier Brüder zu gleicher Zeit an dem Kreuzwege zusammen, herzten und küßten sich und kehrten heim zu ihrem Vater. »Nun«, sprach dieser ganz vergnügt, »hat euch der Wind wieder zu mir geweht?« Sie erzählten, wie es ihnen ergangen war und daß jeder das seinige gelernt hätte. Nun saßen sie gerade vor dem Haus unter einem großen Baum, da sprach der Vater: »Jetzt will ich euch auf die Probe stellen und sehen, was ihr könnt.« Danach schaute er auf und sagte zu dem zweiten Sohne: »Oben im Gipfel dieses Baums sitzt zwischen zwei Ästen ein Buchfinkennest, sag mir, wieviel Eier liegen darin?« Der Sterngucker nahm sein Glas, schaute hinauf und sagte: »Fünfe sind's.« Sprach der Vater zum ältesten: »Hol du die Eier herunter, ohne daß der Vogel, der daraufsitzt und brütet, gestört wird.« Der kunstreiche Dieb stieg hinauf und nahm dem Vöglein, das gar nichts davon merkte und ruhig sitzenblieb, die fünf Eier unter dem Leib weg und brachte sie dem Vater herab. Der Vater nahm sie, legte an jede Ecke des Tisches eins und das fünfte in die Mitte und sprach zum Jäger: »Du schießest mir mit einem Schuß die fünf Eier in der Mitte entzwei.« Der Jäger legte seine Büchse an und schoß die Eier, wie es der Vater verlangt hatte, alle fünfe, und zwar in einem Schuß. Der hatte gewiß von dem Pulver, das um die Ecke schießt. »Nun kommt die Reihe an dich«, sprach der Vater zu dem vierten Sohn, »du nähst die Eier wieder zusammen und auch die jungen Vögelein, die darin sind, und zwar so, daß ihnen der Schuß nichts schadet.« Der Schneider holte seine Nadel und nähte, wie's der Vater verlangt hatte. Als er fertig war, mußte der Dieb die Eier wieder auf den Baum ins Nest tragen und dem Vogel, ohne daß er etwas merkte, wieder unterlegen. Das Tierchen brütete sie vollends aus, und nach ein paar Tagen krochen die Jungen hervor und hatten da, wo sie vom Schneider zusammengenäht waren, ein rotes Streifchen um den Hals.

»Ja«, sprach der Alte zu seinen Söhnen, »ich muß euch über den grünen Klee loben, ihr habt eure Zeit wohl benutzt und was Rechtschaffenes gelernt: ich kann nicht sagen, wem von euch der Vorzug gebührt. Wenn ihr nur bald Gelegenheit habt, eure Kunst anzuwenden, da wird sich's ausweisen.« Nicht lange danach kam großer Lärm ins Land, die Königstochter wäre von einem Drachen entführt worden. Der König war Tag und Nacht darüber in Sorgen und ließ bekanntmachen, wer sie zurückbrächte, sollte sie zur Gemahlin haben. Die vier Brüder sprachen untereinander: »Das wäre eine Gelegenheit, wo wir uns könnten sehen lassen«, wollten zusammen ausziehen und die Königstochter befreien. »Wo sie ist, will ich bald wissen«, sprach der Sterngucker, schaute durch sein Fernrohr und sprach: »Ich sehe sie schon, sie sitzt weit von hier auf einem Felsen im Meer und neben ihr der Drache, der sie bewacht.« Da ging er zu dem König und bat um ein Schiff für sich und seine Brüder und fuhr mit ihnen über das Meer, bis sie zu dem Felsen hinkamen. Die Königstochter saß da, aber der Drache lag in ihrem Schoß und schlief. Der Jäger sprach: »Ich darf nicht schießen, ich würde die schöne Jungfrau zugleich töten.« – »So will ich mein Heil versuchen«, sagte der Dieb, schlich sich heran und stahl sie unter dem Drachen weg, aber so leis und behend, daß das Untier nichts merkte, sondern fortschnarchte. Sie eilten voll Freude mit ihr aufs Schiff und steuerten in die offene See; aber der Drache, der bei seinem Erwachen die Königstochter nicht mehr gefunden hatte, flog hinter ihnen her und schnaubte wütend durch die Luft. Als er gerade über dem Schiff schwebte und sich herablassen wollte, legte der Jäger seine Büchse an und schoß ihm mitten ins Herz. Das Untier fiel tot herab, war aber so groß und gewaltig, daß es im Herabfallen das ganze Schiff zertrümmerte. Sie erhaschten glücklich noch ein paar Bretter und schwammen auf dem weiten Meer umher. Da war wieder große Not, aber der Schneider, nicht faul, nahm seine wunderbare Nadel, nähte die Bretter mit ein paar großen Stichen in der Eile zusammen, setzte sich darauf und sammelte alle Stücke des Schiffs. Dann nähte er auch diese so geschickt zusammen, daß in kurzer Zeit das Schiff wieder segelfertig war und sie glücklich heimfahren konnten.

Als der König seine Tochter wiedererblickte, war große Freude. Er sprach zu den vier Brüdern: »Einer von euch soll sie zur Gemahlin haben, aber welcher das ist, macht unter euch aus.« Da entstand ein heftiger Streit unter ihnen, denn jeder machte Ansprüche. Der Sterngucker sprach: »Hätt ich nicht die Königstochter gesehen, so wären alle eure Künste umsonst gewesen: darum ist sie mein.« Der Dieb sprach: »Was hätte das Sehen geholfen, wenn ich sie nicht unter dem Drachen weggeholt hätte: darum ist sie mein.« Der Jäger sprach: »Ihr wärt doch samt der Königstochter von dem Untier zerrissen worden, hätte es meine Kugel nicht getroffen: darum ist sie mein.« Der Schneider sprach: »Und hätte ich euch mit meiner Kunst nicht das Schiff wieder zusammengeflickt, ihr wärt alle jämmerlich ertrunken: darum ist sie mein.« Da tat der König den Ausspruch: »Jeder von euch hat ein gleiches Recht, und weil ein jeder die Jungfrau nicht haben kann, so soll sie keiner von euch haben, aber ich will jedem zur Belohnung ein halbes Königreich geben.« Den Brüdern gefiel diese Entscheidung, und sie sprachen: »Es ist besser so, als daß wir uneins werden.« Da erhielt jeder ein halbes Königreich, und sie lebten mit ihrem Vater in aller Glückseligkeit, solange es Gott gefiel.

130.

Einäuglein, Zweiäuglein und Dreiäuglein

Es war eine Frau, die hatte drei Töchter, davon hieß die älteste *Einäuglein,* weil sie nur ein einziges Auge mitten auf der Stirn hatte, und die mittelste *Zweiäuglein,* weil sie zwei Augen hatte wie andere Menschen, und die jüngste *Dreiäuglein,* weil sie drei Augen hatte, und das dritte stand bei ihr gleichfalls mitten auf der Stirne. Darum aber, daß Zweiäuglein nicht anders aussah als andere Menschenkinder, konnten es die Schwestern und die Mutter nicht leiden. Sie sprachen zu ihm: »Du mit deinen zwei Augen bist nicht besser als das gemeine Volk, du gehörst nicht zu uns.« Sie stießen es herum und warfen ihm schlechte Kleider hin und gaben ihm nicht mehr zu essen, als was sie übrigließen, und taten ihm Herzeleid an, wo sie nur konnten.

Es trug sich zu, daß Zweiäuglein hinaus ins Feld gehen und die Ziege hüten mußte, aber noch ganz hungrig war, weil ihm seine Schwestern so wenig zu essen gegeben hatten. Da setzte es sich auf einen Rain und fing an zu weinen und so zu weinen, daß zwei Bächlein aus seinen Augen herabflossen. Und wie es in seinem Jammer einmal aufblickte, stand eine Frau neben ihm, die fragte: »Zweiäuglein, was weinst du?« Zweiäuglein antwortete: »Soll ich nicht weinen? Weil ich zwei Augen habe wie andre Menschen, so können mich meine Schwestern und meine Mutter nicht leiden, stoßen mich aus einer Ecke in die andere, werfen mir alte Kleider hin und geben mir nichts zu essen, als was sie übriglassen. Heute haben sie mir so wenig gegeben, daß ich noch ganz hungrig bin.« Sprach die weise Frau: »Zweiäuglein, trockne dir dein Angesicht, ich will dir etwas sagen, daß du nicht mehr hungern sollst. Sprich nur zu deiner Ziege:

›Zicklein, meck,
Tischlein, deck‹,

so wird ein sauber gedecktes Tischlein vor dir stehen und das schönste Essen darauf, daß du essen kannst, soviel du Lust hast. Und wenn du satt bist und das Tischlein nicht mehr brauchst, so sprich nur:

›Zicklein, meck,
Tischlein, weg‹,

so wird's vor deinen Augen wieder verschwinden.« Darauf ging die weise Frau fort. Zweiäuglein aber dachte: »Ich muß gleich einmal versuchen, ob es wahr ist, was sie gesagt hat, denn mich hungert gar zu sehr«, und sprach:

»Zicklein, meck,
Tischlein, deck«,

und kaum hatte sie die Worte ausgesprochen, so stand da ein Tischlein, mit einem weißen Tüchlein gedeckt, darauf ein Teller mit Messer und Gabel und silbernem Löffel, die schönsten Speisen standen rundherum, rauchten und waren noch warm, als wären sie eben aus der Küche gekommen. Da sagte Zweiäuglein das kürzeste Gebet her, das es wußte: »Herr Gott, sei unser Gast zu aller Zeit, Amen«, langte zu und ließ sich's wohl schmecken. Und als es satt war, sprach es, wie die weise Frau gelehrt hatte:

»Zicklein, meck,
Tischlein, weg.«

Alsbald war das Tischchen und alles, was darauf stand, wieder verschwunden. »Das ist ein schöner Haushalt«, dachte Zweiäuglein und war ganz vergnügt und guter Dinge.

Abends, als es mit seiner Ziege heimkam, fand es ein irdenes Schüsselchen mit Essen, das ihm die Schwestern hingestellt hatten, aber es rührte nichts an. Am andern Tag zog es mit seiner Ziege wieder hinaus und ließ die paar Brocken, die ihm gereicht wurden, liegen. Das erstemal und das zweitemal beachteten es die Schwestern gar nicht, wie es aber jedesmal geschah, merkten sie auf und sprachen: »Es ist nicht richtig mit dem Zweiäuglein, das läßt jedesmal das Essen stehen und hat doch sonst alles aufgezehrt, was ihm gereicht wurde; das muß andere Wege gefunden haben.« Damit sie aber hinter die Wahrheit kämen, sollte Einäuglein mitgehen, wenn Zweiäuglein die Ziege auf die Weide trieb, und sollte achten, was es da vorhätte und ob ihm jemand etwas Essen und Trinken brächte.

Als nun Zweiäuglein sich wieder aufmachte, trat Einäuglein zu ihm und sprach: »Ich will mit ins Feld und sehen, daß die Ziege auch recht gehütet und ins Futter getrieben wird.« Aber Zweiäuglein merkte, was Einäuglein im Sinne hatte, und trieb die Ziege hinaus in hohes Gras und sprach: »Komm, Einäuglein, wir wollen uns hinsetzen, ich will dir was vorsingen.« Einäuglein setzte sich hin und war von dem ungewohnten Weg und von der Sonnenhitze müde, und Zweiäuglein sang immer:

»Einäuglein, wachst du?
Einäuglein, schläfst du?«

Da tat Einäuglein das eine Auge zu und schlief ein. Und als Zweiäuglein sah, daß Einäuglein fest schlief und nichts verraten konnte, sprach es:

»Zicklein, meck,
Tischlein, deck«,

und setzte sich an sein Tischlein und aß und trank, bis es satt war, dann rief es wieder:

»Zicklein, meck,
Tischlein, weg«,

und alles war augenblicklich verschwunden. Zweiäuglein weckte nun Einäuglein und sprach: »Einäuglein, du willst hüten und schläfst dabei ein, derweil hätte die Ziege in alle Welt laufen können; komm, wir wollen nach Haus gehen.« Da gingen sie nach Haus, und Zweiäuglein ließ wieder sein Schüsselchen unangerührt stehen, und Einäuglein konnte der Mutter nicht verraten, warum es nicht essen wollte, und sagte zu seiner Entschuldigung: »Ich war draußen eingeschlafen.«

Am andern Tag sprach die Mutter zu Dreiäuglein: »Diesmal sollst du mitgehen und achthaben, ob Zweiäuglein draußen ißt und ob ihm jemand Essen und Trinken bringt, denn essen und trinken muß es heimlich.« Da trat Dreiäuglein zum Zweiäuglein und sprach: »Ich will mitgehen und sehen, ob auch die Ziege recht gehütet und ins Futter getrieben wird.« Aber Zweiäuglein merkte, was Dreiäuglein im Sinne hatte, und trieb die Ziege hinaus ins hohe Gras und sprach: »Wir wollen uns dahin setzen, Dreiäuglein, ich will dir was vorsingen.« Dreiäuglein setzte sich und war müde von dem Weg und der Sonnenhitze, und Zweiäuglein hub wieder das vorige Liedlein an und sang:

»Dreiäuglein, wachst du?«

Aber statt daß es nun singen mußte:

»Dreiäuglein, schläfst du?«,

sang es aus Unbedachtsamkeit:

»*Zweiäuglein,* schläfst du?«,

und sang immer:

»Dreiäuglein, wachst du?
Zweiäuglein, schläfst du?«

Da fielen dem Dreiäuglein seine zwei Augen zu und schliefen, aber das dritte, weil es von dem Sprüchlein nicht angeredet war, schlief nicht ein. Zwar tat es Dreiäuglein zu, aber nur aus List, gleich als schlief es auch damit; doch blinzelte es und konnte alles gar wohl sehen. Und als Zweiäuglein meinte, Dreiäuglein schliefe fest, sagte es sein Sprüchlein:

»Zicklein, meck,
Tischlein, deck«,

aß und trank nach Herzenslust und hieß dann das Tischlein wieder fortgehen,

»Zicklein, meck,
Tischlein, weg«,

und Dreiäuglein hatte alles mit angesehen. Da kam Zweiäuglein zu ihm, weckte es und sprach: »Ei, Dreiäuglein, bist du eingeschlafen? Du kannst gut hüten! Komm, wir wollen heimgehen.« Und als sie nach Haus kamen, aß Zweiäuglein wieder nicht, und Dreiäuglein sprach zur Mutter: »Ich weiß nun, warum das hochmütige Ding nicht ißt; wenn sie draußen zur Ziege spricht:

›Zicklein, meck,
Tischlein, deck‹,

so steht ein Tischlein vor ihr, das ist mit dem besten Essen besetzt, viel besser, als wir's hier haben; und wenn sie satt ist, so spricht sie:

›Zicklein, meck,
Tischlein, weg‹,

und alles ist wieder verschwunden; ich habe alles genau mit angesehen. Zwei Augen hatte sie mir mit einem Sprüchlein eingeschläfert, aber das eine auf der Stirne, das war zum Glück wachgeblieben.« Da rief die neidische Mutter: »Willst du's besser haben als wir? Die Lust soll dir vergehen!« Sie holte ein Schlachtmesser und stieß es der Ziege ins Herz, daß sie tot hinfiel.

Als Zweiäuglein das sah, ging es voll Trauer hinaus, setzte sich auf den Feldrain und weinte seine bitteren Tränen. Da stand auf einmal die weise Frau wieder neben ihm und sprach: »Zweiäuglein, was weinst du?« – »Soll ich nicht weinen!« antwortete es. »Die Ziege, die mir jeden Tag, wenn ich Euer Sprüchlein hersagte, den Tisch so schön deckte, ist von meiner Mutter totgestochen; nun muß ich wieder Hunger und Kummer leiden.« Die weise Frau sprach: »Zweiäuglein, ich will dir einen guten Rat erteilen, bitt deine Schwestern, daß sie dir das Eingeweide von der geschlachteten Ziege geben, und vergrab es vor der Haustür in die Erde, so wird's dein Glück sein.« Da verschwand sie, und Zweiäuglein ging heim und sprach zu den Schwestern: »Liebe Schwestern, gebt mir doch etwas von meiner Ziege, ich verlange nichts Gutes, gebt mir nur das Eingeweide.« Da lachten sie und sprachen: »Kannst du haben, wenn du weiter nichts willst.« Und Zweiäuglein nahm das Eingeweide und vergrub's abends in aller Stille nach dem Rate der weisen Frau vor die Haustüre.

Am andern Morgen, als sie insgesamt erwachten und vor die Haustüre traten, so stand da ein wunderbarer prächtiger Baum, der hatte Blätter von Silber, und Früchte von Gold hingen dazwischen, daß wohl nichts Schöneres und Köstlicheres auf der weiten Welt war. Sie wußten aber nicht, wie der Baum in der Nacht dahingekommen war, nur Zweiäuglein merkte, daß er aus den Eingeweiden der Ziege aufgewachsen war, denn er stand gerade da, wo es sie in die Erde begraben hatte. Da sprach die Mutter zu Einäuglein: »Steig hinauf, mein Kind, und brich uns die Früchte von dem Baume ab.« Einäuglein stieg hinauf, aber wie es einen von den goldenen Äpfeln greifen wollte, so fuhr ihm der Zweig aus den Händen; und das geschah jedesmal, so daß es keinen einzigen Apfel brechen konnte, es mochte sich anstellen, wie es wollte. Da sprach die Mutter: »Dreiäuglein, steig du hinauf, du kannst mit deinen drei Augen besser um dich schauen als Einäuglein.« Einäuglein rutschte herunter, und Dreiäuglein stieg hinauf. Aber Dreiäuglein war nicht geschickter und mochte schauen, wie es wollte, die goldenen Äpfel wichen immer zurück. Endlich ward die Mutter ungeduldig und stieg selbst hinauf, konnte aber sowenig wie Einäuglein und Dreiäuglein die Frucht fassen und griff immer in die leere Luft. Da sprach Zweiäuglein: »Ich will mich einmal hinaufmachen, vielleicht gelingt mir's eher.« Die Schwestern riefen zwar: »Du, mit deinen zwei Augen, was willst du wohl!« Aber Zweiäuglein stieg hinauf, und die goldenen Äpfel zogen sich nicht vor ihm zurück, sondern ließen sich von selbst in seine Hand herab, also daß es einen nach dem andern abpflücken konnte und ein ganzes Schürzchen voll mit herunterbrachte. Die Mutter nahm sie ihm ab, und statt daß sie, Einäuglein und Dreiäuglein dafür das arme Zweiäuglein hätten besser behandeln sollen, so wurden sie nur neidisch, daß es allein die Früchte holen konnte, und gingen noch härter mit ihm um.

Es trug sich zu, als sie einmal beisammen an dem Baum standen, daß ein junger Ritter daherkam. »Geschwind, Zweiäuglein«, riefen die zwei Schwestern, »kriech unter, daß wir uns deiner nicht schämen müssen«, und stürzten über das arme Zweiäuglein in aller Eil ein leeres Faß, das gerade neben dem Baume stand, und schoben die goldenen Äpfel, die es abgebrochen hatte, auch darunter. Als nun der Ritter näher kam, war es ein schöner Herr, der hielt still, bewunderte den prächtigen Baum von Gold und Silber und sprach zu den beiden Schwestern: »Wem gehört dieser schöne Baum? Wer mir einen Zweig davon gäbe, könnte dafür verlangen, was er wollte.« Da antworteten Einäuglein und Dreiäuglein, der Baum gehörte ihnen zu, und sie wollten ihm einen Zweig wohl abbrechen. Sie gaben sich auch beide große Mühe, aber sie waren es nicht imstande, denn die Zweige und Früchte wichen jedesmal vor ihnen zurück. Da sprach der Ritter: »Das ist ja wunderlich, daß der Baum euch zugehört und ihr doch nicht Macht habt, etwas davon abzubrechen.« Sie blieben dabei, der Baum wäre ihr Eigentum. Indem sie aber so sprachen, rollte Zweiäuglein aus dem Fasse ein paar goldene Äpfel heraus, so daß sie zu den Füßen des Ritters liefen, denn Zweiäuglein war bös, daß Einäuglein und Dreiäuglein nicht die Wahrheit sagten. Wie der Ritter die Äpfel sah, erstaunte er und fragte, wo sie herkämen. Einäuglein und Dreiäuglein antworteten, sie hätten noch eine Schwester, die dürfte sich aber nicht sehen lassen, weil sie nur zwei Augen hätte, wie andere gemeine Menschen. Der Ritter aber verlangte, sie zu sehen, und rief: »Zweiäuglein, komm hervor.« Da kam Zweiäuglein ganz getrost unter dem Faß hervor, und der Ritter war verwundert über seine große Schönheit und sprach: »Du, Zweiäuglein, kannst mir gewiß einen Zweig von dem Baum abbrechen.« – »Ja«, antwortete Zweiäuglein, »das will ich wohl können, denn der Baum gehört mir.« Und stieg hinauf und brach mit leichter Mühe einen Zweig mit seinen silbernen Blättern und goldenen Früchten ab und reichte ihn dem Ritter hin. Da sprach der Ritter: »Zweiäuglein, was soll ich dir dafür geben?« – »Ach«, antwortete Zweiäuglein, »ich leide Hunger und Durst, Kummer und Not vom frühen Morgen bis zum späten Abend: wenn Ihr mich mitnehmen und erlösen wollt, so wäre ich glücklich.« Da hob der Ritter das Zweiäuglein auf sein Pferd und brachte es heim auf sein väterliches Schloß; dort gab er ihm schöne Kleider, Essen und Trinken nach Herzenslust, und weil er es so liebhatte, ließ er sich mit ihm einsegnen und ward die Hochzeit in großer Freude gehalten.

Wie nun Zweiäuglein so von dem schönen Rittersmann fortgeführt ward, da beneideten die zwei Schwestern ihm erst recht sein Glück. »Der wunderbare Baum bleibt uns doch«, dachten sie, »können wir auch keine Früchte davon brechen, so wird doch jedermann davor stehenbleiben, zu uns kommen und ihn rühmen; wer weiß, wo unser Weizen noch blüht!« Aber am andern Morgen war der Baum verschwunden und ihre Hoffnung dahin. Und wie Zweiäuglein zu seinem Kämmerlein hinaussah, so stand er zu seiner großen Freude davor und war ihm also nachgefolgt.

Zweiäuglein lebte lange Zeit vergnügt. Einmal kamen zwei arme Frauen zu ihm auf das Schloß und baten um ein Almosen. Da sah ihnen Zweiäuglein ins Gesicht und erkannte ihre Schwestern Einäuglein und Dreiäuglein, die so in Armut geraten waren, daß sie umherziehen und vor den Türen ihr Brot suchen mußten. Zweiäuglein aber hieß sie willkommen und tat ihnen Gutes und pflegte sie, also daß die beiden von Herzen bereuten, was sie ihrer Schwester in der Jugend Böses angetan hatten.

131.

Die schöne Katrinelje und Pif Paf Poltrie

»Guten Tag, Vater *Hollenthe.*« – »Großer Dank, Pif Paf Poltrie.« – »Könnt ich wohl Eure Tochter kriegen?« – »O ja, wenn's die Mutter Malcho (Melk-Kuh), der Bruder Hohenstolz, die Schwester Käsetraut und die schöne Katrinelje will, so kann's geschehen.«

»Wo ist dann die Mutter Malcho?«

»Sie ist im Stall und melkt die Kuh.«

»Guten Tag, Mutter *Malcho.*« – »Großen Dank, Pif Paf Poltrie.« – »Könnt ich wohl Eure Tochter kriegen?« – »O ja, wenn's der Vater Hollenthe, der Bruder Hohenstolz, die Schwester Käsetraut und die schöne Katrinelje will, so kann's geschehen.«

»Wo ist dann der Bruder Hohenstolz?«

»Er ist in der Kammer und hackt das Holz.«

»Guten Tag, Bruder *Hohenstolz.*« – »Großen Dank, Pif Paf Poltrie.« – »Könnt ich wohl Eure Schwester kriegen?« »O ja, wenn's der Vater Hollenthe, die Mutter Malcho, die Schwester Käsetraut und die schöne Katrinelje will, so kann's geschehen.«

»Wo ist dann die Schwester Käsetraut?«

»Sie ist im Garten und schneidet das Kraut.«

»Guten Tag, Schwester *Käsetraut.*« – »Großen Dank, Pif Paf Poltrie.« – »Könnt ich wohl Eure Schwester kriegen?« – »O ja, wenn's der Vater Hollenthe, die Mutter Malcho, der Bruder Hohenstolz und die schöne Katrinelje will, so kann's geschehen.«

»Wo ist dann die schöne Katrinelje?«

»Sie ist in der Kammer und zählt ihre Pfennige.«

»Guten Tag, schöne *Katrinelje.*« – »Großen Dank, Pif Paf Poltrie.« – »Willst du wohl mein Schatz sein?« – »O ja, wenn's der Vater Hollenthe, die Mutter Malcho, der Bruder Hohenstolz, die Schwester Käsetraut will, so kann's geschehen.«

»Schön Katrinelje, wieviel hast du an Brautschatz?« – »Vierzehn Pfennige bares Geld, drittehalb Groschen Schuld, ein halb Pfund Hutzeln, eine Handvoll Prutzeln, eine Handvoll Wurzeln,

un so der watt:
is dat nig en guden Brutschatt?«

»*Pif Paf Poltrie*, was kannst du für ein Handwerk? Bist du ein Schneider?« – »Noch viel besser.« – »Ein Schuster?« – »Noch viel besser.« – »Ein Ackersmann?« – »Noch viel besser.« – »Ein Schreiner?« – »Noch viel besser.« – »Ein Schmied?« – »Noch viel besser.« – »Ein Müller?« – »Noch viel besser.« – »Vielleicht ein Besenbinder?« –»Ja, das bin ich: ist das nicht ein schönes Handwerk?«

132.

Der Fuchs und das Pferd

Es hatte ein Bauer ein treues Pferd, das war alt geworden und konnte keine Dienste mehr tun, da wollte ihm sein Herr nichts mehr zu fressen geben und sprach: »Brauchen kann ich dich freilich nicht mehr, indes mein ich es gut mit dir, zeigst du dich noch so stark, daß du mir einen Löwen hierherbringst, so will ich dich behalten, jetzt aber mach dich fort aus meinem Stall«, und jagte es damit ins weite Feld. Das Pferd war traurig und ging nach dem Wald zu, dort ein wenig Schutz vor dem Wetter zu suchen. Da begegnete ihm der Fuchs und sprach: »Was hängst du so den Kopf und gehst so einsam herum?« – »Ach«, antwortete das Pferd, »Geiz und Treue wohnen nicht beisammen in einem Haus: mein Herr hat vergessen, was ich ihm für Dienste in so vielen Jahren geleistet habe, und weil ich nicht recht mehr ackern kann, will er mir kein Futter mehr geben und hat mich fortgejagt.« – »Ohne allen Trost?« fragte der Fuchs. »Der Trost war schlecht, er hat gesagt, wenn ich noch so stark wäre, daß ich ihm einen Löwen brächte, wollt er mich behalten, aber er weiß wohl, daß ich das nicht vermag.« Der Fuchs sprach: »Da will ich dir helfen, leg dich nur hin, strecke dich aus und rege dich nicht, als wärst du tot.« Das Pferd tat, was der Fuchs verlangte, der Fuchs aber ging zum Löwen, der seine Höhle nicht weit davon hatte, und sprach: »Da draußen liegt ein totes Pferd, komm doch mit hinaus, da kannst du eine fette Mahlzeit halten.« Der Löwe ging mit, und wie sie bei dem Pferd standen, sprach der Fuchs: »Hier hast du's doch nicht nach deiner Gemächlichkeit, weißt du was? Ich will's mit dem Schweif an dich binden, so kannst du's in deine Höhle ziehen und in aller Ruhe verzehren.« Dem Löwen gefiel der Rat, er stellte sich hin, und damit ihm der Fuchs das Pferd festknüpfen könnte, hielt er ganz still. Der Fuchs aber band mit des Pferdes Schweif dem Löwen die Beine zusammen und drehte und schnürte alles so wohl und stark, daß es mit keiner Kraft zu zerreißen war. Als er nun sein Werk vollendet hatte, klopfte er dem Pferd auf die Schulter und sprach: »Zieh, Schimmel, zieh.« Da sprang das Pferd mit einmal auf und zog den Löwen mit sich fort. Der Löwe fing an zu brüllen, daß die Vögel in dem ganzen Wald vor Schrecken aufflogen, aber das Pferd ließ ihn brüllen, zog und schleppte ihn über das Feld vor seines Herrn Tür. Wie der Herr das sah, besann er sich eines Bessern und sprach zu dem Pferd: »Du sollst bei mir bleiben und es gut haben«, und gab ihm satt zu fressen, bis es starb.

133.

Die zertanzten Schuhe

Es war einmal ein König, der hatte zwölf Töchter, eine immer schöner als die andere. Sie schliefen zusammen in einem Saal, wo ihre Betten nebeneinanderstanden, und abends, wenn sie darin lagen, schloß der König die Tür zu und verriegelte sie. Wenn er aber am Morgen die Türe aufschloß, so sah er, daß ihre Schuhe zertanzt waren, und niemand konnte herausbringen, wie das zugegangen war. Da ließ der König ausrufen, wer's könnte ausfindig machen, wo sie in der Nacht tanzten, der sollte sich eine davon zur Frau wählen und nach seinem Tod König sein; wer sich aber meldete und es nach drei Tagen und Nächten nicht herausbrächte, der hätte sein Leben verwirkt. Nicht lange, so meldete sich ein Königssohn und erbot sich, das Wagnis zu unternehmen. Er ward wohl aufgenommen und abends in ein Zimmer geführt, das an den Schlafsaal stieß. Sein Bett war da aufgeschlagen, und er sollte achthaben, wo sie hingingen und tanzten; und damit sie nichts heimlich treiben konnten oder zu einem andern Ort hinausgingen, war auch die Saaltüre offen gelassen. Dem Königssohn fiel's aber wie Blei auf die Augen, und er schlief ein, und als er am Morgen aufwachte, waren alle zwölfe zum Tanz gewesen, denn ihre Schuhe standen da und hatten Löcher in den Sohlen. Den zweiten und dritten Abend ging's nicht anders, und da ward ihm sein Haupt ohne Barmherzigkeit abgeschlagen. Es kamen hernach noch viele und meldeten sich zu dem Wagestück, sie mußten aber alle ihr Leben lassen. Nun trug sich's zu, daß ein armer Soldat, der eine Wunde hatte und nicht mehr dienen konnte, sich auf dem Weg nach der Stadt befand, wo der König wohnte. Da begegnete ihm eine alte Frau, die fragte ihn, wo er hin wollte. »Ich weiß selber nicht recht«, sprach er, und setzte im Scherz hinzu: »Ich hätte wohl Lust, ausfindig zu machen, wo die Königstöchter ihre Schuhe vertanzen, und darnach König zu werden.« – »Das ist so schwer nicht«, sagte die Alte, »du mußt den Wein nicht trinken, der dir abends gebracht wird, und mußt tun, als wärst du fest eingeschlafen.« Darauf gab sie ihm ein Mäntelchen und sprach: »Wenn du das umhängst, so bist du unsichtbar und kannst den zwölfen dann nachschleichen.« Wie der Soldat den guten Rat bekommen hatte, ward's Ernst bei ihm, so daß er ein

Herz faßte, vor den König ging und sich als Freier meldete. Er ward so gut aufgenommen wie die andern auch, und wurden ihm königliche Kleider angetan. Abends zur Schlafenszeit ward er in das Vorzimmer geführt, und als er zu Bette gehen wollte, kam die älteste und brachte ihm einen Becher Wein; aber er hatte sich einen Schwamm unter das Kinn gebunden, ließ den Wein da hineinlaufen und trank keinen Tropfen. Dann legte er sich nieder, und als er ein Weilchen gelegen hatte, fing er an zu schnarchen wie im tiefsten Schlaf. Das hörten die zwölf Königstöchter, lachten, und die älteste sprach: »Der hätte auch sein Leben sparen können.« Danach standen sie auf, öffneten Schränke, Kisten und Kasten und holten prächtige Kleider heraus; putzten sich vor den Spiegeln, sprangen herum und freuten sich auf den Tanz. Nur die jüngste sagte: »Ich weiß nicht, ihr freut euch, aber mir ist so wunderlich zumut: gewiß widerfährt uns ein Unglück.« – »Du bist eine Schneegans«, sagte die älteste, »die sich immer fürchtet. Hast du vergessen, wieviel Königssöhne schon umsonst dagewesen sind? Dem Soldaten hätt ich nicht einmal brauchen einen Schlaftrunk zu geben, der Lümmel wäre doch nicht aufgewacht.« Wie sie alle fertig waren, sahen sie erst nach dem Soldaten, aber der hatte die Augen zugetan, rührte und regte sich nicht, und sie glaubten nun ganz sicher zu sein. Da ging die älteste an ihr Bett und klopfte daran; alsbald sank es in die Erde, und sie stiegen durch die Öffnung hinab, eine nach der andern, die älteste voran. Der Soldat, der alles mit angesehen hatte, zauderte nicht lange, hing sein Mäntelchen um und stieg hinter der jüngsten mit hinab. Mitten auf der Treppe trat er ihr ein wenig aufs Kleid, da erschrak sie und rief: »Was ist das? Wer hält mich am Kleid?« – »Sei nicht so einfältig«, sagte die älteste, »du bist an einem Haken hängengeblieben.« Da gingen sie vollends hinab, und wie sie unten waren, standen sie in einem wunderprächtigen Baumgang, da waren alle Blätter von Silber und schimmerten und glänzten. Der Soldat dachte: »Du willst dir ein Wahrzeichen mitnehmen«, und brach einen Zweig davon ab: da fuhr ein gewaltiger Krach aus dem Baume. Die jüngste rief wieder: »Es ist nicht richtig, habt ihr den Knall gehört?« Die älteste aber sprach: »Das sind Freudenschüsse, weil wir unsere Prinzen bald erlöst haben.« Sie kamen darauf in einen Baumgang, wo alle Blätter von Gold, und endlich in einen dritten, wo sie klarer Demant waren; von beiden brach er einen Zweig ab, wobei es jedesmal krachte, daß die jüngste vor Schrecken zusammenfuhr: aber die älteste blieb dabei, es wären Freudenschüsse. Sie gingen weiter und kamen zu einem großen Wasser, darauf standen zwölf Schifflein, und in jedem Schifflein saß ein schöner Prinz, die hatten auf die zwölfe gewartet, und jeder nahm eine zu sich, der Soldat aber setzte sich mit der jüngsten ein. Da sprach der Prinz: »Ich weiß nicht, das Schiff ist heute viel schwerer, und ich muß aus allen Kräften rudern, wenn ich es fortbringen soll.« – »Wovon sollte das kommen«, sprach die jüngste, »als vom warmen Wetter, es ist mir auch so heiß zumut.« Jenseits des Wassers aber stand ein schönes, hellerleuchtetes Schloß, woraus eine lustige Musik erschallte von Pauken und Trompeten. Sie ruderten hinüber, traten ein, und jeder Prinz tanzte mit seiner Liebsten; der Soldat tanzte aber unsichtbar mit, und wenn eine einen Becher mit Wein hielt, so trank er ihn aus, daß er leer war, wenn sie ihn an den Mund brachte; und der jüngsten ward auch angst darüber, aber die älteste brachte sie immer zum Schweigen. Sie tanzten da bis drei Uhr am andern Morgen, wo alle Schuhe durchgetanzt waren und sie aufhören mußten. Die Prinzen fuhren sie über das Wasser wieder zurück, und der Soldat setzte sich diesmal vornehin zur ältesten. Am Ufer nahmen sie von ihren Prinzen Abschied und versprachen, in der folgenden Nacht wiederzukommen. Als sie an der Treppe waren, lief der Soldat voraus und legte sich in sein Bett, und als die zwölf langsam und müde heraufgetrippelt kamen, schnarchte er schon wieder so laut, daß sie's alle hören konnten, und sie sprachen: »Vor dem sind wir sicher.« Da taten sie ihre schönen Kleider aus, brachten sie weg, stellten die zertanzten Schuhe unter das Bett und legten sich nieder. Am andern Morgen wollte der Soldat nichts sagen, sondern das wunderliche Wesen noch mit ansehen, und ging die zweite und die dritte Nacht wieder mit. Da war alles wie das erstemal, und sie tanzten jedesmal, bis die Schuhe entzwei waren. Das drittemal aber nahm er zum Wahrzeichen einen Becher mit. Als die Stunde gekommen war, wo er antworten sollte, steckte er die drei Zweige und den Becher zu sich und ging vor den König, die zwölfe aber standen hinter der Türe und horchten, was er sagen würde. Als der König die Frage tat: »Wo haben meine zwölf Töchter ihre Schuhe in der Nacht vertanzt?«, so antwortete er: »Mit zwölf Prinzen in einem unterirdischen Schloß«, berichtete, wie es zugegangen war, und holte die Wahrzeichen hervor. Da ließ der König seine Töchter kommen und fragte sie, ob der Soldat die Wahrheit gesagt hätte, und da sie sahen, daß sie verraten waren und Leugnen nichts half, so mußten sie alles eingestehen.

Darauf fragte ihn der König, welche er zur Frau haben wollte. Er antwortete: »Ich bin nicht mehr jung, so gebt mir die älteste.« Da ward noch an selbigem Tage die Hochzeit gehalten und ihm das Reich nach des Königs Tode versprochen. Aber die Prinzen wurden auf so viele Tage wieder verwünscht, als sie Nächte mit den zwölfen getanzt hatten.

134.

Die sechs Diener

Vorzeiten lebte eine alte Königin, die war eine Zauberin, und ihre Tochter war das schönste Mädchen unter der Sonne. Die Alte dachte aber auf nichts, als wie sie die Menschen ins Verderben locken könnte, und wenn ein Freier kam, so sprach sie, wer ihre Tochter haben wollte, müßte zuvor einen Bund (eine Aufgabe) lösen, oder er müßte sterben. Viele waren von der Schönheit der Jungfrau verblendet und wagten es wohl, aber sie konnten nicht vollbringen, was die Alte ihnen auflegte, und dann war keine Gnade, sie mußten niederknien, und das Haupt ward ihnen abgeschlagen. Ein Königssohn, der hatte auch von der großen Schönheit der Jungfrau gehört und sprach zu seinem Vater: »Laßt mich hinziehen, ich will um sie werben.« – »Nimmermehr«, antwortete der König, »gehst du fort, so gehst du in deinen Tod.« Da legte der Sohn sich nieder und ward sterbenskrank, und lag sieben Jahre lang, und kein Arzt konnte ihm helfen. Als der Vater sah, daß keine Hoffnung mehr war, sprach er voll Herzenstraurigkeit zu ihm: »Zieh hin und versuche dein Glück, ich weiß dir sonst nicht zu helfen.« Wie der Sohn das hörte, stand er auf von seinem Lager, ward gesund und machte sich fröhlich auf den Weg.

Es trug sich zu, als er über eine Heide zu reiten kam, daß er von weitem auf der Erde etwas liegen sah wie einen große Heuhaufen, und wie er sich näherte, konnte er unterscheiden, daß es der Bauch eines Menschen war, der sich dahingestreckt hatte; der Bauch aber sah aus wie ein kleiner Berg. Der Dicke, wie er den Reisenden erblickte, richtete sich in die Höhe und sprach: »Wenn Ihr jemand braucht, so nehmt mich in Eure Dienste.« Der Königssohn antwortete: »Was soll ich mit einem so ungefügen Mann anfangen?« – »Oh«, sprach der Dicke, »das will nichts sagen, wenn ich mich recht auseinandertue, bin ich noch dreitausendmal so dick.« – »Wenn das ist«, sagte der Königssohn, »so kann ich dich brauchen, komm mit mir.« Da ging der Dicke hinter dem Königssohn her, und über eine Weile fanden sie einen andern, der lag da auf der Erde und hatte das Ohr auf den Rasen gelegt. Fragte der Königssohn: »Was machst du da?« – »Ich horche«, antwortete der Mann. »Wonach horchst du so aufmerksam?« – »Ich horche nach dem, was eben in der Welt sich zuträgt, denn meinen Ohren entgeht nichts, das Gras sogar hör ich wachsen.« Fragte der Königssohn: »Sage mir, was hörst du am Hofe der alten Königin, welche die schöne Tochter hat?« Da antwortete er: »Ich höre das Schwert sausen, das einem Freier den Kopf abschlägt.« Der Königssohn sprach: »Ich kann dich brauchen, komm mit mir.« Da zogen sie weiter und sahen einmal ein paar Füße daliegen und auch etwas von den Beinen, aber das Ende konnten sie nicht sehen. Als sie eine gute Strecke fortgegangen waren, kamen sie zu dem Leib und endlich auch zu dem Kopf. »Ei«, sprach der Königssohn, »was bist du für ein langer Strick!« – »Oh«, antwortete der Lange, »das ist noch gar nichts, wenn ich meine Gliedmaßen erst recht ausstrecke, bin ich noch dreitausendmal so lang und bin größer als der höchste Berg auf Erden. Ich will Euch gerne dienen, wenn Ihr mich annehmen wollt.« – »Komm mit«, sprach der Königssohn, »ich kann dich brauchen.« Sie zogen weiter und fanden einen am Weg sitzen, der hatte die Augen zugebunden. Sprach der Königssohn zu ihm: »Hast du blöde Augen, daß du nicht in das Licht sehen kannst?« – »Nein«, antwortete der Mann, »ich darf die Binde nicht abnehmen, denn was ich mit meinen Augen ansehe, das springt auseinander, so gewaltig ist mein Blick. Kann Euch das nützen, so will ich Euch gern dienen.« – »Komm mit«, antwortete der Königssohn, »ich kann dich brauchen.« Sie zogen weiter und fanden einen Mann, der lag mitten im heißen Sonnenschein und zitterte und fror am ganzen Leibe, so daß ihm kein Glied stillstand. »Wie kannst du frieren«, sprach der Königssohn, »und die Sonne scheint so warm?« – »Ach«, antwortete der Mann, »meine Natur ist ganz anderer Art, je heißer es ist, desto mehr frier ich, und der Frost dringt mir durch alle Knochen; und je kälter es ist, desto heißer wird mir: mitten im Eis kann ich's vor Hitze und mitten im Feuer vor Kälte nicht aushalten.« – »Du bist ein wunderlicher Kerl«, sprach der Königssohn, »aber wenn du mir dienen willst, so komm mit.« Nun zogen sie weiter und sahen einen Mann stehen, der machte einen langen Hals, schaute sich um und schaute über alle Berge hinaus. Sprach der Königssohn: »Wonach siehst du so eifrig?« Der Mann antwortete: »Ich habe so helle Augen, daß ich über alle Wälder und Felder, Täler und Berge hinaus und durch die ganze Welt sehen kann.« Der Königssohn sprach: »Willst du, so komm mit mir, denn so einer fehlte mir noch.«

Nun zog der Königssohn mit seinen sechs Dienern in die Stadt ein, wo die alte Königin lebte. Er sagte nicht, wer er wäre, aber er sprach: »Wollt Ihr mir Eure schöne Tochter geben, so will ich vollbringen, was Ihr mir auferlegt.« Die Zauberin freute sich, daß ein so schöner Jüngling wieder in ihre Netze fiel, und sprach: »Dreimal will ich dir einen Bund aufgeben, lösest du ihn jedesmal, so sollst du der Herr und Gemahl meiner Tochter werden.« – »Was soll das erste sein?« fragte er. »Daß du mir einen Ring herbeibringst, den ich ins Rote Meer habe fallen lassen.« Da ging der Königssohn heim zu seinen Dienern und sprach: »Der erste Bund ist nicht leicht, ein Ring soll aus dem Roten Meer geholt werden, nun schafft Rat.« Da sprach der mit den hellen Augen: »Ich will sehen, wo er liegt«, schaute in das Meer hinab und sagte: »Dort hängt er an einem spitzen Stein.« Der Lange trug sie hin und sprach: »Ich wollte ihn wohl herausholen, wenn ich ihn nur sehen könnte.« – »Wenn's weiter nichts ist«, rief der Dicke, legte sich nieder und hielt seinen Mund ans Wasser; da fielen die Wellen hinein wie in einen Abgrund, und er trank das ganze Meer aus, daß es trocken ward wie eine Wiese. Der Lange bückte sich ein wenig und holte den Ring mit der Hand heraus. Da war der Königssohn froh, als er den Ring hatte, und brachte ihn der Alten. Sie erstaunte und sprach: »Ja, es ist der rechte Ring; den ersten Bund hast du glücklich gelöst, aber nun kommt der zweite. Siehst du dort auf der Wiese vor meinem Schlosse, da weiden dreihundert fette Ochsen, die mußt du mit Haut und Haar, Knochen und Hörnern verzehren; und unten im Keller liegen dreihundert Fässer Wein, die mußt du dazu austrinken; und bleibt von den Ochsen ein Haar und von dem Wein ein Tröpfchen übrig, so ist mir dein Leben verfallen.« Sprach der Königssohn: »Darf ich mir keine Gäste dazu laden? Ohne Gesellschaft schmeckt keine Mahlzeit.« Die Alte lachte boshaft und antwortete: »Einen darfst du dir dazu laden, damit du Gesellschaft hast, aber weiter keinen.«

Da ging der Königssohn zu seinen Dienern und sprach zu dem Dicken: »Du sollst heute mein Gast sein und dich einmal satt essen.« Da tat sich der Dicke voneinander und aß die dreihundert Ochsen, daß kein Haar übrigblieb, und fragte, ob weiter nichts als das Frühstück da wäre; den Wein aber trank er gleich aus den Fässern, ohne daß er ein Glas nötig hatte, und trank den letzten Tropfen vom Nagel herunter. Als die Mahlzeit zu Ende war, ging der Königssohn zur Alten und sagte ihr, der zweite Bund wäre gelöst. Sie verwunderte sich und sprach: »So weit hat's noch keiner gebracht, aber es ist noch ein Bund übrig«, und dachte: »Du sollst mir nicht entgehen und wirst deinen Kopf nicht oben behalten.« – »Heut abend«, sprach sie, »bring ich meine Tochter zu dir in deine Kammer, und du sollst sie mit deinem Arm umschlingen; und wenn ihr da beisammensitzt, so hüte dich, daß du nicht einschläfst: ich komme Schlag zwölf Uhr, und ist sie dann nicht mehr in deinen Armen, so hast du verloren.« Der Königssohn dachte: »Der Bund ist leicht, ich will wohl meine Augen offenbehalten«, doch rief er seine Diener, erzählte ihnen, was die Alte gesagt hatte, und sprach: »Wer weiß, was für eine List dahintersteckt, Vorsicht ist gut, haltet Wache und sorgt, daß die Jungfrau nicht wieder aus meiner Kammer kommt.« Als die Nacht einbrach, kam die Alte mit ihrer Tochter und führte sie in die Arme des Königssohns, und dann schlang sich der Lange um sie beide in einen Kreis, und der Dicke stellte sich vor die Türe, also daß keine lebendige Seele herein konnte. Da saßen sie beide, und die Jungfrau sprach kein Wort, aber der Mond schien durchs Fenster auf ihr Angesicht, daß er ihre wunderbare Schönheit sehen konnte. Er tat nichts als sie anschauen, war voll Freude und Liebe, und es kam keine Müdigkeit in seine Augen. Das dauerte bis elf Uhr, da warf die Alte einen Zauber über alle, daß sie einschliefen, und in dem Augenblick war auch die Jungfrau entrückt.

Nun schliefen sie hart bis ein viertel vor zwölf, da war der Zauber kraftlos, und sie erwachten alle wieder. »O Jammer und Unglück«, rief der Königssohn, »nun bin ich verloren!« Die treuen Diener fingen auch an zu klagen, aber der Horcher sprach: »Seid still, ich will horchen«, da horchte er einen Augenblick, und dann sprach er: »Sie sitzt in einem Felsen dreihundert Stunden von hier und bejammert ihr Schicksal. Du allein kannst helfen, Langer, wenn du dich aufrichtest, so bist du mit ein paar Schritten dort.« – »Ja«, antwortete der Lange, »aber der mit den scharfen Augen muß mitgehen, damit wir den Felsen wegschaffen.« Da huckte der Lange den mit verbundenen Augen auf, und im Augenblick, wie man eine Hand umwendet, waren sie vor dem verwünschten Felsen. Alsbald nahm der Lange dem andern die Binde von den Augen, der sich nur umschaute, so zersprang der Felsen in tausend Stücke. Da nahm der Lange die Jungfrau auf den Arm, trug sie in einem Nu zurück, holte ebenso schnell auch noch seinen Kameraden, und eh es zwölfe schlug, saßen sie alle wieder wie vorher und waren munter und guter Dinge. Als es zwölf schlug, kam die alte Zauberin herbeigeschlichen, machte ein höhnisches Gesicht, als wollte sie sagen: »Nun ist er mein«, und glaubte, ihre Tochter säße dreihundert Stunden weit im Felsen. Als sie aber ihre Tochter in den Armen des Königssohns erblickte, erschrak sie und sprach: »Da ist einer, der kann mehr als ich.« Aber sie durfte nichts einwenden und mußte ihm die Jungfrau zusagen. Da sprach sie ihr ins Ohr: »Schande für dich, daß du gemeinem Volk gehorchen sollst und dir einen Gemahl nicht nach deinem Gefallen wählen darfst.«

Da ward das stolze Herz der Jungfrau mit Zorn erfüllt und sann auf Rache. Sie ließ am andern Morgen dreihundert Malter Holz zusammenfahren und sprach zu dem Königssohn, die drei Bünde wären gelöst, sie würde nicht eher seine Gemahlin werden, bis einer bereit wäre, sich mitten in das Holz zu setzen und das Feuer auszuhalten. Sie dachte, keiner seiner Diener würde sich für ihn verbrennen, und aus Liebe zu ihr würde er selber sich hineinsetzen, und dann wäre sie frei. Die Diener aber sprachen: »Wir haben alle etwas getan, nur der Frostige noch nicht, der muß auch daran«, setzten ihn mitten auf den Holzstoß und steckten ihn an. Da begann das Feuer zu brennen und brannte drei Tage, bis alles Holz verzehrt war, und als die Flammen sich legten, stand der Frostige mitten in der Asche, zitterte wie ein Espenlaub und sprach: »Einen solchen Frost habe ich mein Lebtage nicht ausgehalten, und wenn er länger gedauert hätte, so wäre ich erstarrt.«

Nun war keine Aussicht mehr zu finden, die schöne Jungfrau mußte den unbekannten Jüngling zum Gemahl nehmen. Als sie aber nach der Kirche fuhren, sprach die Alte: »Ich kann die Schande nicht ertragen«, und schickte ihr Kriegsvolk nach, das sollte alles niedermachen, was ihm vorkäme, und ihr die Tochter zurückbringen. Der Horcher aber hatte die Ohren gespitzt und die heimlichen Reden der Alten vernommen. »Was fangen wir an?« sprach er zu dem Dicken, aber der wußte Rat, spie einmal oder zweimal hinter dem Wagen einen Teil von dem Meereswasser aus, das er getrunken hatte, da entstand ein großer See, worin die Kriegsvölker steckenblieben und ertranken. Als die Zauberin das vernahm, schickte sie ihre geharnischten Reiter, aber der Horcher hörte das Rasseln ihrer Rüstung und band dem einen die Augen auf, der guckte die Feinde ein bißchen scharf an, da sprangen sie auseinander wie Glas. Nun fuhren sie ungestört weiter, und als die beiden in der Kirche eingesegnet waren, nahmen die sechs Diener ihren Abschied und sprachen zu ihrem Herrn: »Eure Wünsche sind erfüllt, Ihr habt uns nicht mehr nötig, wir wollen weiterziehen und unser Glück versuchen.«

Eine halbe Stunde vor dem Schloß war ein Dorf, vor dem hütete ein Schweinehirt seine Herde; wie sie dahin kamen, sprach er zu seiner Frau: »Weißt du auch recht, wer ich bin? Ich bin kein Königssohn, sondern ein Schweinehirt, und der mit der Herde dort, das ist mein Vater; wir zwei müssen auch daran und ihm helfen hüten.« Dann stieg er mit ihr in das Wirtshaus ab und sagte heimlich zu den Wirtsleuten, in der Nacht sollten sie ihr die königlichen Kleider wegnehmen. Wie sie nun am Morgen aufwachte, hatte sie nichts anzutun, und die Wirtin gab ihr einen alten Rock und ein paar alte wollene Strümpfe, dabei tat sie noch, als wär's ein großes Geschenk, und sprach: »Wenn nicht Euer Mann wäre, hätt ich's Euch gar nicht gegeben.« Da glaubte sie, er wäre wirklich ein Schweinehirt, und hütete mit ihm die Herde und dachte: »Ich habe es verdient mit meinem Übermut und Stolz.« Das dauerte acht Tage, da konnte sie es nicht mehr aushalten, denn die Füße waren ihr wund geworden. Da kamen ein paar Leute und fragten, ob sie wüßte, wer ihr Mann wäre. »Ja«, antwortete sie, »er ist ein Schweinehirt und ist eben ausgegangen, mit Bändern und Schnüren einen kleinen Handel zu treiben.« Sie sprachen aber: »Kommt einmal mit, wir wollen Euch zu ihm hinführen«, und brachten sie ins Schloß hinauf; und wie sie in den Saal kam, stand da ihr Mann in königlichen Kleidern. Sie erkannte ihn aber nicht, bis er ihr um den Hals fiel, sie küßte und sprach: »Ich habe so viel für dich gelitten, da hast du auch für mich leiden sollen.« Nun ward erst die Hochzeit gefeiert, und der's erzählt hat, wollte, er wäre auch dabeigewesen.

135.

Die weiße und die schwarze Braut

Eine Frau ging mit ihrer Tochter und Stieftochter über Feld, Futter zu schneiden. Da kam der liebe Gott als ein armer Mann zu ihnen gegangen und fragte: »Wo führt der Weg ins Dorf?« – »Wenn Ihr ihn wissen wollt«, sprach die Mutter, »so sucht ihn selber«, und die Tochter setzte hinzu: »Habt Ihr Sorge, daß Ihr ihn nicht findet, so nehmt Euch einen Wegweiser mit.« Die Stieftochter aber sprach: »Armer Mann, ich will dich führen, komm mit mir.« Da zürnte der liebe Gott über die Mutter und Tochter, wendete ihnen den Rücken zu und verwünschte sie, daß sie sollten schwarz werden wie die Nacht und häßlich wie die Sünde. Der armen Stieftochter aber war Gott gnädig und ging mit ihr, und als sie nahe am Dorf waren, sprach er einen Segen über sie und sagte: »Wähle dir drei Sachen aus, die will ich dir gewähren.« Da sprach das Mädchen: »Ich möchte gern so schön und rein werden wie die Sonne«; alsbald war sie weiß und schön wie der Tag. »Dann möchte ich einen Geldbeutel haben, der nie leer würde«, den gab ihr der liebe Gott auch, sprach aber: »Vergiß das Beste nicht.« Sagte sie: »Ich wünsche mir zum dritten das ewige Himmelreich nach meinem Tode.« Das ward ihr auch gewährt, und also schied der liebe Gott von ihr.

Als die Stiefmutter mit ihrer Tochter nach Hause kam und sah, daß sie beide kohlschwarz und häßlich waren, die Stieftochter aber weiß und schön, so stieg die Bosheit in ihrem Herzen noch höher, und sie hatte nichts anders im Sinn, als wie sie ihr ein Leid antun könnte. Die Stieftochter aber hatte einen Bruder namens Reginer, den liebte sie sehr und erzählte ihm alles, was geschehen war. Nun sprach Reginer einmal zu ihr: »Liebe Schwester, ich will dich abmalen, damit ich dich beständig vor Augen sehe, denn meine Liebe zu dir ist so groß, daß ich dich immer anblicken möchte.« Da antwortete sie: »Aber ich bitte dich, laß niemand das Bild sehen.« Er malte nun seine Schwester ab und hing das Bild in seiner Stube auf; er wohnte aber in des Königs Schloß, weil er bei ihm Kutscher war. Alle Tage ging er davorstehen und dankte Gott für das Glück seiner lieben Schwester. Nun war aber gerade dem König, bei dem er diente, seine Gemahlin verstorben, und die war so schön gewesen, daß man keine finden konnte, die ihr gliche, und der König war darüber in tiefer Trauer. Die Hofdiener bemerkten aber, daß der Kutscher täglich vor einem schönen Bilde stand, mißgönnten's ihm und meldeten es dem König. Da ließ dieser das Bild vor sich bringen, und als er sah, daß es in allem seiner verstorbenen Frau glich, nur noch schöner war, so verliebte er sich sterblich hinein. Er ließ den Kutscher vor sich kommen und fragte, wen das Bild vorstellte. Der Kutscher sagte, es wäre seine Schwester, so entschloß sich der König, keine andere als diese zur Gemahlin zu nehmen, gab ihm Wagen und Pferde und prächtige Goldkleider und schickte ihn fort, seine erwählte Braut abzuholen. Wie Reginer mit der Botschaft ankam, freute sich seine Schwester, allein die Schwarze war eifersüchtig über das Glück, ärgerte sich über alle Maßen und sprach zu ihrer Mutter: »Was helfen nun all Eure Künste, da Ihr mir ein solches Glück doch nicht verschaffen könnt.« – »Sei still«, sagte die Alte, »ich will dir's schon zuwenden.« Und durch ihre Hexenkünste trübte sie dem Kutscher die Augen, daß er halb blind war, und der Weißen verstopfte sie die Ohren, daß sie halb taub war. Darauf stiegen sie in den Wagen, erst die Braut in den herrlichen königlichen Kleidern, dann die Stiefmutter mit ihrer Tochter, und Reginer saß auf dem Bock, um zu fahren. Wie sie eine Weile unterwegs waren, rief der Kutscher:

»Deck dich zu, mein Schwesterlein,
daß Regen dich nicht näßt,
daß Wind dich nicht bestäubt,
daß du fein schön zum König kommst.«

Die Braut fragte: »Was sagt mein lieber Bruder?« – »Ach«, sprach die Alte, »er hat gesagt, du solltest dein gülden Kleid ausziehen und es deiner Schwester geben.« Da zog sie's aus und tat's der Schwarzen an, die gab ihr dafür einen schlechten grauen Kittel. So fuhren sie weiter; über ein Weilchen rief der Bruder abermals:

»Deck dich zu, mein Schwesterlein,
daß Regen dich nicht näßt,
daß Wind dich nicht bestäubt
und du fein schön zum König kommst.«

Die Braut fragte: »Was sagt mein lieber Bruder?« – »Ach«, sprach die Alte, »er hat gesagt, du solltest deine güldene Haube abtun und deiner Schwester geben.« Da tat sie die Haube ab und tat sie der Schwarzen auf und saß im bloßen Haar. So fuhren sie weiter; wiederum über ein Weilchen rief der Bruder:

»Deck dich zu, mein Schwesterlein,
daß Regen dich nicht näßt,
daß Wind dich nicht bestäubt
und du fein schön zum König kommst.«

Die Braut fragte: »Was sagt mein lieber Bruder?« – »Ach«, sprach die Alte, »er hat gesagt, du möchtest einmal aus dem Wagen sehen.« Sie fuhren aber gerade auf einer Brücke über ein tiefes Wasser. Wie nun die Braut aufstand und aus dem Wagen sich herausbückte, da stießen sie die beiden hinaus, daß sie mitten ins Wasser stürzte. Als sie versunken war, in demselben Augenblick, stieg eine schneeweiße Ente aus dem Wasserspiegel hervor und schwamm den Fluß hinab. Der Bruder hatte gar nichts davon gemerkt und fuhr den Wagen weiter, bis sie an den Hof kamen. Da brachte er dem König die Schwarze als seine Schwester und meinte, sie wär's wirklich, weil es ihm trübe vor den Augen war und er doch die Goldkleider schimmern sah. Der König, wie er die grundlose Häßlichkeit an seiner vermeintlichen Braut erblickte, ward sehr bös und befahl, den Kutscher in eine Grube zu werfen, die voll Ottern und Schlangengezücht war. Die alte Hexe aber wußte den König doch so zu bestricken und durch ihre Künste ihm die Augen zu verblenden, daß er sie und ihre Tochter behielt, ja daß sie ihm ganz leidlich vorkam und er sich wirklich mit ihr verheiratete.

Einmal abends, während die schwarze Braut dem König auf dem Schoße saß, kam eine weiße Ente zum Gossenstein in die Küche geschwommen und sagte zum Küchenjungen:

»Jüngelchen, mach Feuer an,
daß ich meine Federn wärmen kann.«

Das tat der Küchenjunge und machte ihr ein Feuer auf dem Herd; da kam die Ente und setzte sich daneben, schüttelte sich und strich sich die Federn mit dem Schnabel zurecht. Während sie so saß und sich wohltat, fragte sie:

»Was macht mein Bruder Reginer?«

Der Küchenjunge antwortete:

»Liegt in der Grube gefangen
bei Ottern und bei Schlangen.«

Fragte sie weiter:

»Was macht die schwarze Hexe im Haus?«

Der Küchenjunge antwortete:

»Die sitzt warm
ins Königs Arm.«
Sagte die Ente:
»Daß Gott erbarm!«
Und schwamm den Gossenstein hinaus.

Den folgenden Abend kam sie wieder und tat dieselben Fragen, und den dritten Abend noch einmal. Da konnte es der Küchenjunge nicht länger übers Herz bringen, ging zu dem König und entdeckte ihm alles. Der König aber wollte es selbst sehen, ging den andern Abend hin, und wie die Ente den Kopf durch den Gossenstein hereinstreckte, nahm er sein Schwert und hieb ihr den Hals durch, da ward sie auf einmal zum schönsten Mädchen und glich genau dem Bild, das der Bruder von ihr gemacht hatte. Der König war voll Freuden; und weil sie ganz naß dastand, ließ er köstliche Kleider bringen und ließ sie damit bekleiden. Dann erzählte sie ihm, wie sie durch List und Falschheit wäre betrogen und zuletzt in den Fluß hinabgeworfen worden; und ihre erste Bitte war, daß ihr Bruder aus der Schlangenhöhle herausgeholt würde. Und als der König diese Bitte erfüllt hatte, ging er in die Kammer, wo die alte Hexe saß, und fragte: »Was verdient die, welche das und das tut?« Und erzählte, was geschehen war. Da war sie so verblendet, daß sie nichts merkte, und sprach: »Die verdient, daß man sie nackt auszieht und in ein Faß mit Nägeln legt und daß man vor das Faß ein Pferd spannt und das Pferd in alle Welt schickt.« Das geschah alles an ihr und ihrer schwarzen Tochter. Der König aber heiratete die weiße und schöne Braut und belohnte den treuen Bruder, indem er ihn zu einem reichen und angesehenen Mann machte.

136.

Der Eisenhans

Es war einmal ein König, der hatte einen großen Wald bei seinem Schloß, darin lief Wild aller Art herum. Zu einer Zeit schickte er einen Jäger hinaus, der sollte ein Reh schießen, aber er kam nicht wieder. »Vielleicht ist ihm ein Unglück zugestoßen«, sagte der König und schickte den folgenden Tag zwei andere Jäger hinaus, die sollten ihn aufsuchen, aber die blieben auch weg. Da ließ er am dritten Tag alle seine Jäger kommen und sprach: »Streift durch den ganzen Wald und laßt nicht ab, bis ihr sie alle drei gefunden habt.« Aber auch von diesen kam keiner wieder heim, und von der Meute Hunde, die sie mitgenommen hatten, ließ sich keiner wieder sehen. Von der Zeit an wollte sich niemand mehr in den Wald wagen, und er lag da in tiefer Stille und Einsamkeit, und man sah nur zuweilen einen Adler oder Habicht darüber hinfliegen. Das dauerte viele Jahre, da meldete sich ein fremder Jäger bei dem König, suchte eine Versorgung und erbot sich, in den gefährlichen Wald zu gehen. Der König aber wollte seine Einwilligung nicht geben und sprach: »Es ist nicht geheuer darin, ich fürchte, es geht dir nicht besser als den andern, und du kommst nicht wieder heraus.« Der Jäger antwortete: »Herr, ich will's auf meine Gefahr wagen: von Furcht weiß ich nichts.«

Der Jäger begab sich also mit seinem Hund in den Wald. Es dauerte nicht lange, so geriet der Hund einem Wild auf die Fährte und wollte hinter ihm her; kaum aber war er ein paar Schritte gelaufen, so stand er vor einem tiefen Pfuhl, konnte nicht weiter, und ein nackter Arm streckte sich aus dem Wasser, packte ihn und zog ihn hinab. Als der Jäger das sah, ging er zurück und holte drei Männer, die mußten mit Eimern kommen und das Wasser ausschöpfen. Als sie auf den Grund sehen konnten, so lag da ein wilder Mann, der braun am Leib war, wie rostiges Eisen, und dem die Haare über das Gesicht bis zu den Knien herabhingen. Sie banden ihn mit Stricken und führten ihn fort, in das Schloß. Da war große Verwunderung über den wilden Mann, der König aber ließ ihn in einen eisernen Käfig auf seinen Hof setzen und verbot bei Lebensstrafe, die Türe des Käfigs zu öffnen, und die Königin mußte den Schlüssel selbst in Verwahrung nehmen. Von nun an konnte ein jeder wieder mit Sicherheit in den Wald gehen.

Der König hatte einen Sohn von acht Jahren, der spielte einmal auf dem Hof, und bei dem Spiel fiel ihm sein goldener Ball in den Käfig. Der Knabe lief hin und sprach: »Gib mir meinen Ball heraus.« – »Nicht eher«, antwortete der Mann, »als bis du mir die Türe aufgemacht hast.« – »Nein«, sagte der Knabe, »das tue ich nicht, das hat der König verboten«, und lief fort. Am andern Tag kam er wieder und forderte seinen Ball; der wilde Mann sagte: »Öffne meine Türe«, aber der Knabe wollte nicht. Am dritten Tag war der König auf die Jagd geritten, da kam der Knabe nochmals und sagte:

»Wenn ich auch wollte, ich kann die Türe nicht öffnen, ich habe den Schlüssel nicht.« Da sprach der wilde Mann: »Er liegt unter dem Kopfkissen deiner Mutter, da kannst du ihn holen.« Der Knabe, der seinen Ball wiederhaben wollte, schlug alles Bedenken in den Wind und brachte den Schlüssel herbei. Die Türe ging schwer auf, und der Knabe klemmte sich den Finger. Als sie offen war, trat der wilde Mann heraus, gab ihm den goldenen Ball und eilte hinweg. Dem Knaben war angst geworden, er schrie und rief ihm nach: »Ach, wilder Mann, geh nicht fort, sonst bekomme ich Schläge.« Der wilde Mann kehrte um, hob ihn auf, setzte ihn auf seinen Nacken und ging mit schnellen Schritten in den Wald hinein. Als der König heimkam, bemerkte er den leeren Käfig und fragte die Königin, wie das zugegangen wäre. Sie wußte nichts davon, suchte den Schlüssel, aber er war weg. Sie rief den Knaben, aber niemand antwortete. Der König schickte Leute aus, die ihn auf dem Felde suchen sollten, aber sie fanden ihn nicht. Da konnte er leicht erraten, was geschehen war, und es herrschte große Trauer an dem königlichen Hof.

Als der wilde Mann wieder in dem finstern Wald angelangt war, so setzte er den Knaben von den Schultern herab und sprach zu ihm: »Vater und Mutter siehst du nicht wieder, aber ich will dich bei mir behalten, denn du hast mich befreit, und ich habe Mitleid mit dir. Wenn du alles tust, was ich dir sage, so sollst du's gut haben. Schätze und Gold habe ich genug und mehr als jemand in der Welt.« Er machte dem Knaben ein Lager von Moos, auf dem er einschlief, und am andern Morgen führte ihn der Mann zu einem Brunnen und sprach: »Siehst du, der Goldbrunnen ist hell und klar wie Kristall: du sollst dabeisitzen und achthaben, daß nichts hineinfällt, sonst ist er verunehrt. Jeden Abend komme ich und sehe, ob du mein Gebot befolgt hast.« Der Knabe setzte sich an den Rand des Brunnens, sah, wie manchmal ein goldner Fisch, manchmal ein goldne Schlange sich darin zeigte, und hatte acht, daß nichts hineinfiel. Als er so saß, schmerzte ihn einmal der Finger so heftig, daß er ihn unwillkürlich in das Wasser steckte. Er zog ihn schnell wieder heraus, sah aber, daß er ganz vergoldet war, und wie große Mühe er sich gab, das Gold wieder abzuwischen, es war alles vergeblich. Abends kam der Eisenhans zurück, sah den Knaben an und sprach: »Was ist mit dem Brunnen geschehen?« – »Nichts, nichts«, antwortete er und hielt den Finger auf den Rücken, daß er ihn nicht sehen sollte. Aber der

Mann sagte: »Du hast den Finger in das Wasser getaucht: diesmal mag's hingehen, aber hüte dich, daß du nicht wieder etwas hineinfallen läßt.« Am frühsten Morgen saß er schon bei dem Brunnen und bewachte ihn. Der Finger tat ihm wieder weh, und er fuhr damit über seinen Kopf, da fiel unglücklicherweise ein Haar herab in den Brunnen. Er nahm es schnell heraus, aber es war schon ganz vergoldet. Der Eisenhans kam und wußte schon, was geschehen war. »Du hast ein Haar in den Brunnen fallen lassen«, sagte er, »ich will dir's noch einmal nachsehen, aber wenn's zum drittenmal geschieht, so ist der Brunnen entehrt, und du kannst nicht länger bei mir bleiben.« Am dritten Tag saß der Knabe am Brunnen und bewegte den Finger nicht, wenn er ihm noch so weh tat. Aber die Zeit ward ihm lang, und er betrachtete sein Angesicht, das auf dem Wasserspiegel stand. Und als er sich dabei immer mehr beugte und sich recht in die Augen sehen wollte, so fielen ihm seine langen Haare von den Schultern herab in das Wasser. Er richtete sich schnell in die Höhe, aber das ganze Haupthaar war schon vergoldet und glänzte wie eine Sonne. Ihr könnt denken, wie der arme Knabe erschrak. Er nahm sein Taschentuch und band es um den Kopf, damit es der Mann nicht sehen sollte. Als er kam, wußte er schon alles und sprach: »Binde das Tuch auf.« Da quollen die goldenen Haare hervor, und der Knabe mochte sich entschuldigen, wie er wollte, es half ihm nichts. »Du hast die Probe nicht bestanden und kannst nicht länger hierbleiben. Geh hinaus in die Welt, da wirst du erfahren, wie die Armut tut. Aber weil du kein böses Herz hast und ich's gut mit dir meine, so will ich dir eins erlauben: wenn du in Not gerätst, so geh zu dem Wald und rufe ›Eisenhans‹, dann will ich kommen und dir helfen. Meine Macht ist groß, größer, als du denkst, und Gold und Silber habe ich im Überfluß.«

Da verließ der Königssohn den Wald und ging über gebahnte und ungebahnte Wege immerzu, bis er zuletzt in eine große Stadt kam. Er suchte da Arbeit, aber er konnte keine finden und hatte auch nichts erlernt, womit er sich hätte forthelfen können. Endlich ging er in das Schloß und fragte, ob sie ihn behalten wollten. Die Hofleute wußten nicht, wozu sie ihn brauchen sollten, aber sie hatten Wohlgefallen an ihm und hießen ihn bleiben. Zuletzt nahm ihn der Koch in Dienst und sagte, er könnte Holz und Wasser tragen und die Asche zusammenkehren. Einmal, als gerade kein anderer zur Hand war, hieß ihn der Koch die Speisen zur königlichen Tafel tragen, da er aber seine goldenen Haare nicht wollte sehen lassen, so behielt er sein Hütchen auf. Dem König war so etwas noch nicht vorgekommen, und er sprach: »Wenn du zur königlichen Tafel kommst, mußt du deinen Hut abziehen.« – »Ach Herr«, antwortete er, »ich kann nicht, ich habe einen bösen Grind auf dem Kopf.« Da ließ der König den Koch herbeirufen, schalt ihn und fragte, wie er einen solchen Jungen hätte in seinen Dienst nehmen können; er sollte ihn gleich fortjagen. Der Koch aber hatte Mitleiden mit ihm und vertauschte ihn mit dem Gärtnerjungen.

Nun mußte der Junge im Garten pflanzen und begießen, hacken und graben und Wind und böses Wetter über sich ergehen lassen. Einmal im Sommer, als er allein im Garten arbeitete, war der Tag so heiß, daß er sein Hütchen abnahm und die Luft ihn kühlen sollte. Wie die Sonne auf das Haar schien, glitzte und blitzte es, daß die Strahlen in das Schlafzimmer der Königstochter fielen und sie aufsprang, um zu sehen, was das wäre. Da erblickte sie den Jungen und rief ihn an: »Junge, bring mir einen Blumenstrauß.« Er setzte in aller Eile sein Hütchen auf, brach wilde Feldblumen ab und band sie zusammen. Als er damit die Treppe hinaufstieg, begegnete ihm der Gärtner und sprach: »Wie kannst du der Königstochter einen Strauß von schlechten Blumen bringen? Geschwind, hole andere und suche die schönsten und seltensten aus.« – »Ach nein«, antwortete der Junge, »die wilden riechen kräftiger und werden ihr besser gefallen.« Als er in ihr Zimmer kam, sprach die Königstochter: »Nimm dein Hütchen ab, es ziemt sich nicht, daß du ihn vor mir aufbehältst.« Er antwortete wieder: »Ich darf nicht, ich habe einen grindigen Kopf.« Sie griff aber nach dem Hütchen und zog es ab, da rollten seine goldenen Haare auf die Schultern herab, daß es prächtig anzusehen war. Er wollte fortspringen, aber sie hielt ihn am Arm und gab ihm eine Handvoll Dukaten. Er ging damit fort, achtete aber des Goldes nicht, sondern er brachte es dem Gärtner und sprach: »Ich schenke es deinen Kindern, die können damit spielen.« Den andern Tag rief ihm die Königstochter abermals zu, er sollte ihr einen Strauß Feldblumen bringen, und als er damit eintrat, grapste sie gleich nach seinem Hütchen und wollte es ihm wegnehmen, aber er hielt es mit beiden Händen fest. Sie gab ihm wieder eine Handvoll Dukaten, aber er wollte sie nicht behalten und gab sie dem Gärtner zum Spielwerk für seine Kinder. Den dritten Tag ging's nicht anders, sie konnte ihm sein Hütchen nicht wegnehmen, und er wollte ihr Gold nicht.

Nicht lange danach ward das Land mit Krieg überzogen. Der König sammelte sein Volk und wußte nicht, ob er dem Feind, der übermächtig war und ein großes Heer hatte, Widerstand leisten könnte. Da sagte der Gärtnerjunge: »Ich bin herangewachsen und will mit in den Krieg ziehen, gebt mir nur ein Pferd.« Die andern lachten und sprachen: »Wenn wir fort sind, so suche dir eins: wir wollen dir eins im Stall zurücklassen.« Als sie ausgezogen waren, ging er in den Stall und zog das Pferd heraus; es war an einem Fuß lahm und hickelte hunkepuus, hunkepuus. Dennoch setzte er sich auf und ritt fort nach dem dunkeln Wald. Als er an den Rand desselben gekommen war, rief er dreimal Eisenhans so laut, daß es durch die Bäume schallte. Gleich darauf erschien der wilde Mann und sprach: »Was verlangst du?« – »Ich verlange ein starkes Roß, denn ich will in den Krieg ziehen.« – »Das sollst du haben und noch mehr, als du verlangst.« Dann ging der wilde Mann in den Wald zurück, und es dauerte nicht lange, so kam ein Stallknecht aus dem Wald und führte ein Roß herbei, das schnaubte aus den Nüstern und war kaum zu bändigen. Und hinterher folgte eine große Schar Kriegsvolk, ganz in Eisen gerüstet, und ihre Schwerter blitzten in der Sonne. Der Jüngling übergab dem Stallknecht sein dreibeiniges Pferd, bestieg das andere und ritt vor der Schar her. Als er sich dem Schlachtfeld näherte, war schon ein großer Teil von des Königs Leuten gefallen, und es fehlte nicht viel, so mußten die übrigen weichen. Da jagte der Jüngling mit seiner eisernen Schar heran, fuhr wie ein Wetter über die Feinde und schlug alles nieder, was sich ihm widersetzte. Sie wollten fliehen, aber der Jüngling saß ihnen auf dem Nacken und ließ nicht ab, bis kein Mann mehr übrig war. Statt aber zu dem König zurückzukehren, führte er seine Schar auf Umwegen wieder zu dem Wald und rief den Eisenhans heraus: »Was verlangst du?« fragte der wilde Mann. »Nimm dein Roß und deine Schar zurück und gib mir mein dreibeiniges Pferd wieder.« Es geschah alles, was er verlangte, und er ritt auf seinem dreibeinigen Pferd heim. Als der König wieder in sein Schloß kam, ging ihm seine Tochter entgegen und wünschte ihm Glück zu seinem Sieg. »Ich bin es nicht, der den Sieg davongetragen hat«, sprach er, »sondern ein fremder Ritter, der mir mit seiner Schar zu Hilfe kam.« Die Tochter wollte wissen, wer der fremde Ritter wäre, aber der König wußte es nicht und sagte: »Er hat die Feinde verfolgt, und ich habe ihn nicht wiedergesehen.« Sie erkundigte sich bei dem Gärtner nach seinem Jungen; der lachte aber und sprach: »Eben ist er auf seinem dreibeinigen Pferd heimgekommen, und die andern haben gespottet und gerufen: ›Da kommt unser Hunkepuus wieder an.‹ Sie fragten auch: ›Hinter welcher Hecke hast du derweil gelegen und geschlafen?‹ Er sprach aber: ›Ich habe das beste getan, und ohne mich wäre es schlecht gegangen.‹ Da ward er noch mehr ausgelacht.«

Der König sprach zu seiner Tochter: »Ich will ein großes Fest ansagen lassen, das drei Tage währen soll, und du sollst einen goldenen Apfel werfen: vielleicht kommt der Unbekannte herbei.« Als das Fest verkündigt war, ging der Jüngling hinaus zu dem Wald und rief den Eisenhans. »Was verlangst du?« fragte er. »Daß ich den goldenen Apfel der Königstochter fange.« – »Es ist so gut, als hättest du ihn schon«, sagte Eisenhans, »du sollst auch eine rote Rüstung dazu haben und auf einem stolzen Fuchs reiten.« Als der Tag kam, sprengte der Jüngling heran, stellte sich unter die Ritter und ward von niemand erkannt. Die Königstochter trat hervor und warf den Rittern einen goldenen Apfel zu, aber keiner fing ihn als er allein, aber sobald er ihn hatte, jagte er davon. Am zweiten Tag hatte ihn Eisenhans als weißen Ritter ausgerüstet und ihm einen Schimmel gegeben. Abermals fing er allein den Apfel, verweilte aber keinen Augenblick, sondern jagte damit fort. Der König ward bös und sprach: »Das ist nicht erlaubt, er muß vor mir erscheinen und seinen Namen nennen.« Er gab den Befehl, wenn der Ritter, der den Apfel gefangen habe, sich wieder davonmachte, so sollte man ihm nachsetzen, und wenn er nicht gutwillig zurückkehrte, auf ihn hauen und stechen. Am dritten Tag erhielt er vom Eisenhans eine schwarze Rüstung und einen Rappen und fing auch wieder den Apfel. Als er aber damit fortjagte, verfolgten ihn die Leute des Königs, und einer kam ihm so nahe, daß er mit der Spitze des Schwertes ihm das Bein verwundete. Er entkam ihnen jedoch, aber sein Pferd sprang so gewaltig, daß der Helm ihm vom Kopf fiel, und sie konnten sehen, daß er goldene Haare hatte. Sie ritten zurück und meldeten dem König alles.

Am andern Tag fragte die Königstochter den Gärtner nach seinem Jungen. »Er arbeitet im Garten; der wunderliche Kauz ist auch bei dem Fest gewesen und erst gestern abend wiedergekommen; er hat auch meinen Kindern drei goldene Äpfel gezeigt, die er gewonnen hat.« Der König ließ ihn vor sich fordern, und er erschien und hatte wieder sein Hütchen auf dem Kopf. Aber die Königstochter ging auf ihn zu und nahm es ihm ab, und da fielen seine goldenen Haare über die Schultern, und er war so schön, daß alle erstaunten. »Bist du der Ritter gewesen, der jeden Tag zu dem Fest gekommen ist, immer in einer andern Farbe, und der die drei goldenen Äpfel gefangen hat?« fragte der König. »Ja«, antwortete er, »und da sind die Äpfel«, holte sie aus seiner Tasche und reichte sie dem König. »Wenn Ihr noch mehr Beweise verlangt, so könnt Ihr die Wunde sehen, die mir Eure Leute geschlagen haben, als sie mich verfolgten. Aber ich bin auch der Ritter, der Euch zum Sieg über die Feinde geholfen hat.« – »Wenn du solche Taten verrichten kannst, so bist du kein Gärtnerjunge; sage mir, wer ist dein Vater?« – »Mein Vater ist ein mächtiger König, und Goldes habe ich die Fülle und soviel ich nur verlange.« – »Ich sehe wohl«, sprach der König, »ich bin dir Dank schuldig, kann ich dir etwas zu Gefallen tun?« – »Ja«, antwortete er, »das könnt Ihr wohl, gebt mir Eure Tochter zur Frau.« Da lachte die Jungfrau und sprach: »Der macht keine Umstände, aber ich habe schon an seinen goldenen Haaren gesehen, daß er kein Gärtnerjunge ist«, ging dann hin und küßte ihn. Zu der Vermählung kam sein Vater und seine Mutter und waren in großer Freude, denn sie hatten schon alle Hoffnung aufgegeben, ihren lieben Sohn wiederzusehen. Und als sie an der Hochzeitstafel saßen, da schwieg auf einmal die Musik, die Türen gingen auf, und ein stolzer König trat herein mit großem Gefolge. Er ging auf den Jüngling zu, umarmte ihn und sprach: »Ich bin der Eisenhans und war in einen wilden Mann verwünscht, aber du hast mich erlöst. Alle Schätze, die ich besitze, die sollen dein Eigentum sein.«

137.

De drei schwatten Prinzessinnen

Ostindien was von den Fiend belagert, he wull de Stadt nig verloeten, he wull ersten seshundert Dahler hebben. Do leiten se dat ut trummen, well de schaffen könne, de soll Börgemester weren. Do was der en armen Fisker, de fiskede up de See mit sinen Sohn, do kam de Fiend un nam den Sohn gefangen un gav em doför seshundert Dahler. Do genk de Vader hen un gav dat de Heerens in de Stadt, un de Fiend trock av, un de Fisker wurde Börgemester. Do word utropen, wer nig »Heer Börgemester« segde, de soll an de Galge richtet weren.

De Sohn, de kam de Fiend wier ut de Hände un kam in en grauten Wold up en haujen Berg. De Berg, de dei sick up, do kam he in en graut verwünsket Schloß, woin Stohle, Diske un Bänke alle schwatt behangen wören. Do queimen drei Prinzessinnen, de gans schwatt antrocken wören, de men en lück (wenig) witt in't Gesicht hädden, de segden to em, he soll men nig bange sien, se wullen em nix dohn, he könn eer erlösen. Do seg he, je, dat wull he gern dohn, wann he men wüste, wo he dat macken söll. Do segget se, he söll en gans Johr nig met en kühren (sprechen) un söll se auck nig anseihen; wat he gern hebben wull, dat söll he men seggen, wann se Antwort giewen dröften (geben dürften), wullen se et dohn. As he 'ne Tied lang der west was, sede he, he wull asse gern noh sin Vader gohn, da segget se, dat söll he men dohn, düssen Buel (Beutel) met Geld söll he met niermen, düsse Klöder soll he antrecken, un in acht Dage möst he der wier sien.

Do werd he upnurmen (aufgehoben) un is glick in Ostindien. Do kann he sin Vader in de Fiskhütte nig mer finden un frög de Luide, wo doh de arme Fisker blierwen wöre, do segget se, dat möst he nig seggen, dann queim he an de Galge. Do kümmt he bi sin Vader, do seg he: »Fisker, wo sin ji do to kummen?« Do seg de: »Dat möt ji nig seggen, wann dat de Heerens van de Stadt gewahr weeret, kümme ji an de Galge.« He willt ober gar nig loten, he werd noh de Galge bracht. Es he do is, seg he: »O mine Heerens, gierwet mie doh Verlöv, dat ick noh de olle Fiskhütte gohn mag.« Do tüt he sinen ollen Kiel an, do kümmet he wier noh de Heerens un seg: »Seih ji et nu wull, sin ick nig en armen Fisker sinen Sohn? In düt Tueg heve ick minen Vader un Moder dat Braud gewunen.« Do erkennet se en un badden üm Vergiebnüs un niermt en met noh sin Hues, do verteld he alle, wü et em gohn hev, dat he wöre in en Wold kummen up en haujen Berg, do hädde sick de Berg updohn, do wöre he in en verwünsket Schloß kummen, wo alles schwatt west wöre, un drei Prinzessinnen wören der an kummen, de wören schwatt west, men en lück witt in't Gesicht. De hädden em segd, he söll nig bange sien, he könn eer erlösen. Do seg sine Moder, dat mög wull nig guet sien, he soll 'ne gewiehte Wasskeefze met niermen und drüppen (tropfen) eer gleinig (glühend) Wass in't Gesicht.

He geit wier hen, un do gruelte (graute) em so, un he drüppde er Wass in't Gesicht, asse se sleipen, un se wören all halv witt. Do sprüngen alle de drei Prinzessinen up un segden: »De verfluchte Hund, usse Bloet soll örfer die Rache schreien, nu is kin Mensk up de Welt geboren un werd geboren, de us erlösen kann, wie hevet noh drei Bröders, de sind in siewen Ketten anschloeten, de söllt die terreiten.« Do givt et en Gekriesk in't ganse Schloß, un he sprank noh ut dat Fenster un terbrack dat Been, un dat Schloß sunk wier in de Grunde, de Berg was wier to, un nümmes wust, wo et west was.

138.

Knoist un sine dre Sühne

Twisken Werrel un Soist, do wuhnde 'n Mann, un de hede Knoist, de hadde dre Sühne, de eene was blind, de annre was lahm, un de dridde was splenternaket. Do gingen se mol öwer Feld, do sehen se eenen Hasen. De blinne, de schöt en, de lahme, de fink en, de nackede, de stack en in de Tasken. Do käimen se für en groot allmächtig Waater, do wuren dre Schippe uppe, dat eene, dat rann, dat annre, dat sank, dat dridde, do was kenn Buoden inne. Wo keen Buoden inne was, do gingen se olle dre inne. Do käimen se an eenen allmächtig grooten Walle (Wald), do was en groot allmächtig Boom inne, in den Boom was eene allmächtig groote Kapelle, in de Kapelle was een hageböcken Köster un en bußboomen Pastoer, de deelden dat Wiggewaater mit Knuppeln uit.

Sielig is de Mann,
de den Wiggewaater entlaupen kann.

139.

Dat Mäken von Brakel

Et gien mal 'n Mäken von Brakel na de sünt Annen Kapellen uner de Hinnenborg, un weil et gierne 'n Mann heven wulle un ock meinde, et wäre süs neimes in de Kapellen, sau sank et:

»O hilge sünte Anne,
help mie doch bald tom Manne.
Du kennst'n ja wull:
he wuhnt var'm Suttmerdore,
hed gele Hore:
du kennst 'n ja wull.«

De Köster stand awerst hünner de Altare un höre dat, da rep he mit 'ner gans schrögerigen Stimme: »Du kriggst 'n nig, du kriggst 'n nig.« Dat Mäken awerst meinde, dat Marienkinneken, dat bie de Mudder Anne steiht, hedde üm dat to ropen, da wor et beuse un reip: »Pepperlepep, dumme Blae, halt de Schnuten un lat de Möhme kühren (die Mutter reden).«

140.

Das Hausgesinde

»Wo wust du henne?« – »Nah *Walpe.*« – »Ick nah Walpe, du nah Walpe; sam, sam, goh wie dann.«

»Häst du auck 'n Mann? Wie hedd din Mann?« – »*Cham.*« – »Min Mann Cham, din Mann Cham: ick nah Walpe, du nah Walpe; sam, sam, goh wie dann.«

»Häst du auck 'n Kind? Wie hedd din Kind?« – »*Grind.*« – »Min Kind Grind, din Kind Grind: min Mann Cham, din Mann Cham: ick nah Walpe, du nah Walpe; sam, sam, goh wie dann.«

»Häst du auck 'n Weige? Wie hedd dine Weige?« – »*Hippodeige.*« – »Mine Weige Hippodeige, dine Weige Hippodeige: min Kind Grind, din Kind Grind: min Mann Cham, din Mann Cham: ick nah Walpe, du nah Walpe; sam, sam, goh wie dann.«

»Häst du auck 'n Knecht? Wie hedd din Knecht?« – »*Machmirsrecht.*« – »Min Knecht Machmirsrecht, din Knecht Machmirsrecht: mine Weige Hippodeige, dine Weige Hippodeige: min Kind Grind, din Kind Grind: min Mann Cham, din Mann Cham: ick nah Walpe, du nah Walpe; sam, sam, goh wie dann.«

141.

Das Lämmchen und Fischchen

Es war einmal ein Brüderchen und Schwesterchen, die hatten sich herzlich lieb. Ihre rechte Mutter war aber tot, und sie hatten eine Stiefmutter, die war ihnen nicht gut und tat ihnen heimlich alles Leid an. Es trug sich zu, daß die zwei mit andern Kindern auf einer Wiese vor dem Haus spielten, und an der Wiese war ein Teich, der ging bis an die eine Seite vom Haus. Die Kinder liefen da herum, kriegten sich und spielten Abzählens:

»Eneke, Beneke, lat mi liewen,
will die ock min Vügelken giewen.
Vügelken sall mie Strau söken,
Strau will ick den Köseken giewen,
Köseken sall mie Melk giewen,
Melk will ick den Bäcker giewen,
Bäcker sall mie 'n Kocken backen,
Kocken will ick den Kätken giewen,
Kätken sall mie Müse fangen,
Müse will ick in 'n Rauck hangen
un will se anschnien.«

Dabei standen sie in einem Kreis, und auf welchen nun das Wort »anschnien« fiel, der mußte fortlaufen, und die anderen liefen ihm nach und fingen ihn. Wie sie so fröhlich dahinsprangen, sah's die Stiefmutter vom Fenster mit an und ärgerte sich. Weil sie aber Hexenkünste verstand, so verwünschte sie beide, das Brüderchen in einen Fisch und das Schwesterchen in ein Lamm. Da schwamm das Fischchen im Teich hin und her und war traurig, das Lämmchen ging auf der Wiese hin und her und war traurig und fraß nicht und rührte kein Hälmchen an. So ging eine lange Zeit hin, da kamen fremde Gäste auf das Schloß. Die falsche Stiefmutter dachte: »Jetzt ist die Gelegenheit gut«, rief den Koch und sprach zu ihm: »Geh und hol das Lamm von der Wiese und schlacht's, wir haben sonst nichts für die Gäste.« Da ging der Koch hin und holte das Lämmchen und führte es in die Küche und band ihm die Füßchen; das litt es alles geduldig. Wie er nun sein Messer herausgezogen hatte und auf der Schwelle wetzte, um es abzustechen, sah es, wie ein Fischlein in dem Wasser vor dem Gossenstein hin und her schwamm und zu ihm hinaufblickte. Das war aber das Brüderchen, denn als das Fischchen gesehen hatte, wie der Koch das Lämmchen fortführte, war es im Teich mitgeschwommen bis zum Haus. Da rief das Lämmchen hinab:

»Ach Brüderchen im tiefen See,
wie tut mir doch mein Herz so weh!
Der Koch, der wetzt das Messer,
will mir mein Herz durchstechen.«

Das Fischchen antwortete:

»Ach Schwesterchen in der Höh,
wie tut mir doch mein Herz so weh
in dieser tiefen See!«

Wie der Koch hörte, daß das Lämmchen sprechen konnte und so traurige Worte zu dem Fischchen hinabrief, erschrak er und dachte, es müßte kein natürliches Lämmchen sein, sondern wäre von der bösen Frau im Haus verwünscht. Da sprach er: »Sei ruhig, ich will dich nicht schlachten«, nahm ein anderes Tier und bereitete das für die Gäste und brachte das Lämmchen zu einer guten Bäuerin, der erzählte er alles, was er gesehen und gehört hatte. Die Bäuerin war aber gerade die Amme von dem Schwesterchen gewesen, vermutete gleich, wer's sein würde, und ging mit ihm zu einer weisen Frau. Da sprach die weise Frau einen Segen über das Lämmchen und Fischchen, wovon sie ihre menschliche Gestalt wiederbekamen, und danach führte sie beide in einen großen Wald in ein klein Häuschen, wo sie einsam, aber zufrieden und glücklich lebten.

142.

Simeliberg

Es waren zwei Brüder, einer war reich, der andere arm. Der Reiche aber gab dem Armen nichts, und er mußte sich vom Kornhandel kümmerlich ernähren; da ging es ihm oft so schlecht, daß er für seine Frau und Kinder kein Brot hatte. Einmal fuhr er mit seinem Karren durch den Wald, da erblickte er zur Seite einen großen kahlen Berg, und weil er den noch nie gesehen hatte, hielt er still und betrachtete ihn mit Verwunderung. Wie er so stand, sah er zwölf wilde große Männer daherkommen; weil er nun glaubte, das wären Räuber, schob er seinen Karren ins Gebüsch und stieg auf einen Baum und wartete, was da geschehen würde. Die zwölf Männer gingen aber vor den Berg und riefen: »Berg *Semsi*, Berg *Semsi*, tu dich auf.« Alsbald tat sich der kahle Berg in der Mitte voneinander, und die zwölfe gingen hinein, und wie sie drin waren, schloß er sich zu. Über eine kleine Weile aber tat er sich wieder auf, und die Männer kamen heraus und trugen schwere Säcke auf den Rücken, und wie sie alle wieder am Tageslicht waren, sprachen sie: »Berg *Semsi*, Berg *Semsi*, tu dich zu.« Da fuhr der Berg zusammen und war kein Eingang mehr an ihm zu sehen, und die zwölfe gingen fort. Als sie ihm nun ganz aus den Augen waren, stieg der Arme vom Baum herunter und war neugierig, was wohl im Berge Heimliches verborgen wäre. Also ging er davor und sprach: »Berg *Semsi*, Berg *Semsi*, tu dich auf«, und der Berg tat sich auch vor ihm auf. Da trat er hinein, und der ganze Berg war eine Höhle voll Silber und Gold, und hinten lagen große Haufen Perlen und blitzende Edelsteine, wie Korn aufgeschüttet. Der Arme wußte gar nicht, was er anfangen sollte und ob er sich etwas von den Schätzen nehmen dürfte; endlich füllte er sich die Taschen mit Gold, die Perlen und Edelsteine aber ließ er liegen. Als er wieder herauskam, sprach er gleichfalls: »Berg *Semsi*, Berg *Semsi*, tu dich zu«, da schloß sich der Berg, und er fuhr mit seinem Karren nach Haus. Nun brauchte er nicht mehr zu sorgen und konnte mit seinem Golde für Frau und Kind Brot und auch Wein dazu kaufen, lebte fröhlich und redlich, gab den Armen und tat jedermann Gutes. Als aber das Geld zu Ende war, ging er zu seinem Bruder, lieh einen Scheffel und holte sich von neuem; doch rührte er von den großen Schätzen nichts an. Wie er sich zum drittenmal etwas holen wollte, borgte er bei seinem Bruder abermals den Scheffel. Der Reiche war aber schon lange neidisch über sein Vermögen und den schönen Haushalt, den er sich eingerichtet hatte, und konnte nicht begreifen, woher der Reichtum käme und was sein Bruder mit dem Scheffel anfinge. Da dachte er eine List aus und bestrich den Boden mit Pech, und wie er das Maß zurückbekam, so war ein Goldstück darin hängengeblieben. Alsbald ging er zu seinem Bruder und fragte ihn: »Was hast du mit dem Scheffel gemessen?« – »Korn und Gerste«, sagte der andere. Da zeigte er ihm das Goldstück und drohte ihm, wenn er nicht die Wahrheit sagte, so wollt er ihn beim Gericht verklagen. Er erzählte ihm nun alles, wie es zugegangen war. Der Reiche aber ließ gleich einen Wagen anspannen, fuhr hinaus, wollte die Gelegenheit besser benutzen und ganz andere Schätze mitbringen. Wie er vor den Berg kam, rief er: »Berg *Semsi,* Berg *Semsi,* tu dich auf.« Der Berg tat sich auf, und er ging hinein. Da lagen die Reichtümer alle vor ihm, und er wußte lange nicht, wozu er am ersten greifen sollte, endlich lud er Edelsteine auf, soviel er tragen konnte. Er wollte seine Last hinausbringen, weil aber Herz und Sinn ganz voll von den Schätzen waren, hatte er darüber den Namen des Berges vergessen und rief: »Berg *Simeli,* Berg *Simeli,* tu dich auf.« Aber das war der rechte Name nicht, und der Berg regte sich nicht und blieb verschlossen. Da ward ihm angst, aber je länger er nachsann, desto mehr verwirrten sich seine Gedanken, und halfen ihm alle Schätze nichts mehr. Am Abend tat sich der Berg auf, und die zwölf Räuber kamen herein, und als sie ihn sahen, lachten sie und riefen: »Vogel, haben wir dich endlich, meinst du, wir hätten's nicht gemerkt, daß du zweimal hereingekommen bist, aber wir konnten dich nicht fangen, zum drittenmal sollst du nicht wieder heraus.« Da rief er: »Ich war's nicht, mein Bruder war's«, aber er mochte bitten um sein Leben und sagen, was er wollte, sie schlugen ihm das Haupt ab.

143.

Up Reisen gohn

Et was emol ne arme Frau, de hadde enen Suhn, de wull so gerne reisen, do seg de Mohr: »Wu kannst du reisen? Wi hebt je gar kien Geld, dat du mitniemen kannst.« Do seg de Suhn: »Ick will mi gut behelpen, ick will alltied seggen: ›Nig viel, nig viel, nig viel.‹«

Do genk he ene gude Tied un sede alltied: »Nig viel, nig viel, nig viel.« Kam do bi en Trop Fisker un seg: »Gott helpe ju! Nig viel, nig viel, nig viel.« – »Wat segst du, Kerl, nig viel?« Un asse dat Gören (Garn) uttrocken, kregen se auck nig viel Fiske. So met enen Stock up de Jungen un: »Hest du mi nig dresken (dreschen) seihn?« – »Wat sall ick denn seggen?« seg de Junge. »Du sallst seggen: ›Fank vull, fank vull.‹«

Do geit he wier ene ganze Tied un seg: »Fank vull, fank vull«, bis he kümmt an enen Galgen, do hebt se en armen Sünder, den willt se richten. Do seg he: »Guden Morgen, fank vull, fank vull.« – »Wat segst du, Kerl, fank vull? Söllt der noch mehr leige (leidige, böse) Lude in de Welt sien? Is düt noch nig genog?« He grig wier wat up den Puckel. »Wat sall ick denn seggen?« – »Du sallst seggen: ›Gott tröst de arme Seele.‹«

Der Junge geit wier ene ganze Tied un seg: »Gott tröst de arme Seele!« Do kümmet he an en Grawen, do steit en Filler (Schinder), de tüt en Perd af. De Junge seg: »Guden Morgen, Gott tröst de arme Seele!« – »Wat segst du, leige Kerl?« Un schleit en met sinen Filhakken üm de Ohren, dat he ut den Augen nig seihen kann. »Wu sall ick denn seggen?« – »Du sallst seggen: ›Do ligge, du Aas, in en Grawen.‹«

Do geit he un seg alltied: »Do ligge, du Aas, in en Grawen! Do ligge, du Aas, in en Grawen!« Nun kümmt he bi enen Wagen vull Lüde, do seg he: »Guden Morgen, do ligge, du Aas, in en Grawen!« Do föllt de Wagen üm in en Grawen, de Knecht kreg de Pietske un knapt den Jungen, dat he wier to sine Mohr krupen moste. Un he is sien Lewen nig wier up reisen gohn.

144.

Das Eselein

Es lebte einmal ein König und eine Königin, die waren reich und hatten alles, was sie sich wünschten, nur keine Kinder. Darüber klagte sie Tag und Nacht und sprach: »Ich bin wie ein Acker, auf dem nichts wächst.« Endlich erfüllte Gott ihre Wünsche: als das Kind aber zur Welt kam, sah's nicht aus wie ein Menschenkind, sondern war ein junges Eselein. Wie die Mutter das erblickte, fing ihr Jammer und Geschrei erst recht an, sie hätte lieber gar kein Kind gehabt als einen Esel und sagte, man sollt ihn ins Wasser werfen, damit ihn die Fische fräßen. Der König aber sprach: »Nein, hat Gott ihn gegeben, soll er auch mein Sohn und Erbe sein, nach meinem Tod auf dem königlichen Thron sitzen und die königliche Krone tragen.« Also ward das Eselein aufgezogen, nahm zu, und die Ohren wuchsen ihm auch fein hoch und gerad hinauf. Es war aber sonst fröhlicher Art, sprang herum, spielte und hatte besonders seine Lust an der Musik, so daß es zu einem berühmten Spielmann ging und sprach: »Lehre mich deine Kunst, daß ich so gut die Laute schlagen kann als du.« – »Ach, liebes Herrlein«, antwortete der Spielmann, »das sollt Euch schwerfallen, Eure Finger sind nicht allerdings dazu gemacht und gar zu groß; ich sorge, die Saiten halten's nicht aus.« Es half keine Ausrede, das Eselein wollte und mußte die Laute schlagen, war beharrlich und fleißig und lernte es am Ende so gut als sein Meister selber. Einmal ging das junge Herrlein nachdenksam spazieren und kam an einen Brunnen, da schaute es hinein und sah im spiegelhellen Wasser seine Eseleinsgestalt. Darüber war es so betrübt, daß es in die weite Welt ging und nur einen treuen Gesellen mitnahm. Sie zogen auf und ab, zuletzt kamen sie in ein Reich, wo ein alter König herrschte, der nur eine einzige, aber wunderschöne Tochter hatte. Das Eselein sagte: »Hier wollen wir weilen«, klopfte ans Tor und rief: »Es ist ein Gast haußen, macht auf, damit er eingehen kann.« Als aber nicht aufgetan ward, setzte er sich hin, nahm seine Laute und schlug sie mit seinen zwei Vorderfüßen aufs lieblichste. Da sperrte der Türhüter gewaltig die Augen auf, lief zum König und sprach: »Da draußen sitzt ein junges Eselein vor dem Tor, das schlägt die Laute so gut als ein gelernter Meister.« – »So laß mir den Musikant hereinkommen«, sprach der König. Wie aber ein Eselein hereintrat, fing alles an, über den Lautenschläger zu lachen. Nun sollte das Eselein unten zu den Knechten gesetzt und gespeist werden, es ward aber unwillig und sprach: »Ich bin kein gemeines Stalleselein, ich bin ein vornehmes.« Da sagten sie: »Wenn du das bist, so setze dich zu dem Kriegsvolk.« – »Nein«, sprach es, »ich will beim König sitzen.« Der König lachte und sprach in gutem Mut: »Ja, es soll so sein, wie du verlangst, Eselein, komm her zu mir.« Danach fragte er: »Eselein, wie gefällt dir meine Tochter?« Das Eselein drehte den Kopf nach ihr, schaute sie an, nickte und sprach: »Aus der Maßen wohl, sie ist so schön, wie ich noch keine gesehen habe.« – »Nun, so sollst du auch neben ihr sitzen«, sagte der König. »Das ist mir eben recht«, sprach das Eselein und setzte sich an ihre Seite, aß und trank und wußte sich fein und säuberlich zu betragen. Als das edle Tierlein eine gute Zeit an des Königs Hof geblieben war, dachte es: »Was hilft das alles, du mußt wieder heim«, ließ den Kopf traurig hängen, trat vor den König und verlangte seinen Abschied. Der König hatte es aber liebgewonnen und sprach: »Eselein, was ist dir? Du schaust ja sauer, wie ein Essigkrug; bleib bei mir, ich will dir geben, was du verlangst. Willst du Gold?« – »Nein«, sagte das Eselein und schüttelte mit dem Kopf. »Willst du Kostbarkeiten und Schmuck?« – »Nein.« – »Willst du mein halbes Reich?« – »Ach nein.« Da sprach der König: »Wenn ich nur wüßte, was dich vergnügt machen könnte: willst du meine schöne Tochter zur Frau?« – »Ach ja«, sagte das Eselein, »die möchte ich wohl haben«, war auf einmal ganz lustig und guter Dinge, denn das war's gerade, was es sich gewünscht hatte. Also ward eine große und prächtige Hochzeit gehalten. Abends, wie Braut und Bräutigam in ihr Schlafkämmerlein geführt wurden, wollte der König wissen, ob sich das Eselein auch fein artig und manierlich betrüge, und hieß einem Diener, sich dort verstekken. Wie sie nun beide drinnen waren, schob der Bräutigam den Riegel vor die Tür, blickte sich um, und wie er glaubte, daß sie ganz allein wären, da warf er auf einmal seine Eselshaut ab und stand da als ein schöner königlicher Jüngling. »Nun siehst du«, sprach er, »wer ich bin, und siehst auch, daß ich deiner nicht unwert war.« Da ward die Braut froh, küßte ihn und hatte ihn von Herzen lieb. Als aber der Morgen herankam, sprang er auf, zog seine Tierhaut wieder über, und hätte kein Mensch gedacht, was für einer dahintersteckte. Bald kam auch der alte König gegangen. »Ei«, rief er, »ist das Eselein schon munter! Du bist wohl recht traurig«, sagte er zu seiner Tochter, »daß du keinen ordentlichen Menschen zum Mann bekommen hast?« – »Ach nein, lieber Vater, ich habe ihn so lieb, als wenn er der allerschönste wäre, und will ihn mein Lebtag behalten.« Der König wunderte sich, aber der Diener, der sich versteckt hatte, kam und offenbarte ihm alles. Der König sprach: »Das ist nimmermehr wahr.« – »So wacht selber die folgende Nacht, Ihr werdet's mit eigenen Augen sehen, und wißt Ihr was, Herr König, nehmt ihm die Haut weg und werft sie ins Feuer, so muß er sich wohl in seiner rechten Gestalt zeigen.« – »Dein Rat ist gut«, sprach der König, und abends, als sie schliefen, schlich er sich hinein, und wie er zum Bett kam, sah er im Mondschein einen stolzen Jüngling da ruhen, und die Haut lag abgestreift auf der Erde. Da nahm er sie weg und ließ draußen ein gewaltiges Feuer anmachen und die Haut hineinwerfen und blieb selber dabei, bis sie ganz zu Asche verbrannt war. Weil er aber sehen wollte, wie sich der Beraubte anstellen würde, blieb er die Nacht über wach und lauschte. Als der Jüngling ausgeschlafen hatte, beim ersten Morgenschein, stand er auf und wollte die Eselshaut anziehen, aber sie war nicht zu finden. Da erschrak er und sprach voll Trauer und Angst: »Nun muß ich sehen, daß ich entfliehe.« Wie er hinaustrat, stand aber der König da und sprach: »Mein Sohn, wohin so eilig, was hast du im Sinn? Bleib hier, du bist ein so schöner Mann, du sollst nicht wieder von mir. Ich gebe dir jetzt mein Reich halb, und nach meinem Tod bekommst du es ganz.« – »So wünsch ich, daß der gute Anfang auch ein gutes Ende nehme«, sprach der Jüngling, »ich bleibe bei Euch.« Da gab ihm der Alte das halbe Reich, und als er nach einem Jahr starb, hatte er das ganze, und nach dem Tod seines Vaters noch eins dazu, und lebte in aller Herrlichkeit.

145.

Der undankbare Sohn

Es saß einmal ein Mann mit seiner Frau vor der Haustür, und sie hatten ein gebraten Huhn vor sich stehen und wollten das zusammen verzehren. Da sah der Mann, wie sein alter Vater daherkam, geschwind nahm er das Huhn und versteckte es, weil er ihm nichts davon gönnte. Der Alte kam, tat einen Trunk und ging fort. Nun wollte der Sohn das gebratene Huhn wieder auf den Tisch tragen, aber als er danach griff, war es eine große Kröte geworden, die sprang ihm ins Angesicht und saß da und ging nicht wieder weg; und wenn sie jemand wegtun wollte, sah sie ihn giftig an, als wollte sie ihm ins Angesicht springen, so daß keiner sie anzurühren getraute. Und die Kröte mußte der undankbare Sohn alle Tage füttern, sonst fraß sie ihm aus seinem Angesicht; und also ging er ohne Ruhe in der Welt hin und her.

146.

Die Rübe

Es waren einmal zwei Brüder, die dienten beide als Soldaten, und war der eine reich, der andere arm. Da wollte der Arme sich aus seiner Not helfen, zog den Soldatenrock aus und ward ein Bauer. Also grub und hackte er sein Stückchen Acker und säte Rübsamen. Der Same ging auf, und es wuchs da eine Rübe, die ward groß und stark und zusehends dicker und wollte gar nicht aufhören zu wachsen, so daß sie eine Fürstin aller Rüben heißen konnte, denn nimmer war so eine gesehen und wird auch nimmer wieder gesehen werden. Zuletzt war sie so groß, daß sie allein einen ganzen Wagen anfüllte und zwei Ochsen daran ziehen mußten, und der Bauer wußte nicht, was er damit anfangen sollte und ob's sein Glück oder sein Unglück wäre. Endlich dachte er: »Verkaufst du sie, was wirst du großes

dafür bekommen, und willst du sie selber essen, so tun die kleinen Rüben denselben Dienst; am besten ist, du bringst sie dem König und machst ihm eine Verehrung damit.« Also lud er sie auf den Wagen, spannte zwei Ochsen vor, brachte sie an den Hof und schenkte sie dem König. »Was ist das für ein seltsam Ding?« sagte der König. »Mir ist viel Wunderliches vor die Augen gekommen, aber so ein Ungetüm noch nicht; aus was für Samen mag die gewachsen sein? Oder dir gerät's allein, und du bist ein Glückskind.« – »Ach nein«, sagte der Bauer, »ein Glückskind bin ich nicht, ich bin ein armer Soldat, der, weil er sich nicht mehr nähren konnte, den Soldatenrock an den Nagel hing und das Land baute. Ich habe noch einen Bruder, der ist reich und Euch, Herr König, auch wohl bekannt, ich aber, weil ich nichts habe, bin von aller Welt vergessen.« Da empfand der König Mitleid mit ihm und sprach: »Deiner Armut sollst du überhoben und so von mir beschenkt werden, daß du wohl deinem reichen Bruder gleichkommst.« Da schenkte er ihm eine Menge Gold, Äcker, Wiesen und Herden und machte ihn steinreich, so daß des andern Bruders Reichtum gar nicht konnte damit verglichen werden. Als dieser hörte, was sein Bruder mit einer einzigen Rübe erworben hatte, beneidete er ihn und sann hin und her, wie er sich auch ein solches Glück zuwenden könnte. Er wollt's aber noch viel gescheiter anfangen, nahm Gold und Pferde und brachte sie dem König und meinte nicht anders, der würde ihm ein viel größeres Gegengeschenk machen, denn hätte sein Bruder so viel für eine Rübe bekommen, was würde es ihm für so schöne Dinge nicht alles tragen. Der König nahm das Geschenk und sagte, er wüßte ihm nichts wieder zu geben, das seltener und besser wäre als die große Rübe. Also mußte der Reiche seines Bruders Rübe auf einen Wagen legen und nach Haus fahren lassen. Daheim wußte er nicht, an wem er seinen Zorn und Ärger auslassen sollte, bis ihm böse Gedanken kamen und er beschloß, seinen Bruder zu töten. Er gewann Mörder, die mußten sich in einen Hinterhalt stellen, und darauf ging er zu seinem Bruder und sprach: »Lieber Bruder, ich weiß einen heimlichen Schatz, den wollen wir miteinander heben und teilen.« Der andere ließ sich's auch gefallen und ging ohne Arg mit. Als sie aber hinauskamen, stürzten die Mörder über ihn her, banden ihn und wollten ihn an einen Baum hängen. Indem sie eben darüber waren, erscholl aus der Ferne lauter Gesang und Hufschlag, daß ihnen der Schrecken in den Leib fuhr und sie über Hals und

Kopf ihren Gefangenen in den Sack steckten, am Ast hinaufwanden und die Flucht ergriffen. Er aber arbeitete oben, bis er ein Loch im Sack hatte, wodurch er den Kopf stecken konnte. Wer aber des Wegs kam, war nichts als ein fahrender Schüler, ein junger Geselle, der fröhlich sein Lied singend durch den Wald auf der Straße daherritt. Wie der oben nun merkte, daß einer unter ihm vorbeiging, rief er: »Sei mir gegrüßt, zu guter Stunde.« Der Schüler guckte sich überall um, wußte nicht, wo die Stimme herschallte, endlich sprach er: »Wer ruft mir?« Da antwortete es aus dem Wipfel: »Erhebe deine Augen, ich sitze hier oben im Sack der Weisheit: in kurzer Zeit habe ich große Dinge gelernt, dagegen sind alle Schulen ein Wind; um ein weniges, so werde ich ausgelernt haben, herabsteigen und weiser sein als alle Menschen. Ich verstehe die Gestirne und Himmelszeichen, das Wehen aller Winde, den Sand im Meer, Heilung der Krankheit, die Kräfte der Kräuter, Vögel und Steine. Wärst du einmal darin, du würdest fühlen, was für Herrlichkeit aus dem Sack der Weisheit fließt.« Der Schüler, wie er das alles hörte, erstaunte und sprach: »Gesegnet sei die Stunde, wo ich dich gefunden habe, könnt ich nicht auch ein wenig in den Sack kommen?« Oben der antwortete, als tät er's nicht gerne. »Eine kleine Weile will ich dich wohl hineinlassen für Lohn und gute Worte, aber du mußt doch noch eine Stunde warten, es ist ein Stück übrig, das ich erst lernen muß.« Als der Schüler ein wenig gewartet hatte, war ihm die Zeit zu lang und er bat, daß er doch möchte hineingelassen werden, sein Durst nach Weisheit wäre gar zu groß. Da stellte sich der oben, als gäbe er endlich nach und sprach: »Damit ich aus dem Haus der Weisheit heraus kann, mußt du den Sack am Strick herunterlassen, so sollst du eingehen.« Also ließ der Schüler ihn herunter, band den Sack auf und befreite ihn, dann rief er selber: »Nun zieh mich recht geschwind hinauf«, und wollt geradstehend in den Sack einschreiten. »Halt!« sagte der andere, »so geht's nicht an«, packte ihn beim Kopf, steckte ihn umgekehrt in den Sack, schnürte zu und zog den Jünger der Weisheit am Strick baumwärts, dann schwengelte er ihn in der Luft und sprach: »Wie steht's, mein lieber Geselle? Siehe, schon fühlst du, daß dir die Weisheit kommt, und machst gute Erfahrung, sitze also fein ruhig, bis du klüger wirst.« Damit stieg er auf des Schülers Pferd, ritt fort, schickte aber nach einer Stunde jemand, der ihn wieder herablassen mußte.

147.

Das junggeglühte Männlein

Zur Zeit, da unser Herr noch auf Erden ging, kehrte er eines Abends mit dem heiligen Petrus bei einem Schmied ein und bekam willig Herberge. Nun geschah's, daß ein armer Bettelmann, von Alter und Gebrechen hart gedrückt, in dieses Haus kam und vom Schmied Almosen forderte. Des erbarmte sich Petrus und sprach: »Herr und Meister, so dir's gefällt, heil ihm doch seine Plage, daß er sich selbst sein Brot möge gewinnen.« Sanftmütig sprach der Herr: »Schmied, leih mir deine Esse und lege mir Kohlen an, so will ich den alten kranken Mann zu dieser Zeit verjüngen.« Der Schmied war ganz bereit, und St. Petrus zog die Bälge, und als das Kohlenfeuer auffunkte, groß und hoch, nahm unser Herr das alte Männlein, schob's in die Esse, mitten ins rote Feuer, daß es drin glühte wie ein Rosenstock, und Gott lobte mit lauter Stimme. Nachdem trat der Herr zum Löschtrog, zog das glühende Männlein hinein, daß das Wasser über ihn zusammenschlug, und nachdem er's fein sittig abgekühlt, gab er ihm seinen Segen: siehe, zuhand sprang das Männlein heraus, zart, gerade, gesund und wie von zwanzig Jahren. Der Schmied, der eben und genau zugesehen hatte, lud sie alle zum Nachtmahl. Er hatte aber eine alte, halb blinde bucklichte Schwieger, die machte sich zum Jüngling hin und forschte ernstlich, ob ihn das Feuer hart gebrennet habe. Nie sei ihm besser gewesen, antwortete jener, er habe da in der Glut gesessen wie in einem kühlen Tau.

Was der Jüngling gesagt hatte, das klang die ganze Nacht in den Ohren der alten Frau, und als der Herr frühmorgens die Straße weitergezogen war und dem Schmied wohl gedankt hatte, meinte dieser, er könnte seine alte Schwieger auch jung machen, da er fein ordentlich alles mit angesehen habe und es in seine Kunst schlage. Rief sie deshalb an, ob sie auch wie ein Mägdlein von achtzehn Jahren in Sprüngen daher wollte gehen. Sie sprach: »Von ganzem Herzen«, weil es dem Jüngling auch so sanft angekommen war. Machte also der Schmied große Glut und stieß die Alte hinein, die sich hin und wieder bog und grausames Mordgeschrei anstimmte. »Sitz still, was schreist und hüpfst du, ich will erst weidlich zublasen.« Zog damit die Bälge von neuem, bis ihr alle Haderlumpen brannten. Das alte Weib schrie ohne Ruhe, und der Schmied dachte: »Kunst geht nicht recht zu«, nahm sie heraus und warf sie in den Löschtrog. Da schrie sie ganz überlaut, daß es droben im Haus die Schmiedin und ihre Schnur hörten; die liefen beide die Stiegen herab und sahen die Alte heulend und maulend ganz zusammengeschnurrt im Trog liegen, das Angesicht gerunzelt, gefaltet und ungeschaffen. Darob sich die zwei, die beide mit Kindern gingen, so entsetzten, daß sie noch dieselbe Nacht zwei Junge gebaren, die waren nicht wie Menschen geschaffen, sondern wie Affen, liefen zum Wald hinein; und von ihnen stammt das Geschlecht der Affen her.

148.

Des Herrn und des Teufels Getier

Gott der Herr hatte alle Tiere erschaffen und sich die Wölfe zu seinen Hunden auserwählet; bloß der Geiß hatte er vergessen. Da richtete sich der Teufel an, wollte auch schaffen und machte die Geiße mit feinen langen Schwänzen. Wenn sie nun zur Weide gingen, blieben sie gewöhnlich mit ihren Schwänzen in den Dornhekken hängen, da mußte der Teufel hineingehen und sie mit vieler Mühe losknüpfen. Das verdroß ihn zuletzt, war her und biß jeder Geiß den Schwanz ab, wie noch heut des Tags an den Stümpfen zu sehen ist.

Nun ließ er sie zwar allein weiden, aber es geschah, daß Gott der Herr zusah, wie sie bald einen fruchtbaren Baum benagten, bald die edeln Reben beschädigten, bald andere zarte Pflanzen verderbten. Das jammerte ihn, so daß er aus Güte und Gnaden seine Wölfe dranhetzte, welche die Geiße, die da gingen, bald zerrissen. Wie der Teufel das vernahm, trat er vor den Herrn und sprach: »Dein Geschöpf hat mir das meine zerrissen.« Der Herr antwortete: »Was hattest du es zu Schaden erschaffen!« Der Teufel sagte: »Ich mußte das: gleichwie selbst mein Sinn auf Schaden geht, konnte, was ich erschaffen, keine andere Natur haben und mußt mir's teuer zahlen.« – »Ich zahl dir's, sobald das Eichenlaub abfällt, dann komm, dein Geld ist schon gezählt.« Als das Eichenlaub abgefallen war, kam der Teufel und forderte seine Schuld. Der Herr aber sprach: »In der Kirche zu Konstantinopel steht eine hohe Eiche, die hat noch alles ihr Laub.« Mit Toben und Fluchen entwich der Teufel und wollte die Eiche suchen, irrte sechs Monate in der Wüstenei, ehe er sie befand, und als er wiederkam, waren derweil wieder alle andere Eichen voll grüner Blätter. Da mußte er seine Schuld fahrenlassen, stach im Zorn allen übrigen Geißen die Augen aus und setzte ihnen seine eigenen ein.

Darum haben alle Geiße Teufelsaugen und abgebissene Schwänze, und er nimmt gern ihre Gestalt an.

149.

Der Hahnenbalken

Es war einmal ein Zauberer, der stand mitten in einer großen Menge Volks und vollbrachte seine Wunderdinge. Da ließ er auch einen Hahn einherschreiten, der hob einen schweren Balken und trug ihn, als wäre er federleicht. Nun war aber ein Mädchen, das hatte eben ein vierblättriges Kleeblatt gefunden und war dadurch klug geworden, so daß kein Blendwerk vor ihm bestehen konnte, und sah, daß der Balken nichts war als ein Strohhalm. Da rief es: »Ihr Leute, seht ihr nicht, das ist ein bloßer Strohhalm und kein Balken, was der Hahn da trägt.« Alsbald verschwand der Zauber, und die Leute sahen, was es war, und jagten den Hexenmeister mit Schimpf und Schande fort. Er aber, voll innerlichen Zornes, sprach: »Ich will mich schon rächen.« Nach einiger Zeit hielt das Mädchen Hochzeit, war geputzt und ging in einem großen Zug über das Feld nach dem Ort, wo die Kirche stand. Auf einmal kamen sie an einen stark angeschwollenen Bach, und war keine Brücke und kein Steg, darüber zu gehen. Da war die Braut flink, hob ihre Kleider auf und wollte durchwaten. Wie sie nun eben im Wasser so steht, ruft ein Mann, und das war der Zauberer, neben ihr ganz spöttisch: »Ei! wo hast du deine Augen, daß du das für ein Wasser hältst?« Da gingen ihr die Augen auf, und sie sah, daß sie mit ihren aufgehobenen Kleidern mitten in einem blaublühenden Flachsfeld stand. Da sahen es die Leute auch allesamt und jagten sie mit Schimpf und Gelächter fort.

150.

Die alte Bettelfrau

Es war einmal eine alte Frau, du hast wohl ehe eine alte Frau sehn betteln gehen? Diese Frau bettelte auch, und wann sie etwas bekam, dann sagte sie: »Gott lohn Euch.« Die Bettelfrau kam an die Tür, da stand ein freundlicher Schelm von Jungen am Feuer und wärmte sich. Der Junge sagte freundlich zu der armen alten Frau, wie sie so an der Tür stand und zitterte: »Kommt, Altmutter, und erwärmt Euch.« Sie kam herzu, ging aber zu nahe ans Feuer stehn, daß ihre alten Lumpen anfingen zu brennen, und sie ward's nicht gewahr. Der Junge stand und sah das, er hätt's doch löschen sollen? Nicht wahr, er hätte löschen sollen? Und wenn er kein Wasser gehabt hätte, dann hätte er alles Wasser in seinem Leibe zu den Augen herausweinen sollen, das hätte so zwei hübsche Bächlein gegeben, zu löschen.

151.

Die drei Faulen

Ein König hatte drei Söhne, die waren ihm alle gleich lieb, und er wußte nicht, welchen er zum König nach seinem Tode bestimmen sollte. Als die Zeit kam, daß er sterben wollte, rief er sie vor sein Bett und sprach: »Liebe Kinder, ich habe etwas bei mir bedacht, das will ich euch eröffnen: Welcher von euch der Faulste ist, der soll nach mir König werden.« Da sprach der älteste: »Vater, so gehört das Reich mir, denn ich bin so faul, wenn ich liege und will schlafen und es fällt mir ein Tropfen in die Augen, so mag ich sie nicht zutun, damit ich einschlafe.« Der zweite sprach: »Vater, das Reich gehört mir, denn ich bin so faul, wenn ich beim Feuer sitze, mich zu wärmen, so ließ ich mir eher die Fersen verbrennen, eh ich die Beine zurückzöge.« Der dritte sprach: »Vater, das Reich ist mein, denn ich bin so faul, sollt ich aufgehenkt werden und hätte den Strick schon um den Hals und einer gäbe mir ein scharf Messer in die Hand, damit ich den Strick zerschneiden dürfte, so ließ ich mich eher aufhenken, eh ich meine Hand erhübe zum Strick.« Wie der Vater das hörte, sprach er: »Du hast es am weitesten gebracht und sollst der König sein.«

151.

Die zwölf faulen Knechte

Zwölf Knechte, die den ganzen Tag nichts getan hatten, wollten sich am Abend nicht noch anstrengen, sondern legten sich ins Gras und rühmten sich ihrer Faulheit. Der erste sprach: »Was geht mich eure Faulheit an, ich habe mit meiner eigenen zu tun. Die Sorge für den Leib ist meine Hauptarbeit: ich esse nicht wenig und trinke desto mehr. Wenn ich vier Mahlzeiten gehalten habe, so faste ich eine kurze Zeit, bis ich wieder Hunger empfinde, das bekommt mir am besten. Früh aufstehn ist nicht meine Sache, wenn es gegen Mittag geht, so suche ich mir schon einen Ruheplatz aus. Ruft der Herr, so tue ich, als hätte ich es nicht gehört, und ruft er zum zweitenmal, so warte ich noch eine Zeitlang, bis ich mich erhebe, und gehe auch dann recht langsam. So läßt sich das Leben ertragen.« Der zweite sprach: »Ich habe ein Pferd zu besorgen, aber ich lasse ihm das Gebiß im Maul, und wenn ich nicht will, so gebe ich ihm kein Futter und sage, es habe schon gefressen. Dafür lege ich mich in den Haferkasten und schlafe vier Stunden. Hernach strecke ich wohl einen Fuß heraus und fahre damit dem Pferd ein paarmal über den Leib, so ist es gestriegelt und geputzt; wer wird da viel Umstände machen? Aber der Dienst ist mir doch noch zu beschwerlich.« Der dritte sprach: »Wozu sich mit Arbeit plagen? Dabei kommt nichts heraus. Ich legte mich in die Sonne und schlief. Es fing an zu tröpfeln, aber weshalb aufstehen? Ich ließ es in Gottes Namen fortregnen. Zuletzt kam ein Platzregen, und zwar so heftig, daß er mir die Haare vom Kopf ausriß und wegschwemmte und ich ein Loch in den Schädel bekam. Ich legte ein Pflaster darauf, und damit war's gut. Schaden der Art habe ich schon mehr gehabt.« Der vierte sprach: »Soll ich eine Arbeit angreifen, so dämmere ich erst eine Stunde herum, damit ich meine Kräfte spare. Hernach fange ich ganz gemächlich an und frage, ob nicht andere da wären, die mir helfen könnten. Die lasse ich dann die Hauptarbeit tun und sehe eigentlich nur zu; aber das ist mir auch noch zu viel.« Der fünfte sprach: »Was will das sagen! Denkt euch, ich soll den Mist aus dem Pferdestall fortschaffen und auf den Wagen laden. Ich lasse es langsam angehen, und habe ich etwas auf die Gabel genommen, so hebe ich es nur halb in die Höhe und ruhe erst eine Viertelstunde, bis ich es vollends hinaufwerfe. Es ist übrig genug, wenn ich des Tags ein Fuder hinausfahre. Ich habe keine Lust, mich totzuarbeiten.« Der sechste sprach: »Schämt euch, ich erschrecke vor keiner Arbeit, aber ich lege mich drei Wochen hin und ziehe nicht einmal meine Kleider aus. Wozu Schnallen an die Schuhe? Die können mir immerhin von den Füßen abfallen, es schadet nichts. Will ich eine Treppe ersteigen, so ziehe ich einen Fuß nach dem andern langsam auf die erste Stufe herauf, dann zähle ich die übrigen, damit ich weiß, wo ich ruhen muß.« Der siebente sprach: »Bei mir geht das nicht: mein Herr sieht auf meine Arbeit, nur ist er den ganzen Tag nicht zu Haus. Doch versäume ich nichts, ich laufe, soviel das möglich ist, wenn man schleicht. Soll ich fortkommen, so müßten mich vier stämmige Männer mit allen Kräften fortschieben. Ich kam dahin, wo auf einer Pritsche sechs nebeneinanderlagen und schliefen; ich legte mich zu ihnen und schlief auch. Ich war nicht wieder zu wekken, und wollten sie mich heim haben, so mußten sie mich wegtragen.« Der achte sprach: »Ich sehe wohl, daß ich allein ein munterer Kerl bin, liegt ein Stein vor mir, so gebe ich mir nicht die Mühe, meine Beine aufzuheben und darüber hinwegzuschreiten, ich lege mich auf die Erde nieder, und bin ich naß, voll Kot und Schmutz, so bleibe ich liegen, bis mich die Sonne wieder ausgetrocknet hat; höchstens drehe ich mich so, daß sie auf mich scheinen kann.« Der neunte sprach: »Das ist was Rechts! Heute lag das Brot vor mir, aber ich war zu faul, danach zu greifen, und wäre fast Hungers gestorben. Auch ein Krug stand dabei, aber so groß und schwer, daß ich ihn nicht in die Höhe heben mochte und lieber Durst litt. Mich nur umzudrehen, war mir zu viel, ich blieb den ganzen Tag liegen wie ein Stock.« Der zehnte sprach: »Mir hat die Faulheit Schaden gebracht, ein gebrochenes Bein und geschwollene Waden. Unser drei lagen auf einem Fahrweg, und ich hatte die Beine ausgestreckt. Da kam jemand mit einem Wagen, und die Räder gingen mir darüber. Ich hätte die Beine freilich zurückziehen können, aber ich hörte den Wagen nicht kommen: die Mücken summten mir um die Ohren, krochen mir zu der Nase herein und zu dem Mund wieder heraus; wer will sich die Mühe geben, das Geschmeiß wegzujagen.« Der elfte sprach: »Gestern habe ich meinen Dienst aufgesagt. Ich hatte keine Lust, meinem Herrn die schweren Bücher noch länger herbeizuholen und wieder wegzutragen: das nahm den ganzen Tag kein Ende. Aber die Wahrheit zu sagen, er gab mir den Abschied und wollte mich auch nicht länger behalten, denn seine Kleider, die ich im Staub liegen ließ, waren von den Motten zerfressen; und das war recht.« Der zwölfte sprach: »Heute mußte ich mit dem Wagen über Feld fahren, ich machte mir ein Lager von Stroh darauf und schlief richtig ein. Die Zügel rutschten mir aus der Hand, und als ich erwachte, hatte sich das Pferd beinahe losgerissen, das Geschirr war weg, das Rückenseil, Kummet, Zaum und Gebiß. Es war einer vorbeigekommen, der hatte alles fortgetragen. Dazu war der Wagen in eine Pfütze geraten und stand fest. Ich ließ ihn stehen und streckte mich wieder aufs Stroh. Der Herr kam endlich selbst und schob den Wagen heraus, und wäre er nicht gekommen, so läge ich nicht hier, sondern dort und schliefe in guter Ruh.«

152.

Das Hirtenbüblein

Es war einmal ein Hirtenbübchen, das war wegen seiner weisen Antworten, die es auf alle Fragen gab, weit und breit berühmt. Der König des Landes hörte auch davon, glaubte es nicht und ließ das Bübchen kommen. Da sprach er zu ihm: »Kannst du mir auf drei Fragen, die ich dir vorlegen will, Antwort geben, so will ich dich ansehen wie mein eigen Kind, und du sollst bei mir in meinem königlichen Schloß wohnen.« Sprach das Büblein: »Wie lauten die drei Fragen?« Der König sagte: »Die erste lautet: Wieviel Tropfen Wasser sind in dem Weltmeer?« Das Hirtenbüblein antwortete: »Herr König, laßt alle Flüsse auf der Erde verstopfen, damit kein Tröpflein mehr daraus ins Meer lauft, das ich nicht erst gezählt habe, so will ich Euch sagen, wieviel Tropfen im Meere sind.« Sprach der König: »Die andere Frage lautet: Wieviel Sterne stehen am Himmel?« Das Hirtenbübchen sagte: »Gebt mir einen großen Bogen weiß Papier«, und dann machte es mit der Feder so viel feine Punkte darauf, daß sie kaum zu sehen und fast gar nicht zu zählen waren und einem die Augen vergingen, wenn man daraufblickte. Darauf sprach es: »So viel Sterne stehen am Himmel als hier Punkte auf dem Papier, zählt sie nur.« Aber niemand war dazu imstand. Sprach der König: »Die dritte Frage lautet: Wieviel Sekunden hat die Ewigkeit?« Da sagte das Hirtenbüblein: »In Hinterpommern liegt der Demantberg, der hat eine Stunde in die Höhe, eine Stunde in die Breite und eine Stunde in die Tiefe; dahin kommt alle hundert Jahre ein Vögelein und wetzt sein Schnäbelein daran, und wenn der ganze Berg abgewetzt ist, dann ist die erste Sekunde von der Ewigkeit vorbei.«

Sprach der König: »Du hast die drei Fragen aufgelöst wie ein Weiser und sollst fortan bei mir in meinem königlichen Schlosse wohnen, und ich will dich ansehen wie mein eigenes Kind.«

153.

Die Sterntaler

Es war einmal ein kleines Mädchen, dem war Vater und Mutter gestorben, und es war so arm, daß es kein Kämmerchen mehr hatte, darin zu wohnen, und kein Bettchen mehr, darin zu schlafen, und endlich gar nichts mehr als die Kleider auf dem Leib und ein Stückchen Brot in der Hand, das ihm ein mitleidiges Herz geschenkt hatte. Es war aber gut und fromm. Und weil es so von aller Welt verlassen war, ging es im Vertrauen auf den lieben Gott hinaus ins

Feld. Da begegnete ihm ein armer Mann, der sprach: »Ach, gib mir etwas zu essen, ich bin so hungerig.« Es reichte ihm das ganze Stückchen Brot und sagte: »Gott segne dir's«, und ging weiter. Da kam ein Kind, das jammerte und sprach: »Es friert mich so an meinem Kopfe, schenk mir etwas, womit ich ihn bedecken kann.« Da tat es seine Mütze ab und gab sie ihm. Und als es noch eine Weile gegangen war, kam wieder ein Kind und hatte kein Leibchen an und fror: da gab es ihm seins; und noch weiter, da bat eins um ein Röcklein, das gab es auch von sich hin. Endlich gelangte es in einen Wald, und es war schon dunkel geworden, da kam noch eins und bat um ein Hemdlein, und das fromme Mädchen dachte: »Es ist dunkle Nacht, da sieht dich niemand, du kannst wohl dein Hemd weggeben«, und zog das Hemd ab und gab es auch noch hin. Und wie es so stand und gar nichts mehr hatte, fielen auf einmal die Sterne vom Himmel, und waren lauter harte blanke Taler; und ob es gleich sein Hemdlein weggegeben, so hatte es ein neues an, und das war vom allerfeinsten Linnen. Da sammelte es sich die Taler hinein und war reich für sein Lebtag.

154.

Der gestohlene Heller

Es saß einmal ein Vater mit seiner Frau und seinen Kindern mittags am Tisch, und ein guter Freund, der zum Besuch gekommen war, aß mit ihnen. Und wie sie so saßen und es zwölf Uhr schlug, da sah der Fremde die Tür aufgehen und ein schneeweiß gekleidetes, ganz blasses Kindlein hereinkommen. Es blickte sich nicht um und sprach auch nichts, sondern ging geradezu in die Kammer nebenan. Bald darauf kam es zurück und ging ebenso still wieder zur Tür hinaus. Am zweiten und am dritten Tag kam es auf eben diese Weise. Da fragte endlich der Fremde den Vater, wem das schöne Kind gehörte, das alle Mittag in die Kammer ginge. »Ich habe es nicht gesehen«, antwortete er, »und wüßte auch nicht, wem es gehören könnte.« Am andern Tage, wie es wieder kam, zeigte es der Fremde dem Vater, der sah es aber nicht, und die Mutter und die

Kinder alle sahen auch nichts. Nun stand der Fremde auf, ging zur Kammertüre, öffnete sie ein wenig und schaute hinein. Da sah er das Kind auf der Erde sitzen und emsig mit den Fingern in den Dielenritzen graben und wühlen; wie es aber den Fremden bemerkte, verschwand es. Nun erzählte er, was er gesehen hatte, und beschrieb das Kind genau, da erkannte es die Mutter und sagte: »Ach, das ist mein liebes Kind, das vor vier Wochen gestorben ist.« Sie brachen die Dielen auf und fanden zwei Heller, die hatte einmal das Kind von der Mutter erhalten, um sie einem armen Manne zu geben, es hatte aber gedacht: »Dafür kannst du dir einen Zwieback kaufen«, die Heller behalten und in die Dielenritzen versteckt; und da hatte es im Grabe keine Ruhe gehabt und war alle Mittage gekommen, um nach den Hellern zu suchen. Die Eltern gaben darauf das Geld einem Armen, und nachher ist das Kind nicht wieder gesehen worden.

155.

Die Brautschau

Es war ein junger Hirt, der wollte gern heiraten und kannte drei Schwestern, davon war eine so schön wie die andere, daß ihm die Wahl schwer wurde und er sich nicht entschließen konnte, einer davon den Vorzug zu geben. Da fragte er seine Mutter um Rat, die sprach: »Lad alle drei ein und setz ihnen Käs vor und hab acht, wie sie ihn anschneiden.« Das tat der Jüngling, die erste aber verschlang den Käs mit der Rinde; die zweite schnitt in der Hast die Rinde vom Käs ab, weil sie aber so hastig war, ließ sie noch viel Gutes daran und warf das mit weg; die dritte schälte ordentlich die Rinde ab, nicht zu viel und nicht zu wenig. Der Hirt erzählte das alles seiner Mutter, da sprach sie: »Nimm die dritte zu deiner Frau.« Das tat er und lebte zufrieden und glücklich mit ihr.

156.

Die Schlickerlinge

Es war einmal ein Mädchen, das war schön, aber faul und nachlässig. Wenn es spinnen sollte, so war es so verdrießlich, daß wenn ein kleiner Knoten im Flachs war, es gleich einen ganzen Haufen mit herausriß und neben sich zur Erde schlickerte. Nun hatte es ein Dienstmädchen, das war arbeitsam, suchte den weggeworfenen Flachs zusammen, reinigte ihn, spann ihn fein und ließ sich ein hübsches Kleid daraus weben. Ein junger Mann hatte um das faule Mädchen geworben, und die Hochzeit sollte gehalten werden. Auf dem Polterabend tanzte das fleißige in seinem schönen Kleide lustig herum, da sprach die Braut:

»Ach, wat kann dat Mäken springen
in minen Slickerlingen!«

Das hörte der Bräutigam und fragte die Braut, was sie damit sagen wollte. Da erzählte sie ihm, daß das Mädchen ein Kleid von dem Flachs trüge, den sie weggeworfen hätte. Wie der Bräutigam das hörte und ihre Faulheit bemerkte und den Fleiß des armen Mädchens, so ließ er sie stehen, ging zu jener und wählte sie zu seiner Frau.

157.

Der Sperling und seine vier Kinder

Ein Sperling hatte vier Junge in einem Schwalbennest. Wie sie nun flügg sind, stoßen böse Buben das Nest ein, sie kommen aber alle glücklich in Windbraus davon. Nun ist dem Alten leid, weil seine Söhne in die Welt kommen, daß er sie nicht vor allerlei Gefahr erst verwarnet und ihnen gute Lehren fürgesagt habe.

Aufn Herbst kommen in einem Weizenacker viel Sperlinge zusammen, allda trifft der Alte seine vier Jungen an, die führt er voll Freuden mit sich heim. »Ach, meine lieben Söhne, was habt ihr mir den Sommer über Sorge gemacht, dieweil ihr ohne meine Lehre in Winde kamet; höret meine Worte und folget euerm Vater und sehet euch wohl vor: kleine Vöglein haben große Gefährlichkeit auszustehen!« Darauf fragte er den ältern, wo er sich den Sommer über aufgehalten und wie er sich ernähret hätte. »Ich habe mich in den Gärten gehalten, Räuplein und Würmlein gesucht, bis die Kirschen reif wurden.« – »Ach, mein Sohn«, sagte der Vater, »die Schnabelweid ist nicht bös, aber es ist große Gefahr dabei, darum habe fortan deiner wohl acht, und sonderlich, wenn Leut in Gärten umhergehn, die lange grüne Stangen tragen, die inwendig hohl sind und oben ein Löchlein haben.« – »Ja, mein Vater, wenn dann ein grün Blättlein aufs Löchlein mit Wachs geklebt wäre?« spricht der Sohn. »Wo hast du das gesehen?« – »In eines Kaufmanns Garten«, sagte der Junge. »O mein Sohn«, spricht der Vater, »Kaufleut, geschwinde Leut! Bist du um die Weltkinder gewesen, so hast du Weltgeschmeidigkeit genug gelernt, siehe und brauch's nur recht wohl und trau dir nicht zu viel.«

Darauf befragt er den andern: »Wo hast du dein Wesen gehabt?« – »Zu Hofe«, spricht der Sohn. »Sperling und alberne Vöglein dienen nicht an diesem Ort, da viel Gold, Sammet, Seiden, Wehr, Harnisch, Sperber, Kauzen und Blaufüß sind, halt dich zum Roßstall, da man den Hafer schwingt oder wo man drischet, so kann dir's Glück mit gutem Fried auch dein täglich Körnlein bescheren.« – »Ja, Vater«, sagte dieser Sohn, »wenn aber die Stalljungen Hebritzen machen und ihre Maschen und Schlingen ins Stroh binden, da bleibt auch mancher behenken.« – »Wo hast du das gesehen?« sagte der Alte. »Zu Hof, beim Roßbuben.« – »O mein Sohn, Hofbuben, böse Buben! Bist du zu Hof und um die Herren gewesen und hast keine Federn da gelassen, so hast du ziemlich gelernet und wirst dich in der Welt wohl wissen auszureißen, doch siehe dich um und auf; die Wölfe fressen auch oft die gescheiten Hündlein.«

Der Vater nimmt den dritten auch vor sich: »Wo hast du dein Heil versucht?« – »Auf den Fahrwegen und Landstraßen hab ich Kübel und Seil eingeworfen und da bisweilen ein Körnlein oder Gräuplein angetroffen.« – »Dies ist ja«, sagt der Vater, »eine feine Nahrung, aber merk gleich wohl auf die Schanz und siehe fleißig auf, sonderlich wenn sich einer bücket und einen Stein aufheben will, da ist dir nicht lang zu bleiben.« – »Wahr ist's«, sagt der Sohn, »wenn aber einer zuvor einen Wand- oder Handstein im Busen oder Tasche trüge?« – »Wo hast du dies gesehn?« – »Bei den Bergleuten, lieber Vater, wenn sie ausfahren, führen sie gemeinlich Handsteine bei sich.« – »Bergleut, Werkleut, anschlägige Leut! Bist du um Bergburschen gewesen, so hast du etwas gesehen und erfahren.

Fahr hin und nimm deiner Sachen gleichwohl gut acht,
Bergbuben haben manchen Sperling mit Kobold umbracht.«

Endlich kommt der Vater an den jüngsten Sohn: »Du, mein liebes Gackennestle, du warst allzeit der alberst und schwächest, bleib du bei mir, die Welt hat viel grober und böser Vögel, die krumme Schnäbel und lange Krallen haben und nur auf arme Vöglein lauern und sie verschlucken; halt dich zu deinesgleichen und lies die Spinnlein und Räuplein von den Bäumen oder Häuslein, so bleibst du lang zufrieden.« – »Du, mein lieber Vater, wer sich nährt ohn andrer Leut Schaden, der kommt lang hin, und kein Sperber, Habicht, Aar oder Weih wird ihm nicht schaden, wenn er zumal sich und seine ehrliche Nahrung dem lieben Gott all Abend und Morgen treulich befiehlt, welcher aller Wald- und Dorfvöglein Schöpfer und Erhalter ist, der auch der jungen Räblein Geschrei und Gebet höret, denn ohne seinen Willen fällt auch kein Sperling oder Schneekünglein auf die Erde.« – »Wo hast du dies gelernt?« Antwortet der Sohn: »Wie mich der große Windbraus von dir wegriß, kam ich in eine Kirche, da las ich den Sommer die Fliegen und Spinnen von den Fenstern ab und hörte diese Sprüch predigen, da hat mich der Vater aller Sperlinge den Sommer über ernährt und behütet vor allem Unglück und grimmigen Vögeln.« – »Traun! mein lieber Sohn, fleuchst du in die Kirchen und hilfest Spinnen und die sumsenden Fliegen aufräumen und zirpst zu Gott wie die jungen Räblein und befiehlst dich dem ewigen Schöpfer, so wirst du wohl bleiben, und wenn die ganze Welt voll wilder tückischer Vögel wäre.

Denn wer dem Herrn befiehlt seine Sach,
schweigt, leidet, wartet, betet, braucht Glimpf, tut gemach,
bewahrt Glaub und gut Gewissen rein,
dem will Gott Schutz und Helfer sein.«

158.

Das Märchen vom Schlauraffenland

In der Schlauraffenzeit, da ging ich und sah, an einem kleinen Seidenfaden hing Rom und der Lateran, und ein fußloser Mann, der überlief ein schnelles Pferd, und ein bitterscharfes Schwert, das durchhieb eine Brücke. Da sah ich einen jungen Esel mit einer silbernen Nase, der jagte hinter zwei schnellen Hasen her, und eine Linde, die war breit, auf der wuchsen heiße Fladen. Da sah ich eine alte dürre Geiß, trug wohl hundert Fuder Schmalzes an ihrem Leibe und sechzig Fuder Salzes. Ist das nicht gelogen genug? Da sah ich zackern einen Pflug ohne Roß und Rinder, und ein jähriges Kind warf vier Mühlensteine von Regensburg bis nach Trier und von Trier hinein in Straßburg, und ein Habicht schwamm über den Rhein: das tat er mit vollem Recht. Da hört ich Fische miteinander Lärm anfangen, daß es in den Himmel hinaufscholl, und ein süßer Honig floß wie Wasser von einem tiefen Tal auf einen hohen Berg; das waren seltsame Geschichten. Da waren zwei Krähen, mähten eine Wiese, und ich sah zwei Mücken an einer Brücke bauen, und zwei Tauben zerrupften einen Wolf, zwei Kinder, die wurfen zwei Zicklein, aber zwei Frösche droschen miteinander Getreid aus. Da sah ich zwei Mäuse einen Bischof weihen, zwei Katzen, die einem Bären die Zunge auskratzten. Da kam eine Schnecke gerannt und erschlug zwei wilde Löwen. Da stand ein Bartscherer, schor einer Frauen ihren Bart ab, und zwei säugende Kinder hießen ihre Mutter stillschweigen. Da sah ich zwei Windhunde, brachten eine Mühle aus dem Wasser getragen, und eine alte Schindmähre stand dabei, die sprach, es wäre recht. Und im Hof standen vier Rosse, die droschen Korn aus allen Kräften, und zwei Ziegen, die den Ofen heizten, und eine rote Kuh schoß das Brot in den Ofen. Da krähte ein Huhn: »Kikeriki, das Märchen ist auserzählt, kikeriki.«

159.

Das Diethmarsische Lügenmärchen

Ich will euch etwas erzählen. Ich sah zwei gebratene Hühner fliegen, flogen schnell und hatten die Bäuche gen Himmel gekehrt, die Rücken nach der Hölle, und ein Amboß und ein Mühlstein schwammen über den Rhein, fein langsam und leise, und ein Frosch saß und fraß eine Pflugschar zu Pfingsten auf dem Eis. Da waren drei Kerle, wollten einen Hasen fangen, gingen auf Krücken und Stelzen, der eine war taub, der zweite blind, der dritte stumm, und der vierte konnte keinen Fuß rühren. Wollt ihr wissen, wie das geschah? Der Blinde, der sah zuerst den Hasen über Feld traben, der Stumme, der rief dem Lahmen zu, und der Lahme faßte ihn beim Kragen. Etliche, die wollten zu Land segeln und spannten die Segel im Wind und schifften über große Äcker hin; da segelten sie über einen hohen Berg, da mußten sie elendig ersaufen. Ein Krebs jagte einen Hasen in die Flucht, und hoch auf dem Dach lag eine Kuh, die war hinaufgestiegen. In dem Lande sind die Fliegen so groß als hier die Ziegen. Mache das Fenster auf, damit die Lügen hinausfliegen.

160.

Rätselmärchen

Drei Frauen waren verwandelt in Blumen, die auf dem Felde standen, doch deren eine durfte des Nachts in ihrem Hause sein. Da sprach sie auf eine Zeit zu ihrem Mann, als sich der Tag nahete und sie wiederum zu ihren Gespielen auf das Feld gehen und eine Blume werden mußte: »So du heute vormittag kommst und mich abbrichst, werde ich erlöst und fürder bei dir bleiben«; als dann auch geschah. Nun ist die Frage, wie sie ihr Mann erkannt habe, so die Blumen ganz gleich und ohne Unterschied waren. Antwort: »Dieweil sie die Nacht in ihrem Haus und nicht auf dem Feld war, fiel der Tau nicht auf sie, als auf die andern zwei, dabei sie der Mann erkannte.«

161.

Schneeweißchen und Rosenrot

Eine arme Witwe, die lebte einsam in einem Hüttchen, und vor dem Hüttchen war ein Garten, darin standen zwei Rosenbäumchen, davon trug das eine weiße, das andere rote Rosen; und sie hatte zwei Kinder, die glichen den beiden Rosenbäumchen, und das eine hieß Schneeweißchen, das andere Rosenrot. Sie waren aber so fromm und gut, so arbeitsam und unverdrossen, als je zwei Kinder auf der Welt gewesen sind: Schneeweißchen war nur stiller und sanfter als Rosenrot. Rosenrot sprang lieber in den Wiesen und Feldern umher, suchte Blumen und fing Sommervögel; Schneeweißchen aber saß daheim bei der Mutter, half ihr im Hauswesen oder las ihr vor, wenn nichts zu tun war. Die beiden Kinder hatten einander so lieb, daß sie sich immer an den Händen faßten, sooft sie zusammen ausgingen; und wenn Schneeweißchen sagte: »Wir wollen uns nicht verlassen«, so antwortete Rosenrot: »Solange wir leben, nicht«, und die Mutter setzte hinzu: »Was das eine hat, soll's mit dem andern teilen.« Oft liefen sie im Walde allein umher und sammelten rote Beeren, aber kein Tier tat ihnen etwas zuleid, sondern sie kamen vertraulich herbei: das Häschen fraß ein Kohlblatt aus ihren Händen, das Reh graste an ihrer Seite, der Hirsch sprang ganz lustig vorbei und die Vögel blieben auf den Ästen sitzen und sangen, was sie nur wußten. Kein Unfall traf sie: wenn sie sich im Walde verspätet hatten und die Nacht sie überfiel, so legten sie sich nebeneinander auf das Moos und schliefen, bis der Morgen kam, und die Mutter wußte das und hatte ihrentwegen keine Sorge. Einmal, als sie im Walde übernachtet hatten und das Morgenrot sie aufweckte, da sahen sie ein schönes Kind in einem weißen, glänzenden Kleidchen neben ihrem Lager sitzen. Es stand auf und blickte sie ganz freundlich an, sprach aber nichts und ging in den Wald hinein. Und als sie sich umsahen, so hatten sie ganz nahe bei einem Abgrunde geschlafen und wären gewiß hineingefallen, wenn sie in der Dunkelheit noch ein paar Schritte weitergegangen wären. Die Mutter aber sagte ihnen, das müßte der Engel gewesen sein, der gute Kinder bewache.

Schneeweißchen und Rosenrot hielten das Hüttchen der Mutter so reinlich, daß es eine Freude war hineinzuschauen. Im Sommer besorgte Rosenrot das Haus und stellte der Mutter jeden Morgen, ehe sie aufwachte, einen Blumenstrauß vors Bett, darin war von jedem Bäumchen eine Rose. Im Winter zündete Schneeweißchen das Feuer an und hing den Kessel an den Feuerhaken, und der Kessel war von Messing, glänzte aber wie Gold, so rein war er gescheuert. Abends, wenn die Flocken fielen, sagte die Mutter: »Geh, Schneeweißchen, und schieb den Riegel vor«, und dann setzten sie sich an den Herd, und die Mutter nahm die Brille und las aus einem großen Buche vor, und die beiden Mädchen hörten zu, saßen und spannen; neben ihnen lag ein Lämmchen auf dem Boden, und hinter ihnen auf einer Stange saß ein weißes Täubchen und hatte seinen Kopf unter den Flügel gesteckt.

Eines Abends, als sie so vertraulich beisammensaßen, klopfte jemand an die Türe, als wollte er eingelassen sein. Die Mutter sprach: »Geschwind, Rosenrot, mach auf, es wird ein Wanderer sein, der Obdach sucht.« Rosenrot ging und schob den Riegel weg und dachte, es wäre ein armer Mann, aber der war es nicht, es war ein Bär, der seinen dicken schwarzen Kopf zur Türe hereinstreckte. Rosenrot schrie laut und sprang zurück: das Lämmchen blökte, das Täubchen flatterte auf, und Schneeweißchen versteckte sich hinter der Mutter Bett. Der Bär aber fing an zu sprechen und sagte: »Fürchtet euch nicht, ich tue euch nichts zuleid, ich bin halb erfroren und will mich nur ein wenig bei euch wärmen.« – »Du armer Bär«, sprach die Mutter, »leg dich ans Feuer und gib nur acht, daß dir dein Pelz nicht brennt.« Dann rief sie: »Schneeweißchen, Rosenrot, kommt hervor, der Bär tut euch nichts, er meint's ehrlich.« Da kamen sie beide heran, und nach und nach näherten sich auch das Lämmchen und Täubchen und hatten keine Furcht vor ihm. Der Bär sprach: »Ihr Kinder, klopft mir den Schnee ein wenig aus dem Pelzwerk«, und sie holten den Besen und kehrten dem Bär das Fell rein; er aber streckte sich ans Feuer und brummte ganz vergnügt und behaglich. Nicht lange, so wurden sie ganz vertraut und trieben Mutwillen mit dem unbeholfenen Gast. Sie zausten ihm das Fell mit den Händen, setzten ihre Füßchen auf seinen Rücken und walgerten ihn hin und her, oder sie nahmen eine Haselrute und schlugen auf ihn los, und wenn er brummte, so lachten sie. Der Bär ließ sich's aber gerne gefallen, nur wenn sie's gar zu arg machten, rief er: »Laßt mich am Leben, ihr Kinder:

Schneeweißchen, Rosenrot,
schlägst dir den Freier tot.«

Als Schlafenszeit war und die andern zu Bett gingen, sagte die Mutter zu dem Bär: »Du kannst in Gottes Namen da am Herde liegenbleiben, so bist du vor der Kälte und dem bösen Wetter geschützt.« Sobald der Tag graute, ließen ihn die beiden Kinder hinaus, und er trabte über den Schnee in den Wald hinein. Von nun an kam der Bär jeden Abend zu der bestimmten Stunde, legte sich an den Herd und erlaubte den Kindern, Kurzweil mit ihm zu treiben, soviel sie wollten; und sie waren so gewöhnt an ihn, daß die Türe nicht eher zugemacht ward, als bis der schwarze Gesell angelangt war.

Als das Frühjahr herangekommen und draußen alles grün war, sagte der Bär eines Morgens zu Schneeweißchen: »Nun muß ich fort und darf den ganzen Sommer nicht wiederkommen.« – »Wo gehst du denn hin, lieber Bär?« fragte Schneeweißchen. »Ich muß in den Wald und meine Schätze vor den bösen Zwergen hüten: im Winter, wenn die Erde hartgefroren ist, müssen sie wohl unten bleiben und können sich nicht durcharbeiten, aber jetzt, wenn die Sonne die Erde aufgetaut und erwärmt hat, da brechen sie durch, steigen herauf, suchen und stehlen; was einmal in ihren Händen ist und in ihren Höhlen liegt, das kommt so leicht nicht wieder an des Tages Licht.« Schneeweißchen war ganz traurig über den Abschied, und als es ihm die Türe aufriegelte und der Bär sich hinausdrängte, blieb er an dem Türhaken hängen, und ein Stück seiner Haut riß auf, und da war es Schneeweißchen, als hätte es Gold durchschimmern gesehen; aber es war seiner Sache nicht gewiß. Der Bär lief eilig fort und war bald hinter den Bäumen verschwunden.

Nach einiger Zeit schickte die Mutter die Kinder in den Wald, Reisig zu sammeln. Da fanden sie draußen einen großen Baum, der lag gefällt auf dem Boden, und an dem Stamm sprang zwischen dem Gras etwas auf und ab, sie konnten aber nicht unterscheiden, was es war. Als sie näher kamen, sahen sie einen Zwerg mit einem alten, verwelkten Gesicht und einem ellenlangen, schneeweißen

Bart. Das Ende des Bartes war in eine Spalte des Baums eingeklemmt, und der Kleine sprang hin und her wie ein Hündchen an einem Seil und wußte nicht, wie er sich helfen sollte. Er glotzte die Mädchen mit seinen roten feurigen Augen an und schrie: »Was steht ihr da! Könnt ihr nicht herbeigehen und mir Beistand leisten?« – »Was hast du angefangen, kleines Männchen?« fragte Rosenrot. »Dumme, neugierige Gans«, antwortete der Zwerg, »den Baum habe ich mir spalten wollen, um kleines Holz in der Küche zu haben; bei den dicken Klötzen verbrennt gleich das bißchen Speise, das unsereiner braucht, der nicht so viel hinunterschlingt als ihr grobes, gieriges Volk. Ich hatte den Keil schon glücklich hineingetrieben, und es wäre alles nach Wunsch gegangen, aber das verwünschte Holz war glatt und sprang unversehens heraus, und der Baum fuhr so geschwind zusammen, daß ich meinen schönen weißen Bart nicht mehr herausziehen konnte; nun steckt er drin, und ich kann nicht fort. Da lachen die albernen glatten Milchgesichter! Pfui, was seid ihr garstig!« Die Kinder gaben sich alle Mühe, aber sie konnten den Bart nicht herausziehen, er steckte zu fest. »Ich will laufen und Leute herbeiholen«, sagte Rosenrot. »Wahnsinnige Schafsköpfe«, schnarrte der Zwerg, »wer wird gleich Leute herbeirufen, ihr seid mir schon um zwei zu viel; fällt euch nicht Besseres ein?« – »Sei nur nicht ungeduldig«, sagte Schneeweißchen, »ich will schon Rat schaffen«, holte sein Scherchen aus der Tasche und schnitt das Ende des Bartes ab. Sobald der Zwerg sich frei fühlte, griff er nach einem Sack, der zwischen den Wurzeln des Baums steckte und mit Gold gefüllt war, hob ihn heraus und brummte vor sich hin: »Ungehobeltes Volk, schneidet mir ein Stück von meinem stolzen Bart ab! Lohn's euch der Guckuck!« Damit schwang er seinen Sack auf den Rücken und ging fort, ohne die Kinder nur noch einmal anzusehen.

Einige Zeit danach wollten Schneeweißchen und Rosenrot ein Gericht Fische angeln. Als sie nahe bei dem Bach waren, sahen sie, daß etwas wie eine große Heuschrecke nach dem Wasser zuhüpfte, als wollte es hineinspringen. Sie liefen heran und erkannten den Zwerg. »Wo willst du hin?« sagte Rosenrot, »du willst doch nicht ins Wasser?« – »Solch ein Narr bin ich nicht«, schrie der Zwerg, »seht ihr nicht, der verwünschte Fisch will mich hineinziehen?« Der Kleine hatte dagesessen und geangelt, und unglücklicherweise hatte der Wind seinen Bart mit der Angelschnur verflochten; als gleich darauf ein großer Fisch anbiß, fehlten dem schwachen Geschöpf die

Kräfte, ihn herauszuziehen: der Fisch behielt die Oberhand und riß den Zwerg zu sich hin. Zwar hielt er sich an allen Halmen und Binsen, aber das half nicht viel, er mußte den Bewegungen des Fisches folgen und war in beständiger Gefahr, ins Wasser gezogen zu werden. Die Mädchen kamen zu rechter Zeit, hielten ihn fest und versuchten, den Bart von der Schnur loszumachen, aber vergebens, Bart und Schnur waren fest ineinander verwirrt. Es blieb nichts übrig, als das Scherchen hervorzuholen und den Bart abzuschneiden, wobei ein kleiner Teil desselben verlorenging. Als der Zwerg das sah, schrie er sie an: »Ist das Manier, ihr Lorche, einem das Gesicht zu schänden? Nicht genug, daß ihr mir den Bart unten abgestutzt habt, jetzt schneidet ihr mir den besten Teil davon ab: ich darf mich vor den Meinigen gar nicht sehen lassen. Daß ihr laufen müßtet und die Schuhsohlen verloren hättet!« Dann holte er einen Sack Perlen, der im Schilfe lag, und ohne ein Wort weiter zu sagen, schleppte er ihn fort und verschwand hinter einem Stein.

Es trug sich zu, daß bald hernach die Mutter die beiden Mädchen nach der Stadt schickte, Zwirn, Nadeln, Schnüre und Bänder einzukaufen. Der Weg führte sie über eine Heide, auf der hier und da mächtige Felsenstücke zerstreut lagen. Da sahen sie einen großen Vogel in der Luft schweben, der langsam über ihnen kreiste, sich immer tiefer herabsenkte und endlich nicht weit bei einem Felsen niederstieß. Gleich darauf hörten sie einen durchdringenden, jämmerlichen Schrei. Sie liefen herzu und sahen mit Schrecken, daß der Adler ihren alten Bekannten, den Zwerg, gepackt hatte und ihn forttragen wollte. Die mitleidigen Kinder hielten gleich das Männchen fest und zerrten sich so lange mit dem Adler herum, bis er seine Beute fahrenließ. Als der Zwerg sich von dem ersten Schrekken erholt hatte, schrie er mit seiner kreischenden Stimme: »Konntet ihr nicht säuberlicher mit mir umgehen? Gerissen habt ihr an meinem dünnen Röckchen, daß es überall zerfetzt und durchlöchert ist, unbeholfenes und täppisches Gesindel, das ihr seid!« Dann nahm er seinen Sack mit Edelsteinen und schlüpfte wieder unter den Felsen in seine Höhle. Die Mädchen waren an seinen Undank schon gewöhnt, setzten ihren Weg fort und verrichteten ihr Geschäft in der Stadt. Als sie beim Heimweg wieder auf die Heide kamen, überraschten sie den Zwerg, der auf einem reinlichen Plätzchen seinen Sack mit Edelsteinen ausgeschüttet und nicht gedacht hatte, daß so spät noch jemand daherkommen würde. Die Abendsonne schien über die glänzenden Steine, sie schimmerten und leuchteten so prächtig in allen Farben, daß die Kinder stehenblieben und sie betrachteten. »Was steht ihr da und habt Maulaffen feil!« schrie der Zwerg, und sein aschgraues Gesicht ward zinnoberrot vor Zorn. Er wollte mit seinen Scheltworten fortfahren, als sich ein lautes Brummen hören ließ und ein schwarzer Bär aus dem Walde herbeitrabte. Erschrocken sprang der Zwerg auf, aber er konnte nicht mehr zu seinem Schlupfwinkel gelangen, der Bär war schon in seiner Nähe. Da rief er in Herzensangst: »Lieber Herr Bär, verschont mich, ich will Euch alle meine Schätze geben, sehet, die schönen Edelsteine, die da liegen. Schenkt mir das Leben, was habt Ihr an mir kleinen, schmächtigen Kerl? Ihr spürt mich nicht zwischen den Zähnen; da, die beiden gottlosen Mädchen packt, das sind für Euch zarte Bissen, fett wie junge Wachteln, die freßt in Gottes Namen.« Der Bär kümmerte sich um seine Worte nicht, gab dem boshaften Geschöpf einen einzigen Schlag mit der Tatze, und es regte sich nicht mehr.

Die Mädchen waren fortgesprungen, aber der Bär rief ihnen nach: »Schneeweißchen und Rosenrot, fürchtet euch nicht, wartet, ich will mit euch gehen.« Da erkannten sie seine Stimme und blieben stehen, und als der Bär bei ihnen war, fiel plötzlich die Bärenhaut ab, und er stand da als ein schöner Mann und war ganz in Gold gekleidet. »Ich bin eines Königs Sohn«, sprach er, »und war von dem gottlosen Zwerg, der mir meine Schätze gestohlen hatte, verwünscht, als ein wilder Bär in dem Walde zu laufen, bis ich durch seinen Tod erlöst würde. Jetzt hat er seine wohlverdiente Strafe empfangen.«

Schneeweißchen ward mit ihm vermählt und Rosenrot mit seinem Bruder, und sie teilten die großen Schätze miteinander, die der Zwerg in seine Höhle zusammengetragen hatte. Die alte Mutter lebte noch lange Jahre ruhig und glücklich bei ihren Kindern. Die zwei Rosenbäumchen aber nahm sie mit, und sie standen vor ihrem Fenster und trugen jedes Jahr die schönsten Rosen, weiß und rot.

162.

Der kluge Knecht

Wie glücklich ist der Herr, und wie wohl steht es mit seinem Hause, wenn er einen klugen Knecht hat, der auf seine Worte zwar hört, aber nicht danach tut und lieber seiner eigenen Weisheit folgt. Ein solcher kluger Hans ward einmal von seinem Herrn ausgeschickt, eine verlorene Kuh zu suchen. Er blieb lange aus, und der Herr dachte: »Der treue Hans, er läßt sich in seinem Dienste doch keine Mühe verdrießen.« Als er aber gar nicht wiederkommen wollte, befürchtete der Herr, es möchte ihm etwas zugestoßen sein, machte sich selbst auf und wollte sich nach ihm umsehen. Er mußte lange suchen, endlich erblickte er den Knecht, der im weiten Feld auf und ab lief. »Nun, lieber Hans«, sagte der Herr, als er ihn eingeholt hatte, »hast du die Kuh gefunden, nach der ich dich ausgeschickt habe?« – »Nein, Herr«, antwortete er, »die Kuh habe ich nicht gefunden, aber auch nicht gesucht.« – »Was hast du denn gesucht, Hans?« – »Etwas Besseres, und das habe ich auch glücklich gefunden.« – »Was ist das, Hans?« – »Drei Amseln«, antwortete der Knecht. »Und wo sind sie?« fragte der Herr. »Eine sehe ich, die andere höre ich, und die dritte jage ich«, antwortete der kluge Knecht.

Nehmt euch daran ein Beispiel, bekümmert euch nicht um euern Herrn und seine Befehle, tut lieber, was euch einfällt und wozu ihr Lust habt, dann werdet ihr ebenso weise handeln wie der kluge Hans.

163.

Der gläserne Sarg

Sage niemand, daß ein armer Schneider es nicht weit bringen und nicht zu hohen Ehren gelangen könne, es ist weiter gar nichts nötig, als daß er an die rechte Schmiede kommt und, was die Hauptsache ist, daß es ihm glückt. Ein solches artiges und behendes Schneiderbürschchen ging einmal seiner Wanderschaft nach und kam in einen großen Wald, und weil es den Weg nicht wußte, verirrte es sich. Die Nacht brach ein, und es blieb ihm nichts übrig, als in dieser schauerlichen Einsamkeit ein Lager zu suchen. Auf dem weichen Moose hätte er freilich ein gutes Bett gefunden, allein die Furcht vor den wilden Tieren ließ ihm da keine Ruhe, und er mußte sich endlich entschließen, auf einem Baume zu übernachten. Er suchte eine hohe Eiche, stieg bis in den Gipfel hinauf und dankte Gott, daß er sein Bügeleisen bei sich trug, weil ihn sonst der Wind, der über die Gipfel der Bäume wehete, weggeführt hätte.

Nachdem er einige Stunden in der Finsternis, nicht ohne Zittern und Zagen, zugebracht hatte, erblickte er in geringer Entfernung den Schein eines Lichtes; und weil er dachte, daß da eine menschliche Wohnung sein möchte, wo er sich besser befinden würde als auf den Ästen eines Baumes, so stieg er vorsichtig herab und ging dem Lichte nach. Es leitete ihn zu einem kleinen Häuschen, das aus Rohr und Binsen geflochten war. Er klopfte mutig an, die Tür öffnete sich, und bei dem Scheine des herausfallenden Lichtes sah er ein altes, eisgraues Männchen, das ein von buntfarbigen Lappen zusammengesetztes Kleid anhatte. »Wer seid Ihr, und was wollt Ihr?« fragte es mit einer schnarrenden Stimme. »Ich bin ein armer Schneider«, antwortete er, »den die Nacht hier in der Wildnis überfallen hat, und bitte Euch inständig, mich bis morgen in Eurer Hütte aufzunehmen.« – »Geh deiner Wege«, erwiderte der Alte mit mürrischem Tone, »mit Landstreichern will ich nichts zu schaffen haben; suche dir anderwärts ein Unterkommen.« Nach diesen Worten wollte er wieder in sein Haus schlüpfen, aber der Schneider hielt ihn am Rockzipfel fest und bat so beweglich, daß der Alte, der so böse nicht war, als er sich anstellte, endlich erweicht ward und ihn mit in seine Hütte nahm, wo er ihm zu essen gab und dann in einem Winkel ein ganz gutes Nachtlager anwies.

Der müde Schneider brauchte keines Einwiegens, sondern schlief sanft bis an den Morgen, würde auch noch nicht an das Aufstehen gedacht haben, wenn er nicht von einem lauten Lärm wäre aufgeschreckt worden. Ein heftiges Schreien und Brüllen drang durch die dünnen Wände des Hauses. Der Schneider, den ein unerwarteter Mut überkam, sprang auf, zog in der Hast seine Kleider an und eilte hinaus. Da erblickte er nahe bei dem Häuschen einen großen schwarzen Stier und einen schönen Hirsch, die in dem heftigsten Kampf begriffen waren. Sie gingen mit so großer Wut aufeinander los, daß von ihrem Getrampel der Boden erzitterte und die Luft von ihrem Geschrei erdröhnte. Es war lange ungewiß, welcher von beiden den Sieg davontragen würde; endlich stieß der Hirsch seinem Gegner das Geweih in den Leib, worauf der Stier mit entsetzlichem Brüllen zur Erde sank und durch einige Schläge des Hirsches völlig getötet ward.

Der Schneider, welcher dem Kampfe mit Erstaunen zugesehen hatte, stand noch unbeweglich da, als der Hirsch in vollen Sprüngen auf ihn zueilte und ihn, ehe er entfliehen konnte, mit seinem großen Geweihe geradezu aufgabelte. Er konnte sich nicht lange besinnen, denn es ging schnellen Laufes fort über Stock und Stein, Berg und Tal, Wiese und Wald. Er hielt sich mit beiden Händen an die Enden des Geweihes fest und überließ sich seinem Schicksal. Es kam ihm aber nicht anders vor, als flöge er davon. Endlich hielt der Hirsch vor einer Felsenwand still und ließ den Schneider sanft herabfallen. Der Schneider, mehr tot als lebendig, bedurfte längerer Zeit, um wieder zur Besinnung zu kommen. Als er sich einigermaßen erholt hatte, stieß der Hirsch, der neben ihm stehengeblieben war, sein Geweih mit solcher Gewalt gegen eine in dem Felsen befindliche Türe, daß sie aufsprang. Feuerflammen schlugen heraus, auf welche ein großer Dampf folgte, der den Hirsch seinen Augen entzog. Der Schneider wußte nicht, was er tun und wohin er sich wenden sollte, um aus dieser Einöde wieder unter Menschen zu gelangen. Indem er also unschlüssig stand, tönte eine Stimme aus dem Felsen, die ihm zurief: »Tritt ohne Furcht herein, dir soll kein Leid widerfahren.« Er zauderte zwar, doch von einer heimlichen Gewalt angetrieben, gehorchte er der Stimme und gelangte durch die eiserne Tür in einen großen, geräumigen Saal, dessen Decke, Wände und Boden aus glänzend geschliffenen Quadratsteinen bestanden, auf deren jedem ihm unbekannte Zeichen eingehauen waren. Er betrachtete alles voll Bewunderung und war eben in Begriff, wieder hinauszugehen, als er abermals die Stimme vernahm, welche ihm sagte: »Tritt auf den Stein, der in der Mitte des Saales liegt, und dein wartet großes Glück.«

Sein Mut war schon so weit gewachsen, daß er dem Befehle Folge leistete. Der Stein begann unter seinen Füßen nachzugeben und sank langsam in die Tiefe hinab. Als er wieder feststand und der Schneider sich umsah, befand er sich in einem Saale, der an Umfang dem vorigen gleich war. Hier aber gab es mehr zu betrachten und zu bewundern. In die Wände waren Vertiefungen eingehauen, in welchen Gefäße von durchsichtigem Glas standen, die mit farbigem Spiritus oder mit einem bläulichen Rauche angefüllt waren. Auf dem Boden des Saales standen, einander gegenüber, zwei große gläserne Kasten, die sogleich seine Neugierde reizten. Indem er zu dem einen trat, erblickte er darin ein schönes Gebäude, einem Schlosse ähnlich, von Wirtschaftsgebäuden, Ställen und Scheuern und einer Menge anderer artigen Sachen umgeben. Alles war klein, aber überaus sorgfältig und zierlich gearbeitet, und schien von einer kunstreichen Hand mit der höchsten Genauigkeit ausgeschnitzt zu sein.

Er würde seine Augen von der Betrachtung dieser Seltenheiten noch nicht abgewendet haben, wenn sich nicht die Stimme abermals hätte hören lassen. Sie forderte ihn auf, sich umzukehren und den gegenüberstehenden Glaskasten zu beschauen. Wie stieg seine Verwunderung, als er darin ein Mädchen von größter Schönheit erblickte. Es lag wie im Schlafe und war in lange blonde Haare wie in einen kostbaren Mantel eingehüllt. Die Augen waren fest geschlossen, doch die lebhafte Gesichtsfarbe und ein Band, das der Atem hin und her bewegte, ließen keinen Zweifel an ihrem Leben. Der Schneider betrachtete die Schöne mit klopfendem Herzen, als sie plötzlich die Augen aufschlug und bei seinem Anblick in freudigem Schrecken zusammenfuhr. »Gerechter Himmel«, rief sie, »meine Befreiung naht! Geschwind, geschwind, hilf mir aus meinem Gefängnis: wenn du den Riegel an diesem gläsernen Sarg wegschiebst, so bin ich erlöst.« Der Schneider gehorchte ohne Zaudern, alsbald hob sie den Glasdeckel in die Höhe, stieg heraus und eilte in die Ecke des Saals, wo sie sich in einen Mantel verhüllte. Dann setzte sie sich auf einen Stein nieder, hieß den jungen Mann herangehen, und nachdem sie einen freundlichen Kuß auf seinen Mund gedrückt hatte, sprach sie: »Mein lang ersehnter Befreier, der gütige Himmel hat dich zu mir geführt und meinen Leiden ein Ziel gesetzt. An demselben Tage, wo sie endigen, soll dein Glück beginnen. Du bist der vom Himmel bestimmte Gemahl und sollst, von mir geliebt und mit allen irdischen Gütern überhäuft, in ungestörter Freud dein Leben zubringen. Sitz nieder und höre die Erzählung meines Schicksals.

Ich bin die Tochter eines reichen Grafen. Meine Eltern starben, als ich noch in zarter Jugend war, und empfahlen mich in ihrem letzten Willen meinem älteren Bruder, bei dem ich auferzogen wurde. Wir liebten uns so zärtlich und waren so übereinstimmend in unserer Denkungsart und unsern Neigungen, daß wir beide den Entschluß faßten, uns niemals zu verheiraten, sondern bis an das Ende unseres Lebens beisammenzubleiben. In unserm Hause war an Gesellschaft nie Mangel: Nachbarn und Freunde besuchten uns häufig, und wir übten gegen alle die Gastfreundschaft in vollem Maße. So geschah es auch eines Abends, daß ein Fremder in unser Schloß geritten kam und, unter dem Vorgeben, den nächsten Ort nicht mehr erreichen zu können, um ein Nachtlager bat. Wir gewährten seine Bitte mit zuvorkommender Höflichkeit, und er unterhielt uns während des Abendessens mit seinem Gespräch und eingemischten Erzählungen auf das anmutigste. Mein Bruder hatte ein so großes Wohlgefallen an ihm, daß er ihn bat, ein paar Tage bei uns zu verweilen, wozu er nach einigem Weigern einwilligte. Wir standen erst spät in der Nacht vom Tische auf, dem Fremden wurde ein Zimmer angewiesen, und ich eilte, ermüdet, wie ich war, meine Glieder in die weichen Federn zu senken. Kaum war ich ein wenig eingeschlummert, so weckten mich die Töne einer zarten und lieblichen Musik. Da ich nicht begreifen konnte, woher sie kamen, so wollte ich mein im Nebenzimmer schlafendes Kammermädchen rufen, allein zu meinem Erstaunen fand ich, daß mir, als lastete ein Alp auf meiner Brust, von einer unbekannten Gewalt die Sprache benommen und ich unvermögend war, den geringsten Laut von mir zu geben. Indem sah ich bei dem Schein der Nachtlampe den Fremden in mein durch zwei Türen fest verschlossenes Zimmer eintreten. Er näherte sich mir und sagte, daß er durch Zauberkräfte, die ihm zu Gebote ständen, die liebliche Musik habe ertönen lassen, um mich aufzuwecken, und dringe jetzt selbst durch alle Schlösser in der Absicht, mir Herz und Hand anzubieten. Mein Widerwille aber gegen seine Zauberkünste war so groß, daß ich ihn keiner Antwort würdigte. Er blieb eine Zeitlang unbeweglich stehen, wahrscheinlich in der Absicht, einen günstigen Entschluß zu erwarten, als ich aber fortfuhr zu schweigen, erklärte er zornig, daß er sich rächen und Mittel finden werde, meinen Hochmut zu bestrafen, worauf er das Zimmer wieder verließ. Ich brachte die Nacht in höchster Unruhe zu und schlummerte erst gegen Morgen ein. Als ich erwacht war, eilte ich zu meinem Bruder, um ihn von dem, was vorgefallen war, zu benachrichtigen, allein ich fand ihn nicht auf seinem Zimmer und der Bediente sagte mir, daß er bei anbrechendem Tage mit dem Fremden auf die Jagd geritten sei.

Mir ahnete gleich nichts Gutes. Ich kleidete mich schnell an, ließ meinen Leibzelter satteln und ritt, nur von einem Diener begleitet, in vollem Jagen nach dem Walde. Der Diener stürzte mit dem Pferde und konnte mir, da das Pferd den Fuß gebrochen hatte, nicht folgen. Ich setzte, ohne mich aufzuhalten, meinen Weg fort, und in wenigen Minuten sah ich den Fremden mit einem schönen Hirsch, den er an der Leine führte, auf mich zukommen. Ich fragte ihn, wo er meinen Bruder gelassen habe und wie er zu diesem Hirsch gelangt sei, aus dessen großen Augen ich Tränen fließen sah. Anstatt mir zu antworten, fing er an, laut aufzulachen. Ich geriet darüber in höchsten Zorn, zog eine Pistole und drückte sie gegen das Ungeheuer ab, aber die Kugel prallte von seiner Brust zurück und fuhr in den Kopf meines Pferdes. Ich stürzte zur Erde, und der Fremde murmelte einige Worte, die mir das Bewußtsein raubten.

Als ich wieder zur Besinnung kam, fand ich mich in dieser unterirdischen Gruft in einem gläsernen Sarge. Der Schwarzkünstler erschien nochmals, sagte, daß er meinen Bruder in einen Hirsch verwandelt, mein Schloß, mit allem Zubehör, verkleinert in den andern Glaskasten eingeschlossen und meine in Rauch verwandelten Leute in Glasflaschen gebannt hätte. Wolle ich mich jetzt seinem Wunsche fügen, so sei ihm ein leichtes, alles wieder in den vorigen Stand zu setzen: er brauche nur die Gefäße zu öffnen, so werde alles wieder in die natürliche Gestalt zurückkehren. Ich antwortete ihm sowenig als das erstemal. Er verschwand und ließ mich in meinem Gefängnisse liegen, in welchem mich ein tiefer Schlaf befiel. Unter den Bildern, welche an meiner Seele vorübergingen, war auch das tröstliche, daß ein junger Mann kam und mich befreite, und als ich heute die Augen öffne, so erblicke ich dich und sehe meinen Traum erfüllt. Hilf mir vollbringen, was in jenem Gesichte noch weiter geschah. Das erste ist, daß wir den Glaskasten, in welchem mein Schloß sich befindet, auf jenen breiten Stein heben.«

Der Stein, sobald er beschwert war, hob sich mit dem Fräulein und dem Jüngling in die Höhe und stieg durch die Öffnung der Decke in den obern Saal, wo sie dann leicht ins Freie gelangen konnten. Hier öffnete das Fräulein den Deckel, und es war wunderbar anzusehen, wie Schloß, Häuser und Gehöfte sich ausdehnten und in größter Schnelligkeit zu natürlicher Größe heranwuchsen. Sie kehrten darauf in die unterirdische Höhle zurück und ließen die mit Rauch gefüllten Gläser von dem Steine herauftragen. Kaum hatte das Fräulein die Flaschen geöffnet, so drang der blaue Rauch heraus und verwandelte sich in lebendige Menschen, in welchen das Fräulein ihre Diener und Leute erkannte. Ihre Freude ward noch vermehrt, als ihr Bruder, der den Zauberer in dem Stier getötet hatte, in menschlicher Gestalt aus dem Walde herankam, und noch denselben Tag reichte das Fräulein, ihrem Versprechen gemäß, dem glücklichen Schneider die Hand am Altare.

164.

Der faule Heinz

Heinz war faul, und obgleich er weiter nichts zu tun hatte, als seine Ziege täglich auf die Weide zu treiben, so seufzte er dennoch, wenn er nach vollbrachtem Tagewerk abends nach Hause kam. »Es ist in Wahrheit eine schwere Last«, sagte er, »und ein mühseliges Geschäft, so eine Ziege jahraus, jahrein bis in den späten Herbst ins Feld zu treiben. Und wenn man sich noch dabei hinlegen und schlafen könnte! Aber nein, da muß man die Augen aufhaben, damit sie die jungen Bäume nicht beschädigt, durch die Hecke in einen Garten dringt oder gar davonläuft. Wie soll da einer zur Ruhe kommen und seines Lebens froh werden!« Er setzte sich, sammelte seine Gedanken und überlegte, wie er seine Schultern von dieser Bürde frei machen könnte. Lange war alles Nachsinnen vergeblich, plötzlich fiel's ihm wie Schuppen von den Augen. »Ich weiß, was ich tue«, rief er aus, »ich heirate die dicke Trine, die hat auch eine Ziege und kann meine mit austreiben, so brauche ich mich nicht länger zu quälen.«

Heinz erhob sich also, setzte seine müden Glieder in Bewegung, ging quer über die Straße, denn weiter war der Weg nicht, wo die Eltern der dicken Trine wohnten, und hielt um ihre arbeitsame und tugendreiche Tochter an. Die Eltern besannen sich nicht lange:

»Gleich und gleich gesellt sich gern«, meinten sie und willigten ein. Nun ward die dicke Trine Heinzens Frau und trieb die beiden Ziegen aus. Heinz hatte gute Tage und brauchte sich von keiner andern Arbeit zu erholen als von seiner eigenen Faulheit. Nur dann und wann ging er mit hinaus und sagte: »Es geschieht bloß, damit mir die Ruhe hernach desto besser schmeckt: man verliert sonst alles Gefühl dafür.«

Aber die dicke Trine war nicht minder faul. »Lieber Heinz«, sprach sie eines Tages, »warum sollen wir uns das Leben ohne Not sauer machen und unsere beste Jugendzeit verkümmern? Ist es nicht besser, wir geben die beiden Ziegen, die jeden Morgen einen mit ihrem Meckern im besten Schlafe stören, unserm Nachbar, und der gibt uns einen Bienenstock dafür? Den Bienenstock stellen wir an einen sonnigen Platz hinter das Haus und bekümmern uns weiter nicht darum. Die Bienen brauchen nicht gehütet und nicht ins Feld getrieben zu werden: sie fliegen aus, finden den Weg nach Hause von selbst wieder und sammeln Honig, ohne daß es uns die geringste Mühe macht.« – »Du hast wie eine verständige Frau gesprochen«, antwortete Heinz, »deinen Vorschlag wollen wir ohne Zaudern ausführen; außerdem schmeckt und nährt der Honig besser als die Ziegenmilch und läßt sich auch länger aufbewahren.«

Der Nachbar gab für die beiden Ziegen gerne einen Bienenstock. Die Bienen flogen unermüdlich vom frühen Morgen bis zum späten Abend aus und ein und füllten den Stock mit dem schönsten Honig, so daß Heinz im Herbst einen ganzen Krug voll herausnehmen konnte.

Sie stellten den Krug auf ein Brett, das oben an der Wand in ihrer Schlafkammer befestigt war, und weil sie fürchteten, er könnte ihnen gestohlen werden oder die Mäuse könnten darüber geraten, so holte Trine einen starken Haselstock herbei und legte ihn neben ihr Bett, damit sie ihn, ohne unnötigerweise aufzustehen, mit der Hand erreichen und die ungebetenen Gäste von dem Bette aus verjagen könnte.

Der faule Heinz verließ das Bett nicht gerne vor Mittag: »Wer früh aufsteht«, sprach er, »sein Gut verzehrt.« Eines Morgens, als er so am hellen Tage noch in den Federn lag und von dem langen Schlaf ausruhte, sprach er zu seiner Frau: »Die Weiber lieben die Süßigkeit, und du naschest von dem Honig, es ist besser, ehe er von dir allein ausgegessen wird, daß wir dafür eine Gans mit einem jungen Gänslein erhandeln.« – »Aber nicht eher«, erwiderte Trine, »als bis wir ein Kind haben, das sie hütet. Soll ich mich etwa mit den jungen Gänsen plagen und meine Kräfte dabei unnötigerweise zusetzen?« – »Meinst du«, sagte Heinz, »der Junge werde Gänse hüten? Heuzutage gehorchen die Kinder nicht mehr: sie tun nach ihrem eigenen Willen, weil sie sich klüger dünken als die Eltern, gerade wie jener Knecht, der die Kuh suchen sollte und drei Amseln nachjagte.« – »Oh«, antwortete Trine, »dem soll es schlecht bekommen, wenn er nicht tut, was ich sage. Einen Stock will ich nehmen und mit ungezählten Schlägen ihm die Haut gerben. Siehst du, Heinz«, rief sie in ihrem Eifer und faßte den Stock, mit dem sie die Mäuse verjagen wollte, »siehst du, so will ich auf ihn losschlagen.« Sie holte aus, traf aber unglücklicherweise den Honigkrug über dem Bette. Der Krug sprang wider die Wand und fiel in Scherben herab, und der schöne Honig floß auf den Boden. »Da liegt nun die Gans mit dem jungen Gänslein«, sagte Heinz, »und braucht nicht gehütet zu werden. Aber ein Glück ist es, daß mir der Krug nicht auf den Kopf gefallen ist, wir haben alle Ursache, mit unserm Schicksal zufrieden zu sein.« Und da er in einer Scherbe noch etwas Honig bemerkte, so langte er danach und sprach ganz vergnügt: »Das Restchen, Frau, wollen wir uns noch schmecken lassen und dann nach dem gehabten Schrecken ein wenig ausruhen, was tut's, wenn wir etwas später als gewöhnlich aufstehen, der Tag ist doch noch lang genug.« – »Ja«, antwortete Trine, »man kommt immer noch zu rechter Zeit. Weißt du, die Schnecke war einmal zur Hochzeit eingeladen, machte sich auf den Weg, kam aber zur Kindtaufe an. Vor dem Haus stürzte sie noch über den Zaun und sagte: ›Eilen tut nicht gut.‹«

165.

Der Vogel Greif

's isch einisch e Chönig gsi, woner gregiert hat und wiener gheisse hat, weiß i nümme. De het kei Sohn gha, nummene einzige Tochter, die isch immer chrank gsi, und kei Dokter het se chönne heile.

Do isch em Chönig profizeit worde, si Tochter werd se an Öpfle gsund ässe. Do lot er dur sis ganz Land bchant mache, wer siner Tochter Öpfel bringe, daß se se gsund dar chönn ässe, de müesse zur Frau ha und Chönig wärde. Das het au ne Pur verno, de drei Söhn gha het. Do säit er zum elste: »Gang ufs Gade ufe, nimm e Chratte (Handkorb) voll vo dene schöne Öpfle mit rote Bagge und träg se a Hof; villicht cha se d' Chönigstochter gsund dra esse und de darfsche hürote und wirsch Chönig.« De Kärle het's e so gmacht und der Weg under d'Füeß gno. Woner e Zitlang gange gsi isch, begegnet es chlis isigs Manndle, das frogt ne, was er do e dem Chratte häig, do seit der Uele, denn so het er gheiße: »Fröschebäi.« Das Mannle säit druf: »No es sölle si und blibe«, und isch witer gange. Ändle chunt der Uele fürs Schloß un lot se amelde, er hob Öpfel, die d' Tochter gsund mache, wenn se dervo ässe tue. Das het der Chönig grüsele gfreut und lot der Uele vor se cho, aber, o häie! woner ufdeckt, so het er anstatt Öpfel Fröschebäi e dem Chratte, die no zapled händ. Drob isch der Chönig bös worde und lot ne zum Hus us jage. Woner häi cho isch, so verzelter dem Ätte, wie's em gange isch. Do schickt der Ätte der noelst Sohn, de Säme gheiße het; aber dem isch es ganz glich gange wie im Uele. Es isch em halt au es chlis isigs Manndle begegnet, und das het ne gfrogt, was er do e dem Chratte häig, der Säme säit: »Seüborst«, und das isigs Manndle säit: »No es söll si und blibe.« Woner do vor es Chönigsschloß cho isch und säit, er heb Öpfel, a dene se d' Chönigstochter gsund chönn ässe, so händ se ne nid welle ine lo und händ gsäit, es sig scho eine do gsi und heb se füre Nare gha. Der Säme het aber aghalte, er heb gwüß dere Öpfel, se solle ne nume ine lo. Ändle händ sem glaubt und füre ne vor der Chönig. Aber woner er si Chratte ufdeckt, so het er halt Seüborst. Das het der Chönig gar schröckele erzürnt, so daß er der Säme us em Hus het lo peütsche. Woner häi cho isch, so het er gsäit, wie's em gange isch. Do chunt der jüngst Bueb, dem händse nume der dumm Hans gsäit, und frogt der Ätte, ob er au mit Öpfel goh dörf. »Jo«, säit do der Ätte, »du wärst der rächt Kerle derzue, wenn die gschite nüt usrichte, was wettest denn du usrichte.« Der Bueb het aber nit no glo: »E woll, Ätte, ich will au goh.« – »Gang mer doch ewäg, du dumme Kerle, du muest warte, bis gschiter wirsch«, säit druf der Ätte und chert em der Rügge. Der Hans aber zupft ne hinde am Chittel: »E woll, Ätte, i will au goh.« – »No minetwäge, so gang, de wirsch woll wieder ome cho«, gitt der Ätte zur Antwort eme nidige Ton. Der Bueb hat se aber grüsele gfreut und isch ufgumpet. »Jo, tue jetz no wiene Nar, du wirsch vo äim Tag zum andere no dümmer«, säit der Ätte wieder. Das het aber im Hans nüt gmacht und het se e siner Freud nid lo störe. Wil's aber gli Nacht gsi isch, so het er dänkt, er well warte bis am Morge, er möcht hüt doch nümme na Hof gcho. Z' Nacht im Bett het er nid chönne schloffe, und wenn er au ne ihli igschlummert isch, so het's em traumt vo schöne Jumpfere, vo Schlössern, Gold und Silber und allerhand dere Sache meh. Am Morge früe macht er se uf der Wäg, und gli druse bchuntem es chlis mutzigs Manndle, eme isige Chläidle, un frogt ne, was er do e dem Chratte häig. Der Hans gitt em zur Antwort, er heb Öpfel, a dene d' Chönigstochter se gsund ässe sött. »No«, säit das Manndle, »es sölle söttige (solche) si und blibe.« Aber am Hof händ se der Hans partu nit welle ine lo, denn es sige scho zwee do gsi und hebe gsäit, se bringe Öpfel, und do heb äine Fröschebäi und der ander Seüborst gha. Der Hans het aber gar grüsele aghalte, er heb gwöß kene Fröschebäi, sondern von de schönste Öpfel, die im ganze Chönigreich wachse. Woner de so ordele gredt het, so dänke d' Törhüeter, de chönn nid lüge, und lönde ine, und se händ au rächt gha, denn wo der Hans si Chratte vor em Chönig abdeckt, so sind goldgäle Öpfel füre cho. De Chönig het se gfreut und lot gli der Tochter dervo bringe und wartet jetz e banger Erwartig, bis menem der Bericht bringt, was se für Würkig to hebe. Aber nid lange Zit vergot, so bringt em öpper Bricht; aber was meineder, wer isch das gsi? D' Tochter selber isch es gsi. So bald se vo dene Öpfle ggässe gha het, isch e gsund us em Bett gsprunge. Wie der Chönig e Freud gha het, chame nid beschribe. Aber jetz het er d' Tochter dem Hans nid welle zur Frau ge und säit, er müeß em zerst no ne Wäidlig (Nachen) mache, de ufem drochne Land wäidliger geu as im Wasser. Der Hans nimmt de Betingig a und got häi und verzelt's, wie's eme gangen seig. Do schickt der Ätte der Uele is Holz, um e söttige Wäidlig z' mache. Er hat flißig gewärret (gearbeitet) und derzue gpfiffe. Z' Mittag, wo d' Sunne am höchste gstande isch, chunt es chlis isigs Manndle und frogt, was er do mach. Der Uele gitt em zur Antwort: »Chelle (hölzernes Gerät).« Das isig Manndle säit: »No es sölle si und blibe.« Z' Obe meint der Uele, er heb jetz e Wäidlig gmacht, aber woner het welle isitze, so sind's alles Chelle gsi. Der anner Tag got der Säme e Wald, aber 's isch em ganz gliche gange wie im Uele. Am dritte Tag got der dumm Hans. Er schafft rächt flißig, daß es im ganze Wald tönt vo sine chräftige Schläge, derzue singt er und pfift er rächt lustig. Da chunt wieder das chli Mandle z' Mittag, wo's am heißeste gsi isch, und frogt, was er do mach. »E Wäidlig, de uf em drochne Land wäidliger got as uf em Wasser«, und wenn er dermit fertig seig, so chom er d' Chönigstochter zur Frau über. »No«, säit das Manndle, »es söll e so äine ge und blibe.« Z' Obe, wo d' Sunne aber z'Gold gange isch, isch der Hans au fertig gsi mit sim Wäidlig und Schiff und Gscher. Er sitzt i und ruederet der Residenz zue. Der Wäidlig isch aber so gschwind gange wie der Wind. Der Chönig het's von witen gseh, will aber im Hans si Tochter nonig ge und säit, er müeß zerst no hundert Hase hüete vom Morge früeh bis z'Obe spot, und wenn em äine furt chömm, so chömm er d'Tochter nit über. Der Hans isch e des z'friede gsi, und gli am andere Tag got er mit siner Heerd uf d'Wäid und paßt verwändt uf, daß em keine dervo laufe. Nid mänge Stund isch vergange, so chunt e Magd vom Schloß und säit zum Hans, er söll ere gschwind e Has ge, so hebe Wisite über cho. Der Hans hett aber woll gemerkt, wo das use will, und säit, er gäbe e keine, der Chönig chön denn morn siner Wisite mit Hasepfäffer ufwarte. D'Magd het aber nid no glo, und am Änd fot so no a resniere. Do säit der Hans, wenn d' Chönigstochter selber chömm, so woll er ene Has ge. Das het d' Magd im Schloß gsäit, und d' Tochter isch selber gange. Underdesse isch aber zum Hans das chli Manndle wieder cho und frogt der Hans, was er do tüej. He, do müeß er hundert Hase hüete, daß em kaine dervo lauf, und denn dörf er d' Chönigstochter hürote und wäre Chönig. »Guet«, säit das Manndle, »do hesch es Pfifle, und wenn der äine furtlauft, so pfif nume, denn chunt er wieder ume.« Wo do d' Tochter cho isch, so gitt ere der Hans e Has is Fürtüchle. Aber wo se öppe hundert Schritt wit gsi isch, so pfift der Hans, und de Has springt ere us em Schäubele use und, was gisch, was hesch, wieder zu der Herd. Wo's Obe gsi isch, so pfift de Hasehirt no emol und luegt, ob alle do sige, und treibt se do zum Schloß. Der Chönig het se verwunderet, wie au der Hans im Stand gsi seig, hundert Hase z'hüete, daß em käine dervo glofe isch; er will em aber d' Tochter äineweg no nig ge und säit, er müß em no ne Fädere us d' Vogelgrife Stehl bringe. Der Hans macht se grad uf der Wäg und marschiert rächt handle vorwärts. Z' Obe chunt er zu neme Schloß, do frogt er umenes Nachtlager, denn sälbesmol het me no käine Wirtshüser gha, das säit em der Herr vom Schloß mit vele Freude zue und frogt ne, woner he well. Der Hans git druf zur Antwort: »Zum Vogelgrif.« – »So, zum Vogelgrif, me säit ame, er wuß alles, und i hane Schlössel zue nere isige Gäldchiste verlore; ehr chöntet doch so guet si und ne froge, woner seig.« – »Jo frile«, säit der Hans, »das will i scho tue.« Am Morgen früe isch er do witer gange und chunt unterwägs zue mene andere Schloß, i dem er wieder übernacht blibt. Wo d' Lüt drus verno händ, daß er zum Vogelgrif well, so säge se, es sig im Hus ne Tochter chrank, und se hebe scho alle Mittel brucht, aber es well kais aschlo, er söll doch so guet si und der Vogelgrif froge, was die Tochter wieder chön gsund mache. Der Hans säit, das weller gärn tue, und goht witer. Do chunt er zue emne Wasser, und anstatt eme Feer isch e große, große Ma do gsi, de all Lüt het müeße übere träge. De Ma het der Hans gfrogt, wo si Räis ane geu. »Zum Vogelgrif«, säit der Hans. »No, wenn er zue ume chömet«, säit do de Ma, »sö froget ne an, worum i all Lüt müeß über das Wasser träge.« Do säit der Hans: »Jo, min Gott jo, das will i scho tue.« De Ma het ne do uf d' Achsle gno und übere träit. Ändle chunt do der Hans zum Hus vom Vogelgrif, aber do isch nume d' Frau dehäime gsi und der Vogelgrif sälber nid. Do frogt ne d' Frau, was er well. Do het ere der Hans alles verzelt, daß ere Fädere sött ha us 's Vogelgrife Stehl, und denn hebe se emene Schloß der Schlüssel zue nere Gäldchiste verlore, und er sött der Vogelgrif froge, wo der Schlüssel seig; denn seig eme andere Schloß e Tochter chrank, und er sött wüsse, was die Tochter chönt gsund mache; denn seig nig wid vo do es Wasser und e Ma derbi, de d' Lüt müeß übere träge, und er möcht au gern wüsse, worum de Ma all Lüt müeß über träge. Do säit die Frau: »Ja lueget, mi gueter Fründ, 's chä käi Christ mit em Vogelgrif rede, er frißt se all; wenn er aber wänd, so chön neder under sis Bett undere ligge, und z' Nacht, wenn er rächt fest schloft, so chönneder denn use läge und em e Fädere usem Stehl risse; und wäge dene Sache, die ner wüsse söttet, will i ne sälber froge. Der Hans isch e das alles z' friede gsi und lit unders Bett undere. Z' Obe chunt der Vogelgrif häi, und wiener i d'Stube chunt, so säit er: »Frau, i schmöke ne Christ.« – »Jo«, säit do d' Frau, »'s isch hüt äine do gsi, aber er isch wieder furt«; und mit dem het der Vogelgrif nüt me gsäit. Z' mitzt e der Nacht, wo der Vogelgrif rächt geschnarchlet het, so längt der Hans ufe und rißt em e Fädere usem Stehl. Do isch der Vogelgrif plötzle ufgjuckt und säit: »Frau, i schmöcke ne Christ, und 's isch mer, 's heb me öpper am Stehl zehrt.« De säit d' Frau: »De hesch gwüß traumet, und i ho der jo hüt scho gsäit, 's isch e Christ do gsi, aber isch wieder furt. Do het mer allerhand Sache verzellt. Si hebe ime Schloß der Schlüssel zue nere Gäldchiste verlore und chönnene numme finde.« – »O di Nare«, säit der Vogelgrif, »de Schlüssel lit im Holzhus hinder der Tör undere Holzbig.« – »Und denn het er au gsäit, imene Schloß seig e Tochter chrank und se wüsse kais Mittel, für se gsund z' mache.« – »O di Nare«, säit der Vogelgrif, »under der Chällerstäge het e Chrot es Näscht gmacht von ere Hoore, und wenn se die Hoor wieder het, so wer se gsund.« – »Und denn het er au no gsäit, 's sig amene Ort es Wasser un e Ma derbi, der müeß all Lüt drüber träge.« – »O de Nar«, säit de Vogelgrif, »täter nome emol äine z' mitzt dri stelle, er müeßt denn käine me übere träge.« Am Morge frue isch der Vogelgrif uf gstande und isch furt gange. Do chunt der Hans underem Bett füre und het e schöne Fädere gha; au het er ghört, was der Vogelgrif gsäit het wäge dem Schlüssel und der Tochter und dem Ma. D' Frau vom Vogelgrif het em do alles no nemol verzellt, daß er nüt vergässe, und denn isch er wieder häi zue gange. Zuerst chunt er zum Ma bim Wasser, de frogt ne gli, was der Vogelgrif gsäit heb, do säit der Hans, er söll ne zerst übere träge, er well em's denn däne säge. Do träit ne der Ma übere. Woner däne gsi isch, so säit em der Hans, er söllt nume äinisch äine z' mitzt dri stelle, er müeß denn käine me übere träge. Do het se de Ma grüsele gfreut und säit zum Hans, er well ne zum Dank none mol ume und äne trage. Do säit der Hans, näi, er well em di Müeh erspare, er seig sust mit em z'friede, und isch witer gange. Do chunt er zue dem Schloß, wo die Tochter chrank gsi isch, die nimmt er do uf d' Achsle, denn se het nit chönne laufe, und träit se d' Chellerstäge ab und nimmt das Chrotenäst under dem underste Tritt füre und git's der Tochter i d' Händ, und die springt em ab der Achsle abe und vor im d' Stäge uf und isch ganz gsund gsi. Jetz händ der Vater und d' Mueter e grüsliche Freud gha und händ dem Hans Gschänke gmacht vo Gold und Silber; und was er nume het welle, das händ se 'm gge. Wo do der Hans is an der Schloß cho isch, isch er gli is Holzhus gange und het hinder der Tör under der Holzbige de Schlüssel richtig gfunde und het ne do dem Herr brocht. De het se au nid wenig gfreut und het dem Hans zur Belohnig vill vo dem Gold gge, das e der Chiste gsi isch, und sust no aller derhand für

Sache, so Chüe und Schoof und Gäiße. Wo der Hans zum Chönig cho isch mit deme Sache alle, mit dem Gäld und dem Gold und Silber und dene Chüene, Schoofe und Gäiße, so frogt ne der Chönig, woner au das alles übercho heb. So säit der Hans, der Vogelgrif gäb äin, so vill me well. Do dänkt der Chönig, er chönt das au bruche, und macht se au uf der Weg zum Vogelgrif, aber woner zue dem Wasser cho isch, so isch er halt der erst gsi, der sid em Hans cho isch, und der Ma stellt e z' mitzt ab und goht furt, und der Chönig isch ertrunke. Der Hans het do d' Tochter ghürotet und isch Chönig worde.

166.

Der starke Hans

Es war einmal ein Mann und eine Frau, die hatten nur ein einziges Kind und lebten in einem abseits gelegenen Tale ganz allein. Es trug sich zu, daß die Mutter einmal ins Holz ging, Tannenreiser zu lesen, und den kleinen Hans, der erst zwei Jahr alt war, mitnahm. Da es gerade in der Frühlingszeit war und das Kind seine Freude an den bunten Blumen hatte, so ging sie immer weiter mit ihm in den Wald hinein. Plötzlich sprangen aus dem Gebüsch zwei Räuber hervor, packten die Mutter und das Kind und führten sie tief in den schwarzen Wald, wo jahraus, jahrein kein Mensch hinkam. Die arme Frau bat die Räuber inständig, sie mit ihrem Kinde freizulassen, aber das Herz der Räuber war von Stein: sie hörten nicht auf ihr Bitten und Flehen und trieben sie mit Gewalt an, weiterzugehen. Nachdem sie etwa zwei Stunden durch Stauden und Dörner sich hatten durcharbeiten müssen, kamen sie zu einem Felsen, wo eine Tür war, an welche die Räuber klopften und die sich alsbald öffnete. Sie mußten durch einen langen dunkelen Gang und kamen endlich in eine große Höhle, die von einem Feuer, das auf dem Herd brannte, erleuchtet war. An der Wand hingen Schwerter, Säbel und andere Mordgewehre, die in dem Lichte blinkten, und in der Mitte stand ein schwarzer Tisch, an dem vier andere Räuber saßen und spielten, und obenan saß der Hauptmann. Dieser kam, als er die Frau sah, herbei, redete sie an und sagte, sie sollte nur ruhig und ohne Angst sein, sie täten ihr nichts zuleid, aber sie müßte das Hauswesen besorgen, und wenn sie alles in Ordnung hielte, so sollte sie es nicht schlimm bei ihnen haben. Darauf gaben sie ihr etwas zu essen und zeigten ihr ein Bett, wo sie mit ihrem Kinde schlafen könnte.

Die Frau blieb viele Jahre bei den Räubern, und Hans ward groß und stark. Die Mutter erzählte ihm Geschichten und lehrte ihn in einem alten Ritterbuch, das sie in der Höhle fand, lesen. Als Hans neun Jahre alt war, machte er sich aus einem Tannenast einen starken Knüttel und versteckte ihn hinter das Bett; dann ging er zu seiner Mutter und sprach: »Liebe Mutter, sage mir jetzt einmal, wer mein Vater ist, ich will und muß es wissen.« Die Mutter schwieg still und wollte es ihm nicht sagen, damit er nicht das Heimweh bekäme: sie wußte auch, daß die gottlosen Räuber den Hans doch nicht fortlassen würden; aber es hätte ihr fast das Herz zersprengt, daß Hans nicht sollte zu seinem Vater kommen. In der Nacht, als die Räuber von ihrem Raubzug heimkehrten, holte Hans seinen Knüttel hervor, stellte sich vor den Hauptmann und sagte: »Jetzt will ich wissen, wer mein Vater ist, und wenn du mir's nicht gleich sagst, so schlag ich dich nieder.« Da lachte der Hauptmann und gab dem Hans eine Ohrfeige, daß er unter den Tisch kugelte. Hans machte sich wieder auf, schwieg und dachte: »Ich will noch ein Jahr warten und es dann noch einmal versuchen, vielleicht geht's besser.« Als das Jahr herum war, holte er seinen Knüttel wieder hervor, wischte den Staub ab, betrachtete ihn und sprach: »Es ist ein tüchtiger, wackerer Knüttel.« Nachts kamen die Räuber heim, tranken Wein, einen Krug nach dem anderen, und fingen an, die Köpfe zu hängen. Da holte der Hans seinen Knüttel herbei, stellte sich wieder vor den Hauptmann und fragte ihn, wer sein Vater wäre. Der Hauptmann gab ihm abermals eine so kräftige Ohrfeige, daß Hans unter den Tisch rollte, aber es dauerte nicht lange, so war er wieder oben und schlug mit seinem Knüttel auf den Hauptmann und die Räuber, daß sie Arme und Beine nicht mehr regen konnten. Die Mutter stand in einer Ecke und war voll Verwunderung über seine Tapferkeit und Stärke. Als Hans mit seiner Arbeit fertig war, ging er zu seiner Mutter und sagte: »Jetzt ist mir's Ernst gewesen, aber jetzt muß ich auch wissen, wer mein Vater ist.« – »Lieber Hans«, antwortete die Mutter, »komm, wir wollen gehen und ihn suchen, bis wir ihn finden.« Sie nahmen dem Hauptmann den Schlüssel zu der Eingangstüre ab, und Hans holte einen großen Mehlsack, packte Gold, Silber, und was er sonst noch für schöne Sachen fand, zusammen, bis er voll war, und nahm ihn dann auf den Rücken. Sie verließen die Höhle, aber was tat Hans die Augen auf, als er aus der Finsternis heraus in das Tageslicht kam und den grünen Wald, Blumen und Vögel und die Morgensonne am Himmel erblickte. Er stand da und staunte alles an, als wenn er nicht recht gescheit wäre. Die Mutter suchte den Weg nach Haus, und als sie ein paar Stunden gegangen waren, so kamen sie glücklich in ihr einsames Tal und zu ihrem Häuschen. Der Vater saß unter der Türe, er weinte vor Freude, als er seine Frau erkannte und hörte, daß Hans sein Sohn war, die er beide längst für tot gehalten hatte. Aber Hans, obgleich erst zwölf Jahr alt, war doch einen Kopf größer als sein Vater. Sie gingen zusammen in das Stübchen, aber kaum hatte Hans seinen Sack auf die Ofenbank gesetzt, so fing das ganze Haus an zu krachen, die Bank brach ein und dann auch der Fußboden, und der schwere Sack sank in den Keller hinab. »Gott behüte uns«, rief der Vater, »was ist das? Jetzt hast du unser Häuschen zerbrochen.« – »Laßt Euch keine grauen Haare darüber wachsen, lieber Vater«, antwortete Hans, »da in dem Sack steckt mehr, als für ein neues Haus nötig ist.« Der Vater und Hans fingen auch gleich an, ein neues Haus zu bauen, Vieh zu erhandeln und Land zu kaufen und zu wirtschaften. Hans ackerte die Felder, und wenn er hinter dem Pflug ging und ihn in die Erde hineinschob, so hatten die Stiere fast nicht nötig zu ziehen. Den nächsten Frühling sagte Hans: »Vater, behaltet alles Geld und laßt mir einen zentnerschweren Spazierstab machen, damit ich in die Fremde gehen kann.« Als der verlangte Stab fertig war, verließ er seines Vaters Haus, zog fort und kam in einen tiefen und finstern Wald. Da hörte er etwas knistern und knastern, schaute um sich und sah eine Tanne, die von unten bis oben wie ein Seil gewunden war; und wie er die Augen in die Höhe richtete, so erblickte er einen großen Kerl, der den Baum gepackt hatte und ihn wie eine Weidenrute umdrehte. »He!« rief Hans, »was machst du da droben?« Der Kerl antwortete: »Ich habe gestern Reiswellen zusammengetragen und will mir ein Seil dazu drehen.« – »Das laß ich mir gefallen«, dachte Hans, »der hat Kräfte«, und rief ihm zu: »Laß du das gut sein und komm mit mir.« Der Kerl kletterte von oben herab und war einen ganzen Kopf größer als Hans, und der war doch auch nicht klein. »Du heißest jetzt Tannendreher«, sagte Hans zu ihm. Sie gingen darauf weiter und hörten etwas klopfen und hämmern, so stark, daß bei jedem Schlag der Erdboden zitterte. Bald darauf kamen sie zu einem mächtigen Felsen, vor dem stand ein Riese und schlug mit der Faust große Stücke davon ab. Als Hans fragte, was er da vorhätte, antwortete er: »Wenn ich nachts schlafen will, so kommen Bären, Wölfe und anderes Ungeziefer der Art, die schnuppern und schnuffeln an mir herum und lassen mich nicht schlafen, da will ich mir ein Haus bauen und mich hineinlegen, damit ich Ruhe habe.« – »Ei jawohl«, dachte Hans, »den kannst du auch noch brauchen«, und sprach zu ihm: »Laß das Hausbauen gut sein und geh mit mir, du sollst der Felsenklipperer heißen.« Er willigte ein, und sie strichen alle drei durch den Wald hin, und wo sie hinkamen, da wurden die wilden Tiere aufgeschreckt und liefen vor ihnen weg. Abends kamen sie in ein altes, verlassenes Schloß, stiegen hinauf und legten sich in den Saal schlafen. Am andern Morgen ging Hans hinab in den Garten, der war ganz verwildert und stand voll Dörner und Gebüsch. Und wie er so herumging, sprang ein Wildschwein auf ihn los; er gab ihm aber mit seinem Stab einen Schlag, daß es gleich niederfiel. Dann nahm er es auf die Schulter und brachte es hinauf; da steckten sie es an einen Spieß, machten sich einen Braten zurecht und waren guter Dinge. Nun verabredeten sie, daß jeden Tag der Reihe nach zwei auf die Jagd gehen sollten und einer daheim bleiben und kochen, für jeden neun Pfund Fleisch. Den ersten Tag blieb der Tannendreher daheim, und Hans und der Felsenklipperer gingen auf die Jagd. Als der Tannendreher beim Kochen beschäftigt war, kam ein kleines altes, zusammengeschrumpeltes Männchen zu ihm auf das Schloß und forderte Fleisch. »Pack dich, Duckmäuser«, antwortete er, »du brauchst kein Fleisch.« Aber wie verwunderte sich der Tannendreher, als das kleine unscheinbare Männlein an ihm hinaufsprang und mit Fäusten so auf ihn losschlug, daß er sich nicht wehren konnte, zur Erde fiel und nach Atem schnappte. Das Männlein ging nicht eher fort, als bis es seinen Zorn völlig an ihm ausgelassen hatte. Als die zwei andern von der Jagd heimkamen, sagte ihnen der Tannendreher nichts von dem alten Männchen und den Schlägen, die er bekommen hatte, und dachte: »Wenn sie daheim bleiben, so können sie's auch einmal mit der kleinen Kratzbürste versuchen«, und der bloße Gedanke machte ihm schon Vergnügen. Den folgenden Tag blieb der Steinklipperer daheim, und dem ging es geradeso wie dem Tannendreher, er ward von dem Männlein übel zugerichtet, weil er ihm kein Fleisch hatte geben wollen. Als die andern abends nach Haus kamen, sah es ihm der Tannendreher wohl an, was er erfahren hatte, aber beide schwiegen still und dachten: »Der Hans muß auch von der Suppe kosten.« Der Hans, der den nächsten Tag daheim bleiben mußte, tat seine Arbeit in der Küche, wie sich's gebührte, und als er oben stand und den Kessel abschaumte, kam das Männchen und forderte ohne weiteres ein Stück Fleisch. Da dachte Hans: »Es ist ein armer Wicht, ich will ihm von meinem Anteil geben, damit die andern nicht zu kurz kommen«, und reichte ihm ein Stück Fleisch. Als es der Zwerg verzehrt hatte, verlangte er nochmals Fleisch, und der gutmütige Hans gab es ihm und sagte, da wäre noch ein schönes Stück, damit sollte er zufrieden sein. Der Zwerg forderte aber zum drittenmal. »Du wirst unverschämt«, sagte Hans und gab ihm nichts. Da wollte der boshafte Zwerg an ihm hinaufspringen und ihn wie den Tannendreher und Felsenklipperer behandeln, aber er kam an den unrechten. Hans gab ihm, ohne sich anzustrengen, ein paar Hiebe, daß er die Schloßtreppe hinabsprang. Hans wollte ihm nachlaufen, fiel aber, solang er war, über ihn hin. Als er sich wiederaufgerichtet hatte, war ihm der Zwerg voraus. Hans eilte ihm bis in den Wald nach und sah, wie er in eine Felsenhöhle schlüpfte. Hans kehrte nun heim, hatte sich aber die Stelle gemerkt. Die beiden andern, als sie nach Haus kamen, wunderten sich, daß Hans so wohl auf wahr. Er erzählte ihnen, was sich zugetragen hatte, und da verschwiegen sie nicht länger, wie es ihnen ergangen war. Hans lachte und sagte: »Es ist euch ganz recht, warum seid ihr so geizig mit eurem Fleisch gewesen, aber es ist eine Schande, ihr seid so groß und habt euch von dem Zwerge Schläge geben lassen.« Sie namen darauf Korb und Seil und gingen alle drei zu der Felsenhöhle, in welche der Zwerg geschlüpft war, und ließen den Hans mit seinem Stab im Korb hinab. Als Hans auf dem Grund angelangt war, fand er eine Türe, und als er sie öffnete, saß da eine bildschöne Jungfrau, nein, so schön, daß es nicht zu sagen ist, und neben ihr saß der Zwerg und grinste den Hans an wie eine Meerkatze. Sie aber war mit Ketten gebunden und blickte ihn so traurig an, daß Hans großes Mitleid empfand und dachte: »Du mußt sie aus der Gewalt des bösen Zwerges erlösen«, und gab ihm einen Streich mit seinem Stab, daß er tot niedersank. Alsbald fielen die Ketten von der Jungfrau ab, und Hans war wie verzückt über ihre Schönheit. Sie erzählte ihm, sie wäre eine Königstochter, die ein wilder Graf aus ihrer Heimat geraubt und hier in den Felsen gesperrt hätte, weil sie nichts von ihm hätte wissen wollen; den Zwerg aber hätte der Graf zum Wächter gesetzt, und er hätte ihr Leid und Drangsal genug angetan. Darauf setzte Hans die Jungfrau in den Korb und ließ sie hinaufziehen. Der Korb kam wieder herab, aber Hans traute den beiden Gesellen nicht und dachte: »Sie haben sich schon falsch gezeigt und dir nichts von dem Zwerg gesagt, wer weiß, was sie gegen dich im Schild führen.« Da legte er seinen Stab in den Korb, und das war sein Glück, denn als der Korb halb in der Höhe war, ließen sie ihn fallen, und hätte Hans wirklich darin gesessen, so wäre es sein Tod gewesen. Aber nun wußte er nicht, wie er sich aus der Tiefe herausarbeiten sollte, und wie er hin und her dachte, er fand keinen Rat. »Es ist doch traurig«, sagte er, »daß du da unten verschmachten sollst.« Und als er so auf- und abging, kam er wieder zu dem Kämmerchen, wo die Jungfrau gesessen hatte, und sah, daß der Zwerg einen Ring am Finger hatte, der glänzte und schimmerte. Da zog er ihn ab und steckte ihn an, und als er ihn am Finger umdrehte, so hörte er plötzlich etwas über seinem Kopf rauschen. Er blickte in die Höhe und sah da Luftgeister schweben, die sagten, er wäre ihr Herr, und fragten, was sein Begehren wäre. Hans war anfangs ganz verstummt, dann aber sagte er, sie sollten ihn hinauftragen. Augenblicklich gehorchten sie, und es war nicht anders, als flöge er hinauf. Als er aber oben war, so war kein Mensch mehr zu sehen, und als er in das Schloß ging, so fand er auch dort niemand. Der Tannendreher und der Felsenklipperer waren fortgeeilt und hatten die schöne Jungfrau mitgeführt. Aber Hans drehte den Ring, da kamen die Luftgeister und sagten ihm, die zwei wären auf dem Meer. Hans lief und lief in einem fort, bis er zu dem Meeresstrand kam, da erblickte er weit, weit auf dem Wasser ein Schiffchen, in welchem seine treulosen Gefährten saßen. Und im heftigen Zorn sprang er, ohne sich zu besinnen, mitsamt seinem Stab ins Wasser und fing an zu schwimmen, aber der zentnerschwere Stab zog ihn tief hinab, daß er fast ertrunken wäre. Da drehte er noch zu rechter Zeit den Ring, alsbald kamen die Luftgeister und trugen ihn, so schnell wie der Blitz, in das Schiffchen. Da schwang er seinen Stab und gab den bösen Gesellen den verdienten Lohn und warf sie hinab ins Wasser; dann aber ruderte er mit der schönen Jungfrau, die in den größten Ängsten gewesen war und die er zum zweiten Mal befreit hatte, heim zu ihrem Vater und ihrer Mutter, und ward mit ihr verheiratet, und haben alle sich gewaltig gefreut.

167.

Das Bürle im Himmel

's isch emol es arms fromms Bürle gstorbe und chunt do vor d' Himmelspforte. Zur gliche Zit isch au e riche, riche Herr do gsi und het au i Himmel welle. Do chunt der heilige Petrus mit em Schlüssel und macht uf und lot der Herr ine; das Bürle het er aber, wie's schint, nid gseh und macht d' Pforte ämel wieder zue. Do het das Bürle vorusse ghört, wie de Herr mit alle Freude im Himmel uf gno worde isch und wie se drin musiziert und gsunge händ. Ändle isch es do wider still worde, und der heilig Petrus chunt, macht d' Himmelspforte uf un lot das Bürle au ine. 's Bürle het do gmeint, 's werd jetzt au musiziert und gsunge, wenn es chöm, aber do isch alles still gsi; me het's frile mit aller Liebe ufgno, und d' Ängele sind em egäge cho, aber gsunge het niemer (niemand). Do frogt das Bürle der heilig Petrus, worum das me be em nid singe wie be dem riche Herr, 's geu, schint's, do im Himmel au parteiisch zue wie uf der Erde. Do säit der heilig Petrus: »Nai, wäger, du bisch is so lieb wie alle andere und muesch alle himmlische Freude gnieße wie de rich Herr, aber lueg, so arme Bürle, wie du äis bisch, chömme alle Tag e Himmel, so ne riche Herr aber chunt nume alle hundert Johr öppe äine.«

168.

Die hagere Liese

Ganz anders als der faule Heinz und die dicke Trine, die sich von nichts aus ihrer Ruhe bringen ließen, dachte die hagere Liese. Sie äscherte sich ab von Morgen bis Abend und lud ihrem Mann, dem langen Lenz, so viel Arbeit auf, daß er schwerer zu tragen hatte als ein Esel an drei Säcken. Es war aber alles umsonst, sie hatten nichts und kamen zu nichts. Eines Abends, als sie im Bette lag und vor Müdigkeit kaum ein Glied regen konnte, ließen sie die Gedanken doch nicht einschlafen. Sie stieß ihren Mann mit dem Ellenbogen in die Seite und sprach: »Hörst du, Lenz, was ich gedacht habe? Wenn ich einen Gulden fände und einer mir geschenkt würde, so wollte ich einen dazuborgen, und du solltest mir auch noch einen geben; sobald ich dann die vier Gulden beisammen hätte, so wollte ich eine junge Kuh kaufen.« Dem Mann gefiel das recht gut: »Ich weiß zwar nicht«, sprach er, »woher ich den Gulden nehmen soll, den du von mir willst geschenkt haben, aber wenn du dennoch das Geld zusammenbringst und du kannst dafür eine Kuh kaufen, so tust du wohl, wenn du dein Vorhaben ausführst. Ich freue mich«, fügte er hinzu, »wenn die Kuh ein Kälbchen bringt, so werde ich doch manchmal zu meiner Erquickung einen Trunk Milch erhalten.« – »Die Milch ist nicht für dich«, sagte die Frau, »wir lassen das Kalb saugen, damit es groß und fett wird und wir es gut verkaufen können.« – »Freilich«, antwortete der Mann, »aber ein wenig Milch nehmen wir doch, das schadet nichts.« – »Wer hat dich gelehrt, mit Kühen umgehen?« sprach die Frau, »es mag schaden oder nicht, ich will es nicht haben: und wenn du dich auf den Kopf stellst, du kriegst keinen Tropfen Milch. Du langer Lenz, weil du nicht zu ersättigen bist, meinst du, du wolltest verzehren, was ich mit Mühe erwerbe.« – »Frau«, sagte der Mann, »sei still, oder ich hänge dir eine Maultasche an.« – »Was«, rief sie, »du willst mir drohen, du Nimmersatt, du Strick, du fauler Heinz.« Sie wollte ihm in die Haare fallen, aber der lange Lenz richtete sich auf, packte mit der einen Hand die dürren Arme der hageren Liese zusammen, mit der andern drückte er ihr den Kopf auf das Kissen, ließ sie schimpfen und hielt sie so lange, bis sie vor großer Müdigkeit eingeschlafen war. Ob sie am andern Morgen beim Erwachen fortfuhr zu zanken oder ob sie ausging, den Gulden zu suchen, den sie finden wollte, das weiß ich nicht.

169.

Das Waldhaus

Ein armer Holzhauer lebte mit seiner Frau und drei Töchtern in einer kleinen Hütte an dem Rande eines einsamen Waldes. Eines Morgens, als er wieder an seine Arbeit wollte, sagte er zu seiner Frau: »Laß mir mein Mittagsbrot von dem ältesten Mädchen hinaus in den Wald bringen, ich werde sonst nicht fertig. Und damit es sich nicht verirrt«, setzte er hinzu, »so will ich einen Beutel mit Hirse mitnehmen und die Körner auf den Weg streuen.« Als nun die Sonne mitten über dem Walde stand, machte sich das Mädchen mit einem Topf voll Suppe auf den Weg. Aber die Feld- und Waldsperlinge, die Lerchen und Finken, Amseln und Zeisige hatten den Hirsen schon längst aufgepickt, und das Mädchen konnte die Spur nicht finden. Da ging es auf gut Glück immer fort, bis die Sonne sank und die Nacht einbrach. Die Bäume rauschten in der Dunkelheit, die Eulen schnarrten, und es fing an, ihm angst zu werden. Da erblickte es in der Ferne ein Licht, das zwischen den Bäumen blinkte. »Dort sollten wohl Leute wohnen«, dachte es, »die mich über Nacht behalten«, und ging auf das Licht zu. Nicht lange, so kam es an ein Haus, dessen Fenster erleuchtet waren. Es klopfte an, und eine rauhe Stimme rief von innen: »Herein.« Das Mächen trat auf die dunkle Diele und pochte an der Stubentür. »Nur herein«, rief die Stimme, und als es öffnete, saß da ein alter, eisgrauer Mann an dem Tisch, hatte das Gesicht auf die beiden Hände gestützt, und sein weißer Bart floß über den Tisch herab fast bis auf die Erde. Am Ofen aber lagen drei Tiere, ein Hühnchen, ein Hähnchen und eine buntgescheckte Kuh. Das Mädchen erzählte dem Alten sein Schicksal und bat um ein Nachtlager. Der Mann sprach:

»Schön Hühnchen,
schön Hähnchen,

und du, schöne bunte Kuh,
was sagst du dazu?«

»Duks!« antworteten die Tiere, und das mußte wohl heißen: »Wir sind es zufrieden«, denn der Alte sprach weiter: »Hier ist Hülle und Fülle, geh hinaus an den Herd und koch uns ein Abendessen.« Das Mädchen fand in der Küche Überfluß an allem und kochte eine gute Speise, aber an die Tiere dachte es nicht. Es trug die volle Schüssel auf den Tisch, setzte sich zu dem grauen Mann, aß und stillte seinen Hunger. Als es satt war, sprach es: »Aber jetzt bin ich müde, wo ist ein Bett, in das ich mich legen und schlafen kann?« Die Tiere antworteten:

»Du hast mit ihm gegessen,
du hast mit ihm getrunken,
du hast an uns gar nicht gedacht,
nun sieh auch, wo du bleibst die Nacht.«

Da sprach der Alte: »Steig nur die Treppe hinauf, so wirst du eine Kammer mit zwei Betten finden, schüttle sie auf und decke sie mit weißem Linnen, so will ich auch kommen und mich schlafen legen.« Das Mädchen stieg hinauf, und als es die Betten geschüttelt und frisch gedeckt hatte, legte es sich in das eine, ohne weiter auf den Alten zu warten. Nach einiger Zeit aber kam der graue Mann, beleuchtete das Mädchen mit dem Licht und schüttelte mit dem Kopf. Und als er sah, daß es fest eingeschlafen war, öffnete er eine Falltüre und ließ es in den Keller sinken.

Der Holzhauer kam am späten Abend nach Haus und machte seiner Frau Vorwürfe, daß sie ihn den ganzen Tag habe hungern lassen. »Ich habe keine Schuld«, antwortete sie, »das Mädchen ist mit dem Mittagessen hinausgegangen, es muß sich verirrt haben: morgen wird es schon wiederkommen.« Vor Tag aber stand der Holzhauer auf, wollte in den Wald und verlangte, die zweite Tochter sollte ihm diesmal das Essen bringen. »Ich will einen Beutel mit Linsen mitnehmen«, sagte er, »die Körner sind größer als Hirsen, das Mädchen wird sie besser sehen und kann den Weg nicht verfehlen.« Zur Mittagszeit trug auch das Mädchen die Speise hinaus, aber die Linsen waren verschwunden: die Waldvögel hatten sie, wie am vorigen Tag, aufgepickt und keine übriggelassen. Das Mädchen irrte im Walde umher, bis es Nacht ward, da kam es ebenfalls zu dem Haus des Alten, ward hereingerufen und bat um Speise und Nachtlager. Der Mann mit dem weißen Barte fragte wieder die Tiere:

»Schön Hühnchen,
schön Hähnchen,
und du, schöne bunte Kuh,
was sagst du dazu?«

Die Tiere antworteten abermals: »Duks«, und es geschah alles wie am vorigen Tag. Das Mädchen kochte eine gute Speise, aß und trank mit dem Alten und kümmerte sich nicht um die Tiere. Und als es sich nach seinem Nachtlager erkundigte, antworteten sie:

»Du hast mit ihm gegessen,
du hast mit ihm getrunken,
du hast an uns gar nicht gedacht,
nun sieh auch, wo du bleibst die Nacht.«

Als es eingeschlafen war, kam der Alte, betrachtete es mit Kopfschütteln und ließ es in den Keller hinab.

Am dritten Morgen sprach der Holzhacker zu seiner Frau: »Schicke mir heute unser jüngstes Kind mit dem Essen hinaus, das ist immer gut und gehorsam gewesen, das wird auf dem redlichen Weg bleiben und nicht wie seine Schwestern, die wilden Hummeln, herumschwärmen.« Die Mutter wollte nicht und sprach: »Soll ich mein liebstes Kind auch noch verlieren?« – »Sei ohne Sorge«, antwortete er, »das Mädchen verirrt sich nicht, es ist zu klug und verständig; zum Überfluß will ich Erbsen mitnehmen und ausstreuen, die sind noch größer als Linsen und werden ihm den Weg zeigen.« Aber als das Mädchen mit dem Korb am Arm hinauskam, so hatten die Waldtauben die Erbsen schon im Kropf, und es wußte nicht, wohin es sich wenden sollte. Es war voll Sorgen und dachte beständig daran, wie der arme Vater hungern und die gute Mutter jammern würde, wenn es ausbliebe. Endlich, als es finster ward, erblickte es das Lichtchen und kam an das Waldhaus. Es bat ganz freundlich, sie möchten es über Nacht beherbergen, und der Mann mit dem weißen Bart fragte wieder seine Tiere:

»Schön Hühnchen,
schön Hähnchen,
und du, schöne bunte Kuh,
was sagst du dazu?«

»Duks«, sagten sie. Da trat das Mädchen an den Ofen, wo die Tiere lagen, und liebkoste Hühnchen und Hähnchen, indem es mit der Hand über die glatten Federn hinstrich, und die bunte Kuh kraute es zwischen den Hörnern. Und als es auf Geheiß des Alten eine gute

Suppe bereitet hatte und die Schüssel auf dem Tisch stand, so sprach es: »Soll ich mich sättigen, und die guten Tiere sollen nichts haben? Draußen ist die Hülle und Fülle, erst will ich für sie sorgen.« Da ging es, holte Gerste und streute sie dem Hühnchen und Hähnchen vor und brachte der Kuh wohlriechendes Heu einen ganzen Arm voll. »Laßts euch schmecken, ihr lieben Tiere«, sagte es, »und wenn ihr durstig seid, sollt ihr auch einen frischen Trunk haben.« Dann trug es einen Eimer voll Wasser herbei, und Hühnchen und Hähnchen sprangen auf den Rand, steckten den Schnabel hinein und hielten den Kopf dann in die Höhe, wie die Vögel trinken, und die bunte Kuh tat auch einen herzhaften Zug. Als die Tiere gefüttert waren, setzte sich das Mädchen zu dem Alten an den Tisch und aß, was er ihm übriggelassen hatte. Nicht lange, so fing Hühnchen und Hähnchen an, das Köpfchen zwischen die Flügel zu stecken, und die bunte Kuh blinzelte mit den Augen. Da sprach das Mädchen: »Sollen wir uns nicht zur Ruhe begeben?

Schön Hühnchen,
schön Hähnchen,
und du, schöne bunte Kuh,
was sagst du dazu?«

Die Tiere antworteten:

»Duks, du hast mit uns gegessen,
du hast mit uns getrunken,
du hast uns alle wohl bedacht,
wir wünschen dir eine gute Nacht.«

Da ging das Mächen die Treppe hinauf, schüttelte die Federkissen und deckte frisches Linnen auf, und als es fertig war, kam der Alte und legte sich in das eine Bett, und sein weißer Bart reichte ihm bis an die Füße. Das Mädchen legte sich in das andere, tat sein Gebet und schlief ein.

Es schlief ruhig bis Mitternacht, da ward es so unruhig in dem Hause, daß das Mädchen erwachte. Da fing es an, in den Ecken zu knittern und zu knattern, und die Türe sprang auf und schlug an die Wand: die Balken dröhnten, als wenn sie aus ihren Fugen gerissen würden, und es war, als wenn die Treppe herabstürzte, und endlich krachte es, als wenn das ganze Dach zusammenfiele. Da es aber wieder still ward und dem Mädchen nichts zuleid geschah, so blieb es ruhig liegen und schlief wieder ein. Als es aber am Morgen bei hellem Sonnenschein aufwachte, was erblickten seine Augen? Es lag in einem großen Saal, und ringsumher glänzte alles in königlicher Pracht: an den Wänden wuchsen auf grünseidenem Grund goldene Blumen in die Höhe, das Bett war von Elfenbein und die Decke darauf von rotem Samt, und auf einem Stuhl daneben standen ein paar mit Perlen gestickte Pantoffel. Das Mädchen glaubte, es wäre ein Traum, aber es traten drei reichgekleidete Diener herein und fragten, was es zu befehlen hätte. »Geht nur«, antwortete das Mädchen, »ich will gleich aufstehen und dem Alten eine Suppe kochen und dann auch schön Hühnchen, schön Hähnchen und die schöne bunte Kuh füttern.« Es dachte, der Alte wäre schon aufgestanden, und sah sich nach seinem Bett um, aber er lag nicht darin, sondern ein fremder Mann. Und als es ihn betrachtete und sah, daß er jung und schön war, erwachte er, richtete sich auf und sprach: »Ich bin ein Königssohn und war von einer bösen Hexe verwünscht worden, als ein alter, eisgrauer Mann in dem Wald zu leben; niemand durfte um mich sein als meine drei Diener in der Gestalt eines Hühnchens, eines Hähnchens und einer bunten Kuh. Und nicht eher sollte die Verwünschung aufhören, als bis ein Mädchen zu uns käme, so gut von Herzen, daß es nicht gegen die Menschen allein, sondern auch gegen die Tiere sich liebreich bezeigte, und das bist du gewesen, und heute um Mitternacht sind wir durch dich erlöst und das alte Waldhaus ist wieder in meinen königlichen Palast verwandelt worden.« Und als sie aufgestanden waren, sagte der Königssohn den drei Dienern, sie sollten hinfahren und Vater und Mutter des Mädchens zur Hochzeitsfeier herbeiholen. »Aber wo sind meine zwei Schwestern?« fragte das Mädchen. »Die habe ich in den Keller gesperrt, und morgen sollen sie in den Wald geführt werden und sollen bei einem Köhler so lange als Mägde dienen, bis sie sich gebessert haben und auch die armen Tiere nicht hungern lassen.«

170.

Lieb und Leid teilen

Es war einmal ein Schneider, der war ein zänkischer Mensch, und seine Frau, die gut, fleißig und fromm war, konnte es ihm niemals recht machen. Was sie tat, er war unzufrieden, brummte, schalt, raufte und schlug sie. Als die Obrigkeit endlich davon hörte, ließ sie ihn vorfordern und ins Gefängnis setzen, damit er sich bessern sollte. Er saß eine Zeitlang bei Wasser und Brot, dann wurde er wieder freigelassen, mußte aber geloben, seine Frau nicht mehr zu schlagen, sondern friedlich mit ihr zu leben, Lieb und Leid zu teilen, wie sich's unter Eheleuten gebührt. Eine Zeitlang ging es gut, dann aber geriet er wieder in seine alte Weise, war mürrisch und zänkisch. Und weil er sie nicht schlagen durfte, wollte er sie bei den Haaren packen und raufen. Die Frau entwischte ihm und sprang auf den Hof hinaus, er lief aber mit der Elle und Schere hinter ihr her, jagte sie herum und warf ihr die Elle und Schere, und was ihm sonst zur Hand war, nach. Wenn er sie traf, so lachte er, und wenn er sie fehlte, so tobte und wetterte er. Er trieb es so lange, bis die Nachbarn der Frau zu Hilfe kamen. Der Schneider ward wieder vor die Obrigkeit gerufen und an sein Versprechen erinnert. »Liebe Herrn«, antwortete er, »ich habe gehalten, was ich gelobt habe, ich habe sie nicht geschlagen, sondern Lieb und Leid mit ihr geteilt.« – »Wie kann das sein«, sprach der Richter, »da sie abermals große Klage über Euch führt?« – »Ich habe sie nicht geschlagen, sondern ihr nur, weil sie so wunderlich aussah, die Haare mit der Hand kämmen wollen; sie ist mir aber entwichen und hat mich böslich verlassen. Da bin ich ihr nachgeeilt und habe, damit sie zu ihrer Pflicht zurückkehre, als eine gutgemeinte Erinnerung nachgeworfen, was mir eben zur Hand war. Ich habe auch Lieb und Leid mit ihr geteilt, denn sooft ich sie getroffen habe, ist es mir lieb gewesen und ihr leid; habe ich sie aber gefehlt, so ist es ihr lieb gewesen, mir aber leid.« Die Richter waren aber mit dieser Antwort nicht zufrieden, sondern ließen ihm seinen verdienten Lohn auszahlen.

171.

Der Zaunkönig

In den alten Zeiten, da hatte jeder Klang noch Sinn und Bedeutung. Wenn der Hammer des Schmieds ertönte, so rief er: »Smiet mi to! Smiet mi to!« Wenn der Hobel des Tischlers schnarrte, so sprach er: »Dor häst! Dor, dor häst!« Fing das Räderwerk der Mühle an zu klappern, so sprach es: »Help, Herr Gott! Help, Herr Gott!« Und war der Müller ein Betrüger und ließ die Mühle an, so sprach sie Hochdeutsch und fragte langsam: »Wer ist da? Wer ist da?« Dann antwortete sie schnell: »Der Müller! Der Müller!« Und endlich ganz geschwind: »Stiehlt tapfer, stiehlt tapfer, vom Achtel drei Sechter.«

Zu dieser Zeit hatten auch die Vögel ihre eigene Sprache, die jedermann verstand, jetzt lautet es nur wie ein Zwitschern, Kreischen und Pfeifen, und bei einigen wie Musik ohne Worte. Es kam aber den Vögeln in den Sinn, sie wollten nicht länger ohne Herrn sein und einen unter sich zu ihrem König wählen. Nur einer von ihnen, der Kibitz, war dagegen: frei hatte er gelebt, und frei wollte er sterben, und angstvoll hin und her fliegend, rief er: »Wo bliew ick? Wo bliew ick?« Er zog sich zurück in einsame und unbesuchte Sümpfe und zeigte sich nicht wieder unter seinesgleichen.

Die Vögel wollten sich nun über die Sache besprechen, und an einem schönen Maimorgen kamen sie alle aus Wäldern und Feldern zusammen, Adler und Buchfinke, Eule und Krähe, Lerche und Sperling, was soll ich sie alle nennen? Selbst der Kuckuck kam und der Wiedehopf, sein Küster, der so heißt, weil er sich immer ein paar Tage früher hören läßt; auch ein ganz kleiner Vogel, der noch keinen Namen hatte, mischte sich unter die Schar. Das Huhn, das zufällig von der ganzen Sache nichts gehört hatte, verwunderte sich über die große Versammlung. »Wat, wat, wat ist den dar to don?« gackerte es, aber der Hahn beruhigte seine liebe Henne und sagte: »Luter riek Lüd«, erzählte ihr auch, was sie vorhätten. Es ward aber beschlossen, daß der König sein sollte, der am höchsten fliegen könnte. Ein Laubfrosch, der im Gebüsch saß, rief, als er das hörte, warnend: »Natt, natt, natt! Natt, natt, natt!«, weil er meinte, es würden deshalb viel Tränen vergossen werden. Die Krähe aber sagte: »Quark ok!«, es sollte alles friedlich abgehen.

Es ward nun beschlossen, sie wollten gleich an diesem schönen Morgen aufsteigen, damit niemand hinterher sagen könnte: »Ich wäre wohl noch höher geflogen, aber der Abend kam, da konnte ich nicht mehr.« Auf ein gegebenes Zeichen erhob sich also die ganze Schar in die Lüfte. Der Staub stieg da von dem Felde auf, es war ein gewaltiges Sausen und Brausen und Fittichschlagen, und es sah aus, als wenn eine schwarze Wolke dahinzöge. Die kleineren Vögel aber blieben bald zurück, konnten nicht weiter und fielen wieder auf die Erde. Die größern hielten's länger aus, aber keiner konnte es dem Adler gleichtun, der stieg so hoch, daß er der Sonne hätte die Augen aushacken können. Und als er sah, daß die andern nicht zu ihm herauf konnten, so dachte er: »Was willst du noch höher fliegen, du bist doch der König«, und fing an, sich wieder herabzulassen. Die Vögel unter ihm riefen ihm alle gleich zu: »Du mußt unser König sein, keiner ist höher geflogen als du.« – »Ausgenommen ich«, schrie der kleine Kerl ohne Namen, der sich in die Brustfedern des Adlers verkrochen hatte. Und da er nicht müde war, so stieg er auf und stieg so hoch, daß er Gott auf seinem Stuhle konnte sitzen sehen. Als er aber so weit gekommen war, legte er seine Flügel zusammen, sank herab und rief unten mit feiner, durchdringender Stimme: »König bün ick! König bün ick!«

»Du unser König?« schrien die Vögel zornig, »durch Ränke und Listen hast du es dahin gebracht.« Sie machten eine andere Bedingung, der sollte ihr König sein, der am tiefsten in die Erde fallen könnte. Wie klatschte da die Gans mit ihrer breiten Brust wieder auf das Land! Wie scharrte der Hahn schnell ein Loch! Die Ente kam am schlimmsten weg, sie sprang in einen Graben, verrenkte sich aber die Beine und watschelte fort zum nahen Teiche mit dem Ausruf »Pracherwerk! Pracherwerk!« Der Kleine ohne Namen aber suchte ein Mäuseloch, schlüpfte hinab und rief mit seiner feinen Stimme heraus: »König bün ick! König bün ick!«

»Du unser König?« riefen die Vögel noch zorniger. »Meinst du, deine Listen sollten gelten?« Sie beschlossen, ihn in seinem Loch gefangenzuhalten und auszuhungern. Die Eule ward als Wache davorgestellt: sie sollte den Schelm nicht herauslassen, so lieb ihr das Leben wäre. Als es aber Abend geworden war und die Vögel von der Anstrengung beim Fliegen große Müdigkeit empfanden, so gingen sie mit Weib und Kind zu Bett. Die Eule allein blieb bei dem Mäuseloch stehen und blickte mit ihren großen Augen unverwandt hinein. Indessen war sie auch müde geworden und dachte: »Ein Auge kannst du wohl zutun, du wachst ja noch mit dem andern, und der kleine Bösewicht soll nicht aus seinem Loch heraus.« Also tat sie das eine Auge zu und schaute mit dem andern steif auf das Mäuseloch. Der kleine Kerl guckte mit dem Kopf heraus und wollte wegwitschen, aber die Eule trat gleich davor, und er zog den Kopf wieder zurück. Dann tat die Eule das eine Auge wieder auf und das andere zu und wollte so die ganze Nacht abwechseln. Aber als sie das eine Auge wieder zumachte, vergaß sie, das andere aufzutun, und sobald die beiden Augen zu waren, schlief sie ein. Der Kleine merkte das bald und schlüpfte weg.

Von der Zeit an darf sich die Eule nicht mehr am Tage sehen lassen, sonst sind die andern Vögel hinter ihr her und zerzausen ihr das Fell. Sie fliegt nur zur Nachtzeit aus, haßt aber und verfolgt die Mäuse, weil sie solche böse Löcher machen. Auch der kleine Vogel läßt sich nicht gerne sehen, weil er füchtet, es ginge ihm an den Kragen, wenn er erwischt würde. Er schlüpft in den Zäunen herum, und wenn er ganz sicher ist, ruft er wohl zuweilen: »König bün ick!« Und deshalb nennen ihn die andern Vögel aus Spott *Zaunkönig*.

Niemand aber war froher als die Lerche, daß sie dem Zaunkönig nicht zu gehorchen brauchte. Wie sich die Sonne blicken läßt, steigt sie in die Lüfte und ruft: »Ach, wo ist dat schön! Schön is dat! Schön! Schön! Ach, wo is dat schön!«

172.

Die Scholle

Die Fische waren schon lange unzufrieden, daß keine Ordnung in ihrem Reich herrschte. Keiner kehrte sich an den andern, schwamm rechts und links, wie es ihm einfiel, fuhr zwischen denen durch, die zusammenbleiben wollten, oder sperrte ihnen den Weg, und der stärkere gab dem schwächeren einen Schlag mit dem Schwanz, daß er weit wegfuhr, oder er verschlang ihn ohne weiteres. »Wie schön wäre es, wenn wir einen König hätten, der Recht und Gerechtigkeit bei uns übte«, sagten sie und vereinigten sich, den zu ihrem Herren zu wählen, der am schnellsten die Fluten durchstreichen und dem Schwachen Hilfe bringen könnte.

Sie stellten sich also am Ufer in Reihe und Glied auf, und der Hecht gab mit dem Schwanz ein Zeichen, worauf sie alle zusammen aufbrachen. Wie ein Pfeil schoß der Hecht dahin und mit ihm der Hering, der Gründling, der Barsch, die Karpfe, und wie sie alle heißen. Auch die Scholle schwamm mit und hoffte das Ziel zu erreichen.

Auf einmal ertönte der Ruf: »Der Hering ist vor! Der Hering ist vor.« – »Wen is vör?« schrie verdrießlich die platte, mißgünstige Scholle, die weit zurückgeblieben war. »Wen is vör?« – »Der Hering, der Hering«, war die Antwort. »De nackte Hiering?« rief die neidische, »de nackte Hiering?« Seit der Zeit steht der Scholle zur Strafe das Maul schief.

173.

Rohrdommel und Wiedehopf

»Wo weidet Ihr Eure Herde am liebsten?« fragte einer einen alten Kuhhirten. »Hier, Herr, wo das Gras nicht zu fett ist und nicht zu mager; es tut sonst kein gut.« – »Warum nicht?« fragte der Herr. »Hört Ihr dort von der Wiese her den dumpfen Ruf?« antwortete der Hirt, »das ist der Rohrdommel, der war sonst ein Hirte, und der Wiedehopf war es auch. Ich will Euch die Geschichte erzählen.

Der Rohrdommel hütete seine Herde auf fetten grünen Wiesen, wo Blumen im Überfluß standen, davon wurden seine Kühe mutig und wild. Der Wiedehopf aber trieb das Vieh auf hohe dürre Berge, wo der Wind mit dem Sand spielt, und seine Kühe wurden mager und kamen nicht zu Kräften. Wenn es Abend war und die Hirten heimwärts trieben, konnte Rohrdommel seine Kühe nicht zusammenbringen, sie waren übermütig und sprangen ihm davon. Er rief: ›Bunt, herüm‹ (bunte Kuh, herum), doch vergebens, sie hörten nicht auf seinen Ruf. Wiedehopf aber konnte sein Vieh nicht auf die Beine bringen, so matt und kraftlos war es geworden. ›Up, up, up!‹

schrie er, aber es half nicht, sie blieben auf dem Sand liegen. So geht's, wenn man kein Maß hält. Noch heute, wo sie keine Herde mehr hüten, schreit Rohrdommel: ›Bunt, herüm‹, und der Wiedehopf: ›Up, up, up!‹ «

174.

Die Eule

Vor ein paar hundert Jahren, als die Leute noch lange nicht so klug und verschmitzt waren, als sie heutzutage sind, hat sich in einer kleinen Stadt eine seltsame Geschichte zugetragen. Von ungefähr war eine von den großen Eulen, die man Schuhu nennt, aus dem benachbarten Walde bei nächtlicher Weile in die Scheuer eines Bürgers geraten und wagte sich, als der Tag anbrach, aus Furcht vor den andern Vögeln, die, wenn sie sich blicken läßt, ein furchtbares Geschrei erheben, nicht wieder aus ihrem Schlupfwinkel heraus. Als nun der Hausknecht morgens in die Scheuer kam, um Stroh zu holen, erschrak er bei dem Anblick der Eule, die da in einer Ecke saß, so gewaltig, daß er fortlief und seinem Herrn ankündigte, ein Ungeheuer, wie er zeit seines Lebens keins erblickt hätte, säße in der Scheuer, drehte die Augen im Kopf herum und könnte einen ohne Umstände verschlingen. »Ich kenne dich schon«, sagte der Herr, »einer Amsel im Felde nachzujagen, dazu hast du Mut genug, aber wenn du ein totes Huhn liegen siehst, so holst du dir erst einen Stock, ehe du ihm nahe kommst. Ich muß nur selbst einmal nachsehen, was das für ein Ungeheuer ist«, setzte der Herr hinzu, ging ganz tapfer zur Scheuer hinein und blickte umher. Als er aber das greuliche Tier mit eigenen Augen sah, so geriet er in nicht geringere Angst als der Knecht. Mit ein paar Sätzen sprang er hinaus, lief zu seinen Nachbarn und bat sie flehentlich, ihm gegen ein unbekanntes und gefährliches Tier Beistand zu leisten; ohnehin könnte die ganze Stadt in Gefahr kommen, wenn es aus der Scheuer, wo es säße, herausbräche. Es entstand großer Lärm und Geschrei in allen Straßen: die Bürger kamen, mit Spießen, Heugabeln, Sensen und Äxten bewaffnet, herbei, als wollten sie gegen den Feind ausziehen; zuletzt erschienen auch die Herrn des Rats mit dem Bürgermeister an der Spitze. Als sie sich auf dem Markt geordnet hatten, zogen sie zu der Scheuer und umringten sie von allen Seiten. Hierauf trat einer der beherztesten hervor und ging mit gefälltem Spieß hinein, kam aber gleich darauf mit einem Schrei und totenbleich wieder herausgelaufen und konnte kein Wort hervorbringen. Noch zwei andere wagten sich hinein, es erging ihnen aber nicht besser. Endlich trat einer hervor, ein großer starker Mann, der wegen seiner Kriegstaten berühmt war, und sprach: »Mit bloßen Ansehen werdet ihr das Ungetüm nicht vertreiben, hier muß Ernst gebraucht werden, aber ich sehe, daß ihr alle zu Weibern geworden seid und keiner den Fuchs beißen will.« Er ließ sich Harnisch, Schwert und Spieß bringen und rüstete sich. Alle rühmten seinen Mut, obgleich viele um sein Leben besorgt waren. Die beiden Scheuertore wurden aufgetan, und man erblickte die Eule, die sich indessen in die Mitte auf einen großen Querbalken gesetzt hatte. Er ließ eine Leiter herbeibringen, und als er sie anlegte und sich bereitete hinaufzusteigen, so riefen ihm alle zu, er solle sich männlich halten, und empfahlen ihn dem heiligen Georg, der den Drachen getötet hatte. Als er bald oben war und die Eule sah, daß er an sie wollte, auch von der Menge und dem Geschrei des Volks verwirrt war und nicht wußte wohinaus, so verdrehte sie die Augen, sträubte ihre Federn, sperrte die Flügel auf, gnappte mit dem Schnabel und ließ ihr schuhu, schuhu mit rauher Stimme hören. »Stoß zu, stoß zu!« rief die Menge draußen dem tapfern Helden zu. »Wer hier stände, wo ich stehe«, antwortete er, »der würde nicht ›Stoß zu‹ rufen.« Er setzte zwar den Fuß noch eine Staffel höher, dann aber fing er an zu zittern und machte sich halb ohnmächtig auf den Rückweg.

Nun war keiner mehr übrig, der sich in die Gefahr hätte begeben wollen. »Das Ungeheuer«, sagten sie, »hat den stärksten Mann, der unter uns zu finden war, durch sein Gnappen und Anhauchen allein vergiftet und tödlich verwundet, sollen wir andern auch unser Leben in die Schanze schlagen?« Sie ratschlagten, was zu tun wäre, wenn die ganze Stadt nicht sollte zugrunde gehen. Lange Zeit schien alles vergeblich, bis endlich der Bürgermeister einen Ausweg fand. »Meine Meinung geht dahin«, sprach er, »daß wir aus gemeinem Säckel diese Scheuer samt allem, was darinliegt, Getreide, Stroh und Heu, dem Eigentümer bezahlen und ihn schadlos halten, dann aber das ganze Gebäude und mit ihm das fürchterliche Tier abbrennen, so braucht doch niemand sein Leben daranzusetzen. Hier ist keine Gelegenheit zu sparen, und Knauserei wäre übel angewendet.« Alle stimmten ihm bei. Also ward die Scheuer an vier Ecken angezündet und mit ihr die Eule jämmerlich verbrannt. Wer's nicht glauben will, der gehe hin und frage selbst nach.

175.

Der Mond

Vorzeiten gab es ein Land, wo die Nacht immer dunkel und der Himmel wie ein schwarzes Tuch darübergebreitet war, denn es ging dort niemals der Mond auf, und kein Stern blinkte in der Finsternis. Bei Erschaffung der Welt hatte das nächtliche Licht ausgereicht. Aus diesem Land gingen einmal vier Bursche auf die Wanderschaft und gelangten in ein anderes Reich, wo abends, wenn die Sonne hinter den Bergen verschwunden war, auf einem Eichbaum eine leuchtende Kugel stand, die weit und breit ein sanftes Licht ausgoß. Man konnte dabei alles wohl sehen und unterscheiden, wenn es auch nicht so glänzend wie die Sonne war. Die Wanderer standen still und fragten einen Bauer, der da mit seinem Wagen vorbeifuhr, was das für ein Licht sei. »Das ist der Mond«, antwortete dieser, »unser Schultheiß hat ihn für drei Taler gekauft und an den Eichbaum befestigt. Er muß täglich Öl aufgießen und ihn rein erhalten, damit er immer hell brennt. Dafür erhält er von uns wöchentlich einen Taler.«

Als der Bauer weggefahren war, sagte der eine von ihnen: »Diese Lampe könnten wir brauchen, wir haben daheim einen Eichbaum, der ebenso groß ist, daran können wir sie hängen. Was für eine Freude, wenn wir nachts nicht in der Finsternis herumtappen!« – »Wißt ihr was?« sprach der zweite, »wir wollen Wagen und Pferde holen und den Mond wegführen. Sie können sich hier einen andern kaufen.« – »Ich kann gut klettern«, sprach der dritte, »ich will ihn schon herunterholen.« Der vierte brachte einen Wagen mit Pferden herbei, und der dritte stieg den Baum hinauf, bohrte ein Loch in den Mond, zog ein Seil hindurch und ließ ihn herab. Als die glänzende

Kugel auf dem Wagen lag, deckten sie ein Tuch darüber, damit niemand den Raub bemerken sollte. Sie brachten ihn glücklich in ihr Land und stellten ihn auf eine hohe Eiche. Alte und junge freuten sich, als die neue Lampe ihr Licht über alle Felder leuchten ließ und Stuben und Kammern damit erfüllte. Die Zwerge kamen aus den Felsenhöhlen hervor, und die kleinen Wichtelmänner tanzten in ihren roten Röckchen auf den Wiesen den Ringeltanz.

Die vier versorgten den Mond mit Öl, putzten den Docht und erhielten wöchentlich ihren Taler. Aber sie wurden alte Greise, und als der eine erkrankte und seinen Tod voraussah, verordnete er, daß der vierte Teil des Mondes als sein Eigentum ihm mit in das Grab sollte gegeben werden. Als er gestorben war, stieg der Schultheiß auf den Baum und schnitt mit der Heckenschere ein Viertel ab, das in den Sarg gelegt ward. Das Licht des Mondes nahm ab, aber noch nicht merklich. Als der zweite starb, ward ihm das zweite Viertel mitgegeben, und das Licht minderte sich. Noch schwächer ward es nach dem Tod des dritten, der gleichfalls seinen Teil mitnahm, und als der vierte ins Grab kam, trat die alte Finsternis wieder ein. Wenn die Leute abends ohne Laterne ausgingen, stießen sie mit den Köpfen zusammen.

Als aber die Teile des Monds in der Unterwelt sich wieder vereinigten, so wurden dort, wo immer Dunkelheit geherrscht hatte, die Toten unruhig und erwachten aus ihrem Schlaf. Sie erstaunten, als sie wieder sehen konnten: das Mondlicht war ihnen genug, denn ihre Augen waren so schwach geworden, daß sie den Glanz der Sonne nicht ertragen hätten. Sie erhoben sich, wurden lustig und nahmen ihre alte Lebensweise wieder an. Ein Teil ging zum Spiel und Tanz, andere liefen in die Wirtshäuser, wo sie Wein forderten, sich betranken, tobten und zankten und endlich ihre Knüttel aufhoben und sich prügelten. Der Lärm ward immer ärger und drang endlich bis in den Himmel hinauf.

Der heil. Petrus, der das Himmelstor bewacht, glaubte, die Unterwelt wäre in Aufruhr geraten, und rief die himmlischen Heerscharen zusammen, die den bösen Feind, wenn er mit seinen Gesellen den Aufenthalt der Seligen stürmen wollte, zurückjagen sollten. Da sie aber nicht kamen, so setzte er sich auf sein Pferd und ritt durch das Himmelstor hinab in die Unterwelt. Da brachte er die Toten zur Ruhe, hieß sie sich wieder in ihre Gräber legen und nahm den Mond mit fort, den er oben am Himmel aufhing.

176.

Die Lebenszeit

Als Gott die Welt geschaffen hatte und allen Kreaturen ihre Lebenszeit bestimmen wollte, kam der Esel und fragte: »Herr, wie lange soll ich leben?« – »Dreißig Jahre«, antwortete Gott, »ist dir das recht?« – »Ach Herr«, erwiderte der Esel, »das ist eine lange Zeit. Bedenk mein mühseliges Dasein: von Morgen bis in die Nacht schwere Lasten tragen, Kornsäcke in die Mühle schleppen, damit andere das Brot essen, mit nichts als mit Schlägen und Fußtritten ermuntert und aufgefrischt zu werden! Erlaß mir einen Teil der langen Zeit.« Da erbarmte sich Gott und schenkte ihm achtzehn Jahre. Der Esel ging getröstet weg, und der Hund erschien. »Wie lange willst du leben?« sprach Gott zu ihm. »Dem Esel sind dreißig Jahre zu viel, du aber wirst damit zufrieden sein.« – »Herr«, antwortete der Hund, »ist das dein Wille? Bedenke, was ich laufen muß, das halten meine Füße so lange nicht aus; und habe ich erst die Stimme zum Bellen verloren und die Zähne zum Beißen, was bleibt mir übrig, als aus einer Ecke in die andere zu laufen und zu knurren?« Gott sah, daß er recht hatte, und erließ ihm zwölf Jahre. Darauf kam der Affe. »Du willst wohl gerne dreißig Jahre leben?« sprach der Herr zu ihm. »Du brauchst nicht zu arbeiten, wie der Esel und der Hund, und bist immer guter Dinge.« – »Ach Herr«, antwortete er, »das sieht so aus, ist aber anders. Wenn's Hirsenbrei regnet, habe ich keinen Löffel. Ich soll immer lustige Streiche machen, Gesichter schneiden, damit die Leute lachen, und wenn sie mir einen Apfel reichen und ich beiße hinein, so ist er sauer. Wie oft steckt die Traurigkeit hinter dem Spaß! Dreißig Jahre halte ich das nicht aus.« Gott war gnädig und schenkte ihm zehn Jahre.

Endlich erschien der Mensch, war freudig, gesund und frisch und bat Gott, ihm seine Zeit zu bestimmen. »Dreißig Jahre sollst du leben«, sprach der Herr, »ist dir das genug?« – »Welch eine kurze Zeit!« rief der Mensch. »Wenn ich mein Haus gebaut habe und das Feuer auf meinem eigenen Herde brennt; wenn ich Bäume gepflanzt habe, die blühen und Früchte tragen, und ich meines Lebens froh zu werden gedenke, so soll ich sterben! O Herr, verlängere meine Zeit.« – »Ich will dir die achtzehn Jahre des Esels zulegen«, sagte

Gott. »Das ist nicht genug«, erwiderte der Mensch. »Du sollst auch die zwölf Jahre des Hundes haben.« – »Immer noch zu wenig.« – »Wohlan«, sagte Gott, »ich will dir noch die zehn Jahre des Affen geben, aber mehr erhältst du nicht.« Der Mensch ging fort, war aber nicht zufriedengestellt.

Also lebt der Mensch siebenzig Jahr. Die ersten dreißig sind seine menschlichen Jahre, die gehen schnell dahin; da ist er gesund, heiter, arbeitet mit Lust und freut sich seines Daseins. Hierauf folgen die achtzehn Jahre des Esels, da wird ihm eine Last nach der andern aufgelegt: er muß das Korn tragen, das andere nährt, und Schläge und Tritte sind der Lohn seiner treuen Dienste. Dann kommen die zwölf Jahre des Hundes, da liegt er in den Ecken, knurrt und hat keine Zähne mehr zum Beißen. Und wenn diese Zeit vorüber ist, so machen die zehn Jahre des Affen den Beschluß. Da ist der Mensch schwachköpfig und närrisch, treibt alberne Dinge und wird ein Spott der Kinder.

177.

Die Boten des Todes

Vor alten Zeiten wanderte einmal ein Riese auf der großen Landstraße, da sprang ihm plötzlich ein unbekannter Mann entgegen und rief: »Halt! Keinen Schritt weiter!« – »Was«, sprach der Riese, »du Wicht, den ich zwischen den Fingern zerdrücken kann, du willst mir den Weg vertreten? Wer bist du, daß du so keck reden darfst?« – »Ich bin der Tod«, erwiderte der andere, »mir widersteht niemand, und auch du mußt meinen Befehlen gehorchen.« Der Riese aber weigerte sich und fing an, mit dem Tode zu ringen. Es war ein langer, heftiger Kampf, zuletzt behielt der Riese die Oberhand und schlug den Tod mit seiner Faust nieder, daß er neben einen Stein zusammensank. Der Riese ging seiner Wege, und der Tod lag da besiegt und war so kraftlos, daß er sich nicht wieder erheben konnte. »Was soll daraus werden«, sprach er, »wenn ich da in der Ecke liegenbleibe? Es stirbt niemand mehr auf der Welt, und sie wird so mit Menschen angefüllt werden, daß sie nicht mehr Platz haben, nebeneinander zu stehen.« Indem kam ein junger Mensch des Wegs, frisch und gesund, sang ein Lied und warf seine Augen hin und her. Als er den halb Ohnmächtigen erblickte, ging er mitleidig heran, richtete ihn auf, flößte ihm aus seiner Flasche einen stärkenden Trank ein und wartete, bis er wieder zu Kräften kam. »Weißt du auch«, fragte der Fremde, indem er sich aufrichtete, »wer ich bin und wem du wieder auf die Beine geholfen hast?« – »Nein«, antwortete der Jüngling, »ich kenne dich nicht.« – »Ich bin der Tod«, sprach er, »ich verschone niemand und kann auch mit dir keine Ausnahme machen. Damit du aber siehst, daß ich dankbar bin, so verspreche ich dir, daß ich dich nicht unversehens überfallen, sondern dir erst meine Boten senden will, bevor ich komme und dich abhole.« – »Wohlan«, sprach der Jüngling, »immer ein Gewinn, daß ich weiß, wann du kommst, und so lange wenigstens sicher vor dir bin.« Dann zog er weiter, war lustig und guter Dinge und lebte in den Tag hinein. Allein Jugend und Gesundheit hielten nicht lange aus, bald kamen Krankheiten und Schmerzen, die ihn bei Tag plagten und ihm nachts die Ruhe wegnahmen. »Sterben werde ich nicht«, sprach er zu sich selbst, »denn der Tod sendet erst seine Boten, ich wollte nur, die bösen Tage der Krankheit wären erst vorüber.« Sobald er sich gesund fühlte, fing er wieder an, in Freuden zu leben. Da klopfte ihn eines Tages jemand auf die Schulter: er blickte sich um, und der Tod stand hinter ihm und sprach: »Folge mir, die Stunde deines Abschieds von der Welt ist gekommen.« – »Wie«, antwortete der Mensch, »willst du dein Wort brechen? Hast du mir nicht versprochen, daß du mir, bevor du selbst kämest, deine Boten senden wolltest? Ich habe keinen gesehen.« – »Schweig«, erwiderte der Tod, »habe ich dir nicht einen Boten über den andern geschickt? Kam nicht das Fieber, stieß dich an, rüttelte dich und warf dich nieder? Hat der Schwindel dir nicht den Kopf betäubt? Zwickte dich nicht die Gicht in allen Gliedern? Brauste dir's nicht in den Ohren? Nagte nicht der Zahnschmerz in deinen Backen? Ward dir's nicht dunkel vor den Augen? Über das alles, hat nicht mein leiblicher Bruder, der Schlaf, dich jeden Abend an mich erinnert? Lagst du nicht in der Nacht, als wärst du schon gestorben?« Der Mensch wußte nichts zu erwidern, ergab sich in sein Geschick und ging mit dem Tode fort.

178.

Meister Pfriem

Meister Pfriem war ein kleiner, hagerer, aber lebhafter Mann, der keinen Augenblick Ruhe hatte. Sein Gesicht, aus dem nur die aufgestülpte Nase vorragte, war pockennarbig und leichenblaß, sein Haar grau und struppig, seine Augen klein, aber sie blitzten unaufhörlich rechts und links hin. Er bemerkte alles, tadelte alles, wußte alles besser und hatte in allem recht. Ging er auf der Straße, so ruderte er heftig mit beiden Armen, und einmal schlug er einem Mädchen, das Wasser trug, den Eimer so hoch in die Luft, daß er selbst davon begossen ward. »Schafskopf«, rief er ihr zu, indem er sich schüttelte, »konntest du nicht sehen, daß ich hinter dir herkam?« Seines Handwerks war er ein Schuster, und wenn er arbeitete, so fuhr er mit dem Draht so gewaltig aus, daß er jedem, der sich nicht weit genug in der Ferne hielt, die Faust in den Leib stieß. Kein Geselle blieb länger als einen Monat bei ihm, denn er hatte an der besten Arbeit immer etwas auszusetzen. Bald waren die Stiche nicht gleich, bald war ein Schuh länger, bald ein Absatz höher als der andere, bald war das Leder nicht hinlänglich geschlagen. »Warte«, sagte er zu dem Lehrjungen, »ich will dir schon zeigen, wie man die Haut weichschlägt«, holte den Riemen und gab ihm ein paar Hiebe über den Rücken. Faulenzer nannte er sie alle. Er selber brachte aber doch nicht viel vor sich, weil er keine Viertelstunde ruhig sitzenblieb. War seine Frau frühmorgens aufgestanden und hatte Feuer angezündet, so sprang er aus dem Bett und lief mit bloßen Füßen in die Küche. »Wollt Ihr mir das Haus anzünden?« schrie er. »Das ist ja ein Feuer, daß man einen Ochsen dabei braten könnte! Oder kostet das Holz etwa kein Geld?« Standen die Mägde am Waschfaß, lachten und erzählten sich, was sie wußten, so schalt er sie aus: »Da stehen die Gänse und schnattern und vergessen über dem Geschwätz ihre Arbeit. Und wozu die frische Seife? Heillose Verschwendung und obendrein eine schändliche Faulheit: sie wollen die Hände schonen und das Zeug nicht ordentlich reiben.« Er sprang fort, stieß aber einen Eimer voll Lauge um, so daß die ganze Küche überschwemmt ward. Richtete man ein neues Haus auf, so lief er ans Fenster und sah zu. »Da vermauern sie wieder den roten Sandstein«, rief er, »der niemals austrocknet; in dem Haus bleibt kein Mensch gesund. Und seht einmal, wie schlecht die Gesellen die Steine aufsetzen. Der Mörtel taugt auch nichts: Kies muß hinein, nicht Sand. Ich erlebe noch, daß den Leuten das Haus über dem Kopf zusammenfällt.« Er setzte sich und tat ein paar Stiche, dann sprang er wieder auf, hakte sein Schurzfell los und rief: »Ich will nur hinaus und den Menschen ins Gewissen reden.« Er geriet aber an die Zimmerleute. »Was ist das?« rief er. »Ihr haut ja nicht nach der Schnur. Meint ihr, die Balken würden geradstehen? Es weicht einmal alles aus den Fugen.« Er riß einem Zimmermann die Axt aus der Hand und wollte ihm zeigen, wie er hauen müßte, als aber ein mit Lehm beladener Wagen herangefahren kam, warf er die Axt weg und sprang zu dem Bauer, der nebenherging. »Ihr seid nicht recht bei Trost«, rief er, »wer spannt junge Pferde vor einen schwerbeladenen Wagen? Die armen Tiere werden Euch auf dem Platz umfallen.« Der Bauer gab ihm keine Antwort, und Pfriem lief vor Ärger in seine Werkstätte zurück. Als er sich wieder zur Arbeit setzen wollte, reichte ihm der Lehrjunge einen Schuh. »Was ist das wieder?« schrie er ihn an. »Habe ich Euch nicht gesagt, Ihr solltet die Schuhe nicht so weit ausschneiden? Wer wird einen solchen Schuh kaufen, an dem fast nichts ist als die Sohle? Ich verlange, daß meine Befehle unmangelhaft befolgt werden.« – »Meister«, antwortete der Lehrjunge, »Ihr mögt wohl recht haben, daß der Schuh nichts taugt, aber es ist derselbe, den Ihr zugeschnitten und selbst in Arbeit genommen habt. Als Ihr vorhin aufgesprungen seid, habt Ihr ihn vom Tisch herabgeworfen, und ich habe ihn nur aufgehoben. Euch könnte es aber ein Engel vom Himmel nicht recht machen.«

Meister Pfriem träumte in einer Nacht, er wäre gestorben und befände sich auf dem Weg nach dem Himmel. Als er anlangte, klopfte er heftig an die Pforte: »Es wundert mich«, sprach er, »daß sie nicht einen Ring am Tor haben, man klopft sich die Knöchel wund.« Der Apostel Petrus öffnete und wollte sehen, wer so ungestüm Einlaß begehrte. »Ach, Ihr seid's, Meister Pfriem«, sagte er, »ich will Euch wohl einlassen, aber ich warne Euch, daß Ihr von Eurer Gewohnheit ablaßt und nichts tadelt, was Ihr im Himmel seht: es könnte Euch übel bekommen.« – »Ihr hättet Euch die Ermahnung sparen können«, erwiderte Pfriem, »ich weiß schon, was sich ziemt, und hier ist, Gott sei Dank, alles vollkommen und nichts zu tadeln wie auf Erden.« Er trat also ein und ging in den weiten

Räumen des Himmels auf und ab. Er sah sich um, rechts und links, schüttelte aber zuweilen mit dem Kopf oder brummte etwas vor sich hin. Indem erblickte er zwei Engel, die einen Balken wegtrugen. Es war der Balken, den einer im Auge gehabt hatte, während er nach dem Splitter in den Augen anderer suchte. Sie trugen aber den Balken nicht der Länge nach, sondern quer. »Hat man je einen solchen Unverstand gesehen?« dachte Meister Pfriem; doch schwieg er und gab sich zufrieden: »Es ist im Grunde einerlei, wie man den Balken trägt, geradeaus oder quer, wenn man nur damit durchkommt, und wahrhaftig, ich sehe, sie stoßen nirgend an.« Bald hernach erblickte er zwei Engel, welche Wasser aus einem Brunnen in ein Faß schöpften, zugleich bemerkte er, daß das Faß durchlöchert war und das Wasser von allen Seiten herauslief. Sie tränkten die Erde mit Regen. »Alle Hagel!« platzte er heraus, besann sich aber glücklicherweise und dachte: »Vielleicht ist's bloßer Zeitvertreib; macht's einem Spaß, so kann man dergleichen unnütze Dinge tun, zumal hier im Himmel, wo man, wie ich schon bemerkt habe, doch nur faulenzt.« Er ging weiter und sah einen Wagen, der in einem tiefen Loch steckengeblieben war. »Kein Wunder«, sprach er zu dem Mann, der dabeistand, »wer wird so unvernünftig aufladen? Was habt Ihr da?« – »Fromme Wünsche«, antwortete der Mann, »ich konnte damit nicht auf den rechten Weg kommen, aber ich habe den Wagen noch glücklich heraufgeschoben, und hier werden sie mich nicht steckenlassen.« Wirklich kam ein Engel und spannte zwei Pferde vor. »Ganz gut«, meinte Pfriem, »aber zwei Pferde bringen den Wagen nicht heraus, viere müssen wenigstens davor.« Ein anderer Engel kam und führte noch zwei Pferde herbei, spannte sie aber nicht vorn, sondern hinten an. Das war dem Meister Pfriem zu viel. »Talpatsch«, brach er los, »was machst du da? Hat man je, solange die Welt steht, auf diese Weise einen Wagen herausgezogen? Da meinen sie aber in ihrem dünkelhaften Übermut, alles besser zu wissen.« Er wollte weiterreden, aber einer von den Himmelsbewohnern hatte ihn am Kragen gepackt und schob ihn mit unwiderstehlicher Gewalt hinaus. Unter der Pforte drehte der Meister noch einmal den Kopf nach dem Wagen und sah, wie er von vier Flügelpferden in die Höhe gehoben ward.

In diesem Augenblick erwachte Meister Pfriem. »Es geht freilich im Himmel etwas anders her als auf Erden«, sprach er zu sich selbst, »und da läßt sich manches entschuldigen, aber wer kann geduldig mit ansehen, daß man die Pferde zugleich hinten und vorn anspannt? Freilich, sie hatten Flügel, aber wer kann das wissen? Es ist übrigens eine gewaltige Dummheit, Pferden, die vier Beine zum Laufen haben, noch ein paar Flügel anzuheften. Aber ich muß aufstehen, sonst machen sie mir im Haus lauter verkehrtes Zeug. Es ist nur ein Glück, daß ich nicht wirklich gestorben bin.«

179.

Die Gänsehirtin am Brunnen

Es war einmal ein steinaltes Mütterchen, das lebte mit seiner Herde Gänse in einer Einöde zwischen Bergen und hatte da ein kleines Haus. Die Einöde war von einem großen Wald umgeben, und jeden Morgen nahm die Alte ihre Krücke und wackelte in den Wald. Da war aber das Mütterchen ganz geschäftig, mehr, als man ihm bei seinen hohen Jahren zugetraut hätte, sammelte Gras für seine Gänse, brach sich das wilde Obst ab, soweit es mit den Händen reichen konnte, und trug alles auf seinem Rücken heim. Man hätte meinen sollen, die schwere Last müßte sie zu Boden drücken, aber sie brachte sie immer glücklich nach Haus. Wenn ihr jemand begegnete, so grüßte sie ganz freundlich: »Guten Tag, lieber Landsmann, heute ist schönes Wetter. Ja, Ihr wundert Euch, daß ich das Gras schleppe, aber jeder muß seine Last auf den Rücken nehmen.« Doch die Leute begegneten ihr nicht gerne und nahmen lieber einen Umweg, und wenn ein Vater mit seinem Knaben an ihr vorüberging, so sprach er leise zu ihm: »Nimm dich in acht vor der Alten, die hat's faustdick hinter den Ohren: es ist eine Hexe.«

Eines Morgens ging ein hübscher junger Mann durch den Wald. Die Sonne schien hell, die Vögel sangen, und ein kühles Lüftchen strich durch das Laub, und er war voll Freude und Lust. Noch war ihm kein Mensch begegnet, als er plötzlich die alte Hexe erblickte, die am Boden auf den Knien saß und Gras mit einer Sichel abschnitt. Eine ganze Last hatte sie schon in ihr Tragtuch geschoben, und daneben standen zwei Körbe, die mit wilden Birnen und Äpfeln angefüllt waren. »Aber, Mütterchen«, sprach er, »wie kannst du das alles fortschaffen?« – »Ich muß sie tragen, lieber Herr«, antwortete sie, »reicher Leute Kinder brauchen es nicht. Aber beim Bauer heißt's:

Schau dich nicht um,
dein Buckel ist krumm.«

»Wollt Ihr mir helfen?« sprach sie, als er bei ihr stehenblieb. »Ihr habt noch einen geraden Rücken und junge Beine, es wird Euch ein leichtes sein. Auch ist mein Haus nicht so weit von hier: hinter dem Berge dort steht es auf der Heide. Wie bald seid Ihr da hinaufgesprungen.« Der junge Mann empfand Mitleiden mit der Alten: »Zwar ist mein Vater kein Bauer«, antwortete er, »sondern ein reicher Graf, aber damit Ihr seht, daß die Bauern nicht allein tragen können, so will ich Euer Bündel aufnehmen.« – »Wollt Ihr's versuchen«, sprach sie, »so soll mir's lieb sein. Eine Stunde weit werdet Ihr freilich gehen müssen, aber was macht Euch das aus! Dort, die Äpfel und Birnen müßt Ihr auch tragen.« Es kam dem jungen Grafen doch ein wenig bedenklich vor, als er von einer Stunde Wegs hörte, aber die Alte ließ ihn nicht wieder los, packte ihm das Tragtuch auf den Rücken und hing ihm die beiden Körbe an den Arm. »Seht Ihr, es geht ganz leicht«, sagte sie. »Nein, es geht nicht leicht«, antwortete der Graf und machte ein schmerzliches Gesicht, »der Bündel drückt ja so schwer, als wären lauter Wackersteine darin, und die Äpfel und Birnen haben ein Gewicht, als wären sie von Blei; ich kann kaum atmen.« Er hatte Lust, alles wieder abzulegen, aber die Alte ließ es nicht zu. »Seht einmal«, sprach sie spöttisch, »der junge Herr will nicht tragen, was ich alte Frau schon so oft fortgeschleppt habe. Mit schönen Worten sind sie bei der Hand, aber wenn's ernst wird, so wollen sie sich aus dem Staub machen. Was steht Ihr da«, fuhr sie fort, »und zaudert, hebt die Beine auf. Es nimmt Euch niemand den Bündel wieder ab.« Solange er auf ebener Erde ging, war's noch auszuhalten, aber als sie an den Berg kamen und steigen mußten und die Steine hinter seinen Füßen hinabrollten, als wären sie lebendig, da ging's über seine Kräfte. Die Schweißtropfen standen ihm auf der Stirne und liefen ihm bald heiß, bald kalt über den Rücken hinab. »Mütterchen«, sagte er, »ich kann nicht weiter, ich will ein wenig ruhen.« – »Nichts da«, antwortete die Alte, »wenn wir angelangt sind, so könnt Ihr ausruhen, aber jetzt müßt Ihr vorwärts. Wer weiß, wozu Euch das gut ist.« – »Alte, du wirst unverschämt«, sagte der Graf und wollte das Tragtuch abwerfen, aber er bemühte sich vergeblich: es hing so fest an seinem Rücken, als wenn es angewachsen wäre. Er drehte und wendete sich, aber er konnte es nicht wieder loswerden. Die Alte lachte dazu und sprang ganz vergnügt auf ihrer Krücke herum. »Erzürnt Euch nicht, lieber Herr«, sprach sie, »Ihr werdet ja so rot im Gesicht, wie ein Zinshahn. Tragt Euern Bündel mit Geduld, wenn wir zu Hause angelangt sind, so will ich Euch schon ein gutes Trinkgeld geben.« Was wollte er machen? Er mußte sich in sein Schicksal fügen und geduldig hinter der Alten herschleichen. Sie schien immer flinker zu werden und ihm seine Last immer schwerer. Auf einmal tat sie einen Satz, sprang auf das Tragtuch und setzte sich oben drauf; wie zaundürre sie war, so hatte sie doch mehr Gewicht als die dickste Bauerndirne. Dem Jünglinge zitterten die Knie, aber wenn er nicht fortging, so schlug ihn die Alte mit einer Gerte und mit Brennesseln auf die Beine. Unter beständigem Ächzen stieg er den Berg hinauf und langte endlich bei dem Haus der Alten an, als er eben niedersinken wollte. Als die Gänse die Alte erblickten, streckten sie die Flügel in die Höhe und die Hälse voraus, liefen ihr entgegen und schrien ihr »wulle, wulle«. Hinter der Herde mit einer Rute in der Hand ging eine bejahrte Trulle, stark und groß, aber häßlich wie die Nacht. »Frau Mutter«, sprach sie zur Alten, »ist Euch etwas begegnet? Ihr seid so lange ausgeblieben.« – »Bewahre, mein Töchterchen«, erwiderte sie, »mir ist nichts Böses begegnet, im Gegenteil, der liebe Herr da hat mir meine Last getragen; denk dir, als ich müde war, hat er mich selbst noch auf den Rücken genommen. Der Weg ist uns auch gar nicht lang geworden, wir sind lustig gewesen und haben immer Spaß miteinander gemacht.« Endlich rutschte die Alte herab, nahm dem jungen Mann den Bündel vom Rücken und die Körbe vom Arm, sah ihn ganz freundlich an und sprach: »Nun setzt Euch auf die Bank vor die Türe und ruht Euch aus. Ihr habt Euern Lohn redlich verdient, der soll auch nicht ausbleiben.« Dann sprach sie zu der Gänsehirtin: »Geh du ins Haus hinein, mein Töchterchen, es schickt sich nicht, daß du mit einem jungen Herrn allein bist, man muß nicht Öl ins Feuer gießen; er könnte sich in dich verlieben.« Der Graf wußte nicht, ob er weinen oder lachen sollte. »Solch ein Schätzchen«, dachte er, »und wenn es dreißig Jahre jünger wäre, könnte doch mein Herz nicht rühren.« Indessen hätschelte und streichelte die Alte ihre Gänse wie Kinder und ging dann mit ihrer Tochter in das Haus. Der Jüngling streckte sich auf die Bank unter einem wilden Apfelbaum. Die Luft war lau und mild; ringsumher breitete sich eine grüne Wiese aus, die mit Himmelsschlüsseln, wildem Thymian und tausend andern Blumen übersät war; mittendrin rauschte ein klarer Bach, auf dem die Sonne glitzerte; und die weißen Gänse gingen auf und ab spazieren oder pudelten sich im Wasser. »Es ist recht lieblich hier«, sagte er, »aber ich bin so müde, daß ich die Augen nicht aufbehalten mag: ich will ein wenig schlafen. Wenn nur kein Windstoß kommt und bläst mir meine Beine vom Leib weg, denn sie sind mürb wie Zunder.«

Als er ein Weilchen geschlafen hatte, kam die Alte und schüttelte ihn wach. »Steh auf«, sagte sie, »hier kannst du nicht bleiben. Freilich habe ich dir's sauer genug gemacht, aber das Leben hat's doch nicht gekostet. Jetzt will ich dir deinen Lohn geben, Geld und Gut brauchst du nicht, da hast du etwas anderes.« Damit steckte sie ihm ein Büchslein in die Hand, das aus einem einzigen Smaragd geschnitten war. »Bewahr's wohl«, setzte sie hinzu, »es wird dir Glück bringen.« Der Graf sprang auf, und da er fühlte, daß er ganz frisch und wieder bei Kräften war, so dankte er der Alten für ihr Geschenk und machte sich auf den Weg, ohne nach dem schönen Töchterchen auch nur einmal umzublicken. Als er schon eine Strekke weg war, hörte er noch aus der Ferne das lustige Geschrei der Gänse.

Der Graf mußte drei Tage in der Wildnis herumirren, ehe er sich herausfinden konnte. Da kam er in eine große Stadt, und weil ihn niemand kannte, ward er in das königliche Schloß geführt, wo der König und die Königin auf dem Thron saßen. Der Graf ließ sich auf ein Knie nieder, zog das smaragdene Gefäß aus der Tasche und legte es der Königin zu Füßen. Sie hieß ihn aufstehen, und er mußte ihr das Büchslein hinaufreichen. Kaum aber hatte sie es geöffnet und hineingeblickt, so fiel sie wie tot zur Erde. Der Graf ward von den Dienern des Königs festgehalten und sollte in das Gefängnis geführt werden, da schlug die Königin die Augen auf und rief, sie sollten ihn freilassen, und jedermann sollte hinausgehen, sie wollte insgeheim mit ihm reden.

Als die Königin allein war, fing sie bitterlich an zu weinen und sprach: »Was hilft mir Glanz und Ehre, die mich umgeben, jeden Morgen erwache ich mit Sorgen und Kummer. Ich habe drei Töchter gehabt, davon war die jüngste so schön, daß sie alle Welt für ein Wunder hielt. Sie war so weiß wie Schnee, so rot wie Apfelblüte und ihr Haar so glänzend wie Sonnenstrahlen. Wenn sie weinte, so fielen nicht Tränen aus ihren Augen, sondern lauter Perlen und Edelsteine. Als sie fünfzehn Jahr alt war, da ließ der König alle drei Schwestern vor seinen Thron kommen. Da hättet Ihr sehen sollen, was die Leute für Augen machten, als die jüngste eintrat, es war, als wenn die Sonne aufging. Der König sprach: ›Meine Töchter, ich weiß nicht, wann mein letzter Tag kommt, ich will heute bestimmen, was eine jede nach meinem Tode erhalten soll. Ihr alle habt mich lieb, aber welche mich von euch am liebsten hat, die soll das Beste haben.‹ Jede sagte, sie hätte ihn am liebsten. ›Könnt ihr mir's nicht ausdrücken‹, erwiderte der König, ›wie lieb ihr mich habt? Daran werde ich's sehen, wie ihr's meint.‹ Die älteste sprach: ›Ich habe den Vater so lieb wie den süßesten Zucker.‹ Die zweite: ›Ich habe den Vater so lieb wie mein schönstes Kleid.‹ Die jüngste aber schwieg. Da fragte der Vater: ›Und du, mein liebstes Kind, wie lieb hast du mich?‹ – ›Ich weiß es nicht‹, antwortete sie, ›und kann meine Liebe mit nichts vergleichen.‹ Aber der Vater bestand darauf, sie müßte etwas nennen. Da sagte sie endlich: ›Die beste Speise schmeckt mir nicht ohne Salz, darum habe ich den Vater so lieb wie Salz.‹ Als der König das hörte, geriet er in Zorn und sprach: ›Wenn du mich so liebst als Salz, so soll deine Liebe auch mit Salz belohnt werden.‹ Da teilte er das Reich zwischen den beiden ältesten, der jüngsten aber ließ er einen Sack mit Salz auf den Rücken binden, und zwei Knechte mußten sie hinaus in den wilden Wald führen. Wir haben alle für sie gefleht und gebeten«, sagte die Königin, »aber der Zorn des Königs war nicht zu erweichen. Wie hat sie geweint, als sie uns verlassen mußte! Der ganze Weg ist mit Perlen besät worden, die ihr aus den Augen geflossen sind. Den König hat bald hernach seine große Härte gereut, und hat das arme Kind in dem ganzen Wald suchen lassen, aber niemand konnte sie finden. Wenn ich denke, daß sie die wilden Tiere gefressen haben, so weiß ich mich vor Traurigkeit nicht zu fassen; manchmal tröste ich mich mit der Hoffnung, sie sei noch am Leben und habe sich in einer Höhle versteckt oder bei mitleidigen Menschen Schutz gefunden. Aber stellt Euch vor, als ich Euer Smaragdbüchslein aufmachte, so lag eine Perle darin, gerade der Art, wie sie meiner Tochter aus den Augen geflossen sind, und da könnt Ihr Euch vorstellen, wie mir der Anblick das Herz bewegt hat. Ihr sollt mir sagen, wie Ihr zu der Perle gekommen seid.« Der Graf erzählte ihr, daß er sie von der

Alten im Walde erhalten hätte, die ihm nicht geheuer vorgekommen wäre und eine Hexe sein müßte; von ihrem Kinde aber hätte er nichts gehört und gesehen. Der König und die Königin faßten den Entschluß, die Alte aufzusuchen; sie dachten, wo die Perle gewesen wäre, da müßten sie auch Nachricht von ihrer Tochter finden.

Die Alte saß draußen in der Einöde bei ihrem Spinnrad und spann. Es war schon dunkel geworden, und ein Span, der unten am Herd brannte, gab ein sparsames Licht. Auf einmal ward's draußen laut, die Gänse kamen heim von der Weide und ließen ihr heiseres Gekreisch hören. Bald hernach trat auch die Tochter herein. Aber die Alte dankte ihr kaum und schüttelte nur ein wenig mit dem Kopf. Die Tochter setzte sich zu ihr nieder, nahm ihr Spinnrad und drehte den Faden so flink wie ein junges Mädchen. So saßen beide zwei Stunden und sprachen kein Wort miteinander. Endlich raschelte etwas am Fenster, und zwei feurige Augen glotzten herein. Es war eine alte Nachteule, die dreimal uhu schrie. Die Alte schaute nur ein wenig in die Höhe, dann sprach sie: »Jetzt ist's Zeit, Töchterchen, daß du hinausgehst, tu deine Arbeit.«

Sie stand auf und ging hinaus. »Wo ist sie denn hingegangen?« Über die Wiesen immer weiter bis in das Tal. Endlich kam sie zu einem Brunnen, bei dem drei alte Eichbäume standen. Der Mond war indessen rund und groß über dem Berg aufgestiegen, und es war so hell, daß man eine Stecknadel hätte finden können. Sie zog eine Haut ab, die auf ihrem Gesicht lag, bückte sich dann zu dem Brunnen und fing an, sich zu waschen. Als sie fertig war, tauchte sie auch die Haut in das Wasser und legte sie dann auf die Wiese, damit sie wieder im Mondschein bleichen und trocknen sollte. Aber wie war das Mädchen verwandelt! So was habt ihr nie gesehen! Als der graue Zopf abfiel, da quollen die goldenen Haare wie Sonnenstrahlen hervor und breiteten sich, als wär's ein Mantel, über ihre ganze Gestalt. Nur die Augen blitzten heraus, so glänzend wie die Sterne am Himmel, und die Wangen schimmerten in sanfter Röte wie die Apfelblüte.

Aber das schöne Mädchen war traurig. Es setzte sich nieder und weinte bitterlich. Eine Träne nach der andern drang aus seinen Augen und rollte zwischen den langen Haaren auf den Boden. So saß es da und wäre lange sitzengeblieben, wenn es nicht in den Ästen des nahestehenden Baumes geknittert und gerauscht hätte. Sie sprang auf wie ein Reh, das den Schuß des Jägers vernimmt. Der Mond ward gerade von einer schwarzen Wolke bedeckt, und im Augenblick war das Mädchen wieder in die alte Haut geschlüpft und verschwand wie ein Licht, das der Wind ausbläst.

Zitternd wie ein Espenlaub lief sie zu dem Haus zurück. Die Alte stand vor der Türe, und das Mädchen wollte ihr erzählen, was ihm begegnet war, aber die Alte lachte freundlich und sagte: »Ich weiß schon alles.« Sie führte es in die Stube und zündete einen neuen Span an. Aber sie setzte sich nicht wieder zu dem Spinnrad, sondern sie holte einen Besen und fing an zu kehren und zu scheuern. »Es muß alles rein und sauber sein«, sagte sie zu dem Mädchen. »Aber, Mutter«, sprach das Mädchen, »warum fangt Ihr in so später Stunde die Arbeit an? Was habt Ihr vor?« – »Weißt du denn, welche Stunde es ist?« fragte die Alte. »Noch nicht Mitternacht«, antwortete das Mädchen, »aber schon elf Uhr vorbei.« – »Denkst du nicht daran«, fuhr die Alte fort, »daß du heute vor drei Jahren zu mir gekommen bist? Deine Zeit ist aus, wir können nicht länger beisammenbleiben.« Das Mädchen erschrak und sagte: »Ach, liebe Mutter, wollt Ihr mich verstoßen? Wo soll ich hin? Ich habe keine Freunde und keine Heimat, wohin ich mich wenden kann. Ich habe alles getan, was Ihr verlangt habt, und Ihr seid immer zufrieden mit mir gewesen: schickt mich nicht fort.« Die Alte wollte dem Mädchen nicht sagen, was ihm bevorstand. »Meines Bleibens ist nicht länger hier«, sprach sie zu ihm, »wenn ich aber ausziehe, muß Haus und Stube sauber sein: darum halt mich nicht auf in meiner Arbeit. Deinetwegen sei ohne Sorgen, du sollst ein Dach finden, unter dem du wohnen kannst, und mit dem Lohn, den ich dir geben will, wirst du auch zufrieden sein.« – »Aber sagt mir nur, was ist vor?« fragte das Mädchen weiter. »Ich sage dir nochmals, störe mich nicht in meiner Arbeit. Rede kein Wort weiter, geh in deine Kammer, nimm die Haut vom Gesicht und zieh das seidene Kleid an, das du trugst, als du zu mir kamst, und dann harre in deiner Kammer, bis ich dich rufe.«

Aber ich muß wieder von dem König und der Königin erzählen, die mit dem Grafen ausgezogen waren und die Alte in der Einöde aufsuchen wollten. Der Graf war nachts in dem Walde von ihnen abgekommen und mußte allein weitergehen. Am andern Tag kam es ihm vor, als befände er sich auf dem rechten Weg. Er ging immerfort, bis die Dunkelheit einbrach, da stieg er auf einen Baum und wollte da übernachten, denn er war besorgt, er möchte sich verirren. Als der Mond die Gegend erhellte, so erblickte er eine Gestalt, die den Berg herabwandelte. Sie hatte keine Rute in der Hand, aber er konnte doch sehen, daß es die Gänsehirtin war, die er früher bei dem Haus der Alten gesehen hatte. »Oho!« rief er, »da kommt sie, und habe ich erst die eine Hexe, so soll mir die andere auch nicht entgehen.« Wie erstaunte er aber, als sie zu dem Brunnen trat, die Haut ablegte und sich wusch, als die goldenen Haare über sie herabfielen und sie so schön war, wie er noch niemand auf der Welt gesehen hatte. Kaum daß er zu atmen wagte, aber er streckte den Hals zwischen dem Laub so weit vor, als er nur konnte, und schaute sie mit unverwandten Blicken an. Ob er sich zu weit überbog oder was sonst schuld war, plötzlich krachte der Ast, und in demselben Augenblick schlüpfte das Mädchen in die Haut, sprang wie ein Reh davon, und da der Mond sich zugleich bedeckte, so war sie seinen Blicken entzogen.

Kaum war sie verschwunden, so stieg der Graf von dem Baum herab und eilte ihr mit behenden Schritten nach. Er war nicht lange gegangen, so sah er in der Dämmerung zwei Gestalten über die Wiese wandeln. Es war der König und die Königin, die hatten aus der Ferne das Licht in dem Häuschen der Alten erblickt und waren drauf zugegangen. Der Graf erzählte ihnen, was er für Wunderdinge bei dem Brunnen gesehen hätte, und sie zweifelten nicht, daß das ihre verlorene Tochter gewesen wäre. Voll Freude gingen sie weiter und kamen bald bei dem Häuschen an; die Gänse saßen ringsherum, hatten den Kopf in die Flügel gesteckt und schliefen, und keine regte sich nicht. Sie schauten zum Fenster hinein, da saß die Alte ganz still und spann, nickte mit dem Kopf und sah sich nicht um. Es war ganz sauber in der Stube, als wenn da die kleinen Nebelmännlein wohnten, die keinen Staub auf den Füßen tragen. Ihre Tochter aber sahen sie nicht. Sie schauten das alles eine Zeitlang an, endlich faßten sie ein Herz und klopften leise ans Fenster. Die Alte schien sie erwartet zu haben, sie stand auf und rief ganz freundlich: »Nur herein, ich kenne Euch schon.« Als sie in die Stube eingetreten waren, sprach die Alte: »Den weiten Weg hättet Ihr Euch sparen können, wenn Ihr Euer Kind, das so gut und liebreich ist, nicht vor drei Jahren ungerechterweise verstoßen hättet. Ihr hat's nichts geschadet, sie hat drei Jahre lang die Gänse hüten müssen: sie hat nichts Böses dabei gelernt, sondern ihr reines Herz behalten. Ihr aber seid durch die Angst, in der Ihr gelebt habt, hinlänglich gestraft.« Dann ging sie an die Kammer und rief: »Komm heraus, mein Töchterchen.« Da ging die Türe auf, und die Königstochter trat heraus in ihrem seidenen Gewand mit ihren goldenen Haaren und ihren leuchtenden Augen, und es war, als ob ein Engel vom Himmel käme.

Sie ging auf ihren Vater und ihre Mutter zu, fiel ihnen um den Hals und küßte sie; es war nicht anders, sie mußten alle vor Freude weinen. Der junge Graf stand neben ihnen, und als sie ihn erblickte, ward sie rot im Gesicht wie eine Moosrose; sie wußte selbst nicht warum. Der König sprach: »Liebes Kind, mein Königreich habe ich verschenkt, was soll ich dir geben?« – »Sie braucht nichts«, sagte die Alte, »ich schenke ihr die Tränen, die sie um Euch geweint hat, das sind lauter Perlen, schöner, als sie im Meer gefunden werden, und sind mehr wert als Euer ganzes Königreich. Und zum Lohn für ihre Dienste gebe ich ihr mein Häuschen.« Als die Alte das gesagt hatte, verschwand sie vor ihren Augen. Es knatterte ein wenig in den Wänden, und als sie sich umsahen, war das Häuschen in einen prächtigen Palast verwandelt, und eine königliche Tafel war gedeckt, und die Bedienten liefen hin und her.

Die Geschichte geht noch weiter, aber meiner Großmutter, die sie mir erzählt hat, war das Gedächtnis schwach geworden: sie hatte das übrige vergessen. Ich glaube immer, die schöne Königstochter ist mit dem Grafen vermählt worden, und sie sind zusammen in dem Schloß geblieben und haben da in aller Glückseligkeit gelebt, solange Gott wollte. Ob die schneeweißen Gänse, die bei dem Häuschen gehütet wurden, lauter Mädchen waren (es braucht's niemand übelzunehmen), welche die Alte zu sich genommen hatte, und ob sie jetzt ihre menschliche Gestalt wiedererhielten und als Dienerinnen bei der jungen Königin blieben, das weiß ich nicht genau, aber ich vermute es doch. So viel ist gewiß, daß die Alte keine Hexe war, wie die Leute glaubten, sondern eine weise Frau, die es gut meinte. Wahrscheinlich ist sie es auch gewesen, die der Königstochter schon bei der Geburt die Gabe verliehen hat, Perlen zu weinen statt der Tränen. Heutzutage kommt das nicht mehr vor, sonst könnten die Armen bald reich werden.

180.

Die ungleichen Kinder Evas

Als Adam und Eva aus dem Paradies vertrieben waren, so mußten sie auf unfruchtbarer Erde sich ein Haus bauen und im Schweiße ihres Angesichts ihr Brot essen. Adam hackte das Feld, und Eva spann Wolle. Eva brachte jedes Jahr ein Kind zur Welt, die Kinder waren aber ungleich, einige schön, andere häßlich. Nachdem eine geraume Zeit verlaufen war, sendete Gott einen Engel an die beiden und ließ ihnen entbieten, daß er kommen und ihren Haushalt schauen wollte. Eva, freudig, daß der Herr so gnädig war, säuberte emsig ihr Haus, schmückte es mit Blumen und streute Binsen auf den Estrich. Dann holte sie ihre Kinder herbei, aber nur die schönen. Sie wusch und badete sie, kämmte ihnen die Haare, legte ihnen neugewaschene Hemder an und ermahnte sie, in der Gegenwart des Herrn sich anständig und züchtig zu betragen. Sie sollten sich vor ihm sittig neigen, die Hand darbieten und auf seine Fragen bescheiden und verständig antworten. Die häßlichen Kinder aber sollten sich nicht sehen lassen. Das eine verbarg sie unter das Heu, das andere unter das Dach, das dritte in das Stroh, das vierte in den Ofen, das fünfte in den Keller, das sechste unter eine Kufe, das siebente unter das Weinfaß, das achte unter ihren alten Pelz, das neunte und zehnte unter das Tuch, aus dem sie ihnen Kleider zu machen pflegte, und das elfte und zwölfte unter das Leder, aus dem sie ihnen die Schuhe zuschnitt. Eben war sie fertig geworden, als es an die Haustüre klopfte. Adam blickte durch eine Spalte und sah, daß es der Herr war. Ehrerbietig öffnete er, und der himmlische Vater trat ein. Da standen die schönen Kinder in der Reihe, neigten sich, boten ihm die Hände dar und knieten nieder. Der Herr aber fing an sie zu segnen, legte auf den ersten seine Hände und sprach: »Du sollst ein gewaltiger König werden«, ebenso zu dem zweiten: »du ein Fürst«, zu dem dritten: »du ein Graf«, zu dem vierten: »du ein Ritter«, zu dem fünften: »du ein Edelmann«, zu dem sechsten: »du ein Bürger«, zu dem siebenten: »du ein Kaufmann«, zu dem achten: »du ein gelehrter Mann«. Er erteilte ihnen also allen seinen Segen. Als Eva sah, daß der Herr so mild und gnädig war, dachte sie: »Ich will meine ungestalten Kinder herbeiholen, vielleicht daß er ihnen auch seinen Segen gibt.« Sie lief also und holte sie aus dem Heu, Stroh, Ofen, und wo sie sonst hin versteckt waren, hervor. Da kam die ganze grobe, schmutzige, grindige und rußige Schar. Der Herr lächelte, betrachtete sie alle und sprach: »Auch diese will ich segnen.« Er legte auf den ersten die Hände und sprach zu ihm: »Du sollst werden ein Bauer«, zu dem zweiten: »du ein Fischer«, zu dem dritten: »du ein Schmied«, zu dem vierten: »du ein Lohgerber«, zu dem fünften: »du ein Weber«, zu dem sechsten: »du ein Schuhmacher«, zu dem siebenten: »du ein Schneider«, zu dem achten: »du ein Töpfer«, zu dem neunten: »du ein Karrenführer«, zu dem zehnten: »du ein Schiffer«, zu dem elften: »du ein Bote«, zu dem zwölften: »du ein Hausknecht dein Lebelang.«

Als Eva das alles mit angehört hatte, sagte sie: »Herr, wie teilst du deinen Segen so ungleich! Es sind doch alle meine Kinder, die ich geboren habe: deine Gnade sollte über alle gleich ergehen.« Gott aber erwiderte: »Eva, das verstehst du nicht. Mir gebührt und ist not, daß ich die ganze Welt mit deinen Kindern versehe: wenn sie alle Fürsten und Herrn wären, wer sollte Korn bauen, dreschen, mahlen und backen? Wer schmieden, weben, zimmern, bauen, graben, schneiden und nähen? Jeder soll seinen Stand vertreten, daß einer den andern erhalte und alle ernährt werden wie am Leib die Glieder.« Da antwortete Eva: »Ach, Herr, vergib, ich war zu rasch, daß ich dir einredete. Dein göttlicher Wille geschehe auch an meinen Kindern.«

181.

Die Nixe im Teich

Es war einmal ein Müller, der führte mit seiner Frau ein vergnügtes Leben. Sie hatten Geld und Gut, und ihr Wohlstand nahm von Jahr zu Jahr noch zu. Aber Unglück kommt über Nacht: wie ihr Reichtum gewachsen war, so schwand er von Jahr zu Jahr wieder hin, und zuletzt konnte der Müller kaum noch die Mühle, in der er saß, sein Eigentum nennen. Er war voll Kummer, und wenn er sich nach der Arbeit des Tags niederlegte, so fand er keine Ruhe, sondern wälzte sich voll Sorgen in seinem Bett. Eines Morgens stand er schon vor Tagesanbruch auf, ging hinaus ins Freie und dachte, es sollte ihm leichter ums Herz werden. Als er über dem Mühldamm dahinschritt, brach eben der erste Sonnenstrahl hervor, und er hörte in dem Weiher etwas rauschen. Er wendete sich um und erblickte ein schönes Weib, das sich langsam aus dem Wasser erhob. Ihre langen Haare, die sie über den Schultern mit ihren zarten Händen gefaßt hatte, flossen an beiden Seiten herab und bedeckten ihren weißen Leib. Er sah wohl, daß es die Nixe des Teichs war, und wußte vor Furcht nicht, ob er davongehen oder stehenbleiben sollte. Aber die Nixe ließ ihre sanfte Stimme hören, nannte ihn bei Namen und fragte, warum er so traurig wäre. Der Müller war anfangs verstummt, als er sie aber so freundlich sprechen hörte, faßte er sich ein Herz und erzählte ihr, daß er sonst in Glück und Reichtum gelebt hätte, aber jetzt so arm wäre, daß er sich nicht zu raten wüßte. »Sei ruhig«, antwortete die Nixe, »ich will dich reicher und glücklicher machen, als du je gewesen bist, nur mußt du mir versprechen, daß du mir geben willst, was eben in deinem Hause jung geworden ist.« – »Was kann das anders sein«, dachte der Müller, »als ein junger Hund oder ein junges Kätzchen?« Und sagte ihr zu, was sie verlangte. Die Nixe stieg wieder in das Wasser hinab, und er eilte getröstet und gutes Mutes nach seiner Mühle. Noch hatte er sie nicht erreicht, da trat die Magd aus der Haustüre und rief ihm zu, er sollte sich freuen, seine Frau hätte ihm einen kleinen Knaben geboren. Der Müller stand wie vom Blitz gerührt, er sah wohl, daß die tückische Nixe das gewußt und ihn betrogen hatte. Mit gesenktem Haupt trat er zu dem Bett seiner Frau, und als sie ihn fragte: »Warum freust du dich nicht über den schönen Knaben?«, so erzählte er ihr, was ihm begegnet war und was für ein Versprechen er der Nixe gegeben hatte. »Was hilft mir Glück und Reichtum«, fügte er hinzu, »wenn ich mein Kind verlieren soll? Aber was kann ich tun?« Auch die Verwandten, die herbeigekommen waren, Glück zu wünschen, wußten keinen Rat.

Indessen kehrte das Glück in das Haus des Müllers wieder ein. Was er unternahm, gelang, es war, als ob Kisten und Kasten von selbst sich füllten und das Geld im Schrank über Nacht sich mehrte. Es dauerte nicht lange, so war sein Reichtum größer als je zuvor. Aber er konnte sich nicht ungestört darüber freuen: die Zusage, die er der Nixe getan hatte, quälte sein Herz. Sooft er an dem Teich vorbeikam, fürchtete er, sie möchte auftauchen und ihn an seine Schuld mahnen. Den Knaben selbst ließ er nicht in die Nähe des Wassers: »Hüte dich«, sagte er zu ihm, »wenn du das Wasser berührst, so kommt eine Hand heraus, hascht dich und zieht dich hinab.« Doch als Jahr auf Jahr verging und die Nixe sich nicht wieder zeigte, so fing der Müller an, sich zu beruhigen.

Der Knabe wuchs zum Jüngling heran und kam bei einem Jäger in die Lehre. Als er ausgelernt hatte und ein tüchtiger Jäger geworden war, nahm ihn der Herr des Dorfes in seine Dienste. In dem Dorf war ein schönes und treues Mädchen, das gefiel dem Jäger, und als sein Herr das bemerkte, schenkte er ihm ein kleines Haus; die beiden hielten Hochzeit, lebten ruhig und glücklich und liebten sich von Herzen.

Einsmals verfolgte der Jäger ein Reh. Als das Tier aus dem Wald in das freie Feld ausbog, setzte er ihm nach und streckte es endlich mit einem Schuß nieder. Er bemerkte nicht, daß er sich in der Nähe des gefährlichen Weihers befand, und ging, nachdem er das Tier ausgeweidet hatte, zu dem Wasser, um seine mit Blut befleckten Hände zu waschen. Kaum aber hatte er sie hineingetaucht, als die Nixe emporstieg, lachend mit ihren nassen Armen ihn umschlang und so schnell hinabzog, daß die Wellen über ihm zusammenschlugen.

Als es Abend war und der Jäger nicht nach Haus kam, so geriet seine Frau in Angst. Sie ging aus, ihn zu suchen, und da er ihr oft erzählt hatte, daß er sich vor den Nachstellungen der Nixe in acht nehmen müßte und nicht in die Nähe des Weihers sich wagen dürfte, so ahnte sie schon, was geschehen war. Sie eilte zu dem Wasser, und als sie am Ufer seine Jägertasche liegen fand, da konnte sie nicht länger an dem Unglück zweifeln. Wehklagend und händeringend rief sie ihren Liebsten mit Namen, aber vergeblich; sie eilte hinüber auf die andere Seite des Weihers und rief ihn aufs neue; sie schalt die Nixe mit harten Worten, aber keine Antwort erfolgte. Der Spiegel des Wassers blieb ruhig, nur das halbe Gesicht des Mondes blickte unbeweglich zu ihr herauf.

Die arme Frau verließ den Teich nicht. Mit schnellen Schritten, ohne Rast und Ruhe, umkreiste sie ihn immer von neuem, manchmal still, manchmal einen heftigen Schrei ausstoßend, manchmal in leisem Wimmern. Endlich waren ihre Kräfte zu Ende: sie sank zur Erde nieder und verfiel in einen tiefen Schlaf. Bald überkam sie ein Traum.

Sie stieg zwischen großen Felsblöcken angstvoll aufwärts; Dornen und Ranken hakten sich an ihre Füße, der Regen schlug ihr ins Gesicht, und der Wind zauste ihr langes Haar. Als sie die Anhöhe erreicht hatte, bot sich ein ganz anderer Anblick dar. Der Himmel war blau, die Luft mild, der Boden senkte sich sanft hinab, und auf einer grünen, bunt beblümten Wiese stand eine reinliche Hütte. Sie ging darauf zu und öffnete die Türe, da saß eine Alte mit weißen Haaren, die ihr freundlich winkte. In dem Augenblick erwachte die arme Frau. Der Tag war schon angebrochen, und sie entschloß sich gleich, dem Traum Folge zu leisten. Sie stieg mühsam den Berg hinauf, und es war alles so, wie sie es in der Nacht gesehen hatte. Die Alte empfing sie freundlich und zeigte ihr einen Stuhl, auf den sie sich setzen sollte. »Du mußt ein Unglück erlebt haben«, sagte sie, »weil du meine einsame Hütte aufsuchst.« Die Frau erzählte ihr unter Tränen, was ihr begegnet war. »Tröste dich«, sagte die Alte, »ich will dir helfen: da hast du einen goldenen Kamm. Harre, bis der Vollmond aufgestiegen ist, dann geh zu dem Weiher, setze dich am Rand nieder und strähle dein langes schwarzes Haar mit diesem Kamm. Wenn du aber fertig bist, so lege ihn am Ufer nieder, und du wirst sehen, was geschieht.«

Die Frau kehrte zurück, aber die Zeit bis zum Vollmond verstrich ihr langsam. Endlich erschien die leuchtende Scheibe am Himmel, da ging sie hinaus an den Weiher, setzte sich nieder und kämmte ihre langen schwarzen Haare mit dem goldenen Kamm, und als sie fertig war, legte sie ihn an den Rand des Wassers nieder. Nicht lange, so brauste es aus der Tiefe, eine Welle erhob sich, rollte an das Ufer und führte den Kamm mit sich fort. Es dauerte nicht länger, als der Kamm nötig hatte, auf den Grund zu sinken, so teilte sich der Wasserspiegel, und der Kopf des Jägers stieg in die Höhe. Er sprach nicht, schaute aber seine Frau mit traurigen Blicken an. In demselben Augenblick kam eine zweite Welle herangerauscht und bedeckte das Haupt des Mannes. Alles war verschwunden, der Weiher lag so ruhig wie zuvor, und nur das Gesicht des Vollmondes glänzte darauf.

Trostlos kehrte die Frau zurück, doch der Traum zeigte ihr die Hütte der Alten. Abermals machte sie sich am nächsten Morgen auf den Weg und klagte der weisen Frau ihr Leid. Die Alte gab ihr eine goldene Flöte und sprach: »Harre, bis der Vollmond wiederkommt, dann nimm diese Flöte, setze dich an das Ufer, blas ein schönes Lied darauf, und wenn du damit fertig bist, so lege sie auf den Sand; du wirst sehen, was geschieht.«

Die Frau tat, wie die Alte gesagt hatte. Kaum lag die Flöte auf dem Sand, so brauste es aus der Tiefe: eine Welle erhob sich, zog heran und führte die Flöte mit sich fort. Bald darauf teilte sich das Wasser, und nicht bloß der Kopf, auch der Mann bis zur Hälfte des Leibes stieg hervor. Er breitete voll Verlangen seine Arme nach ihr aus, aber eine zweite Welle rauschte heran, bedeckte ihn und zog ihn wieder hinab.

»Ach, was hilft es mir«, sagte die Unglückliche, »daß ich meinen Liebsten nur erblicke, um ihn wieder zu verlieren.« Der Gram erfüllte aufs neue ihr Herz, aber der Traum führte sie zum drittenmal in das Haus der Alten. Sie machte sich auf den Weg, und die weise Frau gab ihr ein goldenes Spinnrad, tröstete sie und sprach: »Es ist noch nicht vollbracht, harre, bis der Vollmond kommt, dann nimm das Spinnrad, setze dich an das Ufer und spinn die Spule voll, und wenn du fertig bist, so stelle das Spinnrad nahe an das Wasser, und du wirst sehen, was geschieht.«

Die Frau befolgte alles genau. Sobald der Vollmond sich zeigte, trug sie das goldene Spinnrad an das Ufer und spann emsig, bis der Flachs zu Ende und die Spule mit dem Faden ganz angefüllt war. Kaum aber stand das Rad am Ufer, so brauste es noch heftiger als sonst in der Tiefe des Wassers, eine mächtige Welle eilte herbei und trug das Rad mit sich fort. Alsbald stieg mit einem Wasserstrahl der Kopf und der ganze Leib des Mannes in die Höhe. Schnell sprang er ans Ufer, faßte seine Frau an der Hand und entfloh. Aber kaum hatten sie sich eine kleine Strecke entfernt, so erhob sich mit entsetzlichem Brausen der ganze Weiher und strömte mit reißender Gewalt in das weite Feld hinein. Schon sahen die Fliehenden ihren Tod vor Augen, da rief die Frau in ihrer Angst die Hilfe der Alten an, und in dem Augenblick waren sie verwandelt, sie in eine Kröte, er in einen Frosch. Die Flut, die sie erreicht hatte, konnte sie nicht töten, aber sie riß sie beide voneinander und führte sie weit weg.

Als das Wasser sich verlaufen hatte und beide wieder den trocknen Boden berührten, so kam ihre menschliche Gestalt zurück. Aber keiner wußte, wo das andere geblieben war; sie befanden sich unter fremden Menschen, die ihre Heimat nicht kannten. Hohe Berge und tiefe Täler lagen zwischen ihnen. Um sich das Leben zu erhalten, mußten beide die Schafe hüten. Sie trieben lange Jahre ihre Herden durch Feld und Wald und waren voll Trauer und Sehnsucht.

Als wieder einmal der Frühling aus der Erde hervorgebrochen

war, zogen beide an einem Tag mit ihren Herden aus, und der Zufall wollte, daß sie einander entgegenzogen. Er erblickte an einem fernen Bergesabhang eine Herde und trieb seine Schafe nach der Gegend hin. Sie kamen in einem Tal zusammen, aber sie erkannten sich nicht, doch freuten sie sich, daß sie nicht mehr so einsam waren. Von nun an trieben sie jeden Tag ihre Herde nebeneinander; sie sprachen nicht viel, aber sie fühlten sich getröstet. Eines Abends, als der Vollmond am Himmel schien und die Schafe schon ruhten, holte der Schäfer die Flöte aus seiner Tasche und blies ein schönes, aber trauriges Lied. Als er fertig war, bemerkte er, daß die Schäferin bitterlich weinte. »Warum weinst du?« fragte er. »Ach«, antwortete sie, »so schien auch der Vollmond, als ich zum letztenmal dieses Lied auf der Flöte blies und das Haupt meines Liebsten aus dem Wasser hervorkam.« Er sah sie an, und es war ihm, als fiele eine Decke von den Augen, er erkannte seine liebste Frau; und als sie ihn anschaute und der Mond auf sein Gesicht schien, erkannte sie ihn auch. Sie umarmten und küßten sich, und ob sie glückselig waren, braucht keiner zu fragen.

182.

Die Geschenke des kleinen Volkes

Ein Schneider und ein Goldschmied wanderten zusammen und vernahmen eines Abends, als die Sonne hinter die Berge gesunken war, den Klang einer fernen Musik, die immer deutlicher ward; sie tönte ungewöhnlich, aber so anmutig, daß sie aller Müdigkeit vergaßen und rasch weiterschritten. Der Mond war schon aufgestiegen, als sie zu einem Hügel gelangten, auf dem sie eine Menge kleiner Männer und Frauen erblickten, die sich bei den Händen gefaßt hatten und mit größter Lust und Freudigkeit im Tanze herumwirbelten: sie sangen dazu auf das lieblichste; und das war die Musik, die die Wanderer gehört hatten. In der Mitte saß ein Alter, der etwas größer war als die übrigen, der einen buntfarbigen Rock trug und dem ein eisgrauer Bart über die Brust herabhing. Die beiden blieben voll Verwunderung stehen und sahen dem Tanz zu. Der Alte winkte, sie sollten eintreten, und das kleine Volk öffnete bereitwillig seinen Kreis. Der Goldschmied, der einen Höcker hatte und wie alle Bukkeligen keck genug war, trat herzu; der Schneider empfand zuerst einige Scheu und hielt sich zurück, doch als er sah, wie es so lustig herging, faßte er sich ein Herz und kam nach. Alsbald schloß sich der Kreis wieder, und die Kleinen sangen und tanzten in den wildesten Sprüngen weiter, der Alte aber nahm ein breites Messer, das an seinem Gürtel hing, wetzte es, und als es hinlänglich geschärft war, blickte er sich nach den Fremdlingen um. Es ward ihnen angst, aber sie hatten nicht lange Zeit, sich zu besinnen, der Alte packte den Goldschmied und schor in der größten Geschwindigkeit ihm Haupthaar und Bart glatt hinweg; ein gleiches geschah hierauf dem Schneider. Doch ihre Angst verschwand, als der Alte nach vollbrachter Arbeit beiden freundlich auf die Schulter klopfte, als wollte er sagen, sie hätten es gut gemacht, daß sie ohne Sträuben alles willig hätten geschehen lassen. Er zeigte mit dem Finger auf einen Haufen Kohlen, der zur Seite lag, und deutete ihnen durch Gebärden an, daß sie ihre Taschen damit füllen sollten. Beide gehorchten, obgleich sie nicht wußten, wozu ihnen die Kohlen dienen sollten, und gingen dann weiter, um ein Nachtlager zu suchen. Als sie ins Tal gekommen waren, schlug die Glocke des benachbarten Klosters zwölf Uhr; augenblicklich verstummte der Gesang, alles war verschwunden, und der Hügel lag in einsamem Mondschein.

Die beiden Wanderer fanden eine Herberge und deckten sich auf dem Strohlager mit ihren Röcken zu, vergaßen aber wegen ihrer Müdigkeit die Kohlen zuvor herauszunehmen. Ein schwerer Druck auf ihren Gliedern weckte sie früher als gewöhnlich. Sie griffen in die Taschen und wollten ihren Augen nicht trauen, als sie sahen, daß sie nicht mit Kohlen, sondern mit reinem Gold angefüllt waren; auch Haupthaar und Bart war glücklich wieder in aller Fülle vorhanden. Sie waren nun reiche Leute geworden, doch besaß der Goldschmied, der seiner habgierigen Natur gemäß die Taschen besser gefüllt hatte, noch einmal soviel als der Schneider. Ein Habgieriger, wenn er viel hat, verlangt noch mehr, der Goldschmied machte dem Schneider den Vorschlag, noch einen Tag zu verweilen, am Abend wieder hinauszugehen, um sich bei dem Alten auf dem Berge noch größere Schätze zu holen. Der Schneider wollte nicht und sagte: »Ich habe genug und bin zufrieden: jetzt werde ich Meister, heirate meinen angenehmen Gegenstand (wie er seine Liebste nannte) und bin ein glücklicher Mann.« Doch wollte er, ihm zu Gefallen, den Tag noch bleiben. Abends hing der Goldschmied noch ein paar Taschen über die Schulter, um recht einsacken zu können, und machte sich auf den Weg zu dem Hügel. Er fand, wie in der vorigen Nacht, das kleine Volk bei Gesang und Tanz, der Alte schor ihn abermals glatt und deutete ihm an, Kohlen mitzunehmen. Er zögerte nicht einzustecken, was nur in seine Taschen gehen wollte, kehrte ganz glückselig heim und deckte sich mit dem Rock zu. »Wenn das Gold auch drückt«, sprach er, »ich will das schon ertragen«, und schlief endlich mit dem süßen Vorgefühl ein, morgen als steinreicher Mann zu erwachen. Als er die Augen öffnete, erhob er sich schnell, um die Taschen zu untersuchen, aber wie erstaunte er, als er nichts herauszog als schwarze Kohlen, er mochte so oft hineingreifen, als er wollte. »Noch bleibt mir das Gold, das ich die Nacht vorher gewonnen habe«, dachte er und holte es herbei, aber wie erschrak er, als er sah, daß es ebenfalls wieder zu Kohle geworden war. Er schlug sich mit der schwarzbestäubten Hand an die Stirne, da fühlte er, daß der ganze Kopf kahl und glatt war wie der Bart. Aber sein Mißgeschick war noch nicht zu Ende, er merkte erst jetzt, daß ihm zu dem Höcker auf dem Rücken noch ein zweiter, ebenso großer vorn auf der Brust gewachsen war. Da erkannte er die Strafe seiner Habgier und begann laut zu weinen. Der gute Schneider, der davon aufgeweckt ward, tröstete den Unglücklichen, so gut es gehen wollte, und sprach: »Du bist mein Geselle auf der Wanderschaft gewesen, du sollst bei mir bleiben und mit von meinem Schatz zehren.« Er hielt Wort, aber der arme Goldschmied mußte sein Lebtag die beiden Höcker tragen und seinen kahlen Kopf mit einer Mütze bedecken.

183.

Der Riese und der Schneider

Einem Schneider, der ein großer Prahler war, aber ein schlechter Zahler, kam es in den Sinn, ein wenig auszugehen und sich in dem Wald umzuschauen. Sobald er nur konnte, verließ er seine Werkstatt,

wanderte seinen Weg,
über Brücke und Steg,
bald da, bald dort,
immer fort und fort.

Als er nun draußen war, erblickte er in der blauen Ferne einen steilen Berg und dahinter einen himmelhohen Turm, der aus einem wilden und finstern Wald hervorragte. »Potz Blitz!« rief der Schneider, »was ist das?« Und weil ihn die Neugierde gewaltig stach, so ging er frisch darauf los. Was sperrte er aber Maul und Augen auf, als er in die Nähe kam, denn der Turm hatte Beine, sprang in einem Satz über den steilen Berg und stand als ein großmächtiger Riese vor dem Schneider. »Was willst du hier, du winziges Fliegenbein«, rief der mit einer Stimme, als wenn's von allen Seiten donnerte. Der Schneider wisperte: »Ich will mich umschauen, ob ich mein Stückchen Brot in dem Wald verdienen kann.« – »Wenn's um die Zeit ist«, sagte der Riese, »so kannst du ja bei mir im Dienst eintreten.« – »Wenn's sein muß, warum das nicht? Was krieg ich aber für einen Lohn?« – »Was du für einen Lohn kriegst?« sagte der Riese. »Das sollst du hören. Jährlich dreihundertundfünfundsechzig Tage, und wenn's ein Schaltjahr ist, noch einen obendrein. Ist dir das recht?« – »Meinetwegen«, antwortete der Schneider und dachte in seinem Sinn: »Man muß sich strecken nach seiner Decke. Ich such mich bald wieder loszumachen.«

Darauf sprach der Riese zu ihm: »Geh, kleiner Halunke, und hol mir einen Krug Wasser.« – »Warum nicht lieber gleich den Brunnen mitsamt der Quelle?« fragte der Prahlhans und ging mit dem Krug zu dem Wasser. »Was, den Brunnen mitsamt der Quelle?« brummte der Riese, der ein bißchen tölpisch und albern war, in den Bart hinein und fing an, sich zu fürchten: »Der Kerl kann mehr als Äpfel braten: der hat einen Alraun im Leib. Sei auf deiner Hut, alter Hans, das ist kein Diener für dich.« Als der Schneider das Wasser gebracht hatte, befahl ihm der Riese, in dem Wald ein paar Scheite Holz zu hauen und heimzutragen. »Warum nicht lieber den ganzen Wald mit einem Streich,

den ganzen Wald
mit jung und alt,
mit allem, was er hat,
knorzig und glatt?«

fragte das Schneiderlein und ging, das Holz zu hauen. »Was,

den ganzen Wald
mit jung und alt,
mit allem, was er hat,
knorzig und glatt?

Und den Brunnen mitsamt der Quelle?« brummte der leichtgläubige Riese in den Bart und fürchtete sich noch mehr: »Der Kerl kann mehr als Äpfel braten, der hat einen Alraun im Leib. Sei auf deiner Hut, alter Hans, das ist kein Diener für dich.« Wie der Schneider das Holz gebracht hatte, befahl ihm der Riese, zwei oder drei wilde Schweine zum Abendessen zu schießen. »Warum nicht lieber gleich tausend auf einen Schuß, und die alle hierher?« fragte der hoffärtige Schneider. »Was?« rief der Hasenfuß von einem Riesen und war heftig erschrokken. »Laß es nur für heute gut sein und lege dich schlafen.«

Der Riese fürchtete sich so gewaltig, daß er die ganze Nacht kein Auge zutun konnte und hin und her dachte, wie er's anfangen sollte, um sich den verwünschten Hexenmeister von Diener je eher, je lieber vom Hals zu schaffen. Kommt Zeit, kommt Rat. Am andern Morgen gingen der Riese und der Schneider zu einem Sumpf, um den ringsherum eine Menge Weidenbäume standen. Da sprach der Riese: »Hör einmal, Schneider, setz dich auf eine von den Weidenruten, ich möchte um mein Leben gern sehen, ob du imstand bist, sie herabzubiegen.« Husch, saß das Schneiderlein oben, hielt den Atem ein und machte sich schwer, so schwer, daß sich die Gerte niederbog. Als er aber wieder Atem schöpfen mußte, da schnellte sie ihn, weil er zum Unglück kein Bügeleisen in die Tasche gesteckt hatte, zu großer Freude des Riesen, so weit in die Höhe, daß man ihn gar nicht mehr sehen konnte. Wenn er nicht wieder heruntergefallen ist, so wird er wohl noch oben in der Luft herumschweben.

184.

Der Nagel

Ein Kaufmann hatte auf der Messe gute Geschäfte gemacht, alle Waren verkauft und seine Geldkatze mit Gold und Silber gespickt. Er wollte jetzt heimreisen und vor Einbruch der Nacht zu Haus sein. Er packte also den Mantelsack mit dem Geld auf sein Pferd und ritt fort. Zu Mittag rastete er in einer Stadt; als er weiter wollte, führte ihm der Hausknecht das Roß vor, sprach aber: »Herr, am linken Hinterfuß fehlt im Hufeisen ein Nagel.« – »Laß ihn fehlen«, erwiderte der Kaufmann, »die sechs Stunden, die ich noch zu machen habe, wird das Eisen wohl festhalten. Ich habe Eile.« Nachmittags, als er wieder abgestiegen war und dem Roß Brot geben ließ, kam der Knecht in die Stube und sagte: »Herr, Euerm Pferd fehlt am linken Hinterfuß ein Hufeisen. Soll ich's zum Schmied führen?« – »Laß es fehlen«, erwiderte der Herr, »die paar Stunden, die noch übrig sind, wird das Pferd wohl aushalten. Ich habe Eile.« Er ritt fort, aber nicht lange, so fing das Pferd zu hinken an. Es hinkte nicht lange, so fing es an zu stolpern, und es stolperte nicht lange, so fiel es nieder und brach ein Bein. Der Kaufmann mußte das Pferd liegen lassen, den Mantelsack abschnallen, auf die Schulter nehmen und zu Fuß nach Haus gehen, wo er erst spät in der Nacht anlangte. »An allem Unglück«, sprach er zu sich selbst, »ist der verwünschte Nagel schuld.« Eile mit Weile.

185.

Der arme Junge im Grab

Es war einmal ein armer Hirtenjunge, dem war Vater und Mutter gestorben, und er war von der Obrigkeit einem reichen Mann in das Haus gegeben, der sollte ihn ernähren und erziehen. Der Mann aber und seine Frau hatten ein böses Herz, waren bei allem Reichtum geizig und mißgünstig und ärgerten sich, wenn jemand einen Bissen von ihrem Brot in den Mund steckte. Der arme Junge mochte tun, was er wollte, er erhielt wenig zu essen, aber desto mehr Schläge.

Eines Tages sollte er die Glucke mit ihren Küchlein hüten. Sie verlief sich aber mit ihren Jungen durch einen Heckenzaun: gleich schoß der Habicht herab und entführte sie durch die Lüfte. Der Junge schrie aus Leibeskräften: »Dieb, Dieb, Spitzbub.« Aber was half das? Der Habicht brachte seinen Raub nicht wieder zurück. Der Mann hörte den Lärm, lief herbei, und als er vernahm, daß seine

Henne weg war, so geriet er in Wut und gab dem Jungen eine solche Tracht Schläge, daß er sich ein paar Tage lang nicht regen konnte. Nun mußte er die Küchlein ohne die Henne hüten, aber da war die Not noch größer, das eine lief dahin, das andere dorthin. Da meinte er, es klug zu machen, wenn er sie alle zusammen an eine Schnur bände, weil ihm dann der Habicht keins wegstehlen könnte. Aber weit gefehlt. Nach ein paar Tagen, als er von dem Herumlaufen und vom Hunger ermüdet einschlief, kam der Raubvogel und packte eins von den Küchlein, und da die andern daran festhingen, so trug er sie alle mit fort, setzte sich auf einen Baum und schluckte sie hinunter. Der Bauer kam eben nach Haus, und als er das Unglück sah, erboste er sich und schlug den Jungen so unbarmherzig, daß er mehrere Tage im Bette liegen mußte.

Als er wieder auf den Beinen war, sprach der Bauer zu ihm: »Du bist mir zu dumm, ich kann dich zum Hüter nicht brauchen, du sollst als Bote gehen.« Da schickte er ihn zum Richter, dem er einen Korb voll Trauben bringen sollte, und gab ihm noch einen Brief mit. Unterwegs plagte Hunger und Durst den armen Jungen so heftig, daß er zwei von den Trauben aß. Er brachte dem Richter den Korb, als dieser aber den Brief gelesen und die Trauben gezählt hatte, so sagte er: »Es fehlen zwei Stück.« Der Junge gestand ganz ehrlich, daß er, von Hunger und Durst getrieben, die fehlenden verzehrt habe. Der Richter schrieb einen Brief an den Bauer und verlangte noch einmal so viel Trauben. Auch diese mußte der Junge mit einem Brief hintragen. Als ihn wieder so gewaltig hungerte und durstete, so konnte er sich nicht anders helfen, er verzehrte abermals zwei Trauben. Doch nahm er vorher den Brief aus dem Korb, legte ihn unter einen Stein und setzte sich darauf, damit der Brief nicht zusehen und ihn verraten könnte. Der Richter aber stellte ihn doch der fehlenden Stücke wegen zur Rede. »Ach«, sagte der Junge, »wie habt Ihr das erfahren? Der Brief konnte es nicht wissen, denn ich hatte ihn zuvor unter einen Stein gelegt.« Der Richter mußte über die Einfalt lachen und schickte dem Mann einen Brief, worin er ihn ermahnte, den armen Jungen besser zu halten und es ihm an Speis und Trank nicht fehlen zu lassen; auch möchte er ihn lehren, was Recht und Unrecht sei.

»Ich will dir den Unterschied schon zeigen«, sagte der harte Mann; »willst du aber essen, so mußt du auch arbeiten, und tust du etwas Unrechtes, so sollst du durch Schläge hinlänglich belehrt werden.« Am folgenden Tag stellte er ihn an eine schwere Arbeit. Er sollte ein paar Bund Stroh zum Futter für die Pferde schneiden; dabei drohte der Mann: »In fünf Stunden«, sprach er, »bin ich wieder zurück, wenn dann das Stroh nicht zu Häcksel geschnitten ist, so schlage ich dich so lange, bis du kein Glied mehr regen kannst.« Der Bauer ging mit seiner Frau, dem Knecht und der Magd auf den Jahrmarkt und ließ dem Jungen nichts zurück als ein kleines Stück Brot. Der Junge stellte sich an den Strohstuhl und fing an, aus allen Leibeskräften zu arbeiten. Da ihm dabei heiß ward, so zog er sein Röcklein aus und warf's auf das Stroh. In der Angst, nicht fertig zu werden, schnitt er immerzu, und in seinem Eifer zerschnitt er unvermerkt mit dem Stroh auch sein Röcklein. Zu spät ward er das Unglück gewahr, das sich nicht wiedergutmachen ließ. »Ach«, rief er, »jetzt ist es aus mit mir. Der böse Mann hat mir nicht umsonst gedroht, kommt er zurück und sieht, was ich getan habe, so schlägt er mich tot. Lieber will ich mir selbst das Leben nehmen.«

Der Junge hatte einmal gehört, wie die Bäuerin sprach: »Unter dem Bett habe ich einen Topf mit Gift stehen.« Sie hatte es aber nur gesagt, um die Näscher zurückzuhalten, denn es war Honig darin. Der Junge kroch unter das Bett, holte den Topf hervor und aß ihn ganz aus. »Ich weiß nicht«, sprach er, »die Leute sagen, der Tod sei bitter, mir schmeckt er süß. Kein Wunder, daß die Bäuerin sich so oft den Tod wünscht.« Er setzte sich auf ein Stühlchen und war gefaßt zu sterben. Aber statt daß er schwächer werden sollte, fühlte er sich von der nahrhaften Speise gestärkt. »Es muß kein Gift gewesen sein«, sagte er, »aber der Bauer hat einmal gesagt, in seinem Kleiderkasten läge ein Fläschchen mit Fliegengift, das wird wohl das wahre Gift sein und mir den Tod bringen.« Es war aber kein Fliegengift, sondern Ungarwein. Der Junge holte die Flasche heraus und trank sie aus. »Auch dieser Tod schmeckt süß«, sagte er, doch als bald hernach der Wein anfing, ihm ins Gehirn zu steigen und ihn zu betäuben, so meinte er, sein Ende nahte sich heran. »Ich fühle, daß ich sterben muß«, sprach er, »ich will hinaus auf den Kirchhof gehen und ein Grab suchen.« Er taumelte fort, erreichte den Kirchhof und legte sich in ein frisch geöffnetes Grab. Die Sinne verschwanden ihm immer mehr. In der Nähe stand ein Wirtshaus, wo eine Hochzeit gefeiert wurde; als er die Musik hörte, däuchte er sich schon im Paradies zu sein, bis er endlich alle Besinnung verlor. Der arme Junge erwachte nicht wieder, die Glut des heißen Weins und der kalte Tau der Nacht nahmen ihm das Leben, und er verblieb in dem Grab, in das er sich selbst gelegt hatte.

Als der Bauer die Nachricht von dem Tod des Jungen erhielt, erschrak er und fürchtete, vor das Gericht geführt zu werden: ja, die Angst faßte ihn so gewaltig, daß er ohnmächtig zur Erde sank. Die Frau, die mit einer Pfanne voll Schmalz am Herde stand, lief herzu, um ihm Beistand zu leisten. Aber das Feuer schlug in die Pfanne, ergriff das ganze Haus, und nach wenigen Stunden lag es schon in Asche. Die Jahre, die sie noch zu leben hatten, brachten sie, von Gewissensbissen geplagt, in Armut und Elend zu.

186.

Die wahre Braut

Es war einmal ein Mädchen, das war jung und schön, aber seine Mutter war ihm früh gestorben, und die Stiefmutter tat ihm alles gebrannte Herzeleid an. Wenn sie ihm eine Arbeit auftrug, sie mochte noch so schwer sein, so ging es unverdrossen daran und tat, was in seinen Kräften stand. Aber es konnte damit das Herz der bösen Frau nicht rühren, immer war sie unzufrieden, immer war es nicht genug. Je fleißiger es arbeitete, je mehr ward ihm aufgelegt, und sie hatte keinen andern Gedanken, als wie sie ihm eine immer größere Last aufbürden und das Leben recht sauer machen wollte.

Eines Tags sagte sie zu ihm: »Da hast du zwölf Pfund Federn, die sollst du abschleißen, und wenn du nicht heute abend damit fertig bist, so wartet eine Tracht Schläge auf dich. Meinst du, du könntest den ganzen Tag faulenzen?« Das arme Mädchen setzte sich zu der Arbeit nieder, aber die Tränen flossen ihm dabei über die Wangen herab, denn es sah wohl, daß es unmöglich war, mit der Arbeit in einem Tage zu Ende zu kommen. Wenn es ein Häufchen Federn vor sich liegen hatte und es seufzte oder schlug in seiner Angst die Hände zusammen, so stoben sie auseinander, und es mußte sie wieder auflesen und von neuem anfangen. Da stützte es einmal die Ellbogen auf den Tisch, legte sein Gesicht in beide Hände und rief: »Ist denn niemand auf Gottes Erdboden, der sich meiner erbarmt?«

Indem hörte es eine sanfte Stimme, die sprach: »Tröste dich, mein Kind, ich bin gekommen, dir zu helfen.« Das Mädchen blickte auf, und eine alte Frau stand neben ihm. Sie faßte das Mädchen freundlich an der Hand und sprach: »Vertraue mir nur an, was dich drückt.« Da sie so herzlich sprach, so erzählte ihr das Mädchen von seinem traurigen Leben, daß ihm eine Last auf die andere gelegt würde und es mit den aufgegebenen Arbeiten nicht mehr zu Ende kommen könnte. »Wenn ich mit diesen Federn heute abend nicht fertig bin, so schlägt mich die Stiefmutter; sie hat mir's angedroht, und ich weiß, sie hält Wort.« Ihre Tränen fingen wieder an zu fließen, aber die gute Alte sprach: »Sei unbesorgt, mein Kind, ruhe dich aus, ich will derweil deine Arbeit verrichten.« Das Mädchen legte sich auf sein Bett und schlief bald ein. Die Alte setzte sich an den Tisch bei die Federn, hu! wie flogen sie von den Kielen ab, die sie mit ihren dürren Händen kaum berührte. Bald war sie mit den zwölf Pfund fertig. Als das Mädchen erwachte, lagen große schneeweiße Haufen aufgetürmt, und alles war im Zimmer reinlich aufgeräumt, aber die Alte war verschwunden. Das Mädchen dankte Gott und saß stille, bis der Abend kam. Da trat die Stiefmutter herein und staunte über die vollbrachte Arbeit. »Siehst du, Trulle«, sprach sie, »was man ausrichtet, wenn man fleißig ist? Hättest du nicht noch etwas anderes vornehmen können? Aber da sitzest du und legst die Hände in den Schoß.« Als sie hinausging, sprach sie: »Die Kreatur kann mehr als Brot essen, ich muß ihr schwerere Arbeit auflegen.«

Am andern Morgen rief sie das Mädchen und sprach: »Da hast du einen Löffel, damit schöpfe mir den großen Teich aus, der bei dem Garten liegt. Und wenn du damit abends nicht zu Rand gekommen bist, so weißt du, was erfolgt.« Das Mädchen nahm den Löffel und sah, daß er durchlöchert war, und wenn er es auch nicht gewesen wäre, es hätte nimmermehr damit den Teich ausgeschöpft. Es machte sich gleich an die Arbeit, kniete am Wasser, in das seine Tränen fielen, und schöpfte. Aber die gute Alte erschien wieder, und als sie die Ursache von seinem Kummer erfuhr, sprach sie: »Sei getrost, mein Kind, geh in das Gebüsch und lege dich schlafen, ich will deine Arbeit schon tun.« Als die Alte allein war, berührte sie nur den Teich; wie ein Dunst stieg das Wasser in die Höhe und vermischte sich mit den Wolken. Allmählich ward der Teich leer, und als das Mädchen vor Sonnenuntergang erwachte und herbeikam, so sah es nur noch die Fische, die in dem Schlamm zappelten. Es ging zu der Stiefmutter und zeigte ihr an, daß die Arbeit vollbracht wäre. »Du hättest längst fertig sein sollen«, sagte sie und ward blaß vor Ärger, aber sie sann etwas Neues aus.

Am dritten Morgen sprach sie zu dem Mädchen: »Dort in der Ebene mußt du mir ein schönes Schloß bauen, und zum Abend muß es fertig sein.« Das Mädchen erschrak und sagte: »Wie kann ich ein so großes Werk vollbringen?« – »Ich dulde keinen Widerspruch«, schrie die Stiefmutter, »kannst du mit einem durchlöcherten Löffel einen Teich ausschöpfen, so kannst du auch ein Schloß bauen. Noch heute will ich es beziehen, und wenn etwas fehlt, sei es das geringste in Küche oder Keller, so weißt du, was dir bevorsteht.« Sie trieb das Mädchen fort, und als es in das Tal kam, so lagen da die Felsen übereinander aufgetürmt; mit aller seiner Kraft konnte es den kleinsten nicht einmal bewegen. Es setzte sich nieder und weinte, doch hoffte es auf den Beistand der guten Alten. Sie ließ auch nicht lange auf sich warten, kam und sprach ihm Trost ein: »Lege dich nur dort in den Schatten und schlaf, ich will dir das Schloß schon bauen. Wenn es dir Freude macht, so kannst du selbst darin wohnen.« Als das Mädchen weggegangen war, rührte die Alte die grauen Felsen an. Alsbald regten sie sich, rückten zusammen und standen da, als hätten Riesen die Mauer gebaut; darauf erhob sich das Gebäude, und es war, als ob unzählige Hände unsichtbar arbeiteten und Stein auf Stein legten. Der Boden dröhnte, große Säulen stiegen von selbst in die Höhe und stellten sich nebeneinander in Ordnung. Auf dem Dach legten sich die Ziegeln zurecht, und als es Mittag war, drehte sich schon die große Wetterfahne wie eine goldene Jungfrau mit fliegendem Gewand auf der Spitze des Turms. Das Innere des Schlosses war bis zum Abend vollendet. Wie es die Alte anfing, weiß ich nicht, aber die Wände der Zimmer waren mit Seide und Sammet bezogen, buntgestickte Stühle standen da und reichverzierte Armsessel an Tischen von Marmor, kristallne Kronleuchter hingen von der Bühne herab und spiegelten sich in dem glatten Boden; grüne Papageien saßen in goldenen Käfigen und fremde Vögel, die lieblich sangen: überall war eine Pracht, als wenn ein König da einziehen sollte. Die Sonne wollte eben untergehen, als das Mädchen erwachte und ihm der Glanz von tausend Lichtern entgegenleuchtete. Mit schnellen Schritten kam es heran und trat durch das geöffnete Tor in das Schloß. Die Treppe war mit rotem Tuch belegt, und das goldene Geländer mit blühenden Bäumen besetzt. Als es die Pracht der Zimmer erblickte, blieb es wie erstarrt stehen. Wer weiß, wie lang es so gestanden hätte, wenn ihm nicht der Gedanke an die Stiefmutter gekommen wäre. »Ach«, sprach es zu sich selbst, »wenn sie doch endlich zufriedengestellt wäre und mir das Leben nicht länger zur Qual machen wollte.« Das Mädchen ging und zeigte ihr an, daß das Schloß fertig wäre. »Gleich will ich einziehen«, sagte sie und erhob sich von ihrem Sitz. Als sie in das Schloß eintrat, mußte sie die Hand vor die Augen halten, so blendete sie der Glanz. »Siehst du«, sagte sie zu dem Mädchen, »wie leicht dir's geworden ist, ich hätte dir etwas Schwereres aufgeben sollen.« Sie ging durch alle Zimmer und spürte in allen Ecken, ob etwas fehlte oder mangelhaft wäre, aber sie konnte nichts auffinden. »Jetzt wollen wir hinabsteigen«, sprach sie und sah das Mädchen mit boshaften Blicken an, »Küche und Keller muß noch untersucht werden, und hast du etwas vergessen, so sollst du deiner Strafe nicht entgehen.« Aber das Feuer brannte auf dem Herd, in den Töpfen kochten die Speisen, Kluft und Schippe waren angelehnt und an den Wänden das blanke Geschirr von Messing aufgestellt. Nichts fehlte, selbst nicht der Kohlenkasten und die Wassereimer. »Wo ist der Eingang zum Keller?« rief sie. »Wo der nicht mit Weinfässern reichlich angefüllt ist, so wird dir's schlimm ergehen.« Sie hob selbst die Falltüre auf und stieg die Treppe hinab, aber kaum hatte sie zwei Schritte getan, so stürzte die schwere Falltüre, die nur angelehnt war, nieder. Das Mädchen hörte einen Schrei, hob die Türe schnell auf, um ihr zu Hilfe zu kommen, aber sie war hinabgestürzt, und es fand sie entseelt auf dem Boden liegen.

Nun gehörte das prächtige Schloß dem Mädchen ganz allein. Es wußte sich in der ersten Zeit gar nicht in seinem Glück zu finden, schöne Kleider hingen in den Schränken, die Truhen waren mit Gold und Silber oder mit Perlen und Edelsteinen angefüllt, und es hatte keinen Wunsch, den es nicht erfüllen konnte. Bald ging der Ruf von der Schönheit und dem Reichtum des Mädchens durch die ganze Welt. Alle Tage meldeten sich Freier, aber keiner gefiel ihr. Endlich kam auch der Sohn eines Königs, der ihr Herz zu rühren wußte, und sie verlobte sich mit ihm. In dem Schloßgarten stand eine grüne Linde, darunter saßen sie eines Tages vertraulich zusammen, da sagte er zu ihr: »Ich will heimziehen und die Einwilligung meines Vaters zu unserer Vermählung holen; ich bitte dich, harre mein hier unter dieser Linde, in wenigen Stunden bin ich wieder zurück.« Das Mädchen küßte ihn auf den linken Backen und sprach: »Bleib mir treu und laß dich von keiner andern auf diesen Backen küssen. Ich will hier unter der Linde warten, bis du wieder zurückkommst.«

Das Mädchen blieb unter der Linde sitzen, bis die Sonne unterging, aber er kam nicht wieder zurück. Sie saß drei Tage von Morgen bis Abend und erwartete ihn, aber vergeblich. Als er am vierten Tag noch nicht da war, so sagte sie: »Gewiß ist ihm ein Unglück begegnet, ich will ausgehen und ihn suchen und nicht eher wiederkommen, als bis ich ihn gefunden habe.« Sie packte drei von ihren schönsten Kleidern zusammen, eins mit glänzenden Sternen gestickt, das zweite mit silbernen Monden, das dritte mit goldenen Sonnen, band eine Handvoll Edelsteine in ihr Tuch und machte sich auf. Sie fragte allerorten nach ihrem Bräutigam, aber niemand hatte ihn gesehen, niemand wußte von ihm. Weit und breit wanderte sie durch die Welt, aber sie fand ihn nicht. Endlich vermietete sie sich bei einem Bauer als Hirtin und vergrub ihre Kleider und Edelsteine unter einem Stein.

Nun lebte sie als eine Hirtin, hütete ihre Herde, war traurig und voll Sehnsucht nach ihrem Geliebten. Sie hatte ein Kälbchen, das gewöhnte sie an sich, fütterte es aus der Hand, und wenn sie sprach:

»Kälbchen, Kälbchen, knie nieder,
vergiß nicht deine Hirtin wieder,
wie der Königssohn die Braut vergaß,
die unter der grünen Linde saß«,

so kniete das Kälbchen nieder und ward von ihr gestreichelt.

Als sie ein paar Jahre einsam und kummervoll gelebt hatte, so verbreitete sich im Lande das Gerücht, daß die Tochter des Königs ihre Hochzeit feiern wollte. Der Weg nach der Stadt ging an dem Dorf vorbei, wo das Mädchen wohnte, und es trug sich zu, als sie einmal ihre Herde austrieb, daß der Bräutigam vorüberzog. Er saß stolz auf seinem Pferd und sah sie nicht an, aber als sie ihn ansah, so erkannte sie ihren Liebsten. Es war, als ob ihr ein scharfes Messer in das Herz schnitte. »Ach«, sagte sie, »ich glaubte, er wäre mir treu geblieben, aber er hat mich vergessen.«

Am andern Tag kam er wieder des Wegs. Als er in ihrer Nähe war, sprach sie zum Kälbchen:

»Kälbchen, Kälbchen, knie nieder,

vergiß nicht deine Hirtin wieder,
wie der Königssohn die Braut vergaß,
die unter der grünen Linde saß.«

Als er die Stimme vernahm, blickte er herab und hielt sein Pferd an. Er schaute der Hirtin ins Gesicht, hielt dann die Hand vor die Augen, als wollte er sich auf etwas besinnen, aber schnell ritt er weiter und war bald verschwunden. »Ach«, sagte sie, »er kennt mich nicht mehr«, und ihre Trauer ward immer größer.

Bald darauf sollte an dem Hofe des Königs drei Tage lang ein großes Fest gefeiert werden, und das ganze Land ward dazu eingeladen. »Nun will ich das Letzte versuchen«, dachte das Mädchen, und als der Abend kam, ging es zu dem Stein, unter dem es seine Schätze vergraben hatte. Sie holte das Kleid mit den goldnen Sonnen hervor, legte es an und schmückte sich mit den Edelsteinen. Ihre Haare, die sie unter einem Tuch verborgen hatte, band sie auf, und sie fielen in langen Locken an ihr herab. So ging sie nach der Stadt und ward in der Dunkelheit von niemand bemerkt. Als sie in den hell erleuchteten Saal trat, wichen alle voll Verwunderung zurück, aber niemand wußte, wer sie war. Der Königssohn ging ihr entgegen, doch er erkannte sie nicht. Er führte sie zum Tanz und war so entzückt über ihre Schönheit, daß er an die andere Braut gar nicht mehr dachte. Als das Fest vorüber war, verschwand sie im Gedränge und eilte vor Tagesanbruch in das Dorf, wo sie ihr Hirtenkleid wieder anlegte.

Am andern Abend nahm sie das Kleid mit den silbernen Monden heraus und steckte einen Halbmond von Edelsteinen in ihre Haare. Als sie auf dem Fest sich zeigte, wendeten sich alle Augen nach ihr, aber der Königssohn eilte ihr entgegen, und ganz von Liebe erfüllt, tanzte er mit ihr allein und blickte keine andere mehr an. Ehe sie wegging, mußte sie ihm versprechen, den letzten Abend nochmals zum Fest zu kommen.

Als sie zum drittenmal erschien, hatte sie das Sternenkleid an, das bei jedem ihrer Schritte funkelte, und Haarband und Gürtel waren Sterne von Edelsteinen. Der Königssohn hatte schon lange auf sie gewartet und drängte sich zu ihr hin. »Sage mir nur, wer du bist«, sprach er, »mir ist, als wenn ich dich schon lange gekannt hätte.« – »Weißt du nicht«, antwortete sie, »was ich tat, als du von mir schiedest?« Da trat sie zu ihm heran und küßte ihn auf den linken Backen: in dem Augenblick fiel es wie Schuppen von seinen Augen, und er erkannte die wahre Braut. »Komm«, sagte er zu ihr, »hier ist meines Bleibens nicht länger«, reichte ihr die Hand und führte sie hinab zu dem Wagen. Als wäre der Wind vorgespannt, so eilten die Pferde zu dem Wunderschloß. Schon von weitem glänzten die erleuchteten Fenster. Als sie bei der Linde vorbeifuhren, schwärmten unzählige Glühwürmer darin, sie schüttelte ihre Äste und sendete ihre Düfte herab. Auf der Treppe blühten die Blumen, aus dem Zimmer schallte der Gesang der fremden Vögel, aber in dem Saal stand der ganze Hof versammelt, und der Priester wartete, um den Bräutigam mit der wahren Braut zu vermählen.

187.

Der Hase und der Igel

Disse Geschicht is lögenhaft to vertellen, Jungens, aver wahr is se doch, denn mien Grootvader, van den ick se hew, plegg jümmer, wenn he se mie vortüerde (mit Behaglichkeit vortrug), dabi to seggen: »Wahr mutt se doch sien, mien Söhn, anners kunn man se jo nich vertellen.« De Geschicht hett sick aber so todragen.

Et wöör an enen Sündagmorgen tor Harvesttied, jüst as de Bookweeten bloihde; de Sünn wöör hellig upgaen am Hewen, de Morgenwind güng warm över de Stoppeln, de Larken süngen inn'r Lucht (Luft), de Immen sumsten in den Bookweeten, un de Lühde güngen in ehren Sündagsstaht nah t' Kerken, un alle Kreatur wöör vergnögt, un de Swinegel ook.

De Swinegel aver stünd vör siener Döhr, harr de Arm ünnerslagen, keek dabi in den Morgenwind hinut un quinkeleerde en lütjet Leedken vör sick hin, so good un so slecht, as nu eben am leewen Sündagmorgen en Swinegel to singen pleggt. Indem he nu noch so half liese vör sick hin sung, füll em up eenmal in, he künn ook wol, mittlerwiel sien Fro de Kinner wüsch un antröcke, en beeten in't Feld spazeeren un tosehen, wie sien Stähkröwen stünden. De Stähkröwen wöören aver de nöchsten bi sienem Huuse, un he pleggte mit siener Familie davon to eten, darüm sahg he se as de sienigen an. Gesagt, gedahn. De Swinegel makte de Huusdöör achter sick to un slög den Weg nah 'n Felde in. He wöör noch nich gans wiet von Huuse un wull jüst um den Slöbusch (Schlehenbusch), de dar vörm Felde liggt, nah den Stähkröwenacker hinup dreien, as em de Haas bemött, de in ähnlichen Geschäften uutgahn wöör, nämlich um sienen Kohl to besehn. As de Swinegel den Haasen ansichtig wöör, so böhd he em en fründlichen go'n Morgen. De Haas aver, de up siene Wies en vörnehmer Herr was un grausahm hochfahrtig dabi, antwoorde nicks up den Swinegel sienen Gruß, sondern seggte tom Swinegel, wobi he en gewaltig höhnische Miene annöhm: »Wie kummt et denn, dat du hier all bi so fröhem Morgen im Felde rumlöppst?« – »Ick gah spazeeren«, seggt de Swinegel. »Spazeeren?« lachte de Haas. »Mi ducht, du kunnst de Been ook wol to betern Dingen gebruuken.« Disse Antword verdrööt den Swinegel ungeheuer, denn alles kunn he verdregen, aver up siene Been laet he nicks komen, eben weil se von Natuhr scheef wöören. »Du bildst di wol in«, seggt nu de Swinegel tom Haasen, »as wenn du mit diene Beene mehr utrichten kunnst?« – »Dat denk ick«, seggt de Haas. »Dat kummt up 'n Versöök an«, meent de Swinegel, »ick pareer, wenn wi in de Wett loopt, ick loop di vörbi.« – »Dat is tum Lachen, du mit diene scheefen Been«, seggt de Haas, »aver mienetwegen mach't sien, wenn du so övergroote Lust hest. Wat gilt de Wett?« – »En goldne Lujedor un 'n Buddel Branwien«, seggt de Swinegel. »Angenahmen«, spröök de Haas, »sla in, un denn kann't gliek los gahn.« – »Nä, so groote Ihl hett et nich«, meen de Swinegel, »ick bün noch gans nüchdern; eerst will ick to Huus gahn un en beeten fröhstücken: inner halwen Stünd bün ick wedder hier upp'n Platz.«

Damit güng de Swinegel, denn de Haas wöör et tofreeden. Ünnerweges dachte de Swinegel bi sick: »De Haas verlett sick up siene langen Been, aver ick will em wol kriegen. He is zwar ehn vörnehm Herr, aber doch man 'n dummen Keerl, un betahlen sall he doch.« As nu de Swinegel to Huuse ankööm, spröök he to sien Fro: »Fro, treck di gau (schnell) an, du must mit mi nah 'n Felde hinuut.« – »Wat givt et denn?« seggt sien Fro. »Ick hew mit 'n Haasen wett't üm 'n golden Lujedor un 'n Buddel Branwien, ick will mit em inn Wett loopen, un da salst du mit dabi sien.« – »O mien Gott, Mann«, füng nu den Swinegel sien Fro an to schreen,, »büst du nich klook, hest du denn ganz den Verstand verlaaren? Wie kannst du mit den Haasen in de Wett loopen wollen?« – »Holt dat Muul, Wief«, seggt de Swinegel, »dat is mien Saak. Resonehr nich in Männergeschäfte.

Marsch, treck di an, un denn kumm mit.« Wat sull den Swinegel sien Fro maken? Se mußt wol folgen, se mugg nu wollen oder nich.

As se nu mit eenander ünnerwegs wöören, spröök de Swinegel to sien Fro: »Nu pass up, wat ick seggen will. Sühst du, up den langen Acker, dar wüll wi unsen Wettloop maken. De Haas löppt nemlich in der eenen Föhr (Furche) un ick inner andern, un von baben (oben) fang wi an to loopen. Nu hast du wieder nicks to dohn, as du stellst di hier unnen in de Föhr, un wenn de Haas up de andere Siet ankummt, so röpst du em entgegen: ›Ick bün all (schon) hier.‹ «

Damit wöören se bi den Acker anlangt, de Swinegel wiesde siener Fro ehren Platz an un gung nu den Acker hinup. As he baben anlangt, wöör de Haas all da. »Kann et losgahn?« seggt de Haas. »Ja wol«, seggt de Swinegel. »Denn man to!« Un damit stellde jeder sick in siene Föhr. De Haas tellde (zählte): »Hahl een, hahl twee, hahl dree«, un los güng he wie en Stormwind den Acker hindahl (hinab). De Swinegel aver lööp ungefähr man dree Schritt, dann duhkde he sick dahl (herab) in de Föhr un bleev ruhig sitten.

As nu de Haas in vullen Loopen ünnen am Acker ankööm, rööp em den Swinegel sien Fro entgegen: »Ick bün all hier.« De Haas stutzd un verwunderde sick nich wenig: he menede nich anders, als et wöör de Swinegel sülvst, de em dat torööp, denn bekanntlich süht den Swinegel sien Fro jüst so uut wie ehr Mann.

De Haas aver meende: »Datt geiht nich to mit rechten Dingen.« He rööp: »Nochmal geloopen, wedder üm!« Un fort güng he wedder wie en Stormwind, datt em de Ohren am Koppe flögen. Den Swinegel sien Fro aver blev ruhig up ehren Platze. As nu de Haas baben ankööm, rööp em de Swinegel entgegen: »Ick bün all hier.« De Haas aver, ganz unter sick vör Ihwer (Ärger), schreede: »Nochmal geloopen, wedder üm!« – »Mi nich to schlimm«, antwoorde de Swinegel, »mienetwegen so oft, as du Lust hest.« So löp de Haas noch dreeunsöbentigmal, un de Swinegel höhl (hielt) et ümmer mit em uut. Jedesmal, wenn de Haas ünnen oder baben ankööm, seggten de Swinegel oder sien Fro: »Ick bün all hier.«

Tum veerunsöbentigstenmal aver köm de Haas nich mehr to ende. Midden am Acker stört he tor Eerde, datt Blohd flög em ut 'n Halse, un he bleev doot up 'n Platze. De Swinegel aver nöhm siene gewunnene Lujedor un den Buddel Branwien, rööp siene Fro uut der Föhr aff, un beide güngen vergnögt mit eenanner nah Huus; un wenn se nich storben sünd, lewt se noch.

So begev et sick, dat up der Buxtehuder Heid de Swinegel den Haasen dodt lopen hett, un sied jener Tied hatt et sick keen Haas wedder infallen laten, mit 'n Buxtehuder Swinegel in de Wett to lopen.

De Lehre aver uut disser Geschicht is erstens, datt keener, un wenn he sick ook noch so vörnehm dücht, sick sall bikommen laten, övern geringen Mann sick lustig to maken, un wöört ook man 'n Swinegel. Un tweetens, datt et gerahden is, wenn eener freet, datt he sick 'ne Fro uut sienem Stande nimmt un de jüst so uutsüht as he sülwst. Wer also en Swinegel is, de mutt tosehn, datt siene Fro ook en Swinegel is, un so wieder.

188.

Spindel, Weberschiffchen und Nadel

Es war einmal ein Mädchen, dem starb Vater und Mutter, als es noch ein kleines Kind war. Am Ende des Dorfes wohnte in einem Häuschen ganz allein seine Pate, die sich von Spinnen, Weben und Nähen ernährte. Die Alte nahm das verlassene Kind zu sich, hielt es zur Arbeit an und erzog es in aller Frömmigkeit. Als das Mädchen fünfzehn Jahr alt war, erkrankte sie, rief das Kind an ihr Bett und sagte: »Liebe Tochter, ich fühle, daß mein Ende herannaht, ich hinterlasse dir das Häuschen, darin bist du vor Wind und Wetter geschützt, dazu Spindel, Weberschiffchen und Nadel, damit kannst du dir dein Brot verdienen.« Sie legte noch die Hände auf seinen Kopf, segnete es und sprach: »Behalt nur Gott in dem Herzen, so wird dir's wohl gehen.« Darauf schloß sie die Augen, und als sie zur Erde bestattet wurde, ging das Mädchen bitterlich weinend hinter dem Sarg und erwies ihr die letzte Ehre.

Das Mädchen lebte nun in dem kleinen Haus ganz allein, war fleißig, spann, webte und nähte, und auf allem, was es tat, ruhte der Segen der guten Alten. Es war, als ob sich der Flachs in der Kammer von selbst mehrte, und wenn sie ein Stück Tuch oder einen Teppich gewebt oder ein Hemd genäht hatte, so fand sich gleich ein Käufer, der es reichlich bezahlte, so daß sie keine Not empfand und andern noch etwas mitteilen konnte.

Um diese Zeit zog der Sohn des Königs im Land umher und wollte sich eine Braut suchen. Eine arme sollte er nicht wählen, und eine reiche wollte er nicht. Da sprach er: »Die soll meine Frau werden, die zugleich die ärmste und die reichste ist.« Als er in das Dorf kam, wo das Mädchen lebte, fragte er, wie er überall tat, wer in dem Ort die reichste und ärmste wäre. Sie nannten ihm die reichste zuerst; die ärmste, sagten sie, wäre das Mädchen, das in dem kleinen Haus ganz am Ende wohnte. Die Reiche saß vor der Haustür in vollem Putz, und als der Königssohn sich näherte, stand sie auf, ging ihm entgegen und neigte sich vor ihm. Er sah sie an, sprach kein Wort und ritt weiter. Als er zu dem Haus der Armen kam, stand das Mädchen nicht an der Türe, sondern saß in seinem Stübchen. Er hielt das Pferd an und sah durch das Fenster, durch das die helle Sonne schien, das Mädchen an dem Spinnrad sitzen und emsig spinnen. Es blickte auf, und als es bemerkte, daß der Königssohn hereinschaute, ward es über und über rot, schlug die Augen nieder und spann weiter; ob der Faden diesmal ganz gleich ward, weiß ich nicht, aber es spann so lange, bis der Königssohn wieder weggeritten war. Dann trat es ans Fenster, öffnete es und sagte: »Es ist so heiß in der Stube«, aber blickte ihm nach, solange es noch die weißen Federn an seinem Hut erkennen konnte.

Das Mädchen setzte sich wieder in seine Stube zur Arbeit und spann weiter. Da kam ihm ein Spruch in den Sinn, den die Alte manchmal gesagt hatte, wenn es bei der Arbeit saß, und es sang so vor sich hin:

»Spindel, Spindel, geh du aus,
bring den Freier in mein Haus.«

Was geschah? Die Spindel sprang ihm augenblicklich aus der Hand und zur Türe hinaus; und als es vor Verwunderung aufstand und ihr nachblickte, so sah es, daß sie lustig in das Feld hineintanzte und einen glänzenden goldenen Faden hinter sich herzog. Nicht lange, so war sie ihm aus den Augen entschwunden. Das Mädchen, da es keine Spindel mehr hatte, nahm das Weberschiffchen in die Hand, setzte sich an den Webstuhl und fing an zu weben.

Die Spindel aber tanzte immer weiter, und eben als der Faden zu Ende war, hatte sie den Königssohn erreicht. »Was sehe ich?« rief er. »Die Spindel will mir wohl den Weg zeigen?« Drehte sein Pferd um und ritt an dem goldenen Faden zurück. Das Mädchen aber saß an seiner Arbeit und sang:

»Schiffchen, Schiffchen, webe fein,
führ den Freier mir herein.«

Alsbald sprang ihr das Schiffchen aus der Hand und sprang zur Türe hinaus. Vor der Türschwelle aber fing es an, einen Teppich zu weben, schöner, als man je einen gesehen hat. Auf beiden Seiten blühten Rosen und Lilien, und in der Mitte auf goldenem Grund stiegen grüne Ranken herauf, darin sprangen Hasen und Kaninchen; Hirsche und Rehe streckten die Köpfe dazwischen; oben in den Zweigen saßen bunte Vögel; es fehlte nichts, als daß sie gesungen hätten. Das Schiffchen sprang hin und her, und es war, als wüchse alles von selber.

Weil das Schiffchen fortgelaufen war, hatte sich das Mädchen zum Nähen hingesetzt; es hielt die Nadel in der Hand und sang:

»Nadel, Nadel, spitz und fein,
mach das Haus dem Freier rein.«

Da sprang ihr die Nadel aus den Fingern und flog in der Stube hin und her, so schnell wie der Blitz. Es war nicht anders, als wenn unsichtbare Geister arbeiteten, alsbald überzogen sich Tisch und Bänke mit grünem Tuch, die Stühle mit Sammet, und an den Fenstern hingen seidene Vorhänge herab. Kaum hatte die Nadel den letzten Stich getan, so sah das Mädchen schon durch das Fenster die weißen Federn von dem Hut des Königssohns, den die Spindel an dem goldenen Faden herbeigeholt hatte. Er stieg ab, schritt über den Teppich in das Haus herein, und als er in die Stube trat, stand das Mädchen da in seinem ärmlichen Kleid, aber es glühte darin wie eine Rose im Busch. »Du bist die Ärmste und auch die Reichste«, sprach er zu ihr, »komm mit mir, du sollst meine Braut sein.« Sie schwieg, aber sie reichte ihm die Hand. Da gab er ihr einen Kuß, führte sie hinaus, hob sie auf sein Pferd und brachte sie in das königliche Schloß, wo die Hochzeit mit großer Freude gefeiert ward. Spindel, Weberschiffchen und Nadel wurden in der Schatzkammer verwahrt und in großen Ehren gehalten.

189.

Der Bauer und der Teufel

Es war einmal ein kluges und verschmitztes Bäuerlein, von dessen Streichen viel zu erzählen wäre; die schönste Geschichte ist aber doch, wie er den Teufel einmal drangekriegt und zum Narren gehabt hat.

Das Bäuerlein hatte eines Tages seinen Acker bestellt und rüstete sich zur Heimfahrt, als die Dämmerung schon eingetreten war. Da erblickte er mitten auf seinem Acker einen Haufen feuriger Kohlen, und als er voll Verwunderung hinzuging, so saß oben auf der Glut ein kleiner schwarzer Teufel. »Du sitzest wohl auf einem Schatz?« sprach das Bäuerlein. »Jawohl«, antwortete der Teufel, »auf einem Schatz, der mehr Gold und Silber enthält, als du dein Lebtag gesehen hast.« – »Der Schatz liegt auf meinem Feld und gehört mir«, sprach das Bäuerlein. »Er ist dein«, antwortete der Teufel, »wenn du mir zwei Jahre lang die Hälfte von dem gibst, was dein Acker hervorbringt; Geld habe ich genug, aber ich trage Verlangen nach den Früchten der Erde.« Das Bäuerlein ging auf den Handel ein. »Damit aber kein Streit bei der Teilung entsteht«, sprach es, »so soll dir gehören, was über der Erde ist, und mir, was unter der Erde ist.« Dem Teufel gefiel das wohl, aber das listige Bäuerlein hatte Rüben gesät. Als nun die Zeit der Ernte kam, so erschien der Teufel und wollte seine Frucht holen, er fand aber nichts als die gelben welken Blätter, und das Bäuerlein, ganz vergnügt, grub seine Rüben aus. »Einmal hast du den Vorteil gehabt«, sprach der Teufel, »aber für das nächstemal soll das nicht gelten. Dein ist, was über der Erde wächst, und mein, was darunter ist.« – »Mir auch recht«, antwortete das Bäuerlein. Als aber die Zeit zur Aussaat kam, säte das Bäuerlein nicht wieder Rüben, sondern Weizen. Die Frucht ward reif, das Bäuerlein ging auf den Acker und schnitt die vollen Halme bis zur Erde ab. Als der Teufel kam, fand er nichts als die Stoppeln und fuhr wütend in eine Felsenschlucht hinab. »So muß man die Füchse prellen«, sprach das Bäuerlein, ging hin und holte sich den Schatz.

190.

Die Brosamen auf dem Tisch

Der Güggel het einisch zue sine Hüendlene gseit: »Chömmet weidli i dStuben ufe goh, Brotbrösemli zämmebicke ufem Tisch: euse Frau isch ußgange goh, ne Visite mache.« Do säge do dHüendli: »Nei, nei, mer chömme nit: weist dFrau balget amme mit is.« Do seit der Güggel: »Se weiß jo nüt dervo, chömmet er numme: se git is doch au nie nit guets.« Do säge dHüendli wider: »Nei, nei, sisch uß und verby, mer gönd nit ufe.« Aber der Güggel het ene kei ruei glo, bis se endlig gange sind und ufe Tisch und do Brotbrösemli zämme gläse hend in aller Strenge. Do chunt justement dFrau derzue und nimmt gschwind e Stäcke und steubt se abe und regiert gar grüseli mit ene. Und wo se do vor em hus unde gsi sind, so säge do dHüendli zum Güggel: »Gse gse gse gse gse gse gsehst aber?« Do het der Güggel glachet und numme gseit: »Ha ha han is nit gwüßt?« Do händ se chönne goh.

191.

Das Meerhäschen

Es war einmal eine Königstochter, die hatte in ihrem Schloß hoch unter der Zinne einen Saal mit zwölf Fenstern, die gingen nach allen Himmelsgegenden, und wenn sie hinaufstieg und umherschaute, so konnte sie ihr ganzes Reich übersehen. Aus dem ersten sah sie schon schärfer als andere Menschen, in dem zweiten noch besser, in dem dritten noch deutlicher, und so immer weiter bis in dem zwölften, wo sie alles sah, was über und unter der Erde war, und ihr nichts verborgen bleiben konnte. Weil sie aber stolz war, sich niemand unterwerfen wollte und die Herrschaft allein behalten, so ließ sie bekanntmachen, es sollte niemand ihr Gemahl werden, der sich nicht so vor ihr verstecken könnte, daß es ihr unmöglich wäre, ihn zu finden. Wer es aber versuche und sie entdecke ihn, so werde ihm das

Haupt abgeschlagen und auf einen Pfahl gesteckt. Es standen schon siebenundneunzig Pfähle mit toten Häuptern vor dem Schloß, und in langer Zeit meldete sich niemand. Die Königstochter war vergnügt und dachte: »Ich werde nun für mein Lebtag frei bleiben.« Da erschienen drei Brüder vor ihr und kündigten ihr an, daß sie ihr Glück versuchen wollten. Der älteste glaubte sicher zu sein, wenn er in ein Kalkloch krieche, aber sie erblickte ihn schon aus dem ersten Fenster, ließ ihn herausziehen und ihm das Haupt abschlagen. Der zweite kroch in den Keller des Schlosses, aber auch diesen erblickte sie aus dem ersten Fenster, und es war um ihn geschehen: sein Haupt kam auf den neunundneunzigsten Pfahl. Da trat der jüngste vor sie hin und bat, sie möchte ihm einen Tag Bedenkzeit geben, auch so gnädig sein, es ihm zweimal zu schenken, wenn sie ihn entdecke; mißlinge es ihm zum drittenmal, so wolle er sich nichts mehr aus seinem Leben machen. Weil er so schön war und so herzlich bat, so sagte sie: »Ja, ich will dir das bewilligen, aber es wird dir nicht glücken.«

Den folgenden Tag sann er lange nach, wie er sich verstecken wollte, aber es war vergeblich. Da ergriff er seine Büchse und ging hinaus auf die Jagd. Er sah einen Raben und nahm ihn aufs Korn; eben wollte er losdrücken, da rief der Rabe: »Schieß nicht, ich will dir's vergelten!« Er setzte ab, ging weiter und kam an einen See, wo er einen großen Fisch überraschte, der aus der Tiefe herauf an die Oberfläche des Wassers gekommen war. Als er angelegt hatte, rief der Fisch: »Schieß nicht, ich will dir's vergelten!« Er ließ ihn untertauchen, ging weiter und begegnete einem Fuchs, der hinkte. Er schoß und verfehlte ihn, da rief der Fuchs: »Komm lieber her und zieh mir den Dorn aus dem Fuß.« Er tat es zwar, wollte aber dann den Fuchs töten und ihm den Balg abziehen. Der Fuchs sprach: »Laß ab, ich will dir's vergelten!« Der Jüngling ließ ihn laufen, und da es Abend war, kehrte er heim.

Am andern Tag sollte er sich verkriechen, aber wie er sich auch den Kopf darüber zerbrach, er wußte nicht wohin. Er ging in den Wald zu dem Raben und sprach: »Ich habe dich leben lassen, jetzt sage mir, wohin ich mich verkriechen soll, damit mich die Königstochter nicht sieht.« Der Rabe senkte den Kopf und bedachte sich lange. Endlich schnarrte er: »Ich hab's heraus!« Er holte ein Ei aus seinem Nest, zerlegte es in zwei Teile und schloß den Jüngling hinein; dann machte er es wieder ganz und setzte sich darauf. Als die Königstochter an das erste Fenster trat, konnte sie ihn nicht entdekken, auch nicht in den folgenden, und es fing an, ihr bange zu werden, doch im elften erblickte sie ihn. Sie ließ den Raben schießen, das Ei holen und zerbrechen, und der Jüngling mußte herauskommen. Sie sprach: »Einmal ist es dir geschenkt, wenn du es nicht besser machst, so bist du verloren.«

Am folgenden Tag ging er an den See, rief den Fisch herbei und sprach: »Ich habe dich leben lassen, nun sage, wohin soll ich mich verbergen, damit mich die Königstochter nicht sieht.« Der Fisch besann sich, endlich rief er: »Ich hab's heraus! Ich will dich in meinen Bauch verschließen.« Er verschluckte ihn und fuhr hinab auf den Grund des Sees. Die Königstochter blickte durch ihre Fenster, auch im elften sah sie ihn nicht und war bestürzt, doch endlich im zwölften entdeckte sie ihn. Sie ließ den Fisch fangen und töten, und der Jüngling kam zum Vorschein. Es kann sich jeder denken, wie ihm zumut war. Sie sprach: »Zweimal ist dir's geschenkt, aber dein Haupt wird wohl auf den hundertsten Pfahl kommen.«

An dem letzten Tag ging er mit schwerem Herzen aufs Feld und begegnete dem Fuchs. »Du weißt alle Schlupfwinkel zu finden«, sprach er, »ich habe dich leben lassen, jetzt rat mir, wohin ich mich verstecken soll, damit mich die Königstochter nicht findet.« – »Ein schweres Stück«, antwortete der Fuchs und machte ein bedenkliches Gesicht. Endlich rief er: »Ich hab's heraus!« Er ging mit ihm zu einer Quelle, tauchte sich hinein und kam als ein Marktkrämer und Tierhändler heraus. Der Jüngling mußte sich auch in das Wasser tauchen und ward in ein kleines Meerhäschen verwandelt. Der Kaufmann zog in die Stadt und zeigte das artige Tierchen. Es lief viel Volk zusammen, um es anzusehen. Zuletzt kam auch die Königstochter, und weil sie großen Gefallen daran hatte, kaufte sie es und gab dem Kaufmann viel Geld dafür. Bevor er es ihr hinreichte, sagte er zu ihm: »Wenn die Königstochter ans Fenster geht, so krieche schnell unter ihren Zopf.« Nun kam die Zeit, wo sie ihn suchen sollte. Sie trat nach der Reihe an die Fenster vom ersten bis zum elften und sah ihn nicht. Als sie ihn auch bei dem zwölften nicht sah, war sie voll Angst und Zorn und schlug es so gewaltig zu, daß das Glas in allen Fenstern in tausend Stücke zersprang und das ganze Schloß erzitterte.

Sie ging zurück und fühlte das Meerhäschen unter ihrem Zopf, da packte sie es, warf es zu Boden und rief: »Fort, mir aus den Augen!« Es lief zum Kaufmann, und beide eilten zur Quelle, wo sie sich untertauchten und ihre wahre Gestalt zurückerhielten. Der Jüngling dankte dem Fuchs und sprach: »Der Rabe und der Fisch sind blitzdumm gegen dich, du weißt die rechten Pfiffe, das muß wahr sein!«

Der Jüngling ging geradezu in das Schloß. Die Königstochter wartete schon auf ihn und fügte sich ihrem Schicksal. Die Hochzeit ward gefeiert, und er war jetzt der König und Herr des ganzen Reichs. Er erzählte ihr niemals, wohin er sich zum drittenmal versteckt und wer ihm geholfen hatte, und so glaubte sie, er habe alles aus eigener Kunst getan, und hatte Achtung vor ihm, denn sie dachte bei sich: »Der kann doch mehr als du!«

192.

Der Meisterdieb

Eines Tages saß vor einem ärmlichen Hause ein alter Mann mit seiner Frau und wollten von der Arbeit ein wenig ausruhen. Da kam auf einmal ein prächtiger, mit vier Rappen bespannter Wagen herbeigefahren, aus dem ein reichgekleideter Herr stieg. Der Bauer stand auf, trat zu dem Herrn und fragte, was sein Verlangen wäre und worin er ihm dienen könnte. Der Fremde reichte dem Alten die Hand und sagte: »Ich wünsche nichts, als einmal ein ländliches Gericht zu genießen. Bereitet mir Kartoffel, wie Ihr sie zu essen pflegt, dann will ich mich zu Euerm Tisch setzen und sie mit Freude verzehren.« Der Bauer lächelte und sagte: »Ihr seid ein Graf oder Fürst oder gar ein Herzog, vornehme Herrn haben manchmal solch ein Gelüsten; Euer Wunsch soll aber erfüllt werden.« Die Frau ging in die Küche, und sie fing an, Kartoffel zu waschen und zu reiben, und wollte Klöße daraus bereiten, wie sie die Bauern essen. Während sie bei der Arbeit stand, sagte der Bauer zu dem Fremden: »Kommt einstweilen mit mir in meinen Hausgarten, wo ich noch etwas zu schaffen habe.« In dem Garten hatte er Löcher gegraben und wollte jetzt Bäume einsetzen. »Habt Ihr keine Kinder«, fragte der Fremde, »die Euch bei der Arbeit behilflich sein könnten?« »Nein«, antwortete der Bauer; »ich habe freilich einen Sohn gehabt«, setzte er hinzu, »aber der ist schon seit langer Zeit in die weite Welt gegangen.

Es war ein ungeratener Junge, klug und verschlagen, aber er wollte nichts lernen und machte lauter böse Streiche; zuletzt lief er mir fort, und seitdem habe ich nichts von ihm gehört.« Der Alte nahm ein Bäumchen, setzte es in ein Loch und stieß einen Pfahl daneben; und als er Erde hineingeschaufelt und sie festgestampft hatte, band er den Stamm unten, oben und in der Mitte mit einem Strohseil fest an den Pfahl. »Aber sagt mir«, sprach der Herr, »warum bindet Ihr den krummen, knorrichten Baum, der dort in der Ecke fast bis auf den Boden gebückt liegt, nicht auch an einen Pfahl wie diesen, damit er strack wächst?« Der Alte lächelte und sagte: »Herr, Ihr redet, wie Ihr's versteht; man sieht wohl, daß Ihr Euch mit der Gärtnerei nicht abgegeben habt. Der Baum dort ist alt und verknorzt, den kann niemand mehr gerad machen: Bäume muß man ziehen, solange sie jung sind.« – »Es ist wie bei Euerm Sohn«, sagte der Fremde, »hättet Ihr den gezogen, wie er noch jung war, so wäre er nicht fortgelaufen; jetzt wird er auch hart und knorzig geworden sein.« – »Freilich«, antwortete der Alte, »es ist schon lange, seit er fortgegangen ist; er wird sich verändert haben.« – »Würdet Ihr ihn noch erkennen, wenn er vor Euch träte?« fragte der Fremde. »Am Gesicht schwerlich«, antwortete der Bauer, »aber er hat ein Zeichen an sich, ein Muttermal auf der Schulter, das wie eine Bohne aussieht.« Als er das gesagt hatte, zog der Fremde den Rock aus, entblößte seine Schulter und zeigte dem Bauer die Bohne. »Herr Gott«, rief der Alte, »du bist wahrhaftig mein Sohn«, und die Liebe zu seinem Kind regte sich in seinem Herzen. »Aber«, setzte er hinzu, »wie kannst du mein Sohn sein, du bist ein großer Herr geworden und lebst in Reichtum und Überfluß? Auf welchem Weg bist du dazu gelangt?« – »Ach, Vater«, erwiderte der Sohn, »der junge Baum war an keinen Pfahl gebunden und ist krumm gewachsen: jetzt ist er zu alt; er wird nicht wieder gerad. Wie ich das alles erworben habe? Ich bin ein Dieb geworden. Aber erschreckt Euch nicht, ich bin ein Meisterdieb. Für mich gibt es weder Schloß noch Riegel: wonach mich gelüstet, das ist mein. Glaubt nicht, daß ich stehle wie ein gemeiner Dieb, ich nehme nur vom Überfluß der Reichen. Arme Leute sind sicher: ich gebe ihnen lieber, als daß ich ihnen etwas nehme. So auch, was ich ohne Mühe, List und Gewandtheit haben kann, das rühre ich nicht an.« – »Ach, mein Sohn«, sagte der Vater, »es gefällt mir doch nicht, ein Dieb bleibt ein Dieb; ich sage dir, es nimmt kein gutes Ende.« Er führte ihn zu der Mutter, und als sie hörte, daß es ihr Sohn war, weinte sie vor Freude, als er ihr aber sagte, daß er ein Meisterdieb geworden wäre, so flossen ihr zwei Ströme über das Gesicht. Endlich sagte sie: »Wenn er auch ein Dieb geworden ist, so ist er doch mein Sohn, und meine Augen haben ihn noch einmal gesehen.«

Sie setzten sich an den Tisch, und er aß mit seinen Eltern wieder einmal die schlechte Kost, die er lange nicht gegessen hatte. Der Vater sprach: »Wenn unser Herr, der Graf drüben im Schlosse, erfährt, wer du bist und was du treibst, so nimmt er dich nicht auf die Arme und wiegt dich darin, wie er tat, als er dich am Taufstein hielt, sondern er läßt dich am Galgenstrick schaukeln.« – »Seid ohne Sorge, mein Vater, er wird mir nichts tun, denn ich verstehe mein Handwerk. Ich will heute noch selbst zu ihm gehen.« Als die Abendzeit sich näherte, setzte sich der Meisterdieb in seinen Wagen und fuhr nach dem Schloß. Der Graf empfing ihn mit Artigkeit, weil er ihn für einen vornehmen Mann hielt. Als aber der Fremde sich zu erkennen gab, so erbleichte er und schwieg eine Zeitlang ganz still. Endlich sprach er: »Du bist mein Pate, deshalb will ich Gnade für Recht ergehen lassen und nachsichtig mit dir verfahren. Weil du dich rühmst, ein Meisterdieb zu sein, so will ich deine Kunst auf die Probe stellen, wenn du aber nicht bestehst, so mußt du mit des Seilers Tochter Hochzeit halten, und das Gekrächze der Raben soll deine Musik dabei sein.« – »Herr Graf«, antwortete der Meister, »denkt Euch drei Stücke aus, so schwer Ihr wollt, und wenn ich Eure Aufgabe nicht löse, so tut mit mir, wie Euch gefällt.« Der Graf sann einige Augenblicke nach, dann sprach er: »Wohlan, zum ersten sollst du mir mein Leibpferd aus dem Stalle stehlen, zum andern sollst du mir und meiner Gemahlin, wenn wir eingeschlafen sind, das Bettuch unter dem Leib wegnehmen, ohne daß wir's merken, und dazu meiner Gemahlin den Trauring vom Finger; zum dritten und letzten sollst du mir den Pfarrer und Küster aus der Kirche wegstehlen. Merke dir alles wohl, denn es geht dir an den Hals.«

Der Meister begab sich in die zunächstliegende Stadt. Dort kaufte er einer alten Bauerfrau die Kleider ab und zog sie an. Dann färbte er sich das Gesicht braun und malte sich noch Runzeln hinein, so daß ihn kein Mensch wiedererkannt hätte. Endlich füllte er ein Fäßchen mit altem Ungarwein, in welchen ein starker Schlaftrunk gemischt war. Das Fäßchen legte er auf eine Kötze, die er auf den Rücken nahm, und ging mit bedächtigen, schwankenden Schritten zu dem Schloß des Grafen. Es war schon dunkel, als er anlangte; er setzte sich in dem Hof auf einen Stein, fing an zu husten wie eine alte, brustkranke Frau und rieb die Hände, als wenn er fröre. Vor der Türe des Pferdestalls lagen Soldaten um ein Feuer; einer von ihnen bemerkte die Frau und rief ihr zu: »Komm näher, altes Mütterchen, und wärme dich bei uns. Du hast doch kein Nachtlager und nimmst es an, wo du es findest.« Die Alte trippelte herbei, bat, ihr die Kötze vom Rücken zu heben, und setzte sich zu ihnen ans Feuer. »Was hast du da in deinem Fäßchen, du alte Schachtel?« fragte einer. »Einen guten Schluck Wein«, antwortete sie, »ich ernähre mich mit dem Handel, für Geld und gute Worte gebe ich Euch gerne ein Glas.« – »Nur her damit«, sagte der Soldat, und als er ein Glas gekostet hatte, rief er: »Wenn der Wein gut ist, so trink ich lieber ein Glas mehr«, ließ sich nochmals einschenken, und die andern folgten seinem Beispiel. »Heda, Kameraden«, rief einer denen zu, die in dem Stall saßen, »hier ist ein Mütterchen, das hat Wein, der so alt ist wie sie selber, nehmt auch einen Schluck, der wärmt euch den Magen noch besser als unser Feuer.« Die Alte trug ihr Fäßchen in den Stall. Einer hatte sich auf das gesattelte Leibpferd gesetzt, ein anderer hielt den Zaum in der Hand, ein dritter hatte den Schwanz gepackt. Sie schenkte ein, soviel verlangt ward, bis die Quelle versiegte. Nicht lange, so fiel dem einen der Zaum aus der Hand, er sank nieder und fing an zu schnarchen, der andere ließ den Schwanz los, legte sich nieder und schnarchte noch lauter. Der, welcher im Sattel saß, blieb zwar sitzen, bog sich aber mit dem Kopf fast bis auf den Hals des Pferdes, schlief und blies mit dem Mund wie ein Schmiedebalg. Die Soldaten draußen waren schon längst eingeschlafen, lagen auf der Erde und regten sich nicht, als wären sie von Stein. Als der Meisterdieb sah, daß es ihm geglückt war, gab er dem einen statt des Zaums ein Seil in die Hand und dem andern, der den Schwanz gehalten hatte, einen Strohwisch; aber was sollte er mit dem, der auf dem Rücken des Pferdes saß, anfangen? Herunterwerfen wollte er ihn nicht, er hätte erwachen und ein Geschrei erheben können. Er wußte aber guten Rat, er schnallte den Sattelgurt auf, knüpfte ein paar Seile, die in Ringen an der Wand hingen, an den Sattel fest und zog den schlafenden Reiter mit dem Sattel in die Höhe, dann schlug er die Seile um den Pfosten und machte sie fest. Das Pferd hatte er bald von der Kette losgebunden, aber wenn er über das steinerne Pflaster des Hofs geritten wäre, so hätte man den Lärm im Schloß gehört. Er umwickelte ihm also zuvor die Hufen mit alten Lappen, führte es dann vorsichtig hinaus, schwang sich auf und jagte davon.

Als der Tag angebrochen war, sprengte der Meister auf dem gestohlenen Pferd zu dem Schloß. Der Graf war eben aufgestanden und blickte aus dem Fenster. »Guten Morgen, Herr Graf«, rief er ihm zu, »hier ist das Pferd, das ich glücklich aus dem Stall geholt habe. Schaut nur, wie schön Eure Soldaten da liegen und schlafen, und wenn Ihr in den Stall gehen wollt, so werdet Ihr sehen, wie bequem sich's Eure Wächter gemacht haben.« Der Graf mußte lachen, dann sprach er: »Einmal ist dir's gelungen, aber das zweitemal wird's nicht so glücklich ablaufen. Und ich warne dich, wenn du mir als Dieb begegnest, so behandle ich dich auch wie einen Dieb.« Als die Gräfin abends zu Bette gegangen war, schloß sie die Hand mit dem Trauring fest zu, und der Graf sagte: »Alle Türen sind verschlossen und verriegelt, ich bleibe wach und will den Dieb erwarten; steigt er aber zum Fenster ein, so schieße ich ihn nieder.« Der Meisterdieb aber ging in der Dunkelheit hinaus zu dem Galgen, schnitt einen armen Sünder, der da hing, von dem Strick ab und trug ihn auf dem Rücken nach dem Schloß. Dort stellte er eine Leiter an das Schlafgemach, setzte den Toten auf seine Schultern und fing an hinaufzusteigen. Als er so hoch gekommen war, daß der Kopf des Toten in dem Fenster erschien, drückte der Graf, der in seinem Bett lauerte, eine Pistole auf ihn los; alsbald ließ der Meister den armen Sünder herabfallen, sprang selbst die Leiter herab, und versteckte sich in eine Ecke. Die Nacht war von dem Mond so weit erhellt, daß der Meister deutlich sehen konnte, wie der Graf aus dem Fenster auf die Leiter stieg, herabkam und den Toten in den Garten trug. Dort fing er an, ein Loch zu graben, in das er ihn legen wollte. »Jetzt«, dachte der Dieb, »ist der günstige Augenblick gekommen«, schlich behende aus seinem Winkel und stieg die Leiter hinauf, geradezu ins Schlafgemach der Gräfin. »Liebe Frau«, fing er mit der Stimme des Grafen an, »der Dieb ist tot, aber er ist doch mein Pate und mehr ein Schelm als ein Bösewicht gewesen: ich will ihn der öffentlichen Schande nicht preisgeben; auch mit den armen Eltern habe ich Mitleid. Ich will ihn, bevor der Tag anbricht, selbst im Garten begraben, damit die Sache nicht ruchtbar wird. Gib mir auch das Bettuch, so will ich die Leiche einhüllen und ihn wie einen

Hund verscharren.« Die Gräfin gab ihm das Tuch. »Weißt du was«, sagte der Dieb weiter, »ich habe eine Anwandlung von Großmut, gib mir noch den Ring; der Unglückliche hat sein Leben gewagt, so mag er ihn ins Grab mitnehmen.« Sie wollte dem Grafen nicht entgegen sein, und obgleich sie es ungern tat, so zog sie doch den Ring vom Finger und reichte ihn hin. Der Dieb machte sich mit beiden Stücken fort und kam glücklich nach Haus, bevor der Graf im Garten mit seiner Totengräberarbeit fertig war.

Was zog der Graf für ein langes Gesicht, als am andern Morgen der Meister kam und ihm das Bettuch und den Ring brachte. »Kannst du hexen?« sagte er zu ihm. »Wer hat dich aus dem Grab geholt, in das ich selbst dich gelegt habe, und hat dich wieder lebendig gemacht?« – »Mich habt Ihr nicht begraben«, sagte der Dieb, »sondern den armen Sünder am Galgen«, und erzählte ausführlich, wie es zugegangen war; und der Graf mußte ihm zugestehen, daß er ein gescheiter und listiger Dieb wäre. »Aber noch bist du nicht zu Ende«, setzte er hinzu, »du hast noch die dritte Aufgabe zu lösen, und wenn dir das nicht gelingt, so hilft dir alles nichts.« Der Meister lächelte und gab keine Antwort.

Als die Nacht eingebrochen war, kam er mit einem langen Sack auf dem Rücken, einem Bündel unter dem Arm und einer Laterne in der Hand zu der Dorfkirche gegangen. In dem Sack hatte er Krebse, in dem Bündel aber kurze Wachslichter. Er setzte sich auf den Gottesacker, holte einen Krebs heraus und klebte ihm ein Wachslichtchen auf den Rücken; dann zündete er das Lichtchen an, setzte den Krebs auf den Boden und ließ ihn kriechen. Er holte einen zweiten aus dem Sack, machte es mit diesem ebenso und fuhr fort, bis auch der letzte aus dem Sacke war. Hierauf zog er ein langes schwarzes Gewand an, das wie eine Mönchskutte aussah, und klebte sich einen grauen Bart an das Kinn. Als er endlich ganz unkenntlich war, nahm er den Sack, in dem die Krebse gewesen waren, ging in die Kirche und stieg auf die Kanzel. Die Turmuhr schlug eben zwölf; als der letzte Schlag verklungen war, rief er mit lauter, gellender Stimme: »Hört an, ihr sündigen Menschen, das Ende aller Dinge ist gekommen, der Jüngste Tag ist nahe: hört an, hört an. Wer mit mir in den Himmel will, der krieche in den Sack. Ich bin Petrus, der die Himmelstür öffnet und schließt. Seht ihr, draußen auf dem Gottesacker wandeln die Gestorbenen und sammeln ihre Gebeine zusammen. Kommt, kommt und kriecht in den Sack, die

Welt geht unter.« Das Geschrei erschallte durch das ganze Dorf. Der Pfarrer und der Küster, die zunächst an der Kirche wohnten, hatten es zuerst vernommen, und als sie die Lichter erblickten, die auf dem Gottesacker umherwandelten, merkten sie, daß etwas Ungewöhnliches vorging, und traten sie in die Kirche ein. Sie hörten der Predigt eine Weile zu, da stieß der Küster den Pfarrer an und sprach: »Es wäre nicht übel, wenn wir die Gelegenheit benutzten und zusammen vor dem Einbruch des Jüngsten Tags auf eine leichte Art in den Himmel kämen.« – »Freilich«, erwiderte der Pfarrer, »das sind auch meine Gedanken gewesen; habt Ihr Lust, so wollen wir uns auf den Weg machen.« – »Ja«, antwortete der Küster, »aber Ihr, Herr Pfarrer, habt den Vortritt, ich folge nach.« Der Pfarrer schritt also vor und stieg auf die Kanzel, wo der Meister den Sack öffnete. Der Pfarrer kroch zuerst hinein, dann der Küster. Gleich band der Meister den Sack fest zu, packte ihn am Bausch und schleifte ihn die Kanzeltreppe hinab; sooft die Köpfe der beiden Toren auf die Stufen aufschlugen, rief er: »Jetzt geht's schon über die Berge.« Dann zog er sie auf gleiche Weise durch das Dorf, und wenn sie durch Pfützen kamen, rief er: »Jetzt geht's schon durch die nassen Wolken«, und als er sie endlich die Schloßtreppe hinaufzog, so rief er: »Jetzt sind wir auf der Himmelstreppe und werden bald im Vorhof sein.« Als er oben angelangt war, schob er den Sack in den Taubenschlag, und als die Tauben flatterten, sagte er: »Hört ihr, wie die Engel sich freuen und mit den Fittichen schlagen.« Dann schob er den Riegel vor und ging fort.

Am andern Morgen begab er sich zu dem Grafen und sagte ihm, daß er auch die dritte Aufgabe gelöst und den Pfarrer und Küster aus der Kirche weggeführt hätte. »Wo hast du sie gelassen?« fragte der Herr. »Sie liegen in einem Sack oben auf dem Taubenschlag und bilden sich ein, sie wären im Himmel.« Der Graf stieg selbst hinauf und überzeugte sich, daß er die Wahrheit gesagt hatte. Als er den Pfarrer und Küster aus dem Gefängnis befreit hatte, sprach er: »Du bist ein Erzdieb und hast deine Sache gewonnen. Für diesmal kommst du mit heiler Haut davon, aber mache, daß du aus meinem Land fortkommst, denn wenn du dich wieder darin betreten läßt, so kannst du auf deine Erhöhung am Galgen rechnen.« Der Erzdieb nahm Abschied von seinen Eltern, ging wieder in die weite Welt, und niemand hat wieder etwas von ihm gehört.

193.

Der Trommler

Eines Abends ging ein junger Trommler ganz allein auf dem Feld und kam an einen See, da sah er an dem Ufer drei Stückchen weiße Leinewand liegen. »Was für feines Leinen«, sprach er und steckte eins davon in die Tasche. Er ging heim, dachte nicht weiter an seinen Fund und legte sich zu Bett. Als er eben einschlafen wollte, war es ihm, als nennte jemand seinen Namen. Er horchte und vernahm eine leise Stimme, die ihm zurief: »Trommeler, Trommeler, wach auf.« Er konnte, da es finstere Nacht war, niemand sehen, aber es kam ihm vor, als schwebte eine Gestalt vor seinem Bett auf und ab. »Was willst du?« fragte er. »Gib mir mein Hemdchen zurück«, antwortete die Stimme, »das du mir gestern abend am See weggenommen hast.« – »Du sollst es wieder haben«, sprach der Trommler, »wenn du mir sagst, wer du bist.« – »Ach«, erwiderte die Stimme, »ich bin die Tochter eines mächtigen Königs, aber ich bin in die Gewalt einer Hexe geraten und bin auf den Glasberg gebannt. Jeden Tag muß ich mich mit meinen zwei Schwestern im See baden, aber ohne mein Hemdchen kann ich nicht wieder fortfliegen. Meine Schwestern haben sich fortgemacht, ich aber habe zurückbleiben müssen. Ich bitte dich, gib mir mein Hemdchen wieder.« – »Sei ruhig, armes Kind«, sprach der Trommler, »ich will dir's gerne zurückgeben.« Er holte es aus seiner Tasche und reichte es ihr in der Dunkelheit hin. Sie erfaßte es hastig und wollte damit fort. »Weile einen Augenblick«, sagte er, »vielleicht kann ich dir helfen.« – »Helfen kannst du mir nur, wenn du auf den Glasberg steigst und mich aus der Gewalt der Hexe befreist. Aber zu dem Glasberg kommst du nicht, und wenn du auch ganz nahe dran wärst, so kannst du nicht hinauf.« – »Was ich will, das kann ich«, sagte der Trommler, »ich habe Mitleid mit dir, und ich fürchte mich vor nichts. Aber ich weiß den Weg nicht, der nach dem Glasberg führt.« – »Der Weg geht durch den großen Wald, in dem die Menschenfresser hausen«, antwortete sie, »mehr darf ich dir nicht sagen.« Darauf hörte er, wie sie fortschwirrte.

Bei Anbruch des Tags machte sich der Trommler auf, hing seine Trommel um und ging ohne Furcht geradezu in den Wald hinein.

Als er ein Weilchen gegangen war und keinen Riesen erblickte, so dachte er: »Ich muß die Langeschläfer aufwecken«, hing die Trommel vor und schlug einen Wirbel, daß die Vögel aus den Bäumen mit Geschrei aufflogen. Nicht lange, so erhob sich auch ein Riese in die Höhe, der im Gras gelegen und geschlafen hatte, und war so groß wie eine Tanne. »Du Wicht«, rief er ihm zu, »was trommelst du hier und weckst mich aus dem besten Schlaf?« – »Ich trommle«, antwortete er, »weil viele Tausende hinter mir herkommen, damit sie den Weg wissen.« – »Was wollen die hier in meinem Wald?« fragte der Riese. »Sie wollen dir den Garaus machen und den Wald von einem Ungetüm, wie du bist, säubern.« »Oho«, sagte der Riese, »ich trete euch wie Ameisen tot.« – »Meinst du, du könntest gegen sie etwas ausrichten?« sprach der Trommler. »Wenn du dich bückst, um einen zu packen, so springt er fort und versteckt sich; wie du dich aber niederlegst und schläfst, so kommen sie aus allen Gebüschen herbei und kriechen an dir hinauf. Jeder hat einen Hammer von Stahl am Gürtel stecken, damit schlagen sie dir den Schädel ein.« Der Riese ward verdrießlich und dachte: »Wenn ich mich mit dem listigen Volk befasse, so könnte es doch zu meinem Schaden ausschlagen. Wölfen und Bären drücke ich die Gurgel zusammen, aber vor den Erdwürmen kann ich mich nicht schützen.« – »Hör, kleiner Kerl«, sprach er, »zieh wieder ab, ich verspreche dir, daß ich dich und deine Gesellen in Zukunft in Ruhe lassen will, und hast du noch einen Wunsch, so sag's mir, ich will dir wohl etwas zu Gefallen tun.« – »Du hast lange Beine«, sprach der Trommler, »und kannst schneller laufen als ich, trag mich zum Glasberge, so will ich den Meinigen ein Zeichen zum Rückzug geben, und sie sollen dich diesmal in Ruhe lassen.« – »Komm her, Wurm«, sprach der Riese, »setz dich auf meine Schulter, ich will dich tragen, wohin du verlangst.« Der Riese hob ihn hinauf, und der Trommler fing oben an, nach Herzenslust auf der Trommel zu wirbeln. Der Riese dachte: »Das wird das Zeichen sein, daß das andere Volk zurückgehen soll.« Nach einer Weile stand ein zweiter Riese am Weg, der nahm den Trommler dem ersten ab und steckte ihn in sein Knopfloch. Der Trommler faßte den Knopf, der wie eine Schüssel groß war, hielt sich daran und schaute ganz lustig umher. Dann kamen sie zu einem dritten, der nahm ihn aus dem Knopfloch und setzte ihn auf den Rand seines Hutes; da ging der Trommler oben auf und ab und sah über die Bäume hinaus, und als er in blauer Ferne einen Berg erblickte, so dachte er: »Das ist gewiß der Glasberg«, und er war es auch. Der Riese tat nur noch ein paar Schritte, so waren sie an dem Fuß des Bergs angelangt, wo ihn der Riese absetzte. Der Trommler verlangte, er sollte ihn auch auf die Spitze des Glasberges tragen, aber der Riese schüttelte mit dem Kopf, brummte etwas in den Bart und ging in den Wald zurück.

Nun stand der arme Trommler vor dem Berg, der so hoch war, als wenn drei Berge aufeinandergesetzt wären, und dabei so glatt wie ein Spiegel, und wußte keinen Rat, um hinaufzukommen. Er fing an zu klettern, aber vergeblich, er rutschte immer wieder herab. »Wer jetzt ein Vogel wäre«, dachte er, aber was half das Wünschen, es wuchsen ihm keine Flügel. Indem er so stand und sich nicht zu helfen wußte, erblickte er nicht weit von sich zwei Männer, die heftig miteinander stritten. Er ging auf sie zu und sah, daß sie wegen eines Sattels uneins waren, der vor ihnen auf der Erde lag und den jeder von ihnen haben wollte. »Was seid ihr für Narren«, sprach er, »zankt euch um einen Sattel und habt kein Pferd dazu.« »Der Sattel ist wert, daß man darum streitet«, antwortete der eine von den Männern, »wer darauf sitzt und wünscht sich irgendwohin, und wär's am Ende der Welt, der ist im Augenblick angelangt, wie er den Wunsch ausgesprochen hat. Der Sattel gehört uns gemeinschaftlich, die Reihe, darauf zu reiten, ist an mir, aber der andere will es nicht zulassen.« – »Den Streit will ich bald austragen«, sagte der Trommler, ging eine Strecke weit und steckte einen weißen Stab in die Erde. Dann kam er zurück und sprach: »Jetzt lauft nach dem Ziel, wer zuerst dort ist, der reitet zuerst.« Beide setzten sich in Trab, aber kaum waren sie ein paar Schritte weg, so schwang sich der Trommler auf den Sattel, wünschte sich auf den Glasberg, und ehe man die Hand umdrehte, war er dort. Auf dem Berg oben war eine Ebne, da stand ein altes steinernes Haus, und vor dem Haus lag ein großer Fischteich, dahinter aber ein finsterer Wald. Menschen und Tiere sah er nicht, es war alles still, nur der Wind raschelte in den Bäumen, und die Wolken zogen ganz nah über seinem Haupt weg. Er trat an die Türe und klopfte an. Als er zum drittenmal geklopft hatte, öffnete eine Alte mit braunem Gesicht und roten Augen die Türe; sie hatte eine Brille auf ihrer langen Nase und sah ihn scharf an, dann fragte sie, was sein Begehren wäre. »Einlaß, Kost und Nachtlager«, antwortete der Trommler. »Das sollst du haben«, sagte die Alte, »wenn du dafür drei Arbeiten verrichten willst.« – »Warum nicht?« antwortete er. »Ich scheue keine Arbeit, und wenn sie noch so schwer ist.« Die Alte ließ ihn ein, gab ihm Essen und abends ein gutes Bett. Am Morgen, als er ausgeschlafen hatte, nahm die Alte einen Fingerhut von ihrem dürren Finger, reichte ihn dem Trommler hin und sagte: »Jetzt geh an die Arbeit und schöpfe den Teich draußen mit diesem Fingerhut aus; aber ehe es Nacht wird, mußt du fertig sein, und alle Fische, die in dem Wasser sind, müssen nach ihrer Art und Größe ausgesucht und nebeneinandergelegt sein.« – »Das ist eine seltsame Arbeit«, sagte der Trommler, ging aber zu dem Teich und fing an zu schöpfen. Er schöpfte den ganzen Morgen, aber was kann man mit einem Fingerhut bei einem großen Wasser ausrichten, und wenn man tausend Jahre schöpft? Als es Mittag war, dachte er: »Es ist alles umsonst und ist einerlei, ob ich arbeite oder nicht«, hielt ein und setzte sich nieder. Da kam ein Mädchen aus dem Haus gegangen, stellte ihm ein Körbchen mit Essen hin und sprach: »Du sitzest da so traurig, was fehlt dir?« Er blickte es an und sah, daß es wunderschön war. »Ach«, sagte er, »ich kann die erste Arbeit nicht vollbringen, wie wird es mit den andern werden? Ich bin ausgegangen, eine Königstochter zu suchen, die hier wohnen soll, aber ich habe sie nicht gefunden; ich will weitergehen.« – »Bleib hier«, sagte das Mädchen, »ich will dir aus deiner Not helfen. Du bist müde, lege deinen Kopf in meinen Schoß und schlaf. Wenn du wieder aufwachst, so ist die Arbeit getan.« Der Trommler ließ sich das nicht zweimal sagen. Sobald ihm die Augen zufielen, drehte sie einen Wunschring und sprach: »Wasser herauf, Fische heraus.« Alsbald stieg das Wasser wie ein weißer Nebel in die Höhe und zog mit den andern Wolken fort, und die Fische schnalzten, sprangen ans Ufer und legten sich nebeneinander, jeder nach seiner Größe und Art. Als der Trommler erwachte, sah er mit Erstaunen, daß alles vollbracht war. Aber das Mädchen sprach: »Einer von den Fischen liegt nicht bei seinesgleichen, sondern ganz allein. Wenn die Alte heute abend kommt und sieht, daß alles geschehen ist, was sie verlangt hat, so wird sie fragen: ›Was soll dieser Fisch allein?‹ Dann wirf ihr den Fisch ins Angesicht und sprich: ›Der soll für dich sein, alte Hexe.‹« Abends kam die Alte, und als sie die Frage getan hatte, so warf er ihr den Fisch ins Gesicht. Sie stellte sich, als merkte sie es nicht, und schwieg still, aber sie blickte ihn mit boshaften Augen an. Am andern Morgen sprach sie: »Gestern hast du es zu leicht gehabt, ich muß dir schwerere Arbeit geben. Heute mußt du den ganzen Wald umhauen, das Holz in Scheite spalten und in Klaftern legen, und am Abend muß alles fertig sein.« Sie gab ihm eine Axt, einen Schläger und zwei Keile. Aber die Axt war von Blei, der Schläger und die Keile waren von Blech. Als er anfing zu hauen, so legte sich die Axt um, und Schläger und Keile drückten sich zusammen. Er wußte sich nicht zu helfen, aber mittags kam das Mädchen wieder mit dem Essen und tröstete ihn. »Lege deinen Kopf in meinen Schoß«, sagte sie, »und schlaf, wenn du aufwachst, so ist die Arbeit getan.« Sie drehte ihren Wunschring, in dem Augenblick sank der ganze Wald mit Krachen zusammen, das Holz spaltete sich von selbst und legte sich in Klaftern zusammen; es war, als ob unsichtbare Riesen die Arbeit vollbrächten. Als er aufwachte, sagte das Mädchen: »Siehst du, das Holz ist geklaftert und gelegt: nur ein einziger Ast ist übrig, aber wenn die Alte heute abend kommt und fragt, was der Ast solle, so gib ihr damit einen Schlag und sprich: ›Der soll für dich sein, du Hexe.‹« Die Alte kam. »Siehst du«, sprach sie, »wie leicht die Arbeit war: aber für wen liegt der Ast noch da?« – »Für dich, du Hexe«, antwortete er und gab ihr einen Schlag damit. Aber sie tat, als fühlte sie es nicht, lachte höhnisch und sprach: »Morgen früh sollst du alles Holz auf einen Haufen legen, es anzünden und verbrennen.« Er stand mit Anbruch des Tages auf und fing an, das Holz herbeizuholen, aber wie kann ein einziger Mensch einen ganzen Wald zusammentragen? Die Arbeit rückte nicht fort, Doch das Mädchen verließ ihn nicht in der Not: es brachte ihm mittags seine Speise, und als er gegessen hatte, legte er seinen Kopf in den Schoß und schlief ein. Bei seinem Erwachen brannte der ganze Holzstoß in einer ungeheuern Flamme, die ihre Zungen bis in den Himmel ausstreckte. »Hör mich an«, sprach das Mädchen, »wenn die Hexe kommt, wird sie dir allerlei auftragen: tust du ohne Furcht, was sie verlangt, so kann sie dir nichts anhaben; fürchtest du dich aber, so packt dich das Feuer und verzehrt dich. Zuletzt, wenn du alles getan hast, so packe sie mit beiden Händen und wirf sie mitten in die Glut.« Das Mädchen ging fort, und die Alte kam herangeschlichen. »Hu! mich friert«, sagte sie, »aber das ist ein Feuer, das brennt, das wärmt mir die alten Knochen, da wird mir wohl. Aber dort liegt ein Klotz, der will nicht brennen, den hol mir heraus. Hast du das noch getan, so bist du frei und kannst ziehen, wohin du willst. Nur munter hinein.« Der Trommler besann sich nicht lange, sprang mitten in die Flammen, aber sie taten ihm nichts, nicht einmal die Haare konnten sie ihm versengen. Er trug den Klotz heraus und legte ihn hin. Kaum aber hatte das Holz die Erde berührt, so verwandelte es sich, und das schöne Mädchen stand vor ihm, das ihm in der Not geholfen hatte; und an den seidenen, goldglänzenden Kleidern, die es anhatte, merkte er wohl, daß es die Königstochter war. Aber die Alte lachte giftig und sprach: »Du meinst, du hättest sie, aber du hast sie noch nicht.« Eben wollte sie auf das Mädchen losgehen und es fortziehen, da packte er die Alte mit beiden Händen, hob sie in die Höhe und warf sie den Flammen in den Rachen, die über ihr zusammenschlugen, als freuten sie sich, daß sie eine Hexe verzehren sollten.

Die Königstochter blickte darauf den Trommler an, und als sie sah, daß es ein schöner Jüngling war, und bedachte, daß er sein Leben darangesetzt hatte, um sie zu erlösen, so reichte sie ihm die Hand und sprach: »Du hast alles für mich gewagt, aber ich will auch für dich alles tun. Versprichst du mir deine Treue, so sollst du mein Gemahl werden. An Reichtümern fehlt es uns nicht, wir haben genug an dem, was die Hexe hier zusammengetragen hat.« Sie führte ihn in das Haus, da standen Kisten und Kasten, die mit ihren Schätzen angefüllt waren. Sie ließen Gold und Silber liegen und nahmen nur die Edelsteine. Sie wollte nicht länger auf dem Glasberg bleiben, da sprach er zu ihr: »Setze dich zu mir auf meinen Sattel, so fliegen wir hinab wie Vögel.« – »Der alte Sattel gefällt mir nicht«, sagte sie, »ich brauche nur an meinem Wunschring zu drehen, so sind wir zu Haus.« – »Wohlan«, antwortete der Trommler, »so wünsch uns vor das Stadttor.« Im Nu waren sie dort, der Trommler aber sprach: »Ich will erst zu meinen Eltern gehen und ihnen Nachricht geben, harre mein hier auf dem Feld, ich will bald zurück sein.« – »Ach«, sagte die Königstochter, »ich bitte dich, nimm dich in acht, küsse deine Eltern bei deiner Ankunft nicht auf die rechte Wange, denn sonst wirst du alles vergessen, und ich bleibe hier allein und verlassen auf dem Feld zurück.« – »Wie kann ich dich vergessen?« sagte er und versprach ihr in die Hand, recht bald wiederzukommen. Als er in sein väterliches Haus trat, wußte niemand, wer er war, so hatte er sich verändert, denn die drei Tage, die er auf dem Glasberg zugebracht hatte, waren drei lange Jahre gewesen. Da gab er sich zu erkennen, und seine Eltern fielen ihm vor Freude um den Hals, und er war so bewegt in seinem Herzen, daß er sie auf beide Wangen küßte und an die Worte des Mädchens nicht dachte. Wie er ihnen aber den Kuß auf die rechte Wange gegeben hatte, verschwand ihm jeder Gedanke an die Königstochter. Er leerte seine Taschen aus und legte Händevoll der größten Edelsteine auf den Tisch. Die Eltern wußten gar nicht, was sie mit dem Reichtum anfangen sollten. Da baute der Vater ein prächtiges Schloß, von Gärten, Wäldern und Wiesen umgeben, als wenn ein Fürst darin wohnen sollte. Und als es fertig war, sagte die Mutter: »Ich habe ein Mädchen für dich ausgesucht, in drei Tagen soll die Hochzeit sein.« Der Sohn war mit allem zufrieden, was die Eltern wollten.

Die arme Königstochter hatte lange vor der Stadt gestanden und auf die Rückkehr des Jünglings gewartet. Als es Abend ward, sprach sie: »Gewiß hat er seine Eltern auf die rechte Wange geküßt und hat mich vergessen.« Ihr Herz war voll Trauer, sie wünschte sich in ein einsames Waldhäuschen und wollte nicht wieder an den Hof ihres Vaters zurück. Jeden Abend ging sie in die Stadt und ging an seinem Haus vorüber; er sah sie manchmal, aber er kannte sie nicht mehr. Endlich hörte sie, wie die Leute sagten: »Morgen wird seine Hochzeit gefeiert.« Da sprach sie: »Ich will versuchen, ob ich sein Herz wiedergewinne.« Als der erste Hochzeitstag gefeiert ward, da drehte sie ihren Wunschring und sprach: »Ein Kleid, so glänzend wie die Sonne.« Alsbald lag das Kleid vor ihr und war so glänzend, als wenn es aus lauter Sonnenstrahlen gewebt wäre. Als alle Gäste sich versammelt hatten, so trat sie in den Saal. Jedermann wunderte sich über das schöne Kleid, am meisten die Braut, und da schöne Kleider ihre größte Lust waren, so ging sie zu der Fremden und fragte, ob sie es ihr verkaufen wollte. »Für Geld nicht«, antwortete sie, »aber wenn ich die erste Nacht vor der Türe verweilen darf, wo der Bräutigam schläft, so will ich es hingeben.« Die Braut konnte ihr Verlangen nicht bezwingen und willigte ein, aber sie mischte dem Bräutigam einen Schlaftrunk in seinen Nachtwein, wovon er in tiefen Schlaf verfiel. Als nun alles still geworden war, so kauerte sich die Königstochter vor die Türe der Schlafkammer, öffnete sie ein wenig und rief hinein:

»Trommler, Trommler, hör mich an,
hast du mich denn ganz vergessen?
Hast du auf dem Glasberg nicht bei mir gesessen?
Habe ich vor der Hexe nicht bewahrt dein Leben?

Hast du mir auf Treue nicht die Hand gegeben?
Trommler, Trommler, hör mich an.«

Aber es war alles vergeblich, der Trommler wachte nicht auf, und als der Morgen anbrach, mußte die Königstochter unverrichteter Dinge wieder fortgehen. Am zweiten Abend drehte sie ihren Wunschring und sprach: »Ein Kleid, so silbern als der Mond.« Als sie mit dem Kleid, das so zart war wie der Mondschein, bei dem Fest erschien, erregte sie wieder das Verlangen der Braut und gab es ihr für die Erlaubnis, auch die zweite Nacht vor der Türe der Schlafkammer zubringen zu dürfen. Da rief sie in nächtlicher Stille:

»Trommler, Trommler, hör mich an,
hast du mich denn ganz vergessen?
Hast du auf dem Glasberg nicht bei mir gesessen?
Habe ich vor der Hexe nicht bewahrt dein Leben?
Hast du mir auf Treue nicht die Hand gegeben?
Trommler, Trommler, hör mich an.«

Aber der Trommler, von dem Schlaftrunk betäubt, war nicht zu erwecken. Traurig ging sie den Morgen wieder zurück in ihr Waldhaus. Aber die Leute im Haus hatten die Klage des fremden Mädchens gehört und erzählten dem Bräutigam davon; sie sagten ihm auch, daß es ihm nicht möglich gewesen wäre, etwas davon zu vernehmen, weil sie ihm einen Schlaftrunk in den Wein geschüttet hätten. Am dritten Abend drehte die Königstochter den Wunschring und sprach: »Ein Kleid, flimmernd wie Sterne.« Als sie sich darin auf dem Fest zeigte, war die Braut über die Pracht des Kleides, das die andern weit übertraf, ganz außer sich und sprach: »Ich soll und muß es haben.« Das Mädchen gab es, wie die andern, für die Erlaubnis, die Nacht vor der Türe des Bräutigams zuzubringen. Der Bräutigam aber trank den Wein nicht, der ihm vor dem Schlafengehen gereicht wurde, sondern goß ihn hinter das Bett. Und als alles im Haus still geworden war, so hörte er eine sanfte Stimme, die ihn anrief:

»Trommler, Trommler, hör mich an,
hast du mich denn ganz vergessen?
Hast du auf dem Glasberg nicht bei mir gesessen?
Habe ich vor der Hexe nicht bewahrt dein Leben?
Hast du mir auf Treue nicht die Hand gegeben?
Trommler, Trommler, hör mich an.«

Plötzlich kam ihm das Gedächtnis wieder. »Ach«, rief er, »wie habe ich so treulos handeln können, aber der Kuß, den ich meinen Eltern in der Freude meines Herzens auf die rechte Wange gegeben habe, der ist schuld daran, der hat mich betäubt.« Er sprang auf, nahm die Königstochter bei der Hand und führte sie zu dem Bett seiner Eltern. »Das ist meine rechte Braut«, sprach er, »wenn ich die andere heirate, so tue ich großes Unrecht.« Die Eltern, als sie hörten, wie alles sich zugetragen hatte, willigten ein. Da wurden die Lichter im Saal wieder angezündet, Pauken und Trompeten herbeigeholt, die Freunde und Verwandten eingeladen wiederzukommen, und die wahre Hochzeit ward mit großer Freude gefeiert. Die erste Braut behielt die schönen Kleider zur Entschädigung und gab sich zufrieden.

194.

Die Kornähre

Vorzeiten, als Gott noch selbst auf Erden wandelte, da war die Fruchtbarkeit des Bodens viel größer, als sie jetzt ist: damals trugen die Ähren nicht fünfzig- oder sechzigfältig, sondern vier- bis fünfhundertfältig. Da wuchsen die Körner am Halm von unten bis oben hinauf: so lang er war, so lang war auch die Ähre. Aber wie die Menschen sind, im Überfluß achten sie des Segens nicht mehr, der von Gott kommt, werden gleichgültig und leichtsinnig. Eines Tages ging eine Frau an einem Kornfeld vorbei, und ihr kleines Kind, das neben ihr sprang, fiel in eine Pfütze und beschmutzte sein Kleidchen. Da riß die Mutter eine Handvoll der schönen Ähren ab und reinigte ihm damit das Kleid. Als der Herr, der eben vorüberkam, das sah, zürnte er und sprach: »Fortan soll der Kornhalm keine Ähre mehr tragen: die Menschen sind der himmlischen Gabe nicht länger wert.« Die Umstehenden, die das hörten, erschraken, fielen auf die Knie und flehten, daß er noch etwas möchte an dem Halm stehen lassen: wenn sie selbst es auch nicht verdienten, doch der unschuldigen Hühner wegen, die sonst verhungern müßten. Der Herr, der ihr Elend voraussah, erbarmte sich und gewährte die Bitte. Also blieb noch oben die Ähre übrig, wie sie jetzt wächst.

195.

Der Grabhügel

Ein reicher Bauer stand eines Tags in seinem Hof und schaute nach seinen Feldern und Gärten: das Korn wuchs kräftig heran, und die Obstbäume hingen voll Früchte. Das Getreide des vorigen Jahrs lag noch in so mächtigen Haufen auf dem Boden, daß es kaum die Balken tragen konnten. Dann ging er in den Stall, da standen die gemästeten Ochsen, die fetten Kühe und die spiegelglatten Pferde. Endlich ging er in seine Stube zurück und warf seine Blicke auf die eisernen Kasten, in welchen sein Geld lag. Als er so stand und seinen Reichtum übersah, klopfte es auf einmal heftig bei ihm an. Es klopfte aber nicht an die Türe seiner Stube, sondern an die Türe seines Herzens. Sie tat sich auf, und er hörte eine Stimme, die zu ihm sprach: »Hast du den Deinigen damit wohlgetan? Hast du die Not der Armen angesehen? Hast du mit den Hungrigen dein Brot geteilt? War dir genug, was du besaßest, oder hast du noch immer mehr verlangt?« Das Herz zögerte nicht mit der Antwort: »Ich bin hart und unerbittlich gewesen und habe den Meinigen niemals etwas Gutes erzeigt. Ist ein Armer gekommen, so habe ich mein Auge weggewendet. Ich habe mich um Gott nicht bekümmert, sondern nur an die Mehrung meines Reichtums gedacht. Wäre alles mein eigen gewesen, was der Himmel bedeckte, dennoch hätte ich nicht genug gehabt.« Als er diese Antwort vernahm, erschrak er heftig: die Knie fingen an, ihm zu zittern, und er mußte sich niedersetzen. Da klopfte es abermals an, aber es klopfte an die Türe seiner Stube. Es war sein Nachbar, ein armer Mann, der ein Häufchen Kinder hatte, die er nicht mehr sättigen konnte. »Ich weiß«, dachte der Arme, »mein Nachbar ist reich, aber er ist ebenso hart: ich glaube nicht, daß er mir hilft, aber meine Kinder schreien nach Brot, da will ich es wagen.« Er sprach zu dem Reichen: »Ihr gebt nicht leicht etwas von dem Eurigen weg, aber ich stehe da wie einer, dem das Wasser bis an den Kopf geht: meine Kinder hungern, leiht mir vier Malter Korn.« Der Reiche sah ihn lange an, da begann der erste Sonnenstrahl der Milde einen Tropfen von dem Eis der Habsucht abzuschmelzen. »Vier Malter will ich dir nicht leihen«, antwortete er, »sondern achte will ich dir schenken, aber eine Bedingung mußt du erfüllen.« – »Was soll ich tun?« sprach der Arme. »Wenn ich tot bin, sollst du drei Nächte an meinem Grabe wachen.« Dem Bauer ward bei dem Antrag unheimlich zumut, doch in der Not, in der er sich befand, hätte er alles bewilligt; er sagte also zu und trug das Korn heim.

Es war, als hätte der Reiche vorausgesehen, was geschehen würde, nach drei Tagen fiel er plötzlich tot zur Erde; man wußte nicht recht, wie es zugegangen war, aber niemand trauerte um ihn. Als er bestattet war, fiel dem Armen sein Versprechen ein; gerne wäre er davon entbunden gewesen, aber er dachte: »Er hat sich gegen dich doch mildtätig erwiesen, du hast mit seinem Korn deine hungrigen Kinder gesättigt, und wäre das auch nicht, du hast einmal das Versprechen gegeben und mußt du es halten.« Bei einbrechender Nacht ging er auf den Kirchhof und setzte sich auf den Grabhügel. Es war alles still, nur der Mond schien über die Grabhügel, und manchmal flog eine Eule vorbei und ließ ihre kläglichen Töne hören. Als die Sonne aufging, begab sich der Arme ungefährdet heim, und ebenso ging die zweite Nacht ruhig vorüber. Den Abend des dritten Tags empfand er eine besondere Angst, es war ihm, als stände noch etwas bevor. Als er hinauskam, erblickte er an der Mauer des Kirchhofs einen Mann, den er noch nie gesehen hatte. Er war nicht mehr jung, hatte Narben im Gesicht, und seine Augen blickten scharf und feurig umher. Er war ganz von einem alten Mantel bedeckt, und nur große Reiterstiefeln waren sichtbar. »Was sucht Ihr hier?« redete ihn der Bauer an, »gruselt Euch nicht auf dem einsamen Kirchhof?« – »Ich suche nichts«, antwortete er, »aber ich fürchte auch nichts. Ich bin wie der Junge, der ausging, das Gruseln zu lernen, und sich vergeblich bemühte, der aber bekam die Königstochter zur Frau und mit ihr große Reichtümer, und ich bin immer arm geblieben. Ich bin nichts als ein abgedankter Soldat und will hier die Nacht zubringen, weil ich sonst kein Obdach habe.« – »Wenn Ihr keine Furcht habt«, sprach der Bauer, »so bleibt bei mir und helft mir dort den Grabhügel bewachen.« – »Wacht halten ist Sache des Soldaten«, antwortete er, »was uns hier begegnet, Gutes oder Böses, das wollen wir gemeinschaftlich tragen.« Der Bauer schlug ein, und sie setzten sich zusammen auf das Grab.

Alles blieb still bis Mitternacht, da ertönte auf einmal ein schneidendes Pfeifen in der Luft, und die beiden Wächter erblickten den Bösen, der leibhaftig vor ihnen stand. »Fort, ihr Halunken«, rief er ihnen zu, »der in dem Grab liegt, ist mein: ich will ihn holen, und wo ihr nicht weggeht, dreh ich euch die Hälse um.« – »Herr mit der roten Feder«, sprach der Soldat, »Ihr seid mein Hauptmann nicht, ich brauch Euch nicht zu gehorchen, und das Fürchten hab ich noch nicht gelernt. Geht Eurer Wege, wir bleiben hier sitzen.« Der Teufel dachte: »Mit Gold fängst du die zwei Haderlumpen am besten«, zog gelindere Saiten auf und fragte ganz zutraulich, ob sie nicht einen Beutel mit Gold annehmen und damit heimgehen wollten. »Das läßt sich hören«, antwortete der Soldat, »aber mit *einem* Beutel voll Gold ist uns nicht gedient: wenn Ihr so viel Gold geben wollt, als da in einen von meinen Stiefeln geht, so wollen wir Euch das Feld räumen und abziehen.« – »So viel habe ich nicht bei mir«, sagte der Teufel, »aber ich will es holen; in der benachbarten Stadt wohnt ein Wechsler, der mein guter Freund ist, der streckt mir gerne so viel vor.« Als der Teufel verschwunden war, zog der Soldat seinen linken Stiefel aus und sprach: »Dem Kohlenbrenner wollen wir schon eine Nase drehen; gebt mir nur Euer Messer, Gevatter.« Er schnitt von dem Stiefel die Sohle ab und stellte ihn neben den Hügel in das hohe Gras an den Rand einer halb überwachsenen Grube. »So ist alles gut«, sprach er, »nun kann der Schornsteinfeger kommen.«

Beide setzten sich und warteten, es dauerte nicht lange, so kam der Teufel und hatte ein Säckchen Gold in der Hand. »Schüttet es nur hinein«, sprach der Soldat und hob den Stiefel ein wenig in die Höhe, »das wird aber nicht genug sein.« Der Schwarze leerte das Säckchen, das Gold fiel durch, und der Stiefel blieb leer. »Dummer Teufel«, rief der Soldat, »es schickt nicht: habe ich es nicht gleich gesagt? Kehrt nur wieder um und holt mehr.« Der Teufel schüttelte den Kopf, ging und kam nach einer Stunde mit einem viel größeren Sack unter dem Arm. »Nur eingefüllt«, rief der Soldat, »aber ich zweifle, daß der Stiefel voll wird.« Das Gold klingelte, als es hinabfiel, und der Stiefel blieb leer. Der Teufel blickte mit seinen glühenden Augen selbst hinein und überzeugte sich von der Wahrheit. »Ihr habt unverschämt starke Waden«, rief er und verzog den Mund. »Meint Ihr«, erwiderte der Soldat, »ich hätte einen Pferdefuß wie Ihr? Seit wann seid Ihr so knauserig? Macht, daß Ihr mehr Gold herbeischafft, sonst wird aus unserm Handel nichts.« Der Unhold trollte sich abermals fort. Diesmal blieb er länger aus, und als er endlich erschien, keuchte er unter der Last eines Sackes, der auf seiner Schulter lag. Er schüttete ihn in den Stiefel, der sich aber so wenig füllte als vorher. Er ward wütend und wollte dem Soldat den Stiefel aus der Hand reißen, aber in dem Augenblick drang der erste Strahl der aufgehenden Sonne am Himmel herauf, und der böse Geist entfloh mit lautem Geschrei. Die arme Seele war gerettet.

Der Bauer wollte das Gold teilen, aber der Soldat sprach: »Gib den Armen, was mir zufällt: ich ziehe zu dir in deine Hütte, und wir wollen mit dem übrigen in Ruhe und Frieden zusammenleben, solange es Gott gefällt.«

196.

Oll Rinkrank

Dar war mal 'n König wän, un de har 'n Dochter hat; un de har 'n glasen Barg maken laten un har segt, de dar över lopen kun, an to vallen, de schull sin Dochter to 'n Fro hebben. Do is dar ok en, de mag de Königsdochter so gärn liden, de vragt den König, of he sin Dochter nich hebben schal. »Ja«, segt de König, »wenn he dar över den Barg lopen kan, an dat he valt, den schal he är hebben.« Do segt de Königsdochter, den wil se dar mit hüm över lopen un wil hüm hollen, wen he war vallen schul. Do lopt se dar mit 'nanner över, un as se dar miden up sünt, do glit de Königsdochter ut un valt, un de Glasbarg, de deit sick apen, un se schütt darin hendal; un de Brögam, de kan nich sen, war se herdör kamen is, den de Barg het sick glick wär to dan. Do jammert un went he so väl, un de König is ok so trorig un let den Barg dar wedder weg bräken un ment, he wil är wedder ut krigen, man se könt de Stä ni finnen, wär se hendal vallen is. Ünnertüsken is de Königsdochter ganz dep in de Grunt in 'n grote Höl kamen. Do kumt är dar 'n ollen Kärl mit 'n ganzen langen grauen Bart to möt, un de segt, wen se sin Magd wäsen wil un al don, wat he bevelt, den schal se läven bliven, anners wil he är ümbringen. Do deit se all, wat he är segt. 's Morgens, den kricht he sin Ledder ut de Task un legt de an den Barg un sticht darmit to 'n Barg henut; un den lukt he de Ledder na sick ümhoch mit sick henup. Un den mut se sin Äten kaken und sin Bedd maken un all sin

Arbeit don, un den, wen he wedder in Hus kumt, den bringt he alltit 'n Hüpen Golt un Sülver mit. As se al väl Jaren bi em wäsen is un al ganz olt wurden is, do het he är Fro *Mansrot,* un se möt hüm *oll Rinkrank* heten. Do is he ok ins enmal ut, do makt se hüm sin Bedd un waskt sin Schöttels, un do makt se de Dören un Vensters all dicht to, un do is dar so 'n Schuf wäsen, war 't Lecht herin schint het, dat let se apen. As d' oll Rinkrank do wedder kumt, do klopt he an sin Dör un röpt: »Fro Mansrot, do mi d' Dör apen.« – »Na«, segt se, »ik do di, oll Rinkrank, d' Dör nich apen.« Do segt he:

»Hir sta ik arme Rinkrank
up min söventein Benen lank,
up min en vergüllen Vot,
Fro Mansrot, wask mi d' Schöttels.«

»'k heb din Schöttels als wusken«, segt se. Do segt he wedder:

»Hir sta ik arme Rinkrank
up min söventein Benen lank,
up min en vergüllen Vot,
Fro Mansrot, mak mi 't Bedd.«

»'k heb din Bedd al makt«, segt se. Do segt he wedder:

»Hir sta ik arme Rinkrank
up min söventein Benen lank,
up min en vergüllen Vot,
Fro Mansrot, do mi d' Dör apen.«

Do löpt he all runt üm sin Hus to un süt, dat de lütke Luk dar apen is, do denkt he: »Du schast doch ins tosen, wat se dar wol makt, warüm dat se mi d' Dör wol nich apen don wil.« Do wil he dar dör kiken un kan den Kop dar ni dör krigen van sin langen Bart. Do stekt he sin Bart dar erst dör de Luk, un as he de dar hendör het, do geit Fro Mansrot bi un schuft de Luk grad to mit 'n Bant, de se dar an bunnen het, un de Bart blift darin vast sitten. Do fangt he so jammerlik an to kriten, dat deit üm so sär; un do bidd't he är, se mag üm wedder los laten. Do segt se, er nich, as bet he är de Ledder deit, war he mit to 'n Barg herut sticht. Do mag he willen oder nich, he mot är seggen, war de Ledder is. Do bint se 'n ganzen langen Bant dar an de Schuf, un do legt se de Ledder an un sticht to 'n Barg herut; un as se baven is, do lukt se de Schuf apen. Do geit se na är Vader hen un vertelt, wo dat är all gan is. Do freut de König sick so, un är Brögam is dar ok noch, un do gat se hen un gravt den Barg up un finnt den ollen Rinkrank mit all sin Golt ün Sülver darin. Do let de König den ollen Rinkrank dot maken, un all sin Sülver un Golt nimt he mit. Do kricht de Königsdochter den ollen Brögam noch ton Mann, un se lävt recht vergnögt un herrlich un in Freuden.

197.

Die Kristallkugel

Es war einmal eine Zauberin, die hatte drei Söhne, die sich brüderlich liebten; aber die Alte traute ihnen nicht und dachte, sie wollten ihr ihre Macht rauben. Da verwandelte sie den ältesten in einen Adler, der mußte auf einem Felsengebirge hausen, und man sah ihn manchmal am Himmel in großen Kreisen auf- und niederschweben. Den zweiten verwandelte sie in einen Walfisch, der lebte im tiefen Meer, und man sah nur, wie er zuweilen einen mächtigen Wasserstrahl in die Höhe warf. Beide hatten nur zwei Stunden jeden Tag ihre menschliche Gestalt. Der dritte Sohn, da er fürchtete, sie möchte ihn auch in ein reißendes Tier verwandeln, in einen Bären oder einen Wolf, so ging er heimlich fort. Er hatte aber gehört, daß auf dem Schloß der goldenen Sonne eine verwünschte Königstochter säße, die auf Erlösung harrte; es müßte aber jeder sein Leben daran wagen, schon dreiundzwanzig Jünglinge wären eines jämmerlichen Todes gestorben und nur noch einer übrig, dann dürfte keiner mehr kommen. Und da sein Herz ohne Furcht war, so faßte er den Entschluß, das Schloß von der goldenen Sonne aufzusuchen. Er war schon lange Zeit herumgezogen und hatte es nicht finden können, da geriet er in einen großen Wald und wußte nicht, wo der Ausgang war. Auf einmal erblickte er in der Ferne zwei Riesen, die winkten ihm mit der Hand, und als er zu ihnen kam, sprachen sie: »Wir streiten um einen Hut, wem er zugehören soll, und da wir beide gleich stark sind, so kann keiner den andern überwältigen; die kleinen Menschen sind klüger als wir, daher wollen wir dir die Entscheidung überlassen.« – »Wie könnt ihr euch um einen alten Hut streiten?« sagte der Jüngling. »Du weißt nicht, was er für Eigenschaften hat, es ist ein Wünschhut, wer den aufsetzt, der kann sich hinwünschen, wohin er will, und im Augenblick ist er dort.« – »Gebt mir den Hut«, sagte der Jüngling, »ich will ein Stück Wegs gehen, und wenn ich euch dann rufe, so lauft um die Wette, und wer am ersten bei mir ist, dem soll er gehören.« Er setzte den Hut auf und ging fort, dachte aber an die Königstochter, vergaß die Riesen und ging immer weiter. Einmal seufzte er aus Herzensgrund und rief: »Ach, wäre ich doch auf dem Schloß der goldenen Sonne!« Und kaum waren die Worte über seine Lippen, so stand er auf einem hohen Berg vor dem Tor des Schlosses.

Er trat hinein und ging durch alle Zimmer, bis er in dem letzten die Königstochter fand. Aber wie erschrak er, als er sie anblickte: sie hatte ein aschgraues Gesicht voll Runzeln, trübe Augen und rote Haare. »Seid Ihr die Königstochter, deren Schönheit alle Welt rühmt?« rief er aus. »Ach«, erwiderte sie, »das ist meine Gestalt nicht, die Augen der Menschen können mich nur in dieser Häßlichkeit erblicken, aber damit du weißt, wie ich aussehe, so schau in den Spiegel, der läßt sich nicht irremachen, der zeigt dir mein Bild, wie es in Wahrheit ist.« Sie gab ihm den Spiegel in die Hand, und er sah darin das Abbild der schönsten Jungfrau, die auf der Welt war, und sah, wie ihr vor Traurigkeit die Tränen über die Wangen rollten. Da sprach er: »Wie kannst du erlöst werden? Ich scheue keine Gefahr.« Sie sprach: »Wer die kristallne Kugel erlangt und hält sie dem Zauberer vor, der bricht damit seine Macht, und ich kehre in meine wahre Gestalt zurück. Ach«, setzte sie hinzu, »schon so mancher ist darum in seinen Tod gegangen, und du junges Blut, du jammerst mich, wenn du dich in die großen Gefährlichkeiten begibst.« – »Mich kann nichts abhalten«, sprach er, »aber sage mir, was ich tun muß.« – »Du sollst alles wissen«, sprach die Königstochter, »wenn du den Berg, auf dem das Schloß steht, hinabgehst, so wird unten an einer Quelle ein wilder Auerochs stehen, mit dem mußt du kämpfen. Und wenn es dir glückt, ihn zu töten, so wird sich aus ihm ein feuriger Vogel erheben, der trägt in seinem Leib ein glühendes Ei, und in dem Ei steckt als Dotter die Kristallkugel. Er läßt aber das Ei nicht fallen, bis er dazu gedrängt wird, fällt es aber auf die Erde, so zündet es und verbrennt alles in seiner Nähe, und das Ei selbst zerschmilzt und mit ihm die kristallne Kugel, und all deine Mühe ist vergeblich gewesen.«

Der Jüngling stieg hinab zu der Quelle, wo der Auerochse schnaubte und ihn anbrüllte. Nach langem Kampf stieß er ihm sein

Schwert in den Leib, und er sank nieder. Augenblicklich erhob sich aus ihm der Feuervogel und wollte fortfliegen, aber der Adler, der Bruder des Jünglings, der zwischen den Wolken daherzog, stürzte auf ihn herab, jagte ihn nach dem Meer hin und stieß ihn mit seinem Schnabel an, so daß er in der Bedrängnis das Ei fallen ließ. Es fiel aber nicht in das Meer, sondern auf eine Fischerhütte, die am Ufer stand, und die fing gleich an zu rauchen und wollte in Flammen aufgehen. Da erhoben sich im Meer haushohe Wellen, strömten über die Hütte und bezwangen das Feuer. Der andere Bruder, der Walfisch, war herangeschwommen und hatte das Wasser in die Höhe getrieben. Als der Brand gelöscht war, suchte der Jüngling nach dem Ei und fand es glücklicherweise; es war noch nicht geschmolzen, aber die Schale war von der plötzlichen Abkühlung durch das kalte Wasser zerbröckelt, und er konnte die Kristallkugel unversehrt herausnehmen.

Als der Jüngling zu dem Zauberer ging und sie ihm vorhielt, so sagte dieser: »Meine Macht ist zerstört, und du bist von nun an der König vom Schloß der goldenen Sonne. Auch deinen Brüdern kannst du die menschliche Gestalt damit zurückgeben.« Da eilte der Jüngling zu der Königstochter, und als er in ihr Zimmer trat, so stand sie da in vollem Glanz ihrer Schönheit, und beide wechselten voll Freude ihre Ringe miteinander.

198.

Jungfrau Maleen

Es war einmal ein König, der hatte einen Sohn, der warb um die Tochter eines mächtigen Königs, die hieß Jungfrau Maleen und war wunderschön. Weil ihr Vater sie einem andern geben wollte, so ward sie ihm versagt. Da sich aber beide von Herzen liebten, so wollten sie nicht voneinander lassen, und die Jungfrau Maleen sprach zu ihrem Vater: »Ich kann und will keinen andern zu meinem Gemahl nehmen.« Da geriet der Vater in Zorn und ließ einen finstern Turn bauen, in den kein Strahl von Sonne oder Mond fiel. Als er fertig war, sprach er: »Darin sollst du sieben Jahre lang sitzen, dann will ich kommen und sehen, ob dein trotziger Sinn gebrochen ist.« Für die sieben Jahre ward Speise und Trank in den Turn getragen, dann ward sie und ihre Kammerjungfer hineingeführt und eingemauert und also von Himmel und Erde geschieden. Da saßen sie in der Finsternis, wußten nicht, wann Tag oder Nacht anbrach. Der Königssohn ging oft um den Turn herum und rief ihren Namen, aber kein Laut drang von außen durch die dicken Mauern. Was konnten sie anders tun als jammern und klagen? Indessen ging die Zeit dahin, und an der Abnahme von Speise und Trank merkten sie, daß die sieben Jahre ihrem Ende sich näherten. Sie dachten, der Augenblick ihrer Erlösung wäre gekommen, aber kein Hammerschlag ließ sich hören, und kein Stein wollte aus der Mauer fallen: es schien, als ob ihr Vater sie vergessen hätte. Als sie nur noch für kurze Zeit Nahrung hatten und einen jämmerlichen Tod voraussahen, da sprach die Jungfrau Maleen: »Wir müssen das Letzte versuchen und sehen, ob wir die Mauer durchbrechen.« Sie nahm das Brotmesser, grub und bohrte an dem Mörtel eines Steins, und wenn sie müd war, so löste sie die Kammerjungfer ab. Nach langer Arbeit gelang es ihnen, einen Stein herauszunehmen, dann einen zweiten und dritten, und nach drei Tagen fiel der erste Lichtstrahl in ihre Dunkelheit, und endlich war die Öffnung so groß, daß sie hinausschauen konnten. Der Himmel war blau, und eine frische Luft wehte ihnen entgegen, aber wie traurig sah ringsumher alles aus: das Schloß ihres Vaters lag in Trümmern, die Stadt und die Dörfer waren, so weit man sehen konnte, verbrannt, die Felder weit und breit verheert: keine Menschenseele ließ sich erblicken. Als die Öffnung in der Mauer so groß war, daß sie hindurchschlüpfen konnten, so sprang zuerst die Kammerjungfer herab, und dann folgte die Jungfrau Maleen. Aber wo sollten sie sich hinwenden? Die Feinde hatten das ganze Reich verwüstet, den König verjagt und alle Einwohner erschlagen. Sie wanderten fort, um ein anderes Land zu suchen, aber sie fanden nirgend ein Obdach oder einen Menschen, der ihnen einen Bissen Brot gab, und ihre Not war so groß, daß sie ihren Hunger an einem Brennesselstrauch stillen mußten. Als sie nach langer Wanderung in ein anderes Land kamen, boten sie überall ihre Dienste an, aber wo sie anklopften, wurden sie abgewiesen, und niemand wollte sich ihrer erbarmen. Endlich gelangten sie in eine große Stadt und gingen nach dem königlichen Hof. Aber auch da hieß man sie weitergehen, bis endlich der Koch sagte, sie könnten in der Küche bleiben und als Aschenputtel dienen.

Der Sohn des Königs, in dessen Reich sie sich befanden, war aber gerade der Verlobte der Jungfrau Maleen gewesen. Der Vater hatte ihm eine andere Braut bestimmt, die ebenso häßlich von Angesicht als bös von Herzen war. Die Hochzeit war festgesetzt und die Braut schon angelangt, bei ihrer großen Häßlichkeit aber ließ sie sich vor niemand sehen und schloß sich in ihre Kammer ein, und die Jungfrau Maleen mußte ihr das Essen aus der Küche bringen. Als der Tag herankam, wo die Braut mit dem Bräutigam in die Kirche gehen sollte, so schämte sie sich ihrer Häßlichkeit und fürchtete, wenn sie sich auf der Straße zeigte, würde sie von den Leuten verspottet und ausgelacht. Da sprach sie zur Jungfrau Maleen: »Dir steht ein großes Glück bevor, ich habe mir den Fuß vertreten und kann nicht gut über die Straße gehen; du sollst meine Brautkleider anziehen und meine Stelle einnehmen: eine größere Ehre kann dir nicht zuteil werden.« Die Jungfrau Maleen aber schlug es aus und sagte: »Ich verlange keine Ehre, die mir nicht gebührt.« Es war auch vergeblich, daß sie ihr Gold anbot. Endlich sprach sie zornig: »Wenn du mir nicht gehorchst, so kostet es dir dein Leben: ich brauche nur ein Wort zu sagen, so wird dir der Kopf vor die Füße gelegt.« Da mußte sie gehorchen und die prächtigen Kleider der Braut samt ihrem Schmuck anlegen. Als sie in den königlichen Saal eintrat, erstaunten alle über ihre große Schönheit, und der König sagte zu seinem Sohn: »Das ist die Braut, die ich dir ausgewählt habe und die du zur Kirche führen sollst.« Der Bräutigam erstaunte und dachte: »Sie gleicht meiner Jungfrau Maleen, und ich würde glauben, sie wäre es selbst, aber die sitzt schon lange im Turn gefangen oder ist tot.« Er nahm sie an der Hand und führte sie zur Kirche. An dem Wege stand ein Brennesselbusch, da sprach sie:

»Brennettelbusch,
Brennettelbusch so klene,
wat steist du hier allene?
Ik hef de Tyt geweten,
da hef ik dy ungesaden,
ungebraden eten.«

»Was sprichst du da?« fragte der Königssohn. »Nichts«, antwortete sie, »ich dachte nur an die Jungfrau Maleen.« Er verwunderte sich, daß sie von ihr wußte, schwieg aber still. Als sie an den Steg vor dem Kirchhof kamen, sprach sie:

»Karkstegels, brik nich,
bün de rechte Brut nich.«

»Was sprichst du da?« fragte der Königssohn. »Nichts«, antwortete sie, »ich dachte nur an die Jungfrau Maleen.« – »Kennst du die Jungfrau Maleen?« – »Nein«, antwortete sie, »wie sollt ich sie kennen, ich habe nur von ihr gehört.« Als sie an die Kirchtüre kamen, sprach sie abermals:

»Karkendär, brik nich,
bün de rechte Brut nich.«

»Was sprichst du da?« fragte er. »Ach«, antwortete sie, »ich habe nur an die Jungfrau Maleen gedacht.« Da zog er ein kostbares Geschmeide hervor, legte es ihr an den Hals und hakte die Kettenringe ineinander. Darauf traten sie in die Kirche, und der Priester legte vor dem Altar ihre Hände ineinander und vermählte sie. Er führte sie zurück, aber sie sprach auf dem ganzen Weg kein Wort. Als sie wieder in dem königlichen Schloß angelangt waren, eilte sie in die Kammer der Braut, legte die prächtigen Kleider und den Schmuck ab, zog ihren grauen Kittel an und behielt nur das Geschmeide um den Hals, das sie von dem Bräutigam empfangen hatte.

Als die Nacht herankam und die Braut in das Zimmer des Königssohns sollte geführt werden, so ließ sie den Schleier über ihr Gesicht fallen, damit er den Betrug nicht merken sollte. Sobald alle Leute fortgegangen waren, sprach er zu ihr: »Was hast du doch zu dem Brennesselbusch gesagt, der an dem Weg stand?« – »Zu welchem Brennesselbusch?« fragte sie, »ich spreche mit keinem Brennnesselbusch.« – »Wenn du es nicht getan hast, so bist du die rechte Braut nicht«, sagte er. Da half sie sich und sprach:

»Mut herut na myne Maegt,
de my myn Gedanken draegt.«

Sie ging hinaus und fuhr die Jungfrau Maleen an: »Dirne, was hast du zu dem Brennesselbusch gesagt?« – »Ich sagte nichts als:

Brennettelbusch,
Brennettelbusch so klene,
wat steist du hier allene?
Ik hef de Tyt geweten,
da hef ik dy ungesaden,
ungebraden eten.«

Die Braut lief in die Kammer zurück und sagte: »Jetzt weiß ich, was ich zu dem Brennesselbusch gesprochen habe«, und wiederholte die Worte, die sie eben gehört hatte. »Aber was sagtest du zu dem Kirchensteg, als wir darübergingen?« fragte der Königssohn. »Zu dem Kirchensteg?« antwortete sie, »ich spreche mit keinem Kirchensteg.« – »Dann bist du auch die rechte Braut nicht.« Sie sagte wiederum:

»Mut herut na myne Maegt,
de my myn Gedanken draegt.«

Lief hinaus und fuhr die Jungfrau Maleen an: »Dirne, was hast du zu dem Kirchsteg gesagt?« – »Ich sagte nichts als:

Karkstegels, brik nich,
bün de rechte Brut nich.«

»Das kostet dich dein Leben«, rief die Braut, eilte aber in die Kammer und sagte: »Jetzt weiß ich, was ich zu dem Kirchsteg gesprochen habe«, und wiederholte die Worte. »Aber was sagtest du zur Kirchentür?« – »Zur Kirchentür?« antwortete sie, »ich spreche mit keiner Kirchentür.« – »Dann bist du auch die rechte Braut nicht.« Sie ging hinaus, fuhr die Jungfrau Maleen an: »Dirne, was hast du zu der Kirchentür gesagt?« – »Ich sagte nichts als:

Karkendär, brik nich,
bün de rechte Brut nich.«

»Das bricht dir den Hals«, rief die Braut und geriet in den größten Zorn, eilte aber zurück in die Kammer und sagte: »Jetzt weiß ich, was ich zu der Kirchentür gesprochen habe«, und wiederholte die Worte. »Aber, wo hast du das Geschmeide, das ich dir an der Kirchentür gab?« – »Was für ein Geschmeide«, antwortete sie, »du hast mir kein Geschmeide gegeben.« – »Ich habe es dir selbst um den Hals gelegt und selbst eingehakt: wenn du das nicht weißt, so bist du die rechte Braut nicht.« Er zog ihr den Schleier vom Gesicht, und als er ihre grundlose Häßlichkeit erblickte, sprang er erschrokken zurück und sprach: »Wie kommst du hierher? Wer bist du?« – »Ich bin deine verlobte Braut, aber weil ich fürchtete, die Leute würden mich verspotten, wenn sie mich draußen erblickten, so habe ich dem Aschenputtel befohlen, meine Kleider anzuziehen und statt meiner zur Kirche zu gehen.« – »Wo ist das Mädchen«, sagte er, »ich will es sehen, geh und hol es hierher.« Sie ging hinaus und sagte den Dienern, das Aschenputtel sei eine Betrügerin, sie sollten es in den Hof hinabführen und ihm den Kopf abschlagen. Die Diener packten es und wollten es fortschleppen, aber es schrie so laut um Hilfe, daß der Königssohn seine Stimme vernahm, aus seinem Zimmer herbeieilte und den Befehl gab, das Mädchen augenblicklich loszulassen. Es wurden Lichter herbeigeholt, und da bemerkte er an ihrem Hals den Goldschmuck, den er ihm vor der Kirchentür gegeben hatte. »Du bist die rechte Braut«, sagte er, »die mit mir zur Kirche gegangen ist: komm mit mir in meine Kammer.« Als sie beide allein waren, sprach er: »Du hast auf dem Kirchgang die Jungfrau Maleen genannt, die meine verlobte Braut war; wenn ich dächte, es wäre möglich, so müßte ich glauben, sie stände vor mir: du gleichst ihr in allem.« Sie antwortete: »Ich bin die Jungfrau Maleen, die um dich sieben Jahre in der Finsternis gefangengesessen, Hunger und Durst gelitten und so lange in Not und Armut gelebt hat; aber heute bescheint mich die Sonne wieder. Ich bin dir in der Kirche angetraut und bin deine rechtmäßige Gemahlin.« Da küßten sie einander und waren glücklich für ihr Lebtag. Der falschen Braut ward zur Vergeltung der Kopf abgeschlagen.

Der Turn, in welchem die Jungfrau Maleen gesessen hatte, stand noch lange Zeit, und wenn die Kinder vorübergingen, so sangen sie:

»Kling, klang, kloria,
wer sitt in dissen Toria?
Dar sitt en Königsdochter in,
die kann ik nich to seen krygn.
De Muer, de will nich bräken,
de Steen, de will nich stechen.
Hänschen mit de bunte Jak,
kumm unn folg my achterna.«

199.

Der Stiefel von Büffelleder

Ein Soldat, der sich vor nichts fürchtet, kümmert sich auch um nichts. So einer hatte seinen Abschied erhalten, und da er nichts gelernt hatte und nichts verdienen konnte, so zog er umher und bat gute Leute um ein Almosen. Auf seinen Schultern hing ein alter Wettermantel, und ein Paar Reiterstiefeln von Büffelleder waren ihm auch noch geblieben. Eines Tages ging er, ohne auf Weg und Steg zu achten, immer ins Feld hinein und gelangte endlich in einen Wald. Er wußte nicht, wo er war, sah aber auf einem abgehauenen Baumstamm einen Mann sitzen, der gut gekleidet war und einen grünen Jägerrock trug. Der Soldat reichte ihm die Hand, ließ sich neben ihm auf das Gras nieder und streckte seine Beine aus. »Ich sehe, du hast feine Stiefel an, die glänzend gewichst sind«, sagte er zu dem Jäger, »wenn du aber herumziehen müßtest wie ich, so würden sie nicht lange halten. Schau die meinigen an, die sind von Büffelleder und haben schon lange gedient, gehen aber durch dick und dünn.« Nach einer Weile stand der Soldat auf und sprach: »Ich kann nicht länger bleiben, der Hunger treibt mich fort. Aber, Bruder Wichsstiefel, wohinaus geht der Weg?« – »Ich weiß es selber nicht«, antwortete der Jäger, »ich habe mich in dem Wald verirrt.« – »So geht dir's ja wie mir«, sprach der Soldat, »gleich und gleich gesellt sich gern, wir wollen beieinander bleiben und den Weg suchen.« Der Jäger lächelte ein wenig, und sie gingen zusammen fort immer weiter, bis die Nacht einbrach. »Wir kommen aus dem Wald nicht heraus«, sprach der Soldat, »aber ich sehe dort in der Ferne ein Licht schimmern, da wird's etwas zu essen geben.« Sie fanden ein Steinhaus, klopften an die Türe, und ein altes Weib öffnete. »Wir suchen ein Nachtquartier«, sprach der Soldat, »und etwas Unterfutter für den Magen, denn der meinige ist so leer wie ein alter Tornister.« – »Hier könnt ihr nicht bleiben«, antwortete die Alte, »das ist ein Räuberhaus, und ihr tut am klügsten, daß ihr euch fortmacht, bevor sie heimkommen, denn finden sie euch, so seid ihr verloren.« – »Es wird so schlimm nicht sein«, antwortete der Soldat, »ich habe seit zwei Tagen keinen Bissen genossen, und es ist mir einerlei, ob ich hier umkomme oder im Wald vor Hunger sterbe. Ich gehe herein.« Der Jäger wollte nicht folgen, aber der Soldat zog ihn am Ärmel mit sich: »Komm, Bruderherz, es wird nicht gleich an den Kragen gehen.« Die Alte hatte Mitleiden und sagte: »Kriecht hinter den Ofen, wenn sie etwas übriglassen und eingeschlafen sind, so will ich's euch zustecken.« Kaum saßen sie in der Ecke, so kamen zwölf Räuber hereingestürmt, setzten sich an den Tisch, der schon gedeckt war, und forderten mit Ungestüm das Essen. Die Alte trug einen großen Braten herein, und die Räuber ließen sich's wohl schmecken. Als der Geruch von der Speise dem Soldaten in die Nase stieg, sagte er zum Jäger: »Ich halt's nicht länger aus, ich setze mich an den Tisch und esse mit.« – »Du bringst uns ums Leben«, sprach der Jäger und hielt ihn am Arm. Aber der Soldat fing an, laut zu husten. Als die Räuber das hörten, warfen sie Messer und Gabel hin, sprangen auf und entdeckten die beiden hinter dem Ofen. »Aha, ihr Herrn«, riefen sie, »sitzt ihr in der Ecke? Was wollt ihr hier? Seid ihr als Kundschafter ausgeschickt? Wartet, ihr sollt an einem dürren Ast das Fliegen lernen.« – »Nur manierlich«, sprach der Soldat, »mich hungert, gebt mir zu essen, hernach könnt ihr mit mir machen, was ihr wollt.« Die Räuber stutzten, und der Anführer sprach: »Ich sehe, du fürchtest dich nicht; gut, Essen sollst du haben, aber hernach mußt du sterben.« – »Das wird sich finden«, sagte der Soldat, setzte sich an den Tisch und fing an, tapfer in den Braten einzuhauen. »Bruder Wichsstiefel, komm und iß«, rief er dem Jäger zu, »du wirst hungrig sein, so gut als ich, und einen bessern Braten kannst du zu Haus nicht haben«; aber der Jäger wollte nicht essen. Die Räuber sahen dem Soldaten mit Erstaunen zu und sagten: »Der Kerl macht keine Umstände.« Hernach sprach er: »Das Essen wäre schon gut, nun schafft auch einen guten Trunk herbei.« Der Anführer war in der Laune, sich das auch noch gefallen zu lassen, und rief der Alten zu: »Hol eine Flasche aus dem Keller, und zwar von dem besten.« Der Soldat zog den Propfen heraus, daß es knallte, ging mit der Flasche zu dem Jäger und sprach: »Gib acht, Bruder, du sollst dein blaues Wunder sehen: jetzt will ich eine Gesundheit auf die ganze Sippschaft ausbringen.« Dann schwenkte er die Flasche über den Köpfen der Räuber, rief: »Ihr sollt alle leben, aber das Maul auf und die rechte Hand in der Höhe«, und tat einen herzhaften Zug. Kaum waren die Worte heraus, so saßen sie alle bewegungslos, als wären sie von Stein, hatten das Maul offen und streckten den rechten Arm in die Höhe. Der Jäger sprach zu dem Soldaten: »Ich sehe, du kannst noch andere Kunststücke, aber nun komm und laß uns heimgehen.« – »Oho, Bruderherz, das wäre zu früh abmarschiert, wir haben den Feind geschlagen und wollen erst Beute machen. Die sitzen da fest und sperren das Maul vor Verwunderung auf; sie dürfen sich aber nicht rühren, bis ich es erlaube. Komm, iß und trink.« Die Alte mußte noch eine Flasche von dem besten holen, und der Soldat stand nicht eher auf, als bis er wieder für drei Tage gegessen hatte. Endlich als der Tag kam, sagte er:

»Nun ist Zeit, daß wir das Zelt abbrechen, und damit wir einen kurzen Marsch haben, so soll die Alte uns den nächsten Weg nach der Stadt zeigen.« Als sie dort angelangt waren, ging er zu seinen alten Kameraden und sprach: »Ich habe draußen im Wald ein Nest voll Galgenvögel aufgefunden, kommt mit, wir wollen es ausheben.« Der Soldat führte sie an und sprach zu dem Jäger: »Du mußt wieder mit zurück und zusehen, wie sie flattern, wenn wir sie an den Füßen packen.« Er stellte die Mannschaft rings um die Räuber herum, dann nahm er die Flasche, trank einen Schluck, schwenkte sie über ihnen her und rief: »Ihr sollt alle leben!« Augenblicklich hatten sie ihre Bewegung wieder, wurden aber niedergeworfen und an Händen und Füßen mit Stricken gebunden. Dann hieß sie der Soldat wie Säcke auf einen Wagen werfen und sagte: »Fahrt sie nur gleich vor das Gefängnis.« Der Jäger aber nahm einen von der Mannschaft beiseite und gab ihm noch eine Bestellung mit.

»Bruder Wichsstiefel«, sprach der Soldat, »wir haben den Feind glücklich überrumpelt und uns wohlgenährt, jetzt wollen wir als Nachzügler in aller Ruhe hinterhermarschieren.« Als sie sich der Stadt näherten, so sah der Soldat, wie sich eine Menge Menschen aus dem Stadttor drängten, lautes Freudengeschrei erhuben und grüne Zweige in der Luft schwangen. Dann sah er, daß die ganze Leibwache herangezogen kam. »Was soll das heißen?« sprach er ganz verwundert zu dem Jäger. »Weißt du nicht«, antwortete er, »daß der König lange Zeit aus seinem Reich entfernt war, heute kehrt er zurück, und da gehen ihm alle entgegen.« – »Aber wo ist der König«, sprach der Soldat, »ich sehe ihn nicht.« – »Hier ist er«, antwortete der Jäger, »ich bin der König und habe meine Ankunft melden lassen.« Dann öffnete er seinen Jägerrock, daß man die königlichen Kleider sehen konnte. Der Soldat erschrak, fiel auf die Knie und bat ihn um Vergebung, daß er ihn in der Unwissenheit wie seinesgleichen behandelt und ihn mit solchem Namen angeredet habe. Der König aber reichte ihm die Hand und sprach: »Du bist ein braver Soldat und hast mir das Leben gerettet. Du sollst keine Not mehr leiden, ich will schon für dich sorgen. Und wenn du einmal ein Stück guten Braten essen willst, so gut als in dem Räuberhaus, so komm nur in die königliche Küche. Willst du aber eine Gesundheit ausbringen, so sollst du erst bei mir Erlaubnis dazu holen.«

200.

Der goldene Schlüssel

Zur Winterszeit, als einmal ein tiefer Schnee lag, mußte ein armer Junge hinausgehen und Holz auf einem Schlitten holen. Wie er es nun zusammengesucht und aufgeladen hatte, wollte er, weil er so erfroren war, noch nicht nach Haus gehen, sondern erst Feuer anmachen und sich ein bißchen wärmen. Da scharrte er den Schnee weg, und wie er so den Erdboden aufräumte, fand er einen kleinen goldenen Schlüssel. Nun glaubte er, wo der Schlüssel wäre, müßte auch das Schloß dazu sein, grub in der Erde und fand ein eisernes Kästchen. »Wenn der Schlüssel nur paßt!« dachte er. »Es sind gewiß kostbare Sachen in dem Kästchen.« Er suchte, aber es war kein Schlüsselloch da, endlich entdeckte er eins, aber so klein, daß man es kaum sehen konnte. Er probierte, und der Schlüssel paßte glücklich. Da drehte er einmal herum, und nun müssen wir warten, bis er vollends aufgeschlossen und den Deckel aufgemacht hat, dann werden wir erfahren, was für wunderbare Sachen in dem Kästchen lagen.

Kinderlegenden

1.

Der heilige Joseph im Walde

Es war einmal eine Mutter, die hatte drei Töchter, davon war die älteste unartig und bös, die zweite schon viel besser, obgleich sie auch ihre Fehler hatte, die jüngste aber war ein frommes, gutes Kind. Die Mutter war aber so wunderlich, daß sie gerade die älteste Tochter am liebsten hatte und die jüngste nicht leiden konnte. Daher schickte sie das arme Mädchen oft hinaus in einen großen Wald, um es sich vom Hals zu schaffen, denn sie dachte, es würde sich verirren und nimmermehr wiederkommen. Aber der Schutzengel, den jedes fromme Kind hat, verließ es nicht, sondern brachte es immer wieder auf den rechten Weg. Einmal indessen tat das Schutzenglein, als wenn es nicht bei der Hand wäre, und das Kind konnte sich nicht wieder aus dem Walde herausfinden. Es ging immerfort, bis es Abend wurde, da sah es in der Ferne ein Lichtchen brennen, lief darauf zu und kam vor eine kleine Hütte. Es klopfte an, die Türe ging auf, und es gelangte zu einer zweiten Tür, wo es wieder anklopfte. Ein alter Mann, der einen schneeweißen Bart hatte und ehrwürdig aussah, machte ihm auf, und das war niemand anders als der heilige Joseph. Er sprach ganz freundlich: »Komm, liebes Kind, setze dich ans Feuer auf mein Stühlchen und wärme dich, ich will dir klar Wässerchen holen, wenn du Durst hast; zu essen aber hab ich hier im Walde nichts für dich als ein paar Würzelcher, die mußt du dir erst schaben und kochen.« Da reichte ihm der heil. Joseph die Wurzeln; das Mädchen schrappte sie säuberlich ab, dann holte es ein Stückchen Pfannkuchen und das Brot, das ihm seine Mutter mitgegeben hatte, und tat alles zusammen in einem Kesselchen bei's Feuer und kochte sich ein Mus. Als das fertig war, sprach der heil. Joseph: »Ich bin so hungrig, gib mir etwas von deinem Essen.« Da war das Kind bereitwillig und gab ihm mehr, als es für sich behielt, doch war Gottes Segen dabei, daß es satt ward. Als sie nun gegessen hatten, sprach der heil. Joseph: »Nun wollen wir zu Bett gehen; ich habe aber nur ein Bett, lege du dich hinein, ich will mich ins Stroh auf die Erde legen.« – »Nein«, antwortete es, »bleib du nur in deinem Bett, für mich ist das Stroh weich genug.« Der heil. Joseph aber nahm das Kind auf den Arm und trug es ins Bettchen, da tat es sein Gebet und schlief ein. Am andern Morgen, als es aufwachte, wollte es dem heil. Joseph guten Morgen sagen, aber es sah ihn nicht. Da stand es auf und suchte ihn, konnte ihn aber in keiner Ecke finden; endlich gewahrte es hinter der Tür einen Sack mit Geld, so schwer, als es ihn nur tragen konnte, darauf stand geschrieben, das wäre für das Kind, das heute nacht hier geschlafen hätte. Da nahm es den Sack und sprang damit fort und kam auch glücklich zu seiner Mutter, und weil es ihr alle das Geld schenkte, so konnte sie nicht anders, sie mußte mit ihm zufrieden sein.

Am folgenden Tag bekam das zweite Kind auch Lust, in den Wald zu gehen. Die Mutter gab ihm ein viel größeres Stück Pfannkuchen und Brot mit. Es erging ihm nun gerade wie dem ersten Kinde. Abends kam es in das Hüttchen des heil. Joseph, der ihm Wurzeln zu einem Mus reichte. Als das fertig war, sprach er gleichfalls zu ihm: »Ich bin so hungrig, gib mir etwas von deinem Essen.« Da antwortete das Kind: »Iß als mit.« Als ihm danach der heil. Joseph sein Bett anbot und sich auf Stroh legen wollte, antwortete es: »Nein, leg dich als mit ins Bett, wir haben ja beide wohl Platz darin.« Der heil. Joseph nahm es auf den Arm, legte es ins Bettchen und legte sich ins Stroh. Morgens, als das Kind aufwachte und den heil. Joseph suchte, war er verschwunden, aber hinter der Türe fand es ein Säckchen mit Geld, das war händelang, und darauf stand geschrieben, es wäre für das Kind, das heute nacht hier geschlafen hätte. Da nahm es das Säckchen und lief damit heim und brachte es seiner Mutter, doch behielt es heimlich ein paar Stücke für sich.

Nun war die älteste Tochter neugierig und wollte den folgenden Morgen auch hinaus in den Wald. Die Mutter gab ihr Pfannkuchen mit, soviel sie wollte, Brot und auch Käse dazu. Abends fand sie den heil. Joseph in seinem Hüttchen geradeso, wie ihn die zwei andern gefunden hatten. Als das Mus fertig war und der heil. Joseph sprach: »Ich bin so hungrig, gib mir etwas von deinem Essen«, antwortete das Mädchen: »Warte, bis ich satt bin, was ich dann überiglasse, das sollst du haben.« Es aß aber beinah alles auf, und der heil. Joseph mußte das Schüsselchen ausschrappen. Der gute Alte bot ihm hernach sein Bett an und wollte auf dem Stroh liegen, das nahm es ohne Widerrede an, legte sich in das Bettchen und ließ dem Greis das harte Stroh. Am andern Morgen, wie es aufwachte, war der heil. Joseph nicht zu finden, doch darüber machte es sich keine Sorgen: es suchte hinter der Türe nach einem Geldsack. Es kam ihm vor, als läge etwas auf der Erde, doch weil es nicht recht unterscheiden konnte, was es war, bückte es sich und stieß mit seiner Nase daran. Aber es blieb an der Nase hangen, und wie es sich aufrichtete, sah es zu seinem Schrecken, daß es noch eine zweite Nase war, die an der seinen festhing. Da hub es an zu schreien und zu heulen, aber das half nichts, es mußte immer auf seine Nase sehen, wie die so weit hinausstand. Da lief es in einem Geschrei fort, bis es dem heil. Joseph begegnete, dem fiel es zu Füßen und bat so lange, bis er aus Mitleid ihm die Nase wieder abnahm und noch zwei Pfennige schenkte. Als es daheim ankam, stand vor der Türe seine Mutter und fragte: »Was hast du geschenkt kriegt?« Da log es und antwortete: »Einen großen Sack voll Gelds, aber ich habe ihn unterwegs verloren.« – »Verloren!« rief die Mutter, »o den wollen wir schon wiederfinden«, nahm es bei der Hand und wollte mit ihm suchen. Zuerst fing es an zu weinen und wollte nicht mitgehen, endlich aber ging es mit, doch auf dem Wege kamen so viel Eidechsen und Schlangen auf sie beide los, daß sie sich nicht zu retten wußten; sie stachen auch endlich das böse Kind tot, und die Mutter stachen sie in den Fuß, weil sie es nicht besser erzogen hatte.

2.

Die zwölf Apostel

Es war dreihundert Jahre vor des Herrn Christi Geburt, da lebte eine Mutter, die hatte zwölf Söhne, war aber so arm und dürftig, daß sie nicht wußte, womit sie ihnen länger das Leben erhalten sollte. Sie betete täglich zu Gott, er möchte doch geben, daß alle ihre Söhne mit dem verheißenen Heiland auf Erden zusammen wären. Als nun ihre Not immer größer ward, schickte sie einen nach dem andern in die Welt, um sich ihr Brot zu suchen. Der älteste hieß Petrus, der ging aus und war schon weit gegangen, eine ganze

Tagreise, da geriet er in einen großen Wald. Er suchte einen Ausweg, konnte aber keinen finden und verirrte sich immer tiefer; dabei empfand er so großen Hunger, daß er sich kaum aufrecht erhalten konnte. Endlich ward er so schwach, daß er liegenbleiben mußte und glaubte, dem Tode nahe zu sein. Da stand auf einmal neben ihm ein kleiner Knabe, der glänzte und war so schön und freundlich wie ein Engel. Das Kind schlug seine Händchen zusammen, daß er aufschauen und es anblicken mußte. Da sprach es: »Warum sitzest du da so betrübt?« – »Ach«, antwortete Petrus, »ich gehe umher in der Welt und suche mein Brot, damit ich noch den verheißenen lieben Heiland sehe; das ist mein größter Wunsch.« Das Kind sprach: »Komm mit, so soll dein Wunsch erfüllt werden.« Es nahm den armen Petrus an der Hand und führte ihn zwischen Felsen zu einer großen Höhle. Wie sie hineinkamen, so blitzte alles von Gold, Silber und Kristall, und in der Mitte standen zwölf Wiegen nebeneinander. Da sprach das Englein: »Lege dich in die erste und schlaf ein wenig, ich will dich wiegen.« Das tat Petrus, und das Englein sang ihm und wiegte ihn so lange, bis er eingeschlafen war. Und wie er schlief, kam der zweite Bruder, den auch sein Schutzenglein hereinführte, und ward wie der erste in den Schlaf gewiegt, und so kamen die andern nach der Reihe, bis alle zwölfe dalagen in den goldenen Wiegen und schliefen. Sie schliefen aber dreihundert Jahre, bis in der Nacht, worin der Weltheiland geboren ward. Da erwachten sie und waren mit ihm auf Erden und wurden die zwölf Apostel genannt.

3.

Die Rose

Et was mal eine arme Frugge, de hadde twei Kinner; dat jungeste moste olle Dage in en Wald gohn un langen (holen) Holt. Asset nu mal ganz wiet söken geit, kam so en klein Kind, dat was awerst ganz wacker, to em und holp (half) flietig Holt lesen un drog et auck bis für dat Hus; dann was et awerst, eh en Augenschlägsken (Augenblick) vergink, verswunnen. Dat Kind vertelde et siner Moder, de wul et awerst nig glöven. Up et lest brochte et en Rause (Rose) mit un vertelde, dat schöne Kind hädde em deise Rause gieven un hädde em sägt, wenn de Rause upblöhet wär, dann wull et wier kummen. De Moder stellde dei Rause in't Water. Einen Morgen kam dat Kind gar nig ut dem Bedde, de Moder gink to dem Bedde hen un fund dat Kind daude (tot); et lag awerst ganz anmotik. Un de Rause was den sulftigen Morgen upblöhet.

4.

Armut und Demut führen zum Himmel

Es war einmal ein Königssohn, der ging hinaus in das Feld und war nachdenklich und traurig. Er sah den Himmel an, der war so schön, rein und blau, da seufzte er und sprach: »Wie wohl muß einem erst da oben im Himmel sein!« Da erblickte er einen armen greisen Mann, der des Weges daherkam, redete ihn an und fragte: »Wie kann ich wohl in den Himmel kommen?« Der Mann antwortete: »Durch Armut und Demut. Leg an meine zerrissenen Kleider, wandere sieben Jahre in der Welt und lerne ihr Elend kennen; nimm kein Geld, sondern wenn du hungerst, bitt mitleidige Herzen um ein Stückchen Brot, so wirst du dich dem Himmel nähern.« Da zog der Königssohn seinen prächtigen Rock aus und hing dafür das Bettlergewand um, ging hinaus in die weite Welt und duldete groß Elend. Er nahm nichts als ein wenig Essen, sprach nichts, sondern betete zu dem Herrn, daß er ihn einmal in seinen Himmel aufnehmen wollte. Als die sieben Jahre herum waren, da kam er wieder an seines Vaters Schloß, aber niemand erkannte ihn. Er sprach zu den Dienern: »Geht und sagt meinen Eltern, daß ich wiedergekommen bin.« Aber die Diener glaubten es nicht, lachten und ließen ihn stehen. Da sprach er: »Geht und sagt's meinen Brüdern, daß sie herabkommen, ich möchte sie so gerne wiedersehen.« Sie wollten auch nicht, bis endlich einer von ihnen hinging und es den Königskindern sagte, aber diese glaubten es nicht und bekümmerten sich nicht darum. Da schrieb er einen Brief an seine Mutter und beschrieb ihr darin all sein Elend, aber er sagte nicht, daß er ihr Sohn wäre. Da ließ ihm die

Königin aus Mitleid einen Platz unter der Treppe anweisen und ihm täglich durch zwei Diener Essen bringen. Aber der eine war bös und sprach: »Was soll dem Bettler das gute Essen!« behielt's für sich oder gab's den Hunden und brachte dem Schwachen, Abgezehrten nur Wasser; doch der andere war ehrlich und brachte ihm, was er für ihn bekam. Es war wenig, doch konnte er davon eine Zeitlang leben; dabei war er ganz geduldig, bis er immer schwächer ward. Als aber seine Krankheit zunahm, da begehrte er das heil. Abendmahl zu empfangen. Wie es nun unter der halben Messe ist, fangen von selbst alle Glocken in der Stadt und in der Gegend an zu läuten. Der Geistliche geht nach der Messe zu dem armen Mann unter der Treppe, so liegt er da tot, in der einen Hand eine Rose, in der andern eine Lilie, und neben ihm ein Papier, darauf steht seine Geschichte aufgeschrieben.

Als er begraben war, wuchs auf der einen Seite des Grabes eine Rose, auf der andern eine Lilie heraus.

5.

Gottes Speise

Es waren einmal zwei Schwestern, die eine hatte keine Kinder und war reich, die andere hatte fünf Kinder und war eine Witwe und war so arm, daß sie nicht mehr Brot genug hatte, sich und ihre Kinder zu sättigen. Da ging sie in der Not zu ihrer Schwester und sprach: »Meine Kinder leiden mit mir den größten Hunger, du bist reich, gib mir einen Bissen Brot.« Die steinreiche war auch steinhart, sprach: »Ich habe selbst nichts in meinem Hause«, und wies die Arme mit bösen Worten fort. Nach einiger Zeit kam der Mann der reichen Schwester heim und wollte sich ein Stück Brot schneiden, wie er aber den ersten Schnitt in den Laib tat, floß das rote Blut heraus. Als die Frau das sah, erschrak sie und erzählte ihm, was geschehen war. Er eilte hin und wollte helfen, wie er aber in die Stube der Witwe trat, so fand er sie betend; die beiden jüngsten Kinder hatte sie auf den Armen, die drei ältesten lagen da und waren gestorben. Er bot ihr Speise an, aber sie antwortete: »Nach irdischer

Speise verlangen wir nicht mehr; drei hat Gott schon gesättigt, unser Flehen wird er auch erhören.« Kaum hatte sie diese Worte ausgesprochen, so taten die beiden Kleinen ihren letzten Atemzug, und darauf brach ihr auch das Herz, und sie sank tot nieder.

6.

Die drei grünen Zweige

Es war einmal ein Einsiedler, der lebte in einem Walde an dem Fuße eines Berges und brachte seine Zeit in Gebet und guten Werken zu, und jeden Abend trug er noch zur Ehre Gottes ein paar Eimer Wasser den Berg hinauf. Manches Tier wurde damit getränkt und manche Pflanze damit erquickt, denn auf den Anhöhen weht beständig ein harter Wind, der die Luft und die Erde austrocknet, und die wilden Vögel, die vor den Menschen scheuen, kreisen dann hoch und suchen mit ihren scharfen Augen nach einem Trunk. Und weil der Einsiedler so fromm war, so ging ein Engel Gottes, seinen Augen sichtbar, mit ihm hinauf, zählte seine Schritte und brachte ihm, wenn die Arbeit vollendet war, sein Essen, so wie jener Prophet auf Gottes Geheiß von den Raben gespeiset ward. Als der Einsiedler in seiner Frömmigkeit schon zu einem hohen Alter gekommen war, da trug es sich zu, daß er einmal von weitem sah, wie man einen armen Sünder zum Galgen führte. Er sprach so vor sich hin: »Jetzt widerfährt diesem sein Recht.« Abends, als er das Wasser den Berg hinauftrug, erschien der Engel nicht, der ihn sonst begleitete, und brachte ihm auch nicht seine Speise. Da erschrak er, prüfte sein Herz und bedachte, womit er wohl könnte gesündigt haben, weil Gott also zürne, aber er wußte es nicht. Da aß und trank er nicht, warf sich nieder auf die Erde und betete Tag und Nacht. Und als er einmal in dem Walde so recht bitterlich weinte, hörte er ein Vöglein, das sang so schön und herrlich, da ward er noch betrübter und sprach: »Wie singst du so fröhlich! Dir zürnt der Herr nicht: ach, wenn du mir sagen könntest, womit ich ihn beleidigt habe, damit ich Buße täte und mein Herz auch wieder fröhlich würde!« Da fing das Vöglein an zu sprechen und sagte: »Du hast unrecht getan, weil du einen armen Sünder verdammt hast, der zum Galgen geführt wurde, darum zürnt dir der Herr; er allein hält Gericht. Doch wenn du Buße tun und deine Sünde bereuen willst, so wird er dir verzeihen.« Da stand der Engel neben ihm und hatte einen trokkenen Ast in der Hand und sprach: »Diesen trockenen Ast sollst du so lange tragen, bis drei grüne Zweige aus ihm hervorsprießen, aber nachts, wenn du schlafen willst, sollst du ihn unter dein Haupt legen. Dein Brot sollst du dir an den Türen erbitten und in demselben Hause nicht länger als eine Nacht verweilen. Das ist die Buße, die dir der Herr auflegt.«

Da nahm der Einsiedler das Stück Holz und ging in die Welt zurück, die er so lange nicht gesehen hatte. Er aß und trank nichts, als was man ihm an den Türen reichte; manche Bitte aber ward nicht gehört, und manche Türe blieb ihm verschlossen, also daß er oft ganze Tage lang keinen Krumen Brot bekam. Einmal war er vom Morgen bis Abend von Türe zu Türe gegangen, niemand hatte ihm etwas gegeben, niemand wollte ihn die Nacht beherbergen, da ging er hinaus in einen Wald und fand endlich eine angebaute Höhle, und eine alte Frau saß darin. Da sprach er: »Gute Frau, behaltet mich diese Nacht in Euerm Hause.« Aber sie antwortete: »Nein, ich darf nicht, wenn ich auch wollte. Ich habe drei Söhne, die sind bös und wild, wenn sie von ihrem Raubzug heimkommen und finden Euch, so würden sie uns beide umbringen.« Da sprach der Einsiedler: »Laßt mich nur bleiben, sie werden Euch und mir nichts tun«, und die Frau war mitleidig und ließ sich bewegen. Da legte sich der Mann unter die Treppe und das Stück Holz unter seinen Kopf. Wie die Alte das sah, fragte sie nach der Ursache, da erzählte er ihr, daß er es zur Buße mit sich herumtrage und nachts zu einem Kissen brauche. Er habe den Herrn beleidigt, denn als er einen armen Sünder auf dem Gang nach dem Gericht gesehen, habe er gesagt, diesem widerfahre sein Recht. Da fing die Frau an zu weinen und rief: »Ach, wenn der Herr ein einziges Wort also bestraft, wie wird es meinen Söhnen ergehen, wenn sie vor ihm im Gericht erscheinen.«

Um Mitternacht kamen die Räuber heim, lärmten und tobten. Sie zündeten ein Feuer an, und als das die Höhle erleuchtete und sie einen Mann unter der Treppe liegen sahen, gerieten sie in Zorn und schrien ihre Mutter an: »Wer ist der Mann? Haben wir's nicht verboten, irgend jemand aufzunehmen?« Da sprach die Mutter: »Laßt ihn, es ist ein armer Sünder, der seine Schuld büßt.« Die Räuber fragten: »Was hat er getan?« – »Alter«, riefen sie, »erzähl uns deine Sünden.« Der Alte erhob sich und sagte ihnen, wie er mit einem einzigen Wort schon so gesündigt habe, daß Gott ihm zürne und er für diese Schuld jetzt büße. Den Räubern ward von seiner Erzählung das Herz so gewaltig gerührt, daß sie über ihr bisheriges Leben erschraken, in sich gingen und mit herzlicher Reue ihre Buße begannen. Der Einsiedler, nachdem er die drei Sünder bekehrt hatte, legte sich wieder zum Schlafe unter die Treppe. Am Morgen aber fand man ihn tot, und aus dem trocknen Holz, auf welchem sein Haupt lag, waren drei grüne Zweige hoch emporgewachsen. Also hatte ihn der Herr wieder in Gnaden zu sich aufgenommen.

7.

Muttergottesgläschen

Es hatte einmal ein Fuhrmann seinen Karren, der mit Wein schwer beladen war, festgefahren, so daß er ihn trotz aller Mühe nicht wieder losbringen konnte. Nun kam gerade die Muttergottes des Weges daher, und als sie die Not des armen Mannes sah, sprach sie zu ihm: »Ich bin müd und durstig, gib mir ein Glas Wein, und ich will dir deinen Wagen frei machen.« – »Gerne«, antwortete der Fuhrmann, »aber ich habe kein Glas, worin ich dir den Wein geben könnte.« Da brach die Muttergottes ein weißes Blümchen mit roten Streifen ab, das Feldwinde heißt und einem Glase sehr ähnlich sieht, und reichte es dem Fuhrmann. Er füllte es mit Wein, und die Muttergottes trank ihn, und in dem Augenblick ward der Wagen frei, und der Fuhrmann konnte weiterfahren. Das Blümchen heißt noch immer Muttergottesgläschen.

8.

Das alte Mütterchen

Es war in einer großen Stadt ein altes Mütterchen, das saß abends allein in seiner Kammer: es dachte so darüber nach, wie es erst den Mann, dann die beiden Kinder, nach und nach alle Verwandte, endlich auch heute noch den letzten Freund verloren hätte und nun ganz allein und verlassen wäre. Da ward es in tiefstem Herzen traurig, und vor allem schwer war ihm der Verlust der beiden Söhne, daß es in seinem Schmerz Gott darüber anklagte. So saß es still und in sich versunken, als es auf einmal zur Frühkirche läuten hörte. Es wunderte sich, daß es die ganze Nacht also in Leid durchwacht hätte, zündete seine Leuchte an und ging zur Kirche. Bei seiner Ankunft war sie schon erhellt, aber nicht, wie gewöhnlich, von Kerzen, sondern von einem dämmernden Licht. Sie war auch schon angefüllt mit Menschen, und alle Plätze waren besetzt, und als das Mütterchen zu seinem gewöhnlichen Sitz kam, war er auch nicht mehr ledig, sondern die ganze Bank gedrängt voll. Und wie es die Leute ansah, so waren es lauter verstorbene Verwandten, die saßen da in ihren altmodischen Kleidern, aber mit blassem Angesicht. Sie sprachen auch nicht und sangen nicht, es ging aber ein leises Summen und Wehen durch die Kirche Da stand eine Muhme auf, trat vor und sprach zu dem Mütterlein: »Dort sieh nach dem Altar, da wirst du deine Söhne sehen.« Die Alte blickte hin und sah ihre beiden Kinder, der eine hing am Galgen, der andere war auf das Rad geflochten. Da sprach die Muhme: »Siehst du, so wäre es ihnen ergangen, wären sie im Leben geblieben und hätte sie Gott nicht als unschuldige Kinder zu sich genommen.« Die Alte ging zitternd nach Haus und dankte Gott auf den Knieen, daß er es besser mit ihr gemacht hätte, als sie hätte begreifen können; und am dritten Tag legte sie sich und starb.

9.

Die himmlische Hochzeit

Es hörte einmal ein armer Bauernjunge in der Kirche, wie der Pfarrer sprach: »Wer da will ins Himmelreich kommen, muß immer geradeausgehen.« Da machte er sich auf und ging immerzu, immer gerade, ohne abzuweichen, über Berg und Tal. Endlich führte ihn sein Weg in eine große Stadt und mitten in die Kirche, wo eben Gottesdienst gehalten wurde. Wie er nun all die Herrlichkeit sah, meinte er, nun wäre er im Himmel angelangt, setzte sich hin und war von Herzen froh. Als der Gottesdienst vorbei war und der Küster ihn hinausgehen hieß, antwortete er: »Nein, ich gehe nicht wieder hinaus, ich bin froh, daß ich endlich im Himmel bin.« Da ging der Küster zum Pfarrer und sagte ihm, es wäre ein Kind in der Kirche, das wollte nicht wieder heraus, weil es glaubte, es wäre im Himmelreich. Der Pfarrer sprach: »Wenn es das glaubt, so wollen wir es darin lassen.« Darauf ging er hin und fragte, ob es auch Lust hätte zu arbeiten. »Ja«, antwortete der Kleine, ans Arbeiten wäre er gewöhnt, aber aus dem Himmel ginge er nicht wieder heraus. Nun blieb er in der Kirche, und als er sah, wie die Leute zu dem Muttergottesbild mit dem Jesuskind, das aus Holz geschnitten war, kamen, knieten und beteten, dachte er: »Das ist der liebe Gott«, und sprach: »Hör einmal, lieber Gott, was bist du mager! Gewiß lassen dich die Leute hungern: ich will dir aber jeden Tag mein halbes Essen bringen.« Von nun an brachte er dem Bilde jeden Tag die Hälfte von seinem Essen, und das Bild fing auch an, die Speise zu genießen. Wie ein paar Wochen herum waren, merkten die Leute, daß das Bild zunahm, dick und stark ward, und wunderten sich sehr. Der Pfarrer konnt es auch nicht begreifen, blieb in der Kirche und ging dem Kleinen nach, da sah er, wie der Knabe sein Brot mit der Muttergottes teilte und diese es auch annahm.

Nach einiger Zeit wurde der Knabe krank und kam acht Tage lang nicht aus dem Bett; wie er aber wieder aufstehen konnte, war sein erstes, daß er seine Speise der Muttergottes brachte. Der Pfarrer ging ihm nach und hörte, wie er sprach: »Lieber Gott, nimm's nicht übel, daß ich dir so lange nichts gebracht habe: ich war aber krank und konnte nicht aufstehen.« Da antwortete ihm das Bild und sprach: »Ich habe deinen guten Willen gesehen, das ist mir genug; nächsten Sonntag sollst du mit mir auf die Hochzeit kommen.« Der Knabe freute sich darüber und sagte es dem Pfarrer, der bat ihn, hinzugehen und das Bild zu fragen, ob er auch dürfte mitkommen. »Nein«, antwortete das Bild, »du allein.« Der Pfarrer wollte ihn erst vorbereiten und ihm das Abendmahl geben, das war der Knabe zufrieden; und nächsten Sonntag, wie das Abendmahl an ihn kam, fiel er um und war tot und war zur ewigen Hochzeit.

10.

Die Haselrute

Eines Nachmittags hatte sich das Christkind in sein Wiegenbett gelegt und war eingeschlafen, da trat seine Mutter heran, sah es voll Freude an und sprach: »Hast du dich schlafen gelegt, mein Kind? Schlaf sanft, ich will derweil in den Wald gehen und eine Handvoll Erdbeeren für dich holen; ich weiß wohl, du freust dich darüber, wenn du aufgewacht bist.« Draußen im Wald fand sie einen Platz mit den schönsten Erdbeeren, als sie sich aber herabbückt, um eine zu brechen, so springt aus dem Gras eine Natter in die Höhe. Sie erschrickt, läßt die Beere stehen und eilt hinweg. Die Natter schießt ihr nach, aber die Muttergottes, das könnt ihr denken, weiß guten Rat, sie versteckt sich hinter eine Haselstaude und bleibt da stehen, bis die Natter sich wieder verkrochen hat. Sie sammelt dann die Beeren, und als sie sich auf den Heimweg macht, spricht sie: »Wie die Haselstaude diesmal mein Schutz gewesen ist, so soll sie es auch in Zukunft andern Menschen sein.« Darum ist seit den ältesten Zeiten ein grüner Haselzweig gegen Nattern, Schlangen, und was sonst auf der Erde kriecht, der sicherste Schutz.

Alphabetisches Verzeichnis der Märchen und Kinderlegenden

Kinderlegenden

Die schönsten Märchen für jung und alt

Literatur

dtv junior 7960

dtv junior 7961

dtv junior 7962

dtv junior 5948

Drei Märchenausgaben mit neuen Bildern von Herbert Holzing (Musäus) und Jindra Čapek (Bechstein) sowie den wiederentdeckten Holzschnitten von Alfred Zacharias (Grimm).

Umfassende Einführungen von Walter Scherf berichten von Leben und Werk der Erzähler aus heutiger Sicht.

Neben den behutsamen Bearbeitungen der Bechstein- und Grimm-Märchen, die sich an Kinder wenden, die neue Bearbeitung der Musäus-Märchen, die, nicht für Kinder zurechtgestutzt, ihren amüsanten, ironisch-kritischen Geist behalten haben. Diese Märchennovellen wenden sich an Jugendliche und Erwachsene.

Die Märchenbände sind einzeln und in einer Kassette zusammengefaßt lieferbar.